La monnaie souveraine

sous la direction de Michel Aglietta et André Orléan

貨幣主権論

M・アグリエッタ＋A・オルレアン編

坂口明義監訳

中野佳裕・中原隆幸訳

藤原書店

LA MONNAIE SOUVERAINE

Sous la direcition de Michel Aglietta et André Orléan

This book is published in Japan by arrangement with les Éditions Odile Jacob, Paris,
through le Bureau des Copyrights Français, Tokyo.

まえがき

長い間、われわれ両名は、経済学者という立場からの思索を積み重ねてきました。しかし、近年になってからはむしろ次のような思いが強くなりました。すなわち、できるだけ広範な理論的・実践的関心を引き付けながら、貨幣事象の学際的分析に取り組んでいったほうがよいであろう、という思いです。実際、貨幣は「経済学の専管事項に属する」ものでもなければ、「主として経済学の管轄域にある」ものでもありません。貨幣の受領性〔＝誰もに受け取られる性質〕の根拠は、費用と便益の合理的計算には決して帰着しません。貨幣が受領性を持つためには、共同体への帰属を表現する諸信念・諸価値が動員されねばならないのです。その証拠としてユーロを見てください。ユーロは、貨幣と主権とが同じ論理の上に成立していることをわれわれに想起させてくれます。

われわれの学際的研究方法においては、首尾よく目的を達成するために、大学の研究組織に見られがちな「縄張り」を避け、何よりもまず開放性を確保することに努めました。この点についてわれわれは、預金供託公庫（CDC）の金融経済学会に対して敬意と謝意を表したく思います。同協会の研究プログラム「金融・倫理・信頼」がなかったならば、本書の元となったグループ研究を実現することはできなかったでしょう。過去と現在における貨幣の進化に関するわれわれの理解を刷新するために、人類学者・経済学者・歴史家・

心理学者が集って共同研究を行うこと――本研究の眼目はそこにありました。このような研究が実り豊かな成果を上げるためには、以下述べるように、二つの条件、すなわち時間と高揚とが必要でした。

まず時間について述べましょう。この研究は一九九三年六月に開始し、一九九七年一一月に終了しました。最初のうち、研究は、CDCの金融経済学会と理工科学校CREA（応用認識論研究センター）とが共同で「貨幣の正統性」と題する月例公開セミナーを開催する形で進められました。次いで、一九九五年九月以降は、一一人の研究者から成る非公開の討議グループを立ち上げて、研究を進めました。その目的は、共著の文書テキストを執筆することによって、われわれの研究手続きおよび研究結果の独創性を総括的かつ正確に提示しようというものでした。一一人の研究者の連名になるこの文書は、本書に序説として収めてあります。それ以下に収めてある論文の数々は、共通のテーマを取り扱ってはいますが、各研究者が自分の研究分野における方法をそれぞれ駆使して、基本的諸概念の深化・適用を図っています。

四年という時間は、決して余分なものではありませんでした。もとより、異なる学問分野の間で実りのある対話を行うことは、容易ならざることです。ところが時間が経つにつれ、このような試みは、最初の想像よりもずっと困難であることがわかってきました。大きな障害となったのは、語彙の表面的な共通性です。われわれの方法論や問題設定の間には本当は食い違いが存在するのに、語彙の表面的な共通性はそれを覆い隠し、誤解をいつまでも存続させました。こうして、われわれはまず、「互いを理解していない」こと……を理解することから始めなければなりませんでした！　そしてこの点を承知した上で、主権・正統性・価値・ヒエラルキー・債務などの中心概念を定義し直すという地道な作業に着手することになったのです。この作業を行う中で、われわれは、考察のための堅固な基礎を打ち固めることができました。

こうして振り返ってみますと、参加者の意識の高揚を持続することなくしては、プロジェクトが成功しなかったであろうことの理由も理解されます。固い結束と友好・寛容・決意による研究共同体を構築することなくしては、成功を勝ち取ることもなかったでありましょう。なお、本研究の集団的な次元を語るに際しては、一二番目のメンバーであるマリー・キュイエレの名を挙げないわけにはいきません。彼女には、「作業記録」の取りまとめ役として、われわれのセミナーにおけるすべての共同討議に立ち会ってもらいました。彼女が難しい仕事を緻密にやり遂げてくれたことに対して、心より感謝申し上げます。最後に、公開セミナーに参加し、共同討議に関与し、刺激的な介入によっていつも議論を盛り上げてくれた方々にも、この場を借りて感謝を述べさせていただきます。

ミシェル・アグリエッタ
アンドレ・オルレアン

貨幣主権論／目　次

まえがき　ミシェル・アグリエッタ、アンドレ・オルレアン　1
用語解説――貨幣の主権とは何か　坂口明義　13

序説　17

一　全体性としての社会　23
二　近代貨幣の逆説的な地位　30
三　債務と貨幣　38
四　信頼の土台　43
五　ユーロと主権　52

第1部　債務　57

第1章　ヴェーダ・インドにおける祭式的行為への支払い　シャルル・マラムー　61

第2章　貨幣取引の儀礼的基礎、もしくは殺し屋に礼を尽くす方法　マルク・ロガン・アンスパック　91

一　銀行券と贈与の精神　92
二　経済学者と殺し屋　97
三　祭官への支払いと裏切り者への処罰　104
四　裏切り者への支払いと神罰　114
五　どのようにして払い除ければよいか？　119

六　傭兵と、貨幣による迂回　127

第3章　主権性と正統性の狭間にある金融的事実および貨幣手段
――アルカイック社会の金融制度――　ジャン＝マリー・ティヴォー　137

一　二つの方法論的問い　138
二　アルカイック社会の金融制度について　147
三　古代社会における国家・金融・貨幣　162
四　歴史の襞の上を流れていく時間の糸　190

第2部　主　権　195

第4章　市場経済の貨幣的秩序　ミシェル・アグリエッタ、ジャン・カルトゥリエ　199

一　支払システムとしての貨幣　204
二　貨幣的秩序の保護と貨幣への信頼　218
三　中央銀行の独立性――特異な歴史的文脈における貨幣の正統化様式　228

第5章　メラネシア共同体にとっての貨幣と、ヨーロッパ社会の個人にとっての現代貨幣とを比較する　ダニエル・ドゥ・コペー　243

一　メラネシアの一社会　248
二　貨幣の比較から社会の比較へ　284

第6章　古代ローマにおける戸口調査・評価・貨幣　ジャン・アンドリュー　321
一　紀元前三―二世紀における戸口調査業務と監察官の権限　325
二　紀元前三―二世紀における評価と貨幣　345
三　戸口調査の諸起源（紀元前六―五世紀）　355
四　共和制末期における戸口調査の推移（紀元前二―一世紀）　367
五　結　論　375

第3部　信　頼　381

第7章　勤労者社会における債務と貨幣の二元性について　ブルーノ・テレ　385
一　近代社会における債務形態の二重化　391
二　貨幣の二元性の資本主義的・国家的諸形態　401
三　コミュニケーション媒体および社会性‐全体性の表象パラダイムとしての貨幣　414
四　結　論　432

第8章　西・赤道アフリカにおける脱貨幣化と再貨幣化（一九―二〇世紀）　ジャン＝ミシェル・セルヴェ　435
一　植民地化以前のアフリカ社会における貨幣関係　442
二　初期の物々交換、初期の条約、硬貨の導入、そして二重の幻想　453
三　植民地化の衝撃　461
四　いわゆる物々交換の経済の発展　474

第9章　信頼と貨幣——埋め合わせ・保護・統合の諸紐帯についての心理学　ジャック・ビルスト　485
一　貨幣と主体　490
二　貨幣と全体性　511
三　再統合と貨幣　526

第4部　現代の諸進化　543

第10章　自己準拠貨幣——現代の貨幣進化に関する考察　アンドレ・オルレアン　545
一　貨幣と社会的全体性　551
二　近代貨幣の両義性　558
三　自己準拠貨幣　567
四　社会関係についての道具的な見方　575

原注　613
訳者解説（坂口明義）　614
人名索引　631
事項索引　649

貨幣主権論

凡例

一　原文イタリックの箇所は、書名の場合は『　』、作品名の場合は「　」で括り、強調の場合は傍点を付した。

一　原文の引用符《　》は「　」で示した。但し、訳文において意味のまとまりを示すために「　」を用いたところもある。

一　原文の大文字の箇所は〈　〉で示した。

一　訳注は、短いものは〔　〕に入れて割注とし、長い訳注については＊を付して、段落の終わりに置いた。

一　引用文中の［　］は、原著者による補足を示す。

一　各部の扉裏には、監訳者による「概要」を付した。

用語解説――貨幣の主権とは何か

本書のタイトルは『貨幣主権論』であるが、「主権」という語は主権在民とか国家主権という用例のように政治的関係に関して使用されるのが普通であり、貨幣に関して「主権」という語を使用するのはやや奇異な印象を与える（通貨主権という言い方はするが、これは国家主権の一構成要素に言及するときの表現であるように思われる）。そこで、本書を読む前の予備知識として、本書に言う貨幣の主権とは何なのかを簡単に説明しておきたい。

本書で「主権的」と言われるとき、その原語はスヴラン（*souverain*）という形容詞であり、これは英語のソヴリン（sovereign）に対応する。何物かが〈スヴランである〉とは、それが個々の人間に対して「超然とした」あるいは「至高の」位置に立ち、他の何物による決定にも従わないものであることを意味する。通常は、国家がこのような性質をもつことを表現するために「国家主権」の語が使用されたり、国家主権の源泉はどこにあるか（君主か国民か）ということで「君主主権」や「人民主権」の語が使用される。

ところが本書では、国家を構成する王や人民ではなく、社会関係の媒介である法や貨幣が「主権的」と形容される。法とともに貨幣もまたこのような位置――本書の表現では「上位」――を占めるというのが「貨幣主権」の含意である。法や貨幣を形容するのに「主権」の語を使用する一つの意図は永続性の強調にある。

個々の人間は有限の生命しか持たないのに対して、法や貨幣の存在は相対的に永続的である。だがこのような属性は「制度」さらには広く「文化形象」一般が有するものである。「主権」という用語にはそれ以上の含意が込められている。それは、個々の人間に対して保護《プロテクシオン》を与えるという属性である。主権に従属するということは、第三項ないし他者――個々の人間と区別される存在――による保護を享受することでもある。法と貨幣に即して述べると次のようになる。

まず法の主権は、人々の間の権力的相互作用全般において作用する。個人が他人に働きかけて特定の行動をとらせようとする場合、他人への影響行使の正しさを主張できることが成功の条件である。この政治的目的のための強力な手段となるのが、その国の領土の中で通用している法である。法に従うこと――法の遵守――によって、個人は「不正」のレッテルを貼られる危険から保護される。法はこのように政治的な保護を与えることにより「主権」と呼ばれる。人々は主権を信頼するとき、自ら進んでその支配下に入る。よって主権の作用の安定性は信頼にかかっている。法への信頼の源泉には、法の遵守を強制する権力装置（司法・警察・軍隊）の確立、国家理念や社会規範との合致、法の由来に関する歴史的記憶や手続き的正統性（民主主義的決定等）などがある。

法の主権が政治的な「主権」であるとすれば、貨幣は経済的な「主権」である。個々の人間は分業の社会的ネットワークに参加しなければ生存を確保できない。本書の強調点は、社会的分業への参加が債務の形成―返済の形態をとるという事実である。すなわち個人は、分業参加の条件（生産手段、自らの生存そのもの）を社会（分業のネットワークという意味での）から借り受けて生産を行う。生産の成果を社会に供給することで、社会に対する債務返済の義務が遂行される。これを人々が繰り返し行うことで社会の凝集性（統合）

は確保される。こうした債務の形成と返済のプロセスにおいて作用するのが貨幣の主権である。このプロセスの歴史的な諸形態は本書で提示されるが、差し当たり市場経済に即して言えば次のようになる。すなわち、個人は貨幣を社会（実際には銀行や他人）から借り入れ、その貨幣による商品購入という形で分業参加の条件を入手する。生産を行った後、その成果を販売の形で社会に提供し、入手した貨幣で債務を返済する。このプロセスにおいて個人は貨幣の主権に従属している。なぜなら、分業参加のために個人はまず、その社会（分業のネットワーク）で通用している貨幣によって債務を形成するからである。債務価値の貨幣表現は個人の社会的帰属の表現を意味し、支払手段貨幣の入手は社会帰属手段の入手を意味する。つまり個人は貨幣に従属することによって、生存を脅かす孤立（社会への非帰属）の危険から保護される。本書の表現を使えば「生存の本能を欠き」「神から見離された」人間にとって、貨幣の主権がもたらす保護は生存の条件そのものである。

人々が貨幣の支配下に入るのは、貨幣の保護能力を信頼する場合だけである。貨幣の信頼の源泉には、価値基準としての貨幣の安定や貨幣購買力の安定を保証する貨幣発行者（今日では中央銀行）の行動、個人間の取引成果を歪めない経済取引の自由（外部からの権力介入の排除）、社会的分業そのものの安定による取引の順調さなどがある。貨幣の使用も権力行為の一種（他人に所有物を手放させる等）であるから、法による政治的な保護も貨幣信頼の源泉に含まれる。ただし個人が貨幣の主権に従属するとき、主要に追求されているのは社会帰属の利益であり、政治的保護の追求はあくまで副次的である。

以上のように、貨幣には、法の主権性とは区別される独特な主権性が見いだされる。本書の諸研究に示されるように、貨幣の主権は人間社会全般において重要な秩序形成機能を果たしてきた。ところが経済学者の近代主義的な思考においては往々にして、市場取引は契約関係に還元され、二項的な（二者間の）契約関係の束が相互に調整されて社会秩序が形成されるものと見なされてしまう。この社会観は非専門家にも通念として広く共有されているため、貨幣の主権の重要性は看過されてきた。だからこそ本書のような大部の書が貨幣の主権性の解明に捧げられる必要があったのである。加えて次のような時代背景もある。欧州共通通貨ユーロの登場やドル化(アメリカ以外の国でドルが資産形成や取引の主要手段として使用されること)によって、これまで領土という外延を法の主権と共有していた貨幣の主権が、法の主権とは別の独自存在として姿を表し始めた。われわれの住む社会の今後の行方を真剣に考えようとすれば、貨幣の主権の重要性とその性質を無視することはもはやできない時代となったのである。

監訳者　坂口明義

序説

本書は貨幣的現象一般を解明しようとしているが、その際、主に用いているのは比較研究の手法である。したがって本書の議論はどれをとっても具体的であり、一般論・教義論・抽象論を指向してはいない。本書で貨幣諸関係を論じるとき、それらが属する特定社会の文脈から切り離して論じることはない。また、あえて本書は、われわれ現代の西欧人にとって馴染みのない遠い諸世界に言及している。古代ローマ、ヴェーダのインド、アフリカの君主制、さらにはメラネシアの社会、がそうしたものである。本書で比較され分析される貨幣システムは、考察される社会の様々な時期から選択したものであり、人類全般に妥当するような一個の普遍的貨幣史の展開から抜き出してきたものではない。

しかし、様々な社会における貨幣の位置を解明することは、われわれが行ってきた共同研究の第一の課題をなすにすぎない。第二の同じ程度に重要な課題は、そうして明らかにされた諸社会の間の差異を現代の社会——これ自体を比較の一対象と見なす——に関係づけることである。われわれは、各社会の首尾一貫性《コエランス》を認めながらも、比較研究を進めるにあたっては、「本研究は西欧社会に、そして現代世界の変転に照準を合わせているのだ」ということを常に念頭に置いてきた。本書の骨組みをなし、本書の独創性を作り上げるのは、以上のような二重の関心なのである。

強調しておきたいのだが、ここで述べた二つの関心の間に折り合いを付けていくことは決して容易ではない。実際、昔の諸貨幣を存立させていたそれぞれの社会の論理を考慮して、その中で昔の貨幣を考察しようとすると、たいていの場合、現代社会には決して存在しない組織原理や価値目録に注意を向けなければいけなくなってくる。したがって、比較研究の手法を用いることはかなり問題をはらんでくる。われわれのアプローチがこの点に関する難点を回避しているとすれば、それは、貨幣の社会的全体性《トタリテ》*に対する関係を特別に重視した上で、その関係の中で貨幣現象の統一性《ユニテ》をとらえようとしていることによる。貨幣の社会的全体性に対する関係とは、社会を包摂《グローバル》する諸価値は貨幣によって表現され打ち固められる、というものである。実はこれが、本書で主張される中心仮説である。本書で取り上げられるアフリカ・メラネシア・ローマ・ヴェーダの諸事例によって例証されるのは、この仮説である。この仮説は人類学者や歴史家にとっては驚きでないだろうが、経済学者にとっては恐るべき知的挑戦であり、貨幣道具観——貨幣を交換の仲介物と見なす——を信奉する主流学説に対抗するものである。

＊後述の「社会を一つの全体として理解する見方」すなわち本書が支持する社会の概念。対する「社会についての狭い見方」においては、社会は、諸個人が契約などに基づいて任意に生み出すものであるとされる。社会に先立ってまず個人があるというわけである。これに対して本書の理解においては、社会は最初から個人を包摂するものであり、これが社会的全体と呼ばれる。本書の著者たちに大きな影響を与えているL・デュモンは次のように説明している——「……制度、価値、概念、言語をそなえた社会は、社会学的に見れば、個別の構成員に先行する第一義的な存在であり、個々の構成員は教育やひとつの具体的な社会への連合を通じてのみ人間になるのである」(『個人主義論考』邦訳一一四頁)。

本書の著者たちから見ると、貨幣のうちに純粋な経済的対象を見いだすことは、あまりにも還元論的すぎる。近代貨幣は、依然として、全体性《トタリテ》としての社会の表現なのである。近代貨幣は、社会帰属の演算子《オペラトゥール》〔＝演算の内容を指示する記号〕としての地位を維持している。したがって、われわれの分析装置の中心には、貨幣の正統性《レジティミテ》〔事物の存在が宗教的・政治的規範と合致していること〕あるいは主権性《スヴレヌテ》の概念が据えられる。このような視角は、交換関係を単なる契約関係に還元することの不十分さを示唆している点で、経済学の正統派の視角に対立するものである。正統派においては、貨幣的紐帯《リヤン》――総体《アンサンブル》として見た社会への個人の帰属としての――の重要性は無視される。また、われわれの視角の下では、「何が根本的に変化したのか」「何が近代貨幣に特殊性を付与しているのか」という問題は、われわれの社会が全体性《トタリテ》として構築される仕方のうちにではなく、むしろ、全体性《トタリテ》との紐帯《リヤン》としての貨幣の変容のうちに探られねばならない。われわれから見ると、決定的に重要な影響を及ぼしたのは、次の二点における進化であった。すなわち（Ⅰ）価値ヒエラルキー〔＝価値と価値の間の序列〕の中で個人が獲得した中心的役割、そして（Ⅱ）経済部面の自律性――つまり社会からの経済部面の分離と、社会的なものを支配しようとする経済部面の野望――である。

＊本書で最も頻繁に話題になる貨幣の機能は、債務関係における計算単位および支払手段としての機能である。計算単位としての貨幣は債務の価値を社会的に表現し、支払手段としての貨幣は債務返済を通じて社会的義務の遂行に役立つ。こうして社会的帰属を媒介するものとして、貨幣は社会的紐帯となる。

＊＊ここで社会は特に、個人の帰属の場、アイデンティティ獲得の場としてとらえられている。デュモンはこのような社会を、「その中において人が生まれ、何をもって生まれたかにかかわらずそこに帰属し、言語を教えられ、少なくとも彼自身の思考を形成するための素材を彼に提供する場としての社会」（前傾書一一七頁）として性格づけている。

第一の進化が重要であるのは、諸個人が社会的全体性《トタリテ》と取り結ぶ関係に、根本的な変容をもたらすからである。進化がなし遂げられた結果、最終的価値は個人によって担われるようになり、したがって、集団的諸形態は個人に仕えるものと見なされるようになった。こうした価値の逆転《ランヴェルスマン》は、個人主義的な制度アプローチの中心的前提をなすものである。このアプローチは、制度の効率性を、社会諸成員が制度のおかげで獲得する満足の大きさに関係づける。社会関係に関するこうした一般的《グロバル》な見方から派生してきたのが、道具的貨幣観――交換を容易にする仲介物として貨幣をとらえる見方――である。しかしまた、この〔第一の〕進化が個人‐社会間の債務形成関係《アンデトマン》にもたらした逆転《アンヴェルシオン》によっても、われわれはこの進化の影響を測定することができる。本書では、この関係に着目して、社会的紐帯《リヤン》を理解するための基本概念を作り上げていくことにする。今や〔進化の後には〕この関係は、全体《トゥ》に対する社会成員一人一人の債務形成とは見なされず、個人に対する社会の債務形成と見なされるようになった。こうして次に、われわれにとって決定的な意味を持つ第二の進化にたどりつく。第二の進化とは、近代の社会的全体《トゥ》における分化、およびそれと相関的な傾向《プロパンシオン》、つまり貨幣を経済部面のみに閉じ込めようとする傾向である。この結果生じたのが、私と公との、すなわち経済的債務《デット》と社会的債務《デット》との二分化であった。この分化は問題含みであった。なぜなら、二つの債務形態の間の通約可能性《コマンシュラビリテ》を維持しなければ、この分化はうまくいかないからである。

注意深い読者であれば、この二重の進化の末に、われわれが反対した考え方（！）である「経済的道具としての貨幣」が姿を現すことに気づくだろう。しかし、経済理論に支配的な見方からわれわれの分析を区別するものは、この二重の進化の完遂が不可能であるということの認識である。実は、われわれは、この不可能性にこそ、すべての人間共同体が尊重せねばならない根本的制約が表出されているものと考えるのである。換言すれば、経済的なもの《レコノミーク》の自律化、集団的諸形態の道具化、そして権威関係に対する権力関係の優越は、首尾一貫した《コエラン》社会モデルを描き出すものではない。逆に言えば、首尾一貫した社会モデルは、権力関係が権威の原理に従属することを前提している。

権威とは、一社会の凝集性《コエジオン》が肯定されるときに引き合いに出される集団的諸価値の総体である。集団的価値とは、諸個人の行動に秩序を与える規範の源泉である。ここで指摘しておきたいのは、権威は価値において権力《プヴォワール》を支配する、ということである。自らの行動を他の諸個人に押し付けることを可能にする手段を一定の諸個人が所有するとき、そのことに基づく支配関係を権力という。権力の特性は、他の権力による対抗の他には限界を持たないことである。したがって権力関係は、不確定な影響をともなう戦略的敵対関係を引き起こす。権力をなすがままにしておくならば、すなわち権力が権威によって秩序づけられないならば、社会の凝集性は損なわれる。権威と権力との間のこうした対置関係《オポジシオン》は、近代の貨幣的事実（――マルセル・モースの「社会的事実」に倣って本書の分析対象はこう形容される）に固有な二元性を作り出すものである。すなわち貨幣は、その使用の原理においては平等主義的であるのに対して、その構築《コンストルクシオン》に際しては上位の権威へのヒエラルキー的準拠《レフェランス》を前提としている。債務は、まさにこのような二元性を表すがゆえに、われわれの理論彫琢において中心的な位置づけを与えられる。

以上の視角に立ちつつ、導入的な本章においては、われわれが共同研究の中で練り上げてきた、本書の理論的骨組みを与える諸概念を提示しておくことにしたい。第一節では、諸社会という諸々の全体性《トタリテ》の中での貨幣の位置についての一般的な見方が提示される。またその見方に基づき、例外――近代社会という例外――に見られる最も一般的な特徴が分析されていく。第二節では、分離した社会領域を形成しようとする経済的なもの《レコノミーク》の野望についての考察から出発して、近代貨幣の逆説的地位に関する分析を深めていく。第三節では、社会的紐帯《リヤン》としての貨幣を理解する上で、債務の概念（を用いること）が適切であることが示される。第四節では、貨幣信頼《コンフィアンス》の三つの基本様式の序列づけ（＝ヒエラルキー化）から出発して、貨幣信頼の土台についての考察がなされる。最後に第五節では、前の諸節で扱われた分析諸原理を活用して、ユーロに関する考察が提示される。

一　全体性としての社会

われわれが社会を社会的全体《トゥ・ソシアル》として理解しようとするのは、社会というもの《ソシアリテ》についての二つの狭い見方を乗り越えたいと考えるからである。

第一の見方は、個々の契約者の間の単純な連合《アソシアシオン》をもって「社会」と見なすものである。「自由であるがゆえに平等」とされる個別化された契約者たちがまずいて、彼らがもっぱら利己主義的な利害から交換を行うとされる。正統派経済学による物の見方が、実はこのようなものである。そこでの社会とは、無数の諸取引の統計的な結果――神秘的な調和ないし混沌が支配するところの――を部外者の立場から抽象的にとらえたものに他ならない。こうした原理に沿って描かれる社会は、次のような個人から構成されている。すなわち、神意や自然法を通じて、または歴史を通じて、さらにはいっそうの自立を求める熱望を通じて、従属的地位からの自己解放を遂げるよう要求されている個人、がそれである。彼は、自己解放を遂げた暁には、普遍道徳の名において物や貨幣を支配しうることが約束されている。この装置《ディスポジティフ》の中では道徳的主体としての個人に最終的価値が置かれるけれども、「神の前の平等」の名の下での財・貨幣へのアクセスの自由は、実は、まさにそうした平等への障害をなすものである。なぜなら、全員が職にアクセスしうるのでない限り、一部の人々には財・貨幣へのアクセスが禁じられるからである。結果として、ここには新しい関係が入り込んでくる。しかしその関係は、社会的に〔人格〕形成された人々が同一の権威に服する関係ではない。むしろそれは、全く無価値な物として扱われる人々に対して、資産も縁故も欠如した人々に対して抑圧と権力が行使される関係なのである。

社会についての第二の見方も、第一の見方ほどではないが、やはり狭い見方であることに変わりはない。第二の見方は、最初の個人間のレベルに、政治的関係の領域を付け加える。この領域においては、紛争が討議によって処理され、妥協が取り決められ、様々な制度が裁定を行使し、市場には提供できない重要なサービスが供給される。しかしこの場合もやはり、出発点は社会的全体《トゥ・ソシアル》ではなく、個人である。この見方においては、物・貨幣へのアクセスに際して、取引の容赦ない結果から個人を保護しなければならないとされる。そこで、諸々の個人的自由の間に調和を見いだすために、諸個人はまず自らを国民へと形成し、次に委任を通じて議会を形成するのだと言う。議会は、諸個人——今や市民に昇格している——と政府との間に法的ルールを介在させることによって、民主主義を制定＝確立する。しかし、このようにして生み出される民主主義は脆弱なものにしかなりえない。民主主義は、主意主義的・人為的な構成《コンストルクシオン》ゆえの脆弱さと危険に苦しむのである。実際、民主主義は、西欧人に馴染みの神話、すなわち「社会は、互いに協力し、互いの間に社会契約という形での同盟《ユニオン》の確立を決意した自由・平等な諸個人から形成された」という神話に基づいて生まれてきた。このようにして制定＝確立される政治《ル・ポリティーク》〔社会的実践の場であり材料でもある原領域《レジストル》としての「政治的なもの」。第7章では「政治なるもの」と訳される〕は、他のあらゆる権力よりも上位の権力を行使することによって市民社会を支配するとともに、市民社会を覆い尽くそうとする。社会を支配する政治《ル・ポリティーク》は、個別的取引の総和よりも上位にある一つの統一体《ユニテ》を表象するものとなる。しかし、このようなことだけで社会的紐帯《リヤン》は築き上げられるだろうか？　というのも、依然として出発点となっているのは個人の意志《ヴルワール》、すなわち諸個人を上位的な実体《アンティテ》へと集合させ、彼らとその子孫に新しい諸価値の総体《アンサンブル》を強制しようとする個人の意志でしかないからである。また、政治的紐帯に関するこの純粋に構成主義的な《コンストリュクティヴィスト》構想《コンセプシオン》は、潜在的に危険なものではないだろうか？　つまりこうだ。最初に諸個人は、互いを独立者と見なし合っていて、すべての価値の中でどれを最終的価値にするかは一人一人に委ねられているのだと確信している。そうした状況の上に、一定の諸価値への従属――構成主義的な構想によって推奨されるところの――が人為的に押し付けられる《メッキされる》のである。これは危険ではないだろうか？　実際、上位の同盟《ユニオン》への隷属をこのように付け足すやり方は、特に二〇世紀において、強制的・全体主義的な権力の非道な手口となってきた。

以上と全く違う見方、それは、社会を一つの全体《トゥ》として理解するものである。* この見方では、最初から社会的なもの《ル・ソシアル》はそれ自体として存在しているとされる。社会的なもの《ル・ソシアル》は諸個人に対する権力を内包しているのであって、諸関係の秩序は、成員一人一人の意図的・事前的な同意から派生したものではない。社会的なもの《ル・ソシアル》は歴史的与件であり、われわれはその実在性を、「諸価値の布置《コンフィギュラシオン》に基づいて組織化された社会的全体は自己を維持・更新していき、その結果として過去・現在・将来を結びつけていく」という事実から確証することができる。この歴史的与件は、それを形づくる諸関係が一個の権威《オトリテ》に従属している限りにおいてのみ、存立可能であり続ける。その意味で、これ〔＝社会的なもの《ル・ソシアル》という歴史的与件〕は価値において上位的な統一《ユニテ》体である。社会的全体は、相互依存の諸紐帯の上に築かれるが、そうした紐帯〔ないし「絆」〕がとる基本的な表現は非対称的なものである。実は、社会関係というものは、「諸主体が自我と他我との間の平等主義的な対峙に基づいて、互いの間に作り出す」ものではない。逆に、あらゆる社会関係は、上位の全体に対する一般的《ジェネラル》な従属関係に最初から準拠していることを前提としており、この従属関係こそが〔諸主体の〕様々な個性となり、それぞれに固有な社会関係を形成する。社会的全体の成員たちは価値において社会的全体に従属しており、社会的全体がとる最も明白な形態が価値ヒエラルキーである。例えば、夫婦は彼女と彼の総和ではなく、上位水準の構造へと彼女と彼を構成している。上位水準の構造が、両者の振る舞いと投企《プロジェ》に形を与えている。夫婦は、二つの部分〔彼女と彼〕を価値において従属させる上位の権威なのである。それと同様のことは、外延〔＝範囲〕のいかんにかかわらずあらゆる社会的統一体について、例えば家族・地域・市民権・社会について言える。

＊諸個人の間に相互関係が成立するためには、諸個人が予め同一の平面に帰属していること、すなわち統一性が必要である。つまり、社会的帰属を定義する諸観念が諸個人にまず共有されているからこそ、諸個人の間の相互関係は可能になる。本書では、相互関係を結ぶに先立って諸個人に共有されているそうした諸観念の総体が、全体性としての社会と呼ばれている（相互関係・統一性という人間の精神作用については、「貨幣の原型」を統一性の精神作用に求めた、吉沢英成『貨幣と象徴』ちくま学芸文庫、一九九四年、参照）。

以上から、「権威とはあらゆる形態の社会的紐帯《リヤン》を——実体《スブスタンス》〔力や権力〕においてではなく——価値において構成するものだ」という根源的な考察が得られるし、また、「権威は価値において権力を従属させる」ということが直ちに理解される。より大きな権力——どんなに大きかろうと——をもってしても、これ〔価値において権力を従属させること〕を行えるものではない。あらゆる形態の社会ないし社会的紐帯は、価値において——権力においてではなく——権威に従属しているのだ。全体の社会的論理、より正確に言えば全体の価値ヒエラルキーは、実在《レアリテ》の二つの水準を通じて実現される。つまり、全体に関係する水準が自らを権威に仕立て上げた上で、敵対《リヴァリテ》・対立《コンフリ》・権力が表出される下位の水準を包摂《アングロベ》する。全体の秩序は非対称的なものであるだろうことを、われわれは知っている。なぜなら、全体の秩序が構築されるのは、諸部分が全体の秩序に従属することを通じてであるからだ。こうした従属および社会的全体は権威との関係において作り上げられるのであり、同じことを権力や、権力が要求する服従によっては行うことができない。

様々な社会的全体における、様々な貨幣

われわれの議論の出発点をなすのは、「特定の社会が貨幣に生命を吹き込むのであり、どの貨幣も特定の社会の全体《トゥ》に帰属している」という命題である。本書の諸論稿はどれも、そうした多様な全体性《トタリテ》がとる積極的な表現（例えば、ローマの戸口調査、ヴェーダの供犠関係、アフリカの諸主権、メラネシアにおける社会ー宇宙関係の流れ《フロー》、等）に価値を認めることによって、われわれの前に次のことを明らかにしている。すなわち、準拠されている全体性は、足し合わされた単位の合計でもなければ、領土の面積、人口を表す数字、貨幣資産でもないということである。むしろ、考察されている諸社会の一つ一つに見いだされるところの、諸価値を秩序づける様式こそが、常に、そうした全体性なのである。それゆえわれわれは、社会的全体についての還元論的な見方と縁を切らねばならない。還元論的な見方は、もっぱら数《デノンブルマン》を数えることに終始し、人間の行動から価値ヒエラルキー化の制約を取り除いてしまう傾向を持つ。これにより、全体性との関係において思考し行動する〔人間の〕能力は無視され、諸個人はもっぱら、力《フォルス》関係・権力関係という実体的次元に押しとどめられてしまう。

これに対してわれわれは、社会的全体性についての別の見方を支持してきた。それによれば、社会的全体性とは、共同体システムの中で社会的・貨幣的な諸関係を構築することを可能にするもの、そして世代連鎖

の中で社会の生者成員たち〔本書で考察される諸社会では祖先や死者も社会成員と見なされることがある〕が一時的にとる姿かたちを作り上げるものである。この布置構造《コンフィギュラシオン》の中では、社会的な秩序・経験と自然の秩序とは対立し合うものではなく、むしろ互いに絡み合っている。そこでは、男／女の非対称性と生／死の非対称性とが互いに絡み合いながら、社会的全体の永続性や社会的全体の更新を、また世代連鎖の中での社会的全体の変容を支えているのである。われわれは、「社会は自然から派生し、自然の延長となり、自然を完成させる」と言ってよい。人間の社会的次元は〔本来〕自然に属するものであるが、しかし、久しい以前から自然の上に君臨するようになり、ここ数世紀にかけては全能な存在、自然から解放された存在、そして自然に対抗する存在になろうとしている。

　社会の最終的諸価値は、社会的諸関係の秩序づけられた全体《トゥ》に準拠することによって、社会成員一人一人に明確な位置を与える。しかしその位置は価値に対して従属的であり続ける。このような条件の下では、貨幣もまた全体に対して、そしてその全体を秩序づける価値ヒエラルキーに対して従属している。貨幣は全体に順応し、全体に身を捧げる。そして貨幣は、すぐれて社会的な包摂的価値《アングローバン》（ローマ市民、ヴェーダの浄化力の儀礼的・社会的な利用、アフリカの社会－宇宙的な主権による庇護、メラネシアの社会関係諸フローの貨幣への変換）と、必然的にあまり社会的ではないかまたは非社会的な被包摂的価値《アングローベ》（例えば、ローマにおける権力者の影響力、供犠サービスの報酬から物に対するバラモンの影響力への変換、アフリカにおける権力の出現、メラネシアにおける貨幣の裏面としての殺人・貨幣利得の表現）との間の対立を存続の糧にするのである。

　これら諸々の全体性《トタリテ》は共同体的な種類《ジャンル》のものであり、まさに西欧社会が尊ぶこと、体験することを止めてしまった当のものである。これらの全体性は数え上げ可能《デノンブラブル》な内容を副次的にしか持っておらず、また数え上げそのものによって語られるのは富の権力よりもむしろ、分化した地位である。これらの全体性は、全体に関連する包摂的《アングローバン》な一つの観点と、構成諸部分に関連する被包摂的《アングローベ》な諸観点との間の非対称性によって構成されている。包摂《アングロープマン》は、システムを作り上げる全体化《トータリザン》の観点を上位レベルに保ち続けるための条件である。下位的な価値の諸表現は自らの居場所を持つものの、根本的には包摂者《アングローバン》に従属し続ける。

近代という例外

近代は、根本的に例外的な時代であるように思われる。それは、最終的な社会的価値の位置に、本来は非社会的な価値を置いているからである。ここで非社会的な価値とは、どの社会にも必ず見いだされる経験的な個人のことではなく、人間主体のこと、すなわち、まず「神に似せて造られた」もの、次に人格という譲渡不可能な権利の保持者、最後に物や貨幣の「私的所有者」のことだ。このように社会的全体から個人へと最終的価値が移動することの影響について語ろうとすると、直ちにわれわれは転倒の存在に気づかされる。この転倒はあまりに完全であるから、個人主義的な物の見方《ヴィジオン》が強まるにつれて、社会的全体を全体化している《トータリザン》布置《コンフィギュラシオン》が非現実的、さらには想像的なものに見えてきてしまう。実際、還元不可能な全体《トゥ》として思い浮かべるものとしては、個人より他に存在しない。個人的全体の上に存在するのは、より包摂的《アングローバン》な他の全体ではなく、相互に置き換え可能な諸単位《ユニテ》の間の単なる連合《アソシアシオン》だけである。ヒエラルキーの構図《ペルスペクティヴ》は転倒させられている。従来であれば、人はもっぱら社会的全体への従属に応じて価値を獲得していた。様々な物－存在、特に貨幣－存在が意味《サンス》＝価値を担ったのは、社会的全体——権威を授けられているところの――に対する厳格な従属によってであった。これに対して近代の表象においては、最高の価値は個人に付与され、社会――連合《アソシアシオン》としての社会――に付与される価値はその残りにすぎなくなった。いかなる形態の個人間連合に対しても主体が優越しているという文脈の中では、物や貨幣への自由なアクセスが第一義的な重要性を獲得する。しかしそれと同時に、この自由なアクセスは競争を生み出すことによって、およそ権力だけがものをいう〔個人の〕活動範囲を最大限に押し広げる。確かに、経済理論は、個人間の調和によって支配される均衡状態が存在することの証明に努めてきた。またこの均衡においては、個人にとっての社会が全面的に透明であることにより、全体性への個人の帰属に関する問題は消滅するとされてきた。しかしこのような状態はあくまで特殊ケースなのであり、この特殊ケース以外では、競争は、解を見いだせない権力抗争《コンフリ》を意味するにすぎない。競争は不透明性の創造主なのである。

互いに矛盾し合う諸要求は、どのように調停されるのだろうか？　貨幣が諸主体の間の紐帯〔＝絆〕であると同時に諸主体間の争奪の対象でもあるとき、人間と人間との間の連合の形態――大部分が権力関係に従属している――は、必要な調整《レギュラシオン》を――貨幣を通じて――行う場をどのようにして作り出すのだろうか？　あるいは、どうすれば貨幣の内に権威の場を作り出せるのだろうか？　以上の核心的な問いは、〔取りも直さず〕近代の貨幣的事実の両義性についての問いに他ならない。

二　近代貨幣の逆説的な地位

（特に葬送儀礼を通して見た）アレアレ族の社会や（ヴェーダ文献に見る）古代インドの社会、または（戸口調査について見た）ローマ人の社会にあって貨幣が思考される仕方とは異なり、近代的な物の見方《ヴィジオン》においては、貨幣は、社会－宇宙諸関係のヒエラルキー化された総体を秩序づけるものでもなければ、多様な社会諸関係の異質的・複合的な総体を総合的に表現するものでもない。全く反対に、西欧社会においては、貨幣は手段として、また個人間諸関係の同質性と、それ〔同質性〕に結びついた根本的な平等性とが自然に発現したものとして現れる。こうして全く自然なこととして、貨幣は経済学の対象となる。ところが、貨幣が経済学の対象となるのは、かなり逆説的な意味においてである。実際には、価値・価格の理論は、その基本仮説から貨幣を全面的に排除しているし、貨幣を扱うときでも最後には貨幣の中立性を結論する。ここで「貨幣の中立性」とは、貨幣が重要な意味を持つ存在ではないことを意味する。貨幣が重要でないということは、経済理論があえてその存在を考慮しなくてよいということであるから、たいへん好都合なのである。

　しかし、このような逆説が見いだされるのは、標準的な経済理論が与える貨幣についての合理的イメージにおいてだけではない。社会の行為当事者《アクトル》たちの間で支配的な自生的表象もまた、この逆説に囚われている。それによれば、いわば「自然に」経済学的な対象とされる貨幣は、社会諸関係の総体――数量的性質を持つすべてのもの、客体化可能なすべてのもの――を、固有の論理とルールを持つ広大な会計シートへと構造化するのである。この〔会計〕システムが、有機的・自律的な全体性《トタリテ》を形成するのだとされる。確かに、会計システムの機能原理は、一定程度まで、それだけを切り離して研究することを許す。貨幣とその会計システムは、経済理論には組み込まれていないが、経済の論理――諸個人はこれへの従属が次第に強まっていることを感じている――の自律性を極めてよく表現している。ところが、そのような自律性についての信念〔＝自律性を信じること〕とともに、「経済は唯一の社会的現実または社会の唯一の次元ではない」という確信も同じくらいよく共有されているように見えるのである。

貨幣と数量的抽象が遍在することによって暗示される経済的なもの《レコノミーク》の自律性は、現実であるのだろうか、それとも幻影であるのだろうか？　近代貨幣は、他の社会についての観察がわれわれに教えるものとは根本的に違う存在なのだろうか？　近代貨幣は、異質的諸価値のヒエラルキーが消滅して、その代わりに同質的富の諸量を大きい順に並べる尺度が優勢になったことを表しているのだろうか？　近代貨幣は、道徳的に中立な単なる道具として、際限なくわれわれの世界に満ち溢れていくのだろうか、それとも逆に、近代貨幣の利用と近代貨幣についての表象には、貨幣を一定の用途から排除する道徳的分別の名残り《スティグマト》が見られるのだろうか？　後者が正しいとすれば、今日にあっては貨幣の裏に隠れている——近代人には見ることができないし見ようともしない——次元と、貨幣について作り上げられている機能的・客観的な表象との間の緊張はどのようにして抑圧されているのであろうか？

われわれの共有する比較研究の視角から近代貨幣を考察するとき、「貨幣はもっぱら経済学の対象である」とする自生的な表象は問い直されざるをえない。それとともに、二重の批判的分析を行うことが必要不可欠になる。まず、経済学の批判的分析であり、他の知識に対するその特殊性を疑問に付さねばならない。次に、現実社会の批判的分析であり、経済部面の自律性を、価値ヒエラルキーの消滅としてよりむしろ、価値ヒエラルキーの謎的な表出——解読を待つところの——としてとらえねばならない。

今日、一般に貨幣は「本来的な経済制度」と見なされているが、歴史学や人類学が教えるのは、決してそうではないということである。近代になってようやく、もしくは中世末になってようやく、商業（もっと後には産業）ブルジョアジーの興隆とともに、物質的生活の再生産に貢献する諸活動が、政治的な承認を獲得し始めた。社会生活や政治的諸関係の内容は次第に生産と交換の制約に服していったし、また物質的生産に固有な支配－従属《スブオルディナシオン》の要素は交換や等価原理へと変わっていった。これ以降、労働――スミスにおける「労苦」、リカードにおける「生産の困難」――は単なる「不効用」となった。最終的に、現代の理論では、個人の合理性は、技術・予算の制約の下での効用関数の最大化へと還元されてしまった。この操作によって、社会の物質的諸条件の再生産に従来結びつけられてきたマイナスの価値が一掃されたのである。

　合理性や自由は、諸個人が、商品交換の基礎をなす等価原理に基づいて互いに関係を結んでいることを含意している。われわれが社会化のこのような様式を純粋に実物的な枠組み――あらゆる社会制度から独立に、特にあらゆる貨幣的秩序から独立に定立された財の世界（物々交換の寓話）――の中で考える限りでは、その〔こうした社会化様式の〕自律性は確保される。この場合、貨幣が出現するとすれば、それは、もっぱら商品関係《ルラシオン・マルシャンデ》の発展の帰結としてだけである。以上のような概念枠組み、すなわち経済学的な価値理論の枠組みの中では、貨幣は二次的な、取るに足らない役割しか果たさない。社会構造を量的な《カンティタティフ》ものに還元しうるためには、平等原理が社会諸成員の総体《トタリテ》へと拡張されていなければならないように思われる。量的な不平等性――特に「富」の格差――が意義・重要性を持つのは、諸個人が「潜在的に平等であり同じ地位を有する者」として認知される《イデンティフィエ》社会、つまり原理的に言えば、諸個人が通約される社会においてのみである。

　以上を踏まえて言えば、近代貨幣についての妥当な分析はすべて、近代貨幣の逆説、すなわちヒエラルキーと平等性を、また必然性と自由をともに持つという近代貨幣の逆説を解明するものでなければならない。

貨幣と経済的同質性

貨幣関係の分析からわかるのは、貨幣が、取引のイニシアチブを持つ者と、それを持たない者との間の根本的な異質性を覆い隠しているということである。権利の同一性は見かけだけのものであり、よく見ると、貨幣の保有者は決して売り手と同じレベルにはいないのである。このことは、賃労働関係（ラポール・サラリアール）において特に明白である。賃労働者層《サラリアート》は、交換における等価によって平等な存在であるが、生産における従属によっては不平等な存在である。このことは、支払手段および生産手段へのアクセスに関して格差があることによる。それゆえ、賃金関係を、等価物同士の交換に還元することはできないのである。一方の側に企業者、すなわちスミスの意味において支配する者がいて、彼は債務を形成する能力を持ち、そのような能力を持たない者に賃金を支払う。社会は、企業者と賃労働者のそれぞれに対して、異なる地位、異なる〔経済〕量を割り当てている。スミスと古典派の伝統によれば、賃金と利潤は異なる数量的ルールによって支配され、利潤は資本に対する比率によって定義される。賃金と利潤が同一物の数量（支配労働または貨幣）によって評価されるという事実は、労働と資本が質的に異なる経済量であることを妨げないし、また資本の保有者たちが賃労働者に対して権力を行使することを妨げない。このように図式化される賃労働社会の下で、量への還元にもかかわらず、不平等と権力が存在するのである。新古典派の伝統においては、このような異質性はしばしば否定される。それは、新古典派の伝統にあっては、生産関係が考慮される場合も含めて、「平等な権利を持つ諸個人の間での交換」という観念がもっぱら役割を演じるためである。

こういうわけで、貨幣は、社会における支配《ドミナシオン》を必ずしもすべて消滅させるものではない。しかし、金銭に媒介される支配は、生産関係・交換関係の部面に閉じ込められていはしないだろうか？　何よりもまず、賃労働者は企業の中では従属的であるとしても、企業者と同じ市民的・政治的権利を持っているのではあるまいか？　こう考えていくと、貨幣ヴェールの下に潜んでいる権力は、社会諸関係の総体へは侵出して来ないかのように思えてくる。しかし、経済的従属と政治的平等の間の両立性については、複数の仕方での解釈が可能である。その中で特に注目されるのが、次のような対極的な二つの見方である。一つの見方は、経済的なもの《レコノミーク》の自律性が現実のものとなるにつれて、政治的なもの《ル・ポリティーク》はあまり重要でなくなるというものである。つまり資本主義は、専制体制の下でも代議制民主主義の下でも同じように開花することができる。もう一つの見方は、経済的なもの《レコノミーク》と政治的なもの《ル・ポリティーク》との分化は幻想であり、また法的・政治的な平等も幻想でしかないというものである。つまり、政治的なもの《ル・ポリティーク》は経済的なもの《レコノミーク》の反映、すなわち当該の社会に自らの秩序を課す資本主義というタイプの経済《レコノミーク》の反映でしかない。

いずれにせよ、考察は、経済的なもの《レコノミーク》および貨幣諸関係の自律性に関する問いへと収斂する。この問題に接近する一つの方法は、貨幣を通じた社会諸関係の著しい同質化が、どのような点で価値ヒエラルキーに影響を及ぼすのかを問うてみることである。

貨幣と価値ヒエラルキー

近代貨幣、およびその下で一般化する会計システムは、社会的地位の差異を、純数量的な評価の同質性の陰に覆い隠してしまう。社会的地位は、資産の大きさに基づく分類へと矮小化される。ここから結論すべきことは、結果として諸価値の間の平準化がなされているということであろうか、それとも、問題性をはらんだ価値ヒエラルキーがそこに表出しているということであろうか？　この問題は、近代貨幣を理解する上でも、またわれわれの社会を理解する上でも本質的に重要である。

一方で、われわれは、近代貨幣に特殊であると思われるもの、近代貨幣を他の貨幣から分かつように思われるものについて述べなければならない。この観点から見るとき、われわれはまず、ギリシア都市に広く見られた状況からの隔たりを強調しなければならない。例えば、そこでは、商人たちは、部外者《エトランジェ》としてのその地位に対応して、都市の周縁部で活動するよう強制された。また、近代はアンシャン・レジーム〔フランス革命以前の「旧体制」〕の社会ともかけ離れている。そこでは、金銭は、土地証券や官職の獲得を通じて上位の地位に就くことを可能にしていたが、直接に社会秩序の中での位置を与えることはなかった。さらに、アレアレの社会との距離はいっそう大きい。そこでは、貨幣はなにがしかの特殊化された部面を定義する物ではなく、むしろ、ヒエラルキー化された社会関係の諸水準の間での変換の原理であった。こうして考察を進めていくと、近代貨幣は、基数的《カルディナル》尺度としての役割に関連したその客体性によって、もはや価値ヒエラルキーを表現することができないのだ、という結論を得られそうである。近代貨幣の経済的機能が、社会の異質的な諸部面を接合するその能力を枯渇させているようだ。

しかし他方で、貨幣が一般的な切り替えスイッチ《コミュタトゥール》になっている社会と、貨幣が純粋な経済的機能性でしかないような社会との間の「大断絶《グラン・パルタジュ》」について明確に語ることは難しい。人間諸社会の間に存在する根本的な差異——われわれの比較研究の方法はこの点をはっきりと強調する——を否定しないとするならば、〔近代社会における〕生産と交換の自律性について、少し異なる観点を提出しておくことが有用であろう。

経済秩序においては、貨幣は、個人的なものから集団的なものへ、そして私的なものから社会的なものへの変換の手段である。しかしわれわれは、この貨幣的な変換が社会的全体化《トタリザシオン》の契機《モ》＝瞬間《マン》であるとは考えない。というのも、貨幣的な変換は生産と交換の部面に限定されたものだからである。それは個人（会計）に関係してはいるが、人格には関係していない。貨幣への変換は純経済的なものであるし、世間の人々も皆そのようなものでしかないことを知っている。しかし、貨幣への変換が純経済的なものであることは、経済的なもの《レコノミーク》の外観上の独立性の、最も直接的な帰結である。したがって、近代貨幣が占める位置は、アレアレ族の社会の社会-宇宙システムやローマの戸口調査において貨幣が占める位置とは異なっている。社会的なもの《ソシアル》が経済的なもの《レコノミーク》に追随する場合には、貨幣は――等価性を表現することによって――全体化の要素になりうるが、しかしそれと同時に、そうした追随がなされることは、この〔貨幣を介しての〕全体性《トタリテ》が社会の全体《トゥ》とイコールではないことを物語っている。

　経済学的な価値理論において貨幣が排除されていることから、またこの排除が引き起こす諸困難から窺い知られるのは、社会についての正統派経済学的な表象には還元することのできない、別の実在《レアリテ》の次元が存在するということである。「標準的な経済理論は貨幣を考慮に入れることができず、〔標準理論に対抗しようとする〕代替的アプローチは常に貨幣からの出発を強いられている」という事実を、われわれは深刻に受け止めねばならない。代替的アプローチが貨幣から出発するということは、貨幣を所与〔意識に直接与えられているもの〕と見なし、客体〔意識から独立に存在するもの〕とは見なさないことを含意している。貨幣は、われわれの社会においても経済の実体《アンティテ》ではないのだ。なぜなら、貨幣は、経済的なもの《レコノミーク》を思考可能にするもの、非経済的な異領域によってのみ作り上げられるものだからである。

　また、われわれの社会が自らを表象する仕方を、額面通りに受け取ってはならない。貨幣と会計のシステムによって表される経済的なものの自律性は、マルクスが用いた言葉の意味における「外観《アパランス》」である。この

「現実の外観」は、価値ヒエラルキーが所在する場所を覆い隠す傾向を持っており、また、われわれが近代社会と他の諸社会との間にある差異をより正確に記述しなければならない理由を説明する。

実際には、解明に値するのは、明らかに、他の諸社会における価値ヒエラルキーとわれわれの社会における平等性との際立った対立よりむしろ、諸価値の間の関係づけにおける〔他の諸社会とわれわれの社会との間の〕違いである。地位の価値が、われわれの社会から失われることはなかった。名声・知識・業績、さらには夫婦・家族・文化的ニッチ等は、依然として、資産《アヴワル》とは区別される評価様式であり続けている。確かに、これらのものと経済的《レコノミーク》なものとの接合が近代社会に特殊なものであるというのは正しい。では、経済的《レコノミーク》なものの自律性への信仰を断ち切りながら、社会の多様な諸次元を互いに関係づけるにはどのようにすればよいのか？　そしてこのような問いは、われわれの社会のいまだ知られざる性質にアプローチしようとするものではないだろうか？　この方向へ考察を進める上で要請されること、それは、一般的支払手段としての貨幣の機能を考慮に入れるだけでなく、経済主体の社会的承認における貨幣の本質的役割をも考慮に入れて、貨幣関係の概念化を図ることである。

三　債務と貨幣

ここまでに到達した結論を要約しておこう。貨幣は、二つの顔を持つ社会的紐帯である。すなわち、一方には、必然性と義務の顔を持ち、他方には、交換に開かれているという、そして信頼《コンフィアンス》という顔を持つ。本書で示されるように、この両義性は、今日の商品社会《ソシエテ・マルシャン》よりも著しく多様な〔非近代・非西欧の〕諸社会に見いだすことができる。貨幣の存在はそのような歴史的深みを持つから、貨幣を商品交換から導出することはできない。もっとはっきり言えば、人類学の知見は、貨幣の中に物々交換の発展を見る経済学者に馴染みの弁護論に関して、いかなる妥当性をも否定しているのである。それによると、貨幣の拘束的な顔、すなわち社会的帰属の演算子《オペラトゥール》としての貨幣の地位は、「貨幣は交換の媒体である」ということからではなく、もっと一般的な仮説に基づいて説明されるべきである。その仮説とはすなわち、「貨幣は主権に対する債務から、したがって価値におけるヒエラルキー化から派生する」というものである。

　このようなことは、金融を「交換経済の付属物」、すなわち「時間を介在させる特殊な交換関係」と見なす習慣がある経済学者たちを驚かせるだろう。ところが、歴史が明らかにしているように、金融の紐帯は、近代的な金融を組み込んでいる交換型《ティプ》式よりもずっと前から存在しているのである。もっとも、今日の私的な金融に見られるように、自立した諸主体の間の関係が債務の根底にあると考えてはならない。債務は、しかじかの社会において「主体とは何か」を定義する社会的紐帯なのである。それまで非社会的であった諸個人が、相互の間に交渉を確立することによって社会的紐帯を創出するのではないのだ。

〔このような〕原初的《オリジネル》ないし本源的《プリモルディアル》な債務は、生きた諸個人の存在を構成しているだけでなく、社会総体の永続性をも作り上げている。これが生の債務《デット・ドゥ・ヴィ》である。元々の意味においては、生の債務は、生者たちが主権のパワー《ピュイサンス》（神々や祖先）に依存していることを表している。その場合、主権のパワーは、自らの源である宇宙の力《フォルス》の一部を生者たちに与えているのだ。生命の自己維持を可能にする力の贈与は、その代償として、賦与された生命力を――生涯を通じて――清算するという義務を生者に対して課す。返済は不断になされるが、一連の返済によっても原初的な債務が完済されることはない。そのような返済の連鎖が、生者の労働および日常の中で、特に供犠・儀礼・献納を通じて、主権を構築し共同体を打ち固めていくのである。

われわれが貨幣の性質を理解しようとするときに犯しうる最大の誤りは、それ〔本源的債務〕を伝える伝承の言語が既に用いられていないことを理由にして、本源的債務の概念を却下することであるだろう。というのも、生の債務という仮説は、「社会が再生産の諸条件を確保できなければ、社会はその凝集性を、あるいはその存在そのものを脅かされるだろう」ことに注意を促すものだからである。

この脅威の現実味を感じ取ってもらうために、今日的な事例、すなわちロシアの事例に触れておきたい。近年この国は、共有価値の瓦解、あらゆる上位的権威の否定、それにともなう既成権力の正統性喪失、そしてコミュニケーション・ネットワークの分断を経験してきたし、いまなお経験中である〔本書原書の刊行は一九九八年〕。社会的紐帯の劇的な毀損は、集団的な生産能力にも、個人的生活の保護《プロテクシオン》〔「庇護」とも訳される語〕にも影響を及ぼさずにはいない。ロシア企業は、活動持続の諸条件を確保するための債務を形成できなくなっている。年々、生産は急激に落ち込んでおり、回復の可能性は見えてこない。私的債務は、その評価を可能にし、その不履行に対する制裁を可能にする正式な枠組みがないとき、極端に不安定である。政府は、その被雇用者からも、住民からも債務を負うことが認められていない。その結果として、公共財産は急速に毀損していき、公衆衛生の状態は大きく後退した。富の移転様式として公認された債務の流通にマフィアによる略奪が取って代わったため、慢性的な暴力が社会全体を覆い尽くした。

しかし人は言うであろう、「この極端な事例が、反対推論《ア・コントラリヨ》により民主主義社会の堅固さを例示するものとは言えない。未来に向けて開かれた社会に関しては、社会的紐帯の基礎としての生の債務という仮説は妥当しなくなるだろう」と。だが、われわれはこのような見方をとらない。むしろわれわれは、「それでも本源的債務は、社会の全体と社会の運動についての考察を可能にする適切な概念である」と考えるのだ。社会関係についての近代的な思考はこのことを認めないのだが、それは、現在では本源的債務が、経済的性質を持つ私的債務と、政治的性質を持つ社会的債務とに分離しているからである。しかしこの事実は、「生の債務という社会的紐帯」の仮説がわれわれの貨幣理解を照らし続けることを妨げるものではない。

　実際、経済的債務は私的な契約として現れるけれども、経済的債務には総体的《グローバル》な首尾一貫性《コエランス》が備わっている。なぜなら、経済的債務は、交換の背後にある分業へと諸個人を挿入するものだからである。商品経済の――行動・決定の能力に関して――自律的な成員であるということは、貨幣によって秩序づけられた手続きに沿って、自らの活動による生産物を〔社会に〕承認させる能力があることとイコールである。貨幣保有者は、生産物を購入するとき、匿名の社会成員として購入するのであって、売り手との特殊な取引関係を有する特殊な行為主体《アジャン》として購入するのではない。この場合、貨幣の流通は、交換であるだけでなく、その裏面では債務の決済でもある。つまりこういうことだ。諸主体を分業に組み込む本源的な行為として、支出がある。彼らが自らの活動の生産物を社会に提供するためには、それに先立って社会から資源を調達してこなければならない。ここにおいて展開されるのが、私的契約に基づく債務の一般的構造である。貨幣は、決済義務の表現形態であるから、本来的にこの構造と結合している。この構造においては、私的諸主体と全体社会は相互に債務を負っている。調達した資源をわれわれが社会に返すことができるためには、社会が生産物――その資源による生産物――を「分業の一部を担うもの」として受け取ることが条件になる。そして、こうした相互的債務の媒体が貨幣である。貨幣は、個々の債務を決済することによって、新しい諸債務の創造を通じた社会関係の再起動を可能にする。貨幣は債務の一般的構造における旋回軸になっており、このことによって商品的分業の持続性は確保される。

以上のことから、私的債務は、社会に対する個人の依存関係であると言える。これのおかげで個人は社会的承認を獲得しうる。しかし、反対向きの依存、すなわち社会成員に対する全体社会の依存を表す債務タイプであるところの、社会的債務も存在する。われわれは、資本主義というタイプの社会において、この反対向き〔の依存〕を見いだす。実際、明白な価値ヒエラルキー――承認され尊ばれているところの――に則って組織されている社会においては、生の維持・発展の集団的諸条件に対して権威を有する主権がまずあって、その主権に対する社会諸成員の債務が、「生の債務」である。これに対して、資本主義の社会においては、生の集団的諸条件は、市民社会から分離した政治秩序に属している。政治秩序の下には、諸個人――今や主権の源泉となっているところの――に対する公的債務が形成される。共同体がその成員たちに対して債務を負うのと対応して、成員たちは教育、集団的リスクに対する安全保障、領土を保全するインフラストラクチャーに関して社会的権利を保有する。これらが重要であるのは、これらが、社会的凝集性と社会の総体的生産性を左右する共同的パワーの諸要素だからである。したがって、諸個人を分業に挿入するための集団的諸条件もやはり、商業的活動の発展への諸個人の参加によって広く規定されている。その上でさらに、公的債務の総額・構造・効率性が国家主権を通じて調整されるのであり、国家主権は堅固な政治的権威を保持している場合にのみ〔調整の役割を〕果たすことができる。昨今の社会的保護の劣悪化は、国家主権の権威弱体化と並行して起こっている。

私的債務と社会的債務の絡み合いは、同一計算単位への尺度の同質化を通じて、また貨幣による決済義務を通じて実現されている。貨幣は、二つの債務システムを統一しかつ時間の流れの中でその〔二つの債務システムの〕推移を調整するから、経済的論理と政治的論理とが出会う場所であると言ってよい。しかし、二つの論理の間に分裂と対立が潜在していることからして、貨幣は、政治的権威と同盟《アリヤンス》〔――もともと神との契約を表す語で「契約」「盟約」などとも言う〕を結ぶための制度でもある。この制度は、私的金融との間のヒエラルキー的な距離を明確にする表象様式を作り上げねばならない。今日の社会においては、中央銀行が、貨幣に対する公的権威の新しい形態となっている。貨幣は、両債務の間の切り替えを実現するので、包摂的《アングローバン》な社会的紐帯であるといえる。ただし、このことだけでは、社会諸成員の共通の帰属を指し示す「価値ヒエラルキーの庇護の下に統一された全体性」としての社会の表象を作り上げるのには十分でない。というのは、貨幣が権威を表現していなければ、共通な貨幣受領の上に社会諸成員の間の同盟《アリアンス》の絆を築くことはできないからである。「どのようにして貨幣は権威を獲得するのか」を把握すべく、〔以下では〕他人の発する言葉に関心を持つ態度――すなわち期待と約束――であるところの貨幣〔への〕信頼を考察に付していくことにする。貨幣は、一人一人の信頼を通じて、共通価値になる。

四　信頼の土台

ここでの「信頼」は総称語であり、複数の現象を指し示している。どういう現象があるのかを見極めることにより、信頼の多様なタイプを区別することができる。さらに貨幣への信頼に特定して言えば、緊密に接合し合う三つの論理――ヒエラルキー的信頼、方法的信頼、倫理的信頼――が区別される。

ヒエラルキー的信頼

ヒエラルキー的信頼は、他者が主権的権威へと、すなわち——精神分析の用語を借りれば——「大文字の他者」へと変容することに対応している。この変容においては、単なる個人間関係とは区別される第三項としての上位審級を承認することが求められる。この第三項に対する価値上の従属が確立されるとき、誰もが日常的な偶然性を克服できるようになる。この場合、もはや他者は、援助提供者もしくは共同契約者と見なされるにとどまらず、主権的審級の保証人となり、規範に代わる役割を担うようになる。こうして上位の審級は、他者の保護者的な身振りを通じて姿を現すようになる。以上のような条件の下で、他者との紐帯は社会的紐帯へと変容する。つまりそれは、ヒエラルキーを構築する紐帯、そして主権の保証——誰もがこれに従属する——〔が存在すること〕を証拠立てる紐帯となる。こうして、個人間の関係における不確かな扶助が、個人にとって外的かつ内的な原理〔次段落以降を参照〕が持つ権威に場所を譲るとき、「生の債務」が是認される。この権威という超然としたパワーは、偶有的現実の管理というレベルを超えて、社会の価値ヒエラルキーの永遠の表現とも言うべき信頼《コンフィアンス》を確立する。この表現においては、拠り所《ルクール》・保護《プロテクシオン》・保証《ガランティ》の存在は永続的なものと見なされる。

個人の人格形成において、ヒエラルキー的信頼は、「個々人に対して同盟《アリアンス》の絆を授ける保護者的パワー」という形態をとって内面化される。その想像的形態のいくつかを挙げれば、守護天使や妖精、また個人の私生活に付きまといその運命に影響を与える精霊・異星・星座の一式がある。どれも民間伝承の諸化身に他ならず、これらは、主体《スジェ》が権威の介入における過度のランダム性〔個人は主権のパワーを制御しえない〕を緩和しようとして、その心の働きによって生み出すものである。この結果、内面的《アントラペルソネル》なものもまた主権的権威の保証人となり、またそのことによって、特殊な個人は、現実界からの打撃が社会的紐帯への信頼を破壊しかねないにもかかわらず、日常の行動によっては揺らぐことのない原理、不滅の権威を持つ原理を当てにすることができるようになったのである。

貨幣的秩序においては、ヒエラルキー的信頼は、貨幣の使用ルールを公布し最終的決済手段を発行する制度《アンスティテュシオン》〔または機関〕という形態によって表現される。この制度は、貨幣諸関係総体の質を保証する、すなわち公布された規範への貨幣諸関係の合致を保障する権威《オトリテ》〔または当局〕である。主権的権威としてこの制度は、日常的な支払いからは排除された位置を占めている。ただし、この制度がそうした保証を行使しうるのは、自らが発行する貨幣が他のすべての貨幣章標との交換性を保持している場合に限られる。このことによって、貨幣システムは階層的《ヒエラルキー》な位相を持つ。私的諸主体の間の関係というレベルにおいては、交換を仲介する複数の貨幣章標、つまり銀行の振替貨幣〔＝預金通貨〕が存在している。振替貨幣同士の関係のレベルにおいて賭け《アンジュ》られているものは、それらの間の交換性である。この交換性が実現されるには、主権的制度が貨幣同士の交換に対して実効的に関与することが前提となる。この意味で、貨幣システムにおいては、通常の経済関係から「排除された第三項」がヒエラルキー原理として包摂されている。

方法的信頼

方法的信頼〔他人が一定の方法に従って行動することへの信頼〕は、〔一般的には〕各個人が他人と取り結ぶ関係の安全性《セキュリテ》に対して、また貨幣的秩序においては支払いの安全性に対して作用を及ぼす。首尾よく交換を実現する同じ性質の行為が繰り返される中で、この信頼は醸成される。それゆえ、ルーティンはこの信頼形態の源泉である。方法的信頼は客観的ルール〔＝客観化されたルール〕への信頼であるが、客観的ルールは、自動的に機能するものなので、ルールを公布しその施行を保護している権威〔ないし当局〕の存在を後景化させる。支払いの単なる規則性から、将来の行動のための基準が創発しうる。

これを人と人との間の紐帯という観点から見るならば、方法的信頼は、人と人との間の関係を管理していると言える。このレベルは社会心理的なものである。つまり、諸々の身振り・役割・機能は、社会関係を構築または破壊する機会にもなれば、また、そこに約束されている安全やそこに包み隠されている死の危険を与えまたは除去する機会にもなる。これらのものに信用を与えてよいものか、それとも与えてはならないか？「当てにせよ」との申し出は、率直なものか、幻想なのか、危険なものか、それとも罠なのか？　方法的信頼が依拠しているのは、規則性が生み出す効果である。規則性には、ヒエラルキー的信頼への従属という拘束を免れさせてくれる効果がある。方法の精神《エスプリ》が、強迫的な隷属と拮抗しようとする。したがってこの信頼はゼロ次の水準において現れる。この信頼は、「疑いを免れるもの」すべてという残余物でしかない。疑惑、懐疑、不信、保険と再保険の無限の手続き、そして検査・監督の業務が構成要素となる信頼もあるが、そうした信頼は――周知のように――安全保障戦略に起因するものでしかない。ここで問題にしているのは、利用できる安全装置の総体をもってしてもリスク最小化を達成できない場合には、もっぱら最終審級のみを信頼するということである。言ってみれば、方法的信頼とは、批判的な疑いの産物、疑いによってもヒエラルキー的信頼を否定できないことの帰結である。われわれはこれを、脱不信という用語で呼ぶのが適切であろう。ここから帰結する社会的紐帯は、反復を構築するための相互依存の紐帯であり、この紐帯を承認することによって、〔将来の〕安全性を予期することが可能となるのである。諸々の事例、現象形態、因果関係、多様なアナロジーが反復されることは、一般法則――例外は最初から排除されている――の表出と見なされる。こうして、それぞれの集団や文化に固有な社会的身振りの一覧表が作成されるのであり、それの反復の中から、脱不信を弱めたり強めたりする上での手続き的な理由が作り上げられていく。この側面に着目することによって、不信または脱不信において集団的模倣衝動《ミメティスム》が演じる強力な役割を理解することが可能となる。同じ手続きを拠り所として共有することから創発される集団的ダイナミクスは、安全な風土《クリマ》を醸成する客観的な事実と見なされる。後ほどわれわれは、方法的信頼と脱不信問題と〔いう概念〕が、金融の健全性ルールへの合意という問題に解明を与えることを見るつもりである。

倫理的信頼

倫理に目を向けるということは、人格に備わる諸権利の普遍性に着目するということである。個人主義という目標に縛られたわれわれの社会においては、人格の価値が他のどんな社会的要素よりも上位にあると想定されているから、倫理的なものの地位は、ヒエラルキー的信頼において承認される社会的なもの・内面的なものの位置よりも上にある。また、倫理的信頼が上位の価値、すなわち人格の完全さを引き合いに出すがゆえに、倫理的信頼はヒエラルキー的信頼よりも上位に置かれる。〔これに対して〕ヒエラルキー的信頼は、政治的権威に由来する保護を引き合いに出す。そのヒエラルキー的信頼はまた、方法的信頼――すなわち道具的・ルーティン的な信頼――よりも上位にある。方法的信頼は、個人間の関係をその反復のうちに管理し、また、管理のための「他人の善き行為」を判別するレッテルを作り上げる。

倫理的信頼の優越と、資本主義の発展の中で市場経済が自律性を獲得することの間には、密接な連動性がある。そこでの人間は、〔資本主義発展の〕変転の中で、永続的な幸福追求——絶えず抑圧されてやまないが——へと投げ出《プロジェテ》される。人格の存在規範《デュヴォワ・エートル》〔「こうあらねばならない」ということ〕の土台となるこのような最終的価値に注目するとき、人間は経済主体として表象される。しかし、主体を解放するというこの根本的なプロジェクトは、将来が不透明であることによって〔その実現を〕脅される。倫理的信頼が公準〔＝当然の前提〕としているのは、経済諸主体のプロジェクトが展開する場である市場経済が永続することなのである。この永続性には、市場の自律性の根源をなす価値ヒエラルキーの永続性と、民主主義社会の時間的持続性の二つが含意されている。したがって、社会総体の安定性に関与するヒエラルキー的信頼は、倫理的信頼に必要でありかつ従属しているのである。

信頼の諸形態と貨幣

現実の金融の世界において、三種類の信頼の所在と、それらの間のヒエラルキー的な関係づけは、どのように確認されるだろうか？

方法的信頼の行使は日常的になされる。それは市場の諸慣行《プラティック》〔ないし実際行為〕のうちに織り込まれている。つまり、市場参加者たちの間で取り交わされる約束が受け入れられることのうちに、方法的信頼が見いだされるのである。この慣行によって、法的通用力を持つコード化された媒体を用いずに金融取引を実行することができる。金融業界においては、このような方法的信頼は、古くからのビジネス慣行を共有する諸企業の間の連帯へと展開されている。これは、〔市場参加者の〕財務的アクシデントや攻撃的態度が引き起こしうる連鎖的な影響について自覚している金融業界にあって、リスクを管理するためにとられる一つの方法に他ならない。つまり方法的信頼は、「アウトサイダー」を排除するクラブ的心性に基づいた同輩の監視の下で、安全性の規律としての役割を果たすのである。われわれはこうした仕組みを、支払システムの運用ルールに織り込まれているところの、銀行間の損失分担に関する取り決めに見ることができる。また、清算機関を持つ組織的市場において、リスク限度や証拠金請求――すなわちエクスポージャー・ポジション〔＝ヘッジ取引によってカバーされていないリスク資産の残高〕の比重が増えるとともに増加する証拠金の拠出――という形で、同様のものが観察される。最後にわれわれは、市場全体に不信を伝染させる恐れがある金融機関の破綻――もしくは破綻の恐れ――が起きた場合にも、同じ仕組みが動員されるのを見る。この場合、苦境にある金融機関への貸し出しを実行する目的、その資産の一部を獲得する目的、さらには資本再編のスキームの中で損失を引き受ける目的で、業界諸企業のコンソーシアム〔＝共同事業体〕が形成される。

　ヒエラルキー的信頼は、銀行システムのヒエラルキー構造に依拠している。商業銀行は貨幣創造を一手に引き受けている。振替貨幣〔＝預金通貨〕が不換通貨〔＝不換銀行券〕に広範に代位していることから、中央銀行は貨幣発行者としては下位の位置を占める。しかし、中央銀行は、最終的決済手段の発行者としては上位の位置を占め、社会的凝集性を左右する貨幣総体の安定性を保全する役割を果たしている。ところが、貨幣の安定性を危うくするものがある。それは金融危機である。金融危機は、経済的関係を、また時には社会的紐帯さえをも破壊しかねない現実界〔本書四四―四五頁参照〕の回帰《ルトゥール》である。この浄化《カタルティーク》の状況においては、債務のシステムは、もっぱら信頼だけに依拠していることを露呈してしまう。しかし、「万人の万人に対する疑い」が広まっている状況においては、方法的信頼では対処しえない。なぜなら、債務者たちは、自分の約束を守ることができるということを、信じてもらえなくなっているからである。この危機を払い除けることができるのは、貨幣主権の受託者である中央銀行だけである。中央銀行は、最後の貸し手になることによって、債務システムの永続性を維持することができる。危機の文脈の中で中央銀行は、不信を拡大させる市場のルールを停止させ、しかもそのことを「市場経済の永続性」という上位の利益のために行う。このことによって、主権の審級へのヒエラルキー的な信頼は成り立っているのである。

今述べた危機の論理の中で、最後の貸し手に対してヒエラルキー的信頼が寄せられるのは、私的債務のシステムが脆弱化するときに、われわれが「最後の貸し手ならばそれを守ることができるだろう」と信じるからである。ところが、社会的債務をめぐる紛争《コンフリクト》を源泉として、もう一つの種類の危機が発生する。実は、社会的債務〔＝政府債務〕の増大とそのための資金調達は、容認され難い移転を必要とするかもしれない。移転が実施される際の名目として国民の凝集性という価値が持ち出されるが、この価値を通じてはもはや抑えられない敵対関係《リヴァリテ》が猛威を振るうようになる。このとき危機は、極端なインフレーションという形をとることがある。というのも、一方で、民間経済が資金提供を拒否するので、最後には社会的債務の増加が完全に貨幣化されるようになる〔国債の中央銀行引受けを指す〕し、他方で、私有財産の交換価値を守るための貨幣からの逃避がなされるからである。このような状況においては、貨幣の危機は政治の危機を随伴する。社会的債務の拡大の原理的基礎になっているのは市民権的な諸権利であり、その諸権利の再定義が争いの的になるのである。重大な危機を回避するためには、政治的権威〔当局〕は、社会的債務の貨幣化の結果として権力による闘争が勃発しないようにしなければならない。自由主義的民主主義の今日的形態においては、ヒエラルキー的信頼は新しい組織化に避難所を見いだしてきた。「中央銀行の独立性」の組織化がそれであり、これによって通貨権力は政府から分離され、貨幣安定への配慮をもっぱらの使命とするものとされた。

ただし、既に述べたように、ヒエラルキー的信頼は、倫理的信頼によって限界を画されている。なぜなら、社会的全体の凝集性ということそれ自体が、より大きな価値である「個人の開花」に従属しているからである。しかしこの従属は自明なものではない。というのも、個人主義が浸透した世界においては、政治的主権には——しばしばまさに全体主義的な——権力へと堕落する傾向があるからである。近代社会が抱えるこの根元的な緊張は、特に、最後の貸し手の両義性において見いだすことができる。まず、最後の貸し手介入は、社会的コストを発生させる。この介入は、破綻の急増によって社会の金融構造が破壊されることを恐れて、破綻した私的債務を社会的債務へと転化させるものである。次に、市場自身のルールに違反しながら発動される市場の緊急保護《ソブガルド》は、モラル・ハザードを生み出し、それゆえ危機後のビジネス界における方法的信頼を悪化させる。最後の貸し手の主権性は、他の利益を犠牲にして一定の利益を守ろうとする裁量的行動へと堕落する可能性があり、市場を緊急保護《ソブガルド》する裁量的行動が党派的な利益のためだけに利用されかねなくなる。この場合、市場の評価は公正価格から乖離しているだろうから、一人一人の経済的厚生——個人開花の条件——は二の次にされるだろう。この危険を払い除けるものが、普遍的な倫理的信頼に対するヒエラルキー的信頼の従属である。現在時点での私的契約の経済的価値を優先すること——倫理的態度の表れ——が、上位原理として中央銀行に課されることにより、中央銀行による通貨権力の行使は制限される。こういう事情から、最後の貸し手の行使は、儀礼的な演出を動員しつつなされる。つまり、介入の原因となった私的主体に対する通貨当局の厳粛な戒告、あるいはまた予防的・見せしめ的な制裁がそれである。

五　ユーロと主権

以上に提示した諸概念を用いることで大いに生産的な結果が得られるであろう観察・考察の領域、それを提供しているのがユーロの出現である。

ヨーロッパでわれわれが経験している貨幣をめぐる諸変化を、過小評価してはならない。一定の年齢――貨幣を使える年齢――よりこのかたわれわれの日常習慣の一部となってきた貨幣、時には何世紀にもわたって国民文化の中に包含されてきた貨幣が、新しい貨幣との交代を求められている。だがそれにしても、ユーロは、より強い共同体感情をヨーロッパの中で媒介《ヴェクトゥール》する物になると言えるのだろうか？　ユーロの貨幣主権はどんな形態をとるのだろうか？

経済通貨同盟（ＥＭＵ）は、長きにわたった経済統合過程の到達点である。単一市場を構築しそこに金融も含めようとする一九八〇年代に開始されたプロジェクトによって、経済統合過程の性質は変化した。各国の歴史の遺産である社会的諸価値が動員される国民的調整《レギュラシオン》よりも、経済主体の優越性が前面に出てきた。例えば、ドイツのオルド自由主義*という思想潮流があるが、彼らは、競争が私的権力の対峙に堕することを避けるべく、市場機能に対して経済の憲法を授けることを提案してきた。ここでの経済の憲法とは、公益に資する諸市場の調整《レギュラシオン》〔市場の競争的機能のこと〕を誘導するための諸原則の総体であり、その筆頭に来るのが貨幣の安定である。〔実際に〕この調整においては、賃金妥協の確立と企業の共同決定を通じて、共同体への帰属と個人的厚生の追求との間の緊張が克服されてきた。フランスもまた、「成長の舵取りをする政府の庇護の下での、公的なもの《ピュブリック》と私的なもの《プリヴェ》との密接な絡み合い」という伝統を効果的に発展させ、市場を枠付け、所得分配の諸ノルムを推進してきた。

＊フライブルク学派のW・オイケンやF・ベームらは、一九四八年創刊の年報『オルド』に拠りつつ、独特な自由主義の考え方を主張した。自由放任の下では市場経済の機能は阻害されるとし、国家が市場の競争を保護する役割を果たすべきだとする。この考え方は「社会的市場経済」と呼ばれ、ドイツの経済理念となった。

これら経済組織化の諸原理に表されている上位価値は、ヨーロッパの諸社会が自らの歴史の中のある時期に統一を確立しようとしたとき利用したものである。すなわち、ドイツにおいては、中央銀行の使命を擁護する憲法的秩序が、フランスにおいては、政府によって体現される一般利害がそうした上位価値である。市場の国際的拡大にともなってこれら主権的権威の諸形態は試練にさらされてきた。経済統合の制約が一国的調整《レギュラシオン》に混乱をもたらす一方で、経済的自由主義は、一国的調整を正統化してきた経済政策の諸原理を破壊してきた。単一思考の時代がやってきたのだ。実際、金融のグローバル化は多国籍的な金融の声（＝いわゆる「市場の声」）に決定する力《フォルス・デテルミナント》を与えてきたのであり、そのような声においては、各国の経済政策は、かつてそれらを正統化してきた価値ヒエラルキーに照らしては評価されない。格下げされつつある一国的調整の諸原理と、浮動的な金融の声との間の対立《コンフリクト》は、一五年以上前から、経済政策に対する信頼と不信の周期的な交代を引き起こしてきた。

欧州通貨の開始は、この対立《コンフリクト》の克服を可能にするだろうか？　可能性を信じる人は、単一市場を覆う空間上に欧州通貨が貨幣主権を打ち立て、そのレベルにおいて倫理的信頼に対するヒエラルキー的信頼の従属を再生させるだろうと考える。だが、〔この主張においては〕欧州通貨主権をめぐる問題が理解されているとは、到底言えない。

欧州中央銀行（ＥＣＢ）の創設原理は独立性である。この原理は、政府の内部において行政から中央銀行を分離し、貨幣の質という限定領域における自律的権威を中央銀行に授けるものである。ただし、この独立性は立法権力によって授けられ、中央銀行は立法権力に対して責任を負い、自らの使命の遂行についての申し開きをせねばならない。

通貨同盟の枠組みにおいては、参加国の諸中央銀行〔＝各国中央銀行（ＮＣＢ）〕は、欧州中央銀行とともに欧州中央銀行制度（ＥＣＢＳ）を形成することになる。言ってみれば、欧州中央銀行は各国中央銀行の子会社である。しかしそれはまた制度全体の要でもある。なぜなら、ヨーロッパの金融政策は、各国中央銀行の総裁と欧州閣僚会議任命の理事会メンバーとから成る委員会によって決定されることになるからである。こうして、理事会メンバーから選出される欧州中央銀行総裁は、欧州規模の権力を持つことになる。

では、こうした制度配備はどんな主権的権威に従属しているのだろうか？　ここでの新しい主権は、各国中央銀行に委ねられた諸主権の共同行使であると見なされている。しかし、新しい主権を構築する権利が、ヨーロッパ人民の選挙に基づく立法機関によって与えられているわけではない。それゆえ、欧州中央銀行の民主主義に対する関係は、各国中央銀行の独立性が表しているものとは同一ではない。ヨーロッパというレベルにおいては、中央銀行を人民主権に従属させる価値ヒエラルキーは存在しない。欧州中央銀行は、全ヨーロッパに対する金融政策を実施するときでも、同じ領土範囲における民主主義的な社会秩序には組み入れられていない権力を利用することになる。ここに難問がある。なぜなら、この新しい組織においては、各国の主権は集計されてはいるが、それらの上位にある階層原理《ヒエラルキー》を通じて接合されてはいないからである。
しばしばわれわれは、欧州中央銀行に権威を授けるのは、単一市場そのものであるという言い方をする。しかしその場合、貨幣を紐帯として構成される各国の社会空間との関係はどうなるのだろうか？　様々な国の市民は、ユーロの名称が記された、諸中央銀行制度によって発行される不換通貨をどのように受け入れるのだろうか？　銀行券の肖像についての欧州委員会における議論の在り様は、価値ヒエラルキーの非決定に由来する困惑ぶりを示している。つまりこうだ。各国にあっては、銀行券の肖像には、それが法定通貨として流通する共同体のシンボルとなる人物が描かれる。ところが、ユーロは、「社会的価値による共同体」ではない市場空間の中を流通することになる。ユーロ紙券には確かに建築物の図柄が載っているが、それは帰属シンボルとしての力《フォルス》を欠いている。コミュニケーション媒体の純粋な記号へのヨーロッパ人の帰依はどのようにして実現されるのだろうか？　ヒエラルキー的信頼が人民主権不在という重荷を負いながらも、単一市場の出現による経済主体の後押しがあまりに強いことから、倫理的信頼が確立して、ユーロに存在論的な重要性を与えるのだろうか？　それとも、ユーロ創設によって民主主義の不在が耐え難いものとなり、ついには欧州政治主権の創設が不可避となるのだろうか？　このような賭けが存在しているということが、貨幣についてのわれわれの階層的《ヒエラルキー》な概念化から明らかになってくる。

ミシェル・アグリエッタ、ジャン・アンドリュー、マルク・アンスパック、ジャック・ビルスト、ジャン・カルトゥリエ、ダニエル・ドゥ・コペー、シャルル・マラムー、アンドレ・オルレアン、ジャン＝ミシェル・セルヴェ、ブルーノ・テレ、ジャン＝マリー・ティヴォー

第1部

債務

第1部の概要

第1部「債務」では、アルカイック社会（政治権力の集中が進む前の社会）で行われていた宗教的儀礼としての供犠を考察することによって、「生の債務」とそこでの貨幣の介在がどのようなものであるかが明らかにされる。主要な事例として取り上げられるのは、ヴェーダ・インド（紀元前のアーリア人社会）において豪族が行っていた供犠祭であり、**第1章**（マラムー著）と**第2章**（アンスパック著）はその詳細な考察である。供犠においては神々（主権的パワー）からの生の諸条件の贈与に対して犠牲が捧げられるが、ヴェーダ・インドの事例に関して注目されるのは供犠対象そのものではなく、供犠終了時に祭主（豪族）が祭官（バラモン僧）の祭司サービスに対して事後的に支払うダクシナー（報酬）である。支払いに使用される貨幣である抽象的な「牝牛－単位」等は（祭官との）関係を切断する機能を果たす点で、近代貨幣の萌芽をなすとされるのである。ただし関係切断が宗教的要請である点が近代とは異なる。ダクシナーは、供犠の効果を確実なものにして世俗に戻る（供犠の最中に祭主は意識高揚状態の中で天上との往復を果たすとされる）ために支払われるという。貨幣の考察をモースの原始貨幣（マオリのタオンガやクラ交易のヴァイグアの場合は支払いが関係の継続をもたらす）からではなくダクシナーから始める点は、本書の際立った特徴の一つである。

続く**第3章**（ティヴォー著）では、アルカイック社会から王権社会への移行とともに、つまり供犠の機能が後退するとともに貨幣がどのような変遷を遂げるかが考察される。王権社会の王－臣民の関係は元々祭官－祭主の関係であるが、祭司＝王は領土内では自らが神であるように振る舞う。このとき神々は後景化し主権的パワーは世俗化している。本章で描き出されるのは、これに対応する貨幣の一種弁証法的な働きである。一方で貨幣は法とともに人々の合理的認識を促し神々の後退に寄与する。他方で貨幣は王の世俗的な権力を領土の隅々にまで誇示する機能を果たす。王権社会では支払手段が供犠対象（ヴェーダ・インドでは牝牛等）から硬貨に取って代わられ、初期の硬貨には犠牲獣の刻印があり供犠的起源が明示されていたが、後の硬貨には王の肖像が刻まれるようになったのである。

こうして第1部では、貨幣の変遷は「生の債務」の形態変容を映し出すものとしてとらえられる。また「われわれは今もなお供犠の迂回路（供犠執行において祭官の雇用という世俗的関係が介在すること）をうろついている」と第2章末尾にあるように、債務返済先こそ神や祖先から主権者（国民）や他人に変わるものの、近代社会においても「生の債務」の原理は貫通しているとされる。

第1章

シャルル・マラムー

ヴェーダ・インドにおける祭式的行為への支払い

「ヴェーダ」または「ヴェーダ集」と呼ばれる文献群に体現されているインド文明の時代・側面を、本章では「ヴェーダ・インド」と呼ぶことにする。年代としては、紀元前一五〇〇年から五〇〇年にかけての千年がこれに当たる。ヴェーダ文献を構成する讃歌・呪文集や典礼論が編纂されたのは、この一〇世紀の間においてであった。もちろん、ここで挙げた年代はおよそのもの、また推測に基づくものである。

この時代の始まりはまた、インド史そのものの始まりでもある（ただし、前三千年紀の中葉に頂点を極めた「インダス文明」を除く。インダス文明は遺物を残すのみであり、それに解釈を加えること、またそれを——幾世紀もの隔たりを超えて——ヴェーダ時代の開始に結びつけることは困難である）。

通説では、ヴェーダ文明の発展は、西北通路（今日のアフガニスタンとパキスタンの間）からの人口の流入——これも仮説である——と対応づけられることが多い。侵入した人々は、自らをアーリアの名で呼び、言語学者の用語でいうところのインド・アーリア語を話した。古代ペルシア語と密接な類縁性をもつこの言語は、インドの地でサンスクリット語になっていった。

この時代の終わりは、仏教の開始時期に一致している。しかしヴェーダ文明は以上の年代区分に収まり切るものではない。実際、この時期に形成されたヴェーダ文献は、インドの人々の間で現代もなお支配的なヒンドゥー教にとっての規範、最終的典拠であり続けている。

教義および実践に関わる本質的ないくつかの点において、ヒンドゥー教は、その源をなすバラモン教〔＝ヴェーダ宗教〕とは明白に区別される。例えば、〔ヒンドゥー教における〕業《カルマ》の理論によれば、人は死んでも無限に生まれ変わり、その生の形は前世の行いによって決まる。またそこから派生する理論として、行いの果報がすべて汲み尽くされ、かつわれわれを絶えず新たな行動に駆り立てる欲望が消滅するとき、至福すなわち解脱がもたらされるとされる。こうした理論はバラモン教とは相容れない。これらはヒンドゥー教（および仏教）による革新である。また〔実践の面について言うと〕、ヒンドゥー教においては彩色画や彫刻による神像が前面に押し出される。神像の存在を前提とした礼拝・宗教的感情の諸形態は、バラモン教における神像不在の――供犠を主とする――礼拝に後から付け加わったか、あるいは取って代わったものである。しかし、ヴェーダの祭式はヒンドゥー教、特にその通過儀礼において残っているし、理論面でもヴェーダの学習は、依然として社会の上位三階級の子女にとっての義務である。さらに、紀元後の最初の千年間にヒンドゥー教が発展させた正統的な思想体系のすべてにおいて、ヴェーダの言葉には権威が認められている。ヴェーダの言葉は、真理の担い手、したがって真の知識の源泉と見なされているのである。そうした思想体系の一つであるプールヴァ・ミーマーンサーは、全編にわたって、ヴェーダについての、特に祭式を扱ったヴェーダの章句についての分析・解釈に依拠している。また、ヴェーダ以後の思想家のテキストにおける議論や哲学的思索を見ても、ヴェーダ文献の記述が持つ影響力の強さを窺い知ることができる。

ヴェーダ文献は複数の年代層から成り、それらは領域の違いにも対応している。最も古いものは、讃歌・呪文・祭詞の集録であるサンヒター〔「本集」〕である。次に、散文による一群のテキスト、ブラーフマナがくる。これはたいてい、供犠祭の概論の間に挿入されている。ブラーフマナは、供物を捧げるためになすべきこと、祭式の意味および（神話的な）起源、古い集録に載る歌詞・祭詞を祭式動作にともない暗唱しなければならない理由を説明する。第三の層は、古ウパニシャッド〔＝いわゆるウパニシャッド〕であり、これはブラーフマナを補足するものである。ウパニシャッドは、供犠祭の概論の中で告げられている真理についての神秘的・形而上学的な考察である。〔以上の〕いわゆるヴェーダに加えて、後にヴェーダーンガと呼ばれるようになる諸テキストがある。ヴェーダーンガとはいわば、右記のヴェーダの隊列に途中合流したメンバーである。そこでは、かなり凝縮されたアフォリズム〔「格言」「警句」のこと〕の形をとって様々な知識が提示されている。それらの知識の提示はバラバラでありかつある意味で世俗的であるが、ヴェーダの理解と正しい伝達とに不可欠なものと見なされている。文法学、音韻学、韻律学、語源学、占星術、そして何よりもまず祭式の規定が、そうした知識として挙げられる。最後の領域では、これ〔祭式規定〕を材料として記述的（もしくは指示的）・分析的な報告がなされているだけで、解釈も正当化のための説明も見られない。これはヴェーダーンガ〔＝ヴェーダの補助学書〕ではあっても、ヴェーダそのものの構成要素ではない。

ここで強調しなければならないのは、ヴェーダ文献の総体が、この時代を研究する上での唯一の知識源泉であるということだ。われわれはこれらのテキストに位置づけを与えようとしても、実際いかなる考古学的資料も、ヴェーダ以外のいかなるテキストも、いかなる外部者的な証言も利用することができない。それゆえ、ヴェーダ・インドを眺めるときのわれわれの見方は、かなり不完全なものである。ヴェーダを洗練させてきたバラモン〔＝バラモン僧。ブラフマンとも言う〕たちは、自らの栄光を讃えるために、われわれに右のような文献《ベルジオン》を遺した。これを見る限りにおいては、「ヴェーダ・インドはヴェーダ宗教と混然一体となった文明である」と判断されるのである。

実はヴェーダは、その内容と形式によってだけでなく、その地位によってもまた宗教的なテキストである。古来よりインドにおいては、ヴェーダは天啓聖典であると見なされてきた。原初の時代において、あるいはむしろ不確定な「昔」において、聖仙《リシ》（インドの原語の意味からは「預言者」または「予言者」と翻訳される言葉）、すなわち例外的な直観力を有する人々が、ヴェーダのそれぞれの箇所の「幻影《ヴィジオン》を見た」のであり、その幻影を彼らは話し言葉に転換した。これこそわれわれの知るヴェーダ、師匠の口から弟子の耳へ、世代から世代へと伝えられる「聴き取られるもの」としてのヴェーダである。ヒンドゥー教の一部の潮流においては、聖仙《リシ》に啓示されたヴェーダのテキストは、神の創造物だとされる。しかし、普及している考え方によれば、ヴェーダは永遠かつ非被造なものであり、ヴェーダには、神であれ人間であれ個別の作者は存在しないとされる。いずれにせよ、ヴェーダの諸テキストが隅から隅まで宗教的であることは排除されない。またその諸テキストは、根本的には単一の主題――供犠――しか扱っていないとしても、豊饒でありまた多様性に富むがゆえに、社会的生活だけでなくまさに経済的生活に関しても数多くの資料を提供してくれることは間違いない。供犠というプリズムを通して、すなわち聖仙《リシ》（われわれから見てヴェーダの作者）の口から語られる伝統を通して、社会の現実《リアリテ》そして何よりもまず社会についての観念と解釈、すなわち社会関係が見えてくるのである。

この社会は貨幣を知っていただろうか？　そのようには思えない。では、「考古学と諸テキストが語っていないだけだ」という過激な結論を引き出してよいだろうか？〔結論を出すには〕金製の物体に、また特に「百」や「千」の重さ（？）があるとされる金銀片に言及しているヴェーダの諸節――かなりの数に上る！――をすべて、隈なく研究しなければなるまい。ただしそれら諸節は決して明瞭とは言えず、金属数量と他の財数量とを結びつけうる等価性については語られていない。ところが、牝牛については事情が異なる。後で述べるように、牝牛はすぐれて可算的かつ――逆説的なことに――分割可能であり、一種の原貨幣《プロト・モネ》になっていた。確かに、貨幣の問題に関しては明確な答えを見いだせず、貨幣を見いだすことはできない。しかしその代わり、経済取引への言及はしばしばなされているし、多くの箇所で供犠の概要が述べられる際に、実は経済取引が考慮されている。購入、売却、借入れ、サービスへの支払い、報酬――これらのことはすべて知られていたし、直接的・隠喩的に話題とされていた。

これらの取引の一つに、より正確に言えばそのうちのサービス購入の一つに、私が「祭式的行為への支払い」と呼ぶものがある。このフランス語表現は、医療関係の言葉のような響きがある。実は、ここでは意図的にそういう表現を用いている。つまり私は、ヴェーダ典礼の要素としての支払いと医者への謝礼支払いとの間には類似があると考える。しかし両者の類比は後ほど展開することとし、ここではまず、「祭式」でなく「祭式的行為」について語ることが適切である理由について説明しておきたい。

「祭式」は一つの抽象である。実際には、あらゆる祭式は、諸行為の連鎖もしくは絡み合いから成っており、インド人が祭式実践について考察するときの主要テーマは、各行為の個性や、全体への部分の接合を規定可能にしている基準を探索することである。「祭式的行為」という表現を用いるさらなる理由として、以下で注意を促したいのは、ヴェーダおよびヒンドゥーのインド思想において祭式的行為こそがまさに行為のモデルであるということである。複合的なワンセットの行為を説明・分析しようとするとき、それはしばしば、供犠という原型に類似するものとして提示されるし、またそこには、供犠を構成する行為・人物・物質的実体の組み合わせが見いだされる。戦闘と戦争、結婚式と夫婦生活、師匠と弟子の関係は、このようにして説明・分析されてきた。モデルの役割を演じることができるためには、祭式それ自体が複合的なものでなければならないのは明らかである。ヴェーダのテキストは、祭式実践についての教えの中でまさしく、最も複雑な供犠祭の形態を原型と見なした上で、より単純な諸形態をその原型に関連づけている。その関連づけは、単純な諸形態における欠落を際立たせ、欠落がいかなる代用物で埋められているかを示すことによってなされる。

複雑化していて、他の祭式のための説明図式としても役立ちうる祭式のモデルとなるのは、単純な「家庭の」供犠とは区別されるところの「厳粛な」供犠である。「家庭の」供犠と同じく「厳粛な」供犠にも、儀式を主宰することを通じて自分自身にとっての便益効果を引き出そうとする中心人物がいる。これが「祭主《ヤジャマーナ》」（この単語は動詞ヤジュ（yaj-）「供物を捧げる」の中動態現在分詞である）である。実際には、「祭主」には必ず妻のパトニーが随伴し、夫婦が供犠の「果報」を受け取る。しかし、「厳粛な」供犠に特有であるのは、供犠のプロジェクトを実行する上で、祭主が技術者であるリヴィジュすなわち「祭官」の存在を必要とするということである。大雑把にいうと、祭主によって選ばれる「祭官」は、一六人のチーム（四人の主要祭官がいて、その各々が三人の「侍者」を従えている）を形成している。「祭官」たちは、言わなければならないこと、しなければならないことを知っている実行主体であり、祭主に仕える。彼らの行為も動詞ヤジュ（yaj-）によって表現されるが、その際用いられるのは、祭主の場合のように中動態〔行為者自身のために行われる行為を表すとき用いる〕ではなく、能動態である。このことは、彼らの行為の結果が自らにとっては外的なものにとどまり、自らには返ってこないことを表している。つまり、この供犠の果報は彼らなしには実現されないにもかかわらず、彼らがその分け前を得ることはない。あるいはまた、彼らに対しては動詞ヤジュ（yaj-）の使役形が用いられる。供物を捧げる動機を祭主に与えるのは彼らの存在であり、彼らのおかげで祭主は供物を捧げることが（したがってそこから利益を得ることが）できる。祭主と祭官との間には、一義的なヒエラルキー関係は見いだされない。一方で、祭主はヤジュナパティ（yajnapati）すなわち「供犠の主人」である。供犠の装置は、彼のために、彼を中心に、彼の費用負担において、そして彼の利益のために配備される。注意すべきは、祭官はこの装置の中で役割を果たす権限を――唯一――与えられるけれども、祭主に対してはいかなる種類の道徳的権威も行使しないということである。しかし他方、まさにその能力のゆえに、祭官は祭主に対して次々と指示を与えるのであり、祭主はその教唆に服することによって、自らの心の内《エートル》に根底的な変容を経験する〔儀式中に祭主は意識高揚状態の中で天上界との間を往復するとされる〕。祭主はこの変容によって、供物の道に導かれて神々の世界へ到達するのに適した存在へと変わる。なお、祭官は必ずバラモンであるのに対して、厳粛な供犠の祭主《ヤジャマーナ》もまたバラモンでありうるが、ただし祭主は「二度生まれ」すなわちヴェーダ学習の入門儀礼である第二の誕生を通過した者であれば〔祭主となるのに〕十分である。「二度生まれ」とは、社会の上位三階級の子女が受けることのできる通過儀礼である。

祭式的行為への支払いは、財産の移転による。祭主《ヤジャマーナ》は祭官に富を与える。この取引は供犠祭の最中に行われ、供犠祭の構成要素となっている。この取引がなされないと、供犠祭は不完全となり、すべて有効でなくなる。問題は、この移転がどんな点で支払いと言えるのかを知ることにある。何を支払えば公正なのか？また、祭式実践のこの部分についての指示は、供犠に関するヴェーダの教義の中でどんな位置を占めるのだろうか？　一つのことだけは確実である。それはここでの富が、厳密な意味で祭式的行為に対する報酬だということだ。祭官への支払いはその行為に対するものであり、彼らが受け取るのは定期賃金や年金と同じものではない。むしろここに見られるのは謝礼〔布施〕である。

こうした説明は既に、インド人およびインド学者の註解書のかなりの部分を占める論争に関して一定の立場を明らかにするものである。その論争とは、ダクシナー〔「報酬」の意〕の観念をめぐるものである。ダクシナーとは、サンスクリット語で祭主が祭官に与える財産のことである。

確実なことは、供犠が、人間の世界と神々の世界を関係させる手続きだということである。少し振り返っておきたいのだが、「供犠《サクリフィス》」とは、ヴェーダ・サンスクリット語であらゆる形態の献供を言い表すときに用いるヤジュナという語に対する訳語である。植物の供物も乳製の供物も、動物の生贄と同じ厳粛さ、同じ枠組み、同じ効果において献供されうる。ヴェーダは、砕かれた穀粒や、粉を得るために挽かれた茎、あるいは神に差し向けられた抽出液もまた、屠られる犠牲獣と同じ暴力、同じ殺害を受けているのだ、と強調的に述べている。しかし、厳粛な供犠においてはこの〔二つの世界の〕関係を確立するには祭官の行為が不可欠であるから、ヤジュニャという語にはまた、その実現に向けた人々の間の協力関係が定義・理論化されていることも含意されている。

さて、祭式実践論においては、供犠のこの側面が非常に大きな位置を占め、そしてそれはたいていダクシナー〔＝報酬〕の視角から扱われている。しかしながら、われわれは、祭主と祭官との間の協力が分業に帰着し、ある側面においては聖体拝領的なタイプのものではなかったのではないかと疑うことができる。祭主と祭官は、神々に捧げられた残りの供物をその場で一緒に消費するよう仕向けられることがあり、そのような場合には陪食者の共同体を形成している。最も荘厳で最も複雑な供犠、すなわちソーマを供物とする祭式の場合、特にそのようなことが言える。ソーマとは植物の名であり確実に同定されてはいないが、ヴェーダの諸テキストから、ソーマの茎の部分が供犠に用いられたことが知られる。供犠に際しては、その茎を石で敲いて潰し、流出する液を集める。この液は濾過された後、祭火の中に注がれる。この火が、炎と煙によって、ソーマ液を神々のところまで運ぶとされる。

神々にとって、ソーマは不死の酒である。神々をもてなした後、祭主と祭官たちは神の献供（ここで「神の」とは、ソーマ草がソーマ神の化身にすぎないという意味も含む。神々が不死でいられるよう一人の神が殺害される！）の残りを回し飲みする。祭官が祭主と接触をもつよう仕向けられる瞬間があることに、そして何よりもまず、祭官たちと祭主が数珠つなぎになって祭場の一角を横切る（縦列行進のメンバー各々は、前を行く人の服の後ろをつかむ）行動がとられることに留意すべきである。ただし、ここで問題にされているのはかなり限定された局面にすぎず、諸テキストがそこから総体の理解にとって重要な結論を引き出しているようには見えない。祭官と祭主との間の一種の共同性・平等性をもっとよく特徴づけているのが、ウパラヴァーマルサナと呼ばれる連続場面である。その中で、祭主と祭官の一人は、ソーマを運ぶのに使われた荷車の前方部の下の地面に掘られた「共鳴の穴」にそれぞれ右腕を突っ込む。穴と穴をつなぐ空洞を通して、両者とも相手の手に触れようとし、手が届いたとき次のような対話がなされる。「そこには何がある？——良い物だ——それなら二人とも同じ《コミュン》ではないか！」

　重要なこととして、祭主と祭官は同じ仕方で供犠に参加するのではないという問題がまだ残っている。供犠の執行を開始する前に、祭主は、「献供」の戒行的な最初の局面であるディークシャー〔「潔斎」の意〕を経なければならない。ディークシャーは、儀式が続く間、祭主を「聖別された者」すなわちディークシタにする。この変容を祭主に授けることができるのは、祭官だけである。ただし祭官自身は——このことははっきり告げられている——この変態《メタモルフォーゼ》に自らを委ねてはならない。「聖別されざる者」（アーディークシタ）こそが、祭主志願者を「聖別された者」にするのである。

　祭主と祭官たちとの間には、欲望（カーマ）によって駆り立てられているという類似がある。ただし、両者の間の共同作業を可能にする前提は、両者の欲望が同じ対象には向かわないことである。両者は互いに、相手しか自分に与えられないものを欲する。祭主は、供犠行為の成功から得られる果報を欲する。ここで果報とは、子孫繁栄、〔家畜の〕繁殖、豊作、戦勝であり、それに何よりもまず、死後の幸福継続、天上における位置、あの世における「世界」もしくはより控え目に「空間」（ロカ）である。そうした世界もしくは空間は、まさに生活の節目に供犠を執行することによって「稼ぎ出される」。祭官たちはどうかと言うと、彼らの側は、祭主から与えられる富を欲している。この欲望は何よりもまず、気前のよい祭主を讃える讃歌において表現されている。

この対称性――要するに全く異なる目的対象の間の等価性――をうまく表現するものとして、祭官の一人が、報酬として物財を受け取るときに発する言葉がある。「それを与えたのは誰か？　誰に与えたのか？欲望が欲望に与え、欲望が与え欲望が受け取ったのだ。おお欲望よ、これはお前のものなのだ！」以下の諸点を指摘しておきたい。すなわち、まずこの祭詞は、祭官が受け取る物が実は、死すべき運命にある祭主からではなく神々から与えられることを述べた一連の章句全体の締め括りになっている。また、むしろ祭官自身が、受贈者〔＝贈物の受け取り手〕の立場にあるがゆえに、この状況においては神と同一視されねばならない。そして最後に、この現世の富が、祭官にとっては生命の原理――喜びと力《フォルス》――へと転換される。

以上のようなことは、バラモン（ブラフマン）たちが受贈者の状況に固有なリスクを引き受けるべく練り上げた正当化理由――その他にもいろいろ理由づけはあるが――である。われわれは、神の位置を占めるのでない限り、受贈者の〔リスクをはらむ〕状況を支配することができない。

関連して述べておきたいのは、両立可能で相補的な二つの欲望――欲望一般の称揚へと統合されていくところの――に関して、「祭主と祭官それぞれが自らのアイデンティティを保持している」という事実が注目されるということである。二つの欲望の関係は、次のような儀礼化された契約の形態を見るとよくわかる。すなわちターヌーナプトラの儀式の中では、祭主と祭官が、同じバターの塊に同時に触れてから祭詞を唱える。この祭詞は、供犠を行う間、同盟関係が明示的に解消される瞬間までは、双方を結びつける効果を持つ。この間、どちらの参加者も、集団から、また集団が目指している成功から排除されたくなければ、相手の邪魔にならないようにしなければならない。そして、祭主は祭官の一人一人に対して次々と自分を「招待する」よう要求するのであるが、同盟契約のパートナーはあくまで一方の祭官チームと他方の祭主である。参加者の間の相互信頼は、契約パートナーの間で維持される他人行儀的な態度の上に築かれる。

ダクシナーという語について少し説明しておきたい。字義通りにはこの語は、「南にある物」もしくは「右にある物」を意味する。右と南が混同されているが、それというのも、インドでは人は（基本方位の「最初」である、あるいは「前」に来る）東に向かって立つので、南を右に見るのである。祭場において、南にある最初の三つの火壇の場所がダクシナーと呼ばれる。では、それが南に位置するという事実についてであるが、これは以下のルールと関係づけられるべきである。つまり、一定の時点において祭主が祭官に引き渡すべく祭場に持ってこさせる財は、南から来て、「南」すなわち「右」の祭火の近くを通らねばならないことになっている。

南とダクシナーの間にはどんな関係があるのか。この問題は、テキストの中で正面からは論じられていない。しかし、一つの手がかりが残されている。南は、死者の王国を支配するヤマ神に割り当てられている基本方位なのだ。そして、死者・葬儀・祖先崇拝に関係あるものはすべて、何らかの仕方で南に結びつけられている。よってわれわれは、南に位置するダクシナーがヤマの世界と何らかの関連を持つかどうかを問わなければならない。実は、「ブリハッド・アーラニヤカ・ウパニシャッド」の中に次のような対話が見いだされる。「南にいる神は何だろうか?——ヤマだ。——ではヤマを支えるものは何だろうか?——供犠だ。——では供犠を支えるものは何だろうか?——ダクシナーだ。——ではダクシナーを支えるものは何だろうか?——信頼だ。なぜなら、ダクシナーを与えるのは、われわれが信頼を抱くときであるからだ。」ヤマは、他の神と同格の神として供犠とダクシナーに支えられているわけではない。ヤマとは、自分が子孫〔人間のこと〕と同族であることを信じてもらうため、あるいは死を免れぬ人間という種族を敢えて創り出すために、死すべき者となることを自ら決意した神、もしくは諦めて死を受け入れた神である。ヤマ（アンタカすなわち「死をもたらす者」とも呼ばれる）という名前は、本来「拘束」を意味する。それは、人間を定義する限界・義務の一切を要約している。人間が、有限性の刻印を捺された存在、法に従属した存在であるのは、そうした限界・義務によってなのである。祭式実践の神話の中では、創世の時代に一連の試行錯誤の末に良き供犠様式を発見したのは神々であるとされているから、その意味で、確かに、人間によって挙行される祭式はどれも神を模範にしている。しかし、今のあるがままの世界においては、神々に献供する義務を負うのは、ヤマの支配を（この世では死に従属する者として、あの世では祖先と冥界の住人として）受けた、死を免れぬ人間たちである。この視角、つまり献供を行う人間の有限性の視角から見るならば、供犠は「ダクシナーに支えられている」といえる。なぜなら、ダクシナーという行為を通じて、祭主は、自らの死の条件を超越した往復の旅〔＝天上に行き地上に帰ること〕を行うからである。祭主が祭官に要求するサービスに対して、ダクシナーを支払うとき、祭主は復路の保証に対して支払いを行っているのである。

この旅（これを早まって秘儀伝授の旅と同一視することは誤りだろう）の性質を把握するためには、祭主が基本的に欲するものは天上なのだということに留意しなければならない。祭式執行が成功したときに獲得される財、この世に属する特殊な「目に見える」財がどんなものであるかは、この際関係ない。祭主にとっては、天上に行って、自分が死後に占める位置をそこに標《しる》してくることが問題であり、その位置を得る権利をもたらす功徳の一つとしてまさに供犠の挙行があるのである。この側面から見るならば、祭主が自らを変容（予備的な献供であるディークシャー〔＝潔斎〕を通じてもたらされる変容）に委ねることは、天上への旅を可能にする神体を授かるための行為と言える（このことは、ブラーフマナにおいて述べられている別の解釈、すなわち「真の供犠は祭主が自分自身を犠牲に捧げるものである。それゆえ祭主は浄化・完成された肉体、祭主がその下に赴かんとする神々と同質な肉体を獲得しなければならない。そして犠牲獣や植物・牛乳の献供は祭主の身代わりである」という解釈を妨げるものではない）。

　ただし正確に言えば、この旅は決定的な出立なのではない。旅の目的は、神になることではなく、死後に天上への入場を認められる確実性、そして天上で多少とも不死性を持つ祖先として――神としてではなく――「一つの世界を与え」られる確実性を得ることにある。この旅を行うには乗り物が必要である。その乗り物こそまさに供犠そのものである。行為と言葉から成るこの装置は明示的に船や車に喩えられており、部品をまとめ上げる帯金となっているのがダクシナーすなわち祭官への報酬であるとされる。では操縦士に当たるものはと言うと、既に見たように、それは祭官および祭官集団である。操縦士が下手であるか悪意を持つ場合、乗り物は宇宙空間において道を誤り、横転し、あるいは行方不明になるかもしれないとされる。これは、心理学的な用語を用いて――こうした表現の転調はブラーフマナの諸テキストによって文字通りに実行されている――、祭主が精神に異常をきたす危険があることを言おうとしたものである。上手に操縦された乗り物は、目的地に到達した後、乗客を出発点である地上へと連れ戻す。

このように供犠を旅と見なす見方において、ダクシナーに関する解釈を可能にする比喩がいくつも見いだされる。比喩が言わんとすることは一つに収斂する。それは、謝礼の支払いが、祭主と祭官たちの間に次のような関係を打ち立てるという目的・効果を持つことである。すなわち、祭主は最終的には事をなし遂げて帰還することを確信して、祭官に自らの身柄を預ける、というのがその関係である。帰還する祭主は確かに希望に満ち、また来世の保証にも恵まれるけれども、地上にあってはやはり、「死を通過して初めて天上に到達するしかない」点で明らかにかつ厳密な意味で人間なのである。

同じ原理を別の言い方で述べるならば、祭主は、供犠の日のために、神の世界との関係に入ることを可能にする身体を獲得している間、祭官に対して、世俗の身体を抵当として差し出す、もしくは預け入れる。祭主は世俗の身体を脱ぎ捨てねばならないが、儀式の終了時に、ダクシナーの支払いによってそれを取り戻すことができる。こうして見ると、ダクシナーについての様々な理由づけ・解釈は、互いに必ずしも首尾一貫してはいない。というのも、それらは同じ比喩表現を用いようとしていないからである。しかし様々な理由づけ・解釈が指摘しようとする目的は同じである。その目的とは、祭主がダクシナーを通じて祭官からの自律性を確保することを示すことである。祭主は有益なる距離を画すのであって、その距離がなければ、祭主は、非常に緊密に依存している存在〔祭官のこと〕の内に吸収され消滅してしまうだろう。

このようなものとしての祭式的行為への支払いは、スラッドハーすなわち「信頼」「信仰」（このサンスクリット語はラテン語の動詞クレド「信じる」に通じており、その過去分詞クレディトゥムはフランス語「クレディ」の語源である）の決定的な要素である。祭式を構成する動作・言葉の真実と有効性を祭主が信じる場合にのみ、祭式進行を担う祭官を祭主が信頼する場合にのみ、そしてまた正気に返れるだろうことを祭主が確信する場合にのみ、祭式は成功を収め、効果を上げる。換言すれば、ダクシナーとは、祭主が祭官から自らを「買い戻す」ために支払うべき代価である。ソーマ供犠祭に関するいくつかの概論において、ダクシナーという語を註解するためにニシュクラヤナという語が用いられている。そこでは以下のようなことが言われている。すなわち、祭主は祭官の一人一人に、自分の身体の一部を与える。語り手には彼の声を。供犠の監視者には彼の魂を。朗唱と身振り部分の専門家には彼の心臓を。歌い手には彼の目を。語り手の補佐には彼の耳を。ソーマの杯の係には彼の手足を。助手たちには彼の髪の毛と体毛を。後で、祭主は、一人一人に適切なダクシナーを与え、あたかも身代金を支払っているかのように、自己の身体の構成要素を次々に買い戻す。

ここで「買い戻し」の語を使用しているのは、伝統による便宜からではない。サンスクリット語のニシュクラヤナとクラヤナは、フランス語ではちょうど買い戻し《ラシャ》と購買《アシャ》に当たる。ニシュクラヤナすなわち買い戻しの目的は、新しい財を獲得することにではなく、奪われた物を取り戻すことにある。それは、物的対象であったり、しばしば近親者であったり、さらに頻繁には自分自身の身体であったりする。ついでに注意しておけば、言語学的・意味論的なレベルにおいて「買い戻し」は「購買」の派生語であるが、歴史的には「買い戻し」は「購買」に先行し、いわば「購買」の原型としての役割を果たしているように思われる。

では、自分自身の買い戻しが支払いという形態をとることについてであるが、このことが必然的であるのは、ダクシナーの支払いにつながらない祭官の仕事は不可能であり、禁じられているからである。供犠の遂行に不可欠なこの〔祭官の仕事とダクシナーとの〕結びつきの性質をめぐっては、インドの理論家たちの間で大きな議論が巻き起こった。この論争については、「初期ミーマーンサー」と呼ばれる哲学学派が生み出した作品群において、詳細に記述されている。この学派は、祭式に関する命令を内容とするヴェーダの文章に註釈を加え、その上に思弁（知識・言語・行動の理論）を構築している。

この種のテキストにおいてよく見られる慣例に従い、叙述は討論の形がとられている。まず、反論対象となるテーゼが提示され、次に、反対者に応答の機会を与え、それに次々と反論が加えられ、最後に正しい結論、権威ある結論に到達する。ダクシナーを支払うよう命じるヴェーダの文章が取り上げられている箇所では、想定上の反対者が、神々への献供の贈与にも匹敵しるこの贈与は賃金でも支払いでもありえないことを主張すべく、「ダクシナーを与えよ」と言う表現を引き合いに出す。「与える《ドネ》」は、「返済する《ランブルセ》」「報い《レミュネレ》」「買う《アシュテ》」と同じことではない。またこの反対者は言う、莫大な富を代価として、天上の幸福という本来評価不可能な財を買うことができる、あるいは支払うことができるなどと、どうして想像できようか？　祭主が祭官に与える物と祭主が供犠から獲得できると期待する物との間には、いかなる共通の尺度も存在しない。結論として、ダクシナーは支払いではなく贈与である。ヴェーダの供犠論の残りの部分は、供犠が二重の贈与系列（いずれも、贈与の観念に固有なあらゆる神秘に取り巻かれている）から成ることを教えている。いわゆる神への贈与と、バラモン（なお祭官は必ずバラモンである）という人間神への贈与がそれである。

権威ある結論は、右の議論を棄却し、逆に、「ダクシナーを与える」という言葉は、含意を込める理由のない慣用表現であり、それにテキストの中には「祭官たちのサービスを雇う」（動詞パリ－クリ）というもっと的確な同義語も見いだされるとする。彼らのサービスは雇われ、購入されている、つまりサービスに対してダクシナーという支出を行うことによって、祭官にそうした仕事を遂行させている。確かに、祭主が祭官に支払うものは、祭主に天上界の獲得を保証しはしない。供犠労働と所望の成果《フリュイ》との間の関係は、目に見えない神秘的な因果性に従っている。それに対して、供犠を終結させる一連の行為は、人間の活動領域に属している。そのような行為の遂行が、まさにダクシナーによって可能になるのである。この権威ある結論(「初期ミーマーンサー」によって提示されている以上のような議論の中でのそれ)、すなわち「ここで問題になっているのは報酬である」という結論から含意を引き出そうとする現代の読者は、ダクシナーが贈与でないどころか、供犠パートナーの間に贈与関係が入り込むのを阻止する機能すら持つのだということを指摘することができる。

もちろん、ダクシナーと世俗的労働の報酬との間には、実質的な差異が存在する。例えば、祭官は値切ることを禁じられている。祭式実践に関する諸テキストは、供犠の一つ一つの種類について支払うべき最低限または固定数量を定めている。ダクシナーを構成する富は、受け取った者が直ちに流通に投じることはできないという意味で、通常の商品ではなかった。ただし一定期間が経過すると、この禁止は解除されたようである。また、神話や伝説によると、自ら祭主として供犠を行おうと欲するがゆえに、それに必要な富を獲得しようとして他人の供犠において祭官として働く巧妙なるバラモンもいたようである。そうして獲得されたダクシナーは、保蔵されずに、(さらなる供犠のために)支出・使用されたのである。ヴェーダ以後のサンスクリット語には、ヴェーダにおける本来の意味をまだ保持しているダクシナーという用語と並んで、いわゆる「賃金」を意味し世俗の労働に適用されるヴェタナという用語も存在した。ところがこの二つの語の間で入れ替わりが起き、ダクシナーはしばしばヴェタナの特殊ケースとして定義され、世俗のサービスへの支払いが一種のダクシナーと見なされるようになった(より正確にいえば、職人のチームが雇われるとき、雇用主によって支払われる金額は、主要祭官とその補佐たちとの間でのダクシナーの分配と同じルールに従って、チームの頭とその従者たちとの間で分配される)。

その後何世紀も経た後のわれわれは、農村に残る(あるいは最近まで残っていた)伝統的分業の形態を考察するとき、われわれは、サービスの需要者の一定の家系と、サービスを供給する職人の――明確に定められた――家系とを代々にわたって結びつける紐帯がジャジマーニー(=村落内分業関係)のシステムを特徴づけていることを見いだす。このシステムにおいては、「依頼人」がジャジマーン(サンスクリット語のヤジマーナすなわち「祭主」から派生したヒンドゥー語)であり、よってジャジマーンが頼る専門家は祭官になぞらえられる。このレベルにおいてもまた、供犠的関係は世俗的な相互依存関係の中でモデルとして、またおそらくは正当化理由として役立っている。

ただし注意すべきは、供犠モデルに取り入れられているのが、人間と神々との間の関係でも超自然的な賭けでもなく、供犠という劇における役者同士の関係であるということである。繰り返しになるが、祭式の展開の中で一定の時点になされる富の移転、すなわち祭司サービスを獲得するための代価の支払いは、供犠の基本要素であると同時に、世俗との平衡をとる錘《おもり》として不可欠なものである。この錘がないと、天上への飛翔は終わりがなくなる恐れがあり、無意味になってしまう。この点に関して注目されるのは、現世の生活において契約関係を結ぶときに払われる諸考慮は、ダクシナーの規則のうちに含まれていたものだということである。祭式実践を扱ったテキストは、祭官が異なる理由――自分自身のせいかもしくは雇い主のせいか――によって仕事を中止せざるをえなくなるときに、祭主が祭官に何を支払わねばならないかを詳しく論じている。つまり、考えられる様々な状況を挙げて、その一つ一つに検討が加えられている。ところが、世俗的活動の領域におけるサービスの需要者と供給者の間の関係について規則を定めたヴェーダ以後の規範提示的なテキストもまた、同じ問題を提起し、似たような解答を与え、しかもその際に供犠モデルに準拠している。ここで強調しておきたいのは次のことだ。すなわち、世俗の活動において採用されている枠組み《シェマ》や一部の用語法は祭式の構造によって提供されており、地位と契約の特殊な組み合わせに基づく世俗の労働関係は、その大部分がまさしく祭式によって正当化され説明されているということである。

祭式が世俗的行為の原型・母型であることと特に――しかも偶然にでなく――関連する事実として、祭式の諸規定が、世俗内生活について述べたテキストよりも古い諸テキストにおいて明文化されていることを挙げることができる。つまり、祭式の諸規定は、文学が始まった時期、あるいは――もっと適切な言い方では――インドで文書資料が現れた黎明の時期まで遡る。そして、祭式に関する指示が見いだされる文書類は、ヴェーダの一部であるかヴェーダと密接に関連したものであるから、揺るぎ難い権威が授けられている。しかし他方では、祭式に関する考え方がまずあって、それによって世俗的諸関係を眺める仕方が与えられるのだとすれば、つまり祭式に関する考え方がそうした一般化に適しているとすれば、それはもっぱら次のことによっている。すなわち、祭式の手続きには（祭式開始の手続きと対称をなす）祭式終了の諸儀礼が含まれるだけでなく、「祭式に終わりがある」ことの想起と保証が、そして「祭式が終了すれば参加者は生者としての生活を回復できる」ことの想起と保証が含まれている、ということである。

祭式の外側の世界への復帰が祭式そのものの地平となっていることは、ヴェーダの供犠論である「百の道のブラーフマナ」中の明らかに最も包括的かつ最も有名な指令によって十分に例証される。その指令とは、祭主は供犠に入るとき、儀式の最中は真の言葉しか語らないことを約束しなければならないというものである。祭主は次の祭詞を唱える。すなわち、「私は偽を去り、真へと入る」。しかし儀式が終わるとき、祭主が「私は真を去り、偽に戻る」と唱えることは適切とはされず、彼は人間に戻るべく、「今や私は現実にあるがままの私である」と唱えねばならない。テキスト自身によって与えられている註解によれば、この人間は、供犠の間は供犠のための神の肉体を獲得するが、その後は、彼の真の状態である死すべき者としての状態を回復する。

以上のことから、供犠は骨折り損にすぎず、祭主は供犠を終えても変容しないと結論すべきだろうか？否である。もしも供犠が取るに足らないものなのであれば、祭主は供物を捧げる誘因を持たないだろう。祭主は利益《りやく》を、すなわち供犠を始める際の入手目的であった財産を獲得することを許すであろう利益《りやく》を得るのである。重要なポイントは、このように持続性のある状態改善《ペルフェクシオヌマン》が、祭式進行の最中に経験するとされる状態変化とは同じ性質のものではないということだ。祭式進行中の変態、神性化は祭式に固有なものであり、祭式と外延を共有しており、祭式とともに終了する。一方で、供犠という自己外への旅を終えて世俗世界に戻ってくること、不死性の兆候を得た後——または少なくともその準備ができた後——に「死すべき生命」という制約・規定を取り戻すこと、それとともに他方で、祭式がうまく執行され効果を生み出すことを期待すること、このような二重の要求は、ダクシナーそれゆえまた供犠についてのヴェーダの教義に見いだされるものであった。ヴェーダの体系においては、このように人性の輪郭が有限・明確であることが、人間と神との関係には必要不可欠とされる。

理解を容易にするために、精神分析療法との類比をしておきたい。何らかの形で変容を被ることを期待しない人は、おそらく分析を受けようとはしないだろう。しかしまた、その人が目指す新しい状態が、診療セッションの最中の状態と一致しないことも確かである。治療がいかに長引こうと、それが無限に延長されることはありえないし、何よりもまず、どんな治療であれ必ず、開始と終了のあるセッションによって区切られている。分析家と分析行為との関係を明確にするためには、そしてセッションの時間と日常生活の時間とを分節化する上で、支払いの役割がいかに重要であるかをわれわれは既に知っている。

ダクシナーにされる財は何だろうか？　最も頻繁に言及される富は、牝牛・衣服・金・馬、それにさほど多くはないがアンヴァーハールヤと呼ばれる粥――「これは追加として運ばれて来るべきものである」――である。土地の贈与にも言及がなされるが、それは次のような非難を目的としてのことであることに注意すべきである。すなわち、誰も――王でさえも――土地を持っていないので、誰も土地を処分・贈与することはできない、と。予想されることではあるが、これら富の象徴的意味は、ヴェーダの讃歌および何よりもまず供犠論によって細かく説明されている。例えば、トライドハータヴィーヤーという種類の献供において、謝礼は金三片（おそらく貨幣の「個片」を指すものではない）、牝牛三頭、衣服三着から成っているとされる。金はバラモン〔ブラフマン〕と呼ばれる祭司に渡る。供犠に際してこの祭司の存在は不可欠だが、彼は祭式の適切な進行を監視するものの、実行すべき役割を持ってはいない。「彼は身振りをしない、彼は暗唱をしない、彼は歌わない、しかし彼は栄光に満ちている。これは金と同じである。金からは何も作ることができないけれども、金は栄光に包まれている。」リグ・ヴェーダの歌詞の朗唱を専門とするホタルと呼ばれる祭司には、三頭の牝牛が与えられる。これは要するに、牝牛イコール豊饒さ(ブーマン)であることによる。最後に、ヤーユルヴェーダの祭詞を呟唱し、儀式の身振りの大部分を行う役割を果たす祭司アドフヴァリュは、三着の衣服を受け取る。彼は、その動作と移動によって、供犠を「拡大する」、すなわち供犠を展開していく。ところで、この同じ動詞（tan）には「織物作業の中で糸を伸ばす」という意味もあり、しかも献供される織物の横糸と縦糸はしばしば話題に上っている。

われわれは、牝牛と豊饒さとの間の連想関係について、少し詳しく説明しなければならない。まず、かなり様々な対象——上に言及した三つの他に、馬・象・奴隷などを付け加えることができる——がダクシナーとして贈られる中で、牝牛は特別なダクシナーである。実は、ダクシナーという語は、牝牛を「右すなわち南から連れて来られるもの」として規定する女性形形容詞であり、また巧みさや器用さと関係している用語である。牝牛はまた、伝承の中では、乳を搾らせながらあらゆる欲望を満足させるもの（これがカーマデヌとしての牝牛である）として知られている。しかし、とりわけ祭式の謝礼に関して言うならば、牝牛は、多数性という豊饒性の形態〔を表すの〕に適している。何十頭もの牝牛、何千頭もの牝牛、数え切れないほどの大群をなす牝牛について語られることがあるのである。

明らかに、この点において牝牛は、「家畜」の名で括られる他の動物種からは区別される。「牝牛-単位」が存在し、祭式サービスはこの単位の数によって評価される。また、しばしば、ダクシナーが話題となるとき、「百」「千」「十万」という数がそれだけで——明示することを必要とせずに——牝牛を指していることがある。もっと意外なことに、牝牛は数えられるだけでなく、分割可能でもある。支払いに際して、実際に一頭の牝牛を細分することがあったとは考えられない。取引・交換においては、牝牛は、生きた無傷の動物である限りにおいてのみ、一つの価値であるからだ。それなのに、テキストにおいては、ある種抽象的かつ隠喩的に、一六分の一の牝牛、八分の一の牝牛、四分の一の牝牛、半分の牝牛について語られるのである。牝牛と数量詞との間の絆は、何と強いことだろうか！

注目すべき事実は、牝牛はダクシナーに際して付与される機能を通じて貨幣の萌芽《エボシュ》として現れるだけでなく、同時にまた、極めて貴重な物《オブジェ》の典型でもあるということである。この二重の側面を明確に例証してくれるのが、祭式の中での別の——ダクシナーとは全く異なる——取引であるところのソーマ購入の儀式である。

既に述べたように、ソーマ草の液は、特に神々によって高い価値を授けられた献供物である。というのも、神々にとってそれは不死の酒であるからだ。ヴェーダの祭式実践の中でも最も複雑にして最も威信のあるソーマの供犠（「供犠」であるのは、この植物の「茎を押しつぶして、そこから搾り汁を抽出するとき、人はソーマを殺している」からである）は、ソーマの購入を前提としている。繰り返し表明される観念は、遠く近づきがたい山々の中でこの植物は成長する、というものである。祭主と祭官はソーマを入手するために、ソーマ商人と取引しようとする。この人物は自らの商品を携えて供犠祭地に連れて来られ、「購入」が行われる。注意すべきは、これが祭式の日に行われること、その場で実行される動作や交わされる言葉が予め決められていることである。おそらく、ソーマ商人は架空の人物であったのだろう。バラモンあるいは——他のテキストによれば——低いカーストの人間が選ばれて、この場面において役割を引き受けるのである。購入が本当に実行されるというよりむしろ、購入が演じられ、購入の真似がなされる。いわゆる購入が始まる前に、商人は、供犠祭地に設定された囲い地の中に入って、ソーマの茎を選り分け、浄めるように促される。この作業がなされている間は、供犠の参加者であれ関係するいかなる者であれ、囲い地への立ち入りは禁止される。選別が終了すると、祭官が、選り分けられた束の引渡しを受け、その分量を調べ、軽く濡らした後でそれを布にくるんで束ねる。最終的受け取り人の手中に渡った後、この束は「商人」のところに戻ってきて、次のような会話が始まる。「ソーマの商人よ、お前は売るべきソーマを持っているか？——はい。——

私はこの牝牛と引き換えにそれをお前から買う。」

しかしこの祭式のいくつかのヴァージョンにおいては、台詞のやり取りはもっと複雑であり、本格的な価格交渉へと発展していく。まず、祭官は商人に対して牝牛一六分の一頭の提示を行う。次に商人は言う、「極上のソーマはそれよりもずっと多くに値します。」祭官は反論する、「なるほど、しかし牝牛は栄光の存在であり、ミルク、ラブリー〔＝牛乳プリン〕、クリーム、バニール〔＝酸添加凝乳〕、マカーン〔＝粗製バター〕、ギー〔＝精製バター〕、ホエー〔＝乳漿〕などを提供してくれるのであるぞ。」商人の拒否を前に、祭官は次々に、八分の一頭、四分の一頭、半分を（まるで牝牛の断片が、約束の乳製品を提供できるかのように！）、最後に牝牛丸ごと一頭を提示していく。そして供犠論は、この場面から次のような教えを引き出す。「極上のソーマが価格交渉されたからこそ、今では、この世のあらゆる物が価格交渉の対象となっているのだ。」この世、つまり世俗世界においては、経済的・社会的生活の構成要素となる諸関係は、供犠祭地の中で行われた最初の原型的な現実化《エフェクチュアシオン》によってのみ正統性《レジティミテ》を与えられる。よって交換の可能性も、「一つの財が他の財と等価でありうる」という、そして「交換当事者は互いの力を測った後に共通の評価、つまり価格に到達しうる」という観念も、そのようにして正統性を与えられる。いずれも、「世界内」生活の永遠かつ不可逆的な前提になっているものだ。最初の原型的な現実化《エフェクチュアシオン》において対象とされたものは、本来的には評価不可能な存在、すなわち献供のために用意された神、荘厳で神々しい主人《オト》に他ならない。この神が献供の材料になることによって、神々の不死性が確証され、天上への通路が祭主に開かれるのである。同様にして、ソーマの茎の分量を調べる行為は、「測定する」という世俗的行為に依存するこの世のすべてのものの起源・根拠となる。

しかし、聖なるものによる世俗的なもののこうした正統化《レジティマシオン》は、逆に――かつ循環論的に――見れば、次のことを含意している。すなわち、供犠装置の閉鎖システムそのものに、商人的な実践行為が組み込まれていたのだ、と。商人的な行為は、最初からそのようなものとして定義され、最初から祭式にとって外的・異質的なものとして認識されていた。ソーマ商人を隔離しつつ祭地に連れて来る際の用心深さ、そして〔その際に〕模擬行為《シミュラークル》と遊戯的様式化が追求されるというまさにその事実は、この場面の指示的価値を高めており、祭式実践に関する思想家たちの意図・教義を明らかにするのである。人々が互いに取引できるとすれば（そうする権利を持つとすれば）、それは、彼らが最初に〔人とではなく〕むしろ神々と取引をしたか、少なくとも神への供物を取引の材料として使ったからだ、というわけである。しかしこの〔供犠の中での〕駆け引きは、それはそれでまた、模倣でしかありえない。ただしこの模倣は、同時に、供犠祭地を取り囲むざらざらした不確かな現実の中で行われることの設計図《エピュール》――偶然も不測の事態もともなわない「まるで〜のように」――にもなるのである。

より新しい――と言っても相変わらずヴェーダ時代の――〔祭式の〕一定のヴァージョンにおいては、ソーマ購入の場面は、取引成立をもって中断されない。まず、ソーマ商人が牝牛（「ソーマの牝牛」）を連れて立ち去るときに、祭官の一人が牝牛に向かって次のような祭詞を朗唱する。「おお女神よ、ソーマは神に、インドラ〔軍神とされる〕に向かっています……（神）ルドラ〔暴風神とされる〕があなたを方向転換させ、（別の神）ミトラ〔光・盟約・正義・友情の神〕の道を通ってわれわれの方へやって来ますように……」その後に、牝牛は右に向けられ、祭主の牛小屋のところに連れて来られる。ここで二つの可能性がある。一つの可能性としては、祭主と祭官が、商人に別の牝牛を与えることによって、「ソーマの牝牛」を買い戻す。もう一つの可能性として、商人が難色を示す場合、あるいはそうでない場合でも、祭主と祭官が、商人に与えた物（厳密な意味での代償である「ソーマの牝牛」だけでなく、付随する贈物として与えた金その他の物も含む）をすべて取り戻した後に、商人を棍棒で追い立てるか、商人に土塊を投げつける。

強調しておきたいことは、この場面全体が、最後の喜劇的一幕も含めて、予め決められた筋書きに沿ったものだということである。中断の形で迎えるこの結末、この突然の方向転換をどう理解したらよいのだろうか？　この結末は、「数量的評価が可能であり、あらゆる財は価格を持ち、代価を支払えばあらゆる財を獲得できる」という、先ほどまで合意されていた原理を否定してしまっている。まず注意すべきは、ここでの祭式実践は神話に従ったものであるということである。原初の時代における神々は、かの音楽家集団ガンダルヴァ（＝ソーマの守護神）の許にあるソーマをどのようにすれば奪えるかを思案していた。御言葉（＝言葉の女神）は彼らにこう告げた、「『ガンダルヴァたちは女好きです。私を彼らのところへ連れていきなさい、私自らが、あなた方がソーマを得るための、彼らに支払われる代価となりましょう。』――神々は言った、『それは駄目だ、お前なしに残されるわれわれはどうなるのだ？』――御言葉は言った、『ソーマを買いなさい。あなた方が私を必要とするとき、私はあなた方のところに再びやって来ます。』」実際、ソーマを所有するようになった神々は、同時に、御言葉を取り戻す手段も見いだしたのである。神々がガンダルヴァに対するのと同じように、人々はソーマ商人に対して振る舞う。なぜなら、この「模倣」（アヌクルティ）に際しては、ソーマの牝牛が言葉の女神の（ニダーネナすなわち「神秘的な対応」を介した）形象化《フィギュラシオン》であるとされているからである。ただし独特な人間的色合いが付加され、ガンダルヴァの役割が商人によって引き受けられているし、「牝牛－御言葉」を引き取る前には価格交渉が行われる。祭官たちと祭主は、価格交渉をしているかのように振る舞うことによって、祭式への商業の組み込みをできるだけ狭い限界内に抑えようという意図を表出する。商業の観念に祭式的基礎を与えようという意図があるために、ソーマが購入の対象とされているにすぎない。ただしこの場面がひとたび演じられた後、つまり〔模倣の〕手本がひとたび提示された後には、われわれは、バラモン――神性の専門家でもあり地上における神々の代理人でもある――こそが御言葉の当然の所有者であり、二度と御言葉を手放すことはないのだということを改めて思い出すのである。

それゆえ、祭主が祭官たちに要求する祭式サービスに対して支払われる牝牛〔＝ダクシナーの牝牛〕は、ソーマの牝牛とは同じ地位を持っていない。ダクシナーの牝牛は価格交渉の対象とはならないし、その譲渡が後で取り消されることはない。逆に、祭主は粛々とソーマの牝牛を手放すが、一度その役割を演じた後は、取り戻すために暴力の使用をためらわない。祭主が譲渡するふりをする相手は祭官ではなく、供犠に不可欠とはいえその外部にいる商人である。ただし、どちらのケースにおいても、牝牛は御言葉と同一視されている。この類似性をどう説明すべきだろうか？　慣習によって牝牛が可分割的・可算的であり、かつ特別な動産であるのと同様、明示的な言葉（ニルクタ）は分解可能であるし（単語、音節、音素に分解可能）、文章に組み立てることもできる。供犠の謝礼によって祭主と祭官たちの間に確立・現出させるべき信頼もしくは信用（スラッダー）には、祭儀サービスとその報酬との間に対応性・等価性が存在することへの確信が含まれている。それと同様に、単語の使用は、その意味への事前的・創始的な信頼と、話し手たちの間で伝達される話《ディスクール》への信頼とを含意している。ただし、われわれが「御言葉」と翻訳している語は、ヴェーダのテキストにおいては、多義的である。それは一方では、発話の能力とそこから派生する言語産出のすべてを意味し、他方では、より狭い意味で、特に御言葉を、すなわちヴェーダの啓示テキストそのものを意味する。後者の側面の意味における御言葉は、神々とバラモンにだけ、すなわち――より一般的に言えば――供犠の分配に与る人間存在と神存在にだけ付き随う。御言葉は、正統性《レジティマン》を与える最終的な審級であるがゆえに、譲渡不可能である。いったいなぜわれわれは供犠を行うのか、なぜ定められた諸形式で供物を捧げるのか？　数限りない理由が引き合いに出されている。しかし結局のところ、いずれの理由が妥当なのも、もっぱらヴェーダの御言葉が、「ヴェーダが述べていることを、ヴェーダが請け合う真実を信じなければならない」と教えているからであるにすぎない。ヴェーダの御言葉は、人間同士の関係、および人間と神々との関係のすべての基礎をなしている。しかし御言葉を超えて、それの根拠となり、それを正統化《レジティム》しているものを探し求めても、空しいだろう。信頼または信仰——換言すれば債権および信用——の運動すべてが行き着くのは御言葉であり、それが派生するのもまた御言葉からである。

　実際、ヴェーダのテキストは、自らが命じていることの正当化《ジュスティフィカシオン》理由を、テキスト自身の内に——すなわちテキストが設ける仕切りもしくは安全柵の内に——見いだすようわれわれを促す場合がある。そのような要求がなされる例の一つとして、生まれながらの債務に関するヴェーダの理論がある。次の問いを取り上げよう。問い——なぜ、われわれは供物を提供するのか？　答え——われわれが供物を提供するとすれば、それは（このような形で推論がなされていく）われわれ人間が神々に対して債務を持つからである。これが答えのすべてなのだ。われわれは神話の要素を、創始の物語を期待してしまう。どんな恩恵を人間は神から受け取ったのか？　いつどのようにして人間は、授けられるか貸されるかした物の等価を返す義務を負ったのか？　ところがテキスト、御言葉は、こうした疑問に対しては何も答えていない。われわれは、生まれたときに、生まれるという事実だけから、債務を負い、債務者へと形成されたのだとされる。債務を履行するために、われわれは供物を捧げるよう努めているのだし、テキストもわれわれに供物を捧げるよう強制している。同様にして、生者の死者に対する義務、および生者たちが相互に負う義務を正当化《ジュスティフィエ》するのは、起源はないが最初から負っている債務、すなわち原理的な債務なのである。御言葉が人間を債務者として定義することができるのはなぜかと言うと、それはもっぱら、人間が御言葉に対して信仰の義務を負うからに他ならない。人間は、御言葉を絶対的に限りなく信頼する義務を、換言すれば御言葉に際限なく信用供与する義務を負っている。

第2章

貨幣取引の儀礼的基礎、もしくは殺し屋に礼を尽くす方法[1]

マルク・ロガン・アンスパック

一　銀行券と贈与の精神

「速やかに持ち主に返すべし」
（イタリアの銀行券に記されている匿名の銘文[2]）

コロンビアのコーカ渓谷南部に住む農民たちは、尋常でない額の貨幣を尋常でない速さで手に入れた人間に対して、不信の眼差しを向ける。その人間が富を得たのは、銀行券の洗礼（bautizo del billete）のような秘儀を用いたからではないのか、と。ミヒァエル・タウシッグによると、その恐るべき儀式は次のようにして実行される。子供に洗礼名を授けようとする司祭に気づかれないよう、代父は、子供の手の内に銀行券を握らせる。この巧妙なやり方により、代父は、子供の代父ではなく、銀行券の代父となる。「マリア」や「ジョゼ」と名づけられるのは、銀行券なのだ。後に銀行券を流通に投じるとき、代父は「ジョゼよ、お前は行くのかそれとも残るのか（José, te vas o te quedas）？」と三度つぶやく。そうすれば、銀行券が利子をともなって絶えず自分の許に戻ってくることが保証されるというわけだ[3]。

タウシッグが注記しているように、必ず元々の出所に戻ってくるこの紙幣《ビュイエ》〔厳密には「紙券」であるが以下こう訳す〕は、マオリ族の贈与に生気を与えるとされる霊ハウ〔＝物の霊〕を想起させる。マルセル・モースの有名な解釈によれば[4]、ハウは「生まれたところ……へ帰りたがる」。代父が子供の魂を賭して紙幣にこっそりと洗礼を施すのは、将来の商取引を「霊と霊との間の紐帯」によって支配しようと望んでいるからである。

このとき代父は、近代的な貨幣諸関係の中に、モースがマオリ族の交換の基底に見いだした原理をこっそりと導入しようとしている。その原理とはすなわち、「物を通じる紐帯〔＝絆〕は、物そのものが霊をもつ以上、霊と霊との間の紐帯である」というものである。この紐帯によってモースは、『贈与論』において研究されている三つの義務のうちの最後のもの、すなわちお返しを行う義務〔他の二つは、贈り物を与える義務と贈り物を受け取る義務〕を説明する。実は、現代の交換において通常は欠如しているのが、まさにこの紐帯なのである。

実際、近代的な貨幣支払いは、物を通じる紐帯もしくは霊と霊との間の紐帯を創り出すどころか、むしろ交換者の間の紐帯を切断する働きを持っている。例えば、本書でジャン＝ミシェル・セルヴェとダニエル・ドゥ・コペーによって記述されているアフリカやメラネシアの社会においては、貨幣は関係から抜け出すためではなく、相互関与を是認または再認するのに役立っている。なおこの相互関与はまた、それを超える総体《アンサンブル》に一人一人が属していることを想定している。換言すれば、交換者たちを互いに関係づけている「水平的」諸関係は、超越的な全体性との「垂直的」関係と不可分なのである。ドゥ・コペーが研究しているアレアレ族の場合で言えば、葬儀終了時に祭壇の上から吊り下げられるビーズ貨幣のカーテンは、垂直的次元をうまく表現している。

ところでわれわれの社会においては、貨幣は、確かにそのような儀礼的役割を演じないものの、全体性としての社会との関係を媒介していることには変わりない。これこそ、本書が提出しているテーゼに他ならない。本書のテーゼは、近代貨幣と他の諸貨幣との間の隠れた連続性に、すなわち垂直的次元に関する連続性に光を当てている。ただし、水平的次元に関しての不連続性、個人と個人との間の取引に関する不連続性もまた確認しておかねばならない。近代貨幣は、中立的・匿名的であり、なおかつ非神聖化・非人格化された取引において仲介者として役立っているのであり、われわれは、他の諸社会〔の人々〕がこのような取引を見て奇妙に感じるであろうということを、よくわきまえるべきである。交換者と交換者との間の紐帯が切断されることは、交換の社会的意味作用が断絶することでもある。

この論文においては、この断絶の諸理由について考えることにする。考察のために、われわれは特にダクシナーに注意を向けたい。ダクシナーとは、シャルル・マラムーによって分析されたヴェーダの供犠祭司に対する支払いである。この支払いは、祭式の文脈に密接に組み込まれているにもかかわらず、「新しいものを生み出す可能性が、儀礼の文脈の中でかつ儀礼の文脈に固有な諸理由から、どのようにして現れるのか」をわれわれに垣間見させてくれる。マラムーの独創性は、「供犠のパートナーの間でなされる富の移動」であるダクシナーの「固有に経済的な側面」に強調を置いたことにある。「これらの富は概して消費が先延ばしされたものであり、そうした富によってサービスが相殺される」のだから、「かなり正確な意味において、サービスの購入が」[5]ここでは問題にされている。他の著名なサンスクリット学者たちの中には、ダクシナーにむしろ、モース的な儀礼的贈与のモデル〔マオリ族のタオンガが有名〕を当てはめようとした者もいた。しかし、一方向的な性質を持つダクシナーには、儀礼的贈与のモデルは明らかに当てはまらない。ヴェーダの取引における富の移動は、一方通行である。祭主が祭官に与えた物は戻ってこない。お返しの義務が不在であることにより、ダクシナーはいわゆる貨幣的購買に近いのである。

実際、モース的な互酬の義務を、近代的な購買における支払い義務と混同してはならない。贈与がお返しを要求するという事実から、われわれは、通常の商品取引を性格づける「与える‐与える」以上のものがそこには存在しないと信じてしまう危険がある。それでは、お返しの意味を取り違えることになる。確かに、お返しへの期待が、贈与を促す動機を提供する可能性がある点を否定することはできない。モース自身、『贈与論』の冒頭において真っ先に、「給付が、外見上は任意で打算のない自由意志による性格のものでありながら、実は拘束的で打算的な[6]」性格のものであることを強調していた。しかし、お返しの利益が持つ——贈与の場合に——特殊な意味を理解せねばならない。お返しの利益は、届けられる物の固有の価値によるだけでなく、届けられる物が関係にとって持つ意味にもよっている。贈与交換は何よりもまず、交換者たちの間に関係を作り上げることに役立つのであり、周知のように、その関係が展開していくには時間がかかる。「反対給付をするためには、一定の『時』が必要である」とは、モースによる観察である。贈与が強制されるのは、常に「一定期間をおいて」のことである。「共餐に招かれ、カヴァ酒をご馳走になり、護符を貰った場合、当然ながらすぐに返礼することができない[7]」。

一定期間ごとに贈与を行う義務とは、周期的に関係を刷新する義務である。贈与は、毎回新たにお返しの義務を課すことによって、点の〔一回の〕取引を超えた強制的性質を持つ互酬関係を生み出す。これに対して貨幣経済においては、支払いは解放的である——つまり支払いは関係を終わらせる。アンドレ・オルレアンが本書でまさに注記しているように、「貨幣を受領することは、買い手に対しても売り手に対しても新しい義務を何ら生み出すものではない」。ひとたび商品やサービスが支払われてしまえば、取引は完結し、もはやお返しは要求されない。次の回では、あなたは自分の貨幣を自由に他所へ支出できる。おそらくあなたは、あなたが支払った相手に二度と会わないだろうし、あなたが相手に与えた銀行券にもおそらく再会することはないだろう……。

近代貨幣は、伝統的な互酬の回路から抜け出して、はるかに遠くの見知らぬ人同士の取引へと消え去っていく。流通に投じたものにある日再び出会えるだろう、という保証はどこにもない。あらゆる予想に反してお金が戻ってくるという神秘的なケースを説明するために、コロンビアの農民は、金持ちの人間は本人固有《ペルソナリゼ》の関係を通じて銀行券と結びつきを持っているのだという仮説を立てる。すなわち、農民たちは、モースが述べた贈与の効力をすべて銀行券に投影しようとする。モースが言うには、貰った物が義務を課すとすれば、それは「貰ったものは生命のない物ではない」からである。「贈り物をした人がそれを手放した後でも、それは彼の一部になっている。……その物を通じ、贈り物を受領した者に対して影響力を持つのである」。贈与された物は、贈与者と受贈者との間の紐帯を生み出す。というのも、「何かを誰かに与えることは自分の一部を与えることになる」からだ(8)。自分自身の一部を与えることは、他の人に証《あかし》を立てることを意味する。他の人はまた、それを貰うことを通じて、確立された互酬関係を尊重することを相手に約束する。それゆえ、自分自身の一部を与えることによって、人は他の人との間の本人固有《ペルソナリゼ》の紐帯を創り出す。この紐帯は友愛の紐帯であったり、また婚姻において贈与される女性との姻戚または血縁の紐帯であったりする。モースの別の表現を借りて言えば、これこそ「霊と霊との間の紐帯」に他ならない。

これに対して商品関係は、明らかに「霊が不在の」関係である。貨幣は、すぐれて匿名的な対象である。貨幣は、まさに「自分自身の一部」ではないからこそ、それを与える人の人格をも、受け取る人の人格をも巻き込むことがない。貨幣的な取引は、贈与の特徴であるしばしば非常にうるさい義務を免れているという長所を持つが、この免除は人間関係の疎外と裏腹なのである。貨幣的な取引においては給付はもはや強制的なものではなく、もっぱら私的利益のみのためになされ、原則としてその際の関心は交換されるモノの価値に限定される。交換者と交換者との間の関係という価値は、もはや考慮の対象とはならない。では、われわれが人格特殊的なあらゆる紐帯を脱するとき、何が起こるのであろうか？　中立的な行為主体《アジャン》同士での純粋に合理的な取引をわれわれは思い描くことができるのだろうか？　経済学者がゲーム理論を用いてなそうとしていることは、そのような合理的取引を描き出すことに他ならない。ダクシナーの問題に取りかかる前に、われわれはゲーム理論という迂回をとり、モース的な贈与と商品的な支払いとの間の関係を正確に述べておくことにしよう。経済学者たちが描き出す思考実験においては、純粋に個人主義的な交換概念が持たざるをえない限界が露呈しがちである。

二　経済学者と殺し屋

アンドレ・オルレアンは、デイヴィッド・クレプスが提示した「信頼ゲーム」――経済学的ゲームの基本モデルである――を分析することによって、そのような限界を明確化している。[9]このゲームでは、行為主体Aは、行為主体Bと「関係に入らない」か「関係に入る」かの間で選択を行う。関係の不在はゼロの値をとる。Bが協力する場合、関係に入ることは、両主体にプラスの利得残高をもたらす。このことは、AがBに対して信頼を寄せることを正当化する。ただし、Bは自身の利得を最大化する目的でこの信頼を裏切ることもできる。その場合、Aにとっては損失がもたらされよう。

この種の状況を例示すべく、オルレアンは、二財間の順次的な交換〔まず一方が与え、次に他方が与える〕を取り上げる。極めて初歩的な経済学的推論においては、相手の目から見てより大きな価値を持つ物を譲渡し、自分自身の目から見てより大きな価値を持つ物を獲得することを通じて、双方ともに交換から利益を引き出しうるとされる。ただし、順次的な交換が二期間にわたって展開される場合、最初の贈与者にとっては、相手がお返しに何も与えることなくすべてを自分のために持ち続けてしまう危険がある。この危険に直面するとき、Aにとって、Bとの交換関係に入ることは合理的ではない。実際、相手がインチキすることが合理的である場合に、どうして相手を信頼できようか？

AとBは、もっぱら経済的利益を追求する合理的な行為主体である。相手との関係ではなく、交換される諸物の価値のみが彼らの関心を引く。ただし、全くの関係不在は、純経済的な関心を満たすことを困難にする。交換が行われないからだ。少なくとも、「二行為主体に限定された厳密に水平的な関係」に基づく交換を考えようとする場合、そのようなことが言える。実際、クレプスは、AとBが自分たちの行き詰まりを免れることを可能にする複数の手段を提示しているわけだが、オルレアンは、そうした解決がいずれも第三項の導入を含意するとしている。例えば、二人の行為主体は互いに契約を結ぶことができるが、しかしそのためには、それに対応した司法装置の存在が前提となるだろう。あるいは、繰り返しゲームのケースでは、「各行為主体は、将来の取引において取引相手として受け入れられたいのであれば、自らの約束を守るべきだ」という要求の上に、信頼が確立されうるだろう。この場合、第三項は国家ではなく、交換者の共同体である。交換者の共同体の下では、各行為主体は自らの評判を保とうとする。

最も奇抜に見える解決は、「信頼の人」とでも呼べるような人物のサービスを雇い入れることである。つまり、B自らが、「いつか私がAの信頼を裏切ることがあれば、そのときには私を容赦なく抹殺してくれ」と殺し屋に指示する。こうした条件が設定されれば、Aは、今やBにとって約束遵守が合理的であることを知るので、安心してBとの交換関係に入ることができる。これは、過度に一義的な経済的合理性の文脈における人間関係の疎外を、戯画的な仕方で暴露するための作り話である、と人は言うだろう。もちろんその通り。しかし、オルレアンが言うように、「ジャン＝ピエール・デュピュイとともに、結局のところ、見ようとすればかなり昔からほぼどこにでも見いだすことのできるもの——すなわち誓い——が問題になっているのだということに留意するや否や」、信頼の問題に対するこの「異様な解決」が存在しなかったとは言い切れない。実際、Bが約束遵守を聖書にかけて誓う場合であっても、「殺し屋の役割は、聖書の背後に隠れており」、Bが約束を破るときに「Bに対して怒りを行使するであろう神によって引き受けられている」。かくして、殺し屋という事例についての分析は、「水平的論理である商品的論理は根本的に不完全である」とするオルレアンのテーゼに、印象的な追認を与えるのである。交換は、垂直的次元——この場合には神への依拠によって表されている——の存在なくしては行われえない。「そのおかげで、行為諸主体は、厳密に水平的な合理性の構造がもたらす行き詰まりを免れることができる(10)」。

さて、オルレアンによって提示された分析が『贈与論』におけるモースの分析とどの点で一致するのかを示すことにより、われわれは議論を同じ方向へもう一歩進めることができる。両者の分析において問題にされているのは順次的な財の交換であり、そして両者の分析において提起されている問題は、お返しへの信頼という問題である。モースは、贈与された物に命を吹き込む霊に問題の解決を見いだすが、このときも、二人の交換者の間の水平的な関係を超える次元が引き合いに出されている。近代的な状況設定において贈与される物が受益者に影響力を与えないのは、まさにそれが命を持たないからである——ここから、殺し屋に助力を求めるという発想が出てくる。そしてオルレアンはこれを、聖書の背後に隠れている誓いの神と比べる……。しかしモースによれば、殺し屋はまた、贈与される物の背後に隠れている霊にも比較されうるのである。要するに、ハウ〔物の霊〕もまた、お返しの義務を尊重しない交換者を「殺すぞ」と脅迫するのだ。モースの説明によれば、「……私もそれをあなたに贈らなければならない。というのも、……ハウが実際に生み出したものを、あなたにお返しする必要があるからです」。マオリ族の情報提供者はこう説明する。すなわち、そうしなければ「私には何か悪いことが起こり、死ぬことになるでしょう」[11]と。

誓いについてのオルレアンの注釈と、モースの分析との間には並行性が見いだされるのだが、それはある意味当然のことである。というのも、モースは、ジョルジュ・ダヴィと共に「契約のアルカイックな〔＝未開の、太古的な〕形態について行ってきた」[12]一連の研究の中で、ちょうど「信仰の誓い」を扱ったダヴィの研究のすぐ後の時期に、『贈与論』を執筆しているからである。契約履行を強制する権限を持つ司法当局によって保証される近代的な契約が不在であるとき、そのような状況下で結ばれる契約をどのように信頼すればよいと言うのか？　この――経済学者ケネス・アローの言葉を借りれば[13]――「見えざる制度」は、信頼を確保するための、契約以外の手続きを前提する点において、モースが記述した、アルカイック〔＝太古的〕世界の契約を監視する見えざる存在（神や霊）と形式的に等価の構図を示している。

しかし、信頼を保証するためのアルカイックな手続きとの類比が当てはまらない側面が、殺し屋の事例にはあるようだ。オルレアンが追記しているように、「ここでわれわれは、殺し屋」自身「に信頼させる必要があるということには関心を持っていない[14]」。実際、AとBとの間の取引が殺し屋という第三項の媒介によってのみ行われうるとすれば、Bと殺し屋の間の取引2を可能にしているものは何なのだろうか。再び殺し屋に依頼しなければならないのだろうか。今度は、もっと奇抜でない解決を見いだしうるのだろうか。問題に含まれる諸要素をさらによく見てみよう。一方には、水平的な軸、すなわち同じレベルに位置する行為主体AとBが入ろうと望む財の順次的な交換という軸がある。他方には、垂直的な軸、すなわちBが約束を守らない場合に雷のようにBを撃ちのめす任務を負う殺し屋による上からの介入がある。かくしてBへの信頼は、Bが生命を賭しているという事実に依存している。つまり、Bは自分自身を担保として差し出しているのである。彼は、自分の言葉に保証を与えるために自らを献供する用意をしているのであり、Aとの取引はこの仮想的な供犠に基づいている。では、殺人のプロすなわち殺し屋（le tueur à gages）との取引2は何に基づいているのだろうか？　言うまでもなく、まさに担保（gages）に基づいている……。

しかし、殺し屋に差し出される担保は、Aに差し出される担保と全く性質を異にしており、逆の性質を持つとも言える。殺し屋の場合には、単なる給金すなわち貨幣報酬が問題になっており、そのことによって、最初に想定されていたこの事例の考察枠組みは変容してしまっている。ドアから追い出した貨幣が、その後、窓から入ってきてしまったのだ。最初に提起されていたのは、非貨幣的な取引、すなわち順次的な財の交換における信頼の問題であった。ところが、この問題は、第二の取引——すなわち今度は貨幣的な取引——の存在を前提として解決されたのである。何と言っても好都合なのは、貨幣的交換においては、信頼の問題は同じようには提起されないことである。信頼の問題に対して、あまり奇抜ではない新しい解決が適用されたのである。

この解決は、貨幣そのものに体現されている。貨幣支払いの場合、貰った物のお返しに物を贈与することを約束する必要はもはやない。お金を出すだけでよく、相手には、自分の欲しい物を別の場所で見つけさせればよい。確かに、この方法は、相手が欲しい物を受け取りたければ、新たな貨幣的取引に入らねばならないことを意味している。しかし相手もまた、お返しとして物を贈与する義務を持たず、単にお金を与えるにすぎないだろう。……以下同様。一回一回の貨幣取引においては、誰も受け取った物のお返しに物を与える義務を持つことなく、取引2が無限に連続していくだけである。近代貨幣は、交換者が相互に義務を負わずにいることを、そしてアルカイックな取引において提起されるようなお返しへの信頼という問題を永遠に回避することを可能にする普遍的な第三項である。

確かに、信頼の問題は完全には消去されていない。現実には、それは転位されているにすぎない。今や信頼の問題は、貨幣そのものに関わる問題となっている。「お返しの義務を履行しうる交換相手として、特定の個人を信頼しなければならない」のではなく、「誰かからのお返しを――かつ誰のお返しをも――保証しうる交換手段としての貨幣の権力をもっぱら信頼しなければならない」。ただしこの権力はまた、貨幣に対する交換者たちの準宗教的な信仰にもっぱら依存している。一人の信頼が他の人々の信頼を触発し、そうして全員が同時に信頼を持つに至る場合、その一般的信頼の妥当性は購買力によって証明されるし、なおかつ購買力は一般的信頼によって自動的に保証される。この循環的論理の脆弱性は、全般的な信頼喪失が今度は自動的に購買力の喪失を引き起こす危機の瞬間になって、ようやく顕在化する。

貨幣の危機は社会の危機に対応している。通常、貨幣は、伝統的タイプの社会的紐帯の欠落を補う一種の代替的な社会的紐帯として機能しているので、この場合の社会の危機は深刻なものである。社会の諸成員は、一人一人と貨幣との間の直接的関係を仲立ちとして、間接的に相互に結びついている。貨幣の崩壊は、商品社会の正常な状態である潜勢的な危機を顕在化させる。(16) 商品社会の正常な状態においては、友愛・姻戚・血縁という水平的な諸紐帯は不在ではないものの、衰弱した状態――非近代社会の文脈においてはこれは危機の兆候である――に陥っている。貨幣は垂直的な軸を表象しており、この軸を中心として、行為主体同士の人格的《ペルソナリゼ》な関係から独立に、水平的な取引が自己組織化される。貨幣的な交換《エシャンジュ》＝やり取りは、交換者たち相互の関係離脱と共存しているのである。

いわゆる貨幣的な取引を特徴づけるのは、この関係離脱《デガジュマン》である。それゆえわれわれが興味を持つ問いとは、脱人格的な関係類型――『贈与論』において分析された諸実践の精神とは根本的に断絶しているように見えるところの――を生み出しうる源泉についての問いである。モースによって記述されたアルカイックな世界は非貨幣的な義務の世界であり、その義務は儀礼化されたものであった。人々は、「自分自身の一部分」である儀礼対象を交換することによって、相互に義務を負う。彼らは、自分自身の身代わりである供物を献供することによって、霊や神の下で互いに義務を負うのである。贈与や供犠から成るこうした儀礼の枠組みの中のどこに、現代の貨幣取引の祖先が見いだされると言うのか？

経済制度や政治制度の起源を儀礼的実践のうちに探ったアーサー・モーリス・ホカートは、一九二五年以降に、「貨幣取引の最も古い形態とはまさしく、供犠遂行サービスへの支払いとして祭官に対してなされる贈与である」(17)とする仮説を提出した。ホカートが引き合いに出すのは、バラモンの供犠の例である。ただしホカートは、バラモン祭官への支払いに特徴的な機能を析出してはいない。その機能とは、シャルル・マラムーがダクシナーについて著した一九七六年のテキストにおいて表題とされているところの、「供犠を終了させる」機能である。マラムーは、ダクシナーの支払いが単に「祭主が祭官のサービスを購入するための支払い」であるだけではなく、「祭主が祭官から買い戻すための支払い」でもあることを強調している。祭主にとって支払いは、「――自らの財を譲渡することによって――自らの存在の譲渡を避けるための手段」、自らの「自立性」を守り、祭官から「自由」で居続けるための「手段」なのである。(18)

さて、貨幣的な取引を特徴づけるものは何かと言えば、それこそまさに、自由かつ自立的であることによって硬直的《ポンクチュエル》な関係を免れようとする関心に他ならない。以下のページにおいては、マラムーの核心的な貢献を、バラモン教の他の専門家たちによる諸説と突き合わせながら、貨幣的な関係離脱《デガジュマン》の儀礼的基礎についての理論を構築することにしよう。

三　祭官への支払いと裏切り者への処罰

はじめに、信頼についていくつか補完的な観察をしておきたい。信頼は、古代インドの儀礼においても、現代経済においても中心的な役割を演じる。われわれが注意を向けてきたように、近代貨幣のパワーは、貨幣に対する諸主体の信仰に――循環論的に――依存している。ところが、いわゆる宗教的信仰の枠組みにとどまっているとはいえ、供犠についてのバラモンの教義は、この循環的論理をかなり明示的に定式化している。そこではっきりと言われているのは、祭主は供犠を信頼しなければならないということである。ではなぜか？　シルヴァン・レヴィが引用しているテキストによれば[19]、「最初にしっかりと信頼を抱かぬままに供犠を行う者、その者による供犠は信頼を喚起しない。最初にしっかりと信頼を抱きながら供犠を執り行うならば、神々と人々はともに供犠に信頼を抱くであろう」。このように、祭主の信頼が神の信頼を喚起するとされ、そのことが、循環論的に、供犠の力に対する祭主の信頼を正当化する《ジュスティフィエ》と言うのである。

しかしこの解決をもってしてもなお、信頼の問題は片づかない。というのも、祭主が供犠の呪術的な効果を――神の側からのお返しを保証するそのメカニックな力を――信頼している場合においても、祭主はそれに加えて特定の個人にも、すなわち供犠を執行するバラモンにも信用を与えねばならないからである。シルヴァン・レヴィが言うように、「その操作への信頼は、操作者への信頼を必要とする」[20]。ここで次のことが問題になっている。すなわち、供犠のメカニズムがそれ自体で効果的であるのだとすれば、なぜ祭主は、自らの力のみを頼りにして自らが仕切って操作を遂行するのでなく、信頼性が必ずしも保証されていない第三者のサービスに頼ることを強いられるのか？　祭主がバラモンでないケースについては、この問いに対する単純な教義的解答が存在している。つまり、バラモンのみが大祭を実施する資格を与えられている、ということである。だから「自分の手でやろう《ドゥー・イット・ユアセルフ》」は排除される。しかし次の疑問が残る。すなわち、なぜ供犠が特殊な職能者を必要とするのか？

　実は、供犠の操作には危険がないとは言えない。供犠の操作には血生臭い側面があり、操作の遂行者は穢れる危険がある。これだけでも、専門家に操作を託すもっともな理由になるのではないだろうか？　この仮説を、われわれは展開していこうと考えている。しかしその前にまず、供犠の操作者に寄せねばならない信頼についての問題を掘り下げておきたい。この問題は、直ちにわれわれをダクシナー〔報酬〕の問題に向わせる。それというのも、ダクシナーと信頼との間には、密接な関係、すなわちシャルル・マラムーが循環論的に定義した関係があるからである。祭主が祭官に支払うダクシナーは、「祭主が祭官によせる信頼すなわちスラッダー（sraddha）の上に成り立っている。しかし、それが相互的なものであることもまた真実である。祭主が祭官に支払うからこそ、祭主は祭官に信頼を抱く」。祭主のこうした信頼は、二つのことを含意している。まず祭主は祭官に対して自由であること、次に「報酬を支払われる（もしくはその望みがある）」祭官は「仕事をする義務を負っている」[21]ことである。「その望みがある」という点を強調しておきたい。なぜなら、この括弧書きは、祭官が仕事を誠実に行わない場合に祭主の信頼を裏切るのと全く同様に、祭主もまた、支払いを怠ることによって祭官の信頼を裏切る可能性があることを示唆しているからである。

実際、このように対称的である双方の裏切りに言及しながら、祭主と祭官の間の相互信頼が必要であることを述べた神話が存在している。それは、三頭の怪物ヴィシュヴァルーパ殺害の神話である。バラモン神話の多くのエピソードと同様、供犠の支配をめぐる神々と悪魔との間の大いなる敵対関係という文脈の中で、この殺害は実行される。この物語の中では神々自らが祭主として現れ、ヴィシュヴァルーパは神々の祭官であるとされる。それゆえヴィシュヴァルーパは神々のために供犠を執り行わねばならないのだが、不実な仕方で神を裏切ってしまう。ジョルジュ・デュメジルが引用しているバラモンのテキストによれば、「ヴィシュヴァルーパは表向きは神々に対して供犠の利益を割り当てたが、裏では悪魔に割り当てていた」のであり、デュメジルは「典礼的にはその秘密の裏の割り当てこそが重要なのである」[22]と註釈している。この裏切りを何としても罰しようとする神々は、不忠の祭官を殺してしまう。ところが、そうすることによって神々は「罪の中でも最も恐るべき罪を負うことになった」というのがマラムーの所見である。[23]というのも、神々の祭官を務めるのはバラモンだけであり、バラモン殺害はかなり重大な穢れとなるからである。

ここで新たな問題が提起される。犯された罪の穢れを払い除けるにはどうすればよいのか？　デュメジルが引用している神話の他のヴァリアントは、まさにこの点について語っている。「……人々は言った。『〔犠牲者が〕殺されることになるのを知っていた者たちが罪を負うように！』――『どのように？』と彼らは尋ねた。――『供物が〔それがもっている罪を〕拭って彼らに負わせるように！』」供物皿と祭官の手を洗うのに使った「水を彼らに向けて振りかけるとき、供犠は〔その殺害がもっている穢れを〕拭って、彼らに負わせる。」〔論点の〕横滑りがあることに注意しておきたい。最初のバラモン殺しの罪は、一つ、一つの供物――デュメジルの注釈によれば、供犠の「血生臭い側面」――の穢れと混同されている。この穢れは、供犠祭官が水で手を浄めることによって、払い除けられる。次に、デュメジルによれば儀礼の上で水と結びつきを持つとされる、アープティヤが登場する。「そこでアープティヤたちは言った。『［その穢れを］われわれから遠くに投げよう！』――『誰に向けて？』と人々は尋ねた。――『勤めを行う祭司に謝礼をせずに供犠をする人に向けてだ』と彼らは言った。したがって、謝礼をせずに供犠をしてはならないのである。なぜなら、［通常の］供犠は［その人の穢れを］拭ってアープティヤたちに負わせるが、アープティヤたちは、その穢れを拭って謝礼をせずに供犠を供える人につけるからだ……」(24)。

こうして先ほどの論点につながる。ダクシナーの支払いを怠ることによって祭官を裏切る祭主は、祭主を裏切った祭官の殺害という罪を引き受けねばならないのだ。だがそれのみにとどまらない。この罪は、あらゆる供犠の血生臭い部分と同一視される。こうして、祭官に支払うことなく供犠を行う者は、さもなくば供物が引き受けるであろう流血の罪を自らが背負い込む恐れがある。なぜ祭主が自ら祭儀を遂行できず、代理として祭儀を実行するバラモンのサービスに頼らなければならないのかという問題に対する解答は、ここに見いだされないだろうか？　バラモンは、アープティヤのそれに匹敵する役割を演じている。前世紀末の注釈者は、この役割を「神々の贖罪の山羊」の役割として定義してきたが、デュメジルはこの解釈にニュアンスを加えている。「……アープティヤたちは、供犠を行う神々とそれを模倣する祭司の『贖罪の山羊』であるよりはむしろ、浄めの受動的かつ能動的な一種の技術者であって、彼らは、供犠の穢れを引き受けるときには必ず、自分たちのほうで『それを拭い去る』、言い換えれば、なんらかの仲介者を通じて、その穢れを憐れむに値せず、あらゆる点でどうにもならない犯罪者に転移させるのである」[25]。ところで、アープティヤと同じくバラモン祭官もまた、浄めの技術者であるように、すなわち供物の罪が転移されるときの一連の仲介者の最初の環であるように見える。

別の神話においては、明示的にアープティヤがバラモンになぞらえられている。その神話によれば、神々の王であるインドラが裏切り者ヴィシュヴァルーパを殺害しに行くとき、トリタ・アープティヤとその兄弟たちは、「彼らはインドラとともに歩いた、バラモンが王の後に続いて歩くように」[26]。このように、殺害はインドラによって遂行されるのだが、殺害を行う祭官としてアープティヤ一族が登場しているのである。王に従うバラモンと同じようにアープティヤ一族がインドラとともに歩くのだとすると、インドラは、祭主である王を体現していることになる。実際、王は特別な祭主である。王が献供を行いダクシナーを支払うことができるのは、王国の富を利用しうるからこそである。しかし、物事の正式な秩序においては、王自身は供犠祭主ではないのであり、実際、神話の別の形においては、トリタ・アープティヤがインドラに代わって殺害の実行を引き受けている。ただし、インドラが直接にヴィシュヴァルーパを殺す神話の形にあっても、不思議なことに罪責はトリタらアープティヤ一族のほうへ転移させられている。デュメジルによれば、この形の神話に、「もっと古い……形態を垣間見ることができる。そこではトリタは確実に、インドラのために、そしてインドラの励ましによって」裏切り者を「殺したが、血の穢れを負い、払い除け」、遠くへと「転移させなければならない」[27]。

つまり、元々インドラは犯罪の委託者でしかなく、実際の殺害はインドラに代わってトリタ・アープティヤが実行する。アープティヤが殺害を犯すときの目的は、血の穢れをしかるべき場所に引き受けることである。これは、血の穢れから逃れるためにダクシナーを支払う祭主に代わって、バラモン祭官が供犠を執り行うのと同じやり方である。というのも、既に述べたように、アープティヤ自身はこの穢れを持ち続けようとはしないのであり、彼は彼で「供犠祭官に報酬を与えることなく供犠を行う者」へと穢れを転嫁するのだからである。以上のことより、結論としてわれわれは、祭主と祭官との間の貨幣的関係についての真の起源神話として、ヴィシュヴァルーパ処刑の物語を読み直すことを提案したい。アープティヤ族という神話上の浄めの技術者と同様に、バラモン祭官という現実の技術者は、さもなくば祭主自身を襲うであろう供物の穢れを引き受けるのである。ただし、バラモン祭官は、より遠くへと転移するためにのみ、その穢れを引き受ける。当然のことだが、最終的に祭主がダクシナーを支払わなければ、穢れは祭主自身に転移される。

結局、ダクシナーは二重の機能を持つと言える。一方で、祭主は、第三者に供犠を実行させることによって、シルヴァン・レヴィの次の文章に示唆されるような問題に直面する。「信頼の本質的要素の一つは、『私に仕える祭官たちが挙行する祭式から、私はその果実を、因果関係からの特異な逸脱〔次の段落を参照〕を通じて収穫しなければならない』という、祭主が必ず持つべき確信である」[28]。それゆえダクシナーの第一の機能は、祭主と祭官が互いに解放されることを、しかも相手の仕事から利益を引き出すのが祭主であることを保証することにある。祭官が神話のヴィシュヴァルーパのように振る舞って裏切りを行い、自身の目的のために供犠の利益を横領することがあってはならない。当然、祭主は供犠を自ら執り行えば、この危険を回避できるだろう。しかし、そうした行動をとれば、祭主はそれと引き換えの危険を、すなわち供犠の暴力の穢れを自らが持ち続ける危険を冒すことになる。供犠にはこのような副産物があるため、祭主は支払いによってそれを祭官に譲り渡すことを選ぶ。こうして、マラムーが引用するテキストが述べるように、ダクシナーのおかげで、「供物の中に引き裂かれたもの、傷を負うもの、脱臼したものがあったとしてもそれを補うことができる」[29]。つまりこれが支払いの第二の機能である。ただし、以下で見ていくように、二つの機能はまた、祭主と祭官との間の紐帯を切断するのに役立つものでもある。これにより、一方では祭官が供犠の恩恵から、他方では祭主が供犠の害悪から切り離される。

第一の機能は、非貨幣的な取引に見られる通常の論理と同じ性質をもつ。賭けられているもの、それはお返しへの信頼である。祭主は「祭式の果実」を確保したければ、神々への献供の上にさらに、操作を遂行する祭官へも献供しなければならない。これは「因果関係からの特異な逸脱」を含意するが、祭官の仕事に頼ろうとすればこのような超過の献供が必要となる。祭主と祭官との間の取引は、祭主と神々との間の取引からの迂回である。この強いられた迂回は、供犠の暴力の不吉な影響を祭主から逸らせるという要求に対応している。祭主はそうした不吉な影響が戻ってこないことを確保したいのであり、ここにおいて、お返しを求めることを基本とする通常の論理との断絶が入り込んでくる。この断絶は、ダクシナーの第二の機能によってもたらされるのである。

われわれはこの第二の機能を強調したい。というのも、この機能に反映されている祭式の論理は一見したところ贈与の論理によりもむしろバラモン教に根ざしており、われわれの思考習慣にはよそよそしいけれども、この機能によってダクシナーは現代的意味の貨幣支払いに近づいているように見えるからだ。今日の人々にとっては疑いなく、「祭式の穢れを転嫁するために贈与せよ」という要求よりも、「お返しとして恩恵を受けるために贈与せよ」という要求の方が容易に理解できる。しかし、供物の操作が引き寄せる穢れを払い除けようという配慮は、供物の操作者から解放されようとする配慮と不可分であることは明らかであろう。マラムーによれば、バラモンへの祭式報酬の支払いは、供犠主宰者との関係を終了させることによって、「供犠を終了させる」ことを可能にする。貨幣的取引におけるのと同様に、人間同士の関係は切断されるのである。

非貨幣的な取引においては、相手の物を貰いたい人は、「自分自身の一部を贈らなければ」ならない。モースが記述した贈与の事例においてこのことが正しいとすれば、自分自身の献供を原型とする供犠の事例においてはこのことはもっと正しい。こうしてシルヴァン・レヴィによれば、バラモンの教義においては、「唯一の真の供犠とは自殺である」[30]。ただし、典型的な祭主が神々から受け取ろうと望むものは、まさに長寿と繁栄なのである。それゆえ祭主は自身の生命ではなく、身代わりの生命を神々に贈ることを選ぶ。オリヴィエ・エレンシュミットの論文[31]の副題を借りて言えば、祭主を駆り立てる繁栄の欲望は「不可避的に殺害の欲望」なのである。祭主の代わりに贖罪の生贄が死ななければならない。アンリ・ユベールとマルセル・モースの観察によれば、供犠祭主が「儀礼の最後のところまで関与していくと、彼はそこに生命ではなく、死を見いだすであろう。生贄はそこで彼の身代わりになるのである。生贄だけは供犠の最も危険な領域まで入っていき、そこで死ぬのである。生贄は死ぬためそこに入るのである。祭主は庇護の下におかれている。神々は彼をとらえる代わりに、生贄をとらえるのである。生贄は彼の生命を買い戻すのである」[32]。

ただし、この生贄は自らの運命のままになっていただけではなく、自身の死を代償とした他者の買い戻しを承諾することにより比類なき徳性を発揮している。では、そのような良き存在を殺害することがどのようにして正当化《ジュスティフィエ》されるのだろうか？　そのような不実の行為に誰が責任を負おうとするのか？　おそらくそれは祭主、すなわちエレンシュミットの論文の題名を引用して言えば、「殺害から利益を得る」者ではないだろう。責任をもって生贄を死なせることを承諾することによって、改めて祭主を買い戻してくれる実行者を見いださねばならない。要するに、特殊なタイプの贖罪の山羊、すなわちいわば二次的な贖罪の山羊が必要なのである。すなわち、このたびの身代わりは生贄ではなく、その殺害者である。トリタ・アープティヤについての議論の中でデュメジルが用いた表現によれば、これは「命令によって殺害を行う贖罪の山羊」[33]である。しかし、殺し屋が祭主の命令のままに動くことが明白すぎる場合には、罪責が祭主に降りかかる恐れがある。祭主は暴力とのあらゆる直接的関連を免れるだけでは十分でなく、それに加えて暴力の責任者とのあらゆる関連をも免れねばならない。彼はサービスの実行者との接触を絶つことができなければならない。

これこそ、貨幣支払いが可能にすることである。キリスト教の西洋においてこうした貨幣の機能を神話的に具現化したものが、ユダに支払われた三〇枚の銀貨である。確かにユダ自身はイエスの殺害者ではないが、その点は余り重要ではない。生贄を売ったのは裏切り者の彼であり、殺害の責任を永久に負うのは実際の殺害者ではなく彼である。彼はその行いに対して支払いを受けているのだ。聖書史の専門家であるヒャム・マコビーが述べているように、大衆運動のカリスマ的指導者を確認するのに、密告者の手を煩わせる必要はない。それゆえユダの協力は、実践的なレベルにおいては必要ないものである。ユダの協力が重要な役割を演じるのは、神話的なレベルにおいてである。接吻の行為〔「ユダの接吻」を指す〕は、生贄となる者を確認することにではなく、むしろ生贄の死の責任者を確認することに役立っているのである[34]。

マコビーが「聖なる死刑執行人」と呼ぶ神話的・定型的な人物についてはよく知られているが、以上のように、ユダはわれわれの文化におけるその最も有名な例である。この人物の機能は、祭主を死の責任から免れさせることにある。それでいて祭主は死から利益を引き出すのである。エレンシュミットは、「殺害は誰を利するのだろうか？」と尋ねた後、直ちに「祭主を探しなさい」と答えている。この取調べを免れるためにいるのが、聖なる死刑執行人である。彼らは文字通りの死刑執行人というよりむしろ、祭主からすべての罪責を洗い流す「浄めの技術者」である。ユダに見られるように、この機能は、必ずしも自ら殺害に関与することなく遂行される。しかし聖なる死刑執行人は、真の責任者を代理することによって、常にその責任を引き受けるのである。

　こうした代理の形態は、ユベールとモースが語っている形態と補完的な関係にある。祭主は、生贄として最後まで儀式に参加する場合に死に至るのとちょうど同じように、死刑執行人として最後まで参加する場合には死の穢れを受け取る。死に関して祭主の身代わりになる生贄が、「宗教的パワー」と祭主との間に「介入する」「媒介者」の「主要なもの」であるとすれば、[35] 祭主は、別の媒介者に頼ることなしにはこの第一の媒介者の死について責任を回避しえないだろう。われわれはこの新しいタイプの媒介者を、「身代わりの死刑執行人」という表現を用いて呼ぶことにしたい。この表現は、供犠の実行過程における二タイプの代替の間の対称性を際立たせる。すなわち、生贄は死に関して祭主に取って代わり、身代わりの死刑執行人は殺害の責任に関して祭主に取って代わる。

　以上より、われわれの仮説を次のように述べることができる。貨幣支払いの最も古い機能は、身代わりの死刑執行人に対して言葉の二つの意味〔身代わり＋死刑執行〕において謝礼をすることにある。すなわち、まずサービスに報いることであり、次に彼を解雇し彼との一切の関係を絶つことである。通常の贈与が交換相手との結びつきを創出・維持するのに役立つのに対して、貨幣支払いは裏切り者から距離を取ることを可能にする。役に立つ裏切り者――だから報いなければならない――、だが所詮は裏切り者。実際には、貨幣的取引そのものと、それがもたらす罪責の転移とが、彼を裏切り者にしているのであるが。

四　裏切り者への支払いと神罰

ユベールとモースは、ヴェーダの供犠における殺害には犯罪的側面があることを主張している。「これから始まるのは犯罪、一種の冒瀆である」[36]。生贄が他愛ないものでなく、神性を持つがゆえに、「冒瀆」と言われるのである。例えば、特に厳粛な祭式であるソーマ供犠祭においては、ヴェーダの神々の中でも特に崇拝を集める王の《ローヤル》神であるソーマ神と同一視される植物材料が献供される。J・C・ヒースターマンが言うように、「供犠の中で中心的な悪事はおそらく、ソーマ神あるいは供物材料一般——動物のこともあれば穀類のこともある——の殺害にあり」、したがって祭主の罪責は「殺害の悪、死の不浄」[37]にある。

ヴィシュヴァルーパの処刑についての物語に少し立ち戻ろう。われわれはこの物語を、ダクシナーの創始神話として読んだ。要するに、創始神話にしばしば見られるように、この物語は、通常の役割が入れ替わる裏返しの世界の描写をわれわれに伝えている。例えば、そこでのバラモンは、死刑執行人としてではなく、神の生贄として登場する。しかし、殺人の理由を考慮するならば、バラモンの地位には変わりがないことがわかる。この神話においては、神はバラモンを殺すが、それは彼が裏切り者だからだ。〔だとすると〕祭式においては、バラモンは神を殺すがゆえに、裏切り者であると言ってよいのではないだろうか？　どちらの場合にしても、裏切り者はバラモンであることになる。こうして、神話は、神を犠牲に捧げるバラモンによる裏切り行為という、祭式において抑圧された真実を暴露している。ところで、供犠執行者がいずれにしても神を殺害するのだとすれば、彼は神の復讐という危険を冒すのではないだろうか？　ソーマ供犠祭の事例に戻ってみよう。バラモンはソーマ神を殺すことによって祭主から支払いを受けるわけだが、犯された悪事に神々が処罰を下すのを妨げているものは何なのだろうか？

　ホカートによれば、ソーマ供犠祭は、アンブロシア〔ギリシャ神話に出てくる神々が食する果物。人間がこれを食べると不老不死を授かり、神々の一員となることができる〕を食する昔の儀式の特殊な変形でしかなく、キリスト教のミサと同じ性質のものである。彼はまた、ソーマ神とキリストとの間の類比も示唆している。つまりどちらも、殺害されても復活する運命を持つ王の《ローヤル》神であり、その儀礼的消費は信者に一定の形態の不死性を授ける。[38] ところが、キリスト教の場合、〔ソーマ供犠祭と同じように〕信者は神の死から利益を引き出すが、罪人は信者でも祭官でもなく、裏切り者ユダである。ローマ人とは違い、ユダ自らは殺害を実行していないが、神を売ったのはまさにユダなのであり、それゆえ、ローマ教会は伝統的にローマ人よりもむしろユダを罪人と見なしてきた。インドの場合、バラモンは殺害を遂行するが、バラモンの教義においては罪人とは見なされない。ここからわれわれの疑問が出てくる。もしもソーマ神がヴェーダのキリストであるならば、ヴェーダのユダは存在するのだろうか？

　一人は確かにいる。シャルル・マラムーが記述していた、珍妙な儀礼喜劇に主役として登場するあのソーマ商人がそれである。祭式に先立って、この人物が、献供の材料となるソーマ草の茎の販売を申し出る場面を想起してほしい。形だけの価格交渉の後、彼はソーマを譲渡し、見返りに牛――「すぐれて前貨幣的な単位」[39]――を受け取る。ところが、レヴィによれば、この形だけの価格交渉の目的は、バラモンに商品を入手させることよりもむしろ、バラモンにアリバイを与えることにある。ソーマは単なる植物ではなく、神でもあり、そしてレヴィが引用するバラモンのテキストに記されているように、「われわれはソーマを圧搾するときにソーマを殺す」のだから、ソーマに暴力を加えずして不死の酒を抽出することはできない。そこで、レヴィが示唆するように、第三者に罪責を転移することが必要になってくる。「……殺害しようとしている神の怒りを逸らさなければならない。擬似的な〔形だけの〕市場は、その危険に対する備えである。祭官は、ソーマを使用する前に、聖なる茎の束を下位階級の者に引き渡し、その後にその者が金《きん》を対価として茎の束を売却する。『ソーマを売る者は悪人である』……。彼こそが裏切り者なのであり、彼に対してこそ神の怒りと殺人の罪が降りかかるべきである[40]」。

かくして、祭官への支払いが供犠暴力の不吉な影響を祭主から逸らすのと全く同様に、裏切り者への支払いは不吉な影響を祭官から逸らす。商人と祭官との間の取引は、厳粛な供犠祭の中にあって少々の迂回をなすにすぎないが、祭官と祭主との間の取引が祭主にとって必須の迂回であるのと同じように、祭官にとって必須の迂回なのである。供物の罪は一連の媒介者を経て転移されていくが、その媒介者の列にこの裏切りの商人が新たに加わる。祭官が身代わりの死刑執行人その一であるとすれば、商人は身代わりの死刑執行人その二である。祭官は貨幣の支払いで報いることによって、サービス実行者とのつながりを絶ち切る（祭式のいくつかの変形版においては、祭官は貨幣を支払った後に、手っ取り早い手続きを通じて、すなわちめった打ちすることによって商人を追い払う）。

レヴィは、商人が彼の顧客に打たれることがある点には触れていない。しかし、この行為は、神罰が商人に転位される様を演じたものとして容易に解釈されよう。商取引がたどるこの暴力的な結末においては、祭官たちは、先に見た始原のバラモン殺害神話において神が演じたのと同じ裁判官の役割を自ら演じている。

この神話からわかるのは、祭官たちが払い除けねばならない危険である。つまりそれは、裏切り者の祭官に下る神罰に他ならない。祭式では、これに対応して、バラモンによる裏切り者の商人の処罰が演じられるのである。

　マラムーが注記しているように、この最終的な波乱とともに、「取引において聖なるものが力ずくで優位に立つ」。だからと言って、商人との取引が経済的なものと何も関係ないということにはならない。マラムーは続けて言う、「にもかかわらず、取引はなされ、そこから得られる成果は汲み尽くされたのである」。マラムーの主張によれば、「商業という人間の行為を祭式によって正統化すること《レジティマシオン》[41]」がここでは問題になっており、これは「［ダクシナー］に関する様々な理由づけにおいて、サービスへの支払いという人間の行為を祭式を通じて正統化すること《レジティマシオン》が問題になっている」のと同じことである。祭官への支払いが「賃金それ自体ではないとしても賃金のモデルとして役立つ[42]」のと全く同じように、祭官から商人への支払いは購買のモデルとして役立つ。実際、「テキストは『ソーマ神さえもが売り買いできる』と述べているが、だとすればこの世のすべての物が売り買いできることになる[43]」。

　マラムーは、こうして儀礼的な給付がいわゆる経済取引の原型をなすと主張することによって、本章の冒頭で言及した連続性と断絶性の弁証法にわれわれを連れ戻す。一方では、近代貨幣を生み出した自律化の過程が未完であることを認めねばならないし、また近代貨幣をアルカイックな行為に関連づけているあらゆるものを明確にしなければならない。しかしそれと同時に、新しいものが突然に出現する可能性の条件も――できれば同じアルカイックな行為から出発することによって――把握しなければならない。確かに近代貨幣の根をたどっていくと、供犠や贈与の世界、すなわち厳粛に儀礼化された義務の世界に行き着く。しかし、近代的な貨幣的取引の基礎である非神聖的な関係を特徴づけているのは、交換者相互の関係離脱である。そうした関係離脱の出現がもたらす連続性の切断については、どのようにして説明すればよいのだろうか？われわれの仮説では、この極めて独自な関係をもたらした第一の原動力は、儀礼的な殺害がもたらす災いから逃れようという切迫した欲求に求められる。貨幣的な関係離脱を誘導する契機は、贈与と反対贈与の互酬関係にではなく、うまく供犠を終了させるのに必要な一方向的な取引――身代わりの死刑執行人への報酬――に見いだされる。

つまり、アルカイックな貨幣と近代貨幣との間の断絶には、儀礼の枠組みに内在する断絶が、すなわち〔供犠の受益者と〕供犠暴力の責任を引き受ける者との間に要求される断絶が反映している。この断絶とともに、供犠に基づく儀礼関係のシステムから貨幣が初めて自律化してくる。マラムーによれば、ダクシナーは供犠に必要な世俗的なカウンターウェイト〔バランスをとる重り〕を表しているが、ただしこのカウンターウェイトは供犠の内部から展開してくるものである。「供犠は世俗的なカウンターウェイトなしには存続できないが、このカウンターウェイトは供犠過程の中でしか出現しない」[44]。ここには、反対物の包摂という逆説的な構図を示す典型例が見いだされる。貨幣支払いの逆説は、世俗的なものを産む聖なる母体というものである。つまり、聖なるものから距離をとることは、既に供犠の内部において存在していた操作なのである。

実際、ダクシナーの研究に際してわれわれが注意を向けてきたのは、本質的に重要であるのに無視されてきた供犠の一つの機能――危険な聖なるものから距離をとること――であった。リュシアン・スキュブラが述べているように、供犠についての諸理論は、コミュニケーションと交感の機能を過大評価する傾向がある。これらの機能は、ユベールとモースによって強調され、特にレヴィ＝ストロースによっても取り上げられた。

そのユベールとモースは供犠を「生贄という媒介者を通じて、聖なる世界と世俗世界との間にコミュニケーションを確立する手続き」として定義しているのだが、スキュブラは、彼らがそこに「一種の悪魔祓いすなわち不吉な性質の追放」をも見いだしていること、そして「聖なる性質——純粋なものであれ不純なものであれ——の除去が供犠の一基本要素である」ことに注意を促している。モースはこの驚くべき主張を行う以前に、『民族学要綱』において、初めて供犠をコミュニケーションとして定義した。スキュブラはこれも引用している。すなわち、「供犠の目的は、諸物を——何よりもまず最も聖なる諸物を——送り返すこと、供犠を行わないと祭主に取り憑くであろう神々に帰ってもらうこと、神々に対する義務を果たすことによって神々を遠ざけることにある。このギリシアのアポトロ-トロパイオンの観念は、そのままサンスクリット語にも見いだされる。神を立ち去らせるために、人間は返済する、人間は供犠を行う(45)」。

五　どのようにして払い除ければよいか？

われわれは神に帰ってもらう、また死者にも引き取ってもらう——古代インドの葬儀の観念について書かれたシャルル・マラムーの短い論文には、こう記されている。この論文によりながら、最後にもう一回だけバラモンの報酬の意味について考察しておきたい。マラムーは述べる、「ある種の見方からすれば、死んだ祖先への礼拝はすぐれて宗教的な行為である。というのも、スラッダーの名称は専らこの種の祭式に対してだけ用いられるのであり、この種の祭式こそ『スラッダーすなわち（祭式の有効性と効力への）「信頼」に立脚するもの』であるからだ。だがしかし」とマラムーは続ける、「……われわれが葬儀をそれ自体として考察するとき、葬儀は、共同体が遺骸を前にして発する問い、すなわち「どのようにして払い除ければよいか？」という問いに対して――能弁にして細心な、そして熱意ある――答えを与える以外の存在理由を有さないように思われてくる(46)」。

実際、われわれは「この世を去った命をいつまでも嘆き悲しんではいられない。なぜなら、生者は、越え難い距離を死者にとらせ、死者が遺した穢れを浄化しなければならないからである」。では、払い除けるために何がなされるのだろうか？　マラムーの言い方では、「死者の再帰から断固として自らを守る」ために何がなされるのだろうか？　なされること、それは、専門家の協力を要求する微妙な操作である。供犠が必要とされ、それを実行するにはバラモンの専門家の助力が要る。というのも、「葬儀は供犠であって、生者は、供犠によって死者をあの世に送ることができるからである。遺骸を供犠生贄に転換せずして、死者をあの世に送ることはできない(47)」。

しかし、予想されるように、ひとたび葬儀が遂行され死者があの世に追い払われた後に、最後の問題が提起される。すなわち、バラモンの専門家たちを払い除けるために、何がなされるのか？　彼らとの関係を脱するためには、何がなされるのか？　これこそまさしく、ダクシナーが解決をもたらす問題ではないだろうか？　ダクシナーは、祭主が祭官のサービスを購入するだけでなく、祭官から自分を買い戻すことをも、そして――お返し《ルトゥル》を義務的なものとするモースの贈与とは異なって――あらゆるお返し《ルトゥル》＝再帰から自らを守ることをも可能にする。

われわれは、死者を遠ざけることと、この遠ざけを引き受けるバラモンを遠ざけることとの間に類似を見いだそうとしている。この見方を裏づける事由として、スラッダーの祭式においてまさにバラモンが自らを死者に同化することが挙げられる。マラムーのコメントによれば、「スラッダーという名称は、祖先礼拝の儀式には特にふさわしい。なぜなら、そうした儀式のうちいくつかのものにあっては、バラモンを招いて、彼に祖霊を『代理して』、祖霊に供えられた食物の一部を食べさせることが織り込まれているからである……。スラッダー〔の祭式〕においては、祭式の効力を信じるということは、何よりもまず、招待された生者バラモンの腹を満たすことが死者の祖先の腹を満たす方法——唯一の方法——であると心底から信じることに他ならない」[48]。すなわち、死んだ祖先が戻ってこないように腹を満たす……のである。死者が再帰しないようにするためには、お返しの義務を免れるダクシナーによってバラモンとの紐帯を断ち切るのと同じように、死者との紐帯を断ち切らなければならない。

　ところが、モースは次のように告白している。すなわち、「われわれの論証の主要な対象たるお返しの義務については、われわれは……それらしき事実を」インドには「ほとんど見いだしえなかったということを認めねばならない。最も明瞭にそれに言及しているものは、返礼を禁ずる規則である」。そこで、返礼の給付が禁じられている例として彼が挙げるのが、まさしくスラッダー〔çraddha〕なのである。彼は言う、「本来は、葬儀の饗宴であるçraddhaは、ブラーフマナ〔＝バラモン〕が大いに発展させたものであるが、これは人を招き、返礼を行う機会であったと思われる」。ここでモースはバラモン教のテキストを引用する。「友人のみをçraddhaに招く者は天国に行けない。どちらでも〔友人でも敵でも〕ない者を招かなければならない。友人である祭司への報酬は悪魔（piçaca）と言われる」。最後にモースは注記する。「こういう禁止は当時の慣習からすると、まさしく変革である」[49]。

　ここでの「変革」とは、友でも敵でもない中立的な行為主体同士の取引、すなわち取引の瞬間を超える持続的関係にはつながらない取引が、換言すれば、近代的な貨幣的交換に見られるタイプの匿名性を追求する取引が要求されるようになったことを指す。ところがこの変革は、経済的合理性が考慮されない場所でなし遂げられる。むしろ変革の理由は、互酬的交換の旧体制《アンシャン・レジーム》における諸慣行を支配していたのと同じ儀礼の論理から派生している。既に引用した「物と物との間の紐帯は霊と霊との間の紐帯である」というモースの表現は、この論理の要点を伝えている。ところで、霊と霊との間の紐帯が商品交換に欠如しているとすれば、その場合に考えられるのは、貨幣に担われる経済的合理性が勢力を増すことによって、この紐帯が破壊されてきたということである。しかし葬儀祭式の分析は、紐帯破壊の理由がまさに儀礼の論理の内にあることをわれわれに教える。

このように、バラモン教のインドにおいては、死者の霊が戻ってきて、生者に取り憑くことを避けなければならない。マラムーの見解によれば、「葬列が村に戻ってくるときにいくつもの厄除けの儀式が行われるが、その大部分は、生者の物質界から死者の魂を『物理的に』遠ざけることを目的としている。ただし、生者の精神生活——特に夢——の中に死者が突然に現れないようにするための儀式もある」(50)。いかなる形でも死者が戻ってこないようにするためには、死者を記憶から消去しなければならない、すなわちマラムーが「顔がない死者たち」と呼ぶ匿名の群衆へと死者を決定的に追いやらねばならない。そして、死者が匿名である状態が最も望ましいことを反映して、死者を代理＝表象するバラモンも匿名であることが最も望ましいとされる。この中立的な者たち〔バラモン〕をも、決定的に追い払うことができねばならない。

ところで、本来の供犠においても、死者のあらゆるお返し＝再帰から自らを守ろうという要求は見いだされるが、ただし葬儀においては、その要求は〔供犠の場合よりも〕差し迫ったものである。本来の供犠においては、葬儀のように遺骸を供犠生贄に転換することは問題でなく、むしろ生物――もしくは生物と見立てられるもの――を供犠生贄に転換することが問題となる。それゆえ、ここでは次のような問題が提起される。すなわち、どのようにして生者を払い除けたらよいか？　生者が戻ってきて自らの死に責任を負う者に復讐をしないようにするために、生者をどのようにして決定的に払い除けたらよいか？　われわれは既にソーマ供犠祭のケースにおいて、この問題を扱ってきた。ソーマ供犠祭では、神＝生贄の怒りを免れねばならない。しかしどんな生贄においてもこの危険は姿を現す。というのも、復讐の欲望は「人間たちや神々のうちにだけでなく、生きとし生けるものすべてのうちに抱かれ」うるからだ。マラムーの言葉を借りれば、だからこそ「他者のうちに復讐の欲望を喚起するのではないかという恐れ」は、バラモン教のインドにあってはまさに「強迫観念」となっていたのである。次の文章においては、この強迫観念が祭主に表れている。「私は今しがた殺害した生贄を恐れる。というのも、私が生贄に害を加え、おそらく生贄は私に復讐しようとしているだろうからである[51]」。

マラムーの註釈によれば、祭主の側のこの恐れは、「殺害の行為そのものが執拗な否定（われわれが生贄を殺すことはない。われわれは生贄を『なだめる』のだ。するとそのうち、生贄は多様な兆候を通じて、自分は同意しているのだと、そして自分が試練の末に天に達するだろうことを『知っている』のだと表明する）の対象になっている[52]」ことを明確に説明するものである。ソーマの供犠におけるのと同様、動物の供犠においても、こうした暴力の否定は一種の儀礼喜劇によって表明される。まず、動物生贄は供犠柱にものものしく括り付けられるが、元々はおそらくそこで殺害がなされなければならなかったのだろう。なぜなら、ヒースタマンが引用している[53]『リグ・ヴェーダ』の一節は、打ち殺される生贄の肉の一部が柱に残っている可能性に言及しているからである。しかし、典型的な祭式実践においては、生贄を殺す前にそれを解放する振りがなされる。実際、マラムーによれば、動物を柱に括りつけた後、「それを解き放ち、列をつくって離れた場所へ、つまり聖なる領域の外へと連れて行く」のである。こうして、殺害は、実行者以外は誰も見ていない場所で実行される。というのも、マラムーが引用するバラモンのテキストで説明されているように、他の人間は、殺害の瞬間に「自分の目で生贄を見ぬように遠慮がちに目を逸らす(54)」からである。

見ないことは、無知でいるための優れた方法である。殺害行為を知らなければ、どのようにしてその犯人になりえるだろうか？ ヴィシュヴァルーパ殺害の神話において人々が急き立てられたように言っていたことを想起されたい――「生贄が殺されるだろうことを知っていた者たちの何と罪深いことか！」。しかし、責任を回避する最もよい方法がある。それは、第三者に責任を帰すること、サービスの実行者に責任転嫁することである。生者を払い除けるためには何がなされるか？ 答えは、専門家に助力を求めることである。世俗的な文脈の中では、普通は殺し屋のサービスが頼りにされる。聖なる文脈の中では、殺害をうまくなし遂げるのははるかに困難なことであり、バラモンの専門家にそれが委ねられる。

確かに、供犠は単なる殺害ではない――断じてそうではない――し、供犠を執行するバラモンもまた単なる殺害の専門家でないことは言うまでもない。しかし、供犠はまたそのようなものでもある。そして、世俗的なカウンターウェイトであるダクシナーが供犠に介入してくるのは、まさにここにおいてである。というのも、世俗の殺し屋との関係を終了させるのと同じやり方で、バラモン供犠執行者との関係は終了させられることになるからだ。貨幣が支払われることを通じて、バラモンには二つの意味で感謝が捧げられる。このような取引が「招待し合い、招待し返す」ためのよい機会であるとはあまり言えないわけであり、つまりこれは、殺害者に戻ってきてほしくないこと、同様にまた生贄すなわち犯された罪の穢れに戻ってきてほしくないことを表している。神話によれば、穢れが戻ってくるとすれば、それは「祭官に報酬を与えることなく供犠を行う者」のところへである。

報酬の支払いは、祭官が祭主に代わって行為を遂行した後にやってくるかもしれない、望ましからぬあらゆるお返し＝再帰から祭主を遠ざけることに寄与する。その限りにおいて、報酬の支払いは、お返しを望む通常のタイプの贈与と対立する。モースの『贈与論』で中心的に扱われているのは通常のタイプの贈与であり、『贈与論』ではまず題辞において、北欧のエッダから冒頭の諸詩節が引用されている。「あまりにも気前がよく……／……『贈り物を受け取らない』／そんな人をまだ見たことがない。／返礼を受け取るのを不愉快に感じる／そんな人をまだ見たことがない[55]」。しかし、開始の贈与は寛大さを表すのではなく、「災いを受贈者に転移して決定的に払い除けたい」という望みを表しているのだから、お返しの受け取りは必然的に不本意なこととなる。贈与は必ずしも良きものとは限らないから、お返しもまた良きものとは限らない。カミユ・タロが注意を促しているように、モース自身は、ギフト（gift）という語の二つの意味に着想を得た短いテキストにおいて、贈与の両義性に言及している。モースはギフトが英語では「贈り物」であるが、ドイツ語では「毒」であるとする。ところが、タロが指摘するように、「贈与が持つこの危険で不気味な側面が、他の諸側面よりも注意を引くことは少ない。何よりもまず、残念なことに『贈与論』でこの問題に立ち戻ることのなかったモースにおいてそうであったし、また、モースの注釈者たちにあってもそうであった。おそらくこれは、もはや理解が著しく困難であるように思われていることか、もしくは、もはや現実味が失われた行為、古い信仰、呪術的な迷信との関連によるものであろう[56]」。

近代的な精神にとっては財と財との交換の方がずっと容易に理解できるのだが、われわれは、このような呪術的な行為・信念のうちに、すなわち本来の意味の貨幣支払いから遠いところに貨幣支払いの源泉を探し求めてきた。モースの関心を引いた互酬交換においては、お返しを信頼することが問題とされる。再びエッダの詩を引用するならば、「もしお前が信頼する友を持ち／何か良いことを期待したいのなら／その友と心を通わせ／贈り物をやりとりし／……なければならない。／お前がよく知っているように[57]」。しかし、求められる結果が財の獲得ではなく、災いの回避である場合はどうであろうか？ この場合には、「お前」は友にではなく、中立な第三者すなわち専門家に頼らなければならない。専門家が「お前」の災いを引き受けてくれた後には、「お前」は専門家との霊の紐帯を持ち続けたいとは思わないであろう。ここで求められるのは、お返しの不在を信じることであるだろう。

どの行為主体も中立的であり、どの取引もお返しをともなわない貨幣経済においては、この問題は最終的に解決されている。この非常に特殊な取引タイプの上に近代的な市場は成立しており、したがって近代的な市場は、モースが記述した互酬交換という取引タイプから派生したのではない。後者の取引タイプに関連してモースは、『贈与論』の冒頭で、彼が研究しようとする他の社会においては「その交換の制度がわれわれのものと違っている」ことを認め、次のように付け加えている。「取引の行為は、商人制度の発達以前、主に商人が作った貨幣が用いられる以前にも見られる[58]」。こうした定式によって彼は近代的な市場を、非近代社会と全く無縁な原理、商人の手で外部から導入された原理に関連づけている。この原理がいわゆる貨幣なのである。それに対してわれわれが注目したのは、非近代社会に内生的な原理であった。われわれは、身代わりの死刑執行人との紐帯を断ち切ることによって、災いのお返しを防ごうとする特殊な取引に注目したのだった。この取引で前提とされているのは、商人の経済合理性ではなく、人間と人間との間の紐帯に関するまさしく呪術的な観念である。そうした観念は、モースが重視したお返しの義務においても基礎をなすものであった。このとき紐帯を織り成す互酬的な贈与は、紐帯を切断する貨幣支払いに対してメダルの裏表の関係にある。

六　傭兵と、貨幣による迂回

もちろん、ここでわれわれが提示したことは作業仮説にすぎず、これから論理を詰め、発展させ、バラモン教に関連する以外の事実を用いて証拠づけていかねばならない。ここまでのページでやや詳しく考察した領域と言えば、ヴェーダ宗教だけであった。結論を述べる前に、いわゆる貨幣の歴史的起源に関して示唆的な一つの事実を取り上げ、その事実がわれわれの仮説にとって重要性を持ちうることを簡潔に述べておきたい。モースが引き合いに出し、近年の研究者たちが批判している古い神話にあるのとは違い、貨幣は商人によって発明されたわけではない。貨幣はむしろ、傭兵に対する報酬に遡るものである。実際、ジャン＝マリー・ティヴォーとシルヴァン・ピロンによると、古代を研究する大方の歴史家は、最初の金属貨幣の起源を「主権者が行う戦争の支出や、軍人・傭兵への報酬支払いに[59]」関連づけていると言う。ところで、アルカイックな戦争は、著しく儀礼化され、しかも宗教的供犠に捧げられた集団的暴力の形態であった。この事実に照らすならば、他人に代わって殺害を行う傭兵こそまさに、身代わりの死刑執行人という役柄の新たなヴァリアントであると見なされよう[60]。この新しい役柄を考慮することで、われわれの分析は大きく射程を広げることになる。

身代わりの死刑執行人のこのヴァリアントは、古代においてだけでなく、アレアレの社会のようなメラネシア社会においても重要な役割を果たすことが明らかである。アレアレの社会においては、貨幣の給付は、現代的意味での貨幣支払いよりもむしろ、モース型の儀礼的な贈与によく似ている。それでも、アレアレの人々は、お返しの不在を確保することが重要である状況を少なくとも一つは知っていた。他の集団に属する生者を殺害した後、復讐を抑えるためにどんなことがなされるであろうか？　本書でダニエル・ドゥ・コペーが言及している事例を見てみよう（本書二六七―二七〇頁）。集団Aの一成員が集団Bの一成員を殺害するとする。この最初の殺人の後に（あるいは奇数回の殺人の後に）集団Bが集団Aの成員をお返しに殺害することを回避するには、集団Aが自らの成員を一人殺害し、その遺骸を集団Bに差し出さねばならない。これによって双方に一人の犠牲（もしくは同数の犠牲）が出たことになるが、事を終わらせるにはこれだけでは十分ではない。さらに、集団Bは集団Aに対して、「九」と呼ばれるビーズ貨幣を大量に提供しなければならない。このように、お返しをともなわない非互酬的な貨幣給付、すなわち――ドゥ・コペーの表現を借りれば――「一方的給付」と引き換えにのみ、相互殺害のサイクルを脱することができる。

しかし、現代的な意味での貨幣支払いに近い一方的性質を持ったこうした給付を、どう解釈したらよいであろうか？　なぜ集団Bは、集団Aのせいで集団Bから出た犠牲をきっかり相殺する一人の犠牲を出させるためだけに、集団Aに支払いを行わねばならないのだろうか？　両サイドの死者が同じ人数であるのだから、既に、つまり「九」が支払われる前に勘定の支払いは済んでいるではないか？

この点について言えば、実は「九」は、血の代価の支払いすなわち贖罪金（wergeld）とは対立するものである。贖罪金は、復讐に終止符を打つために一般に用いられる支払いのタイプである。フィリップ・ロスパペは著書『生の債務』の中で、次のように述べている。「贖罪金の場合には、殺人者とその集団が、身内の一人を殺害することによって最初の殺人を相殺する代わりに、貴重な財を譲渡する[61]」。これに対して「九」の場合、殺人者とその集団は、身内の一人の死が最初の殺人を既に相殺してしまった後で、貴重な財を受け取るのである。血の代価の支払いとは違い、また婚約者のための支払いや、ロスパペが「生の債務」と定義している通常の儀礼的給付のすべてとも違い、「九」を、失われた生命の代替物として解釈することはできない。

われわれが「九」を「商品」——犠牲——の支払いとしてではなく、「サービス」——殺害——の支払いとして解釈するならば、「九」の意味はもっと明白になる。要するに、集団Aが身内から犠牲を差し出さない場合、集団Bは集団Aの身内の者を自らの手で殺害することによって犠牲を作ることができるであろう。その場合でも死者の数は両サイドで釣り合うだろうし、しかもBは「九」をおまけに支払う必要がなかったであろう。集団Bが集団Aの身内の者を自分たちで殺害する場合、集団Bにとって唯一の不都合は、集団Aが集団Bから再び新たな犠牲を取ろうとする危険があることである。つまり、犠牲の数が等しいかどうかはあまり重要ではない。贈物の交換におけるのと同様、犠牲の交換においても、お返しの義務は毎回新たに課される。貨幣支払いだけが、お返しの義務を突然に打ち切るのだ。これこそまさに「九」支払いの機能に他ならない。「九」が支払われたのは、集団Aによって提供された死者に対してではなく、集団Aが殺害代行のサービスを集団Bに提供した結果として、望ましからぬお返しを招く危険がある仕事を免れたことに対してである。集団Aは、あたかも集団Bに雇われた傭兵であるかのように、集団Bに代わって殺害した後に貨幣の代償を受け取る。

実際には、もしも集団Aが身内の者を集団Bに提供しなかった場合、集団Bは本当の傭兵のサービスに頼ることもできたようである。このことをわれわれに教えるのは、今や古典となっているテキスト『殺人のサイクルと葬儀のサイクル』である。そこでドゥ・コペーは、自らの主要な研究結果をいくつか披露している。彼は「九」の支払いをわかり易く説明するために、三人の行為者の間で順次的に行われる給付を引き合いに出している。まさにそこで取り上げられているのは、犠牲者の集団に代わって殺人者を殺害することを引き受ける第三者に与えられる給付である。実は、犠牲者の集団が、報復で自らが殺される危険を冒すことなしに復讐しようとする場合、殺人者の首に賞金をつけることも可能である。この場合、殺人者は第三の主体Cによって殺されることになる。Cはまさに殺し屋あるいは傭兵以外の何者でもない。さてドゥ・コペーは、あえて傭兵への報酬という迂回を経ることによって、「九」を説明しようとする。彼によれば、「九」の順次的取引は、第三者の介入をともなう取引の縮約形と見なされる。「九」の順次的取引においては、最初の殺人者という一行為主体が次々と二つの役割を演じる。この主体は「まず」第二の集団の一成員の「殺人者の役割を演じ」、「次にCに代わって自らの身内の者を殺し」第二の集団に「引き渡す」[62]。それゆえ、この主体が「九」を受け取るのは、傭兵の代理者としてに他ならない。このようにして、殺人の相互的交換を終わらせる貨幣の一方的給付は、傭兵への支払いの等価物であることが明らかにされる。

「九」の一方的給付は、お返しの新たな殺人が行われないことを保証することによって、復讐のサイクルからの脱出を可能にする。しかし当然のことであるが、このような変化は、アレアレのシステム全体を特徴づける往復運動との真の断絶ではない。「九」の一方的給付によって可能になることとは、むしろ、殺人の交換を止めることによって、社会の堕落した状態に終止符を打つこと、そして平和的交換サイクルの高いレベルへの移行である。つまり、儀礼システムの内部におけるいわば局所的な迂回にとどまるもの〔「九」の支払い〕によっては、互酬性の全体的構造は転換されない。この種の迂回がゆくゆくはシステムからの脱出の道へと転じ、お返しなき取引の一般化につながるのかどうか、そこに残された問題がある。

古代ギリシアにおける金属貨幣の出現の問題を改めて考察してみると、儀礼システムの諸義務を決然と回避しようとする新しいタイプの主権者すなわち僭主によって、決定的な迂回が開始されたことがわかる。僭主を少し観察すればわかることだが、やや図式的に言って、身代わりの死刑執行人への報酬に関するわれわれの仮説と、主権の形の必然的な転換に関するミシェル・アグリエッタとアンドレ・オルレアンの仮説とは一つになりうるものである。アグリエッタとオルレアンによれば、「貨幣が真に誕生するためには」、「主権的権力と聖なるものとの間に距離」を導入する「主権の原理が変容しなければならない[63]」。そしてオルレアンは、本来的な貨幣の出現を、聖なるものの支配を免れたギリシアの僭主が富の個人的領有を推し進めたことに関連づける。「聖なる王には考えられない仕方によって、僭主は財宝を享有する。聖なる王にとっては、本質的に財宝とは諸義務の源泉であるのだが、僭主においては、財宝は政治に役立つ道具と化している。僭主は財宝を思いのままに使うことができる[64]」。

ところが、僭主の政治において優先される目的とは、自明なことであるが、権力の獲得とその維持に他ならない。これはまさに、富の自由な使用に基づく僭主の横奪ではないだろうか？　神聖な王権という従来の枠組みの外にあって、僭主は、勢力を拡大するのに臣下の働きを必要とし、臣下の働きを獲得するのに富を必要とした。ティヴォーとピロンが述べていることだが、「リディアにおいては、ギュゲスの横奪以来、給与戦士すなわち傭兵の雇用がはっきりと確認される」[65]。ギュゲスは、「若く野心的な軍のリーダーであり、国王家の分家筋に当たる人物である。「いくつかの面において、彼の横奪の暴力は……神聖王権の古代的な概念と断絶したものにならざるをえなかった」[66]。僭主は、自分が転覆しようとしている互酬的義務のシステムを避け、傭兵の助けを借りた。僭主が従える戦士の出自は多様であり、僭主と戦士の間には伝統的な紐帯が欠如していた。これを補うために僭主は金属硬貨をお守りとして利用した。「こうした手段に訴える原因となったのは、軍隊の再編、あるいはより簡単に言えば新しい戦争のための多様な出身民族の軍隊の併合であった。王が戦士たちを観閲するとき、王との直接的な関係によって表される新しい一体性を生み出すため、一人一人に硬貨が配られた」[67]とティヴォーとピロンは指摘する。

換言するならば、ここでの硬貨は、人為的に創り出された全体性との関係を表していたのである。このように紐帯が人為的なものであったために、このお守りは伝統的な貨幣よりも容易に譲渡できるようになったし、したがってまたティヴォーとピロンが言う「方向の転換」が起き易くなった。「のどが渇いた最初の戦士が宿屋の主人に硬貨を渡したその日」から「呪術的な力は購買力に転化した」[68]。このように伝統的な全体性を人為的に再構築しようとする試みは、新しいタイプのシステムに——歴史の迂回を経て——つながっていく過程を始動させる。新しいタイプのシステムとは、個人間の水平的な紐帯が不在であることを特徴とするシステムである。このシステムの一体性は、共通の中央審級への一人一人の直接的関係、すなわち貨幣に媒介された垂直的関係によってしか形成されないものである。

支払いの意志を持つ王に対してサービスを自由に販売する傭兵は、支払いの意志を持つ王に対してサービスを自由に販売するバラモンの供犠祭官と同じ理由において、殺害のプロである。インドのケースでは、王は祭官とは伝統的な義務を通じた結びつきを持たないが、その祭官から王がサービスを購入できるという事実のうちに、主権と聖なるものとの間の距離が見いだされる。われわれが練り上げてきた仮説は、祭主の支払いを強調することによって、ベルンハルト・ラウムが一九二四年に提示し、アグリエッタとオルレアンが『貨幣の暴力』の中で再び取り上げた次の仮説を補完するものである。「価値は、儀礼的供儀という、社会統合の全体が依存する核心的関係から生じるのである。犠牲を代替させることによって、生きた犠牲を聖なるものに置き換えるとき、神官がそれらの供物を品定めする行為に物の価値評価の起源がある」[69]。

身代わりの犠牲の原理に基づくこの最初の仮説は、貨幣が常に、個別的取引を超越した垂直的な軸に準拠している、という事実を理解するのに役立つ。しかし、個別的取引そのものに生じる転換をどのように説明すべきであろうか？　アグリエッタとオルレアンは、犠牲に代位した聖なる物が、「互酬的給付において流通する」とき、現代貨幣が有する「非人格性、匿名性、同質性を全く持っていない」[70]ことを指摘している。これに対してわれわれは、現代の貨幣的取引における非互酬的・非人格的性質もまた供犠祭式に起源を持っていることを証明しようとしてきた。ただしその場合に着目しているのは、神々に向けての献供ではなくて、祭官に対する支払いである。犠牲の代替ではなくて、死刑執行人に対する報酬が問題にされている。それというのも、供犠には、二体――一体だけでなく――の身代わりの関与が必要だからである。犠牲が一体必要だということは、執行人も一人必要だということだ。イエスとユダの物語に関連してヒャム・マコビーが述べているように、「実は、神話に登場するのは供物とされる二人の人物であり、そのうちの一人は生命を失い、他の一人は魂を失う[71]」。

貨幣経済が魂なき取引によって特徴づけられるとすれば、そのことは経済的効用の最大化過程からの帰結である、と通常われわれは信じている。商人は貨幣の力を借りて交換を効率化しようとするが、貨幣の使用には個人間の人格的紐帯を破壊する傾向がある。この過程が極限まで推し進められるならば、ゲーム理論によって示される状況、すなわち一切の人間関係を絶った経済諸主体の間で交換が繰り広げられる状況が出現するであろう。われわれが冒頭で考察したゲームにおいて、そのような主体が殺し屋のサービスに頼らねばならなかったのも、まさに経済的利益の功利的追求からの帰結であった。本章で提示されたのは、以上のような見方に照らして言えば、殺し屋を出発点に位置づけるという逆転した見方であった。過程の最初に来るのは、経済的関心ではなくて、儀礼的暴力の不吉な側面を引き受ける個人から離れようとする宗教的関心である。この関心が、新型の取引を、すなわち互酬的贈与の特徴である霊と霊との間の紐帯から自由な取引を必然にする。そして過程の第二局面において初めて、儀礼的過程の迂回が生み出す一種の副産物として経済的効用の追求が出現し、貨幣による取引がこの追求を効果的に促進していくことになる。

最終的に貨幣的取引が儀礼――ここから貨幣的取引は生み出された――よりも優位を占めるようになると、経済的制裁《サンクシオン》〔市場による評価のこと〕の犠牲者が「顔を現さない死者」と化す。この表現は、インドの葬儀が念入りに遠ざけようとする死者についてマラムーが用いたものであった。今では、生者たちが、儀礼的基礎を忘れて久しい取引のタイプによって、互いを遠ざけようとしているのである。ただし、この種の取引の圧倒的な支配によって社会的紐帯の真の危機が引き起こされるとき、儀礼的基礎の想起を促す一定のメタファーが自然と用いられるようになる。そのような危機が明らかに最も鋭く現れたアメリカ合衆国において、『ビジネス・ウィーク』誌の元社長が執筆に加わった本は「ユダの経済(72)」の到来を告げている。一方『ニューズウィーク』誌の記事もまた、解雇に成功した従業員の人数に比例して社長が報酬を受け取っている現象を取り上げ、次のようにコメントしている。「彼らは、株価の上昇を期待して、従業員たちをウォール街の神である富の邪神(Mammon)に人身御供として差し出す。実際に株価が上昇するとき、それはあたかも、ウォール街が生贄の身体に唾を吐いたかのように見える。その結果、社長は増額した報酬を受け取るのだ(73)」。この記事のタイトルは「殺し屋たち」である。

供犠実行者と殺し屋についてあまりに公然と語られるというのは、そのこと自体、危機の兆候である。ヴェーダ供犠の参加者に見られるように、身代わりの死刑執行人が上首尾に仕事を終えるときには、他の人々は慎み深く殺害を迂回することができる。既に述べたように、ヴェーダの祭式においては、生贄は供犠柱の上ですぐには殺されず、水平な軸へと移し替えられ、離れた場所で犠牲に捧げられた。貨幣の迂回は、この遠ざけの延長上に位置するものであった。われわれはもはや儀礼的な供犠を実行していないが、今もなお供犠の迂回路をうろついている。そして、供犠柱を失ったとはいえ、垂直な軸はまだ残っている。全体性としての共同体との関係は、貨幣を通して常に表出されているのである。つまり、そうした関係は、アレアレの人々におけるビーズ貨幣の幕のように日の光にさらされるのではなしに、今ではヴェールで覆い隠されているように思われる。貨幣のヴェールが交換者たちの間に張り巡らされることによって、交換者たちは、いかなる伝統的な社会的紐帯をも離れ、単独の個人として行動することができる。ただし、あたかも全体性との関わりが存在しないかのごとくに個々人が行動しうるのは、あくまでも、全体性としての共同体に対する著しく特殊な関係のおかげでしかないのだ。

第3章

主権性と正統性の狭間にある金融的事実および貨幣手段
——アルカイック社会の金融制度——

ジャン＝マリー・ティヴォー

一　二つの方法論的問い

貨幣の主権性か貨幣の正統性か

貨幣の主権性か貨幣の正統性《レジティミテ》かという問題は、経済学者の世界では一般に「貨幣問題」と呼ばれることもあり、少なくともこの三世紀にわたってつまずきの石になってきた。政治経済学を創設した父祖たちは、貨幣を〔経済の〕端女《はしため》の役割へと追いやったり、あるいは貨幣に価値尺度の観念――重量尺度または法定尺度――を割り当てたりしてきた。このような多声音楽《ポリフォニー》が奏でられてきた背景には、〔経済学者たちが〕ヨーロッパ諸王国の通貨・金融政策に断固として反対の立場をとってきた経緯がある。例えばフランスではその系譜を、ボワギュベールからヴォロヴスキないしミシェル・シェヴァリエまで、またアルノネないしコルソンないしノガロから今日のアレに至るまでたどることができる。こうした論戦の系譜は今も続いており、経済のグローバル化、金融市場の拡大、国家からの金融・通貨の剝奪という文脈の中でいっそう激しさを増している(1)。

貨幣の主権性と正統性をめぐる問題は、いわば人類の起源以来の諸事実・諸経験・諸心性を通じて提起されているものであり、歴史家にとってはさほど奇異ではない。ところが、主権に関するあらゆる観念――つまり本質的に政治的な種類の観念――は、経済学の諸理論からも、ましてや貨幣の理論からも排除されてきた。と言うよりむしろ、貨幣それ自体についての理論が不在であったり、貨幣が――一八世紀以来ずっと――商品交換よりも下位に置かれてきたわけなのだが。それに対して、他の学問分野すなわち哲学・歴史学・

法学・政治学等においては、政治的・社会的諸制度の時間的または構造的連関に着目することによって、主権性の原理から正統性が導き出されている。もっとも経済学者の側から見れば、経済学の立場は理に適っている。なぜなら、政治経済学という新しい科学によるモデル構築は、一八世紀ヨーロッパの至る所で、国家――とりわけ国家による財政濫用――との対抗において進められたか、少なくとも王族あるいはより広く政界が持つ過剰な権力を制限するために進められたのだからである。それに加えて、経済科学における抽象化や合理化のメカニズムはもともと還元化ないし単純化の機能を有しているが、聖なるものに由来し、またあらゆる主権の由来にもなっている〔国家のような〕アルカイックで非合理的な集合体は、そのような機能にはなじまないのである。啓蒙時代ヨーロッパの多くの著述家たちの作品を読むと、どのような形で中世、古代そしてそれ以上にアルカイック社会への回顧が拒否されているかがよくわかる。こうした態度を説明するのは容易である。つまりトックヴィルが記しているように、「〔一八世紀の〕経済学者たちにとって、過去は果てしない軽蔑の対象なのである」[2]。経済学が政治の領域を扱うときには範囲の限定がなされる。政治の領域は主権性の原理を基礎としているのだが、経済学は最終的にこの領域を正統性という曖昧な概念に要約してしまう。結果として、正統性という概念は、歴史家や法律家が主権性を語るときに言い表そうとしているものを――より狭い視角からではあるが――意味するようになる。こうして、今日のモデルや方程式においては、正統性／主権性についての経済学の視野は狭まる傾向にある。それに対して、現代の歴史家においては主権性の原理が〔考慮されていることは〕はっきりしている。現代の歴史家たちは、一九六〇年代に発展したいわゆる人間科学をベースにした近年の諸発見や諸研究を拠り所とすることができる点で、過去数世紀の彼らの先達よりも有利である。実際、〔現代の歴史家たちは〕文書資料・文献・物を研究し、様々な事件、政治的・

宗教的・社会的な諸事実、さらには法や規制に関する様々な決定を分析することを通じて、具体的諸与件の総体を正確に規定することができる。うまくいけば、それを基に様々な理論を検証することができる。

超長期に視線を向けるならば、アルカイックな諸文明の始まりからこの二〇世紀末に至るまで、主権の観念が世界および人間諸社会の秩序を作り上げてきたことは明らかである。聖なるものに由来していたり、超越的存在と一体であったりする——神の世界ないし法や君主の世界と連結した——上位秩序に準拠することは、紀元前二千年以降の人類の長い歴史（中国、インド、エジプト、メソポタミア、ギリシャ等、どこであれ）において不変の事実であり続けた。上位秩序への準拠は、何世紀もが過ぎる中で緩やかなものへと修正されていったが、世俗化と政治離れが進んだ今日の西欧世界においても続いている。ここで重要となってくるのが、主権と金融ないし貨幣との関係がどのように接合されているのかをより明確にすることである。正統性に関して言えば、ラテン語本来の意味においては、それは常に主権に由来している。つまり王（*Rex*）—法（*Lex*）であり、王または国家が法を告げる。後に神権君主システムから立憲的モデルへと主権が変化するとともに、正統化《レジティマシオン》の——したがってまた正統性のある——過程《プロセス》＝手続きが現れることになる。フランスにおいてこの過程《プロセス》＝手続きが姿を現すには、ルイ・フィリップと七月王政の出現を待たねばならなかった。一六世紀末に法律顧問のジャン・ボダンが強調したように、絶対王政ないし貴族政体から人民主権への主権原理の移行は、政治的・法律的な防護と、また——とりわけフランスにおいては——それに必要な立法システムの強化を前提していた。(3)

こうして近代に入ると、正統性の観念はより理論的・抽象的な様式《モダリテ》によって主張されていく。そうした理論的・抽象的な様式《モダリテ》は、思考の組み立て方がより合理的なものになってきたことと関係しているし、また同時代の哲学・法学・経済学に見いだされるものである。事実上、正統性の問題は、既に古代最初期から提起されている。というのも当時民衆・集会・元老院は、第一執政官・王・皇帝の主権を承認しなければならなかったし、また反対に僭主ないし簒奪者の主権を告発しなければならなかったからである。古代ギリシャにあっては、多様な憲法の存在に示されるように、主権の問題には、複雑なものがあった。このことは、クセノフォンのアテナイ憲法（『アテナイ人の国制』）(4) やプラトンの『法律』(5) において確かめることができる。そこでは一貫して、主権が市民や人民に帰属するのか、それとも法に帰着するのかが問題にされている。ローマの歴史にも主権者の正統性に関する論議が散見される。主権者は古代の諸王であったり、共和国あるいは五世紀初頭に終焉するまでの帝国であったりする。

心理学者から借用した定式にあるように、人類の歴史は、大陸の歴史と同様、一連の褶曲作用によって特徴づけられるように思われる。人類の歴史に刻まれる皺は深くなったり浅くなったりするのであり、何らかの出来事によってある日皺は伸ばされ、また反対に深くなったりする。その結果、精神構造《マンタリテ》に対して深い刻印が刻まれたり、逆に皺が永久に忘却の彼方に消え去ったりする。歴史の歩みを見る上でもっと有効な図《フィギュール》の一つに類推のそれがあるが、類推は経済学に適用することが非常に容易でもあるので、ここで私は進んで類推を用いることにしたい(6)。それに加えて、われわれの共同研究の導きの糸となっている学際的アプローチに従って、私は、古文書学士の仲間内で「歴史の補助科学」と呼ばれているものに広く依拠することにしたい。まず言語学・考古学・古銭学あるいは法歴史学の諸資源を利用することにより、理論的解釈に対して――より経験的な用語を用いながら――資料的証拠を与えることができよう。次に本章ではしばしば言語学や語源学を援用している。これらの学問への依拠を警戒する歴史家もいるが、私はこれを重要と考える。

なぜなら、そのことによって、記号《シーニュ》の変異可能性と諸言語の通時的進化(7)の論理の中で諸段階を画定すること、――特にわれわれの扱っている領域において――貨幣のない時代と貨幣が循環している時代との間に段階を画定することができるからである。それに、言語と貨幣の間には隠喩的関係――私の見るところいまだ不確かなものではあるが――があるとされてきたことによって、これらの学問を活用することが正当化《ジュスティフィエ》される。(8)金融や貨幣は言語慣習とは別のものであるけれども、それでもやはり貨幣は、その意味するもの《シニフィアン》とその意味されるもの《シニフィエ》から成る両義性をともなう記号《シーニュ》であると同時に、この両義的観念の象徴《サンボル》――ただしより神聖または儀礼的な意味におけるそれ――である。

金融か貨幣か

経済理論においては、金融か貨幣かという二つの観念の区別は、様々になされ複雑なものである。歴史を振り返ると、長い間この区別はもっと単純であったし、また一義的であった。しかし過去一、二世紀の間この区別に関する進化は著しいものがあり、そのため、歴史家たちは進化の様子を詳らかにしようとしてきた。

アルカイックないし太古の文明における貨幣以前の多種多様な象徴的物体《オブジェ》から見ても、あるいはより特定化して鋳造硬貨の初期の発行について見ても、貨幣というものは仮想現実《ヴィルチュアリテ》であると同時に現実《レアリテ》でもある。そしてこの両義性は、諸社会内部の複数の原領域《レジストル》と一体になっているので、経済学者が言う意味での「物品－貨幣」から現実的・有形的・可視的・感覚的な部分を消去することはできない。最初の鋳造硬貨から今日の電子的フロー――電子マネー、eキャッシュ、デジキャッシュ、eビジネス(9)――へと至る進化は、どれをとっても、書き込まれているもの、すなわち記号《シーニュ》――シニフィエとシニフィアンを持つところの――にだけでなく、象徴《サンボル》――権力の象徴、法の象徴等――にも基礎を置いている。このことからすれば、貨幣は言語慣習・言語《ラング》・話し言葉《パロル》のモデルとは相容れない（今までこのモデルの提示がしばしば試みられた）。J・ビルストおよび精神分析が提唱している絵文字《ピクトグラム》への準拠(10)は、貨幣を感覚的なものの秩序のうちにとどめ置くものである。絵文字は多かれ少なかれ霊《プシュケ》によって書き記され包み込まれるけれども、感覚的なものの秩序の内に刻印されることを妨げないとされる。(11)

それに加えて、歴史家は、最初の鋳造硬貨から最も現代的な信用発行《フィデュシエール》の手段に至るまでの連綿たる貨幣考察の歴史を調べ上げるとき、無数の論者たちが提示している観点の多様性を確認するとともに、――絶えず変遷を遂げるそうした多様性の中で――貨幣の両義的性質を前にした各論者のためらいをも確認する。この永遠の疑念をわかり易く示しているのが、ノミナリスト（名目主義者）とマテリアリスト（素材主義者）の間で何世紀にもわたって単一の弁証法が繰り広げられてきたことである。ノミナリストとは、額面価値すなわち主権の記号《シーニュ》または尺度の記号を信奉する者のこと、そしてマテリアリストとは、金属価値との結びつきを持つ貨幣‐素材または貨幣‐商品を狂信する者のことである。一九世紀フランスの多くの経済学者たちは法と貨幣が結びつくことに対して激しく反対したが、法と貨幣の結びつきは、カペー朝およびヴァロア朝から一七二六年および一七八四年の貨幣改革――フランス革命暦一一年芽月（一八〇〇年四月）の七―一七日および一四―二四日の法律による芽月フランの導入を明らかに先取りしたもの――に至るまで、政治権力の恣意的支配の象徴《サンボル》であった。(12)

知識・時間・生命・宇宙など他の多くの領域と同じく貨幣もまた、解消されざる疑念を常に残すことによって、経済〈科学〉・数理〈科学〉・物理〈科学〉等の勝利陣営のためらいを喚起する。

一七世紀になって、ヨーロッパの言語には金融（フランス語のfinance）を表す総称語(13)——スペイン語ではfinancias、ラテン語ではfinancia pecuniaria、英語ではfinance、ドイツ語ではfinanz——が出現した。これ以降、政治家・銀行家・商人のいずれの世界も、狭い始原的な意味においては現金を意味するにすぎなかった貨幣を金融の重要な一部として認めることに同意した（ただし金融という行為は、貨幣が仲介物《トゥリュシュマン》ないし担保《ガージュ》でしかない関係類型である）。しかし、私は今日的な概念的見方に依拠することによって、また見当違いに見える危険を冒しつつも、あえて金融と貨幣を区別することにしたい。その場合の基本的認識を述べれば、今から七、八世紀前にわれわれが金融と呼ぶようになったものは、それよりも昔であればいわゆる不動産「資産」(14)ないし金融資産のカテゴリーに含めていたものである。金融ないし金融資産が債務支払いの機能を果たすこと、さらには罰金や税金という名目での上位的権威への支払いの機能を果たすことは、非常に古くからある現象である。このときの金融ないし金融資産は、われわれを聖なるものの場《シャン》に、すなわち「母なる大地」崇拝、地租、供犠、第一次集団——家族・カースト・氏族（「胞族」とも訳される）——の時空的組織化の場《シャン》に連れ戻すことによって、社会組織化の創始的基礎になってきたと言える。技術・手段・道具・製品が多様化している今日にあってはもっと気楽かつ肯定的にとらえられているものが、不動産資産がまだ譲渡不可能であった頃には否定的にとらえられていた。この点に着目して、われわれはアルカイック社会の金融制度——その範囲や様態《モダリテ》を正確に指し示す名称は存在してこなかった——について述べていきたい。

原始社会ないし伝統社会の共同基金——聖なるものの領域に根を下ろしているかまたはぶら下がっている——に見いだされる債務・支払い・買い戻しの論理は、現代において金融または金融システムという語を用いて定義されているすべてのものに当てはめることができる。もっともこのような一般化は、公共事業・政府が、したがって国民主権がなかった頃の諸限界を無視しているように見える。しかし、経済的であるだけでなく社会的でもある諸関係・諸取引を促進するための新しい手段として、硬貨が、ある日この「金融的」装置に導入されたこともまた明らかだ。過去における同じ時代の様々な文明にまたがって、すなわち古代中国からヨーロッパに至る世界のほぼ至る所で、「貨幣化された富または動産」という同じ観念が――後ほど考察することになる――多様な用語によって表されていた。そのような用語は紀元前六世紀頃に現れた。すなわちギリシャにおいては、クテーマタ（ktémata）に対置されるクレーマタ（khrémata）、ローマにおいてはフンドゥス（fundus）と区別されるペキュニア（pecunia）、ゲルマン圏においてはゲルト（Geld）等々。いずれの用語が出現する際にも、内部共同体・氏族・都市国家――その財産は不可侵でありその生産物は相互に交換された――といった伝統的な水平的秩序が改変にさらされた。貨幣以前的対象《オブジェ》も貨幣も、言語を絶する聖なるものの諸限界のうちに、神・王・祭司・民衆の間の諸々の隷属〔関係〕から成る垂直性のうちにとどまり続ける。またアンリ・ブルギナは、最近の著作[15]で金融家について語るとき、上位諸勢力と人間との間の力関係にわれわれの注意を向ける。この関係は人類のあらゆる歴史の基礎にあるものであり、商品の論理――財または商品の市場の働き――とは全く異なるものである。

　経済理論の進化をたどって見ても、貨幣用具――今や電子的仮想現実の場《シャン》へと姿を消したと言われる――の現実の進化をたどって見ても、貨幣そのものの形態が変わってきたことがわかる。個人的・日常的な使用という限られた範囲に関連する限定的定義による貨幣手段を見る限り、金属貨幣から手形、銀行券、小切手、プラスチック製のカード（銀行カードからアメリカや北欧の新「スマート・カード」に至るまでの）への移行は、明らかに目的の変化ではなく性質の変化として認識される。それに加えて、数多くの考古学的事例は、太古の昔から、金属硬貨とは異なる支払手段が使用されてきたことを証拠立てている。すなわち、紀元前二千年期半ばのメソポタミアでは貸付証券の形態として粘土板が使用され、紀元前二世紀エジプトのパピルスは小切手の先取りであり、紀元後六世紀のゲルマン・ヨーロッパでユダヤ人やシリア人の商人が使用した書付けのある布片は為替手形——中世初期に中国から輸入された——の先駆けであった。(16) これら貴重で、象徴的で、技術的に実用的な物体《オブジェ》は、どれも貨幣に先行するかまたは貨幣と同時に生まれた。金融的現象——買い戻しおよび支払いの現象——が現れたのはこうした物体よりも前のことであり、家族集団・氏族・都市国家等の中で共同体形態の下に社会化・組織化がなされる人類の時代が始まって以来のことである。

始原的《イノギュラル》な金融的次元から出発した社会が、その発展の中である日、金融ゲームのルールを根本から覆すことはないままに、貨幣手段を用いるようになるのである。それがどのようにしてなのかは歴史がわかり易く示してくれる。最も古い時代をざっと眺めるならば、アジア・シュメール・バビロニア・ヘブライ・ヘレニズム・ローマ・ケルト・ゲルマン・イベリアの諸文明の大部分において、金融的——または貨幣的——秩序を成立させる準普遍的な原理がどのように定立されているのかを伺い知ることができる。(17) また古典古代の諸段階を大まかにたどるならば、主権性ないし正統性の社会化を跡づけることができる。いずれのケースにあっても正義＋金融、法＋貨幣を通じて進められるところのこの社会化は、現代に至るまでずっと貨幣・金融機構のための——建築学的意味での——礎石として役立ってきた。

二 アルカイック社会の金融制度について

本源的債務

すべての〈伝承〉文明においてある種の債務が世界組織化の土台となっていることからして、債務は、アルカイック社会の建設にとって本源的ないし始原的なものである。このことは、アジアにおいて、アフリカのいくつかの国において、東西のヨーロッパにおいて、コロンブス以前のアメリカ大陸において、歴史家や哲学者の多くが〈メタヒストリー〉とか〈伝承〉の時代と見なしている遠い昔の時期において、そして紀元前一千年紀よりも以前のいわゆる大洪水以前時代においてはっきりと確認される。[18] つまり人間ないし人類は、そもそもの初めから、今日的な意味におけるいわゆる金融的な次元によって包摂されているのである。シャルル・マラムーが様々な著作において、インド-ヨーロッパ文明——西洋文明はその継承者——の発祥地である古代インドについて明快に説明しているように、サンスクリット語においては債務《デット》と義務《ドゥヴォワール》が○Rnaという同じ用語によって表される。○Rnaは、他の類義語を持たない起源語であり、宗教的意味と技術的意味の二重の意味を持っている。世界、生命、人間は、全面的にこの本源的《プリモルディアル》概念を通じて認識される。人は生まれたときからずっと諸債務の束であり、死の神ミトラ（Mitra）から預かり物すなわち特別な債務として生命を受け取るのだとされる。このとき、人は生まれる前に誰かから借り入れた覚えがなくても、拒否を選択する権利を持たない。こうして神・祖先・ヴェーダ・聖人はどれも債権者と化すのであって、人は生存中ずっと彼らに返済し続ける。まさに今際の瞬間まで、決してこの債務を清算することはできないのだ。こうして生は義務《ドゥヴォワール》と債務《オブリガシオン》の強力なネットワークを織り成しており、人は最終的な解放を保証されないままに、絶えずそれらを履行していかねばならない。原始インドの霊廟には、後に衰退する古い神であるヴァルナ（Varuna）と、違反者を絞め殺す彼の紐が刻まれている。この神話的イメージは、言語学のレベルにおいてはラテン語 nexum に見いだされる。この語は狭く「借り入れ」を意味しており、その変化形が結び目、債務を負う人を意味する nexus である。どちらの用語も nex ——死刑——から派生しており、nex の語はヴァルナ神の紐の輪奈結びに通じている。というのも、ローマ人が「我らの父祖の罰」と呼んでいた最も原始的な死刑が、まさに絞首刑であったからだ。アフリカ西部の言語にあっては同じ単語で「債務」と「綱」が意味されており、セム語の世界にあっては債務はヘブライ語で「窒息させること」、アラブ語で「噛むこと」と言われる。このような観念はまた、obligation という用語において明示されている。道徳的・法的・金融的な意味におけるこの語は、紐帯ないし制約（ligare「結びつける」）と、猶予すなわち時空の先取り——接頭辞 ob（「前に」）に要約される——の両方を兼ね表している。人間が借入先である神々に従属するのと同じように、債務返済を履行できない人間は債権者の奴隷になる。債権者は、支払不能な債務者に対して生殺与奪の権を握る。

債務の神聖な次元はまた、神々や聖者あるいはまた人々との複合的なつながりの中では、次のような具体的な形態をとって現れる。すなわちそれは、われわれが今日不動産と呼んでいるもの、そしてはるか昔から主要な資産タイプとされてきたもの——われわれの時代では「金融資産」がそれだ——を「聖化する」メカニズムである。実際、アルカイック社会の大多数には共通して、〈母なる大地〉への崇拝[19]や、生成・転生あるいは復活についての周期性神話が見いだされる。これらは集団・氏族・家族を形成するための、さらには所有権のための基礎として役立つものである。個人または共同体と大地との間のこうした親子関係《フィリアシオン》を支配するのは、一種の本源的《プリモルディアル》な禁忌、すなわち、神と人間とを、神が住む土地と人間が神から受け取った土地とを統一する債務の神聖な紐帯に他ならない。[20] このとき、天上界と人間共同体との間の債務の紐帯によって、——アリストテレスが言及しているような[21]——すべての不動産の譲渡禁止が正当化《ジュスティフィエ》される。古代には、ヨーロッパ・インド・中東・中国等においてこうした不動産の譲渡禁止が見いだされた。つまり債務の力が、土地や家屋を、神・祖先・子孫に対する義務のネットワークへとつなぎ留めていた。こうして、あらゆる形態の財産は交換を免れ、冒瀆の恐れから譲渡が不可能であった。[22] 財産・人間またはその家族は、債務の紐帯——生者と死者との紐帯——によって、一挙に神の世界にも、あの世にも、そして世界の中の特定の一箇所にもつなぎ留められた。その結果として、財産・人間またはその家族は不動化した。[23]

神から譲り受けた土地や家屋はまた、死者たちの住まいでもあり、集団の過去・現在・未来を一つの同じ場所の中で結びつけるものでもあり、世代から世代に移転される担保《ガージュ》でもある。プラトンは『法律』において、彼のユートピア都市の組織化を土地ないし不動産の面で規制するところの、様々な種類の契約的・違法的な義務を挙げている。ルイ・ジェルネが強調しているように、[24] プラトンは何も創発してはおらず、彼が取り上げているアルカイック・ギリシャ諸都市の多数の法的ルールには、われわれが理解する意味での債権の観念——後にギリシャやローマの積極的権利によって確立される——はまだ取り入れられていない。古代の消極的権利においては、債務に結びついた義務は常に、債務者の奴隷化に関するものか、安全の担保——物件差し押さえや買い戻し行為を想定する一種の担保預かり——に関するものであった。L・ジェルネはまた、[25] アルカイックな法においては、どうして裁判手続きや訴訟手続きに先立って宗教的な諸儀礼が行われるのか説明している。すなわちプラトン流の都市国家においては、分割を司る神によって土地が分配されるという古代的伝統の影響から、入植者の取り分は「主権の行為によって」割り当てられるとされる。その際、国家はいわゆる上級所有権を持つが、[26]国家の所有権は、相続に供される特定の財産部分であるクレーロス（klèros）に対しては行使されない。クレーロスの保有者は、その世襲財産部分を代々（génos）譲渡していき、そのようにしてオイコス（oikos）——経済的または農業的財産の意味での「家」——の中で債務が永続化していく。それゆえクレーロスの保有者はその資産の唯一の管理者なのである。

本源的債務の金融的性質と土地的性質という二重の性質は、注意深く考察する価値がある。というのも、政治経済学が誕生した一八世紀、産まれ出ようとしていた経済思想はいずれも、すなわち一方のフランスの重農主義者も、他方のイングランドまたはスコットランドの経済学者も、反対派の立場に立っていたからである。実際、当時の経済学者は、フランスにあってもイギリスにあっても、公的債務の拡大に反対し、重商主義に対抗し、貨幣は「経済の下女」であると主張していた。しかしまさにこのような〔反対派の〕地滑り的勝利は、クセノフォンまたは擬アリストテレスのオイコノモス（Oikonomos）論が示しているように、既に古代に現れていた。オイコノモスとは家政学であり、もっぱら農地開発を追求する。つまりオイコノモスが追求するのは、クテーマタ（ktémata〔＝物質的財産〕）（不動産、土地生産物、「地下資源」）の管理であるが、クレーマタ（khrémata）（貨幣化された資産）——公的なものか私的なものかを問わない——の管理ではない。とは言ってもしかし、どちらの語にも必要（ギリシャ語の khréia）[27]という共通の観念が付与されている。大昔からずっと確認されるように、債務を創始するこの〔必要の〕力は、いわば、不足——構成《コンスティテューティフ》された欠乏——に関する人的な条件と、それゆえそこから派生する不安とを生み出す。したがってこの債務の紐帯は、交換システムの内側でもあり外側でもあるという、経済理論から見ると逆説的な次元に位置づけられる。あえて言えば、この〔逆説的な位置に示される〕関係《ラポール》は真に金融的な関係《ラポール》とでも言うべきもの、すなわち主権との関わりが刻み込まれた構造的に不平等な関係《ラポール》である。神によって不足を課される者には、自らの儚き実存の虚無の中で、自らの生命以外であれば何とでも交換できる手段——相対価値を体現する唯一の物体もしくは非‐物体——を見いだすチャンスがほとんどない。

上位パワーへの従属関係を誘導するこうした本源的《プリモルディアル》な種類の債務には、別の根元的な観念すなわち買い戻し《ラシャ》の観念も入り込んでいた。後に偉大な歴史的諸宗教において見いだされる贖罪の観念は、これに当たる。インド・イラン語からラテン語またはゴート語に至る古代の語彙は、価値の観念が最初はもっぱら人間存在にのみ関わっていたことを示している。言語学者によれば、アルカイックな世界において価値とは、何よりもまず一人の人間の人格的価値、すなわち彼の勇気に帰せられる道徳的功績、さらには捕虜や奴隷を買い戻すために支払わなければならない代価のことであった。(28) したがって、弁済《リベラシオン》〔「解放」の意味もあり〕——神に対する債務の返済であれ債務奴隷の解放であれ——は常に、買い戻しという始原的《イノーギュラル》な行為を通じて行われる。(29) 最終的には——全く同じ論理によって——、商業的な語彙の中で発達する用語の大部分において、今度は「買い《アシャ》」の範疇に属する用語がいずれも「ほどく、救出する、解放する《リベレ》、釈放、解放《デリヴランスアフランシスマン》、したがって買い戻し(30)」を表すに至る。何世紀も後になってから、擬アリストテレスが『オイコノミカ（*Oikonomika*）』において再びこの原理に言及している。「財産となっている財貨の中で最も重要かつ最も必要なものはまた、家政にとって最も良きもの、最も有益なものでもある。その財とは人間に他ならない(31)」。

アルカイック社会、特にインド・ヨーロッパのアルカイック社会の初期においては、宇宙の中心に位置していたのは、価値の本位《エタロン》である人間であった。動物・植物・物体ないし物品がその位置を占めることはなかった。加えて言えば、ラテン語・ギリシャ語・インド語において買い――もはや買い戻しではない――を表す語は、何よりもまず、不可触民の地位にあるものの人間であることに変わりがない奴隷に適用されていた。つまり、原始の聖なる領界の周縁部において繰り広げられるアルカイックな諸実践は、依然として、神の制約（ヴァルナ神とその紐、ジュピター神とその雷霆《らいてい》、インド・イラン語やヘブライ語等のテキストにおいて「力」を表すとされるマムー神、等[32]）の影響下、神の世界から人間の世界に移し替えられた支配の影響下にあり続けた。戦争捕虜・奴隷・破産債務者のいずれが扱われる場合にも同じことが言える。こうして出現する垂直的な関係は、神のパワーによって主権的なものであるがゆえに人間から見れば不平等なものであり、それゆえ贈与・交換の水平的モデルとの関係を持っていない。不平等を運命づけられているこの力関係は、個々の人間が「債務からの解放」手段を見いだす必要のあることを含意している。つまり一人一人が、紐帯による重圧を軽減するために、また機会があれば神との同盟《アリヤンス》〔「契約」「盟約」とも訳される〕を結ぶために、天上・地上の諸パワーと絶えず取引しなければならないのである[33]。

供犠からの解放

大部分の原始宗教に見られるのと同じように、古代インドにあっても、〔供犠の〕犠牲は債務弁済のための特別な手段であり、買い戻しの媒体《ヴェイキュル》〔＝乗り物〕であった。ヴェーダ文献が伝える供犠に表されているのは、何よりもまず、再統一の願望、すなわち――後にキリスト教の典礼に見られるように――天上の栄光世界を見いだそうという欲望であった。犠牲は、地上の秩序を去って、この神の住まい――人間は少しずつこの場所への憧れを作り上げていく――へと向かうことを可能にする。夢の楽園を喪失すること、そして――それとの類推で――供犠実行のために財や幸福の一部を断念することが、死や解体を免れる保証となる。シャルル・マラムーが説明しているように、供犠祭壇の上で、古代インドの人は脂肪やバターの供物を注いで炎を起こし、そのアグニ（Agni）の聖火を使って祭壇のレンガおよび家屋のレンガを焼くだけでなく、「世界のレンガ」[34]をも焼く。

これに関連して言えば、火を意味するラテン語 ignis は、明らかにサンスクリット語の Agni に通じている。また、原始的な文明のすべてに共通なこうした献供の動作は、ラテン語では動詞「fundere」によって表され、そこから「fundus」、地所（fonds de terre）、地租（foncier）だけでなく、財政基金（fonds financier）が派生した――現代の自己資金（fonds propre）には触れずにおくとしても。[35] こうして、不動産・土地・家屋は供犠儀礼と構造的な結びつきを持っており、いずれも同じ金融の次元に関与しているのである。[36] 家族が神から財産として受け取った土地の上に家を建てるとき、英雄が古代都市を建設するとき、彼らは火（foyer）を中心としてそれらの物〔家や都市〕を建設する（fonder）。火は、神々にとっては供犠祭壇であり、人間にとっては光と熱の源泉である。[37] それぞれの火は、神および土地との単称的な関係の中で、それぞれの家族に――少し後には各都市に――安全保障を提供する。その結果、各居住場所《テリトワール》の不可侵性・不変性に基づいて、集団内部の連帯関係が確保されるのである。

しかし人間・土地・動物・物品は、どれも神に対する債務または神の財産を表すものである。したがってそれらは絶えず、供犠を通じてか、または供犠執行者である祭司の仲介を通じて、その価値――固定された価格――で買い戻されねばならない。

原始インドのテキストでは、「犠牲、それは人間のことである……人間は、犠牲に捧げられるべき筆頭のものである[38]」と要求されている。その後、この根本原理は繰り返し姿を見せることになる。まずヘブライの伝統において[39]――アブラハムによるイサクの献供はその一例である――、その後バビロン、フェニキア人、カルタゴにおいて[40]、あるいはゴール人、ゲルマン民族等において、さらにはコロンブス以前のアメリカにおいて。

ホメロス以前のギリシャにおいては[41]、クロノス――足の悪い息子ゼウスによって打ち倒されたヘシオドス『神統記』の時代の神――への人身御供が、このような実践を証言している。これが「黄金時代」のヘスペリデスの園から恐ろしい「鉄の時代」へと受け継がれていった[42]。同じ象徴的な身振り表現がアルカイック・ローマにおいても見られ[43]、しかも、ラテン語の「Sacrum facere〔生贄を捧げる〕」は死刑という意味と聖なるものへのアクセスという意味を併せ持つことが知られている[44]。供犠のモチーフである債務は、買い戻しと価値という二重の観念を常に指し示すのであり、これらの観念は動物・土地・物に適用される前にまず人間に適用される。私の考えでは、供犠は金融現象の最初のモデルとしては、聖なるものとの統合の手段であるように見える。聖なるものから委託されたもの――すべての生命はその体現である――を譲渡するためには、債務者＝人間と債権者－神との間に象徴的な担保を見いださなければならない。最初は人間自身が取引対象《オブジェ》――「**peshû**（捧げられる人間）」――だったのであり、捧げられる犠牲者は最初の金融的対象となった（サンスクリットの **peshû** は後にラテン語の **pecunia** ＝貨幣を派生させる）。この金融的対象は他の交換対象との関係を持たなかった。なぜなら、神々と交換を行うことは問題になりえなかったからである。

サンスクリットの **peshû** という語が「捧げられる犠牲」を、そして何よりもまず、最初に献供されるものである（ところの）人間を意味しているとすると、われわれは既に、価値の表現と、買い戻しによる支払様式とから成る現象、すなわち金融的事実を目にしていることになる。

文書資料が示すように、その後人々は、人間を動物と入れ換えることによって価値の代替を行うようになる。買い戻しおよび債務弁済を保証するための担保現物の譲渡を、これによって容易化したのである。

供犠祭壇に載せる人間ないし供犠執行者をそれとは別の犠牲に取り替えたとしても、それが象徴的等価物を提供するのであれば、債務から解放されようとする人々は、ある種の満足を神にしてもらえるだろう。この操作は、われわれの時代にあっても宗教と金融の両方の領域で利用されている変換《コンヴェルシオン》の操作に他ならない。すなわち、原債務の変換《コンヴェルシオン》に公的債務の借り換え《コンヴェルシオン》、貨幣間の転換《コンヴェルシオン》、金利の切り換え《コンヴェルシオン》、等。

同盟のメカニズム

供犠を通じて、神の世界と人間の世界の間には特殊な関係が作り出される。それは保護の関係、すなわち強者である神と弱者である人間との間の差別である。これを表現するのが同盟《アリヤンス》についての定式である。ここで同盟とは、聖なるものの原領域《レジストル》に関わる観念であり、この原領域は供犠との原理上の結びつきを持っている。同盟の観念は不平等主義的であり、天から降ってくるものである。五〇年ほど前に法学者のジャック・エルルは、同盟というこの独自な次元について研究した。その研究は、まず聖書の言い伝えに関してなされ、次に――その後――古代ローマというその政治的・宗教的翻訳に関してなされた[45]。

聖書の原典において、同盟《アリヤンス》〔ないし契約〕を意味するヘブライ語 berith は、選択《ショワ》の観念に、そして神の選択《エレクシオン》つまり神の寵愛を受けるパートナーの選択《エレクシオン》という観念につながりを持っている。それは「何よりもまず恩寵である」。J・エルルが取り上げている聖書の定式によれば、神は自らが望む者を自らの意思で選択しているが、これは、人間を自由な被造物としてすなわち主体として認める承認書に署名することを意味する。神は選択ないし信用《クレディ》の過程において同盟の諸条件を提示するが、これはまた被造物の生の諸条件でもある。神からの条件には、債務すなわち義務の紐帯を想起させる象徴的または具象的な担保《ガージュ》〔ないし証し〕——ノアの虹、アブラハムの供物、割礼、等——が含まれる。インド・ヨーロッパの古いテキストにおいて既に見られていた剥奪ないし不足の、刷新されたイメージがここにある。

つまり同盟《アリヤンス》は、神の強力なる現前を示す主権の行為であり、今日の法律の意味における一種の「加入契約」である。ウルガタ聖書ではまた、同盟はラテン語で foedus と翻訳されている。言語学の立場からバンヴェニストは、「(この foedus という語が持つ) 正確かつ非常に強い意味[46]」——互いに不均等な力を持つ契約当事者の間で初めに結ばれた協定——を強調している。バンヴェニストはレティウスとウェルギリウスを引用しつつ、それは aeterna foedera〔永遠の盟約〕、すなわち人間と神を結びつける「不易の法[47]」であるとしている。神とアダム・ノア・アブラハムおよび選ばれし民族との間で締結された様々な同盟には、供犠に関係する同じ目的が見いだされる。その目的とは、再統一すること、すなわち世界の原初的秩序を不完全ながらも再建することである。

同盟《アリヤンス》という形象は、一般には法——同盟はその要石の位置を占める——の観点から考察されており、私の知る限りその金融的側面が考慮されることはなかった。しかし私には金融的側面こそが根本的と思われる。神は、同盟を通じて始原的債務の買い戻し可能性を認めると直ちに、証し《ガジェ》=担保の支払いを要求する[48]。バンヴェニストは、言語学の観点から、ラテン語「credo」——信用（*crédit*）・債権（*créance*）・信念（*croyance*）

──の語源となったインド・ヨーロッパ語の語根＊Kredは、「われわれを保護してくれることが期待される存在が持つ『呪力』を意味するとともに、「物質的なものでありながら個人的感情も含むある種の『担保』『賭け物』、つまりどんな人間も等しく自らのうちに持ち、超越した存在に向けられる呪力に関わる観念」も意味するという仮説を立てている。供犠の動機である債務には、聖と俗を統一する手段の一つである金融的現象が含まれているというのである。つまり、すべての生命が根元的な預かり物を表わすというだけでなく、債務は人間＝債務者と神＝債権者の間に担保の存在を要求するのであり、そのことによって聖と俗が統一されるのである。このとき、弁済＝解放の可能性についての約束が印されている同盟の担保は、貨幣章標《シーニュ》の原型であるように思われる。そこでさらに見ていくと、聖書の諸書からも、少し遅れてカルタゴの文書からも、寺院における供犠の支払いに銀シケルが利用されていたことが知られる。金銀細工商の手になるこの円盤状の物体は、初期貨幣の発行を先取りするものだった。つまり、法と貨幣が現れる前に、主権の承認としての金融的行為は忽然と出現していたのである。

しかし、供犠を通じて神に返済するためには、サンスクリット語のsraddhaすなわち「信頼《クロワヤンス》」──債権《クレアンス》や信用《クレディ》に関する用語はすべてこれを土台に形成されていく──に示される信仰《フォワ》の行為が必要である。信仰の行為もまた神と人間の垂直的関係を組織化するのであり、債務は買い戻しに服し、そして信仰は債務の最初の支払手段である。宗教的なものと技術的なものを併せ持つ諸用語を語源学的観点から考察することによって、信仰ないし信頼のメカニズムは、サンスクリットの二つの起源語である＊Kredおよび＊Bheidhに関連づけられる。＊Kredは、人間が保護の担保《ガージュ》として受け取る「呪力の分け前」、天上世界から授けられる信用、供犠・同盟の成功の賭け金──これによって人間《エートル》は債務から解放可能になるかもしくは解放される──を意味している。*Kred は、人間《モルテル》に対してキャッチアップを提供するのであり、神の約束の、保護と安全の担保である。*Bheidh は「期待」、「道徳的制約」、「服従」であり、また「説得」でもあり、次に次第に「祈り」、「要求」〔を表すようになる〕。*Kred（credo）と*Bheidh という二つの用語が交差することによって、ラテン語の fides――いわゆる金融的意味の信用――が形成されていく。バンヴェニストの説明によると、「fides は語る側が相手のうちに引き起こす信頼、相手から受ける信頼を指すのであり、その結果、これは彼にとってすがることのできる『保証』となるのだ。人々が神々に対して抱く fides は、そんな彼らに返礼としての保証を請け合う。苦境に臨んで人々が祈るのは、まさにこの神聖な保証に他ならない[49]」。そしてバンヴェニストが強調しているように、動詞 credere は文字通りには、*Kred を投資すること、投資――天上のパワーによって受け入れられた担保《ガージュ》の投資――を実行することを意味している。

したがって金融的行為は、この二つの起源語*Kred と*Bheidh によって、*Kred における安全性の模索と、*Bheidh における未知のものへの魅惑的な期待との間に位置づけられる。しかし、*Kred と*Bheidh のどちらも、自分よりも有力なパートナーへの従属関係に準拠している。同じ語根に基づいて形成される foedus すなわち「協定《パクト》」は、より平等な関係を開くものというよりも、その前に何よりもまず、強者と保護を求める弱者との間の不平等な関係を表している。そこでの同盟《アリヤンス》およびそこでの信仰の行為から、やがて神の法および人間の権利が出現していき、そのことにより、人間を「権利の主体」にする枠組みが設定される。同盟が権利の基礎となり、神によって人間に啓示される正義が倫理を生み出すが、その際、権利や法的諸原理は倫理の一部でしかなく、倫理は、もっと広く生命・世界・後世を前にしての人間の責任を定立する。こうして、ローマの外交活動においては、紀元前一九〇年頃のローマとアイトリアの間の交渉のときのように、

fides と foedus の間の、すなわち一方の正義への信仰の行為および強者の慈悲と、他方の支払いをともなう同盟との間の弁証法が見られるようになる。(50)

供犠担保の置き換え

つまり、信仰の行為を通じて、供犠は、神の世界と人間の世界という二つの世界の間の紐帯《リヤン》、強者と弱者との間の保護の同盟《アリヤンス》、代替的《スプスティテュティフ》な正義〔倫理のこと〕の最初の発現を創り出す。この代替《スプスティテュシオン》の過程が今度は供犠儀礼に適用されると、人身御供による債務弁済《リベラトワール》の手続きが、進化していく倫理観念と次第に衝突するようになる。人間自身以外の犠牲に取り替えながら新たな諸担保を見つけていくことが、倫理の要求になっていったからである。代替がなされるたびに新しい担保が有効とされていき、ついに貨幣が導かれることとなる。宗教と法が進歩するにつれて、人間は聖なるものの閉じた世界を去って、同胞との関係を模索していく。このとき、シャルル・マラムーが明らかにしているように、価格ないし価値は、供犠祭地の周辺において、祭官——供犠執行者——への報酬によって表現される。インドにおけるダクシナー（dakshinâ〔報酬〕）は、供犠主宰者にとって、供犠成功の担保《ガージュ》を表すと同時に、神の世界に旅した後に地上の現実へと復帰することについての保証《ガランティ》にもなっている。ダクシナーの額の計算と、祭官集団の成員間へのその分配の計算は、供犠の構成要素になっている。諸儀礼によってコード化されている報酬対象《オブジェ》が今や神への信仰の行為を表現しているが、このコード化された報酬対象はまた、供犠祭官の効力に対する祭主の信頼を表現するものでもある。(51)供犠報酬はティールやカルタゴの宗教にも存在し、紀元前六世紀以降、寺院の中に掲示された報酬は基本的に銀シケルで、付随的に現物で支払われた。初期の金融的対象《オブジェ》は、聖なる囲い地の中で出現し、銀の取引は僧侶によって保証された[52]。こうして、神に対する債務の本源的紐帯——買い戻しの論理に基づいていた——は、象徴的諸対象によって徐々に緩められていった。象徴的対象によって、支払いと供犠の有効性は第三項を介して具体的に証明されるようになった。

ラテン語の **pecunia** は、供犠装置におけるこうした進化をうまく翻訳しているようには思われない。古代の文法家たちは **pecunia** を **pecus** すなわち家畜《ベタイユ》ないし家畜《シェプテル》に結びつけており、一八世紀の経済学者もこの伝統に従っていた。この伝統に対抗してバンヴェニストは、現金を意味する前の **pecunia** が、「あらゆる形態の個人的動産」すなわち人間、動物、奴隷、財産の実りの果実（**fruges fructusque**）を指し示していたことを明らかにした。まず **pecus** は、一見してサンスクリット語の **peshû** と非常に近いインド・ヨーロッパ諸語の語根＊**peku** から派生している。そのサンスクリット語 **peshû** に包摂されるのは、人間を始めとするあらゆる供物と、明示された価値に基づいて買い戻しのダイナミクスに関与する人間の占有物すべてである。例えばローマ人にあっては、供犠に捧げられる動物は常に家畜——人・家族または家がもつ財産・道具——である。プルタルコスは『プーブリコラの生涯』の中で、雄牛・羊・豚が刻まれている初期のローマ貨幣に言及しているが、これらの動物は伝統的な供犠生け贄のトリオであり、スオーヴェタウリリア（**suovetaurilia**）という浄めの供犠大祭におけるこれらの活用が知られている。このような図柄の使用は、まず供犠において継起的に象徴《サンボル》の代替がなされ、次に供犠行為そのものが貨幣手段や貨幣流通によっていわば迂回された、という見方を裏付けうる。その後、ラテン教父——特にアウグスチヌス、オリギネス、テルトゥリアヌス——たちの作品において、**pecunia** が今度は贖い主キリストのメタファーとして登場する[53]。こうして **pecunia** は、供犠の有効性の担保《ガージュ》を指す語であると言える。供物・祭官報酬を代理表象する担保があって、その担保とされる対象が祭主自身の象徴的等価物となっているとき、この担保によって祭主は債務から解放されることができるだけでなく、祭司の仲介で神の恩寵を獲得することもできる。また、同時に信仰の象徴でもあるこの担保によって、祭主は神との同盟を取り結ぶこともできる。同様にして言えば、peculium《ペキュル》（「へそくり」の語源）は、何らかの貯蓄と同一視される前の個人的財産、自己資産である。(54) バンヴェニストは、この語についての不確定な語源学には立ち入ることなく、接尾辞 -nus を持つラテン用語——munus, fenus, funus 等のような——はすべて、社会性または社会化の理念に通じていることを述べている。こうして確認されるのは、法・貨幣等の出現とともに、原始社会の世俗化ないし非神聖化という断絶が確認されるのである。

一般に、アルカイックなローマの法においては、実物担保よりもむしろ人的担保《シュルテ》が選好されていた。また、法の領域へと張り出している宗教的領域の周辺部において、やがて、担保（pignus）の観念とともに、pignus manuale（手交の担保《ガーシュ》）、pignoris capio（担保を取ること）という儀礼が出現した。前者は、買い手・売り手間で動産担保を手から手へ授与すること、後者は、約束不履行に備えて担保を取ることである。(55) 担保は十二表法以前の諸実践に介在していき、その後、まず債権のシステムに、次に契約のシステムへと入り込んでいった。担保は債権の保証であるとともに、形ある約束の印となるのである。根拠情報は少ないけれども、次のようであると思われる。すなわち pignus の語は、まず、債権者に対して債務者を拘束する象徴《サンボル》対象に用いられ、次に、社会・法が変容していくにつれ、小作ないし土地賃貸の契約枠組みの中で抵当担保を指すようになった。その後 pignus は、具体的に現金化された手付金となり、次に、帝国の最後の数世紀にはより広く、債務を履行しない債務者に課す一種の罰金となっていった。

三　古代社会における国家・金融・貨幣

アルカイック諸社会が変異を遂げていく中で、大きな革新が起きた。その革新とはつまり、第三項――人間の共同体が生み出す仲介――の介入に他ならない。第三項の介入によって、神と人間との間の関係は象徴《サンボル》群――多様なコードや手段――の上に打ち立てられるようになる。

王と法の誕生

供犠の祭地《テリトワール》こそが、明らかに、演算子としての第三項のこうした存在が示される最初の場である。供犠が要求する供犠祭司および物的諸担保は、「供犠が神の世界との間を仲介する」ことを集団に向かって示す具体的証拠である。この実行主体《アジャン》〔＝祭司〕は、聖なるものの領国からより物質的な土地へと、つまり氏族《クラン》ないし社会の居住地へと移動して、同胞たちの間の第三調停人へと変貌し、神からの委託を受ける形で時間と空間の支配責任を引き受ける。こうして祭司は王（*Roi*）――ラテン語ではRexまたはインドではRajh――となるのだが、にもかかわらずこの王は、ローマにおいて神祇官の地位を、さらにはローマ帝国において神そのものの地位を占めることによって、神々との関係に関して優位を保つことができる。また、共同体は最強の者や最優秀の者に対して、あるいは宗教教義に忠実に生活を送る人間に対して価値を認める決定を下すが、以上と同様の変化はこうした価値の原理についても起きた。原初的なヒエラルキーを構成する観念である「栄光」「名誉」「業績」は、最初は天上で生み出され、神から人へと授けられるものであったが、今やその性質を変え、人間同士の間での評価における道徳的・形而下的な基準へと転化したのである。ずっと後になって、プラトンは彼の理想都市の核心を述べる中で、名誉をあらゆる富の形態よりも上位に置いた。これは、名誉が神に由来するのに対して、金銀などの富は悪人たちの拠り所であるにすぎないことによる。[56]

これらの語〔栄光・名誉・業績〕はどれも、債務や供犠そして支払の語彙に含まれるものであり、それゆえにインドのバラモン、ローマの王＝供犠祭司は、上位世界との垂直的な関係を担う者として共同体に認知される。彼らは主権の権化なのである。彼らは既に＊Kred〔呪力の分け前〕を確保もしくは奪取しており、今や、上位の支配者〔＝神々〕から委託された彼らの使命は、彼らが責任を負う——つまり委託者＝神の面前で引き受けねばならない——人間共同体における＊Bheidh〔未知のものへの期待〕を管理することにある。[57]語源的に言えば、「まっすぐな線を引く者」を意味するRexは、「境界の線引き」を言い表そうとする定型表現regere fines に由来している。これには、神聖な領域を世俗から分離する祭司の機能、古代都市の境界を画定する創始者の役割が表されている。[58]神から債権を継承したRexは、宗教的な界域《シャン》、自国の領土そして自国民の社会構造内部における〔債務〕変換《コンヴェルシオン》〔本書一五五頁参照〕の諸形態すべてに責任を負う。彼は神聖なる原領域《レジストル》に介入しようとするとき、天空にいくつも線を引き、鳥の飛行に前兆を見いだし、神人同型論を通じてその意味を変換する〔ローマの鳥占いの光景〕。同様に彼は、上位世界の痕跡を地上に投影することによって、人間たちの世界の限界・境界・国境を定義することができる。つまりRexは、シニフィアンを製造し、記号《シーニュ》世界への道——記号を複製する過程——を開き、ルールを決定し、線《ドゥロワ》＝権利を作り出す。王とは線を引く者であり、それゆえ王こそが権利を画定し、その権利についてのルールを仕立て上げ、法を確立する。神の法（ローマ人においてはfas）に従うアルカイック社会は、このように仲介者によって統治される社会へと移行していった。仲介者たちは、こうした諸規範ないし諸法の助けを借りることによって、profanum すなわち俗人――聖なる言葉が届かない者――の原領域《レジストル》に入っていくことができる。これ以降はずっと、聖なる世界ないし宗教世界に由来する儀礼に対して諸規範・諸法が具体的に関与していく。しかし、ローマやギリシャにおける一定の法は、依然として神の認証を受け続けており、jus divinum すなわち神授権――後の時代に神権政治タイプの君主制主権が出現するとき土台として役立つところの――の中に位置づけられていった。

しかし、法のアルカイックな土台は、供犠の神聖な界域《シャン》に由来する象徴的秩序の上に据えられている。この象徴的秩序は、〔権利〕分配の不平等性と〔権利の〕本来的な欠如《マンク》を人々の意識に上らせる。人間――権利主体――は常に主権とこのような象徴的関わりを持っており、こうした関わりは、最終的な平等が決して可能でないことを証拠立てる。ギリシャとローマにおいて、そして明らかに他の諸文明においても、積極的権利《ドゥロワ》の構成は、何よりもまず聖なるものの領域を、あるいは宗教的な領域を出発点としている。だからこそ、訴訟行為や祭司・吏員・執政官の行動に際しては、それに先立って様々な儀礼が執り行われるのである。その後、宗教・裁判・軍事に関わる演出は、数々のコード・法律・判例等を通じて、文章に表現されるようになっていった。

それでもギリシャにおいては、ノモス（nomos）の語――元々は一般に *loi*〔＝法〕と言い換えられる語であったが後に貨幣＝ノミスマ（nomisma）も表すようになる――は、何よりもまず宗教的・道徳的諸ルール――普遍的調和（kosmos）――と関連を持つところの多様な観念を包摂している。しかし興味深いことに、この用語のいわば「法への」特化が紀元前六世紀末頃、つまり貨幣が流通し始める時期に起きるのである。(59)

古代の王に帰属した最初の調整《レギュラシオン》機能は、何よりもまず、空間と時間の中に座標系を立てることによって、集団の解体を予防し、債務の永続的紐帯に基づく凝集性と連帯を打ち固めることにあった。ここで言及しているローマ・モデルよりもずっと以前、オリエント文明やギリシャ文明においても王の介入は明白であった。王の行為はとりわけ、領土の領域において、そして不動産の管理において発揮された。後者については、例えばメソポタミアにおいて紀元前一七〇〇年頃に、王の行為によって権利の書式が生み出され、また、小アジアにおける不動産譲渡という特殊ケースにおいては、王の行為は職務請負いの初期的な様式に関与した。[60] この関係は古代および古典ギリシャにおいても明白であり、[61] よく知られているように、ホメロスの大王ワナクス（Wanaks）は神に劣らぬ最高の主権を付与されていたが、それと並立する形で、領土財産の管理者であることを第一の職務とするバシレウス（諸王）が出現した。[62] 後のゲルマン人においても同じモデルが見いだされる。ゲルマン人においては、氏族《クラン》長や王の権力は何よりもまず土地と結びついており、これは後の西欧の封建的システムへの先駆けとなった。

古代ローマにおいては、主権・領土・権利の間のこうした接合は、聖なるものの遺産を神と人間の間で分割するときに明らかとなる。三つのカテゴリー——res sacrae（もっぱら神の領域）、res religiosae（死者の世界）、res sanctae（神聖なものないし宗教的なものと、法的なものとの間にある中間地帯）——の分類は、境界が確立して、聖なるもの、宗教的なもの、法的なものの間の分割が組織されていることを示している。炉すなわち家の祭壇は res sacrae に、墓すなわち祖先の像は res religiosae に、門・城壁・境界標石は res sanctae にそれぞれ属する。この〔王と法の誕生という〕進化の金融的次元を同様の仕方でさらに明確化する分割として、fundus（底）と superficies（表面）の言語的・法的な区別がある。この区別は、一方の——〈人民〉ないし社会共同体による——possessio〔領有〕と、他方の——諸個人または諸家族が引き出す権利を持つところの

——usus〔使用〕・ructus〔収益〕・abusus〔処分〕の三つ組とを対置させる。後者を諸個人または諸家族が利用できるのは、権利《ドゥロワ》と正義《エキテ》によって基準が決められているからである。

この点に関連して、主権と領土《テリトワール》の関係について正確に述べておくべきであろう。というのも、多くの経済学者によって、「地理的・法的な制限を課せられている政治権力の実行可能性領域[63]」と、普遍的であることをずっと昔から望まれてきた貨幣の領域とが混同されているようだからである。経済学者よりも前に、かなり昔から、詩人や哲学者はそうした貨幣の普遍化を夢見てきた[64]。アルカイック時代には、貨幣が存在しなかったので、貨幣の領土《テリトワール》もまだ重要性を持っていなかった。しかし、金融的な資産種類を考慮に入れるならば、われわれは至る所で、主権にはその代表者が決める制限以外いかなる制限も課せられていないことを確認する。都市や王権が政治的に組織化されるとき、それまでの聖なるものと土地的なものとのつながりが浮動化する。このことにより常に、境界ないし領界を画定する卓越した権利が主権——王の主権、人民の主権、法の主権——に与えられる。ロムルス（Romulus）の例は非常に象徴的である。ローマ建国の行為は畝溝を開くこと、溝を掘ること等とされている。レムス（Remus）とロムルスの二人の兄弟は相互の敵意から殺し合うことになるが、その場所こそまさに溝、つまりレムスが兄の権威に挑むために飛び越えた溝であった。ここにも、聖なる界域《シャン》を明確に示すという供犠モデルの主要特徴が見いだされる。このモデルの射程は普遍的なのである。

言語学や文献学の情報源を利用することによって、ラテン世界のRex〔祭司＝王〕に具現されている主権のシステムを理解することが容易になる。バンヴェニストの説明によれば、Regere fines「は、神殿や都市を築く際の大祭司によって執り行われる作業で、大地の上に聖別された空間を画定することから成っている。明らかに呪術的かつ具体的な性格を持ち、内と外、聖なる王国と俗なる王国、国土と異国の領土などの境界を定める作業なのだ」[65]。換言すれば——そして所有《プロプリエテ》の問題が改めて提起されるのだが——、領有の境界はいわば内側から画定されるのであり、常にこの境界は拡張への道をたどるのである。さらに、権力《プヴォワール》——初めは政治的と言うよりむしろ呪術的なものであった——の平面においては、王の機能と結びついた権威（auctoritas）の観念——その後ローマでは auctoritas は監察官《ケンスス》に帰属することになる——は、文字通りに呼び出す《エヴォケ》〔悪魔などを呼び出すのが evoquer〕というものである。すなわち、権威は何かを出現させ、そして——文字通りに——存在を産出するとされていたのである[66]。

それゆえ、広い意味での主権とは、「地理的・法的な限界を持つ実行可能性の領域」とは正反対のものである。そうでないとすれば、われわれは、主権と国家による絶えざる領土獲得のダイナミクス、法律の絶えざる増加、等を説明できないだろう。こうしてみると、貨幣の比較を容易にするためには、少なくとも歴史的・具体的な観点の下で貨幣を考察しなければならない。というのも、貨幣は王権的起源を有しており、また今日でも貨幣が地理的・政治的に拡張するに際しては、依然としてバランス・オブ・パワーが密接に関与してくるからである。現在の状況はその格好の例示を提供している。つまり「ドル化」は、軍事・政治・経済・金融という諸平面《プラン》のすべてにわたる支配——新しい世界秩序——を獲得しようと目論む世界随一の超大国が（少なくともわずか一〇年ほど前から）存在していることと密接不可分である[67]。これほどに拡張主義的な動きを許すような諸条件の推移は、確かに、はるかな過去の同種の諸事例には見いだしがたい。しかしこの現在進行中の事実は歴史的例外をなすものではない。ローマ帝国は、自らの法、自らの軍隊および自らの貨幣を広大な空間に強制していったし、ナポレオンはそれと同じ誘惑に駆られたし、二〇世紀への転換期のドイツ帝国にも——まさに帝国（Reich）が「金融の武器」と名づけたものを通じて——同じ征服欲が見られた、等々。一九世紀の間にイギリスは、少なくとも商業的側面において、さらには植民地拡大を通じて主要金融大国と認められるようになったものの、一九〇〇年から一九三五年にかけての数度の通貨危機によってイギリスの経済的飛躍は帳消しになり、その後、英連邦とその植民地は解体していった。

多くの経済学者において貨幣は抽象として考察されるが、抽象としての貨幣の元をたどっていくならば、古代の諸テキストが語っていた「漠然とした強力な諸価値」の抽象に行き着く。例えばギリシャでは、よく知られている格言——「度《ボルヌ》〔＝境界標石《ボルヌ》〕を越すなかれ」——は、領土的次元で発布される政治的かつ——多くの面で——金融的なルールを述べたものだった。[68] 土地と信用、所有地とその境界標石は、古代ギリシャ都市を組織化する基礎となっていたのである。horoi（所有地を画定する境界石）はまた、不動産の公的評価に役立ち、そして——その準契約的機能において——貨幣が出現する以前の初期的な信用手段となっていた。[69] エジプトやメソポタミアにおいて紀元前三千年期以降に現れた信用の原始的な諸実践《プラティク》はどれも、不動産、土地と常に密接な結びつきをもっていた。そうした諸実践は、債務システムや供犠システムに組み込まれ、祭司集団によって管理されていた。その祭司集団が今度は、尺度《ムジュール》の能力を授けられた王を生み出す。この尺度は、様々な記述媒体——バビロニアの粘土板、石のhoroiまたはギリシャのLivre foncier〔土地台帳〕に相当するイトスギの板——を用いることによって、法や金融として表現されていった。[70] より近代的な意味とは異なる形式の下でではあるが、様々な性質のこれらの記述には——明示的に貨幣手段を通したものではないが——金融的な債権の明らかな先取りが見られる。

アルカイックなギリシャの法においても、後のローマの法においても、——ローマ人と比べてギリシャ人には物権と債権の区別が弱いという違いがあるものの――所有の過程は、身振り、押収、manus injectio〔手を置いて所有権を表明すること〕、陳列、厳格な検査といった一連の儀礼を経ていく。現代のわれわれの裁判手続きにも、依然としてこうした儀礼の痕跡が見いだされる。(71) その後こうした儀礼の諸形態は、今度は、動産に関する契約債務に、預金に、あるいは貸付取引に適用されていった。その場合、例えばアテナイ人の法において、債務者の代償（proesis）と高い信頼（pistis）が象徴的・具体的に要求された。

金融と領土、または信用と不動産は、信頼と債権（すなわち信用）との両義性を本質的に持っているがゆえに、聖なる権威を――委託によって――代表する仲介者を必要とする。この仲介者は、権利の調停者、尺度および記数の権力の保有者でもある。言語学は、ここでの尺度《ムジュール》という観念に関して、その原義が数量的評価〔例えば、寸法を測る〕と道徳的評価〔節度を弁える程度を測る〕の二重の機能を含むことを明らかにしている。つまり尺度の観念は、権威や統治能力にも、さらにまた規範《コード》や規則の制定にも適用されていく。これらは、最初は祭司の属性であったが、後には、聖なるものと俗なるものが混合した秩序において王または立法府の属性となっていった。医者によって純粋に生理学的な領域に〔治療の意味などで〕この観念が適用されたのは、さらに後のことである。(72)

貨幣の出現

要するに、金融的現象は、聖なるものの界域《シャン》――供犠、大地の崇拝、神々の信用の担保――に、そして――かなり顕著なことに――主権の複合的な世界に深く根を下ろしている。そのようなものとして金融的現象は神の世界と人間の世界との間の権力移転に寄与するのであり、この権力移転によって、王や法にだけでなく、不可避的にまた、信頼《クロワヤンス》‐債権《クレアンス》に対する担保の社会化された形態——これが貨幣になっていく——にもしかるべき位置が与えられる。

貨幣、すなわち——正確に言えば——打ち抜き刻印された金属の硬貨は、世俗化——つまりprofanum〔世俗〕の社会化——の長い過程の所産であるように見える。この世俗化は、聖なるものの排除を帰結したというよりも、むしろ、それまで神に属していたこの世の一部を人間が獲得したことを意味する。実は、他の条件の違いをすべて無視して言えば、この過程は、啓蒙の世紀における思考秩序の変異にも比肩するものであり、そのことだけで既に、合理化の進行〔の過程〕に付け加えるべき一つの段階を画すものと言ってよい。はるか古代の時期に鋳貨〔以下、打刻貨幣も含めて「鋳貨」と訳す〕を使用するようになったことは、人類進化のこうした諸段階の一つを表しており、これと同時に知識と技術も進歩を遂げたのである。古代諸文明におけるメタヒストリーの中断は紀元前七世紀頃にいっせいに起き、文字、算術、天文学、実定法の基礎概念などが発展したのと時期を同じくして鋳貨が出現したのである。一、二世紀後には、哲学・歴史学・修辞学・自然学が歩調を揃えて前進を遂げるなど、少なくともヨーロッパ地中海世界においては他の文化的な諸地平も開かれた。

このようにして貨幣的象徴《サンボル》は、供犠の囲い地《アンサン》と、家や都市が所有する囲い地との間で通用していた多様な金融的象徴を変容させた。このことは、天地創造の権力が委譲されたことの新しい表現であった。だからこそ鋳貨の発明は、規範《コード》・法・所有地画定・契約のためのアルファベットの発明、文書の使用と同時に起きたのである。ギリシャの世界——小アジアから来た貨幣手段は何よりもまずこの地で広まっていった——では、象徴的形態における貨幣は、常にノミスマ（nomisma）の語によって指し示されるがゆえに、言語のレベルにおいて、総称的な中立性という、いわば特異な種類の中立性を保ち続けた。ノミスマという語ははっきりと法を、したがってポリス（polis）――都市ないし国家――を指し示している（法とポリスそれぞれの土台は同時に構造化された）。五世紀にギリシャの作家たちは、貨幣化された富を総称してクレーマタ（khrémata）〔＝使用対象物または資材〕という複数語を用いるようになるが、この事実は、貨幣が古代都市の農業中心経済にもたらした変化を証言するものである。今日のわれわれであれば「お金《ラルジャン》」と翻訳するであろうクレーマタの新しい意味は、貨幣流通の一般化を告げている。流通する硬貨《エスペス》は多様化していて、各公国に固有な図柄のものが見られた。このヒエラルキー化の形態はラテン人にも存在した。青銅板の後に現れた初期の銅貨であるアス（as）が一般に広まった後、ラテン人においては、様々な種類の銀製硬貨（セステルティウス、デナリウス、等）を包括する言葉として、ギリシャの**nomos**を模倣したノムス（**numus**または**nummus**）の語が現れた。こうして、ペキュニア（pecunia）の語がギリシャ語クレーマタの同義語となる一方で、モネタ（moneta）の語は、造幣所がカピトリウムの丘のユノ・モネータ（Juno Moneta）寺院に置かれた後に、もっぱら技術的な貨幣鋳造《モネヤージュ》を指す言葉として現れた。今日の語彙の中でフランス語の「貨幣《アルジャン》」〔「銀」と「金銭」の意味がある〕――何世紀もの間最もよく用いられてきた金属標準――という包括的な語には、古代ローマにおけるこうした用法の名残りが見いだされる。イタリアとスペインにおいてこれに相当するのが、ローマのデナリウス銀貨に由来するデナロ（denaro）の語である。いずれの言葉も、単なる貨幣手段の実在を指し示しているにすぎない。ドイツ語のゲルト（Geld）という語は、この狭い貨幣的《モネテール》な論理を免れている。なぜなら、バンヴェニストが説明しているように、ゲルマン語やゴート語または高地ドイツ語の語彙の中にあって、ゲルトという語の元となった単語は、支払い・拠出・税を意味しており、――硬貨をともなうか否かは関係なく——金融の論理をわれわれに参照させるからである。[73] これに対して、ラテン語のモネタから作り上げられた近代的な〔フランス語〕表現である貨幣《モネ》は、鋳造および発行機能の国家独占と結びついた技術的な観念に由来している。こうした〔貨幣を意味する言葉の〕変遷は、貨幣に関する真に同質的な定義が困難であることを浮かび上がらせる。言葉に依拠する歴史的もしくは年代記的な観点から見るとき、貨幣の同質的な定義の前提となるのは、われわれが今日合理性と呼ぶものに道を開く特殊な象徴的《サンボリーク》対象が生産されていることであるだろう。合理性を意味するラテン語の ratio は、ケンスス（census）——戸口調査——の組織化と結びついており、何よりもまず数え上げないし計算に言及している。

ホメロス以前の世界にあっては、ギリシャと小アジアの間で、テロス（télos）すなわち腕輪が神や人に対する担保《ガージュ》または支払手段の形態として用いられていた[74]（カエサルが征服したときの古代ブレトン人にも見いだされる）。ホメロス以前の世界においては、保証と承認の二重機能を遂行するための特別な諸手段が必要であることが明白になっていたように思われる。こうした実践は、過去数世紀にわたってアフリカにも見いだされてきた。この点に関して、一七世紀のアフリカでヨーロッパ人が行ったつなぎ環の輸入に、黒人奴隷制度の象徴的再生《ラベル》を見て取ろうとするJ・M・セルヴェその他の人たちの仮説は妥当とは思われない。債務の論理がアフリカの諸文明にしっかりと刻み込まれているのと同様に、ブレスレット＝支払手段という準普遍的なモデルはアフリカ大陸では他の場所よりも長く存続したのである。植民者たちは、オランダの港に大量にストックされたタカラガイについて——しかもアラブ人よりもはるかに遅れて——行っていたのと同じように、このモデルを利用して利潤を稼ごうとしたのだった。

考古学者や古銭学者による最近の諸研究は、二五世紀ほど前にヘロドトスによって提示された仮説を立証していく。その仮説とは、「リディア人はわれわれの知る限りでは、金銀の貨幣を鋳造して使用した最初の民族であり……」[75]というものだ。最近の諸研究の結果は、専門家たちの絶対的一致をもってではないけれども、その多くに受け入れられている。そしてこうした研究はまた、初期的な貨幣の王制的起源を証明している。実際に、リディアの諸王は新しい金融的象徴《サンボル》を発行していた。金と銀の合金であるエレクトロンという貴金属を鋳造してできた硬貨がそれである。ここ三〇年の間に考古学上の発見が明らかにしてきたように、エレクトロンの賦存ストックに関しては、パクトロス川〔エレクトロンの採取地〕流域を所有する王がその利用を独占していた。貨幣に鋳造される以前より、泥土中から採取されるこの金属は王の金庫を潤すのに役立っていた。王の金庫はそれ自体が、王権につながる聖なるものの領域からの受け取り窓口であった。このようにして、貴重な物体が動物の献供に取って代わることによって、供犠儀礼に使用される金融的担保は形態を変えたのである。[76] 聖なる力を授与された宝物や護符と同じように、この貴重な物体は、神話的思考に従いながら、王および祭司の仲介の下に人間と神との間を循環していく。[77] 貨幣は、供犠祭司への報酬支払手段として用いられるだけでなく、同時にまた、諸儀礼、建国の供託金、自然に捧げられる贖罪の供物、の内にも自らの場所を見いだすのである。[78]

　知られざる一定の政治的動機のゆえに、ある日、リディアの王族は、新しい貴重な物体を創造しそれに特別な価値を与えることによって、一つの変換操作を行うことに決定した。それまで貴金属それ自体が「潜在的・不動的な富」――ギリシャ人のクテーマタ（ktémata）――と見なされていたが、今や王の仲介の下に貴金属は動産へと変換し、こうしてギリシャ世界におけるクレーマタに転化したのである。

　近年の古銭学上の諸発見は、多様な貨幣種類に見られる次のような性質に注目することによって、〔貨幣の〕

王制的な——または主権的な——起源を浮かび上がらせている。つまり様々な貨幣に見られる獅子や雄牛の像は、リディアからシュメール－バビロニアやヘブライの世界に至る諸文明において、伝統的に王権のエンブレム〔＝観念・人・物を表す図案〕であった。この常套的な事実は、メソポタミアの歌[79]にも、インド－イラン語圏、北方の諸地域、セム語族の世界[80]にも見いだされる。

主権性のこうした優越は、貨幣の創出を戦争による必要性から説明する専門家によってしばしば強調される別の特性にも関係している。ここで戦争による必要性とは、傭兵への報酬[81]においては、高額の一律な支払いのための手段が必要だということである。実際、リディアの王族たちは征服戦争に際して、報酬を支払って戦士を雇っていた。これによって戦士は、貨幣の使用を含意する merx、merces、mercenarius というラテン語の語源が意味するような傭兵《メルスネール》となるのであった。ラテン語のメルセス（merces）〔報酬の意〕は、時間的・空間的に隔たりのあるリディア王国や最初の鋳貨の原理になりうるものではないが、貨幣化の過程を知る手がかりとなる。バンヴェニストによれば、「merces は、ひとりの人間を特別な目的……戦争での軍務……のために一時的に用いたことに対する報酬の支払いといえよう。この用語は全く新しい概念を示唆している。すなわち……さまざまな用役を購入するために人間関係に金銭が導入されることである」[82]。貨幣対象の突然の出現は主権によってもたらされる。共同体の内部調整や、外国領土の征服による対外的な勢力拡大という主権の次元において、貨幣対象は出現する。何よりもまず貨幣は戦争の準備に役立つのであり、そうであるからこそ、ローマ人が帝国の地理的拡大を通じて貨幣を「全世界の生活の糧《ネル》」とする前にまず、「戦争の糧《ネル》[83]〔＝軍資金〕」という言い回しが生み出されたのである。リディア人が征服を進めていくにつれ、服属した領土において貨幣はまず支配者への直接税の支払いに、次に税制の普及に役立っていった[84]。貨幣は徐々にあらゆる社会階層に浸透していったが、それは何よりもまず、個人が共同体や私人に提供する様々な性質の用役に対して、報酬が支払われたからであった。数世紀後にプラトンは『国家』の中で、こうした変化の実例として、労働への報酬支払いに貨幣を使用するケースを挙げている。つまり、「その魂によって共同体への迎え入れには値しないけれども、肉体的な力によって荒仕事に向いていて……「そして」自己の力の使用を売るところの、威厳なき人々」が古代都市に現れ、「彼らは労苦の代償として賃金《サレール》（misthos）を要求するので、われわれは彼らを賃金生活者《サラリエ》と名づける」とされる。バンヴェニストによれば、インド－イラン語の mizdo の派生語である misthos とはそもそも、軍事的な競争あるいはスポーツでの競争における一種の報償のことであった。その額は初めは現物タームで、後には貨幣化された報酬の形で、予め定められていた。ただし報償が常に競技や任務遂行に先立って定められていたとはいえ、支払いはそれらの終了時になされた。この点、後のローマにおける salarium と同様であった。なぜなら、salarium は、戦士が戦いの後に塩を買うことを可能にする貨幣報酬であったからである。[85] その後プラトンは、『法律』において理想都市の構想を描き出す際に、貨幣の用途について区別を行い、ギリシャ貨幣——すなわち共通貨幣——を対外交易および財政〔＝公的金融〕に割り当て、小額の特殊貨幣の流通を都市内部の商業（kapêleia）に限ることとした。

古代のオリエントおよびギリシャにおける貨幣の正統性

法の論理およびそこから派生する正統性《レジティミテ》の論理は、社会組織化の様々な水準において王が行使する変換《コンヴェルシオン》メカニズムに基づいて成立する。王が変換メカニズムを行使するときの理由とされる主権性の原理は、聖なる界域《シャン》——すなわちアルカイックな供犠挙行区域——に由来している。この変換の過程は、単なる実利的な機能であることを超えて、権利や法に付随する象徴的次元に関与している。このような一般的な変換過程がとる一つの表現が、貨幣または貨幣章標《シーニュ》の創造である。リディアの事例においては、王の神聖な身体との一体性および紐帯を示す印として、王は戦士の集合隊列一人一人に硬貨を配るが、このときに——王の地位と結びついた——尺度と数え上げという二重の観念がフルに力を発揮する。数え上げること——兵隊を数えること——の、それにまた兵隊の忠誠心を高めることの必要性は、おそらく貨幣創発に際して大きな役割を果たしたであろう。この伝統世界にあっては、王に授けられた権力は法だけでなく呪術にも依拠していたから、神々の代理者である王は、神々の名において、もしくは神々に代わって、信用・保護・力の担保《ガージュ》を分け与える。言語学者によれば、元々は、戦士や忠臣に分け与えられた硬貨はいわば「覇権の護符」、つまり、「一定の状況において、とくに神みずからが勝利を約束する戦いにおいて、その持ち主に覇権を与える[86]」呪力の章標《マルク》であった。開戦に先立って信頼を担保《ガージュ》するもの、主権の権威を担保《ガージュ》するものとしての硬貨は、勝利の約束へと、そして忠誠の、承認の印《シーニュ》へと転化する。なぜなら、硬貨は、戦士一人一人と王との間で忠誠の絆を結び合い、あるいは結び直すことを可能にするからである。貨幣は、王の主権的権威を公に証明するものなのである。同じ論理は、ローマの戸口調査の組織化にも、また後のローマ帝国における親衛隊その他兵士——新皇帝は彼らの忠誠心を収攬しようとする——への貨幣の分配にも見いだされる[87]。「喜ばしき即位」における進物、すなわちフランス王戴冠時に群集に投げ込まれる硬貨もまた、アルカイックな儀礼を例示している。

貨幣鋳造《モネヤージュ》——技術的用語としての——の革新において本質的であったのは、等分に切断された要素へと金属塊を分割したことであった。硬貨は、主権の刻印を押した王と、譲渡されてそれを保有する人との間の相互依存関係を表している。硬貨は、忠誠者集団の全体性を証拠立てるだけでなく、数え上げを行使する能力、したがってまた——いわば——共同体内で自己を個体化する能力が各人に与えられていることを証拠立てる。

リディア人の間に最初の硬貨が出現するまで、近東地域では検印を押されたインゴット〔＝金属塊〕が長い間使用されていたし、[88]ローマでは同じ物がその後も使用され続けた。バビロニアでは取引はもっぱら商品でなされ、またフェニキア人は常にリディアと関係があったにもかかわらず、硬貨を用いなかった。遠隔地間の世俗的な交易は、長い間、貴金属インゴットの交換に依拠していた。地中海の商人によるこうした実践は、初期貨幣の商業的使用に関する経済学の諸理論とは矛盾するものである。[89]そのような理論の元々の拠り所は、貨幣の起源に関する論理的な——歴史的な、ではなく——再構成を追求したアリストテレスによるでっち上げの仮説であった。[90]さて、インゴットとは別のものである硬貨は、秤量を必要不可欠とはしない変換《コンヴェルシオン》を可能にするだけでなく、また存在《エートル》と物を区別することによって価値との新しい関係づけを正統化する。抽象的な主権的パワーから派生し、人間の代償もしくは具体的業績と結びついている旧来の価値原理[91]は、依然として、硬貨の表面《おもて》、つまり主権が表出される側において表明されている。しかし裏面《うら》にある尺度単位の刻印は、人間自身が解放《リベラシオン》＝弁済の権力を獲得していることを初めて印したのである。これまではアルカイックな代償のメカニズムが変換の典型であったが、今や象徴《サンボル》に仲介された購買と売却の変換がそれを引き継いでいる。しかし、貨幣章標《シーニュ》を介して買い手と売り手に自由が開かれるとはいえ、発行者の主権性と数の正統性についての証拠立てにおいては、強制の部分がなお入り込む。発行者の主権性と数の正統性はいずれも、硬貨の刻印の上に、もしくは硬貨の刻印によって封じ込められているのである。このような変化は、ヘロドトスがリディア人の貨幣発明について述べるときに行っていた諸観察のうちの一つを説明する。そこでは、リディア人はまた、「小売業（ギリシャ語では Kapélos）を営んだ最初の人々……」でもあったとされる。古典ギリシャ語の「カペーロス（kapélos）」は一般に「小商人《プティキエ》」や「小売りの商人《マルシャン・ドゥ・デタユ》」と訳されており、大商人 emporos に対置される小商人（後に kapéléia と訳される）を意味する。実は、ヘロドトスのこの主張はギリシャには当てはまらず、もっぱらリディア人もしくはペルシア人に当てはまるものである。[92] ヘロドトスは「富裕な大ビール醸造家」や「両替商」のような観念にも言及しており、こうして、ギリシャ人はアジアの人々から商業的な語彙を借用したとするバンヴェニストの仮説に確証を与えている。[93] つまり、小商人は貨幣流通に依拠していたのに対して、大規模な国際取引はまだ金融的資本を用いず、もっぱら商品――これを局地的市場に供給するのも国際取引であるが――を用いて行われていた。

紀元前六世紀以降は、誰もが、局地的で私的な商取引における硬貨の利便性を認めざるをえなくなった。それというのも、この時期には、小アジアおよびヨーロッパにあるギリシャ都市による貨幣発行が増加したからである。数多くの自立的な公国が、自らの主権を利用し、局地的市場への、さらには地域市場、国際市場への統制を実施した。[94]『法律』においてプラトンは、本質的には農業的なこうした都市国家《シテ》にあっても、やはり貨幣が富の尺度であったことを述べている。ただし貨幣手段が内発的な経済に十分統合されていたと言っても、そのことは依然として限られた用途についてだけだった。旅行からの帰国に際しては、国家が外国の諸貨幣を回収し、それと交換に持参人には地元の貨幣を与えた。地元の貨幣には、共通貨幣で表した平価が適用されていた。[95] 都市国家の様々な領域とそこで行われる種々の取引についてのこうした説明を見る限り、プラトンにおいても――ヘロドトスと同様に――、貨幣化された交換は初めのうちは国内市場でだけ実践され、しかも、他のすべての活動――市民的・軍事的・農業的な活動――を行えない人々に委ねられていたとされている。プラトンによれば、彼らは奴隷ではないが、それと全く同じ程度に取るに足らない人々であった。なぜなら、彼らは金の亡者であり、他の箇所――『法律』（919C）――でのプラトンの記述によれば、彼らの損失はほとんど国家に打撃を与えないからである。実際、古代ギリシャにおいては、自由市民は商業にも金融活動にも従事することができず、それらの分野は、奴隷や都市居住の外国人、すなわちよそ者（métoikoi）のために取って置かれた。例えば、テーバイの建設などは、商業活動に従事する市民を物質的に疲弊させることを目的としていた。次第に、仲介業者である両替商《シャンジュール》（trapézités）が「貿易業者《エシャンジスト》」を補佐して貨幣手段の評価・選別・秤量を行うようになっていくが、こうした尺度および裁定の業務は何よりもまず奴隷や外国人によって担われた。ところが五世紀以降は、ギリシャの諸都市はむしろ主権の名において両替の独占を導入し、さらにその後、公共財政のための国家信用制度（démostai trapezai）を創設していった。同じ時期に、金融や商業の活動に従事していた市民と居留外国人は、商人組合であるkoinaの結成を推進した。組合員たちは、philia[96]すなわち相互の盟約である「客人歓待の義務」に拘束された。この義務は、アルカイックな「名誉」と「業績」の原理に依拠するものであるが、今や貨幣手段を通じた変換《コンヴェルシオン》メカニズムに従うようになっていた。[97]富――クレマティスティケ〔＝利殖のための売買〕――よりも徳性と名誉を重視したプラトンやアリストテレスの疑念にもかかわらず、人々の行動は変容したのである。国家が行ったことと言えばむしろ、財市場における安全性と税収のバランスをとるべく、商法の施行を通じて商業活動を統制することであった。

ローマの国家による貨幣的調整

リディアに関する神話物語や古典ギリシャの諸テキストにおいて報告されているのとは様子が異なり、ローマの事例は、全体化・社会化・連帯組織化のメカニズムをもっと直截に例示している。このことを、まず広い意味での金融的秩序について、少し後により狭い貨幣的秩序について見ていくことにする。かなり早い時期に、つまり法と貨幣の間の時期に、王や国家による介入が一挙に社会全体に行使された。ローマにおける貨幣の出現は比較的遅く、ギリシャの諸地域において貨幣の流通と管理が既に十分確立していた時期のことであった。ところがローマに見られた動きは〔ギリシャとは〕全く異なっており、主権と正統性という密接に絡み合う二つの領域への二重の立脚に関してはある意味でより徹底していた。ローマ史の伝説に記されている二つの段階は、社会的紐帯という本質的な機能における貨幣の出現をわかり易く例示するものである。

第一に、ヌマ(Numa Pompilius)〔古代ローマ第二代の王とされる〕は、歴史年代上最初の Rex ――祭司＝王、供犠執行者＝王――であり、なおかつ「法の父」でもあった。この人物においては、主権の勢力と法の権力との結合が端的に示されている。第二の事例として、紀元前六世紀頃、つまりヌマの二、三世代後に、セルヴィウス・トゥリウスは共同体の再構築とその最初の貨幣化を進めた。

古代の歴史家は数多くの制度をヌマの功績に帰しているが、それだけでなく、彼の活動の細部は、金融的制度との社会の関係を隠喩的に語るものである。ヌマはローマのパンテオンに二柱の新しい神を祭祀した。信用、信頼を意味するフィデス(Fides)と、境界、境界標石を意味するテルミヌス(Terminus)がそれである。実は、祭られているこの二つの抽象観念が金融的秩序へとわれわれを導く。なぜならフィデスは、* Bheidh〔期待〕と * Kred〔呪力〕とが意味的に重なり合う債務形成時の秩序に由来しているからである。fides

の最初の意味は「私が他人から得る信任《クレディ》、他人が私に置く信頼《コンフィアンス》」であり、これは優越的な関係、存在《エグジスタンス》の事実上の承認——他者による価値の承認でもある——を印すものである。女神フィデスは庇護——何よりもまず供託金と債務の保護——の機能を果たし、あらゆるfoedusつまり同盟、契約の保証人である。numen〔神意〕の秩序——「神聖な《ニュミヌ》」という心理学カテゴリー——に由来するフィデス神は、神格化されるにせよされないにせよ、ともかく呪術の原領域《レジストル》に属し、「パワーの流れ《フリュ》」として知覚され、至上の地位を占める。そして、fides〔信頼〕を利用する者は、代理の資格において、他の者との力の拮抗を獲得する。もしもfidesを顧みなければ、その者は犠牲（sacri）になる。fidesの関係は、最初は単に間主観的なものであるが、次に個人同士の間で発展を遂げ、ついには社会集団へと移し替えられていく。例えば、信頼の降伏（deditio in fidem）のモデル〔ポエニ戦争でカルタゴはローマに無条件降伏をした〕は、最初は家族的・私的システムにおいて庇護システムの基礎であったが、その後、ローマ人が征服したイタリア半島内外の場所において政治的・金融的なシステムの基礎となった[98]。国際交渉の結果である貨幣的《モネイエ》な協約がfoedusとして明確に規定されるならば、たとえそれが信頼の降伏であっても、被征服民はやはり貨幣による直接税支払いを義務づけられる。また被征服民は仲間（sosii）と呼ばれるが、ローマ法においては、金融的もしくは税務的な含意をもつこの表現から、会社（societates）——すなわち徴税請負会社や船会社——の語が生み出されていった。これらの会社は物的会社であり、それを構成する株主は互いをsosiiと呼んでいた。同様にして、fidesを軸として庇護関係《クリヤンテリスム》を組織化する呪術的または宗教的なタイプの紐帯もまた、次第に権利や契約メカニズムによって調整されていった。リウィウスによれば、誰もがingens vinculum fideiすなわち強力な信頼の絆に服していた。この絆は、ローマ人社会の内部に——公的秩序においても私的秩序においても——出現し、領土拡大につれてその外部にも広まっていった。債務のメカニズムに由来するfidesは、内向きと外向きという主権の二つの顔を表現している。ローマ人における主権は、foedusの恵みを通じて、共同体と諸個人の両方、すなわち市民とhostes〔＝客人〕——友人－敵——の両方に同時に行使される。[99]

領土と共同体が同時進行的に拡大していく最中に共同体を打ち固めるのがフィデスの役割だとすれば、そうして打ち固められた共同体の領土に世話を焼くのが、フィデスと並び立つもう一つの神テルミヌスの役割である。テルミヌスはRex〔祭司＝王〕の本地をなす神であり、Rexはテルミヌスからの委任を受けて、まっすぐな線を引き、境界標石を建立し、法を公布し、国内帰順と対外征服を組織するのである。このようにして、主権性の原理と、その——法ないし正統性による明確化を通じての——最初の象徴的変換《コンヴェルシオン》は、初期のローマ共同体にとって凝集剤として役立った。

小アジアで最初の貨幣が打刻されて数世紀後、イタリア半島のギリシャ植民地が多様な貨幣を既に久しく利用していたときに、ローマが独特の仕方で、貨幣史の新しい段階を踏み越えた。セルヴィウス・トゥリウスが戸口調査を開始し、最初の貨幣に刻印を押した——ラテンの作家たちはこう述べる——とき、彼はリディアの王族のように、主権者から忠臣に譲渡される護符の一種を発行したのではなかった。戸口調査、債務の廃棄、貨幣の流通などによって社会集団が再構成される中で、彼は、「社会集団の諸成員の間で特権化されている紐帯」としての機能を、最初から貨幣に授けたのである。ただし、以前と同じ仕方では姿を現さないものの、呪術的あるいは宗教的な次元が不在だったわけではない。ヌマの創意に心を動かされた古代の歴史家たちは、セルヴィウスにも、新たな祭祀による功績を認めている。祭られたのは運命の女神フォルトゥナ(Fortuna)であるが、この神は、始原的な債務との断絶を画するフィデスの化身である。フィデスの本質はその両義性にあり、フィデスは、可能的なものの――すなわち無限の――界域《シャン》を開くとともに、まさに生まれ出んとしていた貨幣の神聖な形象化としても立ち現れた。[100] アルカイックな聖なるものに書き込まれている超越性との関係は変容するのであり、そしてこの象徴的変換を物語るのが次の伝説的事実である。すなわち、セルヴィウスは自らの主権の正統性を人民投票の裁決に委ねるに先立ち、自らが平民の債務を引き受けること、債務奴隷（nexi）を解放すること、債権者と債務者の間の関係を調整する新しい法を公布することを約束したのである。これらの公約によってセルヴィウスの王としての選出が保証され、その後、セルヴィウスはケンスス（census）――すなわちローマ世界に貨幣を導入した戸口調査――の手続きを確立することができた。

人や物の総計を数え上げること、所有地と資源を評価すること、共同体内部の地位・財産を道徳的・経済的に等級づけること（ratio）――これらから成る戸口調査は、〈市民〉の前の平等と集団内部のヒエラルキーを、権利と義務を、新しい基準である貨幣手段に基づいて組織化する。市民に対する非常に厳格な道徳的・貨幣的評価である戸口調査は、各人に各人の権利を（suum cuique）というローマ法の根本原理に従って、都市の中に各人の位置を割り当てる。戸口調査は政治的・経済的・社会的組織化の包括的システムを形成するが、依然として、買い戻しの始原的方式から派生する金融的な種類の評価に基づいている。ただしこの評価は、新しい対象《オブジェ》である貨幣の媒介によって今や変容している。[101] 最初のローマ貨幣が導入されたときの状況は、リディアの事例に見られたものよりも複雑である。大プリニウスは「セルヴィウス王は青銅貨に刻印を押した最初の人物である」と報告しているが、今日の考古学者の中には、セルヴィウスは地中海商人が使用していた青銅インゴットから板を切り出させ、それに計算単位の形態である刻印を押させたのだと考える者がいる。[102] 至る所で集合体の同質性が要求されたようだ。この同質化は、まず青銅貨、次いで銀貨に基づいて、最後に厳密な重量系（デナリウス銀貨＝四・五五グラム、アース銅貨＝二オンス）に基づいてなされていった。その後で、紀元前五二年にカエサルが最初の金貨鋳造を決定したのである（アウレウス金貨＝八・一八グラム＝二五デナリウス銀貨）。ローマの属領における貨幣統一は、税制の漸次的な同質化に付随してなされたものであり、常に財政〔＝公的金融〕集権化の原理に基づいていた。[103] 貨幣鋳造と言えば直ちに、国家に委ねられた領域であるとされていた。なぜなら、国家は、自らの経済的・金融的な成長を維持するために、絶えず〔貨幣の〕発行を行うからである。国家の経済的・金融的な成長は、市民の活動と軍隊の活動の狭間において、何よりもまず公共予算を通じて達成されていた。何度もの通貨危機があったにもかかわらず、ローマは、少なくとも帝国の衰退が始まるまで、インフレ圧力をほとんど経験しなかった。先に言及した投機的現象が発生したとき、しばしば〔貨幣の〕過剰な刻印によって、市民の過剰債務の——この時代に繰り返された——影響が相殺されたのである。

戸口調査と貨幣の出現にともない、「証明書」の発達が見られた。また、二人の監察官《ケンソル》の周囲にはローマ最初の書記集団が形成されたし、財政と税務の両方を兼ねる国庫（aerarium）の正式な創設にも——それに権威を与える——戸口調査《ケンスス》が不可欠であった。戸口調査の申告は登録簿に記入され、その登録簿は政治的記録文書のベースとなり、Villa publica〔＝公館〕すなわち「市民の家」に保管された。「市民の家」は、全共同体の記憶と意識を喚起する象徴的建物であった。

戸口調査は、別の意味でも、領土と貨幣の間の密接な政治的・金融的関係を示している。セルヴィウス（別名ディオニュシオス・ハリカルナッセウス〔古代ローマ六代目の王〕）は、財産が戦争の動機であり、人々は自らを救うために互いに戦おうとするのだと考えていた。戸口調査による動産・不動産の評価を通じて王または国家は、暴力のリスクを転位し、土地の不動性という従来の伝統を断ち切り、そして財産の売却——少し後に十二表法によって認可された——を可能にした。しかし財産の売却は必然的に、象徴的な貨幣取引によって支配される。貨幣は、都市の中での物や人の新しい評価基準《エタロン》（aestimatio すなわち aes＝貨幣、ギリシャ語の timo＝評価）である。貨幣という象徴的紐帯を通じて共同体的全体性を構造化するこのシステムは、形と外延を明らかに異にしてはいるが、リディア王のモデルを想起させる。なぜなら、戸口調査の導入と同時に社会の再組織化に貨幣手段を導入した一番の目的は、何よりもまず都市の軍事的秩序を確立することにあったからである。数え上げや評価の基準としての、また課税手段としての貨幣の利用は、とりわけ戦争のためのものだった。ここでも言葉がわれわれに証拠を提供してくれる。salarium は決して塩の棒を意味するのではなく、塩を買うために兵士に支払われた金銭の額を意味していた。同じように、「支払い（paiement）」の語根である〔ラテン語の〕動詞 pacare は、「戦闘の後に戦士たちの血気を鎮めるための金銭の配布」を意味していた。さらに同じように、一七世紀にフランス語の「兵士《ソルダ》」になっていく女性名詞または男性名詞の「solde」は、初めは凝集性の観念を、集団——その中では誰もが連帯（in solidum）債務者である——の連帯性を、したがって戦士への硬貨の配布を指していた。しかし後により広く貨幣的な交換を指すようになり、さらにローマ帝国において solidus——特殊な貨幣単位であるスー金貨——へと転化した。既に上で観察したように、同じような〔言語〕受容は merx〔商品〕および merces〔報酬〕についても見いだされる。これらの語は戸口調査の導入と切っても切り離せない。というのもこれらの用語は、戦闘員や公証官など一定の職務に対する報酬に言及しているからである。

戸口調査と貨幣に基づくこうした政治的・社会的再構造化の埒外に、現代の経済学者であれば「市場《マルシェ》」と表現するであろう別の現象が突然現れる。とはいえしかし、この現象は、連帯の次元とも、二つの手段〔戸口調査と貨幣〕の実用的機能ともつながりを持っている。われわれは、リディアとギリシャにおいて確認したのと類似する結果をここに見いだす。すなわち、規模は全く違うものの、貨幣の助けを借りて小売り商業が生まれたし、国家のパワーと共同体組織との間のより強い直接的な結びつきが確立された。様々なテキストで、nundinae〔＝市、市場〕を設置したのは実はセルヴィウスであったと言われている。そのnundinaeの元々の語源は、一サイクル八日間の農作業をした後の一日に、区の中心地ローマで開かれる定期的集会――王の発意により定期的に招集される――、というものだった。この初期のnundinaeは、農民たちが生産物を販売する機会を意味していたが、それに加えて、都市の政治的・法的・行政的決定に関する不断の情報収集を可能にする場所でもあった。現代的・市場理論的な意味での一種の情報システムとしてのnundinaeは、物の価値および価格を公にする定期的な機会を共同体に提供し、また剰余を売却し必需品を購入する空間的・時間的な機会を諸個人に提供した。さらに言語学者によれば、nundinaeの開催頻度に比例して農村と都市の間の往復があったことから、買い入れ《アシャ》や売り出し《ヴァントゥ》という特殊な語彙――ただし貨幣の使用に接合されたそれ――が作り出されていった。[104] われわれが後にmercatusつまり市場と呼ぶようになるものよりも以前に、こうした往復は行われていたわけである。mercatusは、語源において貨幣的交換を想起させる用語であるが、〔その機能は〕交換活動のみに限定されるのではなく、集まった人々に法律や行政行為などを伝えるのにも役立っていた。

このように伝説や歴史を参照することによってわかるのは、ローマその他の様々な文明において、最初の貨幣章標の流通開始は、常に、大きな変換《コンヴェルシオン》現象を表していたということである。ここで変換とは、聖なるもののアルカイックで雑然とした世界から社会の組織的な世俗化への移行のことに他ならない。Rex・王・国家は、法・貨幣という象徴《サンボル》道具に助けられながら神々に取って代わり、共同体の上に自らの主権性と正統性を確立し、そして、こうしたヒエラルキー的な過程を通じて自らの全体性の中に――空間と時間における――同質性を定着させる。

ローマは、政治的・貨幣的なその構造化の初期の時代以来、ジャン・アンドリューの言う「金銭の自律的役割[105]」を経験してきた。その後のローマでは、貨幣化の進展によって、「金融的統治」と私が呼ぶもの――経済および商品交換の領域とは徹頭徹尾区別されるもの――の自立的組織化が刺激されたのである。

共和政および帝政の時代には、領土の拡大にともない、ローマ世界の金融化が強められていったが、その目的は一貫して政治的・貨幣的な統一にあった。軍隊・行政の報酬は貨幣で支払われ、イタリア半島の同盟国（socii）や半島外の属国は貢納を貨幣で行い、徴税を目的とする住民・所有地・財産の統制は貨幣評価を通じてなされた。戸口調査が人口学的・税務的側面において進化を遂げると、税と密接に結びついた金融の領域が特異性を強めた。というのも、兵士や帝国役人への現金報酬支払いを確実にすべく、税が常に硬貨で支払われるようになったからである。ディオクレティアヌス以降は、価値尺度《ニュメレール》の危機が、何世紀も続いた秩序を混乱に陥れ、システムの衰退を加速していった。領土が大幅に拡大し――民族移動の波と侵入によって――人口が増加する中で、全体性を管理することも、共同体の連帯性を保証することももはや不可能となった。このように失敗を確認するとき、政治的主権の制限的な性質と貨幣の無制限的で普遍的な性質との対立を指摘する経済学者の仮説がもっともらしく思えてくる。しかし歴史家から見れば、この見方は理論的抽象にとどまるものでしかない。他の条件を一定とすれば、また近年の世界規模におけるアメリカ・ドルの帝国主義を例外とすれば、貨幣に関する限り、いかなる他の政治的集合体《アンサンブル》も、ローマ帝国ほどに強力かつ持続的な統一性を達成することはなかった。ある意味で、ローマの貨幣システムにおける中央集権化と権威的枠組みは、現代の経済学者が抱く理論世界と一定の親近性を持っている。つまり、主権国家が貨幣の発行をコントロールし、征服とともに〔被征服地に〕貨幣を流通させていったのであり、その当時の「世界の支配者」は貨幣の普遍的・無制限的な性質を確信していたはずだからである。

ところがローマ帝国の没落は、経済的原因や金融的原因によってではなく、対内・対外の両平面における政治的・人口学的・軍事的原因によって起きた。何百年もの間試練に耐えてきたローマ貨幣の主権性および正統性は、帝国官邸の内紛、異邦人の絶えざる侵入、反乱そして領土分離といった諸々の圧力を受けて、突然に瓦解した。これらの圧力は、かつて凝集性と連帯性の最も見事な例の一つと見なされていた社会が徐々に退廃していったことの結果であった。法の父ヌマ（Numa Pompilius）の二柱の神、フィデスとテルミヌスがローマのパンテオンを永久に去った結果、帝国国民はフォルトゥナが与える不確実で今や有害な運命に翻弄されるようになった。フォルトゥナはセルヴィウス（Servius Tullius）が愛でた女神であり、そのセルヴィウスこそ、没落社会の要め石となっていた戸口調査および貨幣を創案した者であった。ローマの貨幣は、反乱都市の城壁や侵略者の隊列に押しつぶされたわけではなく、単に自らの野心――帝国の代々の主権者の野心でもあった――が掲げる空間的・時間的普遍性という理想と一体化していっただけだった。ローマ帝国においては、有名な国家反逆罪の制定――まさにセルヴィウスの功績とされる――以来、政治的職務を始めとしてあらゆるものが無制限に売買された。しかし商品交換の絶対主義的メカニズムは、経済学のイデオロギーが練り上げられるずっと後の時代まで、重要な意味を持たなかった。実際、インド・ヨーロッパ語族の全体について言語学が明らかにしているように、古代世界には、商業を指す積極的または特殊な表現は存在しなかった。なぜなら、商業は当時行われていた諸職業とは全く別のものだったからである。その証拠に、商業は「用事《オキュパシオン》」——ラテン語の negotium（暇の欠如、「用事《アフェール》」）はこれを明瞭に表現している——と呼ばれていた[106]。集団を組織化するのは信頼の役割であるが、古代都市国家では長い間、商人は信頼を得ることがなかった。商人は、外にいる者、通りかかる者、行き来する者、部外者であった。商業——用事《アフェール》——の語は、ギリシャにあっては居留外国人に、ローマでは服属民もしくは外国人にそれぞれ割り当てられており、市民はそこから排除されていた。なぜ古代文明の大部分において商業——商品交換——が社会集団の区分において考慮されず、また戦士階級や貴族に禁じられていたのかは、既にわれわれの知るところである。

売買や商業ないし商品交換は、主権の秩序を、すなわち主権の地上および天上との関係を乱す元になる。なぜなら売買・商業・商品交換は、おそらく共同体——領土または特定集団——への準拠を欠くためであろう、ローマ市民が帰属意識《イダンティテ》を喪失してバラバラになることを余儀なくさせるからである。このとき社会的紐帯の新しい表現として現れるのが貨幣であるが、それは貨幣の商業的用法を通じてというよりむしろ、貨幣の政治的な目的性を通じてである。貨幣は、人々および諸物についての評価を確実に行えるようにするし、司法罰や税制を通じた国家と市民との間の主権的関係を強化する。しかし、かつて歴史の中では、つまりここで扱っているような遠い昔においても、この数カ月においても、商人が無権利の主体であったことはない。全くその反対である。ローマの文脈の中で見ても、長期的成功を収めた万民法（jus gentium）がそもそも整備されたのは、外国人と——共同体内で「市民法」を享受していた——ローマ市民との間の取引を統制するためではなくむしろ促進するためであった。法は、まっすぐな線――最初はregere fines――に準拠しているとはいえ、原則としては限界を持たず、永遠に進化し続ける。その結果として、今日――しばしば耳にすることだが――「人口のしかじかの割合が権利を欠いている」と主張することは完全に馬鹿げているのである。法の主体というこうした観念は、いずれにせよ、例えば同盟という形象《フィギュール》によって例示される主権性の原理を指し示している。われわれはここにも、同盟と契約との違いを見いだす。同盟は、持続期間と範囲に制限がない保護の協約であるのに対して、契約は対象や期限が決まっている。

四　歴史の襞の上を流れていく時間の糸

共同体内部に全体性《トタリテ》を確立する貨幣については、その主権性－正統性という対規定をめぐる複雑な問題が、人間の歴史の中で数え切れないほど何度も提起されてきた。

ポスト近代すなわち現代にあって、考え方の進化、金融的実践の進化、そして最後に技術の進化から、われわれは著しい状況の変化を思い知る。インダス河岸で最初の供犠儀礼がなされ、ギリシャ・ローマ等の場所で王権が最初に出現した時よりこのかた、状況は大きく変わったのである。それぞれの文明、それぞれの地理的場所に見いだされる政治的・社会的システムには、その形態のいかんを問わず、全体性との関係が認められる。そうしたシステムと垂直性とは、それゆえ主権性とは切っても切り離せない関係がある。しかし社会諸関係の中には、正義・法・権利の次元を通じて、水平性の形態が――天秤《バランス》の月並みなイメージに沿って――少しずつ組み込まれていった。この点を見事に表現しているのが、カロリング王朝時代にヨーロッパに確立した神権政治のモデルである。神と教会から自己の権威を獲得した皇帝は、支配する領土の全域にわたって法的・金融的な行政機関を設置し、無数の王令を通じて法的ルールを公布し、さらに、自己の主権的パワーに服する領土において貨幣の統一――まずは銀、次に金による――を進めていった。いったんはこの壮大な建造物は、騒乱によって転覆され、一世代のうちに瓦解していった。しかし再び同じ過程は、規模を変えて、また断片化した領土の集合体の中で開始された。この過程は、変わらぬ執拗さをもって推進され、上部においては様々な制度装置の主権性を、下部においては共同体の統一的全体性を保証した。この西欧封建制のモデルは分岐していき、西暦千年以降ヨーロッパの各地で構築・維持されていく諸モデルの端緒となった。まず、神聖ローマ帝国の庇護下にあったドイツの領邦は、政治平面において公選的・連邦的なタイプの政治的枠組みを導入し、また流通のタイプ別に分裂した貨幣システムを創設した。ただし、銀マルク重量の本位を共通基準としていた点では、この貨幣システムは相対的に同質的であった。次にイギリスでは、無傷のままノルマンディー公国に残されていたカロリング朝の装置が、サクソンの慣習に適応していき、極めて金融的・貨幣的な論理の上に接木された。イギリスでは、貨幣――金融的諸行為――が、権威を保証する共有信頼《コンフィアンス》のための土台を形成した。臣下・聖職者・吏員への報酬は現金で支払われた。政治モデルにおけるこうした金融的次元は征服王ギヨームと共に英仏海峡を横断したものであり、ノルマン型の金銭的ヒエラルキーは、サクソン法の「自治（self-government）」的な共同体構造と結びつくことによって司法と金融とを同時に管理した。しかし、指導集団内の内紛は常に主権および王国統一を脅かした。さらにフランスでは、君主制の台頭は比較的遅く、細分され輪郭の定まらない領土の上でなされた。司法・税制が、そしてやがて貨幣もまた「王権化《ロワヤリザシオン》」されていく中で、主権は徐々にではあるが着実に確立していった。他の国よりも、掲げられた目的はずっと明確であった。すなわち、単一の権威の下での国内統一、絶対主権——ジャン・ボダンら近代の法律顧問がこの表現を使用したときの意味での——、領土全体に及ぶ統一的貨幣、を構築することが目指されたのである。

中世ヨーロッパを見ると、貨幣の進化は混沌とした様相を呈していたが、それにもかかわらず貨幣はフランスにおいても、相対的に集権化が進んでいたイギリスにおいても、さらにイタリアにおいても統一化の効果的手段として役立っていた。イタリアでは都市諸公国がそれぞれに領主制・共和制等を敷いて並び立っていたが、貨幣は、そうした都市諸公国の互いの距離を狭めるのに貢献した。イギリスは、硬貨の輸入が強く統制され厳しく罰せられていた点でユニークな例外であったが、そのことでむしろ、王権によって要求される凝集性《コエジオン》についてのわかり易い例を提供している。いずれの国にあっても、貨幣はアイデンティティを同質化する機能を果たした。確かに多数の外国貨幣もまた流通——とりわけ商品交換回路——の内に入り込んでいたけれども、やはり中世を通じては自国貨幣こそが、アルカイック諸社会において目指されていたのと同様に、主権および共同体的全体性のエンブレムとしての役割を果たし続けたのである。

近代——一六世紀から一八世紀にかけて——になると、フランスを含むヨーロッパのほぼ全域において、「金融の国家」という新しい形象《フィギュール》が見られるようになる。「金融の国家」とは、「重商主義国家」の古典的な——かつ人を欺く——イメージを別の言い方で表したものである。啓蒙の世紀に経済学のイデオロギーが形成されたとき、その背景にあったのは、「重商主義国家」のイメージであった。地理的大発見以降の貴金属すなわち金銀の流入によって、ヨーロッパでは、貨幣に関する政策に関して、そして流通・両替・価格・商品交換に対する規制に関して変容が起きた。一方における政治の主権性・正統性と、他方における貨幣の主権性・正統性との結びつきが複雑なものであることは、実はこの時期に明らかになってきたのである。聖なる次元すなわち主権に付着している超越性は、政策的裁量の陰に消え去り、宗教の変貌とともに立憲制の新しい形態へと解消されていった。神授権による君主制は、フランスやスペインでは残存していたものの、イギリスでは議会主義的な君主制に、オランダやいくつかのイタリア諸国では共和主義のモデルにそれぞれ道を譲った。教会の権限乱用によって、人民、そのエリート層、宗教の三者間には溝ができた。現行体制の政治的・軍事的したがって金融的な突出に対して反対の立場をとる賢明な世論が台頭したのは、大国同士を対立させる紛争が起き、国内共同体の中で様々な軍団――特に大商人の軍団――の間に緊張が生じたためであった。一七世紀および何よりもまず一八世紀には、大きな戦争が人的・物的な損失をもたらし、そのことが諸国の人々を意気消沈させた。つまり、こうした困難な文脈において経済学は誕生したのである。経済学は直ちに主権乱用の象徴《サンボル》を攻撃したが、その主要な標的は貨幣政策であった。他ならぬ商品・市場・商人といった観念の語源的・技術的な源泉は、二千年前の東地中海の交換回路における貨幣手段の出現に求められるべきである。ところが経済学はそのことを忘却・無視することによって、貨幣を商品の地位すなわち経済の端女《はしため》へと還元していった。

社会・言語・習俗・法の進化は常に時間の回転の中で起き、時間の回転は必ず様々な痕跡を残す。この痕跡――本節表題にて襞《ひだ》として言及した――は、集団的または個人的な記憶の内に多少なりとも刻まれている。不断に繰り返される具体的諸実践がそうした痕跡と結びついたものである場合、そのことは明白である。貨幣を単なる理論的対象に還元することはできないのであり、貨幣は、両義性を本質としているというだけではなく、それを超えて常に、共同体内部における承認の表徴《シーニュ》、全体性の統合を構築する手段、ヒエラルキー的秩序の象徴《サンボル》、主権性または正統性の表現として現れるのである。

第2部

主権

第2部の概要

第2部「主権」では、西欧近代社会と非西欧・非近代社会の諸事例を考察することによって、政治主権と区別される貨幣主権の独自な作用と広がりが明らかにされる。まず**第4章**（アグリエッタ＋カルトゥリエ著）の考察対象は、近代の市場経済である。発達した市場経済の下では、個人が社会的分業に参加するにはまずもって（生産手段購入のための）貨幣を入手せねばならない。これを可能にしているのが、生産期間中に諸個人が債務を負うことを可能にする「支払システム」（その理論的表現が支払行列）である。支払システムは諸個人に三つのルール（共通の計算単位、貨幣造出の原理、残高決済の原理）の遵守義務を課すが、そのことは貨幣主権への個人のヒエラルキー的従属を示している。本章ではこうした概念的考察に基づき、デフレ・インフレ等の問題性はルールへの信頼（それゆえ社会的凝集性）を破壊することに、また金融政策・中央銀行間協力・「中央銀行の独立性」原則の重要性はルールへの信頼を確保することに求められていく。

第5章（ドゥ・コペー著）の考察対象は、メラネシア・アレアレ族の社会である。アレアレ社会において貝製のビーズ貨幣は、宇宙《コスモス》-社会の秩序を構成する三つの社会関係のうち最上位に位置する表象《ルプレザンタシオン》の関係——人間だけがこれを持つ——（他の二つは外形《フォルム・エクステルス》と霊気《スフル》）を象徴している。葬儀祭宴の際、参列者が持ち寄るビーズ貨幣はすべて祭壇に展示された後、人々（葬儀執行者）に分配される。分配されたビーズ貨幣は日常の交換取引に使用され、次の葬儀祭宴の際には再び供出される。このような貨幣の循環によって、死者は祖先（という匿名の存在）に組み入れられ、祖先の主権的パワーは日常生活に浸透していく。本章は、このように祭宴儀礼を通じて人間を含むアレアレの宇宙-社会秩序が更新されていく様子を詳述し、そこに介在する貨幣の主権的地位を確認するのである。これに照らして見ると、社会的凝集性に関する近代貨幣の機能は非常に狭いものであることが明らかである。

第6章（アンドリュー著）の考察対象は、古代ローマ（主に共和政期）の戸口調査《ケンスス》である。独特な権威を有する監察官《ケンソル》によって組織される戸口調査は、ローマ市民（およびその家族）とその財産を登録することを目的としていた。財産の評価は貨幣単位を用いてなされ、ローマ市民は財産価値によって等級に分類された。財産等級は直接税支払額の等級であるとともに、政治的職務や軍団編成をも決定した。古代ローマにおいては、戸口調査を通じた財産評価が政治・財政・軍事の土台となるという点に貨幣主権の作用が見いだされるのだ。本章は、古代ローマの社会的凝集性に寄与していたこの独特な貨幣主権の作用を詳説し、ローマ史における戸口調査の盛衰の重要性を浮かび上がらせていく。

第2部で取り上げられている事例はどれも、アルカイックな供犠儀礼や王権的な政治権力によるのとは別の社会秩序の在り方を示している。またどの事例においても貨幣は主権の位置を占めるが、ただしその作用が及ぶ対象は事例によって異なっている。近代社会では「支払システム」が市場経済に、アレアレ社会では最上位の社会関係の象徴であるビーズ貨幣が宇宙－社会の循環運動に、古代ローマでは財産評価が政治・財政・軍事のヒエラルキー的組織化にそれぞれ作用している。

第4章

市場経済の貨幣的秩序

ミシェル・アグリエッタ＋ジャン・カルトゥリエ

個人とは貨幣でもあり、貨幣に捺される刻印でもある。(1)

われわれは、個人的な経験に基づいて、社会についての概念像《コンセプシオン》を作り上げている。ところが、その個人的な経験はまた、われわれの社会諸関係によって形作られている。こうして絡み合う個人‐社会の二元関係は、時間と空間の中で限りなく多様な形態をとる。そのことから、社会的紐帯に関する一般モデルの可能性については、これを疑ってよいであろう。しかし、社会的紐帯のモデルに関する表象が学問分野によって著しく食い違っていることには、満足すべきではない。この点の不満を解消するには、次の——相互に関連する——二つの議論を進めていくことが必要である。つまり一方で、研究されている学問分野の各々に内在した批判をしなければならないし、他方で、一時的な作業仮説として中間的モデルを採用しなければならない。

本章においては、「社会的紐帯は債務の上に成り立っている」という仮説が練り上げられる。債務は、個人の社会関係がとる一般的形態であり、これを通じて個人‐社会の二元関係が発現するのである。(2) このような概念的見方は序説において既に展開された。それによれば、個人間関係は相互の諸債務の総体として現れる。相互の諸債務の総体が形成されるのは、一人一人の個人が共通の原理に従属している場合のみである。共通の原理を通じて、一つ一つの債務は社会総体に対する個人の関係となる。債務が何に対する義務を生じさせるのか、神、祖先、主権、他者のどれに対する義務なのかに応じて、債務は著しく多様な形態をとる。債務の表現が量的なものであることも、量的なものでないこともあるだろう。債務の償却に必要な行動や、債務の償却がもたらす結果も、かなり多様であるだろう。いずれにせよ、債務の支払いもしくは更新は、「社会の全体化」の契機をなしている。二つの極端な例を挙げて言うならば、社会の要素としての正確な位置が諸個人に割り当てられるのは、アレアレ族のように葬儀の時〔第5章参照〕、あるいは〔以下のように〕会計の締めの時である。一般的に、個人－社会の二元関係は、債務とその償却方式との間の関係において表現される。この関係は、ヒエラルキー組織と個人間関係とを密接に結びつけるのである。われわれの社会においては、支払能力が、商品的個人〔＝商品的分業を担う個人〕の存在にとっての必要条件である。会計が締められるたびに支払能力が検証されると同時に、富の大きさが明確にされる。ごく一般的には、貨幣とは、債務を消滅させるもの、すなわち借入れの関係を一時的もしくは永続的に終了させるものである。貨幣と債務は、われわれの〔近代の〕社会の実際行為から生まれてきたカテゴリーであるけれども、そしてそうであるがゆえに、市場経済をもつ社会にとどまらず広く対象を考察するときに利用可能〔なカテゴリー〕である。いずれにせよ、以上のような仮説によって、われわれの研究を学際的なプロジェクトの一環として位置づけることは正当化される。

とはいえ、この仮説を説明する前に、まずは、近代経済学理論への批判という予備的論究を行っておかねばならない。読者の中には、貨幣と債務に関する権威ある知見を近代経済学理論から引き出そうと望む者もいるだろう。だが、そのようなやり方は全くの誤りである。近代経済学理論が貨幣を扱うときに直面する困難と、その困難がいまだ乗り越えられていないことを思い起こすことは、本章の関心ではない。それでも、この失敗の源泉や影響範囲――これらは今日広く認められている(3)――を要約的に指摘しておくことは、必要不可欠である。

近代経済学理論は、価値の理論家たちが一八世紀の中葉以降試みてきた途方もない企てから生まれてきた。その企てとは、制度を白紙《タブララサ》に還元することによって市場経済を考察するというものであった。そこで追求されたのは、経済財（自然）と諸個人を想定した上で、自己の利益のみを追求する諸個人の自発的選択の結果として社会が形成されることを示すことであった。この理論によれば、諸個人は、カオスに到達するのではなく、市場を通じて互いに協調し合う。市場は諸個人を否応なく一般均衡（すなわち欲望に基づく諸個人の活動が相互に両立し合っている状態）へと導き、この均衡はまた、可能な限り最良の状態（社会的最適）になっている。この理論においては貨幣は姿を現さない。貨幣の排除が、まさに価値理論を創始する行為となったのだった。

首尾一貫性と厳密性に関する要求が高度化するにつれて、何人かの近代的理論家たちは、上記の賭けが失敗に終わったことを表明せざるをえなくなった。価格を提示・修正し、情報を集中し、そして「需給法則」を実施に移すという市場の書記官《セクレテール》の本質的な役割は、除去することが困難である。そのことから考えると、近代的な価格理論は市場経済をではなく、集権的社会を描写していると言える。明らかに、これは、近代的理論家たちが目指したことではなかった。そして、このような失敗の理由はまさに貨幣の排除に求められる(4)。ところで、貨幣が経済財（均衡において正の価格をもつ財）であることを証明できない限り、理論の中に貨幣を統合し直せないことは今日既に明らかである。議論は振り出しに戻る。貨幣は、市場ほどには、近代経済学理論の言説対象となることがない。これに代替するアプローチは、価値理論の諸前提を除去することによってのみ構想可能であるだろう。貨幣を「需給法則」に従う経済学的対象として考察しようとするのではなく、市場経済の分析に不可欠な制度的仮説として考察することを受け入れねばならない。

貨幣を市場の帰結と——空しくも——見なそうとする価値理論の前提とは対立して、貨幣は商品的分業を理解するための条件であると主張することができる。あるいはより現代的な語彙を用いて言えば、貨幣は分権的な私的所有経済を理解するための条件であると主張することができる。(5) 以下で展開するつもりであるこの立場は、貨幣に関する研究・考察の戦略を根底から修正するものである。

貨幣から出発して市場経済の機能を解明することは、以下二つの本質的な命題を承認することを含意している。

——貨幣は、市場の諸関係に対して論理的に先行する。貨幣の近代的な諸形態は、既にそこにある社会の中に市場がどのように組み込まれているのかを表現しているのであって、独立した諸個人の間での交換関係からの帰結なのではない。

——貨幣は、市場よりも根本的な社会的紐帯である。貨幣という社会性の様式とその効果の時間的・空間的な諸限界を解明しようとする学際的アプローチは、貨幣一般を理解する正しい道であるだけでなく、商品関係そのものを深く理解するのにも必要である。

以下のページにおいては、何よりもまず、第一の命題が敷衍される（本書の他の論稿は、大方が第二の命題を探究したものである）。これを踏まえた上で、今日強制されつつある新しい規範《ノルム》——中央銀行の独立性——を検討するならば、今日における貨幣の脱政治化を解明することができよう。

本章の第一節では、債務と貨幣との関係の抽象的・一般的なモデルを素描する。このモデルは同時に商品関係のモデルでもある。目的遂行のために、支払システムとしての貨幣の構成要素を正確に定式化する必要があるだろう。

このような試みが両義性を持つことを強調しておかねばならない。もちろんここでの課題は、特殊な〔経済学という〕学問分野の関心に内在しつつ、商品関係の貨幣的特徴を明らかにしようとする経済学的な研究である。しかし、この研究はまた、より広い着想にも規定されている。後の方で提示される形式的モデルは、かなり一般的な射程をもっている。というのも、モデルが記述する関係構造は、個人の行動に関するいかなる仮説からも独立しているからである。〔このモデルは〕個々人に帰せられる、もしくは個々人がその行動の中で抱く動機に言及するものではない。またそのような動機は、モデルに反映される社会関係の論理には影響を与えない(6)。

右のような両義性によって、提示されるモデルは中間的仮説となる。この中間的仮説は、独自な原理――供犠や主権といった――に依拠する一般的で普遍的な説明を目指すほどに野心的ではないが、排他的に経済学的な問題意識にとらわれることなく、現実世界をより柔軟に問い直すことを可能にしてくれよう。

以上を踏まえた上で、第二節では、現代経済の機能について、その本質的な諸側面を明らかにしていくことにする。これ以外の議論の進め方では、現代経済における債務と貨幣の重層的な絡み合いを明らかにすることは難しい。最後に〔第三節では〕、支払システムの再生産ないし持続性の条件について考察することとし、現代の調整《レギュラシオン》様式を取り扱っていく。今日、通貨制度の正統化は、その理非はともかく、主権の転移を通じて実現されている。主権転移における最も目立つ側面が、中央銀行の独立性という規範である。

一 支払システムとしての貨幣

あらゆる経済理論が解かねばならない問題とはどのような性質のものなのか、思い起こしておこう。市場経済において、個人の富が市場を通じて客観的に評価される結果として、諸個人がどのようにして社会化されるのか――これが解明されるべき問題である。これこそが政治経済学の根本的問題であり、この問題に答える能力によって様々な経済理論は評価されるべきなのだ。

市場経済においては、社会的分業は、分権化と相互依存との特殊な組み合わせによって性格づけられる。市場経済は同時に以下二つの原理を含んでいる。まずは分権的な行動原理であるが、これによれば、市場経済における個人は自由であり、経済のマクロ的状況について予め判断することなしに行動することができる。分権化は、個別的行動の諸条件が局地的《ローカル》なものであることを要求する。例えば、交換に応じる相手がいるといった条件である。個別的行動の諸条件が局地的《ローカル》なものであるとすれば、経済のマクロ的状況は、諸々の私的な個別的行動からの意図せざる帰結であることになる。次に相互依存の原理であるが、これは、分権的な諸行動の集合的な作用を個人へと及ぼすものである。交換の等価性とは、この原理のことに他ならない。この基準からの乖離は、個別的行動が突き合わされ調整された後で、顕わになる。これが「市場の制裁」である。

このような市場観は、スミスからマルクス、リカードを経てワルラスに至る、どの偉大な経済学者においても共有されている。ところが、彼らの一般的概念を分析的に表現すると見られる価格決定の形式的体系において、このような市場観を見いだすことは困難である。つまり価値の理論は、誰も――経済学者を含む――が抱いている市場の一般的観念を、首尾一貫したやり方で表現することに成功していない。

このことから、価値理論とは根本的に異なった観点を採用し、市場を通じた調整《コオルディナシオン》が貨幣と切り離せないことを認める必要があると思われる。より正確に言えば、制度としての貨幣を経済学の説明手続きの出発点としなければならない。なぜなら、先に言及した分権化の原理と相互依存の原理との特殊な組み合わせを説明できるのは、制度としての貨幣だけであると思われるからである。

このとき貨幣は前提なのだから、貨幣の経済的起源が研究対象にならないことは明白である。しかし、だからと言って、われわれは貨幣の経済理論や、より一般的な非経済学的アプローチを放棄するものではない。「貨幣の経済理論」は、市場を通じた私的諸行動間の調整《コオルディナシオン》を説明するにあたって、「貨幣」という制度が持たねばならない最小限の属性を言い表そうとする。この見解によれば、貨幣は、価値法則に従う特殊な財ではない。貨幣はもはや、様式化されたやり方で経験的現実を再生産した現実主義的仮説なのではない。ここでの貨幣はむしろ、諸ルールの最小限の集合〔後述の「共通の計算単位」「貨幣造出の原理」「残高決済の原理」〕によって定義される支払システムである。そうした諸ルールの集合は最小限のものであるが、それを出発点とすることによって、最大限の可能的状況を記述することができる。

要するに、ここで言いたいのは、「支払システム」と呼ばれる明確な制度的前提を考慮することによってのみ市場を考察することができるということ、そして諸市場経済において歴史上観察された多様な通貨システムはどれも、支払システムの概念に基づく統一理論によって把握されるということである。

このような貨幣の経済理論は、社会的紐帯に関するより広範な表象と不可分である。なぜなら、形態的装《フォルメル》置としての貨幣は商品関係とは別の諸関係に組み込まれており、価値の理論家が試みているように、市場や商品から貨幣を導出しようとしても、それは失敗に終わるからである。つまり、このことからして、貨幣の理論は必然的に非経済学的である。本書所収の様々な論稿が述べているように、貨幣の経済理論は市場の機能論には還元されない。それでも、貨幣の現代的な諸側面を検討することが重要であるとすれば、それは貨幣がかつてないほどわれわれの社会の形を規定しているからである。

市場経済の二つの構成的原理――分権化と相互依存関係――は特殊な仕方で組み合わされている。二つの原理を相互に独立させて定式化することはできない。分権的に行動することが可能なのは、全員に課せられる集合的原理――交換の等価性――が諸行動の間の相互依存によって確立しているからこそである。逆に、交換の等価性は、諸個人の自律性なしにはいかなる意味も持たないだろう。しかし、このような抽象的レベルにとどまることは十分ではない。明らかにされるべきは、諸個人の自律性と交換の等価性との特殊な組み合わせがどのようにして社会的に具象化されているか、そして実際にこの組み合わせがどのようにして実践に移されるのか、である。支払システムの概念は、貨幣と債務との関係を明確にすることで、この要求に応えようとするものである[7]。

支払システムは、一般的なレベルでは、最低三つの構成要素から成っている。すなわち、経済的諸量（価格や個人的富）の表現を可能にする共通の計算単位、諸個人の分権的行動の条件である貨幣造出の原理、そして交換の等価性がいかにして経済的諸量を決定するのかを説明する残高決済の原理である。

これら三つの要素は、価値理論が見落としている市場のメカニズムを形作るものである。技術的側面だけでなく社会的内容にも着目しながら、三つの要素について説明していこう。

共通の計算単位

貨幣錯覚の不在という仮説があるため、近代経済学理論においては、共通の計算単位が論じられることはない。しかしケインズの『貨幣論』によれば、共通の計算単位こそ「貨幣理論の第一義的概念」である。共通の計算単位によって、諸個人間の関係は量的形態をとる。この形態はわれわれの市場経済において一般的な形態であるが、他の場所、すなわちアレアレの人々においても、エトルリア王のローマやアフリカの伝統社会においても見いだされる(8)。

尺度単位の定義は、程度の差はあれ主権の観念と直接的な結びつきを持っているので、一般に政治権力の一属性であるように見える。しかしながら忘れてはならないのは、ここで問題になっているのがかなり特殊な主権であること、そしてこの主権を伝統的な意味における政治権力と混同してはならないことである。共通の計算単位は完全に抽象的なものでありうる――例えばリーブル、スー、ドゥニエ――から、出自国の国境内に計算単位を閉じ込めておくことは必ずしも可能ではない。この場合、計算単位を用いて正貨の相場を公示する政治的主権は、自らを超えて広がる枠組みに組み込まれているように見える。

いずれにせよ、共通の計算単位が存在することは、社会関係が量的に表現されるための第一条件である。共通の計算単位の存在は、その存在をどのように解釈しうるかという問題の他に、社会の名目アンカーという根本問題を提起する。計算単位の永続性は既定の事実ではない。計算単位の存在――市場の理論は無から始めることができずこれを出発点にしなければならない――を前提とする前者の問題と、その計算単位への準拠が市場の変転の中でどのように維持されていくのかを理解するという後者の問題とは全く別の問題である。後者の問題は、社会的調整《レギュラシオン》のあらゆる試みの中心に位置するものである。

共通の計算単位への準拠によってそれぞれの市場経済には境界が画されるが、この境界は政治的主権の境界と一致することもあれば一致しないこともある。この準拠はまた、市場における個人のあらゆる行動にとっての必要条件――十分条件ではないが――でもある。

貨幣造出の原理

個人が市場において行動するためには、一定額の（計算単位で表示される）支払手段を入手できなければならない。彼の支払能力は、市場の開催期間中に実際に受け取った収入には左右されず、もっぱら期待収入に依存する。このことによって、個人の行動は自律的なのである。貨幣造出《モネヤージュ》とは、市場が開く前に諸個人が有している支払手段へのアクセス様式を指す総称である。支払手段を入手することによって、諸個人は市場向けの生産活動（原料の購入、所定の所得の支出、等[9]）を遂行することができる。この活動の成功・不成功は、売上額によって確認される。

具体的には、支払システムによって、貨幣造出は実に多様な形態をとる。厳格な金本位制の下では、支払手段は計算単位の公的相場に基づいて流通する金正貨であり、諸個人は金属の所有を通じてのみ支払手段を入手することができる。これに対して信用システムの下では、市場における諸個人の行為能力を決定するのは、資本の額および流動性である。$y(1+i)$（ここでiは利子率）の金額を次期に返済する能力をある個人が持つということは、金額y［$=y(1+i)/(1+i)$］の貨幣を入手可能にする富をその個人が現時点において所有していることを意味する。富のこのような評価様式、つまり将来所得フローの現在価値によって、その富は資本として定義される。留意すべきは、どちらのケース〔＝金本位制と信用システム〕においても支払手段へのアクセスが厳格な社会関係によって統御されていることである。ここでわれわれは、経済学の支配的な表象とは対極に立っている。経済学の支配的な表象においては、個人を完全に独立したもの――市場に行かないことも可能[10]――として、また個々人の交換能力を「自然」によって決定されるものとして描き出すことが目指される。

近代的なわれわれの経済においては、このような関係〔＝支払手段へのアクセスを支配する厳格な社会的関係〕がとる形態は債務である。各個人は、契約による他人からの借入れ、すなわち市場的条件で返済要求される借入れを通じてのみ、市場参加の能力を獲得しうる。販売するには、その前に購買の能力を持たねばならない。購買の能力は、諸個人と全体社会——ここでは「他人」——との関係から帰結する。全員に受領される支払手段を入手することと引き換えに、全員に対する債務を負わねばならない。この「債務」は純粋に金属的な貨幣造出——ここで貨幣造出とはまさしく鋳造《モネヤージュ》を意味する——においてはきわめて特殊な形態をとるし、あるいはまた銀行からの借入れというわれわれに馴染みの形態や、さらには資本の貨幣化というもっと抽象的な形態をとることもある。こうした貨幣造出を、個人間の水平的諸関係に関連する用語のみによって考察することはできない。信用経済において個人の借用証書が他人に受領されないのは、金属貨幣システムにおいて非公式の金貨が受領されなかったのと同じことである。支払手段が支払手段として現れるのは、「ブートストラップ」効果（私がそれを受領するのは、他の人々全員がそれを受領すると私が確信しているからである）が働くときのみである。この効果によって、超個人的要素〔の存在〕、換言すれば、組織原理に対する個々人の垂直的関係〔の存在〕は明白である。それゆえ、造幣局や中央銀行の存在、階層的原理の公布は、無視しうる冗長な要素ではないのである。

例えば、競争し合う諸銀行（つまり中央銀行以外の銀行）は、自分たちの顧客よりも容易に、自己宛の債務証書を流通させることができる（信用供与という形で諸個人と銀行が債務を交換するのは、このことによる）。だが、銀行自身にそのようなことが行えるのは、その債務が支払われること、つまり貨幣に転換可能であることを中央銀行が保証しているからにすぎない。

貨幣造出には様々な具体的様式が存在するが、どの様式についても言えるのは、貨幣造出の原理が、市場関係に賭けられているものを定義しているということである。つまり、この原理を通じて諸個人の行動が形作られる。簡潔な指摘にとどめておくが、貨幣造出については三つの主要なタイプを概念化できるであろう。すなわち、現在の有形的富に基づくもの（信用をともなわない金属システムのケース）、期待される有形的富に基づくもの（信用をともなう金属システムのケース）、期待される抽象的富に基づくもの（貨幣造出《モネヤージュ》－資本型《カピタル》システムのケース）の三タイプである。貨幣造出－資本の存在は賃労働関係《ラポール・サラリアール》の一般化を前提しており、賃労働関係《ラポール・サラリアール》の一般化はまた、一部の主体を支払手段へのアクセスから排除することを前提している。

いずれにせよ、議論をごく一般的なレベルにとどめる限りは、市場における諸個人の支出――貨幣造出原理に従属するところの――が、先に問題にした分権的行動を表しているのだということに注意を向けるだけでよい。市場における諸個人の支出は、相互的な債務関係を表しているのだ。

経済学理論の中では、この支出は二通りの仕方でとらえられている。第一は、財市場に関心を寄せる方法であり、これは、現存する財の目録《リスト》に関する補助仮説を導入することを含意している。第二は、諸個人に直接に関心を寄せる方法である。第一の方法は、かつてカンティヨンとスミスによって、そして今日では「市場の戦略的ゲーム」理論によって研究されている。そこでは、市場の諸結果は次のような単純なルールによって与えられるとされる。すなわち市場価格は、市場で支出される貨幣数量を、市場に供給される財数量で除した商によって決定される。この価格が諸個人の予想と食い違う場合もあれば一致する場合もあることが、最終的に調整を引き起こすと想定される。

ここでは触れるだけにとどめるが、第二の方法では、市場が支払行列によって記述される。行には、諸個

受取 支出	1	2	…	n	計	残高
1	0	d_{12}	…	d_{1n}	d_1	s_1
2	d_{21}	0	…	d_{2n}	d_2	s_2
…	…	…	…	…	…	…
n	d_{n1}	d_{n2}	…	0	d_n	s_n
計	r_1	r_2	…	r_n	M	0

人の支出が使途別に記される。同じ使途の数字を列に沿って読んでいくと、市場から引き出される諸個人の収入を知ることができる。この行列からは、個別的諸行動の間の相互依存が一目瞭然である。諸個人の収入とは、別の角度から見た彼らの支出に他ならない。

支出総額が収入総額と一致することは明白であるが、各個人において、支出額(d_i)が収入額(r_i)に等しいと考えてよい理由はない。むしろ支出は分権的に決定されており、かついかなる個人も自己の収入額を決定する権限を持ってはいない。言い換えれば、個人の貨幣残高($s_i = r_i - d_i$)は一般に非ゼロである。ここにおいて、前述した〔支払システムの〕第三の要素が関係してくる。

残高決済の原理

「残高」が意味するものをよく理解することが重要である。そのためには、物々交換経済と貨幣経済を対比して見ておくとよいであろう。

取引が双務的に行われる物々交換経済においては、一つ一つの交換において均衡化が達成されている。というのも、交換の等価性の原理に従って、誰もが、受け取る価値と等しい価値を与えることになるからである。次のことに注意しておきたい。すなわち、価格の表示は存在していなくても、双務的取引が行われるその都度、交換が等価と見なされるような一個の価格が決定されるということである。換言すれば、物々交換経済においては、個人が予算制約を免れることは不可能であり、交換の等価性が取引ごとに課される。

貨幣経済では様子が違ってくる。購買または販売という一つの操作だけでは交換とは言われない。購買と販売の全体をひっくるめたものが、交換を構成する。貨幣で財を購入できるのは、貨幣が財と等しい価値を持つからではない。貨幣が財と引き換えに受領されるのは、貨幣が他の財の購入（あるいは、支出の代わりに負った債務を消滅させること）を可能にするからである。個人と個人との間でなされる取引の一回一回において交換の等価性の原理について検証しようとしても、全く意味がない。等価性が尊重されているか否かが検証しうるのは、流通の全体のレベルすなわち支払行列のレベルにおいてのみである。このレベルにおいてのみ、交換の等価性が商品社会の「全体化の契機」――すなわち一人一人の「社会的存在」を全員の前で検証することを可能にする契機――として現れる。

残高が非ゼロであることは、等価性原理への違反を意味している。この残高の決済を要求することが、取りも直さず、交換の等価性を確立しようとすることなのである。それゆえ、支払システムの第三の構成要素もまた、先の二つの要素と同じく、本質的に重要なもの、排除できないものである。残高が決済されることを通じて、あるいは決済の時間的猶予（＝繰り延べ）を共同で受け入れることを通じて、「市場の制裁《サンクシオン》＝認可」が姿を現す。市場経済における諸個人は富の大きさという存在を有するが、それは、勘定を締めるたびにこのような総体的《グローバル》な手続きが介在してくるからに他ならない。

決済の形態はシステムによって大きく異なる。厳格な金属貨幣システムにおいては、残高は自動的に決済される。というのも、収入に対する支出の超過はすべて金の喪失（正貨「不足」の含意）と同義であり、システムが阻害されることはないからである（支出が金属保有に制限されているのだから、残高が金属保有を超過することは不可能である）。このような組織においては、諸個人の富は金の保有から成っており、金の保有は、市場の結果を示すと同時に、将来の市場における行動の可能性をも示している。ところが、信用をともなうシステムにおいて見られることはこれと全く違っており、さらに、貨幣造出－資本に依拠する現代的システムにおいては物事の展開はいっそう複雑である。特に、多種多様な金融的操作が行われるので、残高を決済せず、決済を時間的に猶予することが可能になる。このようなシステムにおいては、関係が著しく複雑になっている。それだけに、資本を持つ貨幣経済に固有の形態を通じてではあるとは言え、交換の等価性の原理が依然として貫徹していることを忘れないことが、本質的に重要である。

支払システムの概念をざっと提示してきたが、これを踏まえることによって、貨幣をめぐる考察主題のいくつかを特別な仕方で検討することができる。

富の流動性と貨幣への信頼

貨幣と富の関係や貨幣と資本の関係についての問い、「価値保蔵」としての貨幣についての問いという形をとって、貨幣理論の困難が何度も示されてきた。

われわれは価値の論理を拒絶するので、「価値を保蔵する貨幣」というアイデアをも、誤って提起された問題への解答として拒否する。先に注意したように、われわれのアプローチでは、貨幣と財との等価性は存在しない。両者の関係は等価関係ではなく、道具的（ジンメルの言い方では「目的論的」）関係である。この論理に従えば、貨幣は価格を持つ必要がないし、貨幣を富として取り扱うこともできない。価格を持つのは財であり、貨幣ではないのである。

広義の財の中には、特異なものが存在する。それは、計算単位で表される公定価格を持ち、貨幣造出の媒体《シュポール》となっている財である。これが当てはまるのは、金属システムにおける金である。この場合、私的富にすぎない他の財とは異なり、金を保有することは、社会的富を保有することになる。貨幣造出の媒体となる財を保有していれば、市場における販売を通じてではなく、ルール（公定価格）の力を通じて貨幣を入手することができる。ここでも等価関係は存在していない。市場における金の貨幣価格が（通常の仮定の下では）公示価格と異なることはないだろう。しかし、金と他の財との交換関係は、何よりもまずそれらの財の流動性が大きいか小さいかを反映しつつ、市場によって決定される。

言い換えれば、貨幣造出の媒体となる財と他の富との間には、単なる程度の差異ではなく、本性的な差異が存在している。したがって、富の内部には真正なる区別が見いだされる。市場に依存せずに支払手段の入手を可能にする貨幣造出の媒体と、容易さ・不確かさの程度に差はあるものともかく市場での販売によってのみ貨幣に転換できる他の財との区別がそれである。このうち貨幣造出の媒体のみが、市場関係からの絶対的自律性をもたらす。

考察の終わりに、三者の区別を簡単に示しておこう。それは次のように要約される。

貨幣 ←ルールを介した関係→ 貨幣造出の媒体

貨幣 ←市場を介した関係（流動性）→ 他の富

この区別の適用は、厳格な金属システムという「教育的な」ケースにおいては容易である。金は他の富と明確に区別されている。逆に、現代的なシステムでは、その適用は困難である。実際、資本の範囲を確定することは必ずしも容易ではない。この点を指摘するのは批判のためというよりむしろ、新しい問題を提起し、価値理論の全面支配によって見えなかった新しい領域を開拓しようと呼びかけたいからである。支払システムの概念は、価値保蔵とは全く別の問題、すなわちルールの永続性や制度体系総体の安定性という問題に言及することを可能にするのである。

この問題の重要要素の一つが、経済の名目アンカーである。市場の諸価格は貨幣価格である。したがって価格は計算単位で表示される。計算単位は、超個人的な抽象的実体《アンティテ》の存在を表現するだけではない。それはまた、計算単位の諸量を入手するためのルールが諸個人によって承認されていることをも示している。名目的ドリフト（＝市場の諸価格の大きな上下変動）が起きれば、必ずや貨幣造出ルールの妥当性は脅かされる。貨幣造出の安定性維持と計算単位の承認とは、明らかに一対のものであり、両者は相互に強め合う。ハイパーインフレーションの発生が示すように、支払システムの永続性は自明のものではない。貨幣と貨幣造出の媒体《シュポール》との関係――金属システムにおける金の法定価格、現代のシステムにおける利子率――の永続性には、システム総体のコントロールいかんが賭けられている。

残高の決済または猶予の様式についても、同じことが言える。名目アンカーの問題に加えて、システミック・リスクの問題があるのである。

債務と富の欲望——流動性の問題

流動性と貨幣造出との関係については、簡単にしか触れてこなかった。流動性と残高の決済または猶与との間に存在する関係について、もっと明確に述べておく必要がある。

現代の支払システムにおいては、残高の解消は、諸個人間の資本の再分配を通じてなされていく（株式公開買付け、企業合併、営業譲渡、等）。このときに資本がとる形態はかなり多様であり、実際、個々の資本量は、資本保有のタイプ別構成——生産資産、ほとんどまたは全く再生産不可能な実物資産、多種多様な金融資産——との密接な関連において決定される。資本保有の形態に関する選択には、システムの将来に関する意見が映し出される。ここにおいて、富の流動性という観念が明らかに重要になってくる。

何よりもまず、流動性は潜勢的な観念である。これは、資本損失を被ることなしに、いつでも債権を貨幣に転換できる可能性を意味している。しかし、この可能性が存在するのは、多数の債権者が同時にその可能性を検証しようとはしない限りでのことだ。好ましからざる指標や不穏な風評に直面して自らの過去の判断を疑うに至るとき、債権者たちはそのような検証を行おうとするだろう。債務者にとってもまた、流動性は潜勢的である。なぜなら債務者にとっての流動性とは、支払期日が来た債務を更新する能力、つまり新しい債務によって旧い債務を代替する能力のことだからである。債務証書発行者の署名が持つ品質が評価されている限り、この能力は疑問に付されない。しかし、この品質は、金融共同体による集団的判断以外の何物でもない。債務者の支払能力に悪化の兆候が見られると金融共同体が解釈するとき、この判断は容易に変更されうる。

このように流動性は、集団的意見のシフト〔転位〕による影響を受け易い。集団的意見がシフトすると、想像的なものが現実的なものへと、潜在的なものが顕在的なものへと移行する。資本から貨幣への大量の転換要求がなされるとき、その背後ではこのようなことが起きている。この要求を満たすことができないとき、そこからの伝播の効果によって金融危機が発生する。逆に言えば、貨幣の提供によって債権保有者の不安を静め、「現実的なもの《ルレエル》への移行」を回避する能力がある金融組織が存在することは、債権債務システムが頑強であるための前提である。集団心理のこのような作用を理解するには、貨幣経済の持続可能性をめぐる最も不可解かつ論争的な問題、すなわち貨幣への信頼という問題について論じることが必要である。

二　貨幣的秩序の保護と貨幣への信頼

資本蓄積の欲望を支える私的諸債務の総体は、二つの破壊的過程による脅威にさらされる。一つは内破的な過程、もう一つは外破的な過程である。二つのうちどちらの活性化可能性が高いかは、貨幣規範の形態によって、したがってまた流動性について諸主体が形成する表象によって決まる。

例えば、主権的権威の下で造幣局が金属正貨を鋳造していて、金属正貨への転換が債務返済の最終形態であるとき、流動性は、金融システムの外部にある貨幣に物質化されている。債務の代替が銀行の仲介によってなされる、すなわち銀行が商業手形割引を通じて自行宛債務〔=預金または兌換銀行券〕を発行するとしよう。銀行が発行する支払手段の質は、銀行が割引いた商業債権の質によって決まる。しかし、後者の質はアプリオリに知られているものではない。内生的メカニズムに従って銀行が発行する債務について、その質を検証するのは支払システムである（還流法則）。競争に駆り立てられた銀行が、公衆の債務保有需要と比べて過剰な債務発行を行った場合、銀行債務から正貨への額面通りの転換要求という形で貨幣制約が姿を現す。この転換要求は、発行銀行の窓口において直接的に現れ、また他の銀行への預金において間接的に現れる。いずれにせよ——直ちにであれ後からであれ——、銀行の正貨準備には圧力が加えられる。結局は、正貨準備を復元する必要から、新規債務の発行を競合他行よりも縮小せざるをえなくなり、当初の過剰発行は訂正されていく。銀行の行動を規律づけるのは、公衆による内生的な正貨需要なのである(11)。

　銀行部門全体が景気に関する楽観主義の波に呑み込まれるとき、問題は、違った展開をたどる。銀行が商業手形を気前よく割り引くことによって、あるいは明らかに質の劣る借り手に信用（例えば国際信用）を供与することによって、この波は大きくなっていく。銀行が正貨準備に対する一覧払債務〔窓口で申し出があれば直ちに正貨を支払う債務〕の比率を高めていくことによって、債務の増加は臨界値に達し、さらにはそれを超えてしまうだろう。この臨界値を超えると、銀行の債務兌換能力が疑われる。実際には、この時点で、銀行は追加的な正貨を入手すべく債権を売却しなければならなくなる。預金者または銀行券〔＝兌換銀行券〕保有者が銀行の能力を疑う場合には、企業や商店の倒産が一定の広がりを見せた時点で、預金者または銀行券保有者は急激に正貨需要を増大させるだろう。このとき還流の法則は麻痺してしまう。商業債権の価格〔＝商業手形の割引価格〕が急低下することを通じて、または銀行の連鎖倒産が銀行債務の破壊を引き起こすことを通じて、デフレ的内破の過程が開始される。

　正貨兌換が停止されると、いわゆる優良な銀行債務にはまさに不換通貨《フィアット・マネー》が含まれるようになり、通貨規範《ノルム》の作用は修正される。流動性の最終的担い手である貨幣の発行条件と、債務の発行条件との間には、もはや根本的な異質性が存在しなくなる。今や貨幣創造は全面的に債務から帰結し、そこには債務の入れ子構造が存在するだけである。このようなシステムは、個別的な合理性のみによっては安定性を得ることができない。最優良の債務——すなわち最終的流動性の媒体——の供給が完全に弾力的であるために、潜在的な不安定性が見いだされるのである。

こうして、自己準拠の論理に従う債務の発行から、外破の過程が生じる可能性がある。旧債務を新債務で常に代替できるのであれば、借り手は制約に直面しなくなる。貨幣創造はもはやアンカーを持たない。債務発行と決済の制約との間の疎隔化によって割を食うのは、債権者である。なぜなら、この疎隔化に起因して加速的な物価上昇が起き、諸債務の総体が減価するからである。購買力がますます急速に失われていくと、流動性はもはや安全保障《セキュリテ》や避難先としての役割を果たさなくなる。この場合、債権者がとる反応は、金融システムの外にアンカーを見いだそうとすることであろう。債権者たちは、あらゆる形態の融資取引から手を引こうとし、結局、投機対象《オブジェ》（貴金属、外貨、または通常の財）を集中して購入するようになる。投機対象が、流動性の形態として選択されるのである。金融取引の外部にアンカーを見いだそうとする私的諸主体のこうした試みは、放置されたインフレ危機が行き着く先である。この結果、現存の通貨ルールは破壊され、経済は組織解体されていく。ただし、こうした試みは通貨改革のための条件を生み出す。通貨改革とは、尊重されるべき貨幣規範《ノルム》を再建することである。

しかし、例えば一九二三年のドイツのハイパーインフレーションに見られたように、このような〔インフレ危機の〕到達点は、極めて高い社会的コストの支払いを要求する。これを避けるためには、通貨ルールの尊重に責任を負う制度〔ないし機関〕が、政治的性質を有する行動を推し進めなければならない。この行動は、貨幣の集合的地位から派生する諸実践の総体に他ならない。こうした諸実践の総体をわれわれは「金融政策」

と呼ぶ。したがって「金融政策」とは、経済的調整《レギュラシオン》の最も一般的な水準を指す名称なのである。

金融政策——支払システムの統合性を維持するための戦略

既に述べたように、どんな商品経済も、自立性を保っていく上で、債務が決済されるときの諸条件が本質的に重要である。私的諸主体は、将来の所得フローによって自らの富が増大することを期待している。私的諸主体の活動計画《プロジェ》は互いに独立しており、バラバラな諸活動計画《プロジェ》から債務構造が形成される。金融政策はこの債務構造を調整《レギュラシオン》することによって、〔債務が決済されるときの〕諸条件に影響を及ぼすのである。それゆえ、この政策に責任をもつ当局は、金融に関する情報に注意を怠らない。当局は、債権者と債務者の緊張を間接的に映し出す諸指標（金利、株価指数、流動性総額を測る集計量、信用量、等）から、金融の局面状況《コンジョンクチュール》を認識しようとする。

金融政策は、債権者‐債務者間の緊張の強さが臨界点を超えないように、緊張緩和の媒介になろうとする。緊張の強さが臨界点を超えてしまうと、経済全体に損害を与える過程が始動することになる。すなわち、インフレの発散、数え切れない件数の倒産、支出の低迷状態、そして慢性的な過少雇用である。

金融政策という媒介は、持続可能性と正統性という二重の問題を提起する。第一に、金融政策レジームは複数もしくは多数存在する。金融政策レジームの働きは、処分可能な流動性と予見可能な将来所得——これらは規則正しい返済を可能にする——から見て大部分の債務が支払可能であり続けるように、信用の変化を誘導することにある。債務の持続可能性と両立する範囲内で金融的変数が変化している限り、金融政策がマクロ経済変数（生産、雇用、物価）に与える影響はあまり大きくなく、慣性の影響を強く受ける。なぜなら、その場合、金融政策レジームの変更（例えば、中央銀行によって引き起こされる金利のわずかな上昇または低下）は、信用にほとんど影響を与えるものではないからである。

第二に、金融的諸条件の変化は臨界内にとどまりながらも、一方で債務の構造が脆弱化することがある。その結果として、経済諸主体は資本の貨幣への転換可能性を検証しなければならなくなるかもしれない。この場合、資本損失の恐れを抱く諸主体はまた、自らの資本の貨幣への転換にも、つまり自らの富の流動性度合いにも不安を抱く可能性がある。このような臨界的な状況においては、諸主体の行動が金融政策の刺激に対して感応的になる。ただし、持続可能性のゆとり幅は、支払システムを構成する諸ルール（＝共通計算単位、貨幣造出原理、残高決済原理）を通貨当局が解釈する仕方に対する私的諸主体の信頼によって左右される。例えば、過去に長期にわたって、ある中央銀行が、「持続的な高インフレは黙認しない」ことを証明する行動をとってきたとしよう。この点についての評判を欠く中央銀行と比べて、この中央銀行においては、予期せざるショック（石油ショックや市況の急速な冷え込み）を吸収するために一時的に物価変動を放置しうる自由度が大きいだろう。これに対して、評判の低い中央銀行は、再分配効果を生み出す加速的インフレーションの道へと経済を引き込むのではないかと疑われるだろう。ここで再分配効果が問題になるのは、金融資産の形態が異なれば、インフレ率に対するインデクセーション（収益率の連動）の度合いも異なるためである。インフレ・ヘッジが不完全な債権の保有者が、その債権の売却を強いられる場合、潜在的な資本損失が現実のものとなる。

それゆえ、先にも指摘したように、名目アンカーは貨幣信頼の決定的に重要な要素である。物価のドリフトは債務減価を通じて決済義務を軽減させるから、信用の拡張を通じての物価のドリフトが予想される通貨レジーム〔＝金融政策の枠組み〕の下では、そのレジームそのものが不公平であると疑われてしまう。支払システムは、市場経済における社会的紐帯であるから、普遍的利益を体現していなければならない。ところが貯蓄主体は、支払システムがもっぱら債務者の利益のために作動していることに気づいてしまう。このとき貯蓄主体は、自らの富の潜在的流動性を保護するための避難先を公的システムの外部（例えば外貨）に求めることによって、現行の通貨ルールに疑義を差し挟むだろう。こうして自国貨幣に対する投機が始まる。私的主体のこのような態度は、金融政策に責任を持つ機関に対する不信を表している。金融共同体の中でこのような態度が広く共有されるならば、最終的に中央銀行は、債務の決済条件をハード化する方向での政策変更を強いられる。

貨幣信頼に対するもう一つの脅威は、システミック・リスクである。この脅威は伝染《コンタジョン》の現象を通じて顕現する。金融市場が売り一色の様相を呈し、債務支払不能への不安が決済要求の厳格化を促し、決済要求の厳格化が支払不能を伝播させ、銀行から銀行へと預金流出が次々に襲う。システミック・リスクは、貨幣の担う社会的役割が最も如実に表れたものである。債務支払いの義務が獲得するマクロ的な首尾一貫性は、私的諸利害の間に一般的な折り合いをつけることではない。その反対に、システミック・リスクに示されている状況とは、私的諸利益を保護しようとして、分権的行動が誘発され、そこから始まる相互反応によって全員に有害な集団的帰結がもたらされる、というものである。この状況においては、貨幣の受領性が問い直されることはない。しかし、中央貨幣〔＝ベースマネー〕の不足に起因する債務返済条件の過度な厳格さが、経済停滞さらには不況を引き起こすのである。

いまや、通貨当局——今日の経済においては中央銀行——の特異な立場を理解することができる。債務構造の変化が持続可能性の領域内にとどまる限りにおいて、支払システムにおける通貨当局の日々の行動はルーティン的なものであることができる。しかし、そのような条件が満たされるかどうかは、貨幣信頼にかかっている。貨幣が信頼されていれば、諸主体は、集団的リスク——名目アンカーの加速的堕落やシステミック・リスク——が発生する蓋然性を無視しうるほど小さいものと見なして、債務契約を結んだり、資産運用を管理したりすることができる。予見可能で安定的な金融政策は、債務の支払可能性を評価するための準拠枠組み〔を提供する〕という形で、私的主体に集団的利益を享受させる。

どのようなコミュニケーションの論理を通じて、中央銀行は通貨レジームに同意を取り付け、それを実効化しうるのだろうか？　中央銀行は、普遍的利益の言説が準拠基準として選択されるよう努めねばならない。おそらくその際に、あらゆる私的利害を調停しうるかどうかは問題ではない。問題は、社会的凝集性の普遍的原理としての貨幣の地位に対応して、「貨幣が全員の役に立つように中央銀行は行動している」のだと信じさせることにある。問題は信じさせることである。貨幣の信頼を支えるのは、信念《クロワヤンス》〔＝信じること〕なのである（Simmel, 1907)。

信念《クロワヤンス》と信頼《コンフィアンス》

信念〔信じること〕は集団的過程の一つである。ただし〔ここでの集団的過程は〕、信念が経済主体間の主観的相互作用から帰結するというものである。共同体は全員の相互依存を通じて形成されるが、この共同体にあらゆる個人が帰属しているという表象は信念へと形成される。この共同体は諸個人の集まりというよりむしろ、彼らの間の諸関係の総体である。商品的分業を通じて誘導される諸関係の総体が共同体であるとすれば、どの個人の共同体への帰属も、債務による帰属、債務決済義務による帰属に他ならない。それゆえ、最終的決済手段は、「数多くの私的債務に対峙している社会」を表象＝代理《ルプレザンタン》するものなのである。最終的決済手段が満場一致で受領されていることは、われわれが同じ支払システムに、つまり同じ社会的ルールの体系に服していることを意味している。貨幣への信頼とは、「債務を返済しなければならない」というルールを他の人々が受け入れるだろうことを信じることに他ならない。よって信頼は、商品経済の基礎をなす貨幣的ルールに依拠している。ただし、信頼を生み出す過程には、単なる経済的行動ではない諸表象・諸態度が動員される。

　貨幣は、商品経済という全体の理性《レゾン》である。第一節で述べたように、貨幣はシステムの論理であるがゆえに、商品経済の全体を表現している。全体性としての貨幣は、支払システムを定義する基本ルール――計算単位、貨幣造出の原理、個人残高の決済原理――が接合されたものである。これらのルールは普遍的である。市場経済における人間は、これらのルールによって、地位・慣習・人格的従属に基づく社会的帰属様式に対して特別に破壊的な経済を作り上げたのである。数の抽象およびそれに纏《まと》わり付く義務を通じて、貨幣は価値ヒエラルキーを表現するものとなる。諸個人が価値ヒエラルキーに帰属するということは、社会から受ける評価に従順であることを含意している。社会からの評価によって決済の義務が決定される。貨幣は相互依存の構造を社会に与えるが、この相互依存においては、個人間の関係は非人格的なものであり続ける。同じ働きの中で、貨幣はまた経済的合理性を生み出す。経済的合理性とは、貨幣的な数量化に基づいて個人的目的を客観的に表現し、その目的を実現しようとする性向である。この意味で、貨幣の論理に沿った相互依存は、個人の自律性ないし自由を保護すると言える。

　貨幣の信頼という問題は、貨幣の論理によって強く規定されている。貨幣の論理によれば、あらゆる個人は、普遍的に妥当する基本ルールを通じて、誰もが他人同士である匿名的な共同体へと結びつけられる。このシステムに参加する個人にとっては、貨幣の論理そのものが、前提とする他ない基礎規範として現れる。このようなシステム帰属関係が、主観的に信念として経験されるのである。信念とは、個人が価値ヒエラルキー（基本諸ルールの間の首尾一貫性）に対して保ち続ける関係であり、この関係こそが個人を商品社会の成員とするのである。個人にとっては、貨幣は、自らが暮らす社会の基礎規範として、法律や道徳的禁止と同等の資格において現れる、と言ってよい。したがって信念は、価値ヒエラルキーの特徴である垂直的関係を表現している。この関係が問い直されるならば、必ずや、帰属の危機が引き起こされる。例えばクロード・レヴィ＝ストロースは、信念が社会生活の根源をなすことを主張している。こうした信念の根源的性質の中には、必然的に無知《メコネッサンス》が含まれることとなる。貨幣の基本ルールに則って行動する諸個人にとって、社会的全体の不透明性は縮減しえないものである。では、なぜこうしたルールが存在するのか？　この問いが、経済の実際行為《プラティーク》の中では提起されることはない。

つまるところ、私的諸主体が貨幣との間に維持する関係は、契約によらない関係、計算の対象とならない関係、誰も「私はこの根本的な規範の制定者である」と主張できないという意味で誰にとっても不透明な関係である。貨幣は、商品社会の基本条件、すなわち、計算の実行と契約の締結とを可能にする価値ヒエラルキーのための前提である。ここで考えておきたいのは、「同じ貨幣ルールを持つシステムに属している」という共通の信念が、どのような心的創造物となって表象されるのか、という問題である。

次のような仮説を立てることによって、一つの解答を与えることができる。すなわち、「個人を超越する全体への帰属に関する検証は、象徴《サンボル》の認知を通じて心的に表象される」という仮説である。象徴とは、典型的な過去の出来事に関する集団的記憶に訴えるところの、理念化された表象である。例えば、一九二九年の金融危機は、市場の安定性に対する不安が醸成されるたびに、金融ディーラーや金融誌の解説者が繰り返し引き合いに出す出来事である。ただし、このような出来事が取り上げられる場合でも、状況の客観的比較がなされるわけではない。むしろ出来事は、迫り来る当面の不確実性によって方向を見失った世論が結晶化する点となる。この結晶化は、抑圧していたものの復活を意味する。つまり、金融の動向に対する人々の態度は、その背後に常にパニックの恐れを隠しているが、その恐れが甦るのである。さて、危機の象徴が存在するとすれば、秩序と平穏化の象徴もまた存在する。一九七〇年代末のように、すべての主要通貨がインフレに蝕まれる混乱期における金は、まさにその例である。金本位制についての理念化された記憶と、——より根底的には——聖なる力の物質化としての金がもつ神秘的効果とが相まって、通貨システムが定点につなぎ留められることへの信頼を確立させるのである。

このように、象徴は、〔経済の領域におけるのとは〕別の経験の中で検証された主権の諸属性を、貨幣へと転移する働きをする。この転移によって、信念の形成が可能となる。主権は分割不可能な一者であるがゆえに、類比《アナロジー》のダイナミクスを通じて、政治・宗教の領域における主権の暗喩《メタファー》を貨幣へと転移することが可能なのである。このようにして転移がなされる中で、信頼は確立していく。

もう一つの解答は、本書においてJ・ビルストが展開しているものであり、諸主体間の緊張が緩和されるという約束に対して、信頼が寄せられる。つまり、分業を通じて、諸主体の社会的承認は赤字〔不足〕状態になっている。彼らが自らのアイデンティティへの承認を獲得し、社会に対して負う承認の債務を一時的に軽減するための唯一の方法は、貨幣ルールに従うことである。諸個人が〔承認の〕赤字とその削減についての検証を繰り返し行うことによって、単なる権力や超越性の象徴《サンボル》であることを超えたエンブレム・パワーが満場一致で貨幣に付与される。したがって、貨幣の信頼は、国家的または神聖な象徴に依拠する部分もあるが、〔基本的には〕貨幣が制定する論理がもつ普遍性に対応しているのである。この点を踏まえることにより、例えば「脱政治化」の観念を理解することができる。貨幣が——意識されることなくまた領土的・文化的に制約されない——普遍的論理をもつからこそ、われわれが貨幣に抱く信頼は多様な表象形態と両立可能なのである。

三　中央銀行の独立性——特異な歴史的文脈における貨幣の正統化様式

ここまでの説明を踏まえて言えば、貨幣を正統的《レジティム》なものにするということは、債務の将来推移の不確実性による独特な利害対立《コンフリクト》が流動性に一点集中しないようにすることに等しい。この一点集中が起こるのは、不安が臨界値に達して集団的現象が惹起されるときである。既にわれわれは、二つの一般的な過程が存在することを確認した。一つは、起こりうる帰結から「システミック・リスク」と呼ばれる、債務の脆弱性であり、もう一つは、既にある《アンスティテュエ》貨幣の拒絶につながりうる、名目アンカーの喪失である。

二つの臨界値への到達が回避されるであろうことを経済主体が信じている場合、貨幣は正統的である。この場合、規定されるのは均衡ではなく、持続性の軌道である。この軌道においては、破綻は存在しても個別的なものにとどまるし、価格の攪乱的な変動は一部の金融市場において生じるだけで局所的なものにとどまる。先に述べたように、持続性の領域内に貨幣経済を維持することが、金融政策において問題になることである。貨幣ルールの妥当性に関する諸主体の信念によって臨界値は左右され、金融政策を運営する当局の行動が民間経済主体から見て正統的であるとき、金融政策の自由度は大きくなる。

「主権転移の象徴的過程が信念を打ち固める」という仮説によると、あたかも貨幣の正統性は政治秩序の庇《ひさし》を借りているかのようである。なぜなら今日のわれわれの社会においては、主権というものは国民的・民主主義的なものであるからだ。ところがそこには一つの深刻な困難が横たわっている。主要通貨——とりわけドル——においては、利用者の空間が、発行国市民の空間や発行国居住者の空間をはるかに超えて広がっている。しかもこの乖離の規模が歴史を通じて不変ではない。また、政府からの中央銀行の独立性が熱心に追求されているが、この動きも金融グローバル化の地平に立って考察されるべきものである。

貨幣の政治化・脱政治化

近代的な政治的主権は、限定された領土つまり国《ナシオン》という領土の内に閉じ込められている。この点を意外に思う者はいないだろう。外部との境界線を引くことは、帰属——国民共同体という全体に対する各市民の関係——を作り出す上での決定的に重要な創始的行為である。こうして諸国は、相互に限界づけ合いながら、それぞれの主権を強化していく。対外的な境界設定には、私的領域と公的領域との間に境界線を引く対内的な法的境界設定がともなう。「分離する」「同定する」「分類する」等は、政治秩序における基本的な操作である（例えば、市場と公共サービスとの間の境界線、あるいは社会経済の領域における職業別社会階層や社会権受益者など）。こうした操作の遂行は、国民主権という象徴的実体に関する信念《クロワヤンス》〔＝信じること〕の名において正統化される。

これに対して、われわれが「支払システム」と呼んだものに基礎を与えるのは、貨幣規範《ノルム》である。これは抽象的な諸ルールの体系であり、理論上、その適用は無制限に可能である。貨幣は、普遍性を獲得していく傾向を本来的に持っている。つまり債務流通の空間は、世界化・同質化・一般化する傾向を持っている。債務決済の諸条件は、債務流通の空間の拡大と両立可能でなければならないのである。

このように経済的なものと政治的なものとは区別されるが、この区別は単に実践領域の違いによる区別であるだけではなく、何よりもまず抽象化様式の違いによる区別である。また、貨幣の正統性を政治的主権と混同することも許されない。だからこそわれわれは、二つの規範秩序〔＝貨幣秩序と政治秩序〕の間に主権の象徴的転移を見いださねばならないのである。歴史的時代によって、相互作用を支配するものは経済になったり政治になったりする。だからこそ、資本の国際的拡大に対する規制の強さいかんによって、貨幣が「政治化される」度合いは強くなったり弱くなったりするのである。

一九世紀の最後三分の一の時期、金融大拡張のインパクトを受けて、普遍的な貨幣的秩序が徐々に構築されていった。これは二〇世紀への転換期に確立したが、第一次世界大戦の勃発によって崩壊した。金本位制の下、貨幣規範は兌換ルール〔ないし交換性ルール〕によって形式化されていた。兌換ルールが列強諸国によって共通の上位原理と見なされたことにより、貨幣の普遍性が確立した。このルールはいわば「国際通貨の基本法」であり、これが国民貨幣間の調整《レギュラシオン》に課されることによって、国民貨幣同士が、世界貨幣の構成要素として互いに結びつけられた(12)。また、この時代における国際通貨システムの機能について述べる場合に、金融政策を話題にすることは不適切である。このことに関連して言えば、中央銀行は、政治的権威によって任務を託されることを望まなかった。任務は自ずと課されたのであり、それが兌換性の尊重である。特に危険な何回かの金融危機に際しては、それへの対処のためにイングランド銀行は一時的に兌換を停止した。しかし兌換性尊重の任務が十分に定着していたので、兌換性に関する経済主体の信頼が動揺することはなかった。確かに、普遍的な貨幣的秩序は、国と国の間の金融的パワーに関する格差、〔金融〕センター間のヒエラルキー、いくつかの通貨の支配的地位を禁じてはいなかった。しかし、イングランド銀行による指導的金利の誘導が、何らかの経済的・政治的合目的性を考慮してなされたのではなく、短期資本移動の調整を通じた兌換ルールの尊重をもっぱらの目標にしてなされていたことは疑いない。(13)

これに対して、両世界大戦の混乱や大不況のトラウマは、資本の国際的拡張にとっての重大な障害となった。また、新しい社会勢力の台頭によって、政治的力関係が変わっただけでなく、民主主義に賭けられているもの《アンジュ》までもが変わった。国民主権を制定する権力は、社会権を創出した。社会権は、社会的目的に適合した経済政策を推進するための永続的な法的枠組みを与えた。第二次世界大戦後、「資本移動の管理によって保護された島国的な――すなわち限定的に開放された――国民経済」というケインズの世界が現実のものとなった。この経済宇宙の中では、政府によって社会的目的が経済政策の目標へと変換され、貨幣の正統性は、社会的目的の推進を支える道具としての役割に帰着するものとされた。金融政策は徐々に洗練されていった。連邦的な政治構造を持ついくつかの国では中央銀行が既に独立的であった。しかし貨幣は、公共支出や国家の資金調達活動と比べれば、副次的な道具であった。国民経済政策の全般に政府が責任を負うことに関して、異議は申し立てられなかった。(14)

こうして、どの国民経済も、「目標実現にあたっては、全面的な自律性を以てする」という意図を公言する政府によって手綱を握られる中、国際金融関係はすっかり変容を遂げた。一九三〇年代と同じように、国際金融関係は紛争含み《コンフリクチュエル》になる可能性があった。一九三〇年代、各国は競争的平価切り下げと関税障壁を通じて失業を輸出しようとした。その当時、公的活動手段への貨幣の還元は頂点に達していた。これに対して戦後は、調停の試みとしてブレトンウッズ体制が成立した。しばしば言われているのとは違い、この貨幣システムは、いかなる意味においても金本位制の再興を企図するものではなかった。ブレトンウッズ体制は、政府間の交渉に基づく取極めであり、普遍的な貨幣原理への合意ではない。取極めがなされたからと言って、必ずしも国内政策の自律性は制約されなかった。むしろ、追求されたのは、いくつかの調整ルールと政府間融資の諸手段に依拠することによって、国内政策を効率化することであった。これは、GATTに結実した通商的武装解除の協定に足並みを揃えた、通貨的武装解除の協定であった。この取極めには、国際資本移動の管理は全くもって正統的であることが明記されていた。目指されたこと、それは、広大な経済発展の空間を構築し、この空間の中で、各国が他国に及ぼす悪影響を制限する手段を相互に承認し、その上で各国の政府が自らの政策を推進することであった。確かに、不均等な国家の間で結ばれた協定であったので、アメリカが自国有利な措置を講じることを回避できなかった。しかし、そのことは、西ヨーロッパの飛躍的な発展に足枷を課すどころか、むしろそれを促進した。

一九六〇年代の経済発展によって刺激された資本の国際的な広がりは、ブレトンウッズ体制が課した枠付けをはみ出し、ついにはそれを粉砕してしまった。これによって、振り子は元に戻って、貨幣の脱政治化が求められるようになった。このような情勢の中で非常に興味深かったことは、最初の局面でマネタリズム・イデオロギーが、矛盾した二重の要請を提起したことである。すなわち、第一に、数量的貨幣ルールを適用することによって、各国の貨幣を脱政治化するべきであり、第二に、変動相場制によって各国の自律性を強めるべきであるとされた。この二つの要請は、均衡という考え方の下でしか両立可能ではない。この点に関する幻想を一掃したのが、国際的な貨幣無秩序であった。繰り返し証明されてきたように、普遍的な貨幣規範を欠くとき、金融債務が自動調整されないことから金融の自由は最悪の無秩序を引き起こすのである。

ドルの不安定性、国際的債務危機、および国際収支不均衡が頂点に達した一九八〇年代中葉、二重の方向転換が見られた。第一に、G7の政府の間で金融政策運営の最低限のルールを確立するための努力がなされた。第二に――そして何よりもまず――、中央銀行の独立性に関する論議が開始された。前者の試みは、一九八七年二月のルーブル合意のときに公式化されたが、失敗に終わった。ルーブル合意は為替相場をめぐる合意であったが、国内政策の自律性を再検討に付すものではなかった。この合意は、金融の自由を推進しながら貨幣主権を政治主権に従属させようとする不徹底な措置に他ならず、失敗を運命づけられていた。債務の流通空間が世界的広がりを持つとき、貨幣的秩序は普遍的な正統性原理によってしか支えられない。このことによって、後者の〔中央銀行の独立性に関する〕論議が意義を持つようになった。

いくつかの国において中央銀行が独立した地位を獲得しうる――このようなことはかなり昔からある――ということが、ここでの問題ではない。ここでの問題は、金本位制を定義していた兌換性に代えて、中央銀行の独立性を新しい国際的な貨幣的秩序の普遍的原理として提起することにあった。様々な国民的計算単位を用いて同一金属の価格を公示することによる形式的アンカーに代えて、様々な国において中央銀行の貨幣権力と国家の統治権力とを分離することによる制度的アンカーが要求されているのである。このとき提起される問いは次の通り。すなわち、どのような信念であれば、そのような制度的イノベーションを正統化しうるのであろうか？

倫理的なものと政治的なもの

経済学者の間での独立性論議は、今述べたようなやり方で問題にアプローチすることができなかった。その結果、論議はかなり期待外れなものに終わった。経済学者たちの考察はインフレ〔の問題〕にこだわっていて、国際通貨システムにはほとんど注意を払っていなかった。経済学者たちが用いたのは、独立性に関する外延的な定義であった。中央銀行の地位に関する条文を読んでそこからいくつもの法的規定を抜き出し、それらを雑然と積み重ねていったのである。[15] 貨幣の正統性という問題が全く提起されないので、「存在するもの」と「存在しなければならないもの」との混同、すなわち「法の上での」独立性と「事実上の」独立性との混同が避けられなかった。彼らの関心を引く唯一の効果――インフレとの戦い――を得るためだけであれば、中央銀行が独立を宣言すればよいことになる。その場合、考慮される国際的次元と言えば、せいぜいヨーロッパだけである。なぜなら、ヨーロッパでは独立性と通貨同盟構築との結びつきが自明のものとして認められているからである。

ところが問題が残ってしまうのだ。経済諸主体は、民主主義政府の権威に従属しない貨幣権力についての正統性を信じていなければならないわけだが、いったい何が彼らをそのように仕向けるのであろうか？これについて例えば、デュルケームは、個人と個人の間に道徳的紐帯が存在しなければ、分業に基礎を置く社会は維持できない、ということに注意を促していた。[16] 文脈は異なるが、私的諸主体が金本位制に信頼を寄せるときにも、いかなる政府保証にも増して大きな役割を果たしていたのは倫理であった。[17] 私的諸主体は、国際的金融債務〔＝国際債〕の通用性を既得権益《アキズ》と見なしていた。特定の債務者が破綻する可能性はあった。しかしすべての債務者が一丸となって、債務減価のための通貨操作を行うよう政府に圧力をかける、ということはありえなかった。つまり、〔過去には〕公的債務者も私的債務者と同じ取扱いを受けることがあったのである。人々は、政治的配慮よりも金融債務が優位にあることを信じていた。債務の名目的価値が普遍的に認知されていたことによって、債務を表象する証書は広大な流通空間を獲得した。債務証書は、種類の多様さと市場取引高の多さに基づいて、流動性が確保されていた[18]。また、大規模な個別的倒産が大きな攪乱を引き起こすときを除いては、ごく限られた金利変動によって債務形成の調整が行われた。

ただし、倫理のこのような優位を信じることは、国民主権よりも上位にある主権源泉を信じることに等しい。おそらくその位置においては、金に帰せられる効果を信じるという象徴の備給《アンヴェスティスマン》が役割を演じていたであろう。金は、債務に対して根本的な他者〔=他なるもの〕として現れることによって、債務の公正な尺度となり、また操作不可能で外在的・無形的な規範となった。ここからわれわれは信念のメカニズムを理解する。信念の対象は、離れた場所に位置すること〔外在性〕によって、集団的な力を獲得するのである。

今日、地球全体を覆い尽くす金融債務に信頼を与える貨幣的秩序が求められているが、どのようにすればこれを中央銀行の独立性によって確立しうるだろうか？　この問いに対する既定の解答は存在しない。実際、中央銀行の正統性の問題には、極めて雑多な解答が与えられているのが現状である。

アングロサクソン的な考え方では倫理は全く問題にされない。求められるのは、政府内での、行政権力からの中央銀行の独立性である。中央銀行は議会から委託を受け、議会に対して責任を負う。よって、中央銀行の独立性は民主主義的主権のうちに包摂されている。ただし、例えばアメリカでは、中央銀行の活動へのコントロールは、特殊な手続きの対象となっている。議会の投票による裁決は行使されない。しかし、議会が管轄する委員会において定期的な公開審議が開催される。その席において中央銀行の総裁は、過去数カ月間の金融政策運営について説明と弁明を行わなければならない。連邦準備制度の声明だけでなく、こうした審議もメディアで報道されて、金融共同体内のさらに細かな論議の材料となる。中央銀行の正統性は、金本位制のケースで見られた外在性の恩恵を全く受けていない。正統性は脆弱で疑問符付きのものであり、また政治的手続きを通じて勝ち取られねばならないものとなっている。経済生活を作り上げている諸力と連邦準備制度とがぶつかり合い、その弁証法の中から正統性がもたらされるのである。

ブンデスバンク〔ドイツの中央銀行でありドイツ連邦銀行とも呼ばれる〕の場合には、倫理の重要性が認められる。ブンデスバンクの独立性においては政治的権力に対する外在性が獲得されており、その旨が連邦共和国の基本法に明記されている。政治に対する倫理のこうした優越は、オルド自由主義の哲学に由来する。この哲学は、国家と社会が全面的に崩壊した一九四五年以来、ドイツ再生のための行動方針を提供し続けてきた。オルド自由主義が明示的に目指していたのは、いかなる専制的権力——国家から出てきたものであれ、私的利益集団から出てきたものであれ——からも個人的自由を守る貨幣を作り上げることであった[19]。これは、アングロサクソン的な発想における政府内部での独立性よりも深遠な独立性の概念である。そうであるがゆえに、この概念をヨーロッパに投影して見るとき、政策責任者には全く思いも寄らない大問題が提起されるのである。しかし、少なくともヨーロッパにとってこの考え方は、新たな国際通貨制度の母型になろうとしているモデルの一つである。

オルド自由主義の考え方においては、価格は一般意思の表現としての「公正価格」であるべきであり、貨幣は明示的に、そのことを可能にする根本的《フォンダマンタル》規範として把握される。そこに見いだされるのは、一人一人の市民と全体性としての社会との間の同盟《アリヤンス》という理念である。共同体と見なされた社会についての有機的〔すなわち市民による〕表象化が、貨幣的秩序であるとされる。市民のこのような概念的見方には、「中央銀行は法的権力と同等な資格をもった裁定機関である」ことを正統化する主権源泉への信念〔=信じること〕が表されている。中央銀行の行動が貨幣的秩序に適合していることが倫理的な至上命令であるがゆえに、中央銀行は正統的であるという評判を獲得する。中央銀行の意思決定には規範的価値が与えられるので、議会に対する中央銀行の責任は余分なものとなる。

マルクに関するドイツ人の信念に見いだされるのは、秩序の中での調和と、貨幣の安定との同一視である。ドイツ人の世論は、社会の無秩序とインフレーションとを同一視する。貨幣の統御が失われる場合、そのことはドイツ国家衰退の兆候と見なされる。逆に言えば、国家の統一はドイツマルクを軸にして築き上げられていることになる。ドイツマルクは、社会秩序の保全と強い関係を持つがゆえに、民主主義の支柱なのである。

新しい国際的な貨幣的秩序に向けて

金融グローバル化の影響を受けて、貨幣管理の形態は不断の変化にさらされている。一九八〇年代、世界経済を揺り動かすあらゆる性質のショックに対して、国際的な貨幣関係がきわめて過敏であることが明白になった。しかし、貨幣間の関係を襲った不安定性が、全面的な金融危機に転化することはなかった。国際流通において大きなシェアを占める貨幣発行国の中央銀行は、金融の緊張に対して十分に注意深かったし、危険な状況に際してはシステミック・リスクの伝播を避けるために協調した。

しかし一九九〇年代になると、金融グローバル化が全面化し、長期証券市場を巻き込むとともに、新興諸国へも広がった。一九九五年初めのメキシコ危機や一九九七年のアジア危機のような大規模な出来事が起き、グローバル金融の安定性が問われていること、その安定性のためには、局所的危機の伝播を食い止めるだけでなく根本的な首尾一貫性が要求されていることが明白になった。

というのも、金融政策の運営に関する各国当局間の意見不一致から経済の歪みが生み出されていたのであり、全面的な資本移動はその歪みを増幅させているにすぎなかったからである。金融の自由化は、信用の柔軟性や、金融投資の形態に関する選択の柔軟性を大いに高めた。しかし金融の自由化が進められたことによって、金融変数についての予見可能性や、したがってまた他貨幣に対する当該貨幣の相対的信頼についての予見可能性は損なわれた。

金融統合を通じて諸国が事実上の連帯責任を負うようになったことは、貨幣管理国際化の要求を喚起した。通貨間競争が金融市場に及ぼす影響によって、国際通貨体制《レジーム》の確立が不可欠になりつつある。国際通貨体制が混沌化しないようにすることは、諸国の通貨当局に課された責任である。ところで、既に述べたように、貨幣は、支払システムを構成する諸ルールという形態の下で集合的対象としての性質を維持する社会原理である。金融グローバル化とともに、この原理は超国家的なものとなる。しかし、貨幣と主権との共謀関係によって、貨幣の管理センターは依然として国民的性質をもっている。国際通貨体制を安定させるためには、各国当局が自国の利害を超えて、集合財〔=公共財〕としての国際通貨システムに関心を寄せねばならない。

第二次世界大戦後、この〔国際通貨体制の安定という〕問題は、国際資本移動を厳格に抑制するシステムの下、基軸通貨ドルのヘゲモニーによって解決されてきた。ところが資本主義の拡張力はブレトンウッズ体制の諸ルールを免れ、最終的にはそれらを破壊してしまった。今われわれは、既に別の時代にいる。今や、主要通貨それぞれが持つ力は、グローバルな協力を前提としている。この協力はどのような形態をとりうるだろうか？

貨幣システムは金融グローバル化の諸傾向とともに進化するから、貨幣システムの機能に責任を持つ機関は、国際金融市場と対話できねばならない。この任務に最適な機関は独立した中央銀行であるが、ただしその際、各中央銀行は、「独立性」に含意される責任について他の中央銀行と両立可能な考え方を持っていなければならない。

どうして、独立した中央銀行の間の協力は、国際通貨の基本法《コンスティテュシオン》にとっての道具であると言われるのだろうか？〔問題を考えるにあたっては〕この観念を、基礎規範をコード化した条文という法的な意味においてとらえるのではなく、暗黙に承認された共通の上位原理という広い意味においてとらえねばならない。この観念が意味しているのは、可能な限り金融政策の決定を政治的圧力から切り離そうとする諸制度・諸理念の総体である。政治的圧力は必ずしも政府からだけではない。それはまた、政党・経済的圧力団体・金融界からも起こってくる。この点を踏まえるとき、中央銀行の独立性は、国民的枠組みを超える貨幣の正統性がとる制度形態であると言える。

最後に、中央銀行の独立性が普及している下で、貨幣の正統性の内容がいかなるものであるのかについて述べておきたい。一見して明らかな側面は、それが〔中央銀行の間での〕相互的な学習過程によるものだということである。中央銀行は、相互的な学習過程を通じて、貨幣の安定性が意味するものについての共通の解釈教理《ドクトリン》に到達しようとする。このことによって、時とともに互いに両立不可能であることが明白となった各国の貨幣的ルール（例えば、各中央銀行が許容する信用拡張テンポが大きく異なっているときの、諸貨幣間の固定為替相場）を固守することは回避される。しかし、これによって金融不安定性の低下が保証されるわけではない。というのも、国際支払いに際してわれわれは様々な貨幣に対して相対的な信頼度合いを割り当てるのだが、貨幣の解釈教理《ドクトリン》が同質的になるにつれて、われわれ一人一人によるそうした信頼度合いは接近するのである。したがって、通貨建の異なる投資手段の間で中期的な収益見通しは収斂するかもしれない。しかし私的な流動性追求行動において注意が向けられるのは、そうした投資手段間の短期的な収益格差である。われわれは、流動性投資を介して通貨代替がなされること、そしてそれにより慢性的な金融不安定性が継続することを予想しておかねばならない。こうして、あたかも共鳴箱——あらゆる性質のショックを増幅させるところの——のごとき金融環境の中では、各国の金融政策の間の首尾一貫性を高めることによって、利子率や為替相場のシステマティックな歪みは小さくなるが、変動性《ボラティリティ》〔乱高下〕は高まることが予想されるのである。

しかし、独立した中央銀行は、市場と相互作用する上で、政府よりも優れた力を持っている。中央銀行は、日常的に金融市場に出向いて情報を引き出している。どの中央銀行にあっても安定性の考え方が同じであれば、諸中央銀行はそうして集めた情報に基づいて、為替相場の不安定性抑制に努めることができる。ただしそのときの条件は、諸中央銀行の行動が物価の名目アンカーの永続性と矛盾しないものであることである。また中央銀行は、国際的伝播の可能性がある金融危機を抑えることができるし、かつそうしなければならない。この介入を適切なものにするために、中央銀行のクラブは、共通の情報・分析装置を用いて、以下のような健全性の監視を進めるよう促される——すなわち、金融市場間の相互依存についての認識、市場の流動性において決定的な役割を果たす金融企業の特定化、不安定な投機の兆候となりうる資本フローや資産価格変動の監視。

要するに、まず金融の変容によって賭け金《アンジュ》が積まれ、その上で、相互作用の過程の中で、貨幣的現象の普遍性と適合した正統性の諸形態を確立しようとする諸制度・諸実践の総体が創発してきたのである。

第5章

メラネシア共同体にとっての貨幣と、ヨーロッパ社会の個人にとっての現代貨幣とを比較する(1)

ダニエル・ドゥ・コペー

「ルイ・デュモンに敬意を表して」

ミシェル・アグリエッタとアンドレ・オルレアンからの提起を受けて、われわれは、貨幣の「正統性-主権性」が、全体性としての社会を指し示す表現の一つであると理解する。[2] 現代西欧において共有されている数々の理念に反することであるが、社会（それを構成する社会諸関係、およびまたそこでの貨幣）は、価値ヒエラルキー〔＝価値間のヒエラルキー〕に従って秩序づけられ、存続している。価値ヒエラルキーは、諸活動の総体を誘導しつつ、社会諸成員一人一人の特殊なアイデンティティを作り上げる。それゆえ、一社会の首尾一貫性は、個人間諸関係の総和を超えたところ、すなわち諸契約の総体を超えたところ、より根本的には人口調査・領土面積・不動産・動産およびすべての財産を超えたところにあるものと理解される。社会はこのようにして、全体としての、共同体（中世のウニヴェルシタス、ニコル・オレームにおけるコムニクス、テンニエスにおけるゲマインシャフト）としての威厳を獲得する。われわれは、ルイ・デュモンの比較社会学に着想を得ながら、各社会の価値ヒエラルキーの中で貨幣に与えられる位置によって、貨幣が一般に――社会-全体性に内在的であると同時に外在的でもあるという――二重の準拠に関与していることを示そうと思う。一つの全体として把握される社会を自己準拠に還元することはできないのであり、むしろ、その全体を――一つの部分として――従属させている〔上位の〕諸価値があって、それらが全体を秩序づけている。

メラネシア社会についての事例研究に向けて道を均すべく、まずいくつかの方法的基準を提出しておこう。〔本章で〕用いられる語彙においては、われわれが持つ西欧的な諸価値を「普遍的な通用力を有する科学的道具」と見なすことは拒否される。この点、人を驚かせるかもしれない。例えば、他の場所と同じようにここ〔西欧〕においても、貨幣を理解するためには、取引当事者たちにではなく、各社会の全体を構築していると見なされる諸関係に力点を置かなければならない。そうして見るならば、ある社会の人々は、諸関係の主人であるというよりむしろ、全体性を構築している諸関係に支配されていることがわかる。そうした人々は諸関係の守護者、すなわち召使いでもあり主人でもあると言えよう[3]。つまり、価値の上位水準においては全体に仕える存在が、従属的な水準においては逆に支配者に転じうるのだ[4]。

全体を構築する諸関係は、また諸々の存在すなわち部分をも構築する。そして、われわれが対象《オブジェ》と呼ぶものが社会諸関係から作り上げられるのと同様に、動物・石・死者・女神・貨幣もまた社会関係から作り上げられる。人格・社会・宇宙のいずれを作り上げるのも諸関係であり、また——諸関係に取って代わりはしないが——諸関係を効果的なものにする諸行為のすべてである。結果として、主体－客体の差異は、二次的なもの、流動的なものととらえられる。ここで言う主体－客体の差異は、古典古代のギリシャ以来の西欧における意味とは異なり、物や自然や宇宙との間に客観的な距離をとるということでは決してない[5]。本章で扱うメラネシア社会は、そのように杓子定規《システマティク》な距離を取り扱わないし、一定の高所（超越的なものであれどうあれ）から世界の対象を観察することもない。メラネシア社会は、社会－宇宙的な諸関係の中に、すなわち社会および宇宙への帰属の関係として構築されているのである。

一つの社会を理解するためには、その社会が——一般的な他者ではなく——自己の他者（*son autre*）すなわち他我（alter ego）との間に維持している関係を理解しなければならない。「一つの社会の他者」とは、直ちに死者、祖先、生者と死者の集合、または生者と死者の間の諸関係の総体、さらにまたそうした諸関係からの解放、「大いなる男」、王〔すなわち外在的なもの〕を指すのではなく、むしろ、根本的なヒエラルキー的対立《オポジシオン》——絶対者とそうでない者——〔すなわち内在的なもの〕のことに他ならない。ルイ・デュモン[6]以来、それぞれの社会がこの他者に対して持つ関係は、社会の「価値ヒエラルキー」と呼ばれている。価値ヒエラルキーは、それぞれの社会が構築する社会的全体に対して内在的であると同時に外在的でもある。またこれは、社会に意味と永続性を与える最終的原理である。価値ヒエラルキーは、性の区別や世代の連鎖において、また構成員の死を通じてそのような役割を果たし、そしてそのような役割を果たしていけるのは、過去の現在化《アクチュアリザシオン》が更新されていくことによってである。価値ヒエラルキーを作り出すのは権威であって、権力ではない。権力は、平等性の舞台の上で同等者同士を対立させ、紛争と闘争心《マルス》のための、遍在的で統一された平坦な場《シャン》を切り開くのである。

社会人類学および比較社会学の見方によれば、諸社会の総体の中で見た社会は、他の社会と互いに同等である。諸社会の差異を理解するためには、社会と社会を——それゆえまた諸社会の貨幣と貨幣を——比較するときに、社会それぞれの全体から切り離された文化的特徴をではなく、むしろ諸社会それぞれの価値ヒエラルキーを比較しなければならない。そして、いくつかの社会——近隣であれ遠方であれ——が互いに類似した歩みをたどっているように見えるとしても、それら諸社会が総体として唯一の歴史を描き出しているわけではない。確かに、例えば、供犠についてのヴェーダ的な定式化と、「インド-ヨーロッパ的な諸制度の語彙」[7]、そして現代の西欧的な諸慣行との間には一定の連続性があり、唯一の歴史の存在が示唆されている。しかし、インド文明と西欧文明とは、非常に古い諸関係によって結びついているにもかかわらず、対立する価値ヒエラルキーに従っている。そして、いっそう大きな別の諸差異によって、メラネシア・アメリカインディアン・アフリカの諸文明が、西欧文明から切り離されていることは疑いない。西欧が諸社会の差異を深刻に受けとめるよりむしろ、諸社会の連続性を主張してはばからないとすれば、それは、西欧が過去何世紀にもわたって全世界に対して普遍主義《ユニヴェルサリスム》の普及を図り、その結果として、西欧が必然的かつユニークな到達点と見なされているからに他ならない。本書の著者たちは、何よりもまずメラネシア社会の事例を参照することで共同考察〔のレベル〕を引き上げていくことに、全員一致で合意した。つまり、自らが帰依してきた西欧的普遍主義から、より広い視角からの比較によって当初の観点を相対化する副次的普遍主義へとレベルアップしようというわけである。

本章では、われわれ〔西欧〕の社会以外の一社会の全体に対して貨幣が持つ関係を解明していこうと思う。まず、メラネシア社会とその貨幣についての見方を示し、次いで、それとの比較において近代西欧のわれわれの社会とその貨幣を解明していくことにする。しかし、社会の全体と結びつきを持つ貨幣——メラネシアの貨幣に見られるような——を、西欧近代の貨幣と比較することは可能なのだろうか？ 後者〔＝西欧近代の貨幣〕は、経済的《レコノミーク》なものの特権化された領域に属するとされている。政治《ポリティーク》・祭《フェスティフ》・宗教《ルリジョン》というそれぞれ別個な領域があり、その上で経済《レコノミーク》がそうした他の諸領域とは別個のものとしてあるとされる。前者の貨幣の場合、価値のヒエラルキー構造と明示された全体性とが存在しているのに対して、後者の貨幣の場合、上記のような互いに別個の諸領域へと任意分割された全体には、斜線〔姿を消すこと、抹消の意味〕が引かれている。しかし、マルセル・モースは、諸領域の間の垣根を取り除くことによって、社会の全体をわれわれに示すことができたし、ルイ・デュモンは、諸社会における価値のヒエラルキー構造について説得的に説明することができた。次のことを確認しなければならない。それは、西欧諸社会において諸価値がヒエラルキー的に構成されていることは、自由の不平等な諸帰結（システムがこれを排除している場合を例外として）を——「自由な個人は自由を強制されている」ということを認めずに——称揚する自由主義者《リベラル》によっても、平等を掲げて自由主義者《リベラル》と闘う反自由主義者《アンチリベラル》によっても把握されないということである。また、この反自由主義者《アンチリベラル》は、「神の似姿」としての個人という同じ最終的基準を、自由主義者《リベラル》と共有している。この二つの立場は表向きは対立し合っているけれども、人権と——より一般的には——人格の尊重を訴える同一の価値ヒエラルキーによって実は結び合っているのである。

これらの立場を超え、人文・社会の諸科学を動員して貨幣という主題に解明の努力を注ぎ込むならば、諸社会を比較する——普通は立ち入られることがない——場《シャン》が大きく切り拓かれるだろう。まず、われわれは、メラネシアの貨幣を提示しながら、それが帰属する社会的全体を理解していこうと思う。その後で、〔近代西欧の〕われわれが貨幣（社会）を思考しそこに活力を吹き込む《アニメ》仕方と、社会の全体を永続化させていくメラネシア人の行為とを隔てる主要な差異を明らかにしていきたい。

一　メラネシアの一社会

現代のメラネシアの一社会であるソロモン諸島の「アレアレの人々」[8]へとアプローチするために、まず、彼らの言葉《ラング》の中からホラ-アア（horaʼaa）という語を取り上げよう。これは「空しい、効果がない、個人的である」ことを述べようとする語であり、空しい個人的な行為、社会を持たない人、社会に関与しない空虚な——すなわち影響を及ぼさない——関係を表すのに用いられる。ホラ-アアは、報酬をともなわない行為、すなわち貨幣による証しがともなわない行為を形容《カリフィエ》するのに用いられる。ホラ-アアの反対語、すなわち有効であること、真であること（waraʼe mauri、「生きている話《パロル》」の意）には、常に貨幣の移転がともなう。満ち足りた関係――人と人との関係の他に人と祖先との間の関係も含む――の存在はもっぱら、貨幣が存在するという事実によってのみ証《あか》される。一つの出来事は、貨幣の登場をもって理解され、類別され、記録される。さらに言えば、貨幣は、社会的な質を獲得しており、幼年期や青年期からの卒業を可能にし、恋愛関係に確証を与え、結婚を確実なものにし、祖先を呼び出す働きをする。貨幣と相並んで、社会的な質を欠く多くの人がいる。貨幣の印が、なにがしかの関係を、真の関係へと変容させる。

貨幣は、最も重要な瞬間に、すなわち大きな儀式のフィナーレに際して、また何らかの全体化の表象の中に登場する。追悼式の最中に特に見られる、二つの事例を取り上げよう。第一は、植物性食物・動物・貨幣が登場する例、第二は、貨幣のみが登場する例である。

表象形態による全体化の二つの瞬間[9]

われわれは、われわれ自身の近代的布置状況《コンフィギュラシオン》のせいで、社会的全体が、すなわち価値に関する社会的全体の多次元的・ヒエラルキー的な性質が見えなくなっている。したがって、一社会における労働・祭式・儀礼の総体からシステムが作り上げられるということは、われわれには認めにくい。しかし、行動と表象のどちらにおいても、そのようなことは、あらゆる――伝統的であれ近代的であれ――社会で行われているのである。

どのようにして社会的諸行動の流れが一時停止し、突然に休止し、自らを効果的な表象に仕立て上げるのだろうか? これを知るために、われわれは、このメラネシアの社会において数多く見られる、全体化する《トータリザン》多次元的な瞬間から二つの例を取り上げたい。いずれも句切れ目《セジュール》、休止《アレ》を作り出す。二つの特別な瞬間は、どんなプロセスが関与しているのかを際立たせるとともに、一つのバランスシートを描き出す。二つの瞬間を観察することにより、儀式に関係する諸労働がどのようにして互いに関連し合うのか、またどのようにしてこうした労働が輪舞《ロンド》——すなわち自らの運動を原動力とし、社会の全体を永続化させていく輪舞《ロンド》——に加わるのかが容易に理解されるだろう。

第一の瞬間は、何の変哲もないものに見える。これは、追悼式の進行に責任を負う両サイド〔＝一方の死者の家族と、他方の墓掘り人の祭司〕それぞれによって、食物の二つの山が相互に贈られる瞬間に当たる。それぞれの山の一番下にはタロイモとココナッツが積まれており、その上に、石のかまどで焼いた（タロイモとココナッツミルクの）ガレットを葉で包んだものが載せられる。最後に、ビーズ貨幣のついた腕を四本持つブローチが(10)二つの山のうちの一つに載せられる。(11)供えられた後直ちに死者の家族（「祭宴の根」）のサイドと、墓掘り人の祭司（「特別な労働」）のサイドとの間で交換される物が、ひとまずこのように積み重ねられることによって、参列者たち全員の前に、死の最初の表象が厳粛な形で示される。ここでなされているのは〔死者を〕代理《スプスティテュシオン》することではなく、むしろ、死者を新たに効果的に提示《プレザンタシオン》することである。山は、先祖代々が連なる道の上に死者がいることを「表象している」。この道は、死者の〔三つの〕社会関係から構成されており、それら社会関係は、三種の具現物《マテリアリザシオン》の差異と対応する形で区別される。具現物とはつまり、タロイモ・ココナッツ（生のものと焼きガレットのもの）、焼いた豚肉の大きな塊、貨幣ブローチである。われわれの分析によれば、植物性の食物はいわば外形《フォルム・エクステルス》〔＝外的形態〕の社会関係を、肉の食物はいわば霊気《スフル》の社会関係を、貨幣ブローチは表象《ルプレザンタシオン》の社会関係を示す。こうして、追悼式のときには、死者は個人（独立し分割不可能で創造主である実体そのもの）としてではなく、三つの異なるタイプの相互依存的な社会関係——切り離して別個に取り扱われるべきところの——によって構成され、活力を吹き込まれた完全なる全体として現れる。

こうして山と山が交換された後、一般参列者への豚肉の塊とイモ類の分配が延々と続く。一般参列者の一人一人が、受け取った分け前の肉片を再び切断することにより、徐々に小さな肉片が分配されていく。こうして果てしない交換がなされる結果、参列者全員の間で食物がすべてシャッフルされ、その後に食事の時間がやってくる。食事の時間には、植物および肉の食物、すなわち死者の外形および霊気の社会関係が、年長者と死者の親戚を除く男たち全員——つまり女は除かれる——によって摂取され、そして最終的には、儀式の終了前に貨幣へと変換《コンフェルティール》される。

ここでは、社会諸関係が人格に活力を吹き込み人格を形成している。しかしそのことを受け入れるのに、われわれは一定の努力を強いられる。西欧人はむしろ自らを、個人間——と呼ばれる——関係を創造・構築する主体として表象している。ここでわれわれはまた、社会諸関係が区別されるのは、個人が家庭・宗教・政治・経済・スポーツ・美容という様々な領域のうちどれに従事しているかによってではなく、人格・社会・宇宙のすべてを同時に構成しかつ分割する三つの様式によってであることを認めねばならない。社会諸関係は社会-宇宙的性質を持つのである。第一の〔社会〕関係は存在および物の外形（rape）によって、第二の関係は霊気（manomano）によって、最後に諸関係の中で最高のものは表象（nunu）——ライフサイクルの中で祖先（hi'ona）[12]を作り上げていくところの——によって担われる。植物あるいは物は、ただ一つのタイプの関係、すなわち外形の関係から成っている。豚のような動物は、外形および霊気の諸関係の一時的な集合から成っている。人間は、三種類の関係（外形・霊気・表象）の一時的で変わり易い集合から成っている。

葬儀の最後になり、貝製ビーズでできた何束もの貨幣——参列者一人一人すなわち男・女または子どもによって供えられたもの――から成るカーテンが拵えられると、いわゆる儀礼的な行為が表象へと変わる第二の瞬間がやってくる。ちょうど釣竿の先の糸のように、先に葉のついた枝に一つ一つ貨幣をつるしたものがまず何本も作られ、次に、それらが縦にされて祭壇の上の横木に掛けられる。貨幣の束は横木から垂れ下がり、〔祭壇の〕床の下の地面まで達することにより、祭壇の三つの水準（上部・床・地面）を結びつける。この三つの水準は、宇宙の三つの水準（天、地表、地下または水中）が転態したものに他ならない。このカーテンは、死者の表象を、すなわち、生前の故人を作り上げていた社会諸関係の総体を、ビーズ貨幣によって提示している。参列者たちがこのような貨幣を展示するのは、新しい祖先――その名声は葬儀時の貨幣の合計額に対応するとされる――の格を上げる効果を狙っているだけでなく、より根本的には、生者の側の新しい社会関係を活性化することによって、社会の「全体」を永続化させる効果をも狙っているからである。

第一の瞬間が、生者が三タイプの社会関係へ分解されることをわれわれに示すのに対して、第二の瞬間は、（表象という）最高水準の社会関係において、葬儀の目に見える結果――新しい祖先の昇格と表象の社会関係の活性化――を出現させる。これらの結果はいずれもビーズ貨幣によって表され、つまり、社会を完全な形で更新するパワーを凝縮している。実際、諸関係は、一たび貨幣に変換されてしまえば、三タイプ――外形・霊気・表象――のどの社会関係へも再び変換することが可能である。

祭宴における共同作業

右のような二つの全体化する《トータリザン》瞬間――いずれにおいても儀礼的行為が表象へと結晶化する――は、五回の連続した大祭宴を通じて構築される全体システムについて考察の手がかりを与える。全体システムは二つの下位システムに分割され、「九」の祭宴によって締め括られる。葬儀と結婚は第一の下位システムを形成し、これを第二の下位システムが引き継ぐ。第二の下位システムは、第一の下位システムとループを形成し、豚の祭宴、タロイモのガレットの祭宴、そして「ビッグマン」の祭宴から成っている。この最後の祭宴は、社会の終了・復帰・再開を一挙に実現する。〔以上を考察した後〕最後にわれわれは、「『九』の祭宴」を考察するつもりである。これは、システムが堕落＝格下げする傾向にある場合に、例えば一連の殺人に終止符を打つことによって、システムの一般的諸条件を再確立できる唯一の手続きである。

このシステムの広がりおよび論理を把握するためには、三種類の社会関係の流れから成る複合的運動の形をとったシステムを思い浮かべればよい。アレアレ社会とその構成員たちは、社会諸関係の連動し階層化した三つの水準――外形・霊気・表象――によって自らに活力が吹き込まれていると感じている。新生児はその誕生時に、何よりもまず、親や祖父母から受け継いだ外形および霊気の社会関係によって活力を吹き込まれる。表象の諸関係はどうかと言うと、これは、新生児がこれからの生涯の中で、様々な活動および労働（菜園、養豚場、殺人、一回もしくは複数回の結婚、子孫、等）の強度に比例して徐々に獲得していくものである。表象の諸関係は、死が近づくとき最大値に達し、しかも、寿命の長さに比例して、また祭宴の第一幕における成功や祭宴の第二幕――例外的かつ稀にしか開かれない――の組織化における成功に比例して数量およびパワーが増す。これらの儀式における諸装置すべてを作動させるために行われるべきこととは、詰まるところ、社会関係の三つの流れを正しく誘導することに他ならない。既に述べたように、葬儀は、死者の社会諸関係を、三種類の別個のものに切り離す。その三種類の社会関係は、タロイモ－ココナッツ、豚肉、ビーズ貨幣（またはイルカの歯）という三つの形色〔カトリックのミサにおけるパンとぶどう酒になぞらえている〕によってはっきりと目に見える形をとる。[13] 次にこれらすべてのものが貨幣へと、すなわち再起動を待つ純一な表象関係（葬儀の祭壇の上の何束もの貨幣のカーテン）へと変換される。

祭宴の第一幕——葬儀と結婚

追悼のための葬儀の宴会は、逝去および遺体処理（土葬・風葬・水葬または火葬）の二、三年後に開催されるが、その中で、祭壇の方に向かって参列者（男性・女性・子ども）による長蛇の列が作られる。誰もが、先端（最も精気に満ちた点）に葉がついた一本の枝を、立てて持っている。葉のついた先端には、様々な長さのビーズ貨幣が結びつけられている。祭壇の脚のところまで来るとビーズ貨幣の長さが〔皆に〕示され、最後に、この貨幣は「特別な労働」と呼ばれる墓掘り人の近くに供えられる。これらの貨幣はすべて、直ちに死者の家族——「祭宴の根」——によって祭壇上部の横木に掛けられ、そこから地面まで垂れ下がる。こうして、玉虫色のカーテンが少しずつでき上がっていく。カーテンは、社会 - 宇宙を体現する三つの水準（天すなわち上部の横木、地上すなわち床、地下すなわち祭壇の脚）を結合し、そのことを通じて死者がまさに祖先となっていく。祭宴の終了時においては、カーテンが、祖先となった死者を表象化している。祖先を形成する表象の諸関係はすべて、カーテンを形作る諸貨幣へと変換され、その総額が皆の前に厳粛に公示されるのである。

次に、そして祭宴の村から少し離れた場所で、墓掘り人は、自らのサイド（「労働」の側）に加わった人たち全員に上記の貨幣の全額を分け与える。これらの人々は、返済までの二、三年の間にそれぞれの分け前を使用し、二、三年後の「葬宴 - 復路」の際に、「葬宴 - 往路」の参列者に対して同じ数量の返済を行う。

このように、死者の表象の諸関係は、「葬宴－往路」の終了時に貨幣に変換され、諸関係や諸労働――「特別な労働」――に入り込んでいく。「葬宴－復路」の後、死者の表象の諸関係は、〔アレアレ〕社会の新しい社会－宇宙的諸関係に再統合されている。

貨幣の強すぎる――縁起のよいもしくは不吉な――パワーのゆえに、いかなる蓄財も極度に危険なものと見なされているので、個人の貨幣資産を維持・増殖させる唯一の方法は、葉のついた枝の先につけた貨幣の形で貨幣資産を将来の祖先〔＝これから祖先の仲間入りをする死者〕一人一人に供えること、そのようにして一つの葬宴から次の葬宴までの間に貨幣資産を循環させることである。総額として見た貨幣の献供は、それ以前の葬宴に由来するもの、すなわちその社会の過去の死者全員の表象関係に由来するものとして現れる。献供された貨幣は、その総額が公示されることを通じて、それと同じ額だけの新しい祖先を構築する。新しい祖先は、祖先性一般を再活性化し、かつて同じ貨幣を授与された旧い祖先たちを忘却へと追いやる。ここでは貨幣は、循環の末に葬儀祭壇上部の横木に到達することを通じて、各人の個人資産と祖先一般の権威とを同時に構築する。祖先一般の権威は、生者に近い最近の祖先がやってくることによって、更新される。このようにして、祖先の権威は個人資産を支配するとともに、窃盗や横領から守る。貨幣の贈与は、個人的問題もしくは利害計算であることを超えて、社会総体の権威に準拠している。

葬宴においては、死者の社会－宇宙的関係のうち他の二種類――外形と霊気――もまた取り扱われる。外形は、タロイモ－ココナッツという形色《けいしょく》に、霊気は豚という形色に転態する。実際には、葬宴においては、宴会を組織する二つのサイド――「労働」（墓掘り人）と「根」（死者の家族）――は、大量の豚とタロイモ－ココナッツの供出を要求される。これらの献供物はすべて、死者の第二子以下と非親族のうちの男性だけによって食されることになっており、死者の長子や親族によっては食されない。というのは、後者の人々は、表象関係――すなわち貨幣によってのみ表現可能であるところの――という上位水準において上記の献供物と関係を持つからである。葬宴の途中、豚とタロイモ－ココナッツは皆の前で貨幣へと変換されるのであり、貨幣は、豚と引き換えに「根」に、そしてタロイモ－ココナッツと引き換えに「労働」に与えられる。葬宴の終了時には、死者の霊気と外形の諸関係はすべて、表象の諸関係へと移し替えられてしまっている、すなわちそれらは嘆き悲しまれるとともに、新たな活動への再投入を待っている。

葬宴においては、新しい祖先が構築されることに加えて、男性または女性の一生涯に取り込まれた社会－宇宙的諸関係がすべて総括され、貨幣の形をとって、アレアレの社会－宇宙的諸関係の全体へと溶け込んでいく。死者に施されるこうした社会的処理は社会－宇宙システムの本質的な部分をなしており、そうした処理を担う媒体《シュボール》が貨幣なのである。

社会の一般的システムの中で結婚式が占める位置を理解するためには、結婚式が結婚－往路の祭宴において、葬儀が達成したもの、すなわち大量の貨幣集積――したがって純一的な表象諸関係――から始まることを知っておかねばならない。結婚－復路の祭宴においては、貨幣の集積が、タロイモ－ココナッツ・豚・貨幣という三つの形色に分解される。ただしこれらの形色は、供えられた後に生きたまま保存されたものである。というのも、タロイモ－ココナッツは菜園に再び植えられ、豚は森の中で飼育され、貨幣は再投入されるからである。こうして、外形・霊気・表象の諸関係は、それぞれがそれぞれの領域（タロイモ－ココナッツの菜園、豚が飼育される森、貨幣が流通する社会）に投げ返されるだけでなく、力を高めることによって、互いに結びつき合い、新たな人間の誕生を引き起こすこともできるようになる。それゆえ結婚式は、社会－

宇宙的諸関係の一般的な流通システムの中に然るべき位置を占めている。結婚式は貨幣の提示から始まり、貨幣の二次的形色（タロイモ・豚）への変換がこれに続き、そうして、死者から生――植えられるタロイモ、飼育される豚、人間の子ども――へ向けてのエネルギーの回帰が承認されていく。

祭宴の第二幕――豚、タロイモのガレット、そして「大いなる男」

この三つの祭宴は、結婚式の延長でも「九」の祭宴の延長でもなく、以前に営まれた葬儀の延長上にあるものである。その葬儀とは特に、「大いなる男」――すなわちメラネシアのビッグマン――の尊属世代のうち最近の親族死亡者を追悼して行われる葬儀のことである。「大いなる男」は、祖先の葬宴の「根」としての務めから解放された後に、祭宴第二幕を挙行する――つまりは社会全体に貢献する――決定を行うことができる。実際には、まず豚の祭宴とタロイモ・ガレットの祭宴（の一部分）が、病死者（自分の祖先によって殺された者）全員について匿名的な形で、死者の外形および霊気の諸関係の生者への再投入を――特定の死者を超えて――実現する。他方、同じくタロイモ・ガレットの祭宴（の他の部分）、それに「大いなる男」の祭宴は、被殺害者のカテゴリーに属する死者たちについて、その諸関係の社会復帰を実現する。つまり、タロイモ・ガレットの祭宴が被殺害者における外形の諸関係を社会復帰させ、「大いなる男」の祭宴が外形の関係を霊気の諸関係の水準へ、さらには表象の諸関係の水準へと上昇させる。

大いなる男の祭宴においては、尋常でない長さの貨幣が、隣接する森の地面と、祭宴の村の中央に設置された祭壇の最上部――「巣」――とをつなぎ、また三つの垂直的水準を同時に祭壇の中心および縁《へり》に結びつける。これに至るまでの経過を説明するとこうだ。森においては、毎回の「大いなる男」の祭宴に先立ち、その九カ月前から、独身者たちの間で、一八日間に及ぶ儀礼的恋愛の活動が——各々一〇日の間隔を置いて——計八回行われる。それら毎回の対面は、女子から男子への貨幣の贈与によって締め括られる。この貨幣が今述べたものであり、「大いなる男」の祭宴の日に森から祭宴の村の中央へと、切り立ての枝を持った人々に囲まれながら、パンの笛の合奏によって招き入れられる。祭壇までの果断な敵陣突破を開始する棒の持ち手と、弓の木〔リム〕を使って棒をかわそうとする防御者との間で戦いがなされた後に、九カ月間の擬似的な妊娠を経た貨幣を包みにしたものが、祭壇の「巣」へと運び上げられる。樹皮の織物でくるまれたこの貨幣の包みは「音楽-の-子どもたち」と呼ばれ、社会の大半の独身者によって森で営まれる儀礼的恋愛が生み出したいわば貨幣的果実である。

このときのカノ（kano）と呼ばれる非常に長い白色の貨幣は、社会-宇宙の諸水準すべての間に紐帯を作り上げることによって、アレアレ世界の完結性を指し示すだけではなく、「大いなる男」の祭宴から期待される成果をも指し示している。その成果とは、被殺害者——森に放置されるのが常である——の外形の諸関係を上方に復帰させることである(14)（この点は、前述のように、葬儀のときに供えられた、葉のついた枝の先端に結びつけられた貨幣の束が死者の諸関係に関して行っていたことと同じである。ただし、今度の場合、同じことが「輸精管」であるカノ——「釣り糸」でもある——を通じてなされている）。こうして、最も有名な「大いなる男」によって祭宴の最終幕が挙行されることによって、また社会の独身者による愛の営みのおかげで、被殺害者——死骸が森に放置されていたところの——の外形の諸関係には、貨幣の形をとって社会-宇宙的循環へと復帰する道が、匿名的・一般的に開かれる。豚は、遺体を餌にすることによって、被殺害者の外形の諸関係を霊気の諸関係へと高めるのに対して、森における独身者たちの恋愛関係は、霊気の諸関係を表象の諸関係すなわち貨幣へと高める。匿名の被殺害者たちの外形の諸関係は、貨幣に変換されることによって、純一的な表象的諸関係の地位へと高められる。貨幣へのこうした変換は、社会‐宇宙的循環の全体システムの中に被殺害者の社会‐宇宙的諸関係を再挿入するだけでなく、貨幣形色を通じて、それら諸関係の生への復帰過程をもたらす。「大いなる男」の祭宴が終了するときには、オール‐イン‐貨幣〔＝表象の諸関係の全体としての貨幣〕の頂点〔＝祭壇最上部〕が形成されている。オール‐イン‐貨幣は、「大いなる男」自身を「音楽‐の‐子どもたち」――被殺害者と同じカテゴリーに属する死産の胎児――という形に表象化したものに他ならない。さてこの〔頂点が形成された〕瞬間から、いったん貨幣に変換された被殺害者の諸関係が、今度は、全社会の諸々の労働へと復帰していく。この頂点は、追悼の葬宴を締め括るものを集約しているのであり、そこでは、病死者の社会‐宇宙的諸関係のすべてが貨幣に変換されている。こうして、社会‐宇宙システムにおいて貨幣への変換が誘発する諸特性の効果によって、悪い死（生者による死）と祖先による死とが社会的に処理されるのである。

このようなシステムをどのように性格づけるべきか？

五つの祭宴の総体は、社会諸関係――異なる三つのフローに分かれるところの――を原動力とする一般的運動を構築している。この運動に節目を付けるのは、フローが分離する瞬間、例えば葬儀の開始や結婚宴会の中間の時点、それにまた、諸フローが合流して貨幣のみ〔のフロー〕になる瞬間、例えば葬儀および「大いなる男」の祭宴の終了時点、それにまた結婚開始のすべての時点である。

三種類の社会関係のフローから成る一般的運動は、以下に列挙して述べることからわかるように、社会‐

宇宙的〔な運動〕と呼ばれるべきである。菜園におけるすべての栽培作物の発芽は、病死者の葬儀用地と、また病死者の外形の諸関係と結びついている。森における家畜豚の繁殖は、殺人犠牲者の外形の諸関係に、さらには病死者の霊気の諸関係につながっている。人間による植物・動物の食物の摂取は、病死者の外形・霊気の諸関係の貨幣――すなわち表象の諸関係――への変換と結びついている。豚による胞衣《えな》および殺人犠牲者の遺体の摂取は、森における被殺害者の外形の諸関係の変換と結びついている。独身者の間の儀礼的な恋愛関係は、被殺害者の外形の諸関係と、さらにはそれら諸関係が貨幣――すなわち表象の諸関係――の形をとって社会-宇宙的フローへ復帰することと結びついている。結婚・葬儀の祭宴は、タロイモ-ココナッツ・豚・貨幣の循環と、また誕生――すなわち人間の社会-宇宙的諸関係の循環――と、さらには祖先の循環――最新の祖先が最も旧い祖先を忘却に追いやる――と結びついている。祖先によって与えられた死病、そして殺人は、病死者の社会諸関係フローがたどる道と被殺害者の社会諸関係フローがたどる道とが交差する場所と結びついている。新たな犠牲の殺害による復讐が果たされていない被殺害者は、祖先を通じて、悪疫の贈与者である近隣諸社会からやってくる霊《エスプリ》と結びつけられている。最後に、病気と死の贈与者である祖先は、祖先の葬儀の用地において、緑または赤のコルディリネ〔植物名〕において、日の光が混ざった白い雨において、祖先の顎から引き出された門歯および犬歯において、そして上位水準――すなわち表象の諸関係――を明示するすべての貨幣において姿を現す。そのような貨幣の全部が循環することによって、生者と死者の社会-宇宙的諸関係が総体的な運動を繰り広げる。この運動の中で生者と死者は統合・連結されて、同じ一つの任務に就いている。すなわち、「価値ヒエラルキーを永続させせよ」――これこそ、この社会の全体《トウ》についての公式《フォルミュル》なのである。

このように、貨幣の循環によって部分的に可視化されるところの社会‐宇宙の一般的運動は、また、アレアレの国の社会組織とその土地の豊饒さを維持し、彼ら自身が「海‐に浮かぶ‐八つの‐島」と呼ぶ世界の秩序を更新する。つまり、近隣には八つの大きな島があるが、全体性を築き上げるためには、九番目の島であるマライタ島（Malaita）、すなわちこの社会の居住地である「大きな‐島」を加えなければならないとされる。社会‐宇宙の総体的運動は、宇宙の三つの水準（地上、地下または水面下、天）を結びつけ、またヘビ・サメ・ワニ・ワシという捕食的ないし殺し屋的な動物を統制する。

ただし、こうした一般的運動は社会‐宇宙的形態をとるとはいえ、それほどの広がり、それほどの効力、そしてそれほどの普遍性を得ることはできない。神話を見ればそのことは明らかである。すなわち、神話によれば、一人の女が自分の兄弟のために石塊と石包丁を発見した後、もっぱら表象の諸関係から成る独自な存在、すなわち貝製ビーズの貨幣が考案された、という。この一般的運動が進行する中で、貨幣が社会的諸関係を引き受けるのは、われわれが既に指摘したいくつかの全体化の瞬間において、何よりもまず諸フローの特定の時点——すなわち諸フローが合流して単一のオール‐イン‐貨幣を形成する時点——においてのことである。さらに言えば、諸関係のフローの三つの種類（外形・霊気・表象）は、葬儀の終了および「大いなる男」の祭宴の終了の時点であれば貨幣という単一の形色へと合流するし、結婚式の冒頭であれば横木から地面に垂れる貨幣のカーテンへと合流する。貨幣による全体化がなされるこれらの瞬間、すなわちすべてが表象の諸関係に転化する瞬間から、運動は往路を繰り返すために転回していく。社会‐宇宙の運動は、いわば往復をなすのである。

往路の運動の起点となるのは、人間の死（病死、暴力的死）、父親の家から夫の家への花嫁の移動、そして以下で見るように、儀礼の〔主宰〕サイドから祭宴執行者のサイドへの豚・タロイモ−ココナッツの移動である。

祖先によって殺された生者〔＝病死者〕の場合、自らの社会的諸関係は、まず三つの異なったフローに分解され、次いで貨幣という形色の下に、純一的なフローすなわち表象諸関係のフローへと再合成される。その後、しかも非常に厳粛なやり方で、病死者の社会的諸関係三種類の総計がそっくりそのまま、もっぱら貨幣によって提示され、葬儀の終了時に数え上げられ、発表される。「根」から発表されるのは、まず、祭壇の上位水準に載せられた貨幣、イティートア（'itiitoa）の総計である。この貨幣は参列者の全員によって提供され、死者の表象を構築する。次に発表されるのは、死者の家族である「根」によって墓掘り人に提供される貨幣の総額である。この貨幣、レホモウ（rehomou）は、消費された豚が貨幣に変換されたものであり、二つのサイドの間で「起こりうる喧嘩を抑制する」働きをする。その後、「根」は、葬宴に登場する全部の貨幣の総計、すなわち上述の二つの貨幣に「休止する−タロイモ」と呼ばれる貨幣を加えた総計を発表する。地面から祭壇の床へと上げられる「休止する−タロイモ」は、参列者から「根」に提供されたもの、タロイモから貨幣に変換されたものである。この貨幣の総計は発表されないが、それというのも、この貨幣は、「根」が儀式終了時に「労働」に提供する貨幣の量を増やすために用いられるからである。発表される最終総計は、「死んだ貨幣」パタマエ（patamae）の総計と呼ばれる。この貨幣の総計は、様々な支出、すなわち一般経費、労働、耐え忍ぶ苦痛（病気、事故、様々な苦しみ）——要するに臨時経費——のために使われるものであるようだ。

同様にして、被殺害者の外形の社会的諸関係は、まず、被殺害者の遺体を食する森の豚によって霊気に変換され、次いで、森における独身者間の儀礼的恋愛関係によって今度は表象の諸関係へと変換され、その後、「大いなる男」の発意によって、「大いなる男」の祭宴の終了時に展示され数え上げられ発表される。同様にしてまた、すべての結婚式は、表象の社会的諸関係を純然たる貨幣総計に再統合することから開始され、その貨幣総計のみが展示され数え上げられ発表される。この貨幣は、「男性」サイドから「女性」サイドに提供されるものであり、夫の家への花嫁の移動を保証する。

復路の運動は、このように展示・発表された貨幣総計から出発し、結婚式の終了時に、タロイモ－ココナッツの植え付け、豚の飼育、人間の誕生の方へと戻ってくる。ここで追求されているのは、死ぬまでの間男女の労働を駆り立てること、さらにまた、菜園の土中におけるイモの成長、森の土の上での豚の成長、子どもの誕生を促進することである。

貨幣による全体化が遂行・発表され、また貨幣が移転・変換していくことによって、第二幕の祭宴（豚の祭宴、タロイモ・ガレットすなわちイニイニ（'ini'ini）の祭宴、「大いなる男」の祭宴）には自由な場《シャン》が与えられる。第二幕の祭宴は復帰を誘導することによって、社会－宇宙的諸関係を匿名的に――しかも社会の総体にわたって――更新していく。豚の祭宴においては、男性参加者が豚・タロイモ－ココナッツという形色を食することによって、すべての病死者の外形・霊気の諸関係が処理され、これら諸関係は男たちの活動を通じて一般的運動へと送り返される。タロイモ・ガレット（イニイニ）の祭宴においては、男たちがこのガレットを食べることによって、被殺害者の外形の諸関係が処理され、同じように送り返される。このようにして、菜園の土の中から収穫されたタロイモと、森から連れてこられた豚が新たに食されるのである。これは結婚式と葬儀のときのタロイモと豚の消費の続きをなすものであるが、ただし今回の摂食は匿名的に行われ、しかも特定の夫婦・死者のために行われるのではない。外形と霊気の一般的諸関係は、男たちによる摂食を経ることによって、強化され、循環システムに復帰していくとされる。二種類の社会関係の生への復帰が始まるのは、男たちがタロイモ－ココナッツと豚を食すべき場所から離れたところにおいてであるが、あくまでも男たちがこれらの食物を食することによる。

この第二幕の祭宴において、すなわち第三の祭宴である「大いなる男」の祭宴の準備においてはまた、被殺害者の外形の諸関係――豚が犠牲者の遺体を食べることによって既に霊気の諸関係の水準に高められている――が、儀礼的恋愛関係における女子から男子への少額の貨幣の贈与を通じて、表象の諸関係へと変換される。被殺害者の諸関係のいわば復路の運動は、この少額の貨幣から出発して、「大いなる男」の祭宴のときに、祭壇の上部において「音楽－の－子ども」という貨幣を展示するに至る。こうして、匿名の被殺害者の社会－宇宙的諸関係が、貨幣の子どもという形をとって、表象の諸関係へと変換され、（外形・霊気・表象という）三つの社会－宇宙的関係の諸フローの道へと連れ戻され、そして社会の全体の中に位置を取り戻す。

五つの祭宴から成る完全な系列が三種類の社会－宇宙的関係の往路と復路とをたどるものであるとすれば、明らかにそれらの祭宴は生に対する責任を負わされている。ただし、既に述べたように、ここで問題になっているのは、社会構成員の生や豚・タロイモの生ではなく、むしろ社会と宇宙の両者が作り上げている総体システムの生である。これらの祭宴において遂行されるのは、まず往路においては、生きた人間という統一体《ユニテ》を三つの形色（タロイモ－ココナッツ、豚、貨幣）の下に諸関係の三つのフローへと分解し、その後で貨幣単独のフロー――すなわち表象の諸関係のフロー――へと合流させることである。次に復路において遂行されるのは、この貨幣単独のフローを、外形・霊気・表象の諸関係から成る三つの別個のフローへと分割することである。その結果、人間の誕生だけではなく、また社会－宇宙という生者（社会と宇宙は一体である）の更新ももたらされる。

社会－宇宙のこうした一般的な往復運動はまた、絶えず価値体系の等級を上っては三つの水準に沿って分裂していくことを繰り返している点において、ヒエラルキー的でもある。実際、外形・霊気の社会的諸関係が表象の諸関係の地位へと高められた後、今度は表象の諸関係が分割され、そのうち大部分は外形・霊気という従属的な地位に復帰していく。社会－宇宙の諸関係のフローにおけるこのヒエラルキーはまた、タロイモ－ココナッツ・豚・貨幣という形色をも差異化させる。このようにして、存在はすべて、石・土・物体・植物のように外形の諸関係にか、もしくは動物のように外形・霊気の諸関係にか、はたまた人間のように外形・霊気・表象の諸関係に帰属する。既に述べたように、祖先たちはすべて表象の諸関係に帰属しており、表象の諸関係は祖先一人一人を最初にまず、葬儀祭壇上部の横木に掛けられる貨幣のカーテンによって表す。われわれは、新たな葬儀が行われるたびに、貨幣で表される新たな表象の諸関係によって祖先がいわば強化されていくものと理解することができる。こうして、新たな葬儀のたびに、祖先の――有益もしくは不吉な――パワーは更新される。ただし、だからと言って、祖先が個々にパワーを強めていくと結論するならば、それは誤りである。なぜなら、新しい祖先を制定するこの同じ運動は、最も旧い祖先を匿名性と忘却とに追いやっていくからである。循環のシステムは、その同じ運動によって、祖先一般を更新していくのである。

最後に述べておけば、貨幣そのものは、他のすべてのものと同じように諸関係からなる存在であるが、それだけにとどまらない。貨幣は、労働のすべてと生者・死者両方の人生とを、一種の有形的な要約において提示・現勢化する最上位の諸関係——すなわち表象の諸関係——から成る上位存在である。しかしまたそれだけにとどまらない。同じことに基づいて貨幣はまた、社会-宇宙的全体性すなわちアレアレの共同体を表象することのできる存在でもある。

このような資格において、貨幣-存在《エートル-モネ》は諸関係の三つのフローを支配している。一方で、貨幣表現を通じてすべてのものが、価値において不均等でヒエラルキーをなすものとして表される。したがって貨幣-存在は、社会-宇宙の三種類の基本的諸関係を再結合し、再統一し、包み込み、しかもそれらの価値ヒエラルキーを維持する能力を持っている。この能力があるために貨幣-存在は存続していく。他方、貨幣-存在はすべてのものを、そしてどんなものをももたらす。なぜなら、貨幣-存在は、社会-宇宙の表象の諸関係を三つの基本形色に従って再分離・再分解・再分割した上で、それらを——常に匿名的かつ階層的に——いわゆる生の方へと投げ返す能力を有するからである。貨幣-存在が存続するのは、この能力によってである。貨幣は、社会を社会-宇宙的全体として表象する有形の実体として、この全体の自己準拠形式である。ただし、社会のこうした全体は、常に部分的全体、すなわち自分以外に何かがあることを知る全体である。その何かとは、自らのヒエラルキー化の原理である。この点において、アレアレの人々の貨幣は、下位の水準に関してしか自己準拠的ではない。上位の水準においては、この貨幣は、アレアレ共同体の社会的全体性を作り上げるヒエラルキー関係に準拠しているのである。

「九」の連鎖はこのシステムのエンブレム《エンブレマティーク》である

このシステムの入り組んだ詳細を全体的に整理することができたので、次に、これをもっとよく理解するために、九の祭宴を取り上げることにする。この祭宴は、殺人の連鎖に終止符を打とうとするものであり、「九」（数字の9）と呼ばれる大きな額の貨幣支払いを締め括りとする手続きに従って進められる。

二つのサイドがあるとする。第一のサイド（A）は、断続的に報復的な殺人を引き起こす殺人の連鎖を開始した側であり、第二のサイド（B）は、殺人の連鎖の中で最初の犠牲を出した側である。殺人連鎖の終結手続きを開始するイニシアチブはAの側にあり、Aは、Bの中の新たな犠牲が殺害された（連鎖の中の奇数番目、Aが自らの行為から連鎖が始まるのを阻止したい場合にはしばしばまさに一番目）後で、Bに対して、

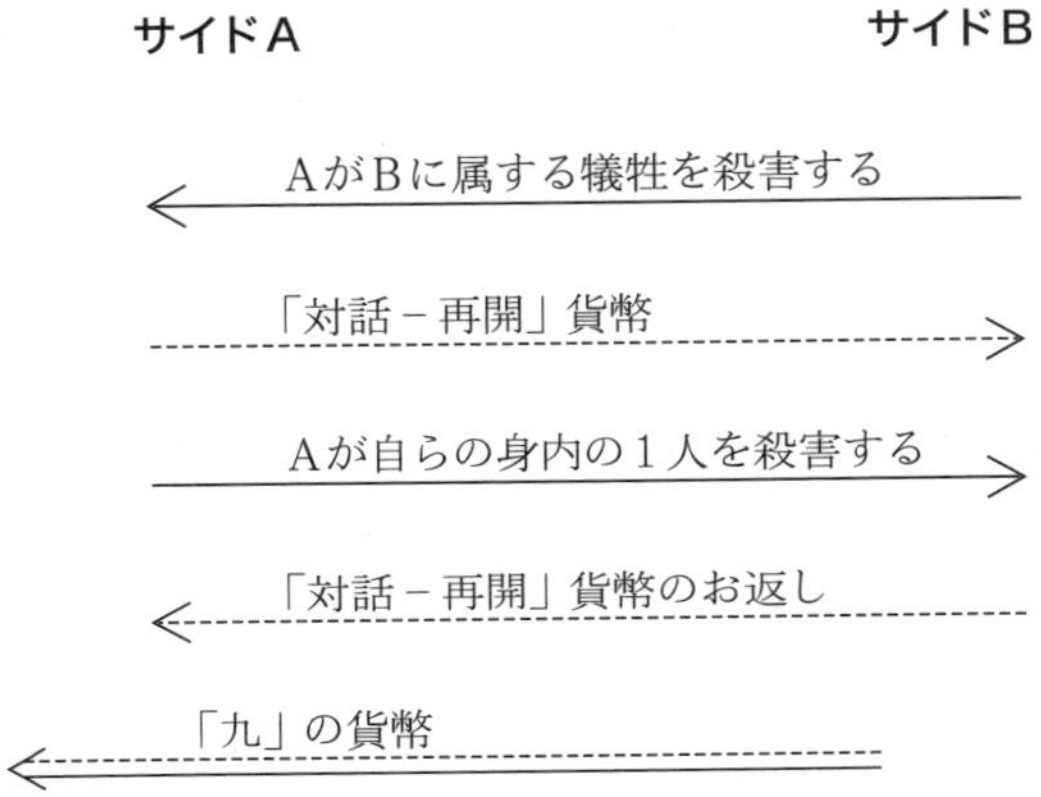

「対話－再開」と呼ばれる短い長さのビーズ貨幣を差し出さねばならない。〔Bの側は〕この提供を拒否することはできない。Bによる貨幣の受領には、奇数番目の殺人者サイド（A）が、身内の誰かを殺して、その亡骸をBに差し出すことを受け入れるという含意がある。Aの身内の亡骸がBに提供されると同時に、「対話－再開」貨幣は、最初のつまり奇数番目の殺人者サイド（A）に返却される。つまり二つの殺人の連鎖が、貨幣支払いの往復によって中断されるのである。プラスマイナスゼロなので、われわれは問題が解決されたと考えることができよう。しかし、まだそこで休止が訪れるわけではない。B（最初の犠牲者が出た集団）が、Aの身内の亡骸を受け取ってすぐに、「九」と呼ばれる大量のビーズ貨幣をAに与えるための面会の約束を取り付けた時点で、初めて長い休止《フェルマータ》が達成され

るのである。この「九」つまり八プラス一は、（宇宙の全体性が、諸島の中の八つの大きな島、プラス人々が暮らす語られざる九番目の島から成るのと同じように）欠けるところのない完全なる全体性である。債権・債務が解消した（われわれ西欧人の目にはこう映る）上でさらになされる「九」の支払いが、殺人の連鎖――最近始まったものであれ幾世代にもわたってきたものであれ――に終止符を打つ唯一の手続きの中で最後の操作となるのである。この「九」の後、乾燥した七本の草の一本一本の先端に貨幣のビーズをつるしたものによって別の貨幣支払いがなされる。この〔七本の〕全体は「七」（数字の7）と呼ばれる。これは、「九」の後に、AとB両方のサイドからそれぞれ相手サイドに贈与される。その後に、両サイドのそれぞれが、受け取った「七」を自分たちの祖先に供えることによって、生者たちの間で成立した合意を祖先に報告し、そうして両集団の祖先たちの間での平和を回復させる。

「九」は、常に、最後から二番目の犠牲者の一族から殺人者へとなされる一方的な支払いである。B一族は、「九」を通じて、Aによる身内からの犠牲者の差し出しを承認する。この最後の犠牲者は次のような効果を持つ。すなわち最後の犠牲者は、最後から二番目の犠牲者であるBの身内の犠牲者を「リカバー」《ルキュヴリール》し――こう表現される――、最後から二番目の犠牲者の霊気《スフル》の諸関係を解放してその子孫に送り渡し、最後から二番目の犠牲者の危険な怨恨を永久に鎮める。新たな犠牲によって「リカバー」されない犠牲者たち（アーヒア(aahia)）は、彼らの祖先たちを共謀させて、悪疫を引き起こす外部霊《エスプリ》を連れてくるとされる。

以上のように、「九」によって最後の犠牲者の引渡しが承認されることによって、最後から二番目の犠牲者の状況が、霊気の諸関係に関して打開される。ただし、最後の犠牲者は、それに続く犠牲者によって「リカバー」されない。だが、この状況は重要な影響を持つものではない。というのも、最後の犠牲者にされるのは、既に、重大な禁忌を――最近、またはしばしば何年も前に――破ったことに対して、自らへの死刑が執行されるのを待つ者だからである。例えば、男たちだけのためにとってある葬儀の供物を食べてしまった女性が、その例である。彼女の祖先たちは、彼女が禁忌の違反を犯してすぐに、そのことで有罪宣告を下していたのであり、彼女を殺害することは祖先を怒らせるものではない。それゆえに、殺人の連鎖における最後の犠牲は、無害なものなのである。最後の犠牲者によって残されるものが、まさに森に放置された彼らの遺体、すなわち彼らの外形の諸関係でしかないことは明白である。森の中で、彼らの外形の諸関係が、殺人連鎖の「リカバー」されない他の犠牲者たちの外形の諸関係に追加される。一方では豚が食べることによって、他方では「大いなる男」の祭宴に先立つ儀礼的恋愛関係によって、これら外形の諸関係は貨幣――すなわち表象の諸関係――へと移し替えられる。こうして、匿名の殺害された死者たち全員の残余の諸関係は、社会－宇宙のフローの循環の中に再統合される。

しかしながら、「九」の重要性は、最後から二番目の犠牲者を最後の犠牲者の殺人によって「リカバー」することによって、最後から二番目の犠牲者の霊気の諸関係を再統合することだけにとどまらない（なお、われわれは最後の殺人を復讐心の満足と解釈しがちであるが、最後から二番目の犠牲者は、誤って祖先に加えられなかったとされる）。「九」の重要性はむしろ何よりもまず、殺人の連鎖を終わらせることによって、社会の堕落した状態に終止符を打つことにある。社会の堕落した状態とは、菜園が荒れ放題になり、豚が森に遺棄され、祭宴に加わる物も人もわずかになり、安楽な暮らしが不在になっている状態のことである。「九」の支払いはまた、贈与者が「大いなる男」すなわち「招集者」という高位に就いたことを示すものである〔後述参照〕。

「九」の引渡しの祭宴が有効であるのは、循環に投じられる貨幣の量――葬儀時の死者を表象する貨幣と対比しうるような――によってではなく、むしろ、貨幣の追加でなく貨幣の総計がここでは問題なのだという自明の事実による。貨幣の総額が移転されるからこそ、社会 - 宇宙的全体の諸条件は再確立されるのである。「九」は、殺人の連鎖に終止符を打つだけでなく、完全なる社会のための条件、社会 - 宇宙的な活気・繁栄をもたらすための条件を再確立しもする。また「九」は結婚の崩壊（小さな子どもの父親である夫の死によるもの、または、子孫の境遇をほとんど顧みず夫が犯す不義によるもの）に終止符を打ち、結婚の両家の間の社会 - 宇宙的諸関係の条件を（どちらのケースについても）再確立する。[15] さらに「九」は、子ども、成人、子連れ夫婦との養子縁組を公認することによって、縁組両家の間の社会 - 宇宙的諸関係が継続するのに必要な条件を再確立する。「九」の本質的な重要性は、提供者から受領者へと移転されることを通じて、諸部分――社会の価値ヒエラルキーに対応して互いに非対称であるところの――の間の相互依存を維持するのに必要十分な社会 - 宇宙的諸条件を再統合することにある。

「九」は、殺害された犠牲の引渡しを承認し、殺人の連鎖に終止符を打ち、そして社会の全体を社会 - 宇宙的諸関係のフローの確固とした軌道へと復帰させる。しかしこのような「九」と並んで、結婚および追悼葬儀の祭宴において見返りなしに提供される別の貨幣支払いがある。具体的にその貨幣とは、地面の水準において提供されて（「休止する - タロイモ」は例外、以下参照）、受贈者の籠の中の袋に収められる貨幣である。この貨幣の支払いは、花嫁・豚・タロイモが変換することの結果としてなされる。つまり、儀式の半ばにおいてこれらのものが供出・分配されるとき、これらのものの支払いが貨幣によってなされる。「九」と同じように、この支払いが休止符となることによって、存在の循環の中で、季節・農地・月の時間とは全く異なるところの構造的・社会的時間にリズムが与えられる。

われわれが知るところでは、葬宴においては、「休止する－タロイモ」および「休止する－争い」と呼ばれる二つの「準－九」が見いだされる。前者は、参列者たちによって「根」（祭壇の床の上に立っている死者の一族）に提供され、後者は、「根」によって「労働」（請負った墓掘人と彼の職人たち）に提供される。前者は、タロイモ－ココナッツ（外形の諸関係）を消費に供するという、「根」が予め遂行したサービスに対して支払われる。後者は、祭宴に共同責任を負う「サイド」として墓掘りを行い、かつ殺害・消費される豚（霊気の諸関係）の半分を供給する祭司のサービスに対して支払われる。

結婚式に関して言えば、そこには、三つの「準－九」が介在する。第一のものは式の冒頭で、他の二つのものは結婚－復路の祭宴の終了時に提供される。この三つの「準－九」は、「男性サイド」から「女性サイド」に提供される。第一のものは「女性に対する－下向きの支払い」、第二のものは「タロイモ－ココナッツの－山を－広げる」、第三のものは「結婚返礼の－下向きの支払い」である。三つはどれも本当に贈与され、これにより、「女性サイド」が遂行したサービスに対して支払いがなされることとなる。「女性サイド」は、花嫁に加えて、消費されるタロイモ・豚の半分を贈る、すなわち表象・外形・霊気の社会－宇宙的諸関係を供給する。

われわれは、一方の「九」と、他方の「結婚返礼の－下向きの支払い」「休止する－争い」との間に構造的類似の存在を認めることができる。つまりこの三つの貨幣支払いのうち、第一のものは、人間の犠牲から霊気の関係を生み出すサービスに対してなされ、第二・第三のものは、動物、特に豚の犠牲から同じものを生み出すサービスに対してなされるのである。犠牲者の殺害（これは提供されるものであって、他のサイドから押しつけられるものではない）の後、または一定頭数の豚を屠殺した後に、この三つの支払いは、結婚の二つのサイドの間に、最高位の水準すなわち表象の諸関係を再確立する。霊気の諸関係の供出が貨幣に変換されることは、第一の場合には平和の回復を、第二の場合には実家から嫁ぎ先への花嫁の霊気の諸関係の移転を確固としたものにし、そして第三の場合には新しい祖先の構築に寄与する。

同様に、「タロイモ－ココナッツの－山を－広げる」と「休止する－タロイモ」は、葬儀および結婚式で消費されるタロイモ－ココナッツを供出するというサービスに対して、貨幣で支払うというものである。これらは、外形の諸関係を貨幣すなわち――二家族の間での花嫁の外形の諸関係の移転を確固としたものにするか、または新しい祖先の構築に寄与するところの――表象の諸関係へと変換する。

最後に、「女性に対する－下向きの支払い」は、結婚祭宴の冒頭において、花嫁の家から花婿の家への花嫁の表象の諸関係の移転を確固としたものにする。

これらの支払いのうち「休止する－タロイモ」は、下位の水準から上昇運動をして祭壇の床へと到達する。そこで、地表近くから掘り出されたタロイモが消費される。また「タロイモ－ココナッツの－山を－広げる」は、掘り出されたタロイモと地面に落ちたココナッツを地面の上に広げるものであり、これは全部が男たちの消費に供される。

さらに、「休止する－争い」は、下方へ、すなわち祭壇の床から受贈者のいる地面の水準へと提供される支払いであるが、もう一つ、「結婚返礼の－下向きの支払い」と呼ばれる支払いがある。上述のことからわれわれは、これらの貨幣を「下降させること」は、豚――地面の上で屠殺・消費されるところの――の贈与に起因する最終的な紛争を回避することに等しいことを知る。

「九」と「女性に対する－下向きの支払い」に関してであるが、これらは、槍を振りかざしながら地面を強く踏みつけ横に往復運動して歩く贈与者と受贈者の間で受け渡される。この事実が示唆しているのは、犠牲ないし花嫁の移転が確固たるものになった後には、関係当事者たちの所有地および耕作地は、いかなる障害をも免れて、あらゆる範囲にわたって平和な諸活動および社会的諸関係を享受しうるということである。

つまり、「九」と「準－九」は、すべての物象、すべての事象を貨幣に変換することによって不可逆的な状況を作り出す。ここでの貨幣すなわち表象の諸関係は、人間・豚・タロイモ－ココナッツが死んだ後、もしくは花嫁が花婿の村に到着した後、殺人の連鎖や葬儀・結婚の祭宴におけるヒエラルキー化された両サイドの間に、社会的に豊饒で完全な社会－宇宙的諸関係を回復させる。「九」の祭宴、葬儀、結婚式、「大いなる男」の祭宴という大きな諸装置はすべて、休止に到達する。この休止のエンブレム（＝観念・人・物を表す図案）となるのが、「九」の貨幣総額である。ここで追求されているのは、統一的な貨幣フロー、すなわち表象の社会－宇宙的諸関係を構築することである。その最終的変換であるオール－イン－貨幣は、毎回、籠の袋の中に見いだされる！　この貨幣袋に到達することが、諸関係の三つの流れを、すなわち完全なるシステムを再起動させるのに必要なのである。この結果（＝貨幣袋への到達）は、人の（祖先の決定または生者の行為による）死、飼育されている豚の死、栽培されている植物の死にもかかわらず得られるとか、（実家が手放す）花嫁の移転にもかかわらず得られる、というものではない。むしろこうした様々な死や花嫁の移転が――互いに連結し合いながら――社会の全体の一部をなしているがゆえに、この結果が得られるのである。

われわれが理解すべきは、ここでは、いわゆる致死、すなわち経験的個体（タロイモ・豚・人間）を襲う死のアクシデントが、社会－宇宙システムの上位水準である表象の諸関係の水準――貨幣は常にこれを表す

――への上訴《ルクル》によって乗り越えられているということである。しかも、西欧のわれわれであれば――動物および何よりもまず人間に関する限り――ある意味で侵犯的・非社会的なものと見なすであろうこうした死および致死が、ここでは、総体的な社会－宇宙システムを構築している。ここでの死および致死には、殺人犠牲者、自殺者、産死した女性、死産した胎児を含む被殺害者のカテゴリーだけでなく、人間の胞衣も考慮に入れられている。実際、すべての誕生は、胞衣の致死と一体のものと見なされている。胞衣の致死は、一方で、霊気の諸関係を移転させることを通じて新生児の生命力に寄与し、他方で、胞衣が〔殺人〕犠牲者と同様に森の地面に放置され豚によって処理されることを通じて社会－宇宙的諸関係の活力に寄与する。こうして死は、価値の非対称性に穴を穿つことを通じて、社会および宇宙の全体の更新に関与するのである。

同様にして、豚が屠殺されることや祭宴――特に葬儀と結婚式――の食事に植物が出されることもまた、総体的な社会－宇宙システムの構成要素をなす致死である。外部から見ると、森で飼われる豚と菜園労働の果実は、経済的性質を持つ「生産物」と見なすことができるけれども、総体的に見れば、すなわちシステムの内部から理解するならば、これらのものはむしろ存在《エートル》である。つまり、葬儀・結婚式その他の祭宴が行われるとき、これらのもののライフサイクルと致死は、社会－宇宙的全体の運動に加わる。これらのものの致死は、効用上の要求に従ってなされるのではなく（豚肉は日常のメニューには載らない）、むしろ存在のヒエラルキー的等級のうちに、そして再統合された社会と宇宙を構築する世界の再起動過程のうちに占めるその位置によって強制されるのである。

逆に、女性の結婚式はいわば花嫁の部分的な致死と見なされ、その家族は結婚を嘆き悲しむ。花嫁自身は、結婚式において自らの社会－宇宙的な諸関係の一部の死を同じように追悼した後、別様の構築物へと転化する。

結論として言えることは、「九」と「準－九」は区別しなければならないということである。まず、「九」は殺人連鎖の暴走に対抗するための必要条件であり、局所的に深刻な堕落に陥った社会は、「九」の貨幣によってその諸活動の完全な運行を取り戻す。実際、社会のそのような完全性が得られていないとき、つまり、殺人の連鎖がまだ続いているのに「九」の支払いによる平和回復がなされないとき、社会の生が霊気の諸関係の水準を超えて上昇しないだけでなく、霊気の諸関係すらも、生者が引き起こす暴力的死によって直接的に脅かされる。ひとたび「九」が提供されるならば、社会は、最も高い効率性と完全性の水準から再出発することができる。殺人——価値とは反対の極——もまた、このように〔「九」の支払いを通じて〕包摂されることによって、価値のヒエラルキーおよびその全体を表現するのである。

一九一七年から一九四〇年にかけてパックス・ブリタニカが徐々に浸透していったが、それ以前のアレアレの国には、地方ごとに、二つの全く異なった状態の間を揺れ動く様子が見られた。すなわち一方には、個人が起こす殺人の繰り返しに苦しむ地方があり、その非常に堕落した状態にあって、人々は遠くから殺人者がやってくる脅威の下に暮らしていた。もう一方には、「カヌー」と呼ばれる土地単位の中で、祭宴がかなり盛んに催され、社会的生活の繁栄が続く地方があった。そこでは、真の労働と見なされる祭儀の活動が不断に起ち上げられ、誰もが誇りを持って多大なエネルギーと大部分の時間をそれに費やしていた。

では「準－九」は何かと言えば、これは、社会の完全なる運行に、また社会の上位価値に尽くす働きをするものである。「準－九」は、結婚式と葬儀に必要な豚およびタロイモ－ココナッツから表象の諸関係（貨幣）への変換を、また花嫁の移転を保証する。「九」が社会に価値ヒエラルキーを取り戻させるのに対して、「準

－九」は、諸関係の三つのフローの運動に関与する。この運動の結果、三つのフローは、上位性を持つ純一のフローすなわち貨幣フローへと一本化されていく。

最終楽章《フィナル》となる「九」の貨幣は、全体性を、すなわち基底的《フォンダマンタル》な運動の中で再起動された社会を表象している。このときの社会とは、殺人の連鎖や「男性サイド」が破壊した結婚によって諸関係がいったん堕落状態に陥ったものの、それを克服しえた社会に他ならない。「九」の貨幣によって示されるのは、この社会が、ひどく堕落した社会諸関係を価値ヒエラルキーの最高水準に転位することによって、それらの品格を再び高める様子である。

この社会にとっては、貨幣は実在の最高水準を形象化している。つまり、貨幣は、表象の諸関係から出発して社会－宇宙的諸関係のすべてを再起動させることができるものと見なされている。貨幣は、祖先と生者による二種類の死にまといつく乱れ＝汚れ《アントロピ》を克服し、それを――「反対物の包摂[16]」によって――包摂的《アングローブマン》な上位価値に従属させる。この上位価値は、特別な社会性《ソシアリテ》、すなわち人間、祖先、その他世界の全存在の間の社会－宇宙的な同調《アコール》を意味している。

人間（および豚）による摂食から、オール－イン－貨幣および男／女の非対称性へ

貨幣は、菜園の根茎や豚の消費に、また人間の死や結婚に意味を付与する役割を果たす。諸フローの総循環の中では、このような貨幣の役割は、食事の摂取の後に登場する。実際、外形・霊気・表象の社会－宇宙的諸関係を継続する運動の中で（しかも「九」に依拠するとき以外で）、葬儀や結婚式の終結《フィナル》に際して二つの行為が相次いで実行される。まずは食事、次いでオール－イン－貨幣への転換である。食事〔のメニュー〕

には、収穫され、祭宴に運ばれその場で火を通されるタロイモ－ココナッツ、それにまた、生きたまま人に背負われて運ばれ、屠殺され（このとき、放血されていない肉が霊気の諸関係を維持する）、その場で焼かれる豚が含まれる。葬儀の死者と結婚式の花嫁の外形・霊気の諸関係は、新しい祖先を構築し実家で花嫁に取って代わる貨幣――表象の諸関係――へと変換されるが、そのためにはこのような食事が必要なのである。この食事は常に、葬儀と結婚式において四種類の「準－九」貨幣が引き渡される前に取られる。(17)

根茎と豚肉から成る食事のセットは、すべて男たちが準備し焼いて食べる。他方、女たちは、自分たちが火を通したタロイモで作った食物を消費するが、ココナッツを消費することはなく、そこに豚肉を添えることもない。つまり、死者の社会－宇宙的諸関係の解体（もしくは花嫁の諸関係の移転）から、三つの形色（タロイモ－ココナッツ、豚、貨幣）を経て、オール－イン－貨幣に至る往路の運動においては、人間によるタロイモ－ココナッツおよび豚肉の摂食は必要でない。(18)

結婚式のときに開始される復路の運動においては、食事は存在しない。(19) 提供される諸々の形色は、消費すべきものではなく、それぞれ別個に成長・増殖させるべきものである。菜園におけるタロイモ－ココナッツ、森における豚、母胎に宿る将来の子ども、そして村の地面の上に建てられる家、というように各々が特殊な場所を占める。

復路の運動にあって務めを果たすのは男女の両方であるが、結婚式の「女性サイド」によって提供されたタロイモと豚を移植または飼育する世話をするのは女であるし、また、「男性の水」をかけられた母親の「血の個片」から作られた人間の胎児の妊娠を自らの腹の中に受け入れるのは女であり、さらに、新生児を自らの乳で育てるのも女である。往路の運動にあって務めを果たすのもまた男女の両方であるが、男たちだけが、葬儀と結婚式の食事に提供されるタロイモ－ココナッツと豚に火を通しかつ食べるという行為に、つまり二つの形色を貨幣（四つの「準－九」）に変換することに責任を負う。また男たちだけが、新しい祖先を生み出す貨幣による表象化（貨幣の腕から成るカーテン）から、最初の贈与者である男・女・子どもにこの貨幣を分割するまでの二〜三年の間、その管財人兼会計係を務める。

付記しておきたいのは、往路の運動において男・女・豚が――程度を異にしながらも――責任を負うということである。この往路の運動があるからこそ、復路において、被殺害者カテゴリーに属するものが社会－宇宙的諸関係のシステムに再統合されるのである。往路の運動において、まず豚が、森における犠牲者および（火が通っていない）胞衣の摂食に責任を負っている。この摂食により、被殺害者の外形の諸関係は霊気の諸関係の水準へと高められる。次に、独身の男女たちが、森における儀礼的恋愛関係に責任を負う。これによって、霊気の諸関係がさらに表象の諸関係――すなわち女子が男子に贈与する貨幣――の高みへと上昇させられる。復路の運動をさらにたどっていくと、今度は男たちが、女が蒔くいわば貨幣種を受け止めて、「音楽－の－子どもたち」（いわば独身者の貨幣子ども）の九カ月間の妊娠のために巣を作るのが見いだされる。「音楽－の－子どもたち」は、「大いなる男」の祭宴のときに、男たちによって祭壇の「巣」に運び上げられる（この「巣」は、「輸精管」カノと呼ばれる非常に長く白い貨幣を通じて、森の地面につながっている）。この男たちが同時にまた、貨幣による「大いなる男」のこうした「再－現前」に、また貨幣を分割して最初の贈与者である若い娘に返すことに責任を負う管財人兼会計係となる。

ここで非常にはっきりと描き出されているように、社会的労働の配分において、社会－宇宙的諸関係のフローに対する男性の寄与と女性の寄与とが組み合わされ、交代し合っている。葬儀と結婚式によって形作られる循環の往路運動にあっては、男たちによるタロイモ－ココナッツと豚の摂食が、新しい祖先の貨幣的誕生と花嫁の移転とを導くのに対して、復路の運動においては、女たちによる世話によって菜園の植物と森の豚が増やされ、また女の妊娠が子どもの誕生を準備する。最後に、女たちは森において胞衣を豚による処理に委ねるのであり、これを通じて二つの下位システムが交差し合う。

図式的・短絡的に言えば、被殺害者と胞衣を再統合するサイクル往路の運動においては、豚によるこれら〔被殺害者と胞衣〕の摂食が、儀礼的恋愛と、女子から男子に配布される小額の貨幣とをもたらす。復路の運動においては、「音楽－の－子どもたち」と呼ばれる貨幣が、男たちによる九カ月間の身ごもりの後、祭壇の「巣」に運ばれて数え上げられる。これによって、「大いなる男」を彼自身の葬儀より以前に表象する手段〔後述を参照〕が提供される。この復路の運動は、本物の人間の子どもの誕生を真似るとともに、「大いなる男」の表象を構築する仮想現実的な子ども、つまり貨幣子どもを誕生させるに至る。

被殺害者のカテゴリーに属する者――人間の社会－宇宙的水準における最低位――の処理と、今述べた葬儀における病死者の処理とがどのようにつながっているかを考察してみよう。これによってわれわれは、祖先の地位という頂点――すなわち人間の社会－宇宙的水準の最高位――に達するときに被殺害者と病死者の間のカテゴリー分割が乗り越えられることを理解することができる[20]。

被殺害者のカテゴリーに属する者が最低の地位から最高の地位に引き上げられるのは、豚が遂行する摂食を通じて、独身者の恋愛関係を通じて、そして最後に、葬儀に先立って存命中に貨幣的表象を受け取る「大いなる男」〔以下を参照〕を通じてである。被殺害者から貨幣への変換を体現する者として「大いなる男」は、祭宴の一日に限ってではあるが、存命中にもかかわらずより高い地位すなわち社会－宇宙的全体の最高位へと引き上げられる。こうして「大いなる男」は、尊属のために執り行った最後の葬宴の後すぐに、自分自身の「大いなる男」の祭宴と被殺害者の諸関係の変換を通じて、ただしただ一日に限って、最高と規定される地位すなわち貨幣‐存在の地位、社会‐宇宙的全体の守護者——従者にして主人——の地位に就くことができる。

しかしその後も彼は、「大いなる男」マネ・パイナ（mane paina）もしくは「招集者」アーラハ（aaraha）と呼ばれ続ける。一日だけの上昇は、被殺害者の遺骸を起点にして、豚と社会の独身者大半とが暗黙のうちに効果的な連携をとったことの例外的な結果である。「表象される生きた人間」という一日限りの地位は、後に到達される最高の地位すなわち祖先の地位を先取りして示している。花嫁は、結婚式の初日に、横木に懸けられ地面まで垂れ下がっている貨幣によって表象されるが、その〔ここでの「大いなる男」の〕地位は、この花嫁の地位に匹敵するものである。しかし、花嫁の貨幣表象が、「大いなる女」（ケニ・パイナ keni paina）の地位への到達と、母親という地位の取得とを意味するのに対して、大いなる男は祖先になる直前の晩年においてようやく貨幣で表象されるという点では、差異が見られる。もう一つ差異がある。それは、花嫁の貨幣表象は、横木から地面の水準までの二つの社会‐宇宙的平面のみを結びつけているのに対して、「大いなる男」のそれはカノ（「輸精管」）という白い貨幣の長い綱ただ一本によって、下位・中位・上位という三つの社会‐宇宙的平面を結びつける他に、周辺を中心へと結びつけてもいる、ということである。つまり、白い貨幣の綱は、村の外にある森の地面——被殺害者の遺体の最後の残骸が残っている——から「大いなる男」の祭宴の祭壇最上部へと上っていき、「音楽‐の‐子どもたち」の「巣」まで達している。この上昇する綱は、被殺害者の外形の社会‐宇宙的諸関係が構造的進展を遂げたこと、それらを貨幣的な表象諸関係へと最終的に変換したことを跡づけている。

このような価値による地位の差異化の下で、未婚の若い女たちは、まず、儀礼的恋愛に参加して男子に貨幣を与えることによって、被殺害者の諸関係が「音楽－の－子どもたち」の形で社会復帰するのを助ける。次に、彼女らは、自らの結婚式の初日に、横木の二つの社会－宇宙的水準を結びつける貨幣によって表象される。最後に、彼女らは、自らの葬儀祭壇の三つのレベルを結びつける貨幣によって祖先として表象される。

独身の男たちの側はどうかと言えば、彼らもまた、儀礼的恋愛に参加して女子から受け取った貨幣を九カ月間保持することによって、そして祭壇の「巣」に「音楽－の－子どもたち」を運び上げることによって、貨幣の形で被殺害者の諸関係を社会復帰させることに貢献する。次に、結婚した後に彼らは、祭宴（何よりもまず自らの祖先の葬宴）を開催することによって少しずつ上昇していき、最後は、死んだ後に、葬儀祭壇の三つの社会－宇宙レベルを結びつける貨幣によって、祖先として表象される。

最後に、「大いなる男」の中の何人かだけは、自らの尊属のための葬宴を催した後に、第二幕の三つの祭宴を催す。豚の祭宴、タロイモ・ガレットの祭宴、そして彼ら自身の「大いなる男」の祭宴がそれである。そこでは彼らは、存命中にもかかわらず、「音楽－の－子どもたち」を通じて、そして長く白い貨幣――森の地面を祭壇の「巣」に結びつけるところの――を通じて、貨幣表象される。彼らの一人一人は、死んだ後に改めて、自らの葬儀祭壇の三つの水準を結びつける貨幣によって、祖先として表象される。

以上のように、女たちは、二回にわたって、つまり結婚式のときと自らの葬儀のときに貨幣表象されることが定められている。男たちは、一回しかつまり自らの葬儀のときにしか、貨幣表象されることを定められていない。ただし「大いなる男」の何人かは、二回にわたって、つまりまず「大いなる男」の祭宴のときに、次に自らの葬儀のときに貨幣表象されることが定められている。男と女の間に見られる地位・成り行きのこうした差異は、不平等な立場を出現させるもの（単純すぎる解釈と言えよう）ではなく、むしろ、不可避の相互依存のための土台となる一連の非対称性を出現させるものである。ところが、この相互依存こそまさに、われわれの（西欧の）絶対的個人が否定し、できれば消滅させたい当のものなのである。

葬儀において、男たちが摂るタロイモ－ココナッツと豚の食事は、死者の外形・霊気の諸関係から貨幣すなわち表象の諸関係への変換に先行してなされる。同じように、「大いなる男」の祭宴において、森の豚による被殺害者の死骸と胞衣の摂食は、被殺害者および胞衣の外形の諸関係から霊気の諸関係への変換を意味しており、そして森の豚によるそのような摂食は常に、その霊気の諸関係から貨幣――すなわち表象の諸関係――への変換に先行してなされる。このときの貨幣は、儀礼的恋愛に際して女子から男子に提供されるものであり、被殺害者の諸関係を一般的循環の中に再統合する。祖先に転化される病死者の場合〔＝第一の場合〕、「オール－イン－貨幣」に到達するためには、男たちだけによる火を通した――植物・動物の――食物の摂取が必要である。これに対して、被殺害者の外形の諸関係から貨幣への漸次的な変換を起動させようとする場合〔＝第二の場合〕、儀礼的恋愛の際に、火の通っていない死骸および人間の廃物（胞衣および排泄物は、通常、豚の飼料である）を豚が摂食するだけで十分である。ただしその条件は、「大いなる男」の祭宴のときに祭壇の「巣」の上にある貨幣が、「音楽－の－子どもたち」の誕生をもたらすことである。この貨幣子どもの一種は、妊娠九カ月末に、女子から男子への貨幣の贈与によって獲得される。さて今述べた第一の場合には、貨幣への変換に先立って、火を通した食物を男たちが食べることによって、新しい祖先が生み出され、結婚と子どもの誕生がもたらされる。これに対して第二の場合には、貨幣への変換に先立って、豚が死骸や人間の廃物を食べ、これに続いて男によるいわば貨幣の分娩がなされ、「音楽‐の‐子どもたち」が産まれる。

このように、貨幣への変換に先立つ摂食の過程によって、諸関係のフローは回り道をたどる。この点に関連して、われわれはここで、〔以上のような摂食の過程が〕被殺害者の肉の共食いに交代したものであることを考慮しておかねばならない。実際、食人があったことは、一九三〇年代に遡る（そして一九六三年から一九八〇年にかけて現地で収集された）数多くの証言によって証明されている。しかし、当事者たちが口を揃えて認めるところによれば、食人は、暴力的行動の進行中に決定される随意的な行為によるものであったのであり、男または女のどちらにも組み込まれない、いわゆる消費であった。メラネシアの島々にしばしば見られるように、アレアレの国においても、禁忌の大部分は私的な決定に基づいていた。必ず男のみが食物を、また必ず豚のみが人間犠牲・胞衣・人間の排泄物を摂食することについての先の分析からわかるように、豚がこの社会‐宇宙システムに参加するや否や、森における被殺害者の肉の摂食〔共食い〕は構造的に必要でなくなる。このことは、アレアレの人々がしばしば行う主張を確証する。その主張によれば、「八艘のカヌー」と呼ばれる文化的英雄によって、豚による人間犠牲の代替と貨幣の制度とが緊密に結び合わされ、また推奨された結果、たちまちに共食いが余分なものと化したというのである。

注目すべきは、男たちによる摂食が諸関係の最高水準――貨幣による表象の諸関係――を導くのに対して、豚による摂食は霊気の諸関係しか導かないとされる点である。どちらの形色も、摂食の回り道を経ることによって、社会‐宇宙的諸関係を自らの諸関係よりも上位の水準へと変換することができる。つまり、豚の場合には霊気の諸関係への、人間の場合には表象の諸関係すなわち貨幣への変換である。人間が豚という形色を食し、また豚が人間という形色を食することが構造的必然であるとするなら、それに反して自己自身の形色を食することはシステムにおいて有効性を持たない。もっと言えば、共食いはシステムを破壊するだろう。

要約して言うと、女たちは子どもを産むだけでなく、独身の男たちに貨幣の種を配布する。男たちは、植物および肉の食物を貨幣に変換するだけでなく、「音楽－の－子どもたち」という貨幣を産む。われわれはここにおいて、男と女の間においても、また諸形色の間においても非対称性が作用していることを見いだす。この非対称性——これを不平等と混同してはならない——は、社会－宇宙システムの内的原理であると同時に、価値ヒエラルキーとしては社会－宇宙システムに対して外的でもある。

二　貨幣の比較から社会の比較へ

アレアレの貨幣に対する外在的な見方

〔外在的な見方を〕社会の内部における貨幣の理解と対比しなければならない。外から見るならば、マライタ島（マララヒリア（Mararahiria）すなわち「大きな島」）に住む彼らの隣人におけるのと同様、このメラネシア人〔＝アレアレの人々〕の社会とその貨幣は、国際経済の市場が迫ってきて、植民地政府の助けを借りつつ徐々に浸透してくる（とりわけ一九二〇年代以降、人頭税の徴収——まずビーズ貨幣、次にポンドによる——とともに、またヨーロッパ人のサトウキビとヤシのプランテーションへの賃労働の徴用を通じて）よりも何世紀も前に、しっかりと制度化されていた。今から三五〇年前、一五六八年にメンダナ（Mendana）指揮下のスペインの船乗りたちが短い期間に三回の上陸を敢行したわけであるが、それとともに、密かにスペインの金属貨とアレアレのビーズ貨幣の鎖とが初めて突き合わされた可能性ははたしてあるのだろうか？　われわれが知るのは、アレアレの「狩人」の装身具である螺鈿象嵌の儀礼棒がスペインの船乗りの帽子と交換されたことだけである。(21)

いずれにせよ、二〇世紀に使用されているアレアレの貨幣には、形式の上で、近代貨幣と共通ないくつかの特徴が見られる。実際、アレアレの貨幣は、アリストテレスが認めていた三つの機能を担っている。つまりそれは、計算単位の機能を果たし、またその資格においてしばしばまた「計算貨幣」もしくは「想像貨幣」(22)として通用している。価値尺度の本位であるアレアレの貨幣は、それを用いる社会にとっての一般的等価物である。次にそれは支払手段でもある。最後に、アレアレの貨幣は価値準備の機能を果たし、その流動性は、貨幣と一体化した社会システムにおいて必須の重要性を持っている。ところが、以上の三機能は、アレアレの総体社会という特殊な枠組みの中で、行使されている。

まず、計算単位は、二つの異なった命数法――四進法と十進法――をベースとしている。貨幣を数えるときは四進法に従い、豚・タロイモ・ココナッツを数えるときは十進法に従う。この命数法は、単に、一単位ずつ増えていく無限の単位系列によっているだけではない。つまり、一単位の追加は、まず奇数から偶数への移行を、次に奇数への復帰を導くとされるし、そして、同じ一単位の追加でも――「七」や「九」と呼ばれる支払いについて既に確認したように――特殊な質的価値が加わる場合がある。最初の九までの数は、四進法を通じた価値ヒエラルキーに従っている。次に、一〇以降にあっては、一定の数、特に四〇と八〇は、四進法と十進法〔の繰り上がり〕が重なることによって、十進法だけで表したそれぞれの価値以上のものを意味する。以上のように命数法には特殊社会的な抑揚が付けられており、この点、同じ追加的一単位であればどの数字からの追加も一様なものと見なしたがる近代的な性向とは相容れない。したがってまさにアレアレの貨幣――現物であれ抽象物であれ――は、単一ベースによる命数法の同質性には収まっていないのであり、この点においてアレアレ社会の特殊社会的な次元が関与している。貨幣の命数法の諸属性は、構造化された社会総体によって決定されており、自己準拠的ではなく、社会的なものとの関係を免れない。

近代貨幣に目を向けるとこうである。近代貨幣は、十進法およびその記数法が徐々に――一二世紀から一四世紀にかけて――収めた勝利と切っても切り離せない関係にある。十進法による記数法は、〔位の数字を〕ゼロと記すことを認めることにより、筆算の威力を高めた。これによって、そろばん主義者(Abaciste)の「チップによる計算」に対して、アラビア数字計算主義者(Algoriste)の「ペンによる計算」が勝利した。[23] 単位があらゆる命数法の基礎をなしていることに注意を促すイフラー(G. Ifrah)に従って、われわれは、ヨーロッパでは、近代的命数法とその記数法がわれわれを全体性の観念の漸次的放棄へと、また集合の観念によるその置き換えへと駆り立ててきたのだと主張することができる。こうして近代貨幣は、部分的にではあるが、命数法とその記数法とが持つ能力、すなわち――「全体」を把握するというよりむしろ――同質的集合を数量化する能力に基礎を与えている。これに対して、二つの命数法を連結するメラネシアの貨幣は、特殊な(「九」および「七」という)数によって活力を吹き込まれている。これらの数は、そこに達するたびごとに、単なる総計を形成するのではなく、一特殊社会の時間の中に書き込まれた部分的全体を形成する。[24]

アレアレの貨幣が、支払手段として地元産品(タロイモ、ココナッツ、サツマイモ、豚、魚、タバコ、等)や民具(籐の籠、櫛、貝殻の装身具、カヌー、パンのフルート、等)と交換される場合、この交換は、非常に旧い時代から続く固定相場でなされる。そのため、近年になってメラネシアの貨幣とポンドとの間に固定為替相場が敷かれた後に、ポンドはその価値を一貫して喪失し続けてきた。その後、同じことはオーストラリア・ドル、次いでソロモン・ドルについても見られた。これに対して、同じ時期において、メラネシアの貨幣で表したいくつかの輸入品の価格、特にタバコスティックの価格は安定を保つ傾向にあった。今日、ビーズ貨幣が安定的な基準価値を提供する一方で、ソロモン諸島政府の取引貨幣（紙幣および補助貨幣）――輸入財（コメ、肉・魚の缶詰、ビール、ラジカセ、等）の購入や賃金の支払いに使用される――は低落を続けている。一九八〇年現在、アレアレの貨幣は、結婚式と葬儀において、またしばしば男たちが夜通し行うサイコロ遊びにおいて、引き続き使用されている。

またアレアレの貨幣は一般的等価物として利用されているけれども、土地は依然として譲渡不可能な財であり続けているし、労働への報酬支払いには用いられていない。アレアレの土地は譲渡不可能であり、それは所有されるというよりむしろ世話されるものである。アレアレの土地は、丸ごとすべてが祖先によって構築され居住されている。土地は使用権の名義者によっては譲渡されることができず、土地の使用権は、血縁を通じて――男性にも女性にも――受け継がれ、また、境界を定められた土地区画に及ぶというよりむしろ、男女の祖先たちが埋葬されている近隣の墓地の「足下にあり」かつそれに「従属している」と昔から言われている土地に及ぶものである。土地の使用権とそれを世話する義務とは、明確な血統的関係を通じて（そして、「守るべき」墓地をしばしば提供する同居や友愛の絆を通じて）定義される。アレアレの人々はこの血統的関係を、それまでずっと記憶に刻んできたが、一九四三年以降は目録に記載するようになった。目録が作成されたのは、最初はイギリスの政庁によって、後にしばしばソロモン諸島の中央政府――大規模な経済開発プロジェクトを推進しようとしていた――によって、「空き地」と目される土地（vacant lands）が徴発される恐れがあり、これに対応したためであった。この土地の登記簿においては、既存の墓地に埋葬されている祖先たちと、墓地の「足下にある」土地すべての使用権を共有する彼らの子孫たちとの間の血統的な絆がたどり直されている。(25)

土地ほどではないが、アレアレの国における個人的労働についても貨幣化は進んでいない。祭宴の準備に際して遂行されるいくつかのサービスだけが、しばしば貨幣によって補償される。例えばカヌーの塡隙《てんげき》の補修がそうしたサービスであるが、他にもっと確実な例として、パンパイプ一式の製作、もしくは五台から成るスリットドラム一式の製作が挙げられる。これらの仕事においては、仕事を命じる集団と、それを首尾よく行う責任を負う集団の両方に対する祖先たちの支援が求められる。貨幣の移転は、これら諸関係から表象の諸関係への変換に承認を与えるのであり、これによって表象の諸関係はオール-イン-貨幣という必然的・上位的な水準を獲得するに至る。同様に、毎回の祭宴の折に必要となるパンパイプ合奏団による公演に対しても、常に貨幣による支払いがなされる。この演奏は、霊気の諸関係に含まれる要素なので、常に貨幣に変換されねばならない——つまり表象の諸関係のレベルへと引き上げられねばならない。これによって、演奏は、祭宴の終了時に、オール-イン-貨幣したがって社会-宇宙諸関係の総循環への回帰を遂げることができる。

最後に、アレアレの貨幣によって果たされる価値準備の機能は、かなり厳格な一つの条件に従属している。その条件とは、貨幣は蓄蔵されずに絶えず循環していなければならない、というものである。実際、貨幣を所有する生きた個人《アンビリク》が一定の場所にそれを蓄蔵してしまうならば、彼は周囲の人々だけでなく自分自身をも大きな危険にさらすことになる。なぜなら、貨幣には社会全体の諸祖先の権威が凝縮されていると見なされており、それを保有する生者は死に至ることがあるからだ。循環しない資本の蓄積に対しては、病死による制裁が課される可能性がある。そこで、すぐ前に受け取った貨幣は全額を、循環へと、つまり祭宴――特に葬儀と結婚式――のシステムへと投げ返さねばならない。葬儀においては、贈与者の貨幣は、「労働」の人々に無利子で貸され、その二～三年後の「葬儀－復路の祭宴」において贈与者の許に還流する。ここで「労働」の人々とは、墓掘り人の手伝いをした集団である。結婚式においてもまた、「女性サイド」から提供された一定量の貨幣が、二～三年後の「結婚－復路の祭宴」において贈与者に還流する。ただし、どちらかがその等価物を、移植用のタロイモや飼育用の豚で受け取ることを要求する場合には、貨幣は必ずしも還流しない。

結局、貨幣資産は個人的資産としてしか存在しない。貨幣資産はいわば永続的に循環しており、保有権者の手中に還流したらすぐに循環へ投げ返されねばならない。葬儀のとき死者の表象を構築する貨幣について言うと、その循環は、流動資産が墓掘りの人々に二～三年貸された後、「葬儀－復路の祭宴」のときに贈与者に還流してくるというものである。この一周に要する時間とは、各保有者の貨幣が死者の諸関係に従いながら循環し、他の人たちの意に沿った「仕事」をした後で、各保有者に戻ってくるまでの時間である。このとき流動資産が行う「仕事」とは、主要には、祭宴を光輝で飾り、社会－宇宙諸関係のフローを再起動させること、副次的には、個々の保有者に名声を与えることである。こうして各保有者は自分の貨幣資産そのものを通じて、システムの総体に従属している。貨幣は常に私的に保有されるとはいえ、ごく一時的に「大いなる男」――彼自身がシステムに仕えている――の名声に寄与するまでの間は、社会という全体に従属しているのである。

以上に加えて、有利子貸付が存在しないことを述べておかねばならない。それどころか、経過時間と無関係な諸般の事情に応じてビーズの腕の長さを増減することが、常に、貨幣を返済する者の自由に委ねられている。返済される貨幣は、必ずしも、献供された拠出量に等しい額でなくてよい。われわれの近代的な理解に反して、返済額が同一でないことは、社会関係が活気あふれる状態に維持されていることを意味している。「対話‐再開」と呼ばれる貨幣は、最初の殺人者〔のサイド〕から犠牲者の近親者たちに提供され、その後に両サイドの間で共有されるものであったが、この貨幣に見られるように、贈与額と返礼額との差がかなり大きいこともある。実際、殺人者〔サイド〕に提供されることになる「九」を〔「対話‐再開」から〕数週間後に築き上げようとする場合、どの受贈者も受取りよりずっと大きな拠出をせねばならない。つまり受贈者が一束を受け取ったら、彼はお返しに四束を差し出すだろうと見なされるし、四束を受け取ったら、お返しに八束を差し出すだろうと見なされる。時間経過とともに多数の受贈者の間でこのような数列が展開されることを通じて、諸関係は全体性のレベルへと、つまり「九」の拠出へと高められていく。「九」は一時的に一集団のエンブレムになったかと思うと、今度はその集団に対する上位的権威のエンブレムになる。こうして、それまで対立していた二つの部分集団《パルティ》は統一され、共同体が再構築される。ここでの論理は、単なる数量的な論理とは別種のもの、完全に社会的なものである。つまりここでの論理は、個人的資産の額に準拠する代わりに、全体性――システムを形成することを通じて社会‐宇宙の諸関係を更新するところの――の要求に基づいているのである。

　近代貨幣と対照をなすこととして、最後に次のことを述べておきたい。つまり、ビーズ貨幣は時間とともに価値を喪失するのではなく、むしろ逆に、使用されてもろさと光沢を得たビーズ貨幣の方が、より柔らか、よりきらびやかであり、より心を揺さぶるのだ。だからこそ、編んだ繊維を貨幣のビーズに通すことが、ウウルハ（uuruha）という語の意味の一つとなる。この語には、「愛や悲しみの激情に耐える」という意味もある。

アレアレの貨幣は、諸統一体〔＝諸単位〕の集合を尺度するというよりむしろ、総循環の様々な瞬間において、差異化された全体を構成する。例えば、葬儀祭壇には新しい祖先を表象する貨幣のカーテンがあり、また横木には花嫁を表象する貨幣があり、さらには、「休止する－タロイモ」「休止する－争い」「下向きの支払い」「タロイモ－ココナッツの－山を－広げる」「九」「七」さらには「音楽－の－子どもたち」がある。アレアレの貨幣は、計算単位・支払手段・価値準備という三つの機能を果たしている一方で、内在的《アントランセーク》＝固有な社会的価値に訴える別の何かの兆候になってもいるのである。

それぞれの社会の価値ヒエラルキーの中でアレアレ貨幣と近代貨幣が占める位置

西欧においては、天地創造によって、諸々の種に段階的な等級が付けられている。等級の頂点にいる神すなわち非被造の存在は、「真の種」である。一二世紀以降、「種《エスペス》」は宗教上の意味においては、一つの兆候、すなわち神の啓示であった。神学において種とは「聖別した後のパンとぶどう酒に——たとえ実体が破壊されようとも——なお残る偶有的諸属性《アクシダン》もしくは諸外観のことであり、これらがパンとぶどう酒を感覚でとらえられるものにしている」。「秘蹟上の種は、絶対的な偶有的諸属性《アクシダン》である。」[26] 一三世紀初め以降、人類のことを言うのに、「人間種（l'humaine espèce）」という言葉が使われるようになる。これをもって種の段階区分は完了する。「最も低い［種］とは、自らの下にはジャン、ピエール、ジャック、ルイ等しか持たない『ヒト』のように、自らの下にいかなる種も持たない種、すなわち自らの下には個体しか持たない種である」（*ibid.*：

127)。ただし、ヒトという種の個体は、低い等級に位置していることに加えて、創造主である神と共通の唯一性を持つことによって、神との類縁性を持っている。神は最終性の位置にあり、ヒトの個体は最下級性の位置にあるにもかかわらず、ヒトの個体は何から何まで「神の形に似せて」作られているのである。

人間各個人の唯一性は、神の唯一性と同じであるという理由で、徐々に価値を高めていった。この価値上昇がどこまで進んだか、既にわれわれは知っている。つまり、相互依存を通じて構築される社会的全体から徐々に剥落していった価値は、次第に——諸単位《ユニテ》〔または各統一体〕の集合である集計量をも超えて——諸単位《ユニテ》それ自体に強く付着していった。各単位《ユニテ》は分割不可能であり、全体性の——いまだ把握しうる——唯一の形態はそこに避難先を見いだしている。このような流れで見るならば、総体《アンサンブル》は一つの全体《トゥ》であることをやめて諸単位の集合になり、そして、全体のものであった諸属性は退却して、人間種の各個体の内へと凝縮されていったと考えられる。神という通約不可能な全体は、等級のもう一方の〔神の対極の〕端において、諸個人という分割不可能な諸全体と特別な関係を結んでいるのである。被造の種はこのように根本的に分類されるがゆえに、個々の主体には、「それぞれが一つの全体である」という威厳が付与される。この全体は、その実質を作り上げる社会関係からやがて引き離され、各自の道徳的な存在規範《ドゥヴォワ》に関する自由へと投影される。こうして、個人——分割不可能でどれもユニークな単位《ユニテ》——が獲得する神のごとき容姿を前に、人間の社会的次元は消滅していく。オクタヴィオ・パスが述べるように、「キリスト教は個人の救済を約束してきたが、救済の実現は本質的な変化を引き起こすだろう。その変化とは、宇宙のドラマの主役がもはや世界ではなくなり、人間になるというものである。より正確に言えば、主役は一人一人の人間になる」(27)。

周知のことであるが、一五世紀以降、種《エスペス》と言えば、「正貨《エスペス》」支払手段のことであり、ここで正貨《エスペス》とは商品のことである。(28) この正貨《エスペス》商品、またはこの新しい「現金」は、価値の等級の上では低い水準に、すなわち物質的実体の水準に位置づけられる。物質的実体は、しばしば罪の誘惑、特に吝嗇の誘惑によって汚されている。

しかし、貨幣は、その他の被造物と同じように、分割不可能なその要素まで分割されるという別の特性も持っている。貨幣におけるそのような要素とは最小の貨幣単位《ユニテ》であり、その一〔単位〕は「大文字の一」との間に関係を築き上げている。したがって、貨幣手段は、矛盾を内包するものとしてわれわれの前に現れる。一方で、貨幣手段は、（道徳と化した）最終的価値から遠ざけられた下位の種と見なされるが、他方で、貨幣手段が単位《ユニテ》――筆算の普及とともに命数のベースとして有力になった――に準拠していることは、自由な諸単位《ユニテ》の可測的な集まり《コレクシオン》によって形成されるいかなる総体《アンサンブル》（受洗者の群集、信者の集会、遠近法における〔平行〕諸線の消失点、ゼロの数字を位に持つ数およびその記述、時間、数え上げられた総計、計算単位《ユニテ》、「想像貨幣」、等）とも同じように魅惑的である。単位《ユニテ》への準拠によるこうした一様化《ユフォルミザシオン》は、貨幣という尺度を含めてあらゆる尺度を成り立たせる客観的・合理的・普遍的な土台となる。それゆえに、貨幣を介することで価値というものは、何よりもまず、諸単位の集まり――すなわち複数のもの――を一様かつ正確に数え上げるというやり方で尺度される。このようなあまりにも強力に尺度〔ないし測定〕された価値は、それでもなお、最終的な社会的価値であるのだろうか？　そして、下位にあると見なされるこの貨幣種が、驚くべきことに、普遍的な価値尺度手段になるとすれば、それは何によってであろうか？

メラネシア社会〔＝アレアレの社会〕の価値ヒエラルキーにおいてビーズ貨幣が占める位置は、以上のものとは全く異なっている。この社会は、起源の分化がまだ見られない混沌とした状態から、一気に構築されたと考えられている。つまり、「アレアレの人々」——文字通りの意味は「社会としての人々」——の社会の本質をなす技術知や存在知〔＝物の利用についての知識〕に関して一連の発見や獲得がなされた結果、一気に社会が構築されたというのである。われわれは本章において、アレアレの社会‐宇宙的全体についての詳細にして総体的かつ動態的な記述を提示することができた。そのアレアレの社会‐宇宙的全体は、まず、人々の社会と、社会よりも前から陸地や海にあった異形《いぎょう》の諸物——ココナッツ・タロイモ・ヤムイモ・豚・魚など——とを同盟《アリエ》させる普遍的効力を持つルールとして姿を現したとされる。次に登場するのが、それ以外の諸発見の起源をなすところの、最初の祖先たちである。そのうち最も有名な発見は、「博識女性」によるものである。彼女は自分の兄弟に、燧石《すいせき》の石核を掘り出すにはどこを掘ればよいか、そこから石包丁を切り出すにはどうすればよいか、そして手斧《ちょうな》を製作するにはどうすればよいかを教えた。これらの道具のおかげで、アレアレの社会では、家やカヌーの建造、菜園への森の開拓、木柵による菜園の豚除け、スリットドラム一式およびパンパイプ一式の製作が可能になったとされる。特に石包丁は、貝製ビーズの貨幣の製造、したがってまた繁栄と活力を強める社会形態、すなわち貨幣を持つ社会を可能にした。また「八艘のカヌー」〔という祖先〕は、長男の誕生日を祝うために、次のような宣言を行った。「彼の名は『流れ星』である。彼は、争い・棍棒・弓矢を廃するために生まれてきた。〔……〕その日より、人を殺める者がいなくなるよう〔……〕私は望んでいる！　彼の誕生日を迎えるにあたって、われわれが持つ貨幣はまだ不足しているのではないだろうか？　彼は貨幣の印の下に生まれてきた！　彼は『大いなる男』となり、次々に祭宴を催し、菜園の豊作に心を配るであろう。そのような者がわれらの国に生まれてきた！〔……〕彼を祝する宴会のために、若い豚を捧げよう！〔……〕もはや一人たりとも人間の犠牲者を村の広場に運び入れてはならない！〔……

しかしながら彼の兄弟はこの命に違背せねばならなかった」――お前がそこに持って来たのは豚ではなく、私が追放したもの、つまり被殺害者の死骸であった！［……］しかし私が述べたように、『流れ星』がここに生まれてよりこのかた、もはや、貨幣によって打ち立てられた権威を通じてしか繁栄は存在しなくなったのである！[29]」

アレアレの人々においては、貨幣は文明の上位段階と関連づけられている。姉が燧石の石塊を発見しそれを弟が加工して以来、貨幣の製造は姉弟間の関係に基づいて、すなわち男女間の非対称的な相互依存に基づいてなされるようになる。この相互依存は明らかに結婚による相互依存とは異なり、かつ明らかにそれよりも高く価値づけされている[30]。社会の上位段階の導入を司るのは貨幣である。「八艘のカヌー」の後、貨幣によって戦闘は抑止され、被殺害者は豚に取って代わられた。こうして、貨幣は、存在の等級における最も高い（特殊な一人一人の人間がいる等級よりも高い）位置に、上位の権威として屹立しているのである。貨幣の位置するところは、社会－宇宙的諸関係の頂点、つまり社会の全体の水準であり、まさに貨幣が位置するこうした水準の差異こそが、菜園におけるタロイモの成長、森における豚の繁殖、そして人間の生殖能力に再起動を促すのである。

しかし、社会の全体をその都度表象するという貨幣のこうした基本的特質は、あらゆる関係を貨幣（表象の上位諸関係）に変換する能力、および貨幣を従属的なすべての（外形および霊気の）諸関係に再変換する能力と照応している。葬儀と結婚式のときに人間がタロイモと豚を食べた後、上向きの貨幣変換（往路の運動をオール－イン－貨幣で締め括る変換）がなされ、すべてを収めた貨幣である「準九」をもって頂点に達し、終了する。この変換は、森における豚による被殺害者の摂食の延長上にあるだけでなく、森における独身男女の儀礼的恋愛――最後に女子から男子に小額の貨幣が贈与される――の延長上にもある。こうしてこの変換によって、「音楽-の-子どもたち」と呼ばれる貨幣の――男性による――妊娠と出産が準備される。

女たちは菜園のタロイモ、森の豚、そして胎児を含む子どもに世話を行うが、それに先行するのが、下向きの貨幣変換（オール-イン-貨幣を霊気・外形の諸関係へと再変換させる）である。祭宴の途中でなされるこの変換は、タロイモおよび豚による人間死者の代替を促進する。最も高い水準において、ビーズ貨幣は、病死者から祖先への社会-宇宙的諸関係の変換をもたらしているだけでなく、また、被殺害者の社会-宇宙的諸関係を社会の全体に再統合している。貨幣は、この社会の「存在-集合《エートル・アンサンブル》」の乱れ《アニトロピ》＝汚れを抑え、「存在-集合」を社会-宇宙的諸関係のフローの往復運動へと投げ返す。

この社会が活性化させる諸存在を等級づけして見るとき、存在の中で最も高く価値づけられるのは、間違いなく貨幣である。貨幣の諸運動はその一つ一つが、男女の祖先たちの権威を更新し、かつ強めていく。男女の祖先たちは、生者たちの協力を得ながら、社会-宇宙的諸関係を永続させることに、つまり宇宙との調和において社会を再起動させることに心を砕いているのだ。貨幣がいくつかの瞬間に変換を通じて表出せねばならない特性が、オール-イン-貨幣――つまり表象の諸関係の全体――である。貨幣はこのような特性を持つがゆえに、社会的諸関係を頂点へと上昇させる能力を持つ上位存在となる。そこから次に、社会的諸関係の上位段階は、外形・霊気の諸関係という下位の諸水準へと再変換することができる。アレアレの人々自身の認識において、貨幣が種の等級の中で最高の地位を占めていることは明白である。

結局、この社会においては、ビーズ貨幣を提示《プレザンテ》すること自体が何にも代え難いのであり、提供される貨幣の数量よりも価値があるとされる。豚やタロイモ-ココナッツという下位等級の種（＝形色）についても同じことが言える。これらも代え難いものであり、これらのものの質は数量よりも高く評価され、数量は常に副次的である。こうして、価値諸量を尺度する貨幣の能力よりも貨幣存在の質の方が上位の価値を持ち、また貨幣が他の二つの種である豚とタロイモを支配する。よって、メラネシアの貨幣が社会諸関係の全体の表現であり、なおかつその基本原理すなわち価値ヒエラルキー化の表現でもあることは否定しえない。

以上から、この貨幣が二次元的であること、つまり互いに異なり外観上互いに矛盾し合う二つの価値水準を活性化させていることが理解される。上位の水準において、貨幣は、包摂的《アングローバン》な社会的価値、社会的次元、社会的全体、そしてヒエラルキー化の原理を表現する。これに対して、下位の水準において、貨幣は、価値の諸量を尺度し実現する能力を行使する。このような「同一性の中での区別」——ここでは貨幣についてのそれ——は、L・デュモンが「反対物の包摂」と呼ぶものである（本章注（16）参照）。アレアレの貨幣には、アリストテレスが貨幣一般に認めていた三つの機能に加えて、二つの次元が見いだされるわけである。この二次元こそ、アレアレの貨幣が価値においてヒエラルキー的に構築されていることの兆候なのである。この二次元が、社会の全体を効果的に表象する貨幣の能力と関連していることは疑いない。ここからさらに比較を進めるべきところだが、その前に、メラネシア人自身がどう見ているのか、耳を傾けることにしたい。

貨幣の比較に関するメラネシア人による表明

本章の以下では、視角を切り替えて論述を進めていきたい。別の社会の言葉《パロル》は、人類学や西欧一般が持っている視角にしばしば転換をもたらす。貨幣に関しては、時期も場所も違う二つの異なった形態の下に、そのような言葉《パロル》を見いだすことができる。

一方の言葉《パロル》は、小マライタ島の出身で司祭として養成され、伝道のために故郷に戻ってきた一人の英国国教司祭が選択したものである。一九四九年、ウィリー・マシュラーは、祖先伝来の慣習の正統性を引き続き信じていた住民たちに向かって、イエス・キリストとは何者だったかを説明するために、次のような公式を用いた。すなわち、「イエス・キリスト＝貨幣の収集《コレクト》」、そして「イエス・キリスト＝貨幣袋の生命」(31)である。聖書の教えに照らしても、またキリスト教国が貨幣に与えている低い地位に照らしても、これは奇妙な言葉《パロル》である。しかし、これこそ、全く異なる二つの社会文化世界を相互に翻訳しえている、瞠目すべき言葉なのである!

では、実際、アレアレ人にとって「ビーズ貨幣袋の生命」とは何であろうか? 正確を期して言えば、これは、葬儀、結婚式、血の代償といった各祭宴が終了するときに提供される潜在的エネルギーに他ならない。墓掘り人および葬儀祭司の貨幣袋や花嫁の父親の貨幣袋は、タロイモ・豚という形色が、実在の上位水準へと、つまりオール－イン－貨幣の水準、表象の諸関係の水準へと上昇したことの結果である。同様にして、「九」を受け取る殺人者〔サイド〕の貨幣袋は、相手集団が上位の社会－宇宙的諸関係――表象の諸関係――に回帰することの承認となっている。これら籐の袋の底にあるビーズ貨幣は、往路運動が儀礼的に有効であったこと、つまり、往路運動が実在をその最高水準へ高めるのに成功したことを証明している。今や、復路運動によって下位の価値水準へと再び下降できる状態となったのだ。要するに、「貨幣袋の生命」は、社会－宇宙システムが頂点に到達したこと、オール－イン－貨幣に到達したことの表現である。この頂点において、葬儀は新しい祖先を確立し、結婚式は子どもの誕生を立ち上げ、「九」の祭宴は殺人の連鎖を断ち切り平和を回復している。

全体が貨幣に変換されるこうした瞬間は、「貨幣の収集」および「貨幣袋の生命」のおかげで達せられるものである。このことによって、「貨幣の収集」も「貨幣袋の生命」もイエス・キリストすなわち聖体を表す比喩となる。キリスト教徒は、聖体の信徒であり、かつ、パンとワインの形色の下に聖体拝領を行う間は聖体を共有する。オスチヤ〔＝聖体のパン〕の拝領に具象化される神との交わりの瞬間は、清浄と平和の頂点を表象している。この瞬間に、人と神との間の契約《アリヤンス》＝同盟関係が更新される。いずれの聖体拝領者も、またいずれの信者集会も、このようにして聖体を祝福することによって上位の水準に到達し、その水準においてキリストの秘蹟に、キリスト教団の全体に参加するのである。

メラネシア人の見方とは異なり（そしてイエス・キリストに関するわれわれの理解とも対立して）、われわれヨーロッパにいる者にとっての貨幣袋とは、何よりもまず、これといった義務に縛られているようには見えない某氏の財産、すなわち権力の一種として位置づけられ、様々な所有・資産・株式……へと変換されうる財産のことである。この財産が競争や紛争を次々に駆り立てるのである。貨幣財産は、一連の利得・損失の結果である数量によって評価される、自己充足的な実体である。貨幣財産には、社会的価値のヒエラルキーは含意されておらず、原則として実在性の水準しか含意されていない。この点で、われわれにとっての貨幣財産とは、支配を狙う権力に他ならない。貨幣財産は、社会諸関係の相互依存や身分・権威とは対立する位置を占めている。実際、貨幣財産は、男／女の相互依存について、世代間や生者／死者の相互依存について何を語っているだろうか？　何も語ってはいない！　では貨幣財産は、西欧社会の全体について何を語っているのだろうか？　われわれが想像するほど多くを語っていないし、明示的に語ることはほとんどない！

貨幣や社会の比較に関するメラネシアの人の言葉《パロル》としてもう一つ、アリキ・ノノオヒマエ・エーレハウ（Aliki Nono'ohimae Eerehau）(32)がパリで発したものを取り上げておきたい。彼は、一九八二年一〇月から一二月にかけて、自分自身の文化をパリ人の風俗と比較することにより次々に考察を進め、その末に以下のことを見いだした。つまり、二つの社会を比較して目を引くのはパリの花であり、彼から見ると、パリの花は、どの街角でも見かける「大いなる物」である。「もう一人の人が言った、『その通りです。フランスは大量の花を生産していますが、大部分がオランダに輸出され、その後、オランダの輸出ネットワークを通じて再びフランスに入ってくるのですから』と。このように、花は、地元フランスの地面の上で生産され、包装のためにオランダに送られ、全世界で、特にフランスの都市星雲の中心であるパリで販売される」。

パリの混雑した通りにおいて、メラネシアの友人は、花がトラックやピックアップカーに乗って循環するのを見たし、たいていは男たち、しばしば女たちが花束を腕に抱えているのを目撃した。彼は、花を必要不可欠とする多くの動機があることを観察した。以下に掲げるリストには、社会的紐帯の発現がいくつも見いだされる。

――友人を訪ねるために、あるいは密会に行く途中で花が必要となる。

――個人のライフサイクルの節目となるお祝い（洗礼、結婚、葬儀）のために、また公的式典の開催場を飾るために花が必要となる。

――死者のために必ず花が花束や花冠の形で供えられるが、しばしば花の種類は異なり、またたいていの場合献供方法も異なる。死者のベッドの周りでは花が遺体を取り囲み、棺は花に囲まれて出棺され教会や墓地へと向かい、その後、墓穴に花が投げ込まれ、最後に、墓石の上に花が置かれる。

——パリには、ペールラシェーズ〔＝ラシェーズ神父〕の丘その他の墓地のように、死者の国の町があり、そのすべては花で飾られている。

——すべての死者のためのカトリックの祭が毎年一一月二日〔死者の日〕に行われ、この日には、新しい花が墓地に運ばれ、古い枯れた花と取り替えられる。これに先立つ数日の間、墓地は、死者のために庭仕事をする生者たちで賑わう。死者の日がある週の週末、フランスの道路は一年で最も危険とされる。それは、故人の思い出が生者を襲うと考えられるからである。

——民族と共和国を祝福するために、歴史的事件・戦場・有名人を記念する建造物の近くには花が供えられるのが常であり、公的な建物のペディメントは花で飾られている。

——さらに驚くべきことに、第一次世界大戦の「無名戦士」の墓や、パリのエトワール広場には、定期的に、共和国大統領や外国の国家元首によって花が供えられる。その他に、海で死んだ船員のために難船に向かって花が投げ込まれる。

——教会・寺院には花が供えられる。特に多いのは祭壇の上であるが、しばしばキリスト磔刑像の足元や単なる十字架の根元にも供えられる。街角には、一九四四年のパリ解放時の戦闘死者を記念して花が供えられている。

——ボタンの穴や女性の髪の毛に、花が挿される。場合によっては、花は口の端に咥えて運ばれるし、愛撫する指の延長にもなる。最後にそれ以外にも、花は、暖炉や食器棚の上にある古い写真の傍らに飾られる。

メラネシアの友人によれば、パリにおいては、社会諸関係を開始・維持・再起動するために花が必要なのである。彼が言わんとしていることを詳しく検討してみよう。何よりもまず、彼は、花を与える行為とそれを受け取る行為とが顕著な対照をなしていることを観察している。また彼によれば、この二つの立場——贈与と受贈〔＝受け取り〕——は価値において互いに異なっており、決して均等ではない。この観察は、モースが『贈与論』で行った試み、すなわち異なる複数の操作——贈与・受け取り・返礼——を結び合わせる緊張から出発して、価値ヒエラルキーをはらむ調和した一総体——すなわち一つの全体——を構築しようとする試みと合致している。さらに彼は、花の献供によって、考察されている社会関係が上位の価値水準に昇格することを指摘している。社会的行為は、この上位の水準において初めて位置を獲得し、重要かつ有効なものとなる。花を献供することは、他人との関係を開くだけではなく、実在の上位水準の中にその関係を包摂することにもなる。そのことによって社会的諸紐帯と総体的存在は、受け入れ可能かつ更新可能となる。彼によれば、花が献供されるまさにその瞬間、社会関係はその頂点へと転位する。この転位は常に、個人間関係を超えたものに、つまり社会の全体に準拠してなされる。

エーレハウは、パリ市民の生活に占める花の位置にわれわれの注意を向けることによって、社会学の領域に踏み込んでいる。ここで社会学の領域とは、交換の領域、もっと言えば花の交換または花の流通の領域のことだ。しかし、パリの花との関連で交換を引き合いに出すことは、この現象が持つ重要性を低下させてしまう。なぜなら、エーレハウがわれわれに教えるように、献供される花に表現されているのは、運動が頂点に達するのに対応して価値の水準もまた変化するということであるからだ。このとき、その都度、社会関係は究極の——すなわち、社会関係を従属させる全体への準拠の——水準へと高められる。この頂点から出発した後、社会関係は数々の試練に耐えることができ、ついには新たな花のフローを必要とするに至る。以下、社会関係がそれぞれの全体に特有なリズムに従いながら、同じことが繰り返される。花が顧みられなくなるとき、社会関係は崩壊し、陳腐な紛争的対峙さらには虚無に陥り、消滅していく。われらのメラネシアの友人は、社会生活の諸行動を観察した上で、比較による評価を下す。彼ははっきりとこう述べる。「花は、パリにおける真の［＝貝製ビーズの］貨幣である。私自身の社会における［ビーズの］貨幣は、パリの至るところに流通している花と同じようなものである」。パリの花と同様に、アレアレの国のビーズ貨幣もまた、社会的紐帯を価値の頂点へ一時的に押し上げる。ビーズ貨幣によって、社会的紐帯は、人間・豚・タロイモ――西欧ではこうした存在は「被造の種《しゅ》」または「財」と呼ばれる――という下位の同一性《イダンティテ》が占めるヒエラルキー水準から、上方へと引き上げられる。こうした――社会的実在の下位水準を表現するところの――同一性を超えた上方において、（ビーズ）貨幣はパリの花と同じく、社会関係を築き上げるために通らねばならない道なのである。ここでの社会関係とは共同体の存在集合であり、愛情、友情、結婚、祝祭、哀悼、ミサ、あるいは対立集団間の平和回復などを含む。いずれの場面においても、（花と同じように）貨幣が運動の頂点を形作ることによって、準拠されている社会的全体の価値が肯定し直される。

　われわれはパリにおいて花が循環するのを実際に目にするが、実はそのパリの花々は〔ビーズ貨幣の場合とは〕別の「他者」に準拠している。実在の上位水準に到達するためには、パリの花々はそうした他者を内包している必要があるのである。こうしてパリの花そのもののうちに、花に表されている権威と、花の不在または逆に過剰によって顕示される権力との間の区別が示されている。このことから、花と近代貨幣との間の差異が理解される。明らかに、近代貨幣は花とは重なり合わない。近代貨幣と花との間にはずれがあり、すなわち近代貨幣は社会的紐帯・関係・地位・全体よりも下方にある。この点は、よく使われる次のような言い回しから理解される――「人の役に立つのはよいが、金銭と引き換えはよくない！」

近代貨幣について

われわれは、ビーズ貨幣の内に、価値の二つの水準――そのうちの一方が他方を包摂する――による二次元を見いだした。この貨幣の上位の水準は、準拠する社会的全体を包摂する価値と、ヒエラルキー化の原理そのものとを表し、それに対して下位の水準は、価値の量、権力の強さを尺度（ないし測定）する能力を表す。どうすれば、この二つの水準と、両者を含むヒエラルキー化とをよりよく理解できるだろうか？　包摂《アングローバン》する水準を理解するために、われわれは、パリの花と同様にビーズ貨幣もまた、「内包された第三項」――「排除された第三項」と呼ばれる等位的な論理と対比される――をともなうヒエラルキー的布置《コンフィギュラシオン》に準拠している、と言うことができる。

物理学者のB・ニコレスクによれば、排除された第三項の論理は、「単一の実在水準の存在《エグジスタンス》についての仮説」に対応している。「[……この]ドグマは、あらゆるドグマと同じように恣意的である。[……]われわれが単一の実在水準にとどまるならば、あらゆる顕現《マニフェスタシオン》は、矛盾し合う二要素――例えば波動（A）と粒子（非A）――の間の闘争として現れる。（「内包された第三項」による）状態Tは、これとは別の実在水準において成立する。その水準においては、不和に見えるもの（波動か粒子か）が実は統一されている（素粒子）。[……]内包された第三項が包摂されることによって、遍歴現象も、そして局在現象も見られるのである[33]」。

人文・社会科学においては、インドネシアの研究者であるトンリ（U. Tongli）が、セラム島（インドネシアのモルッカ諸島にある）のヌアウル人に関する彼のテーゼの中で、各社会におけるこのような「他者」を「内包された第三項」と呼んでいる。これは、ルイ・デュモンが提出した類似の概念布置に準拠したものである。デュモンの「反対物の包摂」は、諸社会やそれらの価値ヒエラルキーに関する比較社会学に方法論的道具を与えた。(34) パリの花々がわれわれに垣間見させてくれる実在の上位水準は、超越的なものでも内在的なものでもないし、象徴的《ルサンボリーク》なものでも経済的なものでもない。それは、まさしく社会的なものである。すなわち、実在の上位水準によって、あらゆる社会関係および――したがって――人間の社会的次元の稀にしか明示されることのない諸条件、自らの反対物をヒエラルキー化し包摂するための諸条件が満たされるのである。社会関係の上位水準は、価値において下位にあるその反対物を包摂する。ここでの「反対物」とは、価値諸量の計量尺度のことである。

貨幣においては、「反対物の包摂」は、相互依存・最終的価値・社会的全体に関係する権威と、権威よりも下位の水準を体現する権力との間の対立となって現れる。権力が関係する下位の水準は、支配の水準、つまり、平等主義的な統一場の上での対立の水準である。次のように言ってよい。すなわち、包摂する《アングローバン》上位水準においては、ビーズ－の－貨幣－存在が社会－宇宙的諸関係から、すなわち地位や権威から構築されている。その一方、下位の水準においては、貨幣諸単位の数量による数え上げが、実体や財産の次元においてなされており、権力に転化している。しかし、この数え上げは権力と化してはいても、依然として地位に、すなわち貨幣の権威――社会関係の中でも特別な存在であり、かつ社会の全体を表象する存在でもある――に全面的に従属している。よって、貨幣で表される富は、社会的全体への厳密な従属性において理解されねばならない。ところが、このような理解の仕方は、われわれには馴染みでなくなっているばかりか、知ることすら不可能になっているのである。では、メラネシアのビーズ貨幣を築き上げているところの、権威と権力との間のこうした非対称性は、近代の貨幣にも認められるのだろうか？　答えは単純ではない。というのも、貨幣を論じた本書の諸テキストは近代貨幣の内に、金融／貨幣、私的債務／社会的債務、水平性／垂直性という一連の対比から成る二次元を析出しており、それに対応して挙げられている諸事実の二つの集合は、類似と相違の両方を際立たせているからである。ただしこの解明からまた、メラネシアとヨーロッパの両社会に見いだされる二つの価値ヒエラルキーが異なる性質を持っていることは明らかである。

明らかにこのことは、キリスト教が二つの世界の間に設定した断絶に対応している。プロティノス(Plotin)の言うように「魂は必然的に両生であり、ある時期は天上にて、ある時期は地上にて暮らす(35)」のだとすれば、キリスト教徒にとって貨幣は地上にて、俗世にて、社会にて現れるものだということは争う余地がない。しかし、この場合の社会は一つの全体ではない、つまりメラネシアにおけるように最終的準拠《レフェランス》ではない。むしろ、社会は全面的に「天上の生」に従属している。価値の考慮に基づくこうした「反対物の包摂」は、聖書からの次の引用においてはっきりと示されている(36)。

「〔律法学士の陥れようとする質問に答えて〕『わたしたちが皇帝に税金を納めるのは、律法に適っているでしょうか、適っていないでしょうか。』イエスは彼らのたくらみを見抜いて言われた。『デナリオン銀貨を見せなさい。そこには、だれの肖像と銘があるか。』彼らが『皇帝のものです』と言うと、イエスは言われた。『それならば、皇帝のものは皇帝に、神のものは神に返しなさい』」。

ここでの「適っているでしょうか、適っていないでしょうか」という言葉は、律法学士が「排除された第三項」の論理の中にいることを示している。この論理にあっては、対立が唯一無比の実在水準を構築している。それに対してキリストの答えは、敵対し合う二つの世界を同一平面上で対峙させるものではない。それなのに現代の多くの信者たちは、これをもっぱら「排除された第三項」の論理によって理解している。だが二つの世界の対称性は見かけ上のものでしかない。なぜなら、われわれが皇帝の正統的な要求に従わなければならないのは、神との関連においてだからである。このようにして生み出される距離は、ある意味で、皇帝の要求が単純に拒否される場合のそれよりも大きい(37)。ここには、価値におけるヒエラルキー化、「内包された第三項」の論理が見いだされる。

しかし、この「内包された第三項」は、メラネシア的な社会的全体に準拠しているのではなく、唯一者の個人それぞれが唯一者の神と結ぶ関係に準拠している。イエスによれば、貨幣は下位の水準に現れる。その証拠は、貨幣が「肖像と銘」という回り道をとっていることにある。肖像も銘も、自己同一的《イダンティテール》な――だが合理的ではない――表象－代理に還元される(38)。「われわれの近代的偏見」と距離を置くことを知るホカートが言うように、「貨幣は宗教を起源としている」。皇帝がデナリオン銀貨の表面の肖像となっているのは、「硬貨に刻まれる主権者の頭部が神の表象である(39)」からに他ならない。これに対してイエスによれば、デナリオン銀貨には、神との関係が記されているようには見えない。ローマ貨幣が二つの次元を持つことは、イエスによって拒否されているのだ。むしろ、神に対する人間主体の関係という水準に「内包された第三項」が見いだされることによって、貨幣は単なる権力として、一次元的なものに転化している。イエスによれば、皇帝の肖像はローマ人にとってのように全体への準拠、（ローマ帝国という）普遍的なものへの準拠を示してはおらず、もっぱら地上を支配する平板な権力への準拠のみを示している。こうしてイエスは、ローマ貨幣から、価値ヒエラルキーの上位水準を表象する能力を奪った。このとき以来、われわれの近代貨幣は、イエス・キリストにとってのローマ貨幣と同様に、価値ヒエラルキー化の原理を表象しえていないのである。近代貨幣にも確かに社会への準拠はついて回るが、社会への準拠は常に下位水準に位置づけられている。

一三八〇年頃、リジューの司教ニコル・オレームが与したのも——やり方こそ違っていたが——、明らかにこの方向であった。長期間にわたって財源不足が続いた後、オレームは、君主に有利な貨幣変更に激しく抗議するために(40)、国王シャルル五世に宛ててラテン語で著述を行い、後にそれをフランス語に翻訳した。その著作が「貨幣の最初の発明についての概論」(41)である。以下のように、聖書の同じ章句に依拠しながらも、彼が貨幣に与えた位置づけは全く異なるものであった。

「公共の利益のために、君主は、貨幣に刻印を押し［……］鍛造しなければならない。しかし、だからと言って主《しゅ》および君主が、公国と領地に流通する貨幣の所有者および領主であるわけでも、そうあらねばならないわけでもない。なぜなら、貨幣とは、人々の間で自然の富を交換し合うための平等な道具であることによって［……］、純然たる〈富〉が過去にそうであったもの——物や人——の真正なる所有［……］であるからだ。つまり次のように言える。誰もが金銭と引き換えに自分のパンか、または自分自身の肉体による労働を与えるとしよう。そのような方法で金銭を受け取るとき、確かにその金銭は今は純粋に当人のものであるが、過去にはまた、彼のパン、もしくは彼の肉体の労働であったものである。彼が奴隷でないと仮定すれば、これら〔パンと労働〕を作ったり与えたりすることは、彼の自由な支配「自由意思（potestas）」に委ねられている。このことは取りも直さず、神が、自らの美しき世界の開始に際して、君主に対してだけでなく、われらの最初の祖先〔アダムとイブ〕とその代々の子孫全員に対しても、自由や物の領主権を与えたことによっている。まさに創世記の書に記されてある通りである」[42]。

オレームによれば、「貨幣は主人を持たない」というフランスの古いことわざにもあるように、貨幣は地位と関わりを持たない。それどころか貨幣は「生き物と人の地」に対立し、あらゆる社会的従属を免れた実体であり、「人々の間で自然の富を交換し合うための平等な道具」である。貨幣は、個人によって提供される「パン、または自分自身の肉体による労働」の金銭等価物である。こうして「私人の欲求の上に権利を基礎づけることが、社会的または分配的正義の理念からの帰結であること、また、私人の労働の上に権利を基礎づけることが、〔その人〕自身に内蔵されるメタ社会的な実体としての個人という理念からの帰結であること[43]」が理解されるだろう。ここでは貨幣は富‐物であり、メラネシアにおけるように存在ではない。あらゆる人間（奴隷でない限り）は、「自らの自由な支配」の下で、社会的従属を課されることなく、自己の労働の生産物あるいは労働そのものの交換によって、貨幣を直接に手に入れる。貨幣は「純粋に当人のもの」、すなわち私有財産、個人財産である。

オレームは自らの主張を補強すべく、君主と君主の間に確立される平等と同じように、人類の末裔の全員の間に確立される平等もまた神的な起源を持つことを強調している。そこでは、末裔としての紐帯がもたらす価値は、人間種〔＝人類〕全体に関係づけられる。結局オレームによれば、あらゆる人間存在において、人と人の間の互いの「自由」——従属の不在——は「物の領主権《セニューリ》」と非常に密接に結びついている。こうして、一人一人の人間は「貨幣の所有者にして領主《セニュール》でも」あるととらえられる。しかし注意すべきは、オレームが、可動的な〔＝動産の〕富を上位の位置に引き上げようとする際に、「物の領主権《セニューリ》」という定式を用い、地位のタームによって主張を展開していることである。この定式は、私的な動産を、人間間の従属関係よりも上位の地位へと引き上げているように見える！ オレームにおいては、貨幣は、地上に配置されていながらも、それと同時に何よりもまず——そして主要には——依然として社会の外にあって、直接に、神に対する人間の個人的関係に準拠し続けているのである。

オレームは、「概論」のもっと後の箇所で、ルカによる福音書からの引用文にコメントしながら、地位によるヒエラルキー化〔の議論〕をさらに進めようとしている。「『それならば、皇帝のものは皇帝に、そして神の物は神に返しなさい。［……］』。というのも、使徒〔ルカ〕が言うように、『税金が支払われるべき者に、税金は与えられよう。そして戦争が支払われるべき者に、戦争は与えられよう』からである。イエス・キリストは、この章句を通じて、誰に税金が支払われるべきかを教えているのである。つまり、税金が支払われるべき先は、国事のために活動し闘っている者、王国防衛や公益［ratione imperii］のために貨幣を鍛造することができる者である。こうして、以上に申し立てた諸理由により、貨幣は共同体に、そして特異な諸個人に属するのである[44]」。

ここでオレームは、戦争を行い貨幣を製造する皇帝や王の主権的地位が、神に対する個人的関係に従属しているにもかかわらず、徴税権を与えていることを認めている。したがって、「皇帝に属し所有されているものを皇帝に返すことは、皇帝に服従すること以外の何物でもない[45]」。このようにして貨幣は二つの水準にヒエラルキー化されている。つまり、一方で貨幣は神に対する個人的な関係に準拠している。他方で貨幣は、下位水準においてはもっぱら、権威の外観で飾られた権力に準拠している。なぜなら、貨幣は「〔皇帝〕に属し所有されている」からである。ここでわれわれは重要な事実を知る。すなわち、近代的な悟性がわれわれに教えるように、権威は、下位水準に連れて来られると、下位水準の権威であることをやめ、権力と一体化するという事実である。

しかし、このように権力に言及している場合を除いては、オレームは、「貨幣は共同体（人民主権という全体？）に、かつ（神に対する彼らの個人的・非社会的な関係に基づいて）特異《サンギュリエ》な諸個人に〔同時に〕属している」ことを明確に主張している。オレームによれば、この「共同体」は、君主に対峙して「結集」し「〔自分たちだけで〕もしくは自分たちの大多数で意思決定を行う[46]」能力を持たねばならない。これは、決定が「市民共同体」の過半数によってなされるということであり、それまでとは違い「特異な諸個人」に最終的価値を置くものである。しかし、一つの全体――メラネシアにおいてはこれ自体が最高の価値とされる――によってヒエラルキー化された共同体と、神と個人的に関係する「特異な諸個人」という最終的価値に従属する「市民共同体」との間には、かなりの距離がある。「特異な諸個人」は、神との個人的な関係を通じて、まさしく動産や貨幣の――潜在的かつ私的な――所有者になる。

ところが、シャルル五世宛てに書かれたラテン語のテキストよりも数年後、まだ時代遅れにならない時期に出版されたフランス語版において、オレームは、次のような事実を見て嘆いている。すなわちその事実とは、皇帝への服従の古い時代より後、「その服従が彼〔皇帝〕に対するものではなくなり習慣化してしまったこと、誰もが、国王の支配を免れて自らの意志で――しかも国王および王国政府の名において定められた公定価格を離れて――金銀のドゥニエ貨を売ったり配分したりしているかのように公言しました思い込んでいること[47]」である。

オレームは、同時代の人々が勝手気ままに貨幣を使用し、「[国王]および王国政府によって」規定されたレートを守っていないことに遺憾の意を表している（われわれならばこう言うだろう——彼らは良き経済主体になった！）。諸個人は、社会の全体を表象する上位の社会的権威を承認することを、物に関してだけはますます拒否するようになった。そのことに彼は抗議しているのである。時代とともに生きるだけでなく、しばしば時代に先んじる（「概論」では、多数決方式の市民集会に基づく人民主権を国王に推奨している）ことができたオレームは、価値ヒエラルキーの名の下に社会の非従属を強制するという近代のアポリア〔＝難題〕についてわれわれに手がかりを提供している。オレーム自身は、動産の私的所有を神に対する個人的・非社会的関係に直接に準拠させるものとして、価値ヒエラルキーに言及しそれに支持を寄せている。価値ヒエラルキーのこうした作用が関与したことによって、フランスの貨幣は一三八〇年以降、メラネシアの貨幣のように社会の全体の水準を表象することができなくなった。オレームによれば、価値ヒエラルキーは二重の最終的準拠、つまり「市民共同体」への準拠と、神との関係における「特異な個人」の威厳への準拠とによって支えられている。

二つの価値ヒエラルキーの比較をさらに進めてみよう。メラネシアのそれは二次元的であるように思われる。そこには、表象の諸関係という上位水準——ここでは「飼い慣らされた権威」としての貨幣が社会の全体を表象している——と、貨幣が価値諸量を現勢化し権力として姿を現す下位水準との間のヒエラルキー的対立が見いだされる。この二次元は、貨幣の贈与と受け取りとが等価の行為ではないという事実のうちに認められる。前者〔貨幣の贈与〕は、一時的な上位の地位に対応し、後者〔貨幣の受け取り〕は、「九」の支払い時のように下位の地位に対応している。「九」の支払いの際、贈与者は「招集者」と見なされる一方、受贈者である「殺人者」は身内を殺すまでして、貨幣の保有者に、したがって貨幣財産の権力の保有者になる。

メラネシアの貨幣と比較するとき、近代貨幣には、権威と権力の別様の対立が見いだされる。つまり、オレームがわれわれに示したように、西欧においてはこの二つの次元が、既に久しい以前から、〔メラネシアとは〕別の「包摂された第三項」に従属している。西欧の「包摂された第三項」とは、社会－宇宙の全体ではなく、神や神の権化に対する個人的関係である。今日において神の権化とは、人間の普遍的な諸権利であり、またそれはロック〔＝ジョン・ロック〕とともに、従属に代えて私的所有を即位させたのであり、「われわれは」所有・生産する個人であることを選択し、そして、従属を含意する社会的全体性にも、われわれの隣人にも――少なくとも自分よりも上位または下位である限りにおいて――背を向けてきた」[48]。

このようなヨーロッパ的な布置の中で、われわれは何よりもまず、社会的なものの価値が従属的な位置〔下位〕にあり、最終的価値がもはや社会的次元にではなく、人間主体と神そのものとの契約《アリヤンス》＝同盟に置かれていることに注目することができる。この契約《アリヤンス》＝同盟は、ありとあらゆるものに及ぶ個人的な存在規範を通じて承認される。それゆえここで準拠されている全体は〔メラネシアのそれとは〕別物であり、上位において一人一人の特殊な個人と神との間の緊張となって表れる。この場合、社会世界は下のほうにあって、二次的・従属的な価値を付与されるにとどまる。したがって、今や貨幣は、人間主体のみに仕える交換の単なる手段・対象にすぎない。貨幣は確かに地上世界の中に位置づけられ、主権によって保護されているが、しかし人格の尊厳を称揚する上位的な諸原理に従属している。

次に、近代貨幣のこうした従属的な社会的次元は、メラネシアにおけるように社会－宇宙的で関係的な普遍的主権に包まれておらず、むしろ実体的な領土的主権の枠組みとなって表れる。領土的主権〔が及ぶの〕は、領土の範囲に、そしてそこに居住する人間の集団のみに限定される。オレームが言及したこの「市民の共同体」は、メラネシア社会の全体と比較して、かなり後退している。「市民の共同体」とはむしろ、ヨーロッパに多数ある政治的(そして非社会－宇宙的)集団(＝政治的権利の行使者としての国民)の一つと言ってよい。ヨーロッパには、普遍的主権――具体的にはゲルマン人の神聖ローマ帝国――が分裂を繰り返した結果として、このような集団が多数あるのである。

与えた影響という点でもっと重大であったのは、次のことである。すなわち、関係よりも自己同一的《イダンティテール》実体のほうが――近代においては――優位であることと軌を一にして、社会的なものの権威を神に対する個人主体の上位的関係に従属させた結果として、社会の権威－主権が権力へと格下げしていったことである。実際、神との最終的な関係は、地位が異なる人々の間の従属関係の価値を低下させることによって、諸個人が自由に物にアクセスしうる道を開いた。私的所有に価値が付与され、そして、人間に対する物の「リベラルな」優位は、権威－主権の水準における人間同士の関係を生産と権力の関係へと格下げした。このような事態を背景として、交換の理論や互酬の理論が魅力を増していった。西欧では、こうした理論が折り良く現れたため、個別主体という最終的価値が徐々に「社会－宇宙的全体」に取って代わったことも、社会的全体の権威が少しずつ権力へと格下げしていったことも、さらには「所有的個人主義」[49]からわれわれを解放しようとする魔法使いの弟子たちの思い上がりも覆い隠された。

ここでわれわれは、近代の装置が持つ非常に危険な特性に直面する。神に対する個人的・非社会的な関係がひとたび最終的水準に位置づけられると、現世的権威への従属関係が、容易に支配と権力の関係に転換していく。それとともに、権威–主権と権力との間の価値格差は消滅し、人々の間に、唯一無比の実在水準が、つまり競争・対立《コンフリ》・権力の特性であるところの「排除された第三項」の論理が確立される。このことは二通りの仕方で実現される。すなわち、（オレームが言うように）経済諸主体が相互に衝突し合いながら権威–主権を超えていくか、あるいは、権威–主権そのものが支配へと、そして単なる権力へと変化するかである。

後者のケースにおいては以下のようなことが見いだされる。すなわち、個人が自分自身およびその絶対的外形との非社会的かつ最終的な関係を持つことを通じて、貨幣資産が形成される。ヒトラー主義やレーニン主義に見られたのは、擬似共同体的・民衆主義的《ポピュリスト》な価値で自らを粉飾しながら勢力を築こうとする——潜在的に全体主義的な——人々であったが、貨幣財産の数・量への依存は、〔個人が〕そのような人々を基盤とする指令権力の側につくことを免れさせている。「われわれが習ってきた少しばかりの歴史［……］は、経済を後退させることは再び従属を出現させることにおそらく等しいであろうこと、その過渡期にわれわれを待っているのが恐るべき混乱であろうことを示唆している。実際、正常な形態での従属、すなわち価値としての従属は［……］われわれのイデオロギーからは排除されている。それゆえ、従属の再導入は恥ずべき病的な形態の下でのみ、つまり抑圧としてのみ可能なのである(50)」。

最終的準拠の二重化を特徴とする近代の状況においては、権威–主権の格下げを回避することは困難である。物・貨幣の自由主義的《リベラル》な優位を単に放棄することだけからも、権威–主権の堕落は生じる。その結果として支配と排除が引き起こされる。あるいはしばしば、民衆主義的な共同体——全体主義権力を民衆の権威であるかのように偽装するところの——への呪詛的で憂愁を帯びた訴えからも、権威–主権の堕落は生じる。

この二つの傾向のどちらかに沿って——物・貨幣の権力に対して自由主義的・盲目的に自由を授けることを通じて、または全体主義的な融和を強制することを通じて——抑圧を招き寄せないためには、実際諸行為を秩序づけることが必要である。この秩序づけのための前提となるのは、二重のヒエラルキー形成から帰結するところの、諸法・諸規制の総体、組織構造、日常的な実際行為である。ここで二重のヒエラルキーとは、一方における、人民主権という上位の社会的権威と物・貨幣という下位の権力との間のヒエラルキー、他方における、票の集計《デノンブル》〔＝数え上げ〕から結果する全体によって築き上げられる社会的権威と貨幣という下位の権力との間のヒエラルキーのことである。後者のヒエラルキー形成はそれ自体がまた、依然として非社会的な最終的価値——われわれはこれを「内包された第三項」と呼んだ——に従属していなければならない。

実際、上位水準において常に明示的に見られることだが、ヒエラルキー形成が権威－主権（例えば主権国家）の社会的価値を人格という非社会的価値に従属させ損なう場合、その価値ヒエラルキーは格下げ・転覆さらには廃棄される。これにより力を増すのは、全体主義化した権力、すなわち権威－主権に対しても人格の崇高な尊厳に対しても優位に立つ権力である。われわれは、下位の水準にあっては、物に対する人間の依存において現勢化している非社会的関係が、権威に対する権力の従属に関する唯一の担保なのだと主張することができる。われわれの理解によれば、上位の水準においては経済的なもの《レコノミーク》が人格の最終的価値を引き受けるけれども、経済的なものは人格の最終的価値を転覆する明白な傾向を持っている。

これに対して、下位水準においては、しばしば夫婦・家族・親類においてそうであるように、また一定の職業や連帯ネットワークにおいてそうであるように、全体論的な価値が損なわれることなく、優位を占めることができる。

結局のところ、今日のヨーロッパで経験・推進されているような貨幣の至上的権威〔欧州単一通貨の導入を指す〕は、暗黙のうちに人格の尊厳に依拠している。当然のことであるが、特殊な一領土主権の内にあっては、人格の尊厳はせいぜい下位水準において暫定的・憶測的に見いだされるにすぎない。われわれは、どの時点で最終的価値が充実した社会的次元へと方向づけられることをやめて、全面的に人間主体——既に経済主体と化しているところの——の尊厳へと方向づけられるようになったかを既に見た。このとき以降、社会的次元に構築されたあらゆるものが、普遍的人格に奉仕する道徳的意図によって包み込まれるようになった。ヨーロッパにおける諸価値のこうした布置は、非常に不安定かつ危険である。なぜなら、それは二重の最終的価値からの帰結であり、そのうちの一方である社会の最終的価値が、他方の非社会的性質を持った最終的価値に従属しているからだ。ところがまた、人格の権威というものが極端な脆弱性を持っていることもわれわれは認めねばならない。なぜなら、人格の権威は自らよりも上にある何物によっても対抗されないけれども、同時にまた、いかなる権力をも意のままにはしえないからである。人格は、価値に関して分割不可能かつ不可侵な統一体であるとともに、全体性の観念がいまなお「市民権」を得ることができる唯一の場所となっている！

　近年、貨幣間の調整《レギュラシオン》においていくつかの進展が見られた。その中で特記すべきは、中央銀行に権威を付与するために、政治《ル・ポリティーク》から独立した制度が作られたことである。それにまた、ヨーロッパ・レベルの中央銀行を持つ欧州単一通貨のプロジェクトが進展した。こうした発展の成果いかんは、人格の至上的権威によって、また「物のみと関係する個人」の普遍的価値によって、人民主権に付着した社会的諸価値が乗り越えられるかどうかにかかっている。だがこの乗り越えは困難である。人格の至上的権威や物と関係する個人の普遍的価値は国によって異なった仕方で経験されてきたけれども、やがてこれらのものが国の違いを超えて尊重されていかなければ乗り越えは不可能だ。〈自由〉の伝統のこうした論理的・社会学的な帰結――近代貨幣に見いだされるところの――は、次のような驚くべき転倒に対応している。すなわち、天上の生における個々の魂の救済が、地上の生の限界内で物との関係において提示されることになった。そしてこのときの物との関係は、人民主権と貨幣主権の両者によって秩序づけられねばならない。人民主権は領土的性質を有し、裁量的な権力と、全体主義的傾向を持つ社会的従属とによって保護される。これに対して貨幣主権は、人格という最終的価値の上に築かれている。領土的・貨幣的というこの二つの主権がつい最近になって密かに区別されるようになってきたことは、ヨーロッパで尊重されている価値ヒエラルキーの頂点において個人的・経済的主体の優位が強まってきたことの明白な兆候である。しかし、この二つの主権を全員の同意をもってヒエラルキー的に秩序づけるために、どのようにすれば二つの主権を矛盾し合わなくすることができるのだろうか、また二つの主権は将来矛盾し合わなくなるのだろうか？ そして、現在現れつつあるヒエラルキー的構図は、メラネシアに見られたように、男／女、生者／死者という連動し合う根本的な二つの非対称関係を容れるための場所を作り出すのだろうか？ 現在のところ、それぞれの非対称関係は敵対性をはらむものとして経験されているのではないだろうか？ この二つの非対称関係に意味を与えることができなければ、人民の諸主権と人格の諸主権をヒエラルキー化させることも、それゆえまた活かすことも困難であろう。人格の最終的価値を考慮することによって秩序づけられる存在－集合《エートル・アンサンブル》においては、人間の社会的次元が持つ抑圧し難い――ある意味ではまた最終的な――性質を認識することが緊急に必要なのである。人間の社会的次元が隠されるとき、それは金融的投機の仮想現実的なダミーと化すか、もしくは、仲間うちのもの、秘密のもの、しばしば恥ずべきものとして体験されることになる！

第6章

古代ローマにおける戸口調査・評価・貨幣

ジャン・アンドリュー

重要かつ非常に威信のある位置を監察官に与えた。監察官の役割は、今日われわれが呼ぶところの「執行権力《プヴォワール・エグゼキュティフ》」(これをラテン語に翻訳することは不可能である)に依存していたことは明白である。しかし注意すべきは、監察官の役割は執行権力の一部にしか対応していなかったという点である。つまり、監察官は、財産に関する政策を自由に運営できる立場にはいなかった。なぜなら彼らは、ローマ市の不動産を売却する権利を有していなかったからである。監察官の役割は、これら不動産を管理することにとどまった。執政官あるいは政務官として、別の機会であれば監察官は介入することもできた。しかし監査業務に従事している間は、(例えば、特定の地域の利益になると見られる)土地の売却を命じる権利を監察官は持たなかった。

監察官たちは他ならぬ監察官としては、契約の管理に日々従事するより他の能力は持たなかった。というのも、一度すべての入札と戸口調査が終了すれば、彼らの職務はその時点で終了するからだ。彼らは他の議員と同様の元老院議員となる(ただし今度は、元老院のヒエラルキーの中でも頂点に位置することとなる)。残りの三年半の間は、請負人が自らの義務である支払いを続ける一方で、別の政務官、特に執政官が、ローマの利益のために、元老院全体と共に請負〔業務〕の適切な遂行を管理する。毎年、請負人は、執政官の責任の下で、政府に対する自らの勘定を決算する。

落札の条件は、監査終了後に、しばしば(二人の執政官のうち一人の発議に基づいて)元老院や人民の集会を通じて修正された。

紀元前六一―五九年の出来事は、この点を説明するのにちょうどよい例である。紀元前六一年の監察官は、戸口調査を終了させることができなかった。にもかかわらず、入札は行われた。ルストゥルムが催されなかったにもかかわらず、入札は有効であると見なされた。入札を実施するにあたり、ルストゥルムを待つ必要がなかったのだ。数カ月後、アジア地域の請負人が、過度な高値で落札が行われたことに対して告訴してきた。彼らは財務局に支払わねばならない年賦金を減額するよう、元老院に要求した。元老院は長期間この要求を拒んでいたが、紀元前五九年、執政官であったカエサルが、年賦金の減額を認める法案を可決させた(5)。

戸口調査は、軍事、政治、財政という独立した、しかし互いに連関している三つの機能を有していた。古代都市ローマの主要な原理の一つは、ローマ市民がいくつかの集団に分属され、人民の集会において、集団ごとに投票を一回行えることであった。したがって人民の集会（「民会《コミティア》」）においては、政務官の選出と法律の承認に関して、二回の投票が連続して行われた。一回目の投票は、各集団の中で行われた。二回目の投票は様々な集団の投票を総括するもので、各集団が集団ごとの統一意見を表出するものであった。

ローマ市民を個別の集団に分属させる役目を果たしたのは、監察官である。分属には、二つの主要な原理があった。第一に、財産の評価、および監察官が行う各市民についての評価である。市民についての監察官による評価に従う形で、市民は百人隊《ケントゥリア》に分属させられる。第二に、世襲的要素を考慮して薄められた地理的な原理がある。各市民は、なんらかの区（トリブス）に所属していた。トリブスは出身地と結びついており、通常父親の所属するものと同じであった（ここで言う「トリブス（tribu）」は、民族的な部族とは関係ない）。

ローマ市には一九三の百人隊が存在した時代があった。これらの百人隊はそれぞれが、監察官が市民の財産に対して行う評価に従って、五つの等級に分割された。第一等級に所属する市民は、第二等級の市民よりも裕福であり、第二等級の市民は、第三等級の市民よりも裕福であり……以下同様（ここでいう「等級」は社会的階級を指すのではなく、単に法律上のカテゴリーを指す)。では、百人隊とはどのように定義すべきものなのか? おそらくは、戦争に百人の成人男子を差し出す集団という意味があるだろう。したがって、一九三の百人組がそれぞれ百人ずつ成人男子を差し出すならば、合計一万九三〇〇人の人員が調達されることになる。この人数は四つの軍隊(レギオン)つまりローマ共和国における軍隊の総勢に相応する。極めて例外的な状況を除けば、紀元前三—二世紀においては、これが一度に動員される市民の最大人数であった。このような等級の振り分けに従えば、百人以下(八〇人)の成人男子で構成される第一等級は、他の等級に比べより大きな割合の兵士を輩出したと言える。したがって兵役の義務は、貧困層以上に富裕層にとって重い負担となった。

このような等級分属のシステムは、軍事組織を編成するための基礎であったが、政治的生活においても中心的な役割を果たした。古代ローマには、人民の集会が二つ存在した。ケントゥリアの民会、そしてトリブスの民会がそれであり、これらの集会では、法案採択のための投票が行われたり、政務官が選出されたりした。これらは、人民の代表による集会ではなく、すべての人民が参加する集会だった(古代には代表制民主主義は存在しなかった)。戸口調査によって登録されたすべてのローマ市民は、二つの集会で投票する権利を有し、また、市民は、百人隊と区の双方に同時に所属していた。

百人隊への分属は、ケントゥリア民会の基礎となった。一人一票〔の原則〕が各百人隊の中で実践され、続いて様々な百人隊の意見が考慮された。軍事の領域におけるのと同様、このような投票システムにおいてもまた、富裕層の投票の比重が、貧困層のそれよりも随分と大きくなる。なぜならすべての百人隊は同じ投票権を持っていたが、上位の等級にある百人隊は、人数の面で、貧困層から成る百人隊に劣っていたからだ。

もう一つの人民の集会は、「トリブス民会」と呼ばれた。紀元前四―一世紀の間、トリブス民会は、ケントゥリア民会以上にその重要性を強めていった。ケントゥリア民会と同様、トリブス民会は、監察官が実施する戸口調査に基づいて組織された。トリブス民会では集団ごとに投票を行うが、集団の基本単位は、領土的条件によって決定される区である。紀元前三世紀後半以降、ローマには三五の区が存在していた。原則的には、トリブス民会はケントゥリア民会と比べ平等主義的であり、経済的富に依存する傾向は弱かった。トリブス民会では、出自と財産に従って定義されたエリート層に政治的重要性が与えられた。なぜなら、ローマの外に住む人々が投票のためにローマへ移動することは稀であり、農村の区の数は多かったが、そこに含まれる市民の数が（ローマ等の）都市部の区に比べてずっと少なかったことは、権力層が選挙で強い影響力を行使することを可能にしたからである。

財政面においては、戸口調査は、トリブートゥムと呼ばれる例外的な拠出を市民から徴収することを可能にした。トリブートゥムは、軍事的状況が要求するところに応じて、元老院が毎年、その賦課の是非を決定した。古代ローマには規則的で規約的な直接税が存在しなかった半面、このような〔不定期の〕課税措置が実施された。これは財産税であり、一種の資本課税とも言える。最新の戸口調査によって見積もられた財産価値に対して、〇・一、〇・二、あるいは〇・三％であった。

紀元前一六七年まで、このような拠出金は年によって多寡はあったが、ずっと徴収されていた。とりわけ第二次ポエニ戦争（紀元前二一八―二〇一年）の時代は、軍事的側面と財政的側面の双方から見て〔ローマにとって〕暗黒時代であり、トリブートゥムの必要性はことのほか強かった。しかし、紀元前一六七年以後、トリブートゥムは形としては存続したが、中止となった。中止の理由としては、戦利品や、イタリア半島の領外における土地の征服によって、新たな財政的収入を得たことが挙げられる。したがって、紀元前一六七年以後は、ローマ市民に対して課される直接税は、実質存在しなくなったといえる（ただし、紀元前四〇年における、内乱期の徴税は除く）。

軍事的、政治的、財政的効果を通じて、戸口調査の実施は、古代都市ローマの市民のヒエラルキーにおける各市民の位置を固定することに貢献したといえる。戸口調査政策は単に経済的富の観点からだけではなく、市民の尊厳《ディグニテ》と功績《メリト》との対応においても市民の位置を決定した。言い換えれば、戸口調査は、古代作家たちが「幾何学的平等」「比例的平等」と呼んだ均衡状態を作り出した。戸口調査は、財政的および軍事的負担を最も多く引き受ける市民に、最大の政治的役割を与えたのだ。

戸口調査を実施するにあたって、そのための規則は法律によって定められていたが、二人の監察官の裁量に委ねられる部分も大きかった。監査業務を開始すると同時に監察官は、他の多くの執政官がそうであるように、遵守すべきだと自ら判断した基準を明記した文書を発行する。いわゆる「戸口調査規約書《フォルミューラ・ケンスス》〔ラテン語forumulaは、「条約」「規約書」を意味する〕」である。監察官は、戸口調査規約書に、調査に出頭しない者に対してどんな刑罰が課されることになるかを指し示す。さらに、一人一人の市民が提供すべき情報を指定し、制裁適用の方法も明記する（この点に関しては、監察官の自由裁量に任せられていた）。市民は自らの申告が正しいことを証明する誓約を立てねばならず、「戸口調査規約書」には市民がどのような言葉で誓約を立てるべきかが明記されている。

なお、留意すべきは、戸口調査の際に市民が行う誓約は、供犠とは何の関係もないということである。市民が儀礼の言葉を発したとは考えられない。ゆえに戸口調査は、ルストゥルムと対をなす形の供犠によって開始されるのではない。

今は断片的な章句しか残っていない「戸口調査規約書」は、しばしば一組の監察官から別の監察官へと受け渡された。規約書の性質は、「移植可能《トララティス》（tralatice）〔ラテン語tralatusから派生した言葉で、「移植」「移転」「翻訳」を意味する〕」と評価することができるだろう。つまり、その文書は、ほとんどあるがままの状態で伝えられ、いくつかの細かい点に関してのみ修正が加えられた（例えば紀元前一八四年のカトーは、他の監察官と比べ厳格であったことが記録に知られている）。同様に、法律上の政務官は債権者として、職務を開始するときに、どのような仕方で評価を行うかについての指針を示した文書を作成する。このような文書は、「債権者の勅令」と呼ばれる。

したがって、戸口調査は三つの段階に分かれる。

（一）市民の申告、つまりプロフェッシオネス

（二）等級への分属および表の作成（ディスクリプティオネス）

（三）戸口調査のフィナーレを飾る大規模な供犠祭であるルストゥルム

（一）ここで注目すべきは、戸口調査は、既に市民権を獲得している者たちのみを対象に行われるということである。戸口調査や監察官によって市民権が付与されるのではない。戸口調査は、調査対象者が様々な方法で手に入れた市民権に形を与える、もしくは改めて形を与える。また監察官は市民権を剥奪する権限を持たない。

戸口調査の第一段階は身元の申告である。紀元前一世紀初めまでは、原則としてすべてのローマ市民は身

元の申告を義務づけられていた（その後、イタリア半島内においてローマ法が適用される様々な都市において、さらには属州においても、申告が行われるようになった）。紀元前一世紀の碑文であり、戸口調査に関する様々な規則をまとめたヘラクレの表には、次のようなことが述べられている。「［政務官は］宣誓の下に、ローマ市民の姓、名、父親の姓、主人の名、異名、年齢、そして財産の総額〔の申告〕を受理すること」(6)。〔戸口調査時に〕ローマに滞在不可能な理由がある場合、代理を立てることが許されていた。ただし、高い地位の市民――元老院議員、騎士、百人隊の第一等級市民――にとって、身元の申告に欠席することは、好ましくない結果を招く可能性があった。なぜならそのような地位にいる市民は、ローマ市内あるいはローマ近辺に居住する義務があったからだ。以上のことからわかるように、貧困層や中流市民と、元老院議員や騎士のようなエリート層との間では、戸口調査は異なる意味を有していた。

また、出頭するのは成人男子のみの義務であり、彼らは武装して出頭した。既婚女性と未成年は出頭しなかった。配偶者に関して申告するのは、家長《パテール・ファミリア》である父親の役割だった。また、家父長と同じ家に住んでいるが、個々には直接税納入にも軍務にも服していない子供に関しても父親が申告した。同様に父親は、独立しておらず、家長の力に頼り続けている年長者の息子についても申告しなければならなかった（家から独立した男子は、その後家長になる）。

この第一段階には、財産の申告や評価も含まれる。第二節で詳細に説明しよう。

（二）戸口調査の第二段階は、等級への分属とリストの作成である。この段階においても出頭は行われるが、今度は小規模の集団ごとに出頭が行われる。若き未来の騎士たちは、一〇年の兵役を経て、監察官に謁見することとなる。観閲の後に騎士は公務用の馬を受け取るのだが、これは騎士身分への所属を示す重要な目印《シーニュ》である。監察官はまた、戒告の対象者も出頭させる。

次に監察官は、市民の所属リストを作成する。リストは一つだけではなく、複数にわたる。様々な百人隊に所属する市民のリストと、区に所属する市民のリストが一致することはない。また、政治、軍事、財政に関するリストも互いに一致することはない。例えば政治のリストには、軍事のリストには登録されない六〇歳以上の市民の名前がある。その他の市民は、二つに大別される。一つは、二〇歳から四五歳までのユニオーレ (juniores) であり、もう一つは、四五歳から六〇歳までのセニオーレ (seniores) である。未亡人、孤児、および、成人の——自立した——女性は、直接税の〔課税対象者の〕リストに登録されるが、兵役のリストには登録されない。軍事リストに関しては、監察官が介入することが最も少ない。なぜなら軍事リストの構成は、法律によって厳密に決められているからだ。軍事リストは書記官の担当である。監察官が裁量的に評価を行うことができるのは、基本的には政治と財政に関するリストである。

ルストゥルムという最後の段階の前に、別の二つの業務を遂行する必要がある。第一に、監察官は、元老院名簿*と呼ばれる元老院議員のリストを作成する。政務官に選出されたすべての市民は元老院に入閣する資格を持ち、彼らは、監察官が登録抹消を行わない限り、死ぬまで元老院に所属することになる。元老院名簿は、元老院の構成を五年間規制するのであり、その元老院とは、伝統的に約三〇〇人弱の議員を擁する、ローマ市において最重要の政治組織に他ならない。つまり元老院は、階層ピラミッドの頂点に位置する、ローマ最高位の貴族階級〔第一貴族〕である。

＊原文ではフランス語でl'album du Sénatとある。L'albumの訳は、フランス語における「告知版」ではなく、ラテン語の「名簿（album）」を直接当てた。

第二に、監察官は、戦時中には上級将校として活躍する騎士のリストを作成する。紀元前三—二世紀頃には、騎士は一八〇〇人であった。しかしその数は紀元前一世紀に増加した。一七歳から二七歳までの騎士は、一〇年にわたる間、毎年軍務に従事し、四つのレギオンを編成する際は、全員が動員された。騎士身分は、元老院および元老院議員の家系に次ぐいわゆる第二貴族であり、新しい元老院議員はこの貴族階級から選出された。

監察官は以上の二つのリストを作成するが、彼らが元老院議員を選ぶということではない。元老院議員の選出は、政務官選出の選挙を通して行われる。騎士に関しては、監察官は騎士の指名に関与するものの、指名を行うのは監察官だけではなかった。

（三）「反抗分子を投獄や死刑で脅す厳格な法を定めて戸口調査の終了を急がせた後、トゥリウスは、すべてのローマ市民——すなわち歩兵および騎士——に、夜が明けたら「マルスの野」（練兵場）で百人隊を編成するように命令した。すべての部隊が隊列を整えると、トゥリウスは雌豚、牡羊、雄牛を一頭ずつ犠牲にかけ、部隊を浄化した。この儀式は、戸口調査の終了を示すものだったから、コンディトゥーム・ルストゥルム（condirum lustrum）と呼ばれた。記録によれば、八万人のローマ市民が、この浄化祭において戸口調査を終了させたという」。

ティトゥス＝リウィウスは、[7] セルウィウス・トゥリウス治世下で行われた最初の戸口調査を締め括る供犠を以上のように表現している（当時マルスの野は、ローマ市の入り口にある練兵場であったことに留意されたい。この広場は後に、市民生活において重要な記念行事を実施する区域となった）。このルストゥルムに関して、ハリカルナッソスのディオニュシオスも同様の記述を残しており、供犠は三月に行われたと記している。[8]

おそらく紀元前二世紀の終わりのものだと伝えられている「ドミニチウス・アヘノバルブス（Dominitius Ahenobarbus）の祭壇」と呼ばれる有名な歴史的レリーフには、ルストゥルムの供犠に使用された三つの動物に加え、多くの兵士、そしてトーガをまとった四人の市民の姿が描かれている。[9] こうしたレリーフや古文書の情報にもかかわらず、ルストゥルムの全貌はいまだに明らかにされていない。われわれは、ルストゥルムという言葉の語源、つまりはルストゥルム・コンデレ（lustrum condere）という表現の意味、および儀式の意味やその展開についてこれから議論する。〔このような語源に関する研究を通じて〕ルストゥルムには、武装した人々の観閲式と供犠という大きく二つの局面があることが確認される。

ルストゥルムは、監察官二人のうちの一人のみによって催された。二人のうちのどちらが行うかは、くじ引きによって決められた。

ルストゥルムに関して確かなことは二点ある。第一に、ルストゥラチオ（lustratio）という語彙も、スオーヴェタウリリア（suovetaurilia）と呼ばれる供犠も、戸口調査だけに関係するものではなかった。浄化をし災いから身を護るという目的から、軍隊、都市、土地は、浄化の対象物となることができた。例えば、ピアキュルム（piaculum）という定期的に行われる浄化の儀式があった。いかなる明白な兆候も神々の怒りを表すことがなかったとしても、神々との平和《パックス・デオルム》の温存が目指された。(10) 大カトーは不動産所有者が彼らの土地を浄化する際に行ったことを説明しているが、彼の説明は、われわれにとって非常に興味深いものがある。(11) 浄め式はマルスの野（練兵場）にて行われ、スオーヴェタウリリアも含まれた。カトーは〔その著書の中で〕、神への祈りの文句を再現しているが、その章句は祭司の意図を明確に表している。

スオーヴェタウリリアは、常に練兵場で行われた。供物として使われる動物は、成育した動物のときもあったが、生まれたばかりの動物のときもあった。いくつかの文書では、豚や羊の場合は雄が使用され、雌は使用されなかったとある（牛の場合、どの文書でも雄牛が使用されたとされる）。ジョルジュ・デュメジルは、これらの供物をそれぞれ、マルスの犠牲（雄牛）、キリヌスの犠牲（牡羊）、テレスとセレスの犠牲（雌豚）と解釈している。つまりこのような供犠は、戦士の機能と、第三の機能、つまり生産者の機能が連関していることを示す(12)（デュメジル、一九四七年、一四二―一五八頁）*。

＊著者はここで、ジョルジュ・デュメジルの比較神話学における「三機能イデオロギー」という分析方法を応用している。デュメジルによれば、印欧語族社会は聖性・戦闘性・豊穣性の三つの次元から構成される世界観の上に成立している。それぞれの次元において祭司、戦士、生産者が重要な行為者となる（参照：G・デュメジル『神々の構造』松村一男訳、国文社、一九八七年、三二―三三頁）。ただし、この三機能イデオロギーはあくまで精神表象のレベルにおける区分であり、実際の社会態がこれら三機能を直接反映するとは限らない（前掲書一八九頁の訳者解説を参照のこと）。

古代ローマの儀礼的実践におけるスオーヴェタウリリアの重要性を考慮したとき、スオーヴェタウリリアを本来の供犠、つまりシャルル・マラムーが言うところの「厳粛な供犠」としてとらえることは可能だろうか？　否である。私の理解によれば、デュメジルは、スオーヴェタウリリアについて議論する際に、スオーヴェタウリリアが本来の供犠であるとは決して述べなかった。[13] その上、この供犠は常にマルス神に対して捧げられるものであり、例えばジュピターなどの他の諸神に捧げられることはなかった。以上の点からデュメジルは、スオーヴェタウリリアを「厳粛な供犠」とはとらえずに、むしろインドのサウトラーマニー(sautrâmanî)との間に類似性を見いだしている。

第二の特徴としては、戸口調査のルストゥルムは、否定できない特殊性を有していたということだ。他の浄め式とは異なり、戸口調査時に行われるルストゥルムは、対象物(時には、武装した人々)の周りを回るような動きをともなうことはなかった。そして、ルストゥルム・コンデーレ(lustrum condere)(あるいはルストゥルム・ファケーレ(lustrum facere))[14] という表現が使用される浄め式は、戸口調査のルストゥルムだけであった。〔戸口調査において〕ルストゥルムが特に重要であったのは、この特殊性による。古代においてルストゥルムは、その象徴的かつ儀礼的な価値以外に、ローマの市民や軍事組織を一つにまとめ、そのようにして結束した軍団を編成するという制度的かつ実践的な機能を有していた。後になってルストゥルムは、戸口調査に対して公式的かつ法的な有効性を与えることとなったのである。ローマの軍団と市民組織を五年に一度まとめ直すことで、ルストゥルムはローマ市の新たな儀式的・象徴的確立をそれなりの仕方で表象することになった。[15] ルストゥルムは、ポピュルス(populus)を再組織化し、再構築する手続きである戸口調査を確固たるものとした。

ただし、ルストゥルムの重要性にもかかわらず、戸口調査実施中に行われる政策のうちのいくつかは、ルストゥルムが催されないうちに適用に移された。とりわけレクチオ・セナトゥス(lectio senatus)と呼ばれる元老院議員のリストを作成する際は、そのような傾向があった。この作業は、すべての申告が終了する前になし遂げることが可能だった。[16] 例えば紀元前五〇年には、戸口調査のルストゥルムが実施されない間に、幾人かの元老院議員が元老院から除名された。[17]

最後の特徴としては、以下の点を述べておきたい。たとえ聖性と宗教的な儀式が、古代ローマ人の生活のあらゆる側面において絶えず現れており、そしてたとえ、ジョン・シードが明らかにしているように、聖性の存在が政治を支配していたとしても、古代ローマ共和国は、ある意味「世俗的」でもあった。なぜなら、「大かたにおいて政務官は、聖性のレベルに関わりを持たなかった。たとえこれらの政務官が国家の名においていくつかの典礼行為を祝福したとしても、彼らの任務は何よりもまず、『世俗』の生活に限定されていた」。[18]

ティトゥス＝リウィウスが、「ルストゥルム・コンデーレ」という表現をどのように解釈したか、注意を向けておきたい。この表現には多くの意味があり、今日の歴史家は一般的に、ローマ市を象徴的かつ儀礼的に再構築することを表現するものとして、この言葉を解釈している。しかしティトゥス＝リウィウスは、「この儀式は、戸口調査の終了を画するがゆえに、コンディトゥーム・ルストゥルム（conditum lustrum）と呼ばれている」と書いている。[19] このような言い回しは、古代ローマの宗教精神が世俗的要素を有していたことを裏づける好い例である。

第一節を締め括るにあたって、監察官の権力の特殊性について触れたい。ローマ市の組織化において監察官は、実に中心的な役割を果たした。クロード・ニコレは、古代ローマの政治生活を一種の機械に例えながら、戸口調査を機械システムの中枢部品として、つまり市民生活の全体を五年間駆動させるエンジンとしてとらえている。[20]「ケンソル（censor）」「ケンセーレ（censere）」（戸口調査を行う）は、厳粛で儀礼的な申告を想起させる言葉である。これらの言葉には、規定された様式の下で真実を告白し、〔法的〕効力がともなうという意味がある。そのような含意は、監察官の享受する権力がどのように認識されていたかを物語っている。しかし奇妙なことに、監察官の権力と位置は、監察官の例外的な威信や制度的な重要性にもかかわらず、常にややもすると傍流的《トランスヴェルセル》なものであり、真正の権力軸から少しばかりずれていた。

　このズレが生じたのは、自らが行う決定の重要性にもかかわらず、監察官は法的権力に参加せず、また、彼らは軍事力の使用権限を持たないからである。キケロは監査に関して長大な文章を残しているが、その中で彼は、監察官の見解と戒告が審判として扱われないという事実を強調している。[21]彼は次のように記している。「私が第一に強調するのは、われわれの都市は、監察官の戒告を規範事項として扱わないという原則である[22]」。

　また、監査〔の仕事〕は恒久的な公職《マギストゥラトゥス》ではない。監察官が存在するのは、五年間のうち一八カ月のみである。さらに監察官とは、厳密な意味で、集団的な執政職である。これ以外の執政官の場合、集団性はもっと不完全である。執政官が何らかの決定を行うことができ、自らの意思を押し付けることがたまたまできれば、自分の決定にもう一人が従う。ところが監察官の場合、自らの決定が効力を持つためには、二人の意見が一致する必要がある。また、戸口調査の後に起こる事柄に関しては、他の執政官の管轄となる。

　監察官が行うことには遡及がなされない（監察官に対しては異議申し立てができない）。しかし、次期監察官は、前任者が行ったことを無効にする権限を持っている。例えば紀元前一一五年の監察官によって元老院から排除されたカイウス・ゲータ（Caius Geta）は、後に元老院に再入閣している。その後、彼自身が監察官に選出された。キケロは次のようなコメントを残している。「監察官によって風紀態度を戒告されたカイウス・ゲータは、後に、ローマの民衆および彼に戒告処分を下した元監察官を見張る役職に就いた[23]」。キケロが見るところ、これこそ、監察官の行為における最も特徴的な性質である。監察官の行為は、裁判官の判決と根本的に異なるのだ。キケロは、訴訟において自らを弁護する必要性から監察官の特徴を思い出しているのだが、監察官の特徴に対しては全く異論を唱えていない。

ゆえに、監察官の権限には絶対的な面があると同時に、非常に不確かな面もある。モムゼンは次のように述べている。「このシステムの創設者は、問題は権利ではなく、機会なのだという深慮の感覚を持っていた。結果として彼らは、決定を下す者の極端な裁量と、決定の極端な不安定性という二つの特徴を組み込んだ」[24]。

監察官と元老院の関係は、政治秩序の内部から観察することでのみ理解されうる。紀元前三―二世紀のローマの社会制度は、経済的な関係にも、聖性との関係にも支配されることはなく、むしろ、監察官が隅々まで関与する政治的領域によって支配されていた。確かに、監察官は、高い身分の元老院議員を元老院から除名したり、(必要な財産を所有していないという理由で)そのような議員を財産等級の下層部に位置づけ直すことができた。しかしそのような場合でも、元老院と政治秩序は、監察官の行為によって自律性を奪われることはなかった。なぜなら監察官は、それ自身がローマ社会の政治秩序の一部であったからだ。共和国において監察官が実施する風紀の取り締まり〔＝戒告処分〕は、聖性の領域と法の領域の双方から大かた独立しており、政治権力の名において実施される。たとえ富がローマの社会ヒエラルキーにおいて次第に大きな役割を果たすようになってきたとしても、監察官が行う評価と風紀の取り締まりは、元老院を中心とする政治秩序の一部として機能し続けた。「監査する」という動詞「ケンセーレ(censere)」は監察官と密接に関連しているが、古代ローマにおいては、元老院議員の見解と決定を表すときにも使用された[25]。

実際のところは、監察官が〔元老院議員の〕除名を行う権限は抑制されていた。監察官は常に二名任命され、除名を行うためには両者の同意を必要とした。その決定は、論議にかけられ妥当性が承認されなければならなかった。また監察官は、執政官経験者から選出され、彼ら自身が元老院に所属していた。社会的・政治的に、監察官は元老院から除名される者たちの仲間であり、同僚であり、またしばしば親であった。さらに前述したように、監察官は、前任者の決定を取り消すこともできた。

二　紀元前三―二世紀における評価と貨幣

第二節では、まず、紀元前三―二世紀の貨幣に関する古銭学上の諸問題を手短かに見渡しておきたい。次に、戸口調査の際に行われるような財産の評価について議論する。最後に、いかにして監察官の評価が、財産の評価であるにとどまらず、市民の生活や人格に対する包括的な判断であったのかを明らかにする。

この時代の貨幣については、非常に繊細であると同時に、時折非常に活発な論議がなされてきた。大プリニウスは、古代ローマの貨幣の歴史について記述しているが、その中で二つの歴史的出来事を強調している。(26) 第一の出来事は、セルウィウス・トゥリウス王が紀元前六世紀に、青銅に最初の刻印（primus signavit aes）を押したことである。第二の出来事は、紀元前二六九年にローマで初めての銀貨が鋳造されたことである。ところで、ローマで鋳造された銀貨は二種類あったことが知られている。一つは、ローマ‐カンパニア地方におけるディドラクマである。これは、南イタリアのギリシャの標準に基づいているが、ローマで発行された銀貨である。もう一つは、その後ローマの主要な貨幣であり続けたデナリウス銀貨である。以上のことから、一九世紀の終わりに次のような年代記が正しいとされた。すなわち、大プリニウスが記録している第二の出来事は、デナリウス銀貨のことを指しており、だとすると、デナリウス銀貨は紀元前二六九年に初めて鋳造された。だが実際のところ、大プリニウスの記述には疑いが残る。

今日、この問題に関する意見は種々様々である。むしろ古銭学者の多くは、最初のデナリウス銀貨は、第二次ポエニ戦争中の紀元前二一七―二一一年の間に発行されたと考えている。多くの古銭学者は、ローマおよびカンパニアで使用されたディドラクマは紀元前二八〇年まで遡り、紀元前二六九年という日付よりも前の一連〔のディドラクマ〕の一つであった（大プリニウスはこのことを示唆していた）と考えている。したがって、紀元前三世紀のローマ共和国で使用された銀貨は、ディドラクマと――同世紀の最後の二〇年間の――デナリウスだったと言える。ただしこの年代記は、考古学上の新しい発見があれば疑問に付されうるものである。

紀元前三世紀の後半、とりわけ第二次ポエニ戦争勃発前には、重量一ポンド（古代ローマのポンド）、つまり重量三二四グラムの非常に重い銅貨も存在した。これらの銅貨は「ポンド・アス」と呼ばれている。また当時は、青銅板も流通していた。これらの貨幣の年代記は定かではないが、ただし、その中で貨幣模様が刻まれたもの、特に動物の図柄のものは、三世紀以降に造られたものとされており、それ以前に遡ることはない。

紀元前三世紀末、つまり第二次ポエニ戦争の時期、青銅貨の重量は六分の五減少した。この変化に関する年代記の詳細についてては意見の一致はないけれども、青銅貨の重量が減少したことには間違いない。(27) この事実は、この時代のローマ共和国の財政が困難を極めていたことに加えて、貨幣の金属価値が大きく変化したことに対応している。この事実の通りだとしたら、青銅貨は公定価値よりも随分と劣った金属価値しか持たなかったことになる。一方で銀貨は、その金属価値をほとんど変えなかった。このような仮説は、しかし、誰もが認めるものではない。貨幣の金属価値に関する問題は、古代ローマの歴史のすべての時代において困難を引き起こしている。

ローマ市には、経済政策があったと言えるだろうか？ もちろん否である。しかしローマ市は、公共の土地の管理という名目で、そして土地の分配という名目で、土地や農業に関しては介入を行っていた。同様に、ローマは、〔物資の〕供給の問題にも介入しており、このことはまさに古代都市の伝統の一つであった。しかし、紀元前二世紀の半ばまで、ローマは、穀物補給に関しては、一時的に介入するのみであった。低価格または無償の供給政策が毎年行われるようになったのは、それ以後のことである。では、ローマ市は、貨幣流通を良好に保つ上では一定量の貨幣が必要であることを認識していたのだろうか？ この問題は活発に議論されているものである。(28)

今日のわれわれから見て「経済的」と言えるいくつかの措置が、社会の均衡を保つために実施されていたことは確かである。例えば紀元前二一八年の法律であるクラウディア法（lex Claudia）は、元老院議員や議員の息子が大型船を所有することを禁じている。この政策は一部には、貴族階級の社会的地位を温存し、彼らの資産収入を一定に保つことを目的としていた。貿易と船の利用は元老院議員の身分に即したものとは見なされておらず、また、財政的にもリスクが高いものと判断されていた。

この時代のローマ共和国には、価値尺度と勘定計算に役立ち、また諸貨幣での支払いに際して換算の基準となることができる計算単位があった。この単位は鋳貨の一つと等価であり、鋳貨と同じ名前を持っていた。紀元前三世紀において計算単位に使用されたのはアスだった。監察官は、市民の財産の価値をアスで表示した。その後、紀元前二世紀（二〇〇―一五〇年）に、セステルティウムが計算単位となった。セステルティウムは、アスとデナリウスの間に当たる貨幣であり、デナリウスの四分の一に相当する。デナリウスの価値が一六アスであった紀元前二世紀には、セステルティウムの価値は四アスであった。これは、銀貨一枚に当たる。このような計算単位の変更には、貨幣の価値喪失、物価上昇、そしてローマ人の富裕化が関連しているだろう。

監察官は当初、財産の評価をアスで行い、後にセステルティウムに切り替えた。各市民は、したがって、評価が切り詰められたことを知っていた。このような戸口調査の評価方法は、古代ラテンやギリシャの作家から金権政治《プルトクラティーク》〔ないし富豪政治〕と揶揄されていた。なぜなら各市民の社会的および政治的地位は、富によって決定されたからだ。この問題に関しては、本章の第四節で取り上げる。

しかし、これらの古代のテキストを読むと、富のみが戸口調査の判断基準ではなかったことがわかる。〔古代ローマにおいて〕富という言葉は、ディグニタス（dignitas）〔威厳・功績・品位の意〕やウィルトゥス（virtus）〔道徳・力強さ・男らしさの意〕といった他の言葉と組み合わせて使用されていた。まずディグニタスだが、市民階級に所属している人々は、〔経済的な〕富とは独立した形でその地位が評価されていた。確かに騎士であるという事実は、ある程度の富を所有していることを前提とする（騎士であるためには、ローマ共和国の最終世紀には、少なくとも四〇万セステルティウムの財産を所有する必要があった）。しかし、騎士になるための条件には、文化、生活様式、ものの考え方、過去の血統から生じる家族の伝統も含まれていた。これらの条件はある一定の社会的地位を意味しており、騎士の地位を与えるための前提であった。つまり、これらの条件は、その威信に応じた行動を要求するものであった。これらのものはすべて、威厳《ディグニタス》を表すものと見なされた[29]。次にウィルトゥスであるが、これは、その人物の功績（merites）に関わるものである。監察官の下す判断は、人格全体に対する評価と無縁であるとは考えられなかった（ただし、ここで言う人格とは、市との関係における人格、すなわち公的活動の一部始終の中での人格である）。これは、財産だけでなく、それ以外の要素も含む判断に他ならない。

戸口調査の際に行われる財産の評価は、土地の申告から始まる。出頭者は、申告する土地がローマ共和国の領土内にあり、ローマ人の私有が可能であることの証拠を提出する必要がある。証拠として、監察官は、おそらくは売却証明書の提示を要求したであろう。この申告の過程において、ユラトーレ（juratore）と呼ばれる、出頭者に申告を促す役目の者が参加する。また、インキシトーレ（inquisitores）という、質問者も参加する。インキシトーレは、申告の正確さを検証する。

戸口調査では、ローマ市の公有地を登録することはできない。また、ローマ共和国に従属している地域や都市でも、ローマ法が適用される領土に属さない土地を登録することはできない。紀元前八九年以前には、イタリアの土地の大部分が、登録対象から外れていた。また、共和政下では、「異国」――外国のものでありローマのものでない土地である、イタリア半島の外のほぼすべての領土――が、登録対象外だった。これらの地域の戸口調査は、部分的に、その地域の諸都市の枠組みに従って行われた。しかし、これらの戸口調査に従事したのは、ローマの監察官ではなかった。

申告された財産は土地だけではなかった。非常に古い時代には、奴隷や荷運びおよび車引き用の動物も、〔財産として〕申告された。紀元前二―一世紀において、以下のようなものが財産の一部として数えられた。出頭者の住居や家、商業や工業用地、家畜、奴隷、器具、工具、容器、農村で開発に利用される交通手段《インストゥルメントゥム・フンディ》、貨幣、地金や加工品の貴金属、装身具、高級車、高級家具、債務および債権。これらの財産の評価は、申告者自身によって行われた。監察官はこれを受理するか、あるいは異議申し立てをし、修正を加える。

評価方法に関しては、地域差は見られなかった。しかし、価格の決定方法に関しては、当該地域の慣例や状況を考慮する必要がある。戸口調査と直接関係はないが、評価方法を具体的に示す例を挙げよう。紀元前四九—四七年に債務危機が起こったとき、民衆は法外に低い価格で土地を売却することを拒んでいた。このときカエサルは評価を要求した。カエサルは、民衆の土地を債務危機以前の価格で評価することを決定した。この場合、慣習的価格、つまり、各地方の状況が参照基準とされた。

〔財産〕総額を示す数字を各市民に割り当てることによって評価の全過程は終了し、その数字は市民に伝えられ、彼らの財産を定義した。テキストの中では、財産総額はしばしば「ペキュニア（pecunia）」という言葉で表示されている。既に言及したヘラクレの表には、ある市民の財産総額を表示する際に、「ラチオ・ペキュニエ（ratio pecuniae）」という言葉が用いられている。本来ペキュニアは動産の所有を意味しており、財産の中の可変的要素を表す(30)。この意味から、ペキュニアという言葉は、「経済価値あるいは貨幣章標《シーニュ》としての金銭の、可能な限りすべての使い道」を表す(31)。とりわけペキュニアは、流動的な金銭に言及する際に使用される。ヘラクレの表における表現に従えば、ペキュニアは、市民一人当たりの財産すべての数値表現を意味する。

財産のこのような評価方法に加え、監察官は、戸口調査に密接に関連する風紀の統制を行使する。風紀の統制は、経済的かつ計算的な論理とは無縁の、二つの相異なる措置に基づいて行われる。

一方で、道徳的かつ政治的見地に基づいて、監察官は、財産の一部の要素に対して、慣習価格には対応しない価値をつける。例えば、紀元前一八四年には、監察官カトー〔＝大カトー〕とその同僚は、貴族階級にはびこる奢侈趣味と闘うために、装身具、女性用の高級服、および高級車を、本来の価値の一〇倍に相当する一万五千アス以上で評価した。結果として貴族階級の所有物に、総価値の〇・三％に当たる罰金が課された（これは、直接税であるトリブートゥムとは別枠である）[32]。同様に、紀元前四三年の、カエサル死後に起こった内乱時には、奴隷一人当たりの価値は、二五デナリウス引き上げられた。これは、平均約一五％の値上げに等しい。このように、しばしば制裁とも見られるような集団的措置が（例えば、奢侈の抑制政策に力を入れていたカトーの場合）採られた。この措置は、慣習価格に対する財産の相対評価を修正し、財産評価に直接影響を与えた。しかし、監察官の大部分は、そのような措置を行うことを控えたようである。

他方で、ケンソル（censeur）という言葉の現代的意味から想起されるように、監察官は風紀の検閲において非常に重要な役割を果たした。彼らは個人に対して個別の制裁措置も課したが、そのことは、「罪深い市民」という名の検印（ノタ・ケンソリア）〔検印については後述参照〕によって表されている。ノタ・ケンソリア（nota censoria）には、糾弾されるべき事柄が示されている。個人に対するこのような制裁措置は、一般的には当事者の財産の評価を修正することはなかった。しかし、このような制裁を通じて、当事者は、本来所属するはずの等級に分属されることをしばしば禁じられた。

それでもやはり、そのような個別の制裁措置が、当事者の財産の評価に影響を与えることはあった。例えばティトゥス＝リウィウスによれば[33]、紀元前四三四年に、元老院議員マメルクス・エミリウス（Mamercus Aemilius）の財産評価額は八倍になり、それによって彼の直接税も増加し、そして彼は所属する区から追放された。この事実は、おそらくは年代に誤りがあるだろうが、個別の制裁措置が財産の評価を修正することもあったことを示している。しかし私見を述べるならば、そのようなことは極めて稀であった。

注目すべき重要な点が三点ある。第一点は、古代ローマ共和国の下では、風紀の検査はすべての市民に及んでいたが、上流階級、すなわち元老院議員、騎士、その他富裕大家族の成員などにはより徹底した形で行われたということである。第二点は、これらの制裁は、男性の市民のみを対象としたということである。なぜなら、制裁は公的・政治的活動との関係においてのみ行使されたからである。女性が制裁を受けることはなかった。第三点として、公共生活と私生活の区別が原則的に存在するとしても、私生活が実際問題上、制裁を行う理由になりえたことが確認される。ラテン人は、私生活を構成するいくつかの行動は、高い社会的・政治的身分とは相容れないと考えていた。ラテン人には、共和政の時期に、風紀の基準と素行態度の在り方が著しく緩んだように見え、ラテン人はこの事実を嘆いていた。後の時代との比較において、紀元前四—三世紀は、厳格と緊縮の時代と見なされた。

〔共和政時代には〕様々な種類の罪があった。第一に、軍事活動において、例えば紀元前二一四年の監察官は、何人かの若い騎士——これらの騎士の中には、元老院入閣の可能性を持っていた者もいた——から公務用の馬を取り上げた。なぜならカンネーの戦での敗北の後、これらの騎士はローマ共和国に絶望し、イタリア半島を離れて異国へ亡命することを企てたからだ。それに加えて、監察官は彼らを所属の区から除名し、政治的権利を剥奪された納税者の地位に降格させた。(34) 亡命計画を実行に移すことができなかったので、これらの若い騎士たちは裁判にはかけられなかった。しかし監察官は、彼らの疑いの余地のない亡命意図について制裁を加えた。市民権や所有権に関してだけでなく、こうした制裁に関しても、監察官の決定は司法における審判とは何の関係もなかった。彼らによって下される制裁措置は、司法における有罪判決を意味するものではなかったが、実際の訴訟を免れることはなかった。二つの完全に独立した制度が設けられていたと言える。

次に、政治的職権や、市民権を行使する際に犯される罪がある。すなわち権限の濫用、買収、公共財の横領、裁判における収賄、選挙違反、投票権の濫用、執政官に対する侮辱的態度、身分詐称（例えば、騎士ではないのに騎士であると偽る）というものがある。

公共の場で身分にふさわしくない態度をとること。自らを役者や剣闘士として見せかけることは、騎士や元老院議員として、騎士身分や元老院からの除名に値する恥ずべき行為である。

法廷での有罪判決のうちある種のもの（ただし、時と場合により、判決内容や監察官にもよる）。

公私の宗教的義務を怠ること。聖地や家族の墓をおろそかにすること。敬愛の義務を怠ること。

最後に、私生活、特に家庭生活の中で犯される罪がある。妻や子供に対し、家長の権力を濫用すること、あるいは不十分にしか行使しないこと。離婚の濫用、無理強いの婚姻、財産の浪費、過度なぜいたく等。

これらの罪の中には、われわれにとって驚くほど軽い罪のように思えるものがある。アウル＝ゲレ（Aulu-Gelle）は、やせていて毛色の悪い馬を持つ騎士という罪、あるいは手入れされず雑草によって荒れた農地という罪を取り上げている。[35] 他方で、例えば、反逆罪に匹敵する重大な罪もあった。一般的に言って、紀元後一世紀のローマ帝国よりも紀元前三世紀のローマ共和国のほうが、風紀に関する基準は厳しかった。厳格さは、とりわけ私生活に関して強かった。しかし、どの程度に厳格であったかは、監察官の判断と性格によって決まった。個人の罪に課されたこのような制裁措置の事例は数多く見いだされる。前述した集団的制裁措置よりもはるかに日常的に実施されていたことは疑う余地がない。

以上のような罪はすべて、政治的権利の行使や軍団における市民的品格の欠如と関連している。このような品格の欠如は、つまりイグノミニア（ignominia）は、監察官が有罪宣告する事由すべての一般的原則である。しかし、モムゼンが強調するように、監察官が言う不名誉は、法務官や執政官が言う不名誉とは一致しなかった。なぜならこれらの政務官の性質と狙いは、そもそも一致しないからだ。ここにモムゼンは、「ローマ人の法的・および政治的センスが必要かつ可能な事柄に自己規定することをわきまえていた、その卓越した知性に改めて感嘆・崇敬の念を覚える機会」を見いだしている[36]。

監察官は、制裁措置を与える予定の市民を出頭させ、事前聴取を行う。この出頭が、まさしく公開討議を引き起こすことはしばしばある。多くの場合、実際にしばしば一人の告訴者が、監察官の前で出頭者を糾弾しようとする。出頭者は弁護のために助言者の助けを借りることができる。監察官は、最終的な審判を前に、証人を召喚することができる。つまり、ある種の裁判が、監察官の前で行われるのである。ただし、この裁判は、司法システムの範囲の外で行われ、監察官の宣告は、既判事項としての権威も持たない。

しかし、この宣告は全面的かつ確定的なものとして通用する。調査時になされるすべての決定と同様、監察官が下す宣告は、二名の監察官の間での合意を必要とする。宣告内容は、出頭者である市民の名が含まれるリストの中、出頭者の名前の近くに押される検印によって表される。監察官の制裁措置が、検印、記号、略号を意味する「ノタ（nota）」と呼ばれるゆえんである。

軽い罰の中には、単なる訓戒や罰金等がある。特に重い刑罰としては、元老院議員の場合、元老院からの除名がある。元老院に入閣しようとしている元政務官の場合、元老院への登録拒否という措置がとられる。騎士の場合は、公務用の馬を剥奪されるが、これは、騎士身分からの除名を意味する。その他の厳しい罰としては、全市民に適用されるものがある。当事者は、所属する区や百人隊から排除され、政治的権利を失うけれども、市民権を保持し、直接税を納入し続ける。除名された市民は最下層《エラリー》(aerarii)〔ラテン語 aerarius で、「ローマの最下層」という意味〕という階級に所属することになる。最下層は、ローマ市の政治システムの外に一時的に置かれた劣等市民であるが、彼らは財政を負担する義務を負う。その他、監察官が、市民の所属する区を変更し、その市民の政治的影響を減少させるという措置もあった。これは市民を最下層《エラリウス》(aerarius)に降格させるよりも軽い措置である。すべての制裁措置は、後任の監察官によって取り消されることが可能であり、つまり、制裁措置の効力は五年間であった。(37)

三 戸口調査の諸起源(紀元前六―五世紀)

第三節では、戸口調査が始まり戸口調査が確立したとされる紀元前六―五世紀における戸口調査について、また戸口調査と貨幣の関係について議論する。この二百年は、古代ローマ王政晩期であり、また、ローマ共和国の黎明期に当たる時代である。

戸口調査の創始は、セルウィウス・トゥリウスただ一人に帰せられる。この事実は重要である。なぜなら、〔古代ローマの〕多くの制度は、複数の王たちによって設立されており、また、とりわけローマの創始者であるロムルスに遡るからである。タルクィニウス・プリスクスおよびタルクィニウス・スペルブスと共に、セルウィウス・トゥリウスはローマの「エトルリア系王政」の三人の王のうちの一人であった。三人の王はすべて統治者となったが、ローマをエトルリアの一都市に完全に変容させてしまうことはなかった。とりわけ言語および文化の領域においてはそうである。われわれが是非とも強調したいのは、紀元前六世紀頃、ローマはエトルリア系政治の一部をなしていたが、他のエトルリアの都市と比べて実質的な自律性と特別な重要性を保っていたという事実である。

セルウィウスに関してだが、彼は特別な存在であったようだ。彼は囚人あるいは奴隷の子供だったとされており、驚くべき才能によって、そして神々による庇護を受けた者として知られていた。彼が子供だった頃、ある日、睡眠中に彼の頭が炎に包まれたことがある。当時の王であったタルクィニウス・プリニクスはセルウィウスが奴隷の子供であることを認めることができなかったが、タルクィニウスの妻タナキルは、この事実に、セルウィウスがそれほどに特別な人格を有していることの兆候を見いだしたのである。タルクィニウスの死後、タナキルの後押しによってセルウィウスは王となった。セルウィウスはとりわけ人気があったが、人民に承認されたのは、随分後のことである。セルウィウスの即位はローマ王政の中でも最も遅いものであった。彼の王としての正統性は、他の王と肩を並べるほどのものではなかった。古代の作家はセルウィウスを戸口調査の導入者として紹介している。つまり、セルウィウスは、すべてのローマ市民を平等に扱わないように統治する方法を考えた最初の君主であり、ロムルスによって導入されたものの有害であった「〔王政ローマにおける〕平等」という考えを廃棄した最初の人物でもあるというのである。この点に関しては、第四節で立ち戻る。

ジョルジュ・デュメジルは、その著作の多くで、戸口調査という現象に一つの解釈を与えている。[38] 通説に従って彼は、「事実、偽り、架空の物語」という定式でまとめられる三つの〔解釈の〕水準を区別している。「王政時代の歴史の正統的な記憶、そして歴史的先取り、後代の歴史の王政時代への投影、そして三つ目に、インド・ヨーロッパ的なものも含まれている先史時代の神話の歴史への変形である[39]」。

一方には、歴史的諸事実への言及がある。これらの言及が、デュメジルの関心の中心にないことは確かである。彼は、これらの言及を確証に欠けるものとしているが、決して無視してはいない。最近数十年における研究、とりわけ考古学の研究によって、そうした歴史的事実への言及には、〔以前よりも〕ずっと多くの整合性が見いだされている。なぜなら、あちこちで（特にヴルチにおいて）、セルウィウス・トゥリウスに相当する、そしておそらくは「エトルリアのマスタルナ」と呼ばれてきた、ローマのエトルリア系の王に関する証拠が発見されたからだ。[40]

他方で、セルウィウス・トゥリウスという人物には、グラックス兄弟やカエサルの先駆けとも言えるような、「民衆の指導者《ポピュラリス》」による政治の原型が見いだされている。「民衆の指導者」は、人民に対して公約をし、平民《プレブス》に好意的なプログラム（例えば公有地の私有化、債務問題の解決など）を持ち、元老院議員たちの反対と真っ向から対峙しようとする。

しかしデュメジルにとって最も興味深いものが、第三の水準であることは異論の余地がない。彼は、比較神話学から以下のようなイメージを引き出している。

ラテン人が伝えてくれるセルウィウス・トゥリウスという人物は、例えばインドのプリトゥ王に見られるタイプの古代の強い王であった。プリトゥ王は、正統性についての伝統的な規準には合致しない人物だったが、非常に肯定的に記述されている。プリトゥは、王室の出自ではないにもかかわらず王位継承者であった。彼の権力は、賞賛《ルアンジュ》（一部はその功績《メリト》に帰せられる）に、権力の座に就こうという意志に、そして一種の煽動に依っていた。プリトゥはまず功績と栄誉《グロワール》を、つまり賞賛を得て、それから権力を手にし、〔権力から得る〕恩恵を倍増させた。プリトゥと同様、セルウィウス・トゥリウスの場合も、運、割り振り、分配、偶然の表象である神が格別の崇拝対象となっていたことが確認される。ローマにおいてこの神はフォルトゥナと呼ばれ、功績によって出世し、成功を勝ちとる人々の神であった。トゥリウス王の寛容な態度はしかしながら、正反対の傾向をともなっていた。彼は、必要な徴税を組織したのだが、これはある意味、直接税の起源と見なすことができる。同じことは戸口調査においても見られたが、この往復運動〔恩恵を与え、負担を課す〕は、同様に、非難と称賛に関しても見いだされる。なぜなら称賛を受けると同時に、その称賛を監察官としての自己に帰したのはトゥリウスその人だからである。

さらに、デュメジルとバンヴェニストの文献には[41]、ケンスス（census）、ケンセオ（censeo）、ケンソル（censor）という言葉に関する省察がなされている。これらの言葉に共通するcensという語幹は、サンスクリット語のsamsやアヴェスタ語のsanhにも見られる。ケンセオ（censeo）とは、真理を肯定すること、つまり、物事の本性に合致することを述べること、行動規範を告げることを意味する。ケンセオとは一定の厳粛さを有している言葉であり、儀礼的なものを内包し、諸効果を生み出す言葉である。古代ローマにおいてケンセオという言葉が制度化されたものが、戸口調査《ケンスス》である[42]。

ここでデュメジルの仕事について一般的な見解を述べた方がよいだろう。われわれはその仕事の豊かさをいくら強調しても足りない。

比較神話学と印欧語言語学から出発して、デュメジルは、「比較再構築の強力な魔力」[43]によって成立する表象の体系についての研究を発展させた。神話、信仰、そして宗教的行為がいかにして互いに接合し、一つの総体——その構造的統一性の中で考察すべき総体——を形成するかを明らかにすることによって、デュメジルは、ローマ宗教史を一新した。さらにデュメジルは、例えば叙事詩や歴史著作等、宗教とは直接関係ない、あるいは宗教的であるにとどまらない古代のテキストの中に見られるイデオロギーについて分析した。こうして彼は、古代ローマの文化や伝統を解明する上で第一級の貢献を行った。この貢献には是非とも言及しておかねばならない（インド・ヨーロッパの共通文化が実在するかどうかは、別問題である）。ただし、デュメジルによる再構築だけでは、諸制度や政治的・社会的諸事実における、古代ローマおよび古代ローマ世界の歴史を解釈するのに役立たない。一九六九年に彼は、自らが研究生活でたどった「長旅」の到達点だけが重要であることを強調した際、次のようなコメントを加えた。「印欧文化の比較研究は、古代のイデオロギーを認識し、探索することを可能にする。しかし、この方法によっては、諸事実——歴史的な事実であれ制度的な事実であれ——を再構築することができない。［……］ゆえに、歴史の中で扮装をまとったこうした伝説の中に、現実の起源——伝説はそれを単に飾り立てたものではない——を発見しようとしても無駄である」[44]。

デュメジル自身が述べるように、機能三区分のイデオロギーは、ローマ社会が、古代においても、祭司および司法官、戦士、そして生産者の三つの集団に別れていたことを意味するものではない。この三区分に従う心的図式《シェマ》に即してローマ初期の王たちが観察されてきたとしても、ロムルスやヌマ〔といった王たち〕が、そのような社会三区分を制度化あるいは恒久化したわけではない。同じようなことが戸口調査に関しても言えるはずである。ローマ人がセルウィウス王という人物を、インドに見られた王の類型に沿って理解していたという事実は、確かに様々な影響を及ぼすのであり、社会制度と社会的事実の観点から、そのようにしてイデオロギーを分析することは、発見的な有効性を持っている。なぜならそのような分析は、戸口調査についてのローマ人の表象を知る手がかりとなるからだ。しかしそのような分析は、紀元前三世紀において――もしくは紀元前六世紀においてですら――ローマの戸口調査が第一義的に金権政治的だったのか、それとも財産政治的《ティモクラシー》であったのかを判断するには充分なものではない。人々は、与えられた社会的状況をイデオロギーの体系――非常に古臭いものであっても――によって説明することができる。しかし、人々がそのような説明の体系を使用するという事実は、社会的現実がそのような説明体系の反映にすぎないということを意味するものではない[45]。デュメジルの著作は激しく止めどもない議論を喚起したが、議論の展開の中で彼はこの点に関して意見を次第に明確にしていった。

この問題を議論するとき、デュメジルに付き従わなければならないことは間違いない。だが、彼の先を行くことも必要である。なぜなら、アンポロが実に正しく述べているように[46]、政治的、軍事的、経済的、宗教的な側面を有する一つの制度の数世紀にわたる歴史的発展は、(デュメジルの言うところの)「前歴史的な」心性の単なる反映でも、また、ケンセオやケンソルといった言葉の語源の意味《ヴァルール》の単なる反映でもないからだ。私がこれまでに述べたようにデュメジルは用心深く、また繊細な知性を持っていたため、古代社会の現実に深く根ざした――アンポロが強調する点である――制度〔=戸口調査〕を問題にするとき、歴史的生成と社会的転換の要素を不必要に切り捨てることはしなかった。

戸口調査の導入は紀元前六世紀に遡る。しかし、歴史家の大部分が認めているように、当時の戸口調査は、後の時代になって与えられたイメージと同じものではなかった。戸口調査は、始まってこのかた軍事的かつ政治的な制度であったが、基本的には政治的というよりは軍事的なものであったはずだ。なぜなら、ケントゥリア民会に関する制度の多くは、後に導入されたものと思われるからだ。浄めの儀式《ルストゥルム》は元来、動員可能な市民のリストが作成された後に、軍団を結集するための儀礼的な式典だった。[47] 軍事のレベルにおいては、戸口調査の制度は、しばしば重装歩兵革命と呼ばれるものと対をなしていた。もっと以前にギリシャで起こったこの革命は、紀元前六世紀にローマに導入され、戦闘を構想するための新しい手法をもたらした。それは、より集団的な手法、あるいは端的に言えば、騎士道精神に関して劣る手法である。これ以降、エリートでもあった騎士集団と、歩兵集団（クラッシスと呼ばれ、四千あるいは六千人の兵士によって構成される）と、そして最貧層の市民集団との分化が見られるようになった。最貧層市民は、重装歩兵の装備一式を所有することができず、重装歩兵階級以下の人々という意味で「等級以下《インフラ・クラッセム》」と名づけられた。分化が見られたのは、後の時代と同様、騎士は馬を保有し、歩兵は装備の代金を支払う必要があったためである。百人隊の〔百人という〕数が定められたのは、紀元前六世紀ではなかった。なぜならその数は、軍隊が四つの軍団《レギオン》から編成される時代に対応しているからである。逆に、都市における四つの区《トリブス》は、おそらくセルウィウス・トゥリウスの時代まで遡る。これらの区は財政的〔徴税上の〕機能を有していた。百人隊の割り振りとは異なって、各区への〔市民の〕割り振りは、無産市民も対象とされ、あらゆる種類の富が考慮されていたからだ。[48]

　紀元前六世紀のローマにおけるこのような社会的および政治的制度は、現在ではもはや解答不能な疑問を数多く提起している。騎士は貴族（パトリキ）と同一視されていたのか、それとも（貴族に加えて、ある一定の数の平民《プレブス》家族を含めた）もう少し広い社会層に対応していたのか？　どのくらいの貧困水準から等級以下《インフラ・クラッセム》と呼ばれ、等級以下の市民の軍事的役割はどのようなものだったのか？　黎明期の単一の等級《クラシキ》から、紀元前三―二世紀における五つの等級への移行は、どのように行われたのか、等々。しかし結局のところ、これらの論点は、われわれの主題にとってあまり重要ではない。先に私が述べた推測に加えて言えば、戸口調査は当初より、既に構築された都市システムの中で、軍事的役割と政治的役割を果たしていたことを強調することが重要である。

では貨幣についてはどうであったか。

セルウィウス・トゥリウスの時代、円盤状の貨幣はまだ鋳造されていなかった。しかし円盤状貨幣が発行される以前には、別の形態の金属流通があった。それが青銅板であるが、ただし標準化された単位の体系には対応していなかったようである。青銅板のいくつかには、魚の骨や枯れ枝《ラモ・セッコ》（図柄化された枝のようなもの）の形状が刻まれている。その他には、貨幣の模様が与えられたものもあった。枯れ枝を描いている青銅板のいくつかは、間違いなく紀元前六世紀まで遡る。こうした青銅板は、イタリア半島のティレニア地方で流通していたが、シシリアにおいても発見されている。(49)こうした青銅板の機能は既に貨幣的なものだったのだろうか？　明らかに、完全にそうであったとは言えない。なぜなら、青銅板が分割されたという証拠はないからだ。枝を表わす線は、分割を許さないことを表していた。ヒューバート・ゼナッカー（Hubert Zehnacker）とルイーギ・ペドロニ（Luigi Pedroni）が近年、揺るぎない議論によって主張したところによれば、こうした青銅板は動産の一部として扱われており、罰金の支払いと借款に使用することができ、また、非不動産資産の評価に際しても役割を果たしていたが、経済的交換、とりわけ交易に使用されることはなかった。(50)

ここで議論の的となるのは、セルウィウス・トゥリウスが行ったことである。大プリニウスは次のように述べている。「セルウィウス王は、青銅貨に刻印を押した最初の君主である。ティマイオスが報告しているように、ローマではこれまで、青銅塊が使用されていた」（シチリア・タウロメニウムのティマイオスは、ギリシャの歴史家で、紀元前三四六年頃に生まれ、紀元前二五〇年に亡くなった。彼の著作は、短い断片しか残っていない）[51]。最も古い年代確定を主張する歴史家および考古学者は、貨幣板を鋳造したのはセルウィウスが最初であると考えている。だが不幸にも、現在入手できる貨幣の模様をもつ板は、紀元前六世紀よりも随分後の時代のものであるように思われる（概して紀元前三世紀に遡るものである）。また、別の学者は、セルウィウスが貨幣的あるいは前貨幣的な個片を鋳造させたことはなく、価値の一般的な尺度標準を確立したと主張している。ただし、このような尺度標準の確立は貨幣の流通をともなっておらず、ゆえに、いわゆる計算単位は存在していなかった。例えば、しかじかの単位の土地があれば、それは、しかじかの〔貨幣ではなく〕青銅重量の等価物に値するとされていた。

王政が終焉し共和政が始まる頃の古いテキストには、日付についての誤りがあることは否めない。例えばいくつかのテキストは青銅の重量について記述しているが、別のテキストは貨幣の個数について記述している。紀元前一世紀あるいは紀元後一世紀頃のラテン人とギリシャ人は、古代ローマ社会の時代変遷を理解し損ねていた。

この点に関して、ゼナッカーとペドロニ[52]が最も正確な結論を導き出しているように思われる。彼らによれば、セルウィウスは、価値の一般的な尺度標準を導入した。青銅の重量によるこうした標準は、既存の青銅板あるいはこの時代において登場した青銅板との等価性を可能にした。したがって、これ以降、計算の単位が存在していたと言える。しかしこうした青銅板は、実際の交易には使用されなかった。「金属の実効的所持は威信の源である。国家と市民との関係の中で、市民――主にトリブスの長――同士の関係の中で金属を流通させることは、市民生活の機能の大部分に貢献し、社会組織の柔軟性を保つことに役立った」[53]。

例えばギリシャの銀貨のような外国の貨幣がローマに流れてきたとしても――ありそうなことである――、そうした外貨の流通は、ローマ市の領土内では認可されなかったはずである。なぜなら同時代のエトルリアで生産されていた貨幣を除いて、〔ローマでは〕外貨は全く発見されていないからだ。古代ローマで使用された貨幣の単位としては「アス」があるが、その語源は不明である（おそらくはエトルリア語か）[54]。アスは算術的な用語であり、十二進法による単位である。この単位は一二の部分に分かれ、それぞれがウニカ（unica）、つまりオンスと呼ばれる[55]。私が話題にしてきた青銅板は、「アス」と呼ばれたのだろうか？　そう呼ばれたという証拠はない。いずれにせよ、貨幣形態の硬貨が鋳造され始めたとき、計算単位でもある貨幣単位は「アス」と呼ばれていた。その後はずっと「アス」は、青銅製の貨幣を示すようになった（ただし、だからと言って貨幣単位である「アス」という言葉と、青銅を意味するアエス（aes）を混同してはならない。両者の語源は異なっている）。

したがって、紀元前六―五世紀における古代の戸口調査を研究することは、われわれの主題にとって非常に興味深いものである。なぜならこの研究を通じて、戸口調査制度と最初期の貨幣の発行との間の関係について考察することができるからだ。なるほど、文献資料が貧弱であるために、〔研究に際しては〕慎重にならざるをえない。しかし確かなことは、戸口調査の導入〔の時期〕は、後の時代や近代世界に至るまでに知られてきたような、円盤状貨幣の最初の発行〔の時期〕とは一致しないということだ。戸口調査の導入は、円盤状貨幣の発行よりもかなり先行している。おそらく、セルウィウス・トゥリウスの時代に流通していた枯れ枝《ラモ・セッコ》が刻まれた棒は、われわれが今日知っているような貨幣の一連の諸特性を持ち合わせてはいなかった。戸口調査に加えてセルウィウス・トゥリウスが導入したものは、おそらくは今日われわれが見るような特徴をすべて兼ね備えた貨幣ではいまだなく、むしろ、価値の尺度単位でありおそらくまた計算単位であった。この単位は、戸口調査の業務において、市民の財産を評価する際に使用されたのだろうか？　そのように考えることは論理的でもあり、魅力的でもあると言えよう。しかしこの点に関しては、厄介な二つの別の問題との関連において、なお不確かさが残る。第一に、何を基準に財産は評価されていたのか（価値の尺度単位によってか、あるいは土地の面積、あるいは農業生産高によってか）？　第二に、財産のうちのどのような要素が査定対象となったのか（不動産のみか、それとも動産の一定要素も含まれたのか）？

　注目すべきことが一つある。それは、紀元前六世紀初頭のアテネでソロンがとった行動（これは、アリストテレスの『アテネ民衆の憲法』およびプルタルクによるソロンの伝記によって知られている）である。ソロンの行動は、われわれが本論で関心を示している貨幣と戸口調査の二つの領域において、セルウィウス・トゥリウスがとった行動との興味深い類似を示している。第一に、ソロンは、富の多寡に基づいて、アテネ市民の間に新たなヒエラルキーを導入することにした。彼はアテネ市民を四つの等級に分割したが、これは、重装歩兵革命と無関係ではなかった。ヒエラルキーの最上位には、五百メディムネ（medimnes）〔ラテン語 medimnus はギリシャの穀量の単位〕（立体の容量の尺度であり五一・八八リットルに相当する）以上を生産する土地を持つペンタコシオメディムネ（pentacosiomedimnes）と、最低三百メディムネを生産する土地を持つ騎士が位置づけられた。これら二つの集団は程度の差はあれ、古代ローマの騎士に相応する。ヒエラルキーの二番目には、戦時中に重装歩兵となるゼウギテス（zeugites）が、そして最後に、最貧民層であるテテス

（thetes）が位置づけられていた。このようなアテネの戸口調査システムは、ローマのそれと同じ程度の重要性を持たなかった。また、古代の作家の記述を信用すれば、アテネのシステムは、農地収入に基づいていた。この点、少なくとも紀元前四—三世紀以降のローマの事例とは全く異なっている。さらに、アテネの戸口調査は、ディグニタスとウィルトゥスといった個人の人格の質に関する評価にはさほど重点を置かなかった。しかし、古代ローマの戸口調査と同様に、アテネの戸口調査も軍事的機能と政治的機能を同時に果たした[56]。

ソロンの時代のアテネでは、円盤状貨幣がまだ全く鋳造されなかったことは確かである。よって、セルウィウス・トゥリウスと同様、ソロンもまた、自らが統治した都市における貨幣の創始者ではなかった。ただしソロンが度量衡に関わっていたことは確実であるようだ。エドゥアール・ウィルが述べるように[57]、商品取引は、「量的評価システム（度量衡の体系）と質的評価システム（財の価値——価格と言ってもよい——を表示する手段）の双方を同時に」必要とする。

われわれが用いる指標に従えば、アテネ式のものであれ、ローマ式のものであれ、戸口調査制度の確立に際しては、程度の差こそあれ同じ類のことが要求された。ローマにおいてもアテネにおいても、われわれが知るような特性をすべて備えた鋳造貨幣はまだ必要とされなかった（貨幣はこの時代には存在していたが、ソロンのアテネでもなく、セルウィウス治世下のローマにおいても存在しなかった）。これらの社会で必要とされていたのはおそらく、価値の尺度の単位であり、計算単位であった。

四　共和制末期における戸口調査の推移（紀元前二―一世紀）

われわれは、ローマ共和国最後の二―三世紀およびローマ帝国の始まりの頃における、戸口調査の変容について繰り返し考察してきた。これに関して、とりわけアンドレ・オルレアンは、いくつかの疑問を提示した。例えば経済的論理の一定の形態が偶発的にも自律性を持ったことに関する問題、政治秩序の自律性に関する問題、「道徳的な評価から貨幣的な評価である直接税を分離すること」(58)の問題が挙げられる。この第四節では、戸口調査の歴史的推移について議論することを通じて、オルレアンが提起した諸問題についてより正確に解答していきたい。

戸口調査の歴史的推移に関して最初に注目すべき側面は――つまり最重要側面は――、次の点である。すなわち、紀元前四―三世紀に――政治・軍事・財政の――三重の機能を担っていた戸口調査は、紀元前二世紀にはこれらの機能のうちの二つを事実上（しかし法的にではない）失った。最初に財政的機能が失われ、次に軍事的機能が失われた。

戸口調査は家父長の財産総額を知ること、その結果、財産直接税であるトリブートゥムを課すことを可能にしていた。この点は既に議論した。この直接税は法的には廃止されなかったものの、紀元前一六七年以降、事実上もはや徴収されなくなった。市民を対象とした「間接」税（ラテン人は直接税と間接税を区別しなかったと言われるが）は、戸口調査に基づいては算定されなかった。直接税の大部分は、現物あるいは現金の形態で、イタリア半島の外に住む外国人から徴収された。ここでの外国人とは、ローマ市民権を持たずにローマ帝国に居住する自由人〔＝降伏外人〕の成年男子と成年女子である。ローマ人の異国征服によって生じたこのような状況は、戸口調査自体の手続きに関しては何の変化ももたらさなかったが、戸口調査の重要性の一部を取り除いた。つまりこれ以降、税制は事実上、市民の戸口調査から切り離されるようになった。

市民一人一人を特定の等級および百人隊に振り分けることで、戸口調査は、各市民に軍隊におけるある特定の地位を与えた。言ってみれば、この軍隊における地位は、各市民の社会的地位に比例していた。これらの軍事的任務は、名誉および特権として認識されたとしても、それだけにまた重苦しい負担とも感じられていた。この事実は紀元前一世紀に限ったことではなかった。二度のポエニ戦争に関連する教訓的な物語からこの点は充分に明らかである。そうした話において強調されるのは、戦争へと旅立った市民が、自分の所有する土地を管理することができなくなり、その結果、彼の家族は破産の危機に陥ったということである。紀元前二世紀には、征服した地方やその前線における要求人員不足に対応するには、恒常的な軍隊が必要であったのに、中流および上流階級の動員は次第に不可能となっていった。そのため、少しずつより貧困な男たちが軍隊に招集されるようになり、紀元前一〇七年にはマリウスが、「無産市民《プロレタリー》」の徴兵を認めた。これら無産市民は所有する財が第五等級の百人隊の最低水準よりも劣っており、それ以前は兵士になることが許されていなかった。これ〔紀元前一〇七年〕以後、兵士と百人隊隊長は、真の意味でのプロフェッショナル（専門職）となり、「ベテラン（老兵）」となるまで軍隊に所属し続けた（しかし佐官、地方総督監督官、および軍団司令官は常に、元老院議員や騎士といったエリート階級のメンバーであり続けた）。アウグストゥスはこの状況を公認した。ローマ帝国最初の三世紀の間、軍隊は同じ〔制度的〕基盤の上に成り立っていた。戸口調査における軍事的機能は完全に失われたといえる。

区と百人隊に記録されることで、ローマ市民は、ケントゥリア民会やトリブス民会といった民衆の集会に参加することができた。これらの集会において、市民は政務官を選出し、法案の議決を行った。民会の活動は、アウグストゥス治政下においてずっと存続した。しかし、皇帝〔アウグストゥス〕の権力によって、ゲームのルールは完全に修正された。さらに、第二皇帝チベリウス（一四―三七年）の下で、そして第三代皇帝カリグラ（三七―四一年）の下で、人民の集会は単に象徴的なものとなり、現行の皇帝が選出した人材〔執政官〕を歓声で認可するというだけのものに変わった。したがって、戸口調査の政治的効果も失われた。

戸口調査は、こうして根本原理が変化したことで、ローマの民衆の大部分にとってもはや重要なものではなくなった。貧民層や低資産層の人々にとっては、どこの区やどこの百人隊に所属したとしても、あまり変わらなくなった。逆に、エリート層（元老院議員、騎士、監査基準が適用される地方都市のエリート成員など）にとっては、戸口調査は重要な意味を持ち続けていた。というのも、共和政下の市、次いで後の皇帝は、庶民階級の人々に対して個別に不名誉の烙印を押すことに関心を示さなかったが、エリート層に対する風紀取り締まりはやめなかったからだ。

既に共和政時代（しかもその末期に限らず）において、戸口調査は富裕層とその他の階層の人々を同じように扱ってはいなかった。理屈としては、〔監査の〕基準のすべては、あらゆる等級の市民に適用されるものであった。しかし実際にはそうではなかった。富に関する基準は、例外を除いて、エリート層以外の市民にとって重要であった。富の基準は、選別手段の一つであり、これによってエリート階層を再生産・更新するための人材プールを作ることができた。これに対して、エリート階層に所属する者たち、あるいは過去にエリート階層に所属していた者たちに対しては、すべての基準が適用された。元老院議員と騎士は、風紀上の理由により、所属する等級から除名される可能性が最も高かった。ただ、戸口調査を媒介とするこのような社会的凝集性がかなり目立つようになるのは、紀元前二世紀から紀元後一世紀初めにかけてのことである。これは(端的に言えば)、今や戸口調査が民衆の大部分にとっては何ら実質的な意味を有さなくなったからだ。

加えて言えば、紀元前一世紀初頭からアウグストゥスの即位に至る間、戸口調査は政治的-社会的な騒乱によって大きな混乱を余儀なくされた。さらに、市民の数の増加とかつてないほどに大きな領土の拡大もまた、戸口調査を混乱させる要因となった。紀元前八〇年代の終わり頃に、監査制度はシルラ〔シルラはイタリア語発音。その他スルラ、スラと表記されることがある〕によって廃止され、紀元前七〇年にようやく導入し直された。この時期の前、戸口調査は紀元前八九年と八六年の二回にわたって行われた。これら二度の戸口調査は完了すると、浄めの儀式《ルストゥルム》が催され、正式に承認された。ところが、われわれが知る——あるいは知っているつもりである——ところでは、登録されるべき市民の大部分が登録されなかった。登録されなかったのは、内乱の後にローマ市民権を受領したイタリア半島のイタリア人ほぼ全員だった。

紀元前七〇年以後、カエサルの勝利に至るまで、戸口調査は、紀元前六五年、六一年、五五年、五一―五〇年の四度実施された。しかし、これらのどれもが完了せず、したがってルストゥルムは催されなかった。紀元前六五年、大クラッススとリュタチウス・カトゥルス(Lutatius Catulus)の二人の監察官は意見の一致に至らず、戸口調査を完了しないままに退職せねばならなかった。紀元前五〇年にも、戸口調査が終了することはなかったが、既に触れたように、新しい元老院名簿が承認され、何人もの元老院議員が元老院から除名された(そのうちの二人は既に言及した)。

しかしオクタヴィオ・アウグストゥスの勝利は、この混乱状態に収拾策を講じることを可能にした。アウグストゥスは、自著『業績録』（Res gestae）において、紀元前二八年、紀元前八年、紀元後一四年の三度にわたって——いずれの回も戸口調査の全業務が終了した後に——ルストゥルムを開催したことを自慢している。アウグストゥス自身が述べるように、紀元前二八年のルストゥルムは四一年振りの祝祭であった。

しかし、戸口調査の経過が以上のような側面を持っていたからといって、戸口調査の諸原理および諸目的における強い永続性を忘れてはならない。一方で、古代ラテン語圏の作家たちは、セルウィウス・トゥリウスが制定した戸口調査を非常に「監査的な性格が強いもの」、すなわち富と資産に結びついたものとして描いている。他方で、共和政末期に至るまでの、さらには帝政下においても、戸口調査のゲームのルールは、常にローマ市民の人格的および家庭的な資質を考慮に入れるというものだった。

ティトゥス＝リウィウス、キケロ、ハリカルナッソスのディオニュシオスが述べるには、セルウィウス・トゥリウスが導入した戸口調査は、投票権を完全に欠くわけではない貧民層の自尊心を気遣いながらも、富裕層に対してローマ市における優越的な地位を与える手段であった。ティトゥス＝リウィウスによれば、セルウィウスは「尊厳および財産の様々な度合いの間に明確な差異を作り出した」（インテール・グラデュス・ディグニタテス・フォルトゥナエケ）。今や戸口調査は、「市民としての義務と軍事的な義務を、従来のように頭割りで割り当てるのではなく、財産によって（プローハビトゥ・ペキュニアルム）割り当てた」[59]。ティトゥス＝リウィウスの著作にはまた、紀元前二世紀初頭のスパルタの政治家であるナビスの言説も見いだされ、そこではローマにおける金権政治の伝統と、完全な平等を志向するスパルタ市の伝統が対比されている[60]。

次にキケロは、セルウィウス・トゥリウスの改革した古代ローマの諸制度についての金権政治的かつ犬儒《キニク》主義的な解釈を提示している[61]。キケロは強調する。民会の組織は貧困層に、自分たちの意見が政治に反映されているという印象を与えるには最も良い方法であるが、実際には貧困層は選挙にも法案採択にも介入してはいなかった。キケロはさらに、戸口調査を創設するときのセルウィウス・トゥリウスの目的は、投票をコントロールする力を大衆から奪い、有産者たちに委ねることにあったと説明している。有産階級《ロキュプレーテ》こそが、ローマ人民《ヴィスーポピュリーウニヴェルサ》の力すべての源であったと言う。

最後に、アウグストゥス時代のギリシャ人歴史家であるハリカルナッソスのディオニシオスによれば、貧困層――つまり最低限の資産も持たない民衆――によって構成される最下層の百人組は、他の百人組階級をすべて合わせたのと同じくらいの人数がいた(62)。

キケロより三世紀前、プラトンはその著書『法律』において、「不平等な戸口調査の確立」を提案した。これは、「役職や税金や分担金の決定にあたって、各人の価値を、たんに祖先や彼自身の徳性、あるいは身体の強さや姿かたちだけでなく、富や貧しさをどう用いるかによっても評価するためであり、こうして人々が栄誉や役職を、等しくはないが釣り合いのとれた分配によって、できるだけ公平に与えられ、争うことがないようにするためである(63)」というものだった。アテネにはルストゥルムが存在していなかったにもかかわらず、プラトンは、一方の尊厳および功績、他方の財産という、評価の二重原理の問題を提示したのである。ところがラテン人は、古代においても、財産を優位におくことを躊躇しなかった。

これに対して、アウグストゥスがローマ国家の運命を手中に握り、戸口調査を実施することを決断した際、彼は、エリート階層の風紀を評価するという伝統に忠実であろうとした。「私は、われわれの都市が忘れ始めていたわれわれの祖先たちの模範例を復活させた(64)」。在位中に行われた三つの戸口調査において、また、別の機会において、アウグストゥスは、議論の余地がある「自然に対する権力」の名において風紀の取り締まりを実施し、元老院議員の取り調べを行った。その結果、一定人数の議員が元老院から除名された。除名の理由は、単なる財産的な理由ではなかった。

財産を評価する一方で、尊厳と功績も同時に評価するという両義的な評価方式は、帝政ローマの時代まで続いた。したがって古いローマにおける道徳の原理に対抗して、ある種の金権政治革命が起こったと結論づけることは、誤りであると言えるだろう。

しかし、紀元前六世紀から一世紀にかけて、ローマ社会とその生活様式、風習、文化、そしてエリート層の財産の様式がすっかり変容したことは事実である。

犬儒《キニク》主義の力が増したのだろうか？　ありうることである。しかし犬儒主義を測定することは困難であり、とりわけ古代に関してわれわれの手に入る文献資料を通じては測定し難い。犬儒主義が生み出す戦略および不正行為は、社会と時代に応じて様々な形態をとる。これらの形態は、それ自体が示唆的なものである。なぜなら、異なる社会集団に対して諸問題が実際にどのように提起されるのかを理解する手助けになるからだ。また、そうした形態は様々な心的傾向や社会的差異を位置づけるのに役立つ。

いずれにせよ、財産、とりわけエリート階層の財産が、次第に重要なものとなっていった。奢侈が蔓延した。古代ローマ人の私生活を性格づけていた緊縮は、大きく弛緩した。ポエニ戦争の始まりと内乱時代の間、ローマ市民の精神は脆弱化した。紀元前二―一世紀において、元老院議員たちは、自らの地位を保持するために次第に多くの金銭を必要とするようになり、そして彼らは、自らの政治的職務を遂行するにあたってますます多くの金銭を要求するようになった。私は、例えばサリュストやセネカ〔の著作〕に見られるような道徳主義的な絵を描くつもりはない。むしろそのような絵は、少なくとも部分的には、〔ローマ社会の〕現実の変化と関連している。この変化は、ローマの生活のすべての側面に影響を与え、必然的に監察官の厳格さに対しても影響を及ぼした。紀元前一世紀に元老院から排除された元老院議員は、道徳的な理由よりもむしろ政治的な理由からそのようになったように見えたが、それも偶然ではない。社会的流動性とエリート階級の更新が、世紀ごとにどのように推移したかという問題も提起される。この問題に関して解答することは容易ではなく、紀元前一世紀、つまり内乱の時代には、この流動性が、先行する時代の大部分に比べてもより強かったということは、大いにありうる。(65)

最後に、紀元前一世紀あるいは紀元後一世紀のギリシャ人やローマ人の幾人かは、政治的な変化を、何よりも平等主義を推進して行く歩みとしてとらえていた。ゆえに彼らは、自分たちの時代よりも過去数世紀のほうがローマの諸制度は富の基準により大きな重要性を置いていたと考えているのだ。(66)

一見矛盾をはらむように思われるこれら変化の諸要素を、どのようにして一つにまとめればよいだろうか？　主要なアイデアとしては三つあるように思われる。

第一のアイデアは、戸口調査はその原理と目的において不可逆的に変化することはなかった、というものである。ヒエラルキーおよび道徳的価値から富へと戸口調査を転換させるような断絶は起こらなかった。なぜなら戸口調査は常に富を考慮していたし、逆に、公権力は富以外の別の要素を考慮に入れることを決して諦めなかった。

第二のアイデアは、ローマ社会は完全に変容したが、この変容は戸口調査の実施に影響を与えずにはおれなかった、というものである。われわれがポンペー（Pompee）やキケロに期待する富・資質・尊厳は、私たちがそれより数世紀以前にシンシナトゥス（Cincinnatus）やアティリウス・レグルス（M. Atilius

Regulus）に期待するものとはほとんど関係なかった。ローマ社会の変容にともない貨幣の役割が実質的に大きくなったが、その諸原理において断絶は生じなかった。

第三のアイデアは、ローマが地中海沿岸全土を支配するのに応じてローマの政治・行政〔システム〕が変化したことにより、戸口調査は、エリート層の成員については例外として、その実際上の重要性のほとんどを失った、というものである。おそらくこの状況は、戸口調査はその大筋において同一にとどまったが、その他すべてが変化したのだろうということを説明している。ただ単に戸口調査は、その実質の大部分を失ってしまったのである。

五　結論

第一の結論的覚え書きは次の通り。すなわち、戸口調査は、第一義的に経済的な現象であるのではない。次の四点が言える。

（一）監察官は、一定の財産に対して慣習価格よりも低いあるいは高い数字を与えることで、財産の評価を左右する権限を持っている。

（二）戸口調査はローマ市民のみを対象とする。評価の基準が例外を除いて全員に対して同じであると言われるとき、「全員に対して」とは、奴隷、外国人、大部分の女性を除く「すべての市民に対して」のことと理解すべきである。

（三）家族と親族の法律上の構造に従えば、生存中の父親とその成人の息子の間には区別がある。その結果、すべての財産資産は、法的には、戸口調査における唯一の申告者である父親に帰属する。

（四）戸口調査の評価を通じてこのように同質化される財産は、社会的に見ると、かなり異質な諸実在および諸価値に対応している。

戸口調査の過程と目的とを区別せねばならない。同質化／分化の過程が（ミシェル・アグリエッタの表現を借りるならば）経済の発展と連動しているとしても、その目的は経済的なものでは決してない。また戸口調査の目的は、聖性の領域に従属するものではなく、政治的なもの《ル・ポリティーク》と国家の領域に従属している。つまり、それはローマ市の利益（軍隊および政治的生活の組織化、税制）と関係している。

しかし以上の覚え書きは、ローマでは財産が、社会のヒエラルキーや流動性の現象において注目すべき役割を果たしたという評価を否定するものではない。以上の覚え書きは、物質的現実が古代ローマでは重要性を持たなかったと言っているのでもない。物質的なもののすべてが、経済的なものであるのではない（その逆もまた然り）。

もう一つの〔第二の〕覚え書きを記しておこう。それは、ダニエル・ドゥ・コペーの主張に関連するように思われる。つまり、戸口調査を通じて古代ローマの公権力は、社会のヒエラルキーを再創造するのである。この点はおそらく、われわれの〔＝現代の〕社会と古代社会の間にある大きな差異の一つであろう。この点で古代の社会は、工業化以前の歴史的諸社会の多くと似ている。今日の国家が社会のヒエラルキーに影響を与えていることは明白であるが、その影響力は、教育を組織化し、政治・行政に携わるエリートを雇用するにとどまる。しかし、今日の国家は、富による場合であれ、富によらない場合であれ、社会のヒエラルキー総体を組織しようとはしない。反対に古代ローマにおいては、一方で戸口調査、他方で法という、二つの要素以外によって決定される以外のヒエラルキーは存在しなかった。戸口調査は、社会のヒエラルキーを創造するための、根本的な政治行為だったと言える。

紀元前三世紀以降、そして時代が進むにつれてますます、ローマは自らの周囲に支配、すなわち「帝国」を構築していった。戸口調査はローマ市のヒエラルキーを正統化し直すものであり、(戸口調査の存在それ自体を通じて)市民と非市民——つまり、奴隷、女性、子供、ローマに所属する非市民自由人——の間に境界線を引いていった。しかし戸口調査は、(参考文献においては普通、イタリア半島ではアリエー、その他の所ではペリグリニと呼ばれる)こうした非市民に対しては、何の関わりも持たなかった。これらの非市民は、税金を支払い、監査を受けたが、ローマの戸口調査の枠組みにおける監査は受けなかった。ローマは、個人や集団の地位に関して、複雑なヒエラルキーを発展させ、その中に、ペレグリニとラテン人——中間的な地位にあった自由民——を同時に統合させた。このようなヒエラルキーの精巧な構築《エラボラシオン》を促した道具は戸口調査ではなく、公私に及ぶ法であった。

ローマ法は、時代が進むにつれて(とりわけローマ法の「古典」時代と呼ばれる紀元後二—三世紀)豊富化されていった、自律的な知的構築物である。このようなローマ法に関して、次の点に注目することが重要である。ローマ法は、地位のヒエラルキーを構築《エラボラシオン》・正統化する場であるとともに、ある種の平等を肯定する場であった。ローマ法は二通りの方法で平等を肯定する。公法に関しては、ローマ法は、社会階層内部の平等を認めた。古代ローマの不平等とは等級間の不平等であるが、これには各等級内の平等がともなっていた。民法と刑法に関して言えば、自由人の様々なカテゴリーに属する成員たちが(例えば交易に関して)共同で行い、所有できるすべてのことを定義し、契約の観念との関連で債務をも取り扱った。

第三の覚え書き。われわれは、「ローマにおいては地位が富を形成した」とは言えない、ということである。たとえ富が様々な仕方で貧困層および富裕層の財産に影響を及ぼすことがあったとしても、ローマ市は、所属民の私的な経済活動が自由に行われることを許し、戸口調査を通じてそうした活動の集計結果を正式に確認した。活動の成果があれば、死亡時の相続財産に加えられた。ローマ市が社会のヒエラルキーを再創造するにあたっては、市が自らは責任を負わない与件として認める財産を基礎としていた。戸口調査において、財産評価がエリート階層に対してよりもむしろ、中流から低所得層に対して相対的に大きな位置を占めていたのは、このような理由からである。その上、共和政末期や帝政期においては、エリート層が政治的・行政的な活動から多額の利益を得たとしても、また、彼らの地位が彼らに大きな追加の富をもたらしたとしても、ローマ市は、彼らの財産を保証することも、彼らが所有している財産の維持に配慮することもしないと見なされていた。エリート層の財産は私事であり続けたが、このことは、工業化以前の社会すべてに見られることでは決してない。

最後にもう一つの覚え書き。すべての時代を通じ、戸口調査の本質的な機能の一つであり、時代を経るにつれて他の機能と比較して一層の重要性を増していったものがある。それは、エリートの調達と、そのエリートの統制である。

エリートは、特定の生活様式を持たねばならず、また、特定の種類の財産を所有しなければならない。紀元前一世紀の騒乱によって消滅の危機に遭い、アウグストゥスの時代に非常に鮮やかな形で復興を遂げたのは、まさにこの生活様式である。この過程において、戸口調査が金権政治へと推移していくことは阻まれた。確かにアウグストゥスは、古代ローマ初期そのままの形では戸口調査を復興しなかった。しかし彼は、戸口調査を維持し、エリート層の改革に尽力した。

戸口調査を通じて、また法を通じて、全体性が考慮され、正統化された。貨幣と言えばそれは、全体性を事実として表現するものであった。われわれが本書で「貨幣の正統性」と呼ぶものは、古代的な諸表象の主題ではない。例えば古代人は、都市や帝国の主権に関連させて貨幣を考えていた（「皇帝《カエサル》のものは皇帝《カエサル》に」）。貨幣は、社会的全体性を表現する——これは事実の一側面である——が、その時代においてはそのようには考えられていなかった。しかし社会的全体性は、同一の貨幣が戸口調査に際しあらゆる形態の富の評価単位として使われたという点、そしてまた同一の貨幣が商品交換、金融投機、利付き貸し付け、施しや自己顕示的な贈与、国家の収支計算において、つまり、古代の社会生活の主要側面のすべてにおいて役立っていたという点において表されている。(67)

第3部

信頼

第3部の概要

第3部「信頼」では、貨幣と信頼《コンフィアンス》（ないし信認）の関係が明らかにされる。主権的なものに寄せられる信頼は社会的凝集性の前提条件である。ここでは、貨幣そのものが信頼される条件はどのようなものか（第7・8章）、そして貨幣を通じて主権的パワーへの信頼がどのようにして確保されるか（第9章）が考察されるのである。

第7章（テレ著）ではまず、近代の資本主義社会の下で貨幣の信頼の条件とはどのようなものかが明らかにされる。近代社会においては「生の債務」は経済的債務と社会的債務に二重化する。経済的債務は第4章で考察されたもの、すなわち社会的分業への参加のために個人が負う債務である。これに対して社会的債務とは政府の債務（税の徴収も債務と見なされる）を指し、政府による生の集団的諸条件（保健・安全保障・教育等）の提供が債務返済に相当する。本章では近代社会の特徴は、貨幣が二種類の債務を通約する位置にあることに求められる。このとき貨幣が信頼を獲得するためには、両債務間の同盟《アリヤンス》の紐帯として調整的機能を果たさねばならない。ところがこの条件を理想的に満たす貨幣がアプリオリに定義されることはない。なぜなら社会的債務においては法こそが支配的な象徴的媒体であり、貨幣は従属的地位にあるからである。貨幣は完全なる政治化にも完全なる脱政治化にも至りえないというのが本章の貨幣観である。

第8章（セルヴェ著）で考察されるのは、西・赤道アフリカの植民地化の歴史の中での貨幣の変遷である。商取引における貨幣機能（計算単位や支払手段）の普遍性を自明視するヨーロッパの植民者は、現地における自国貨幣の専一的使用を強制しようとするが、必ずしも伝統的な現地貨幣（貝貨や腰布貨幣）の駆逐には成功しなかった。むしろ伝統的貨幣との並行的使用や、「等量交換」という独特な等価観念に基づく取引の発展が見られた。その理由として本章では、自国貨幣の不足を現地貨幣で補おうとする植民者側の事情のほかに、ヨーロッパ貨幣に対する現地人側の不信があったことが指摘されていく。すなわち貨幣認証の呪術的要素、儀礼や禁忌による貨幣使用範囲（西欧的な商品／非商品の区別は適用されない）の決定、等々。このようにして本章は、貨幣の社会的・文化的・儀礼的な効力が重要な意味を持つ社会においては、外来貨幣の信頼獲得には固有の困難がともなうことを明らかにするのである。

第9章（ビルスト著）では、「本能の欠如」という人間の根本的欠陥から出発して、人間の心理的諸装置はそれをどのようにして埋め合わせるのか、そしてその中で貨幣が果たす役割は何なのかが明らかにされる。人間は本能的紐帯を欠くので、現実界と関わるためには、それに代わる主観的拠り所を創り出さねばならない。本章で描き出されるのは、市場経済における「生の債務」の形成－返済の運動の中で「貨幣的紐帯」が創発する様子である。商取引に従事する人々は主観的な投影によって市民共同体的《ソシエタル》な全体性を創発するが、これが確固とした共同体となるためには、保護《プロテクシオン》（債務返済の確実性）を提供する〈他者〉との紐帯に関して人々が信頼を抱かねばならない。貨幣は主権的な〈他者〉そのものではないが、エンブレム（過去の経験との結びつきを持つ現実的なある物であり、フロイトはこれを絵文字《ピクトグラム》と呼んだ）としての心的作用を通じてこの信頼を強める働きをする。こうして本章では、市場経済における貨幣の本質的役割は、エンブレム――イメージ（想像界）でも記号（象徴界）でもない――という原始的な心的形態に基づくものとされる。

第7章

勤労者社会における債務と貨幣の二元性について

ブルーノ・テレ

先行の諸章に従い、本章においては次のことを確定したものと見なす。すなわち、「原初的債務《プリモルディアル》」にまで遡る系譜的観点の下で考察される債務・金融・貨幣はいずれも普遍的な制度である。とりわけジャン＝マリー・ティヴォーと同じく、(1) われわれもまた、人類の始まりの頃には、死が生の此岸と彼岸にまたがる不可視の世界として表象されていたことを認める。この表象においては、生命を与えられるということは、人類を生み出した宇宙全体を代表する諸力に対してすべての人間が本源的《オリジネル》債務を負うのと同じことになる。さらにわれわれは、世俗の主権的権力——その正統性は本源的全体を代表する能力に存している——の出現は、こうした始原《イノギュラル》の信頼−債権〔信頼は主権的パワーの重要な要素である〕が、あの世からこの世へと部分的に移転され、世俗の権力の取引勘定に繰り入れられたことの表れである、と見なす。債務の決済手段としての貨幣を創発したのはまさしくこうした権力であり、債務の決済手段としての貨幣の抽象化〔作用〕によって、「殺害をもって生の永続的な保護手段となす」という供犠のパラドックスが解消可能となった。

かくして、人類の始まりと同様、本章を始めるにあたっても、債務から出発することにしよう。われわれにとって債務とは、人間間のすべての交換の基礎にある始原的な社会的紐帯に他ならず、商品交換、贈与・反対贈与〔＝お返し〕、事後に再分配をともなう徴税、といったすべての取引の背後に隠れている構造である。実際、これらの取引は結局のところ、「債務創造の諸方法(2)」にすぎない。この点から推論してわれわれは次のように考える。すなわち、原初的債務という象徴的構造が——人間存在が死と取り結んでいる関係の中に原初的債務の源泉が見いだされる限りにおいて——近親相姦の禁止と同じ人類学的地位を占める人的制度であることを考慮すれば、必然的に生の債務《デット・ドゥ・ヴィ》は近代社会の基礎であり続けることになり、近代社会に固有なものは生の債務が近代社会でとる形態と、それを決済する手段であるにすぎない、と。

複数の著者が本書において、人身御供による債務の支払いに注目することで、様々な社会における貨幣的実践の出現を描写しようとしている。ある社会は人身御供に代えて動物や植物の供物、原始《パレオ》貨幣および原貨《プロト》幣である貴重財を用いるようになり、他の社会では最終的弁済〔手段〕としての貨幣による支払いを考え出すに至った。[3] ここで特に強調しておきたいのは、貨幣への移行がこの代用の論理の中に、新しい事実《フェ・ヌーヴォー》を導き入れたということである。実際、計算単位としての貨幣は、人格間的な諸関係からの債務の解放および債務の世俗化を可能にする。債務の同質化と抽象化の演算子である[4]貨幣のおかげで、債務は移転を介してより広い空間の中を循環することができる。計算貨幣は、質的差異を数の序列による量的連続体へと転換するので、代数総和としての——すなわち微分された諸個人の同次的集計量としての——社会的全体性を表象する可能性を開く。

このように、貨幣の抽象化〔作用〕に関する歴史的＝発生論的アプローチによって、商品社会についての規範的・個人主義的概念ではとらえきれない、社会の全体を表象する制度として近代貨幣を考えることができる。しかしこのアプローチは、貨幣システムやこのシステムの歴史的発展形態の——社会の違いによる——多様性を解明するために必要なすべての鍵を与えるものではない。実際、たとえ「貨幣についての本質論的アプローチ」を分析枠組みに設定したとしても、このアプローチは「貨幣が実践においていかなる働きをするのかについて、余すところなく記述することなど到底できない[5]」。貨幣の地位、貨幣の役割、社会内部での貨幣の正統性の基礎について、様々な社会が有している共通点と差異点とをより正確に浮き彫りにするには、社会が全体性として構築され構造化される特殊な方式を比較することが必要である。このような観点に立ち、本章においては、現代社会の再生産および変容における「貨幣—金融—生の債務」という創始的《フォンダトゥール》関係の持続が、現在の貨幣の地位に対して何を含意しているのかを明らかにしていきたい。

このような〔本章の目的設定が有する〕含意は、以下で順次展開することとなる次の三つの命題にまとめることができる。

〔第一に〕債務の貨幣化は、債務の二分化のヴェクトゥル〔＝媒介者、媒介物〕であったし、近代社会の諸表象と諸実践における債務の方向を逆転させるヴェクトゥルであった。まず、商品交換および贈与・反対贈与という債務創造方法の二元性に対応して、近代社会においては債務が公的（あるいは政治的）形態と私的（あるいは経済的）形態とに分裂化した。そして、債務発行の近代的な二形態それぞれに固有な態様に応じて、程度を異にする債務の方向逆転が見いだされる。商品交換を通じて生み出される経済的債務は、その基本的《フォンダマンタル》構造を昔の生の債務から借りてきている。すなわち、それはある全体性に対する個人の債務形成である。しかし経済的債務には、逆転した時間との関係が含まれている。つまりこの債務は、人間生活のこちら側〔此岸〕で宗教的様式に基づいて契約された過去の債務形成にはもはや準拠しておらず、今や〔債務の方向の逆転が生じてからは〕世俗化されており、未来への期待に基づいて形成される。したがってこれは「未来への賭け」である。政治的債務について言えば、それは、本源的な生の債務として、依然として過去の表象の上に、つまり免れえない「過去から受け継いだ」信頼‐債権の上に築かれている。しかしながら、政治的債務には、個人と社会の全体との関係に関する逆転した表象が対応している。今や社会が人々に対して債務を形成しているのであり、社会的債務と化した本源的債務は、個別的な生の資本《カピタル・ドゥ・ヴィ》——社会が保護しなければならない（保護する義務を負う）ところの——の私有者の集合体から成っている。

〔第二に〕この中で近代貨幣は、二つのタイプの債務が通約可能であることを保証しなければならない。この二つのタイプの債務は、互いに矛盾する二つの実践的秩序――商業資本主義的な経済秩序と国家が管理する政治秩序――に基礎を与えながら、近代の勤労者社会における諸個人の社会的統合を構造化する。というのも近代貨幣は公私に共通な計算単位、つまり国家財政《フィナンス》と民間金融《フィナンス》の共通単位だからである。したがって近代貨幣は二重に両義的である。第4章でミシェル・アグリエッタとジャン・カルトゥリエが述べているように、まず〔近代貨幣は〕いわば内在的に両義的である。集合財としての――この場合「機能的」とも呼ばれる――貨幣は、次のような矛盾した形で、経済秩序の側の全体〔部分的全体〕を代理《レプレザンタシオン》＝表象している。すなわち集合財としての貨幣は一方で、支払手段であり、また支払いを通じて商業債務を流通・消滅させる手段であり、他方で保蔵手段、貨幣資本、債務を資本化する手段である。しかし近代貨幣はまた、以下でより詳しく示すつもりであるが、外在的にも両義的である。つまり、貨幣は社会の全体を表象するとともに、また、すべての債務――どのような起源や形態のものであれ――における共通の金融《フィナンス》手段として、貨幣は社会的凝集性《コエジオン》を調整する媒体でもある。かくして貨幣の正統性、貨幣への信頼、という問題はもはや、経済学者たちの言説に見られるような単なる経済なるもの《レコノミーク》*の内部調整の問題に矮小化できないであろうし、社会学や歴史学の伝統に見られるような単なる国家的・国民的主権の問題にも還元できないであろう。これは、次のような貨幣システムの能力、すなわち貨幣の〔各種〕手段における二重の両義性――流通／保蔵、公的支払い／私的支払い――を管理して計算単位を安定させる貨幣システムの能力に関わる問題である。

＊個人の社会的実践の材料でもあり場でもある原領域《レジストル》は「経済なるもの《レコノミーク》」「政治なるもの《ル・ポリティーク》」「象徴なるもの《ル・サンボリーク》」の三つに区分される。行為や実践の種類を表す単なる「経済」「社会」等とは区別される。

〔第三に〕要するに、近代貨幣は社会的全体を独占的に表象するものではなくなっている。ところがダニエル・ドゥ・コペーが取り上げるアレアレの人々の社会のように、分化が進んでいない社会においては、貨幣は社会を独占的に表象することができたし、今なおできているのである。社会的凝集性の過程は、社会的全体性についての競合的であると同時に補完的な複数の表象を、また個人と——種々のアイデンティティを定義する特権を持つ——全体との間の複数の象徴的媒介《メディアシオン》を拠り所にし、かつ再生産する。法および（とりわけ世界の諸表象を数理化するという形態の）知的抽象化は、いずれも経済諸関係の貨幣化という同じ運動の中で発展していく。以上を考慮して言えば、共同社会的《ソシエタル》な諸々の全体性を表象し、それらを接合する媒体《メディア》が影響力を拡大することを考慮せずして、貨幣の正統性を論じることはできない。貨幣は「法的なもの」であり（貨幣は法的形態を持ち）、また貨幣は社会諸関係を数理化するもの、社会諸関係を会計化する基礎でもある。そして計算単位の名称は国民言語の一部となっている。社会に関する多様な言説——貨幣の言説、法の言説、学問の言説——は相互に絡み合っており、一方の信頼性は他方のそれに依存している。ここでもわれわれは、貨幣の信頼という問題に直面する。本書においてもアンドレ・オルレアン〔第10章〕が、この点に関する経済学的アプローチは明らかに不完全であることを確認することから始めて、この問題を提起している[6]。また、社会における象徴的諸媒介は、間言説性・相互干渉性・階層的編成が関係してくるので、包摂的なコミュニケーション・システムをなすものと見なされる。よってわれわれはマクロ社会的観点から貨幣の信頼という問題に接近しなければならないであろう。後に読者も気づくであろうが、これは、ジャック・ビルスト〔第9章〕による同じ問題への心理学的アプローチと相容れないものではない。

一　近代社会における債務形態の二重化

政治経済学は当初から国家を自らの分析領域の埒外にあるものと見なすか、さもなければ国家を分析領域から除去しようとしてきた。こうしたことの結果としてある標準的経済学モデルは、社会の表象を次のように提示することとなる。すなわちこの社会においては、必ずや商業的秩序が社会の全体を最適な形で包摂《アングローベ》するに違いないであろうとされ、商業的秩序の契約諸原理に対するあらゆる干渉は社会秩序を乱すものと見なされる。こうして、現実と理想を都合良く混同する教義の中では、あらゆる政治的行為は論理的に排斥される。貨幣を財とサービスの交換を覆う単なるヴェールと見なす貨幣道具観は、このような国家の排除および商業的秩序――自然的なものとして、かつ合理性の精髄《クイントエッセンス》として神話的に想定されるところの――の外部にあるあらゆるものの排除から帰結するものである。

そうは言っても、諸事実を扱うときには政治なるもの《ル・ポリティーク》〔本書三八九頁の訳注を参照〕の存在を避けて通るわけにはいかないので、戸口から閉め出された政治なるものが再び堂々と窓から入ってくる。（経済学者たちによれば「上位の最適」である）政治なるものの排除は不可能であることがわかっているので、今度はむしろ（下位の「最適」である）政治なるものの削減、合理化が追求される。つまり、新古典派によっても、ケインズ派によっても、マルクス主義者によっても、政治なるものは、経済における社会的ないし技術的機能不全（市場の失敗、分割不可能な集合財、独占的規制、あるいはこの規制における資本の論理、生産の一般的条件ないし生産関係の中に占める位置によって定義される諸階級の利害）に対する対応として改めて考慮に入れられる。ここから引き出されるのは、「経済的に合理的であるがゆえに理想的である」とする理想国家の定義であり、〔経済学者たちは〕そこから、現実国家の表面を覆うすべての諸形態――これらのものは現実国家に固有の政治的論理から生じるのだが――を易々と導出していくのである。

貨幣と実体経済との分離を認めない異端派の経済学者たちもまた、このように、政治なるものを経済なるものの上部構造へと還元してしまうことを、なかなかやめられない。しかしながら、政治なるものに固有な経済――商業資本主義経済の発展によっても消え去ることのない課税・財政経済――の存在を認め、これを経済世界の表象に統合することは、経済と社会の中に貨幣を理論的に統合する方法について直接的な含意を有さずにはいないのである。実際には、国庫の循環《シルキュイ》を成り立たせている税の徴収手段としての貨幣機能のように、貨幣が常に果たす基本的な政治的諸機能を経済学的分析の中で考慮することが要請される。そのためには、われわれは、通常の経済学的分析を超えて、現実世界の理解や説明への指向が強い学問分野である人類学・歴史学・社会学に手がかりを求めるべきである。これらの分野は、経済なるもの《レコノミーク》から一つの政治が派生してくるという経済学者たちが創作した神話に代えて、実践と合理性の多様な秩序への社会的分化の歴史的過程を観察しなければならない、ということをはっきりと教えるのである。人間と物的諸物との間に確立される諸関係の総体としての経済は[7]、おそらくこのような歴史的過程によって分裂させられていく。つまりそのようなものとしての経済は商品経済であるだけでなく、贈与・恩恵・貢物の経済でもある。ただし、社会の経済的諸部面の内部において、またそれら様々な部面の間で商品・サービス・債務の循環を可能にする共通の計算単位である貨幣の作用を通じて、経済が統一され続けていく限りにおいて、経済は依然として「普遍経済[8]」である。

この普遍経済の諸構成要素――すなわち相互依存的ではあるけれども異質な諸構成要素――を一個の理論の中で考察することを可能にする経済学的分析を復活させるためには、近代社会の分化という事実を考慮に入れた債務の一般理論から、貨幣を概念化しなければならない。実際には、支払手段――すなわち債務の金融手段《フィナンス》――としての貨幣の使用から出発することで、われわれは近代貨幣の経済的論理を、近代貨幣の歴史的形成過程に結びつけることができ、そうすることで、近代貨幣の商業的機能、近代貨幣の課税・財政的機能、異なった合理性に支配される経済的諸部面の間でのコミュニケーションを象徴的に媒介《メディウム》するという近代貨幣の調整的《レギュラトワール》役割、を総合的に把握することができる。以上のことからして、商品交換のみに等価性を提供するものとして貨幣をとらえるだけではもはや満足できないのであり、同じ分析の進行上で貨幣の商業的次元および貢納的《トリビュテール》次元の総体を考察していかなければならないのである。[9] すなわち、計算単位の問題、社会なるものの貨幣的総計化を公私の諸計算単位で行うことの問題、政治的債務と経済的債務の同質化の問題、を提起し直さなければならない。

経済なるものと政治なるものとの分離――経済と政治の距離化

近代社会は、資本と領土国家という二つのメタ社会的関係によって、集権的な仕方で徐々に構造化された。政治経済学は、経済を人格間諸関係から解放された平穏な商品経済に還元することを目指す、経済に関する政治的言説である。政治経済学はそのような政治的言説として、近代社会の分化および複雑化の歴史的運動に関わってきた。政治経済学は、国家管理された政治秩序から商業資本主義的な経済秩序が分化・分離される運動をもっぱら規範的に再構成したものである。なおこの政治秩序そのものもまた、分化がほとんどあるいは全く見られない社会においては社会の総体を包摂していた宗教的（ないし呪術的）秩序が二分裂する、という同様の過程から生み出される。(10)

付け加えていえば、異なった目的を持つ実践の秩序へと社会を分化するこの運動を、経済と政治の根本的分離と混同すべきではない。実際には、この分化の歴史的過程は、次のような二重の次元を持っている。それは政治《ラ・ポリティーク》に対して経済《レコノミー》を距離化することであると同時に、政治なるもの《ル・ポリティーク》から経済なるもの《レコノミーク》を分離することでもあった。こうしたことからわれわれは、社会的複雑化の運動というもう一つの構成要素を同時に考察せずして、近代の勤労者社会に固有な政治なるものと経済なるものとの分化を考察することはできない。社会的複雑化の運動とは、様々な実践の原領域《レジストル》――経済なるもの、政治なるもの、象徴なるもの――の諸秩序それぞれの内部における特有の距離化＝階層化であり、この距離化＝階層化は、人間存在に固有な象徴《サンボリーク》機能の発展に関してそれぞれの秩序が与える特殊な指向性と結びついている。

共同社会的《ソシエタル》な大宇宙における二重の分化過程というアイデアをきわめて明瞭なやり方で展開したことは、ゲオルク・ジンメルの功績である。(11)ジンメルは、二重の過程を貨幣的交換経済の発展と結びつけることによってアイデアを展開したが、だからと言って貨幣をこの過程の排他的ヴェクトゥルとしているわけではない。ジンメルによれば――彼の用語を借りるなら――、様々な「生の王国」が互いに分離・自律化する運動において法と知的抽象が発展していくとき、同時に貨幣化の作用も見られる。ここでの貨幣化の作用とは、経済なるものにおいて、経済――モノに対する人間の関係というレベル――が自らを対象化しつつ、政治――間主体的な人間の諸関係というレベル――から距離化されていくときのものである。貨幣は、このようにして対象から主体を遊離させる手段となるのである。またその結果として、――価格によって表象される――対象諸価値の体系が制定され、その土台の上に経済的な生の王国の自律性が築かれ、打ち固められるが、このときの貨幣は、対象への距離化された欲望を相関的に出現させる手段でもある。(12)

かくしてわれわれは、一方での経済なるものと政治なるものとの、また他方での経済と政治との二重の位相幾何学的な識別《ディスタンクシィオン》を措定することができる。実際、モノの蓄積の論理ないしモノの代理標章（貨幣で弁済される所有証券）の蓄積の論理によって支配される商業的な経済秩序は、単に経済であるにとどまらず、それ固有の政治的実践の部面をも有している。人間に対する（したがってまた追従者たちに対する）権力の資源を、そしてこの権力を表象する記号（名声〔肩書き〕、席次、〔社会的〕地位、公債証書等）を蓄積することが目的となっている政治秩序に関していえば、それは純粋に政治的な部面であるにとどまらず、それ固有の経済をも領有している。経済秩序においては、商業的論理、資本前貸しおよび生産という経済の論理が、政治なるものを道具化する。他方、政治秩序においては、諸レベルの〔経済秩序におけるのと〕正反対のヒエラルキーの下で、消費支出や徴収という経済の論理が、現行権力の正統化という政治的目的（正統的暴力の独占、主権の及ぶ範囲の領民の管理）に従属している。

原初的債務の二分割化と方向の逆転

今定義したばかりの、近代社会の位相幾何学的構図を、賃金生活者の出現およびその一般化と関係づけることによって、生の債務の始原的な紐帯と、生の債務の主権に対する関係とが転換していくより現代的な過程を考察すると、以下のようになる。

人口〔ないし住民〕という「生の資本《カピタル・ドゥ・ヴィ》」（人口の「生の債務」という負債に対応する資産）を保護・管理・

再生産するという機能は、勤労者社会において社会的諸制度が特殊なシステム（「社会保障」、「教育制度」）へと構築される以前は、常に、神、神父、司教、祖先、さらには国民国家という形態のもとに表象されるところの、主権的諸権威の直接的属性であった。つまり、先行の諸章で指摘したように、以前は「生の債務」は、地上に見いだされる様々な人的諸制度にとっての金融的資産であった。これらの人的諸制度には、あの世を代理＝表象するものとして、不死性の諸源泉と密接な結びつきを持つことを示す永続性が授けられてきた。だからこそ、祭司たちに「賃金」を支払って神・祖先への貴重財の献供がなされたのだし、また主権を主張する教会・世俗権力者に一〇分の一税やその他の税が支払われたのである。しかし人間と（一つないしは複数の）最後の貸し手との間を仲介するこれらの制度が持つ保護能力に関して、信頼－債権が維持されるためには、これらの制度が自らの債権の価値を維持・増加させうることが、つまりは債務者たちの生の資本《カピタル・ドゥ・ヴィ》を実際に保護ないし修復しうることが示されねばならない。ローマ時代の戸口調査の事例が象徴的に示すように、主権者が自らを正統化するためには、自ら保有する生の資本《カピタル・ドゥ・ヴィ》のポートフォリオに関して管理能力を持つことを証明しなければならない。アレアレの人々の社会もこのことを例証している。この社会において祖先たちの全能性が認められることはおそらく、祖先たちが、「生の循環」を再起動させることを可能にする貨幣的総計化の操作の基礎になっているからこそである。

　要するに、資本主義が発展し、資本主義の発展が政治的主権から自律化するとともに、根本的に新しいタイプの社会的保護が構築されていくわけであるが、それ以前は、諸個人や諸集団の保護は――この保護が主権的権力の正統性を条件づける限りにおいて――主権的権力に必要な属性であった。主権的権力の正統性とは、そうした権力が持つ能力への信頼以外の何物でもなかった。主権的権力には、死と向き合っている臣民を保護する義務を果たす能力、すなわち上位の正統化理由（生命の献供という形で債務の前倒し返済を要求するところの）がない限り、生の債権――保護者の手中に運命を委ねられているところの――の価値を破壊しないようにする能力が求められるのである。

生の債務、主権、共同体の保護〔の三者〕の間のこうした本源的・根本的・普遍的な結びつきは、宗教制度が持つ権力の本質ならびに、信頼‐債権の法治国家への――少なくとも西欧における――移転を理解する上で、中心的な重要性を持つ。実際、領土国家は、最終的には正統性の合理的＝法的な形態を動員することによって、人間諸集団と彼らの生の資本《カピタル・ドゥ・ヴィ》〔という二つのもの〕の保護に関する独占権を教会と絶えず争ってきた。これら二つのマクロ的制度〔＝教会と領土国家〕は、前者が目的達成のために道徳的説得と魂《エスプリ》への象徴的暴力を行使することを特に重視してきたのに対して、後者はむしろ何よりもまず力に訴え、身体への物理的拘束を行使してきた。しかし両者はともに、国民に対する権力を蓄積するという同種の論理に支配されていたがゆえに、直接競合していた。以上のことからして、国家が、教会には利用不可能な特殊な象徴的資源（自然法、科学、呪術的信仰を抑圧する無神論的な諸原理）を動員して自律の土台を構築するに至るまでは、二つのマクロ的制度は互いに補完的であったと言える。

この競合的な二つの極の再生産条件は、社会諸関係のますますの貨幣化の進行と政治的‐軍事的部面を超えての賃金生活《サラリア》者の拡大とを通じて、掘り崩されていった。賃金雇用に基づく産業資本主義の形態の下で新たな経済秩序が――広く内生的に――力を増したことによって、主権に内在する保護の伝統的紐帯は弱まり、状況は根本的に変化した。実際、一人一人の生の資本《カピタル・ドゥ・ヴィ》は、経済世界の中で商品的諸形態をとりながら価値増殖できるようになると、もはや、誕生時に発効する借入れの結果としては現れない。むしろ一人一人の生の資本は――例えば諸個人が労働市場で雇われることによって――再生産可能な資源として、つまり望むがままに譲渡しうる諸個人の所有物として現れる。(13) また、生に対する権利の資本化という別の共同的諸形態も出現する。貯蓄と保険という、賃金に結びついた世俗的な貨幣的形態がそれである。こうした保護の諸形態は、もはや権利にではなく主として貨幣に依拠している。生涯を通して発行される非神聖化された諸債務が、貨幣によって原初的債務と通約可能になるのである。その結果、〔貯蓄や保険という〕保護の諸形態は、繰上げ（死よりも前の）返済の企てを可能にする――つまり、生命を扱う天上の銀行家の受託者であることを自称する者たちから諸主体を解放する――だけでなく、また債務の基礎にある時間との関係を逆転することにより、とりわけ債務の伝統的表象の土台そのものをも掘り崩す。実際、賃労働に基づく産業資本主義においては、一方で貨幣の支払いによって最終的に返済されない債務はないように見えるし、他方で諸債権の価値はもはや過去に――すなわち債権発生時に――その基礎を置いてはいない。債権の価値は、賭けが将来成功することを先取りした現在の価値、社会的全体の将来と結びついているがゆえに偶然的な価値、したがって絶えず再評価される価値なのである。さて、宗教的権力との戦いの中で国民国家がパワー《ピュイサンス》を増すことによって引き起こされたのは、本源的債務の宗教的根拠づけ〔生を神や祖先からの債務と見なす〕への異議申し立て――科学や無神論の発展、合理的見地からは正当化されないヒエラルキー的諸構造の問い直し、民主主義的平等主義――であった。ところがこれに賃労働化の効果、すなわち債務についての旧来の象徴的な根拠づけを風化させる効果が付け加わったのである。

このとき、国家はどのようにして自らの対内的正統性を再構築したのだろうか？　二つの補完的な方法がとられた。まず政治的原領域《レジストル》においては、選挙によって、そして対国家および国家内の政治的権利を民主主義的に拡張することを通じて正統性が再構築された。このことが主権の表象に修正を加えた。主権はもはや社会の外部にある審級から生み出されるのではなく、人民の代表者たちの仲介を通じて直接に人民に由来するものとされた。これ以降の国家は債務形成を通じてのみ主権的〔存在であるの〕であり、国家は、諸主体を保護する内在的権力を通じてよりもむしろ、その人民的起源によって、また国家管理の民主主義的ルールを通じて、自らを正統化する傾向を持つようになった。主権の源泉におけるこうした逆転は、生の債務を構成する債権／債務関係の逆転と直接的な相関関係にある。世俗化されてもなお社会の全体を代表しようとする主権は、今や市民に対して債務を負わされており、自らが市民の債務者であることを認める場合にのみ正統的である。こうして保護の紐帯——すなわち個人主義的社会の主権の土台——は社会的債務となった。今や諸個人・諸集団は、外部の力によってアプリオリに全体に隷属させられるのではなく、自ら進んで全体に隷属する政治的主体＝臣民《シュジェ》となる。保護の紐帯とは、そのような諸個人や諸集団に対して社会——国家はその代表を引き受け続ける——が負う債務である。

このとき国家の主権的権力は、「安全保障の」領域における勤労者資本主義の不備に依存している。というのも国家の主権的権力〔が行えること〕は、経済秩序で生み出される社会的赤字を体系的に埋め合わせる政策に、あるいはその際に経済の論理と妥協する政策に限られるからである。こうしてわれわれは今や、社会的保護を提供する特殊な諸制度の出現によって表現される、経済なるものと政治なるものとの同盟（*alliance*）を目の当たりにする。人口という生の資本《カピタル・ドゥ・ヴィ》の社会的保護の関係——それまでは特殊な貨幣支払いのシステムを経由していた——が、この（政治なるものの論理と経済なるものとの論理を結合するがゆえに）混成的な諸制度を媒介とすることによって織り上げ直される。この関係は、「社会のライフサイクルと社会人口学的再生産に係る行政的管理」という言い方とともに、対内的な国家主権に再び内実を与えるのである。だがそれだけでなく、この関係はまた、官僚の行政効率を向上させ、行政的紐帯と政治的紐帯とを切り離すことを通じて民主主義的な正統化諸形態の作用を限定することを可能にし、その結果として政治なるものの自律性を強化する。J・ビルストが導入した安全装置〔いざと言うときに利用されることを含意〕と保護同盟〔常時庇護が与えられることを含意〕との区別を用いることによって、[14] この進化を解釈することができる。すなわち、この進化によって、諸個人を保護する次のような関係が出現した。すなわちこの関係は私的な共同形態（社会保険）と公的な共同形態（扶助）とを密接に同盟させることによって、経済秩序に固有な賃労働的な安全保障が生の資本《カピタル・ドゥ・ヴィ》に接合されたのである。この結果、主権的権力によって管理される生の資本《カピタル・ドゥ・ヴィ》の内実は刷新された。[15]

　かくしてアルカイックな生の債務は、肯定・否定の二重の様式に基づいて近代社会を引き続き構造化している。経済秩序においてはこの構造化は否定の様式に基づいている。そこでは生の債務の超越性は認められず、私的債務の論理はむしろ、不可視の死者の世界による拘束を拒否しようとする試みとして展開する。他方、政治秩序においては生の債務は肯定の様式に基づいており、そこでは生の債務は社会的債務の逆転した形態の下で存続する。ここで「社会的債務の逆転した形態」とは、国家と資本の同盟のことに他ならない。この同盟によって創設される保護の社会システムは政治の管轄下にあるとはいえ、経済的性質を帯びているがゆえに混成的である。近代社会の凝集性は、これら異なる形態の債務形成を同質化する貨幣空間が構築されることを含意している。それぞれの〔債務の〕発行を司る論理は互いに矛盾し合うけれども、この貨幣空間においては私的債務は公的債務と通約可能である。

二　貨幣の二元性の資本主義的・国家的諸形態

社会的保護の諸フローの流通および総計化の手段としての、また社会的債務の支払手段としての貨幣は、生の資本《カピタル・ドゥ・ヴィ》を保護する新たな同盟にとっての基幹的要素である。しかし〔そのようなものとしての〕貨幣はまた、経済的な生の王国の自律化にとっての本質的なヴェクトゥル〔＝媒介者、仲介物〕でもあるから、資本主義的な市場経済の出現と再生産にも関与している。このようにして近代貨幣は、社会が全市民に負う債務の支払手段であると同時に、私的債務の支払手段、とりわけ賃金——これは賃金生活者に対する資本家の契約債務である——の支払手段でもあり、社会なるものという全体性との（媒介的関係と直接的関係という）二重の関係に置かれている。前者の媒介的関係とは、貨幣が循環的な再生産を保証するという経済秩序における貨幣の諸機能に関連する関係であり、後者の直接的関係とは、社会保護の新しい紐帯の基礎をなす、政治なるものと経済なるものとの同盟の形態としての関係である。今から検討しようとするのはこの貨幣関係の二元性である。

連鎖—貨幣、機能—貨幣

諸個人と諸対象との間に距離が生じるとき、経済という諸対象の世界と、政治という諸主体の世界との間は、どのように仲介《アントルメディアシオン》されるのかという問題が提起される。この仲介は、ある特殊な象徴的媒体によって保証されると考えられる。この媒体によって構築される「転換《トランスフォルマシオン》と等級《クラスマン》づけの象徴体系」[16]は、諸個人がモノを介して自己を評価することを、またモノが諸個人を代理することを可能にする。経済秩序において、この媒体とは、諸市場を流通する貨幣のことである。このとき「機能的である」と言える貨幣とは、資本主義的諸関係の経済的原領域《レジストル》と政治的原領域との間の通路を調整することによって、その全般的な再生産運動の中での経済秩序の統一性を保証する、象徴的媒介《メディアシオン》である。この調整は次のことを通じてなされる。すなわちまず、諸個人にはそれぞれの所有権の質に応じて経済的価値が承認されるが、その経済的価値を貨幣価格で確定することによる調整がある。次いで、貨幣が諸個人をそれぞれの貨幣資産――諸個人の信用アクセス格差に左右される――に応じて等級づけ《クラスマン》することによる調整がある。最後は生産諸関係への諸個人の挿入による調整であり、この挿入は信用アクセスの構造から派生する。貨幣は、このようにして資本主義的な実践の三つの原領域を構成する諸関係（生産―消費、購入―販売、債権―債務）の連鎖（ジンメルのいう「目的論的系列」）を可能にすることにより、経済なるものの機能的な、いわば「連辞的な」統一を保証する。このとき貨幣は、複数の諸機能・諸用途（計算単位・支払手段・保蔵手段）を担うことを通じて、経済秩序の「換喩的な」表象、すなわち全体と見なされた部分となっている。それというのも貨幣が物的財とも債権・債務の私的証書とも同一視されないとすれば、それは厳密に言って象徴的原領域においてしか、つまり資本の商品形態（M）という水準においてしか存在を持たないからである。(17)

以上のような分析を基礎とするとき、商業的な経済秩序を再生産の輪の中で構造化しては、それを部分的全体としての自分自身へと再び閉じていくところの、資本の諸変態の機能的循環を記述することが可能となる。すなわち、古典的マルクス主義の水平方向での資本循環の表象を、水平的であると同時に垂直的でもある表象へと転換《トランスフォルメ》することによって、経済なるものの自律性を支えている価値ヒエラルキーが明示されるので

図表1　生産的資本の機能変態の循環における貨幣

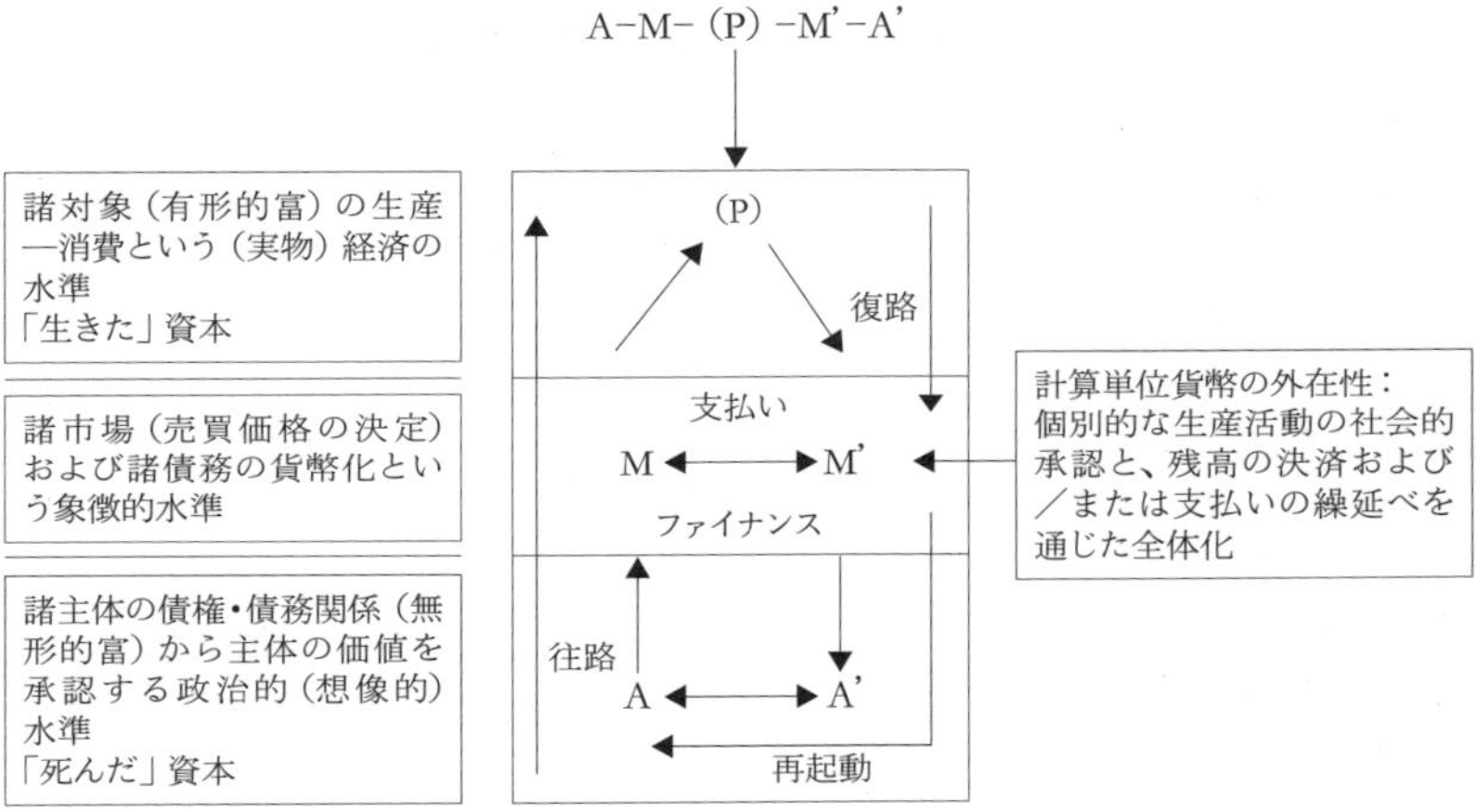

ある（**図表1**を参照）[18]。実際こうした形で、貨幣の経済機能的特性を、水平性と垂直性という二重の次元においてうまく表現することができる。まず水平方向には支払システムと商業的債務の流通があり、次いで垂直方向には、所有権証書の貨幣化と、債権・債務残高の決済または決済繰延べという二重の側面におけるファイナンスがある[19]。貨幣は交換（M—M′）の水平的連続性を保証するが、この連続性は、債務から生産物（効用）への二重方向の垂直的転換に際して貨幣による象徴化が演算子であることに基づいている。この垂直的転換には、「死んだ」金融資本（A）に対する「生きた」生産的資本（P）の価値上位性が承認されていることが含意されている。まず〔**図表1**の〕「往路」においては、貨幣が貯蓄債権の貨幣化と生産手段の売買を経ることによって、擬制的（想像的）金融資本——信用証書からなる——を、生産的な実物資本という価値ヒエラルキーの上位形態へと変換《コンヴェルシオン》させることが保証されている。これによって有形資産の増大が可能となる。次いで逆方向つまり「復路」においては、貨幣が売買を経ることによっ

て、有形資産が社会的に妥当化され、それぞれの資産が同質化・全体化され、そして交換運動の中では相殺されない債務残高の決済が、あるいは未決債務の資本化および「証券化」を通じた決済の繰り延べが保証される。生産の成長と結びついた新しい債務構造がこのようにして承認されることによって、将来に対する賭けとその貨幣化を反復することによる経済的循環の再起動が認可される。

経済秩序の垂直性および価値ヒエラルキーを読み取るために、今度は、アレアレの人々に見られる社会−宇宙的諸関係の三元的構造化から資本主義的諸関係の三元的構造化にアプローチしてみよう。ダニエル・ドゥ・コペーは、転換と等級づけの象徴的体系が生物学的かつ宇宙論的な自然の諸構造とアレアレの人々の社会諸関係とを対応づけているという理由から、アレアレの社会諸関係が「社会−宇宙的」である、と指摘している。アレアレの社会では、生の世界の連続性は、「諸原領域《レジストル》」の間の価値ヒエラルキーと一体のものである。人間は、生の原領域の総体を与えられているがゆえに完成度が高く、動物よりも上位にあり、その動物はまた植物よりも上位にある。人間は「表象の諸関係」に到達しうる唯一の存在であり、表象の諸関係は、「霊気の諸関係」および「外形の諸関係」よりも価値ヒエラルキーにおいて上位に位置している。人間は象徴の諸関係を、誕生時の状態から始まって自らの成長につれて徐々に獲得していき、祖先化の過程が終わるまで死後も持ち続けることとなる（自然死の場合）。しかしながら、禁忌の侵犯、あるいは非業の死の場合には、人間は、動物の、さらには植物の水準に落ちてしまう可能性がある。この社会では、貨幣は上位にある表象の諸関係の具象的表現である。貨幣はまた、霊気および外形の諸関係をこうした表象の諸関係に変換する演算子でもあり、儀式的な祭宴――集中的に交換が行われる儀礼上の重要な瞬間を意味する――の開催時に、最終的に諸関係を全体化することを可能にする。要するに、アレアレの人々の間では貨幣は社会

図表2　資本主義的諸関係とアレアレの社会
――宇宙的諸関係との間のヒエラルキー構造における相同性

種 **生の王国** ／ 準拠世界 **宇宙**	**植物**（非業の死による死者）	**動物**（生まれたての子供）	**人間**（ルールに従う生きた人間、表象の病による死者）	生者を超越するもの：表象**に還元された**祖先	**表象**
天上			表象	表象	貨幣
地上		霊気	＋霊気		豚
地下	外形	＋外形	＋外形		タロイモ

種 **（資本の諸形態）** ／ 準拠世界 霊気	**金融的なもの**（銀行資本） 債権者／債務者の関係	**商品的なもの**（商業資本） 商品1／商品2の関係	**生産的なもの**（産業資本） 企業家／賃労働者の関係	資本を超越するもの：経済**に還元される**合理性	**表象**
現実界（合理的）			経済：P	経済	生産物：P
象徴界		象徴的なもの M　M	＋象徴的なもの M　M'		貨幣：M
想像界（非合理的）	政治的なもの A --- A'	＋政治的なもの A	＋政治的なもの A　A'		証券：A

－宇宙的関係における三つの原領域の統一を保証している。

見られるように、アレアレ社会の諸個人が全体と取り結ぶ三元的関係は、近代社会における資本主義的な社会的諸関係《ラポール》の三元性――経済的・象徴的・政治的――に類似している。こうしてわれわれは、アレアレの人々のモデルに照らして、すなわち異なる種《エスペス》の間のヒエラルキーと諸原領域――社会的なるものの世界《ウニヴェル》における相異なる原領域――間のヒエラルキーとの対応性に関するモデルに照らして、近代社会の諸関係を読み直すよう促される。その結果、次のこと、すなわち個人主義的な社会においては、準拠すべき世界《ウニヴェル》がもはや全体論的《ホーリスト》な諸社会の宇宙的秩序ではなく、霊気《プシュケ》による心的世界であること、他方で生の諸原領域が資本の多様な機能種《レーヌ》にその場所を明け渡したのは論理に適っていることが了解される。**図表2**は、近代資本主義

――マックス・ウエーバーに従えば「合理的資本主義」(20)――の経済秩序についてのそのような読み直しを示している。そこでは、資本の古典的な三つの種《エスペス》が、アレアレ・モデルの諸関係のタイプに各種《エスペス》の資産を当てはめることによって、価値の上でヒエラルキー化されている。

金融資本――ウエーバーによれば常に「非合理的なもの」――は最も貧弱で、最も不完全な関係である。というのもこれは擬制的で、想像的な資本だからである。つまり金融資本は債権者・債務者関係《ラポール》（A―A′）の純粋な鏡面関係のうちにとどまっており、したがって商業資本（M―A―M）のように貨幣の形態による象徴的アンカーを確保することのない、主体間関係だからである。これに対して商業資本は、商品諸価値の貨幣的体系すなわち価格体系の下に一様に包摂された関係である。価格体系は、生産物間の等価性についての一般的コードに諸価値を挿入することによって、商人間の政治的関係《ラポール》を安定化させる。しかしそれにもかかわらず、この水準においてはこのコードは、本質的には依然として、「いかなる事前的評価もなしに実現された」先行の諸交換という「経験の結果」(21)だけから確立される。最後に、生産資本は資本の最も完全な形態であり、諸関係を最も豊かに持つ資本である。なぜならこの資本は先の諸資本〔金融資本と商業資本〕に、現実的なものとの関係、すなわち自然の転換《トランスフォルマシオン》〔＝性質の変容〕という関係を加えているからである。この関係があるからこそ、現在の生産（生きた労働）と過去の生産（死んだ労働）における賃金コストの加算可能性から生産物対象の価値を合理的（会計的）に計算することができるのである。

このようにアレアレの人々における社会‐宇宙的諸関係の構造化の三元的なヒエラルキー様式〔を考慮すること〕により、諸資本の種における等級づけと霊気《プシュケ》の原領域における等級づけとの間の対応を、価値ヒエラルキーという用語を用いて解釈することができる。この価値ヒエラルキーの構造においては、上位の水準（生産的なもの、つまり有形資産）は（金融資本、所有権・債権の証書、つまりは無形資産という）「反対物を包摂するもの[22]」となっているが、しかしこのヒエラルキーは伝統的な社会と比べて逆転させられている[23]。実際、今や現実的＝合理的なものは想像的なものを包摂しながら、想像界の上部に張り出している。価値ヒエラルキーの構造比較はまた次のことも浮き彫りにする。すなわち、資本主義的生産の世界における貨幣は、アレアレの人々の世界ほどには価値ヒエラルキー内で高い地位を占めていない。というのも貨幣は仲介的《アントルメディエール》な位置にあり、上位の位置を占めてはいないからである。経済なるものにおける貨幣の機能は、政治的計算と経済的計算という二つのタイプの計算の結果を関連づけて現実化することでしかない。前者の計算は、自己（ego）が他者（alter）を——またはその逆——評価するもので、貸付関係の基礎となる。これに対して後者の計算は、生産された財の評価を可能にし、生産における賃労働関係《ラポール・サラリアール》の基礎となる。したがって、道具的合理性に支配されている生産資本の世界では、貨幣（そのヴェクトゥルである商業資本と全く同様に）は道具であるにすぎず、最終目的ではない。貨幣は、他のすべてのものを表象してはいるものの、他のすべてのものが最終的に関係づけられるべき上位の形態ではない。おそらくこうした理由から、貨幣は、経済秩序を生産経済に還元する経済学者たちによって排除されるのだろう。だがこうした還元は、生産の水準という上位的な価値増殖の存在を指し示しているにもかかわらず、次のことを見えなくさせてしまう。つまりそれは一方で、価値増殖が資本の機能的変態——支払および蓄蔵手段としての貨幣はこの変態における媒体である——の輪《ロンド》の中でしか意味をなさないということを、他方で、経済なるものの外でなされる生産の社会的承認の必然性が捨象不可能であることを見えなくさせる。経済なるものの外での生産の社会的承認もまた、貨幣を通じて、つまり課税‐財政的活動の計算単位であり手段である限りの貨幣を通じて行われる。

換言すれば、一方で、貨幣は、既に見たように生産的循環の内生的再起動を可能にすることで、経済秩序を全体化し、この部分的全体の価値ヒエラルキーを再生産する。他方で貨幣は、私的債務と公的債務の両方に乗り入れる能力を通じて資本主義的活動の生産物の外的・社会的な妥当化を保証することによって、経済秩序を社会なるものへ埋め込むことを可能にする。ただし「埋め込み」と言っても、経済秩序の全体化がその自律性を犠牲にして行われるわけではない。

しかしながら、このように貨幣が生産の不断の再起動および社会への生産の包摂を可能にするからといって、貨幣が必ずそれらを実現するとは限らない。なぜなら貨幣はまた、これらの過程の危機の火種を自らに内包しているからである。実際、一方で、私的諸債務が予想——好ましいものではない可能性もある——に基づいているために、金融資本の形成は、単なる蓄財に、それゆえ生産的蓄積過程の中断に堕してしまうことがありうる。他方で、たとえ予想が好ましいものであるとしても、ジャック・ビルストの表現に従えば、貨幣の「乗り入れ機能《コミュタティフ》」によって経済なるものの外での資本の変換《コンヴェルシオン》が、すなわち商業的債務とは別の債権諸形態への投資が可能になる。このようにしてまた、生産的蓄積の中断可能性が、それゆえ経済的回路の閉鎖—再開の動態への脅威が立ち現れる。このとき、そのような脅威を払いのける役目を果たすのが、貨幣組織化の諸ルール——通貨レジーム——なのである。さて、貨幣組織化の諸ルールにおいては、〔これまで考慮してこなかった〕貨幣の同盟《アリヤンス》という次元が役割を演じる。以下ではこれを検討しておきたい。

同盟的貨幣、調整的《レギュラトワール》貨幣

貨幣は、資本主義の枠組みにおける私的諸債務の支払手段として流通させられるだけではない。政治秩序においては、貨幣の造出＝取得《モネヤージュ》とはまた、生産物取得の権利が直接的にあるいは税の徴収を介して開かれることを意味している。この結果、支払システムは単なる商品取引の枠組みをはみ出す。しかし、貨幣によって社会は種々の「生の王国」へと、すなわち異質な実践の諸秩序へと分割される。貨幣は、政治的なるものへの挿入を通じて、すなわち経済なるものの境界を越えて一般的に流通することによって、アプリオリないかなる凝集性《コエジオン》も喪失してしまった社会を再び打ち固めることができる。われわれは、社会的全体を編成し直す貨幣のこうした能力を、以下では調整的と呼ぶことにする。貨幣の調整的能力は、異なる秩序に位置する諸経済を包摂する単一の貨幣システムが存在することによって示される。このような能力が必要となるのは、諸秩序が分化してはいても完全には独立していないためである。このことによりまた、諸秩序を結びつけ続ける諸々の相互依存は、社会的凝集性を保証する諸媒介を支えるところの「天然の」支柱《スュポール》であると言える。

実は、分化の過程が決して最終段階まで推し進められないことについては、考察が必要である。実践の諸秩序の完全な自律性は存在しない。なぜなら社会的凝集性は、「ある秩序の資源は他の諸秩序から調達しなければならない」ことを告げる諸々の禁忌に依拠しているからである。こうして政治なるものは経済秩序の中で経済的資源を調達し、経済なるものは政治秩序の中で政治的資源を調達する。たとえば、商品交換関係《ラポール》の中で軍事的暴力の使用を禁止することは、資本主義が——とりわけ契約が基本的な機能諸条件を調達するために——政治なるものに依存していることを意味する（外部化されて国家に集中した正統的な物理的暴力は、権利の法形態の、したがって契約の集団的な尊重の基礎となる）。また生産手段の国家的独占を拒絶することが、政治なるものを経済なるものに物質的に結びつけている。しかしこうした資源の調達は、調達先の秩序の論理の中では恣意的なものであるから、諸秩序の間で仲介《アントルメディエール》的位置を占める諸制度を通じて調整

（限定）されねばならないのである。

換言すれば、相異なる秩序へと分化した全体社会は、秩序と秩序の間《アンテルオルドゥル》に社会的空間が開かれるのを目の当たりにして、自らの凝集性を取り戻すべく、この空間を媒介的諸制度によって満たさなければならない。このときの媒介的諸制度は、ある秩序からの資源の要求が、要求先の秩序の言語で表現されることを可能にするものでなければならない。このときの媒介《メディアシオン》の調整効率は、相異なる諸実践の文法書を相互に翻訳することを保証する、その象徴的な能力によって測られる。いわゆる商品語となっているにもかかわらずその課税－財政的諸機能を剥奪されていない貨幣は、このような調整的媒体の一つである。実際には、計算単位としての貨幣が、普遍経済における同一の支払手段の流通を可能にする。このようにして貨幣は、――いかなる起源の債務であるかを問わず――債務決済の統一的システムとして確立されるのである[24]。

要するに、伝統的な政治経済学が想定していることに反して、われわれは貨幣を、商業資本主義的な〔経済〕秩序を構造化する連鎖的貨幣《モネ・シェヌ》に還元することができない。なぜなら、産業資本主義の発展が政治秩序に特有なあらゆる経済的実践を除去したとは考えられないし、また政治なるものにおける課税－財政的経済に固有な合理性は貨幣使用の動員を妨げないからである。貨幣はまた、社会的調整《レギュラシオン》の支柱としても、すなわち政治なるものと経済なるものとを社会の全体へと統合する手段としても考察されねばならないのである。各秩序内の経済において共通の計算単位が流通することを保証する適切な通貨レジームがそれら諸秩序間の相互依存を調整するとき、この調整《レギュラシオン》は有効となる。この場合、各秩序において計算の論理は異なっているけれども、どの秩序においても同一の道具が頼られるであろうし、またどのような起源のどのような債務も、同一の貨幣でもって調整することができるであろう。

したがって以上の見方からすれば、分化の過程の中で、貨幣が果たすいくつかの伝統的な政治的機能は保持されるのである。しかしながらまさしくその分化のゆえに調整《レギュラシオン》空間は移動するから、この過程は貨幣の性質を変えていく。たとえば絶対王政のようなほとんど分化されていないシステムにおいては、徴税手段である貨幣は、主権者の裁量に直接支配されていた。そして歳入不足は通貨（価値）の操作、すなわちたいていの場合インフレ税〔貨幣の購買力低下による実質的な増税〕につながった。これに対して、勤労者社会においては、調整的貨幣が政治なるものと経済なるものとを仲介《アントルメディエール》する空間へと展開する。この位置移動は、貨幣の社会的役割についての、次のような二重の変更と関連づけられるべきものである。すなわち一方で、政治なるものの中では貨幣の占める位置が縮小する結果として、法の地位が拡大する。なぜなら、貨幣は、普及するにつれて、ジンメルが言うように、「上位の秩序の人格的諸価値を補う」(25)のにだんだん役立たなくなるが、公共財産を評価するのにはますます役立つようになるからである。そしてついには、貨幣はもはや存在を表象するものではなくなり、単に資産を表象するものとなる。このようにして政治秩序——ここでは社会的分化は諸個人の地位ないし存在の観念に、つまり存在を資産よりも上位に位置づける権利《ドロワ》主体という観念に基づいている——においては、貨幣の地位を経済的部面へ制限する傾向が見られる。他方で、国定貨幣は貨幣流通をもはや独占しておらず、商業共同体が発行する貨幣と折り合いをつけねばならない。ここに見られるのは、貨幣発行者の分化である。この結果、どの支払共同体にも受け入れられる貨幣形態の下に私的債務を相互に同質化するという問題の上に、私的・公的どちらの主体にも受け入れられるただ一つの計算貨幣が優勢になるように、この私的共同的貨幣と公的貨幣との間に等価性を確立するという問題（国定貨幣の強制発行と商業的発行との間の接合という問題）がさらに加わる。

このとき、計算単位の任意性〔ないし恣意性〕によって課される貨幣の信頼喪失というリスクは、その性質を変える。なぜなら、もはや計算単位の任意性を主権者の任意性と直接に同一視することができなくなったからである。貨幣は、政治なるものからの要求に対しても経済なるものからの要求に対しても、固有の自律した社会的次元を獲得し、そのことによって貨幣の正統性問題は国家の主権性問題から分離されたのである。(26) 貨幣の正統性と国家の主権性のこうした分離が考慮に上るようになったのは、中央銀行の出現によってであった。中央銀行の出現により、国庫や商業銀行に対する中央銀行の自律性が要求され、貨幣発行におけるそれぞれ〔＝国庫・商業銀行・中央銀行〕の地位が定められ、貨幣創造の様式に関して公的部門と私的部門との間で取り結ばれた妥協が制度化された。資本主義の発展とともに、唯一の国民貨幣を発行する国家の主権的権力は、一つの公的貨幣を発行する権限へと縮減されていった。この貨幣〔＝公的貨幣〕は、経済秩序の中を合法的に流通するためには諸々の私的貨幣と妥協しなければならない。各国においてこの妥協を組織化するのが、中央銀行という「社会的」制度に他ならない。実はこれこそがまさに仲介的《アントルメディエール》制度である。というのもこの制度は経済秩序と一体のものとして発生しながら（中央銀行は初めから商業銀行であり今なおそうである）、また政治秩序にも挿入されている（例えば、中央銀行券の強制流通を課す能力のような主権的属性が中央銀行には授けられている）からである。このようにしてどの中央銀行も、公／私の間で確立された妥協――中央銀行もいわばその制度的産物である――に違背する行為があったとき、それらに判定を下し、査定を行い、制裁を加える役割を果たしているのである。まさに中央銀行が経済なるものとの一体性を持つからこそ、中央銀行と国庫との婚姻《マリアージュ》は、最も全体的な共同財産制（マーストリヒト条約後の改革より以前のフランスのケース）から〔夫婦〕財産の分離（現在のドイツのケースないしフランス銀行国有化以前のフランスのケース）に至る様々なレジームによって調整《レグレ》されることが可能なのである。

実のところ、貨幣の調整的《レギュラトワール》次元が発展して中央銀行へと制度化されていく過程においては、社会的債務の近代的諸形態の創発に関連して先に言及したものと同じぐらい重要な社会的紐帯が再構築されている。今やわれわれは貨幣の同盟《アリヤンス》という次元に立っており、まさにこの次元を通じて貨幣は全体社会の隠喩的表象となるのである。資本主義／国家に分化した個人主義的な社会は、実際、象徴的様式に基づいてのみ、また商業的論理と政治なるものの論理との同盟という形態の下でのみ、全体性として再構築されうる。このとき調整的貨幣、したがって社会「の似姿である」同盟的貨幣は、社会的紐帯の近代的な形態に関するパラダイムとして現れる。

要約すると、連鎖的貨幣――すなわち経済なるものの貨幣――を扱うとき、われわれは、機能的論理の中での道具となるべき表象を生産する象徴的《サンボリーク》原領域の中にいる。ここで機能的論理とは、経済秩序の目的論の中で繰り広げられる因果的相互作用のことである。これに対して同盟的貨幣――すなわち社会の貨幣――の下に見いだされるのは、記号の任意性、非決定論的・コミュニケーション的に合理的な象徴的秩序、異質的実践の諸秩序の間の共進化の論理、そして諸秩序の環境の間の相互的攪乱を通じた相互作用である。商業資本主義的な秩序における連鎖的貨幣の働きは、同盟的貨幣――商業資本主義的な秩序と国家の政治秩序との間の媒介を保証する社会総体に共通の計算単位――という調整形態によって条件づけられている。貨幣のこうした統合《フェデラトリス》形態は機能的なものではない。というのもこの形態は、同質的空間において社会的再生産の回路を閉じることを保証する諸変態の連鎖の中には挿入されていないからである。しかしこの形態は、〔社会の〕「構成可能性」[27]を組織し異質性を制限するがゆえに調整的なのである。この形態は、諸個人――互いに矛盾し合う存在――を社会化・同一化する諸論理ないし諸様式の間の相互関係を調整するのである。[28] この意味において貨幣は社会的全体性、社会的紐帯を表象しているのであって、単に商業的な〔経済〕秩序の部分的全体のみを表象しているのではない。諸秩序の間を、そして社会の全体を流通するこの調整的貨幣は、経済的論理の観点からも政治なるものの観点からも任意的〔ないし恣意的〕なものにアプリオリに依存している。このとき貨幣は象徴的秩序の中から自らの正統性を汲み出さねばならない。実際、調整的貨幣の計算単位を、有無を言わさず無条件に強制することはできない。なぜなら、〔強制されるならば〕調整的貨幣は商業的な秩序の中で直ちに価値を落とすであろうからだ。調整的貨幣は、資本主義的動態のみの果実ではもはやありえない。なぜなら、そうだとするとこの調整的貨幣は税支払能力を与えられないであろうからである。調整的貨幣は同時に二つのものでなければならない。すなわち、それは私的な経済アクターと公的な政治アクターとの間の妥協ないし同盟条約から帰結すべきものである。

三　コミュニケーション媒体および社会性－全体性の表象パラダイムとしての貨幣

国家と経済秩序との間のこのような同盟によって、貨幣には、その機能的次元よりもヒエラルキー的に上位の社会的次元が与えられる。では、ジャック・ビルストが同盟《アリヤンス》関係の定義として用いたような、「直接的で媒介を必要としない紐帯」をこの同盟に見いだすことはできるのだろうか？[29] おそらくできないであろう。なぜならここでいう同盟は、中央銀行へと制度化された媒介だからであり、〔中央銀行〕貨幣の正統性は超越的起源をもつ主権と直接結びついてはいないからである。中央銀行が発行する近代的な調整的《レギュラトワール》貨幣が社会的全体を代理＝表象するのは、社会の全体性の構築に与することによってである。調整的貨幣は、例えばアレアレの人々に見られるように神話的信仰から帰結するものではないのだ。むしろ調整的貨幣は、経済秩序から次のような制度が出現する過程によって生み出される。その制度とはすなわち、安定的・平和的な枠組みの中で二つの秩序が共進化することを可能にする同盟を二つの秩序の間に構築すべく、（法の反対贈与によって）国家に（よって）嫁がされる（貰われる）制度に他ならない。したがってここで問題となっている同盟とは、実は、レヴィ＝ストロース説に言うところの、未分化諸社会の親族体系の土台をなすのと同じタイプの同盟である。このタイプの同盟を例示するのは、非近親家系にまたがる婚姻単位〔原語の *union* には「同盟」の意味もある〕である。婚姻単位は、血統関係を通じた社会的再生産の基礎をなすとともに、「コミュニケーションの媒体」——こうした社会においては女性——の流通によって調整される制度に媒介されている。

しかしながら、本書の第9章でジャック・ビルストが明らかにしているように、貨幣による同盟を、同盟を組織する諸制度という大宇宙的水準においてではなく、諸個人が貨幣に寄せる信頼の基礎をなすところの——貨幣に対する諸個人の関係という——小宇宙的水準において見るならば、この同盟は直接性という性質を再び帯びてくる。近代的債務の二つの回路《シルキュイ》——商品交換の回路および課税－財政的な贈与・反対贈与の回路——が調整的貨幣という媒介によって接合されることは、おそらく、貨幣受領の心理学的メカニズムの原理である「だまし絵」による「モザイク効果」を生み出す上で好都合である。実際、貨幣の乗り入れ《コミュタティヴィテ》は、貨幣があらゆる他の権力に対して主権的である、と人々に思い込ませる。というのも貨幣を保有すれば、公的債務も私的債務もうまく弁済できるからである。このようにして、貨幣は経済なるものならびに政治なるものよりもヒエラルキー的に上位の地位を与えられ、そのことから貨幣はあらゆる個人にとって、商業的な秩序と政治なるものの「安全装置」に登録されるだけよりも強力な、生の不確実性に対処するための保護手段となる。こうして貨幣への信頼は、〔貨幣が〕「直接的なものとして与えられている主権との間の無形の紐帯」であることから根拠づけられる。ただし、このときこの主権は、全体に対して与えられる貨幣それ自身の主権に他ならない。実際この場合、貨幣は自らの正統性を、自己準拠〔ないし自己言及〕の過程の中に、つまり共同体――社会体の有機的連帯――の自己表現である貨幣レジーム〔＝貨幣発行の原理・様式の総体〕の表象の中に見いだす。したがってこれは「デュルケーム流の」正統性と言える。

にもかかわらず、貨幣への信頼がそのように十分な程度まで自動的に構築されるためには、非常に強い社会的諸条件――貨幣の全体主義――を必要とするので、おそらく、アメリカ合衆国のような個人主義的社会すら、実際にはこの段階に到達していない（もっとも、アメリカの貨幣は国際的平面でも主権的であるのだが）。貨幣の純粋な自己準拠性は、たしかに永続的現象としては、普遍的主権を要求する完全に抽象的な貨幣を取り扱う無国籍の金融界においてのみ支配的である。しかしそのような貨幣は、純粋な抽象化が想像界《リマジネール》〔＝想像的なもの〕に依存している限り、大規模な信頼の産出に必要な同一化過程を起動することができない。われわれは、ジャック・ビルストによりつつ、例えばむしろ次のように考えねばならない。すなわち主権の地位に置かれた同盟的貨幣は、社会の遠近法の内に貨幣標章《シーニュ》を取り込んだときの「視心」であり、その限りにおいては一つのパラダイム平面に投影されたイメージでしかない。このイメージは確かに「現実界を見えなくさせ」、諸期待の時空的地平を画するものであるが、同時にまたこのイメージは、逆説的なことに、「一つの平面から別の平面への跳躍によって未知のものを再び切り開いていく」。というのも視心は、〔絵の中の〕限界に位置する地平線を超えさせる「消失点」でもあるからである。このようにして、自己準拠的な同盟的貨幣は見かけ上のものにとどまる。この疑似餌《ルアー》は、同盟的貨幣が「コードの共同体の中に」象徴的に固定されない限り、長きにわたって人の目を欺くことはできないであろう。すなわちこの貨幣そのものが、――社会的分化の過程の中で形作られ、諸個人の「知識体系」を構造化するところの[30]――パラダイム的諸平面（法・イデオロギー・文化）の総体を統合する支払共同体という上位の表象を指し示さない限り、同盟的貨幣の疑似餌《ルアー》は欺きを続けられない。その場合、同盟的貨幣は想像界という原領域の中にとどまり続けるのだが、社会的全体性についてのこのような〔同盟的貨幣という〕表象への信頼は真に係留され、安定化したものではない。以上のことを社会学の言葉で表すならば、「デュルケーム流の」自己準拠的正統性に基づく主権は社会の全体について認められるとしても、同じものを、分化した諸社会における個人と全体との間の媒介を独占していない貨幣について見いだすことはかなり難しい、ということである。そのような主権は幻想でしかありえず、決して確立されえない。したがって重要なのは、同盟的貨幣についてのより「弱い」概念、すなわち「社会的全体性の隠喩的表象に関する単なるパラダイムとしての同盟的貨幣」という概念を承認することである。この概念においては、貨幣は主権の地位に置かれるのではなく、単に主権の構築に参加するだけである。なぜなら主権の構築は個人主義的諸社会の中においてなされるからである。

貨幣を「象徴的に一般化されたコミュニケーション手段」と見なす、オートポイエーシス・システムに関する社会学理論によって、右に述べた概念を明確化することができる。この理論は貨幣のコミュニケーション的次元を特に重視することによって、次のような観察を行っている。すなわち、全体性への諸個人の自己同一化の諸形態として近代諸社会を見たとき、その〔近代社会の〕構築は、貨幣を構成する逆説ないし貨幣の根本的不完全性と呼びうるものを通じて構造化されているのだ、と。この逆説ないし不完全性は、社会的全体を代理＝表象することが——（貨幣だけでは）不可能であるにもかかわらず——貨幣に求められていることを意味している。つまり貨幣共同体への帰属様式の構築は、保護の要求に応えるものでなければならない。社会的模倣《ミメシス》が共通貨幣の拒否よりもむしろその受け入れへと方向づけられるときに共通の貨幣には信頼が付与される〔貨幣の確立は、他者の欲望を模倣する諸個人の行動が一点に収斂する結果であると見られている〕が、そのような諸個人間の共謀の根源にはこのような要求があるのである。したがって貨幣共同体への帰属様式の構築を、貨幣そのものの純粋な自己超越性と見なすわけにはいかない。実際、社会なるものの垂直的な積み上がり《エシャフォダージュ》は、貨幣の効力のみによっては存続しえないのであり、別の象徴的諸媒介による補強を必要とする。そして、象徴的諸媒介が介入するとき、貨幣が要求する主権の割合は必然的に狭まる。貨幣はもっぱら自己の外部化を通じて、貨幣自身から社会なるものを構築していく。同様にして、貨幣の正統性は、社会の分化——貨幣を超えるところでの——がもたらす諸帰結の調整《レギュラシオン》に貨幣が関与する能力によって条件づけられるようになる。

貨幣と社会システムのオートポイエーシス

社会システムについてのオートポイエーシス理論においては、社会的分化は次のようにとらえられる。すなわち、社会的分化とは、作動上では閉じているが、認知的には環境に対して開かれている諸システムを創発する過程である、と。そこでは社会と、そしてまた社会を構成する様々な社会システムは、コミュニケーション以外の何物からも成ってはいない[31]。コミュニケーションこそが、社会なるものを構成し、社会なるものをその非社会的環境（心的システムとしての諸個人、加工・消費される「物質的連続体」としての自然）から峻別するものに他ならない。社会システムは、次のような特徴を持つことによって、「オートポイエーティック」ないし「自己準拠的〔ないし自己言及的〕」と形容される。まず社会システムは、社会システムの一部をなすものおよびその環境に属しているものから自らを分化させる自己自身の操作的コードを発達させることで、〔非社会的〕環境に対する自己の境界を定義している。次に社会システムは、システムの諸要素の処理に関して自己自身が有しているプログラムを利用することにより、それらの要素を閉じた回路の中で繰り返し再生産する。それゆえ最後に、社会システムは自己自身の運動法則に従う。かくして社会システムは、自己自身が外部から受け取った情報、そして自己自身のルールや外部世界に関する自己自身のモデルに従って解釈した情報を考慮に入れることによってのみ、外部とコミュニケートする。

　現代社会における経済秩序と政治秩序との間の位相的分化は、両秩序に固有なそれぞれの機能論理の間に矛盾が現れ、ついには両秩序が機能的な相互諸関係を維持しえなくなるところまで推し進められた。この分化に対応して、両秩序は自己準拠的システムへと構築されている。こうした観点から見るとき、マルクスの生産資本循環の図式は、資本主義的な経済秩序のそのような自己準拠的性格についての表象としても見ることができる。生産的資本主義と産業労働者が出現するとともに資本主義的な経済秩序がオートポイエティックな離陸《テイク・オフ》をなし遂げた時点で、このような表象が妥当性を持つようになった。法《ドロワ》のオートポイエティックな性質については繰り返し詳細な記述がなされてきたが[32]、法と同じく貨幣もまた、経済秩序と政治秩序との間の調整的《レギュラトワール》媒介として、自らを自己準拠的システムへと構築していく傾向がある[33]。実際、信用経済レジームにおいては、貨幣は、他と切り離された制度的システム〔＝中央銀行制度〕によって産出されている。このシステムは、相殺される債務の性質いかんとは関わりのない、自己自身のルールの上に、計算・支払単位の正統性を築き上げている。実は、貨幣ならびに法のオートポイエーシスが必要とされるのは、一方の秩序による他方の秩序との、さらには包括的な社会とのコミュニケーションの中でそれら〔法・貨幣〕が仲介者《アントルメディエール》の位置を占めることによるのである。実際、二つの秩序の間の構造的連結過程においては、関与するコミュニケーション媒体《メディウム》のわずかな作動上の非独立性によって非正統性が醸成されることはあってはならない。なぜなら、そのような非正統性を根拠として、上記の媒介的コミュニケーションが、二つの秩序の一方または他方において拒否されてはならないからである。しかし象徴的媒介〔＝法と貨幣〕システムのこうした正統的なオートポイエーシス――つまり政治なるものおよび経済なるものの要求に対する象徴的媒介システムの作動上の閉鎖性――によって、今度は、象徴的媒介システムの「産出物」が政治なるものおよび経済なるものによって正統的なものとして「承認され」なくなってしまう。貨幣が外部世界を調整しているにもかかわらず、貨幣のルールや構成規範が外部世界において無条件にそのようなものとして通用しないことを考慮するならば、ここには逆説が存在していると言えるのではないか？　実を言えば、この逆説こそがオートポイエーシス・アプローチにとっては関心の的なのである。なぜならこの逆説は、道具的合理性にではなく象徴界《ル・サンボリック》の論理に従属する貨幣の決定因子を垣間見せてくれるからである。実際、われわれが貨幣の規範やルールのインパクトを因果性および近接性による線形的効果として把握することをやめ、むしろ、社会のオートポイエーシス理論が導き出しているように、ノイズを介した秩序モデル――ここでは相互作用は様々なサブ・システムの環境攪乱作用を通じてなされる――によってとらえようとすれば、たちまちこの逆説は消滅してしまう。

社会なるものの垂直的統合化を把握する上でこの理論が行っている第二の重要な貢献は、この理論がオートポイエーシスを「漸次的推移を許す現象(34)」として理解している点に見いだされる。この漸次的推移によって、様々な社会システムは、分化過程の系統樹に沿ったヒエラルキー的な分化を遂げることができる。たとえば、一般的コミュニケーション・システムとしての包括的な社会が自己準拠性の第一段階（出発点であり最高水準でもある）を画するとすれば、媒介的な法・貨幣システムは第二段階のオートポイエーシスを展開する。他方、政治秩序と経済秩序は第三段階の（したがって社会的コミュニケーションにおいてヒエラルキー的に下位を占める）自己準拠的システムである。実際、〔象徴的媒介である〕貨幣と法は、〔原領域である〕経済なるものと政治なるものの分化に先行して存在していたのであり、貨幣と法は分化の手段であった。加えて、貨幣と法は先験的《アプリオリ》な内容を欠いた象徴的諸形態であり、そのようなものとして、根本的な文化的任意性に従属している。これに対して、政治秩序と経済秩序は依然として自然につなぎ留められており、国土と人口を原素材として利用する。両秩序においては「素材とエネルギーがシステムの中を流れている」[35]が、同じことは、両秩序のオートポイエティックな離陸《テイク・オフ》を作動させてしまった後の貨幣と法には妥当しない。以上を考慮することによって、全社会的なコミュニケーション・システムの内部において、オートポイエティック・システムの二つの主要なタイプを区別することができる。まず母型となるオートポイエティック・システム。これは例えば政治秩序や経済秩序であり、自己正当化の段階および非機能的な社会的相互依存の段階に到達したシステムである。次いで媒介的システム。これは例えば貨幣システムや法システムであり、これらのシステムはそのオートポイエーシスによって調整と社会的凝集性についての役割を引き受ける。この第二のタイプのシステムはインターフェイスの役割を果たし、母型的な諸システムが内部コミュニケーションにおいて利用する、象徴的に一般化されたコミュニケーション諸手段を産出する。この産出がもたらす独自なコミュニケーション上の効果は、母型的諸システム間の非機能的相互依存〔関係〕から生じるノイズを事前的に低減させることにある。

最後に、オートポイエーシス・アプローチがわれわれの目的にとって重要である第三のポイントは、類縁性《シミラリテ》の観念である。これは間言説性《アンテルディスクルシヴィテ》の観念の基礎をなす観念であり、この観念によって、われわれが貨幣の外在的両義性〔社会の全体を代理＝表象しつつ社会的凝集性を媒介する〕と呼んだものをよりよく理解することができる。オートポイエティックな諸システムは、それらが「類縁」である場合、すなわち原初の同じオートポイエティック・システムの分化から共通に生み出されたものである場合、諸システムの閉鎖性にもかかわらず、諸システム相互の「干渉」を通じて実質的な作動上の連結を確立することができる。類縁のサブ・システムが相互に干渉し合う理由は、社会に共通のコミュニケーション回路（間言説性）が存在することを考慮することによって理解される[36]。すなわちその理由は、「あるサブ・システム内部の特殊なコミュニケーションはすべて」「同時に一般的・社会的コミュニケーション」をも構成していることに求められる。このように、社会のサブ・システムが行うコミュニケーションはすべて、自らのコミュニケーション回路と、共通のコミュニケーション回路とを同時に循環する。そして様々なサブ・システムは、コミュニケーションの一般的システムに連結しているがゆえに、一般的システムの回り道を介して相互にも連結し合う。要するに、この相互干渉があるからこそ「認知諸システムは、それぞれの諸要素が類縁性を持つことによって、相互に意味素材を手に入れ、連結し合うことができるのである。こうして干渉は、システムの限界を超えて、意味素材の加工を可能にする。（……）しかしこの加工は必ずしも情報の『運搬』を経るものではなく、むしろ同一のコミュニケーショナルな出来事から生み出された情報の束を相互に連結することを通じて行われている」[37]。この場合、干渉はオートポイエーシスを妨げない。なぜなら、一つのコミュニケーションは三つの選択の総合によって構成されるが、その中で[38]、唯一「表現」（すなわち、理解を目指して情報を形にする手続きとしてのコミュニケーション）に関する立場だけが共通であるにすぎないからである。「情報」と「理解」は依然としてそれぞれのサブ・システムの内部にとどまっており、一つ一つのコミュニケーショナルな出来事はそれぞれのサブ・システムにおいて特殊な意味を獲得するけれども、コミュニケーション回路は依然として作動上閉じられたままである。

　したがって二つの類縁的なサブ・システムは、より上位のオートポイエーシス水準にある（すなわち分化の過程の中で先行する）サブ・システムを介して相互に干渉し合う。後者のサブ・システムは前者のサブ・システムを生み出し、前者のサブ・システムに対して共通のコミュニケーション・システムとして役立つ。先に展開した考察から、貨幣と法は、そのような類縁的なサブ・システムであると見なすことができる。貨幣と法は、一方では一般的コミュニケーション・システムを介して互いにコミュニケートしようとし、他方では経済秩序と政治秩序が互いに（しかも線形的な因果効果ないし「盲目的な」ノイズの様式に基づく以外のやり方で[39]）干渉し合うことを可能にしようとする。こうして最後に、「システムの結晶化が社会諸システムとそれらの諸環境との間の『物質的連続体』（有機生命体、心的認知、物質を構成する原子構造の安定[40]）に依拠している」ことを考慮することにより、**図表3**のような社会的全体性の骨格を描き出すことができる。この図表が描写しているのは、包括的な社会システム、媒介的なサブ・システム、母型的なサブ・システムという三者の間での相互干渉のヒエラルキー的ネットワークである[41]。

　この描写の中で、政治なるものと経済なるものの構造的連結は直接的な結びつき《リエゾン》によって描かれてはいない。なぜなら、まさしく法および貨幣の言語が二つの社会秩序の内部におけるコミュニケーション媒体《メディア》であるがゆえに、政治的コミュニケーションと経済的コミュニケーションは、常に既に法と貨幣の言語に翻訳されてしまっているからである。これらの媒体〔＝貨幣と法〕を産出する媒介的諸システムに関して言うと、これらのシステムは、一方で上部を介して、すなわち一般的コミュニケーション・システムを介して互いに干渉し合い、他方で——G・トゥブネールの表現に従えば——「『下に向かって拡がる』ゾーン」を介して、すなわち母型的秩序〔＝政治・家族・経済〕それぞれの転換・等級づけの象徴的システムを通じて相互に干渉し合う。経済なるものと政治なるものとの間の貨幣による連結が保たれるのは、法の側が順応的に作用する場合、つまり法が次のことを政治的社会に保証することによって政治的社会を法的に統一している場合だけである。すなわち法が保証すべきこととは、経済秩序内ならびに政治秩序内で発行される資本化債務によって開かれる政治的諸権利を有効化すること、そしてそうした政治的諸権利が一秩序から他秩序へと乗り入れ可能であることに他ならない。しかもこれらのことは、貨幣的調整《レギュラシオン》と調和したやり方に従って実現されねばならない。よって、公的部面における私的貨幣の承認がその代償として私的部面における公的権利（法律）の尊重をともなわねばならないし、それと同様にまた、私的部面における公的貨幣の受け入れは代償として公的部面における私的諸権利の受け入れをともなわねばならない。こうして見ると、貨幣とは、仲介《アントルメディエール》的な価値を持つところの、かつ法（そして知性）と同じ水準にあるところの媒介であると言える。しかしながら、まさにその貨幣という媒体が持つ否定し難い自己超越性は、この媒体を主権の座に押し上げることを許さない。主権と呼ばれるのは、もっぱら社会という上位の象徴的権威——これの集合心像的なものはしばしば文化秩序と呼ばれる——のことである。主権とは、象徴的に一般化された様々なコミュニケーション媒体の間の間言説的な同盟によって確立される共有諸価値の体系なのである。

　要約すれば、諸実践それぞれの秩序の間にある直接的諸関係——実際には、諸秩序の対立し合う合理性が

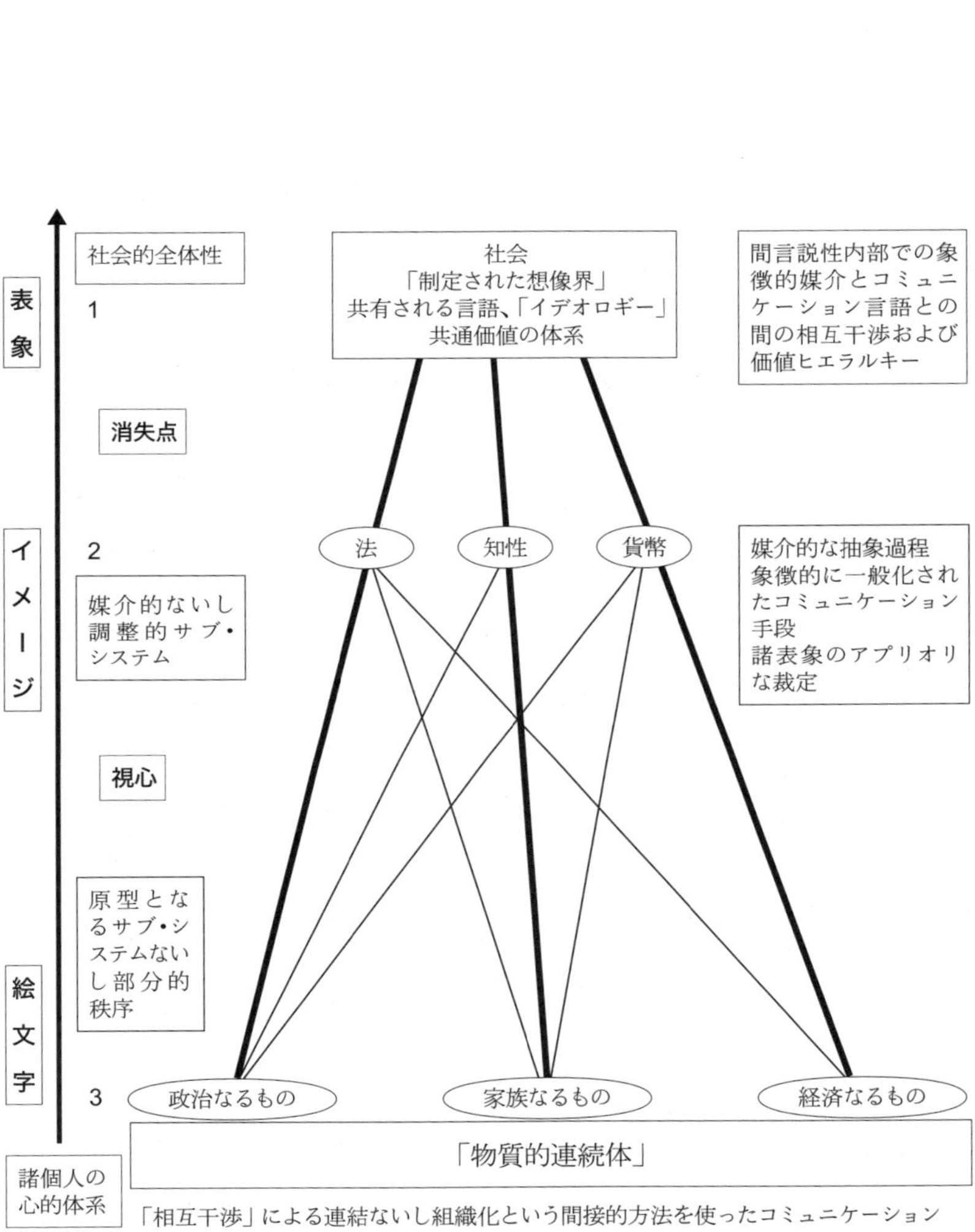

図表3　コミュニケーション・システムとしての社会的全体の垂直性と、その中に貨幣を位置づける仲介的・非主権的なヒエラルキー状況

これを不可能にしている——についての通念的な見方に代えて、われわれは「実践の諸秩序は、コミュニケーション諸言語を産出・保蔵するサブ・システムを経由して〔相互に〕干渉し合うことを通じて、作動上の接点を持つ」という定式を採用することができる。こうした接点のおかげで、これら部分的諸秩序の再生産を支配している矛盾し合う諸論理が、調整された共進化をともないながら協調的に現勢化しうるのである。また、コミュニケーション諸言語がこれらの部分的諸秩序の内部と外部の両方に位置していることによって、社会的な諸々の干渉を調整的に処理することが可能になっている。実際には、象徴的に一般化されたこうしたコミュニケーション媒体は、抽象作用・両義性・多様性を持つからこそ、まさに自己準拠的諸システムの自己調整作用を通じて、諸秩序間の相互干渉を形式化し誘導することができる。自己準拠的な諸システムはコミュニケーション媒体を産出し、また自らも一般的コミュニケーション・システム内部での干渉を通して相互に連結し合う。より特定化して言えば、法（および知的に抽象的な言説）と同様に貨幣もまた、政治なるものおよび経済なるものが自らの環境との間で行うコミュニケーション的諸行為を、一つの共通言語において表現する。貨幣は、一方の秩序にも他方の秩序にも承認・受容されうる独特な形態を、コミュニケーション行為に与える。当然にもこの共通の形態は各秩序内の別個のプログラムに従って内部情報として解釈されねばならないのだけれども、社会の諸サブ・システムはまさにこの形態のおかげで、自らの環境に対して操作的行為を行う能力を持つに至るのである。そして、この能力〔を与えること〕を特徴とする媒介的諸システムは、必然的に、あらゆる調整的行動への中継点《ルレ》として役立つ。媒介的諸システムそのものは、互いの「類縁性」のゆえに、社会という上位媒介——ヒエラルキーの最上位にある同一化システム——を介して互いに適応し合う。したがって、結局、社会的紐帯およびその貨幣的形態の本質をなす価値ヒエラルキーとは、ジャン＝ピエール・デュピュイの言葉を借りれば、社会的紐帯が「自己超越」ないし「自己外在化」を通じて象徴的に構築されていく際の、抽象化の垂直的等級に他ならない。デュピュイによれば、この自己超越を上方から保証しているのが、社会の諸起源についての神話的物語である。そうした物語こそが実際には、社会の自己閉鎖を可能にし、自己超越の運命を認識《イダンティフィカシオン》することを可能にしている。

貨幣、そして勤労者の社会的統合

以下では、議論の締め括りとして、社会的全体の垂直性についての、また同盟的貨幣がそこで占める位置についての本章の見方が賃労働的紐帯の性質に関して何を含意しているか、手短に述べてみよう（**図表4**には、ここで述べることがまとめられている[42]）。

賃労働関係《ラポール・サラリアール》は、経済秩序に包含される関係であるにとどまらない。それは、部分的に政治秩序にも挿入されているところの、諸個人の社会化についての一般原理——特殊歴史的なものではあるが——でもある。つまり賃労働は、経済秩序に属する次元と政治秩序に属する次元の両方を与えられたメタ社会関係である。だとすれば、経済なるものを通じて構造化し構造化《ストルクチュアン＝ストルクチュエ》される賃労働的な交換関係と、政治秩序の特殊的な諸形態を構成する賃労働的な市民権関係とを区別して考察しなければならない。

まず賃労働的交換関係は、すべての個人が「労働力」を自由に処分できるという表象の上に成り立っている。労働力とは、市場においてそのようなものとして観察されるもの——つまり労働者という労働力の担い手《シュポール》——から現実に切り離すことのできる物体でもなければ、労働者そのものでもない。まさに賃労働的な交換という取引を通じてのみ、労働力は個人の所有物として彼らの外部に現れることができるのだが、そ

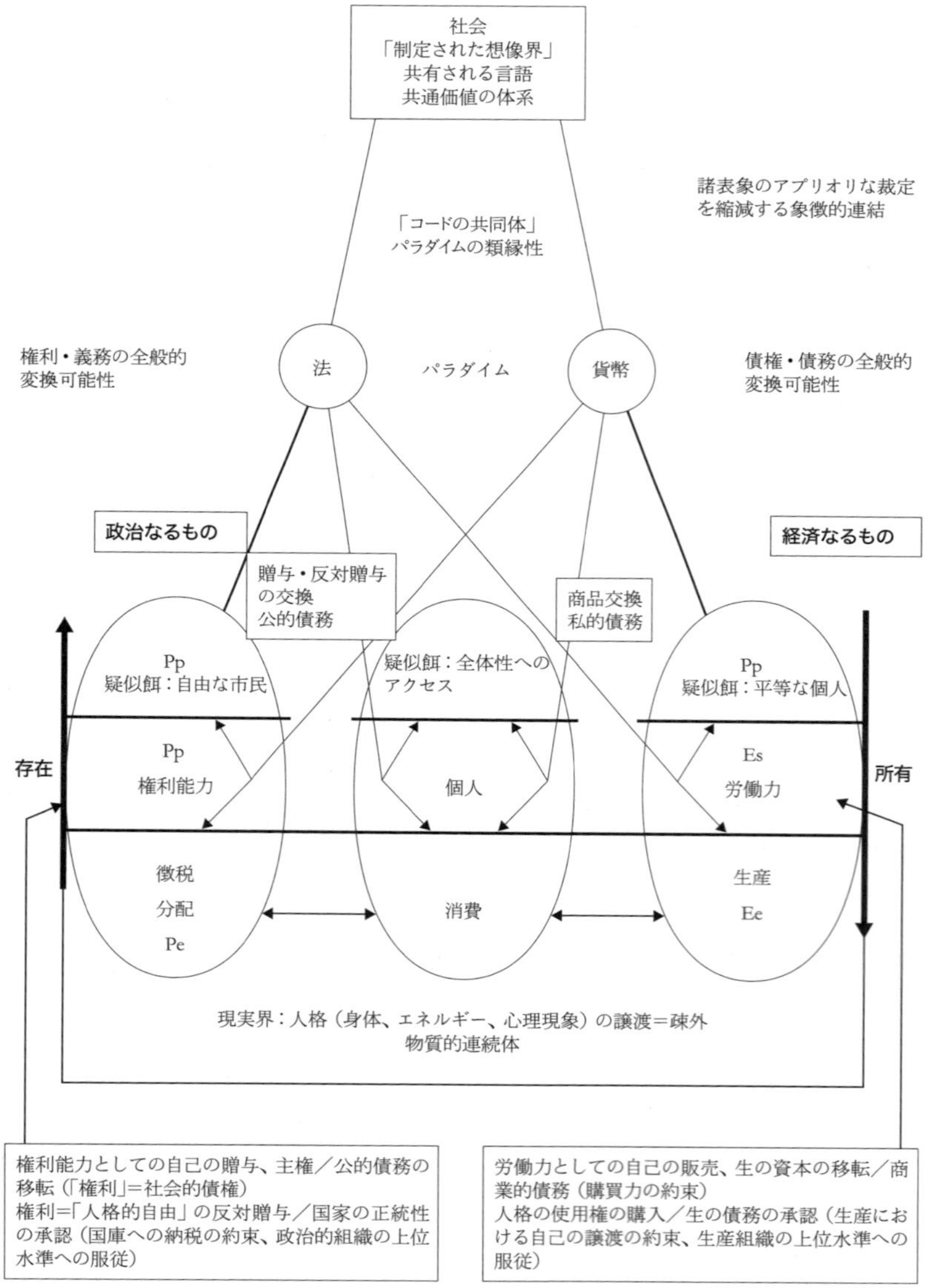

図表４　賃労働化と社会の全体へのアクセス

れでも労働力を物体と同一視することはできない。なぜなら労働力は賃金という貨幣的形態の下で、また労働契約という法的形態の下で、象徴的にしか対象化されないからである。このように労働力は、市場取引という媒介を通じてしか存在しない。市場取引こそが、賃労働者の人格を表象する象徴として労働力を構成するのである。したがって労働市場はひとつの象徴的制度であり、この制度によって賃労働者は家族秩序の外部へと連れ出され、その結果として、彼らを労働の手段として生産へと経済的に挿入することと、彼らを雇用者と同列の自由な商品主体として市民社会に挿入することとの間の対応性が確保されるのである。労働市場はこのようにして「神話」（虚構）に基づいて機能するのであり、この神話は、賃労働者自身が次のように考えながら生活することを可能にする。すなわち自分たちは、自己自身の所有者として政治的に自由であると同時に、それとは矛盾しているが経済的には生産手段の所有者に譲渡＝疎外されている、と。したがって一個人を労働力として承認することは、彼に経済秩序における権利（債権）と義務（債務）を授けること（所得および国民生産の一部分に対する権利、あらゆる資本家との法的平等、労働を行い生産手段所有者のヒエラルキー的権威を受容する義務）とイコールである。

次に、政治秩序における権利と義務を個人に授けることはまた、彼に「権利能力《フォルス・ドゥ・プヴォワール》」を認めることとイコールである。「権利能力」は、自由主義的・民主主義的な政治哲学における暗黙のカテゴリーであり、それを明示したことはミシェル・フーコーの大きな功績である。権利能力は労働力と同じような象徴財である。この象徴財は、経済的水準と政治的水準の矛盾し合う諸特性に基づく政治秩序へと個人が挿入される可能性を表している。権利能力は、擬制的にのみ個人の身体から切り離されうる政治的能力を代理＝表象するものである。個人は、公的債務——徴税によって担保されるところの——の承認を通じて政治‐行政エリートに自らの政治的能力を譲渡する。そしてこの債務の承認は、既に見たように、国家の民主主義的正統性の土台をなす義務、すなわち諸個人の生の資本《カピタル・ドゥ・ヴィ》を保護するという義務と裏腹のものである。

自己を労働力として表象するとともに、それに対応して賃金が存在することを知る賃労働者は、自分の受け取る貨幣が潜在的な乗り入れ能力を持つことから、「自分も賃金支払者と同じように、全体性に、すなわち社会なるものの諸部面総体に手を伸ばすことができるだろう」と思い込む(このことにより例えば、自営の商店に対する債権しか引き渡さない家父長的経営者は賃労働者を服従させることができない)。しかしそれは疑似餌《ルアー》でしかない。というのも、現実には、まず労働の最中に賃労働者は自らの人格の所有を放棄しているのだし(このとき彼は資本家のモノである)、また労働以外のときには、彼は自らの生命力を再生産するために自らの所得をすべて消費しなければならないのだからである。言い換えれば、彼は貨幣を受け取りはするものの、その貨幣によって「流動性」(=いつでも支払手段を入手しうること)を手にすることはできない。ところが、金銭が持つこの権力こそがまさに、その保有者に純粋な経済的論理から距離を置くことを可能にするし、また実際それだけが全体性への憧憬に基盤を与えるのである。本質的に言うならば、実際には貨幣は、経済なるものの中で過去の所有権構造を、また所得の不平等やそれに付随する財産の不平等を再生産していくのである。

同様に、自己を権利能力として表象するとともに、それに対応して権利－債権が存在することを知る賃労働者は、市民権や公民権が全面的互換可能性を持つことから、「『主権的人民』の一員としての自分は全体性に到達している」と思い込むかもしれない。しかしここでもまたそれは疑似餌《ルアー》である。というのも、分業の存在を考慮して言えば、彼は現実には自らの政治的権利を行使することはできないし、公共財や公共サービス——他方でその資金調達を税を通じて保証しているのは彼自身なのだが——の再分配を受けるのと引き換えに、彼は選挙を通じて自らの権利を「代表者たち」に譲渡しなければならないからである。したがって、現実には賃労働者は、何かことあるたびに「安全装置」を利用しているにすぎず、決して保護同盟《アリヤンス》を手に入れているわけではないのである。保護同盟においては、賃労働者が全体について作り上げる様々なイメージをそっくりそのまま「代表者たち」に抱かせることによって、そうした諸イメージの安定化が達成される。

所有《アヴォワール》の幻想と存在《エートル》の幻想は、両者が冗長性〔＝重複した情報〕を通じて互いに強化し合わない限り、脆弱である。また既に示唆したように、賃労働者は、間言説性を通じた法と貨幣との間の相互干渉作用を通じてしか、そして社会の想像的定立を通じてしか全体の表象を真に手に入れることができない。したがって、福祉国家において確立されているような、社会なるものに満たされた象徴の回路のみが、半ば全体論的な仕方で貨幣システムを法システムおよび一般的な価値システムに結びつけることによって、次のことを可能にするのである。すなわち、賃労働者にとって貨幣が現実的な社会的保護権力、つまり現実的な象徴的権威を獲得すること、そしてその代わりに賃労働者が貨幣に全面的な信頼を寄せること、がそれである。例えば、インフレーション時には、前方への逃避によってしか調整されない資本と労働の間の分配コンフリクトが発生する。この事実は次のことを示唆している。すなわち、資本と国家との間を調整する貨幣的な妥協を安定化させられないとき、その原因は、私的貨幣と公的貨幣との相互承認が政治的権利の水準における〔相互承認の〕対応物によって補強されていないことに求められるのである(43)。

貨幣・法・知的抽象化という三つの言語は、社会的凝集性に関するイメージや象徴を築き上げたり、社会的全体（計算単位、貨幣集計量、予算、国内総生産、憲法、法律、国境、国民、市場、領土、その他）を表象したりすることを可能にする。個人は、主としてこの三つの道（貨幣・法・知的抽象化）をたどって全体性の表象に接近するわけである。しかし自らのたどる三種類の道を超越する「モザイク効果」〔個別的なものの相互関係が生み出す効果であり象徴的効果とは別のもの。第9章参照〕を感取するためには、個人は、貨幣の同一性基準よりもヒエラルキーの上位に位置する共通の同一性基準のみが提供しうるところの、全体についての独特な閉じた表象を手に入れねばならない。外部の他性《アルテリテ》へと開かれている〔同一性の〕共通基準は、永きにわたって——異論の余地なく——国民であった。この〔国民という参照基準による〕同一化を問い直す傾向をもつ経済秩序の国際的開放や金融のグローバル化にともなって、貨幣の正統性は上と下から同時に攻撃を受けているのである。すなわち上からの攻撃とは国民という基準の衰退によるものであり、下からの攻撃とは、経済秩序において生産に関する道具的合理性への準拠が弛緩していることによるものである。

四　結　論

債務の二元性およびそれに由来する貨幣における二重の両義性のゆえに、近代の勤労者社会は、次のような価値ヒエラルキーの複数性を経験している。まず、経済秩序と政治秩序という部分的全体の定義に関わるところの、社会諸関係を構造化する諸実践の原領域の間の逆転されたヒエラルキーがある。次に、これら部分的全体を全体性＝社会の内部で接合する象徴的諸媒介の間のヒエラルキーがある。このような分化によって、近代社会の解読や、それにまた近代社会の内部における貨幣の地位の解読は複雑なものにならざるをえない。そうであるがゆえに、還元主義的な誘惑に駆られる人々によって、ときに貨幣は、社会——それは希少性との闘いによって方向づけられる生産経済と同一視される――において取るに足らない要素として排除されるし、またあるときには反対に、貨幣は「急場の救い神《デウス エクス マキーナ》」――つまり文化を破壊し「体験の世界」を植民地化する普遍主義を通じて自らを押し出そうとする上位の権力――に仕立て上げられる。実際には、われわれが示そうとしてきたように、事はそれほど単純ではなく、これら二つの立場はどちらも同じように拒否されるべきである。確かに貨幣は、近代社会の基底をなす一つの要素であり、それを基礎に置かずして経済は考えられない。しかしだからと言って貨幣は、われわれの社会の全体を排他的に代理＝表象《ルプレザンタン》するものではない。なぜなら貨幣の代理＝表象は、別の象徴的媒介との、つまり社会的全体性の別の絆《スイマン》――貨幣がそのような排他性を獲得するのを妨げるところの――との競合によって制限されているからである。現代社会はまた政治秩序なしでもやっていけないが、政治秩序においては、貨幣的評価が諸個人の評価に適さないことは明白であり、また貨幣〔の使用〕は価値ヒエラルキーにおいて下位の諸活動に限定されている。確かに、今日の時代において他を圧倒している経済主義――すなわち金銭の権力――、一見すると政治なるものを金銭に従属させつつある経済主義には驚かされるものがある。だが「金銭の権力は無制限である」という結論をそこから引き出すならば、それは本書全体で強調すべきと考えていることを、すなわちわれわれの社会の根本原理は常に生の債務《デット・ドゥ・ヴィ》であるのだということを、忘れていることになろう。確かに、社会的紐帯に関するわれわれの表象がこの原初的債務によって独占されてしまうことに対して、商人たちは異議を唱えることに成功してきた。しかし実際には、この原初的債務がわれわれの社会から消滅したことはないのである。現代世界において生の債務を担う制度である福祉国家について、その危機をめぐる議論が繰り返し行われていることこそがそのことの格好の証明となっている。福祉国家および賃労働者階級の終焉というステレオタイプの評価でよしとするのでない限り、われわれは次のように考えねばならない。すなわち、福祉国家の危機をめぐる議論において問題とされているのは、貨幣の調整的次元に課されるところの常に自己充足的《プレグナント》な制約であり、この制約は、普遍性に向かう貨幣の使命とは対立する領土化の原理に、貨幣の正統性を従属させるものである。また、金銭の力に強い印象を受けるあまり、金銭の権力への服従は必然的であると判断するとすれば、それは法の競争力をあまり重んじていないことになるであろう。この点については、汚職というまさしく今日的な問題に言及するだけで、また——ついでに言えば——政治的権力からの独立性を熱望しているのは中央銀行家のみであることを想起するだけで十分である。裁判官たちもまた政治的権力からの独立性を好んで話題にするが、だからと言って経済的必要性や資本主義的利害に自分たちを譲り渡すことを主張しはしない。

要するに、われわれの社会の当面の将来に関して、過度の悲観主義に陥ることも、過度の楽観主義に走ることも適切ではない。なぜなら、まさしく貨幣の内生的権力についてはほとんど憂慮する必要がないからである。むしろ気にかけるべきは、共有価値の体系や集団的アイデンティティという社会の次元において、経済的・政治的空間の再編成に関する資本家と国家の諸戦略が社会に及ぼしている諸々の圧力である。このような緊張から生じるのが社会的断裂《フィシュール》に他ならない。この圧力のせいで、金銭が表象空間を独占しようとする傾向が現実味を帯び始めている。この傾向が現勢化するときの形態が貨幣的な想像的共同体であり、これが真の帰属感情に取って代わろうとしている。だが真の帰属意識とは、複数の社会的コードの干渉を通じてのみ創造されうるものなのである。

第8章

西・赤道アフリカにおける脱貨幣化と再貨幣化（一九―二〇世紀）

ジャン＝ミシェル・セルヴェ

信頼に関しては、本書の中で繰り返し問題にされている。その論じ方は多様である。まずいくつかの章では、貨幣人（ホモ・モネタリウス homo monetarius）が各学問分野の原理に従って分析されている。一方で、ミシェル・アグリエッタとジャン・カルトゥリエ（第4章）そしてアンドレ・オルレアン（第10章）は経済学的な分析を行い、他方で、ジャック・ビルスト（第9章）は心理学的な分析を行っている。別のいくつかの章では、歴史学的あるいは人類学的な文脈の中で信頼の問題が扱われている。そうした文脈は、例えば本書の序章でユーロの導入について言及する際には、短期的に推移するものと見なされるが、以下のケースでは長期にわたり再生産されるものと見なされている。例えばシャルル・マラムー（第1章）やマルク・アンスパック（第2章）が取り上げる古代インドの儀礼的支払いや、ダニエル・ドゥ・コペー（第5章）とブルーノ・テレ（第7章）が取り上げるアレアレ共同体の貨幣循環がそうである。また、ジャン・アンドリューが分析した古代ローマの戸口調査（第6章）においても同様である。再生産は、諸々の緊張関係や危機的状況を免れることはない。本書第3章のジャン＝マリー・ティヴォーは、引き合いに出している歴史の流れ――何よりもまず長期にわたるヨーロッパのそれ、したがってまた文化的にヨーロッパ独特なそれ――の中に永続性と転換の両方を見いだそうとしている。

これに対して、本章で私は、異なる文化の間の出会いとその衝撃を考察することを通して信頼の問題に取り組んでいる。(1) 主な分析対象は、ヨーロッパ人によって植民地化された当時の西・赤道アフリカにおける貨幣関係である。(2)〔ヨーロッパ文化と西・赤道アフリカ文化の〕このときの出会いに着目することで、アフリカ文化とヨーロッパ文化にそれぞれ特有の価値ヒエラルキー体系の相違が浮かび上がるだけでなく、(3) 近代社会を支配する経済学的言説によって一般に隠されている貨幣の諸属性が明らかになる。しかしながら、私が入手する情報は、本章で分析するいくつかの事例に関して正確な説明を与えるには充分ではない。ましてやアフリカ人の社会-世界観に関する系統図を示すこともできない。つまり、アフリカの諸社会に関しては、昔の貨幣システムと交換、およびそれらの変遷について知ることは困難を極める。とりわけ過去四世紀の間に、これらの諸社会は急速かつ多様な形で解体したために、口承伝来の情報があまりにも断片化してしまっている。したがって、近代の無秩序な貨幣システムに対置して植民地化以前の貨幣システムが安定していたことを理想化するのは、全くもって誤りである。アフリカの諸社会は〔植民地化が始まる〕ずっと以前から、貨幣システムの多様な革命を経験していた。それらの革命は、移民、征服、国内の政治的緊張、貿易フロー、生産技術および生産そのものの転換あるいは進化によって引き起こされた。一九世紀末、アフリカの諸社会の中には、過去数世紀にわたってアフリカ大陸で繁栄していた大帝国や王国が崩壊もしくは解体することから生じた社会があった。他方では、そうした大帝国や王国とのかつての関係を維持し、それに従属している社会もあった。また、伝統的な社会関係から逃れ、山岳、密林、マングローブ地帯や湿地帯等のアクセス困難な僻地に根を下ろした社会もあった。この点から言えば――社会の特徴や組織の形態から言えば――、アフリカの社会は、ダニエル・ドゥ・コペー、シャルル・マラムー、マルク・アンスパックが扱った社会、またジャン・アンドリューやジャン＝マリー・ティヴォーが扱った社会と類似していると言える。ところが、貨幣に関わる諸実践の変遷は、一定の不可逆性を示している。例えば、税支払いのために導入された計算単位や支払手段が、国家と税徴収が消滅した後に、使用され続けることがある。政治の複雑な変遷や移民や異文化受容に関するかなり正確な知識がなければ、現代の局地的な貨幣諸実践についての知識があったとしても、アフリカの「原始的な」貨幣システムを再生することはできないし、ましてや、貨幣発行のテンポや貨幣生産の仕組みを再生することもできない。この点にはまた、アフリカのシステムが対内的にだけでなく対外的にも独自のダイナミズムを有していたことが関係してくる。われわれはしかし、古代アフリカ社会が――いわゆる「国家型」社会か「国家なき」社会かを問わず――複数の支払手段を持っていて、程度の差はあれ関連し合う諸用途に充てていたことを確認できる。貨幣手段のこのような複数性は、広域的にだけでなく、局地的にも存在していた(4)。これら複数の貨幣手段がいかにして一つの場所に共存していたか、いかにして相互補完的に使用されていたかを理解するためには、〔アフリカ社会において〕受容されていた――あるいは受容可能な――等価性と代替可能性に関する倫理的なコードを解読する必要がある。この点において、アフリカの貨幣システムは、ダニエル・ドゥ・コペーが検討した、アレアレ共同体の単一通貨システムとは最初から異なるように思われる。むしろアフリカの貨幣システムは、貨幣諸手段の間の不完全な代替可能性によって特徴づけられ、その点で人間社会の大部分に見られるシステムに近い(5)。アフリカ大陸における貨幣手段のこのような複数性と貨幣のダイナミズムは、過去数世紀の間にヨーロッパ人との間でなされた接触・交換・同盟《アリヤンス》・紛争によって〔アフリカ社会の〕非常に強い不安定性が喚起されてきたことに起因している(6)。

本書を挙げて強調されているのは、主流派と異端派の経済思想の間に深い理論的溝が存在するということであるが、このことは、右のような研究領域において入植者と被支配者との出会い、およびその出会いがもたらした効果を観察・理解しようとする者にとっては明白であると言ってよい。主流派の思考においては、交換メカニズムを容易化し取引費用を削減する機能を果たす合理的な道具として貨幣がモノ化《ショスィフィエ》されるのに対して、異端派アプローチは、社会的全体の本質的でエンブレム的《アンブレマティーク》な媒体として、いわば社会的紐帯として貨幣を理解する。

貨幣を全体的な社会的事実として、かつ、諸社会の象徴的《アンブレマティーク》手段として理解するためには、貨幣経済学において伝統的に採用されてきた貨幣の機能的区別を超克しなければならない。文化・社会・政治・経済についての対質がなされる局面としての植民地化は、貨幣諸形態と貨幣諸実践に関して、ある状況においては歴史の断絶を生み出し、別の状況においては永続性を作り出した。ところがそうした衝撃と移行は、主権をめぐる対立と社会・文化の異種交配の中で、貨幣に対する不信や疑念を生じさせる可能性がある。異種交配は避け難いものであり、入植者と被支配者の日常的諸実践のぶつかり合い、変化の受け入れまたは強制、新しい社会秩序——最終的には、入植者と被支配者によって受け入れることができ、また適応によって受け入れられる秩序——を確立するために必要な馴化によって引き起こされる。

この不信は相互的なものでありうる。なぜなら、入植者が植民地社会における伝統的な貨幣手段を比較的短期間の間に非合法とする場合に、被支配者は、入植者——鹹水湖からやってきたこの悪魔の子供——が導入する近代的な貨幣手段をしばしば部分的に拒否し、近代的な貨幣を全体的禁忌に従わせることがあるからである。このようにアフリカ大陸の植民地化過程においては、現地人の慣習と植民地の法とが拮抗し、いわば、記憶の力が合法的な暴力と対立した。入植者によって進められた旧来貨幣の廃貨は、いわゆる「社会的」交換〔特に儀礼・政治・賠償に関係する交換〕に関しては部分的な廃貨であり、貨幣のある種の退行を招いた。なぜなら、アフリカ大陸では、十分な西欧通貨を欠き、西欧通貨が拒否され、なおかつ様々な支払い用途の間に仕切りが立てられていたために、一方においてヨーロッパ貨幣の公然とした社会的・文化的な使用が、他方において物々交換が発達したからである。

以上のような内的・外的な緊張関係および過去と現在の緊張関係を解明するためには、単一の学問原理によるアプローチだけに依存してはならない。民俗学・社会学・言語学・歴史学・考古学・政治科学・心理学・経済学それぞれの分野の専門的な貢献をこの研究分野に取り入れ、省察を加える必要がある。このような学際性は、経験主義の要求によっては正当化されない。経験主義は多くの人によって実地調査と混同されており、実地調査は多くの経済学者が今日軽蔑とともに拒否しているものである。このような学際性は、貨幣および金融諸関係のそもそもの多次元的な性格に対応しているだけではない。経済科学〔自然法を認識することによって国民の一般的利害を定義しうるとする、ケネー以来のフランスの経済思想〕の自己充足的な性質——この表現の二重の意味における——の克服が求められている。なぜなら、様々な学問原理（今日そこを支配しているのは教育学上のまたはアカデミックな目的であることに留意せよ）によって描かれ、またとらえられている審級・水準・次元は、一般的には社会的事実の、そして特殊的には貨幣的事実の全体性を考慮し、洞察するには非常に弱い妥当性しか持たない諸区切り〔ないし諸切断〕にすぎないからである。社会的事実ないし貨幣的事実の全体性とは、様々な外在的視角の単純な総和〔によって得られるもの〕ではなく、むしろ、諸関係の総体を分節化したものである。生産と交換、さらには存在やモノの見積もりまたは評価の諸様式、そして様々な評価または見積もりの諸様式の間の関係、集団的・個人的な記憶（貨幣と金融は常に過去と未来を現在に結びつける）、トラウマ的要素とそうでない要素の選別過程、およびトラウマ的要素の賦活化、共同体への個人・集団の統合または挿入の特殊な様式（そしてこのような統合ないし挿入の経験）、帰属ルールや帰属ヒエラルキーの〔社会的〕表現等である。

ブラザビルのセレスタン・マユクゥとジャン・レイモン・ディラの助けを借りて、今日における市場《いちば》の女商人を観察してみよう。今しがた商人は、自分の売り場の台にある生産物の一つ、例えば魚との引き換えもしくは対価に（*pour/contre*）銀行券を受領したところである。その商人は、受け取った銀行券を、既に持ち合わせている他の銀行券と直ぐにはまとめない。商人は、銀行券を一旦脇に置き、小さな唐辛子でこれを包み、針を刺す。このような処置を受けた後で、その銀行券は仲間の銀行券と合流することができる。というのも、このママ〔女商人〕は、銀行券を呪術で増やせる人の存在を信じているだけでなく、一枚の銀行券に込められた呪いが他のすべての銀行券にかかり、すべての銀行券を消滅させて横取りされることがあると信じているからだ。針を使って銀行券を刺すという習慣は、近代〔社会〕においても見られる。銀行券使用に関する近代は、針の使用に関する近代でもある。女商人は、同じように針を使って銀行券を束ねる銀行員を真似ているのだ。ただし、勘定という最初の機能的な理由は失われてしまっている。針を突き刺される銀行券は一枚のみだ。このような身振りの外観は、呪術の効果への信頼を呼び起こす。「魔女」による「呪物」と同じような形で、銀行券は「呪術の使い手」によって穴を空けられるのだ。貨幣を悪運の媒介者《ヴェクトゥル》と見なす信仰が伝統的な要素であるのと同じく、針と唐辛子も伝統的な要素である。つまり、貨幣および貨幣を渡した人に対して、まず不信が抱かれる。そして、貨幣が媒介する潜在的な危険性を追い払う技術に信頼《コンフィアンス》が寄せられる。この貨幣は、伝統の知と近代の知を結びつける媒介者である。

近代の貨幣は装飾的に使用されることがある。それは、貨幣を洋服や髪のアクセサリーにしたり、貨幣を受け取る人の肌に貼り付けながら貨幣を贈ることに、また、儀式の際に貨幣を血に染めること、貨幣を受け取る前に息を吹きかけたり、唾液をかけたりすること等に見られる。これらの諸事実を、貨幣対象の濫用であるとか、経済的機能——社会の物質的条件の再生産に必要な生産・交換のための機能——、つまり、貨幣の主要かつ永遠の機能と見られているものの局所的肥大化であるというように解してはならない。われわれの眼前で占有されている今日の支払手段が果たす儀礼的・同盟的《アリヤンス》機能は、[7] アフリカの諸社会ではまだ明示的に貨幣の質を構成する要素の一部をなしているのだ。

これと対称的に、しばしばアフリカ社会の交換システムの特徴とされる物々交換は、一般に言われるように、西欧人の進出によって発見された原始的・前貨幣的な段階ではない。物々交換の発展は、植民地政府が旧来のシステムを脱貨幣化したことの帰結であり、植民地社会の貨幣システムが進化したことの所産である。植民地社会の貨幣システムは、いわゆる「商業的」活動に特有のダイナミズムに制約されながら、もしくはそうしたダイナミズムに促されながら発展してきたのである。

植民地化されたアフリカの貨幣のこのような歴史は、今日のアフリカ各地で見られる金融活動およびそのシステムに影響を及ぼさずにはおれなかった。ただし、貨幣・金融に対する不信や疑心は、今や手交の支払手段に対しては稀にしか向けられず、むしろより一般的に、現行の生産・交換関係にうまく統合されていない輸入された金融制度に対して向けられている。[8]

一　植民地化以前のアフリカ社会における貨幣関係

貨幣の問題を解明する第一の方法は、機能的な方法である。この方法は、ある社会における支払いの用途・手段と計算の用途・手段とを区別する。これは、貨幣的な諸実践《プラティーク》の所在を見定めるために必要な手続きである。しかし、〔貨幣的諸実践に関する〕記述が「経済的」領域に還元されない場合であっても、この〔機能的な〕分析は還元的なものにしかなりえない。結局この分析は、貨幣を仲介物や代償として道具化してしまう。このとき、〔社会の〕貨幣的構造は、契約的タイプの諸行為の総和としてしか理解されなくなる。行為を商業から、例えば政治・文化・持参金という用途へと拡張してとらえる場合にも根本的には何も変わらない。

しかし、このようにして獲得した情報から、本書の諸々の論文が共有する新しい定義を発展させることは可能である。この新しい定義は、債務という概念の助けを借りて、諸集団の間や集団諸成員の間の相互依存関係を、何よりもまずとらえようとする。この観点から見るとき、貨幣－金融という区別はその意味を大きく失い、科学的根拠よりも学問原理の伝統による区別にすぎないことが露呈する。また、このとき貨幣はもはや契約を可能とする単なる仲介的実体としてではなく、社会を構造化する本質的な関係の一つと見なされる。

では、機能的側面に注目する記述的視点によって議論を始めよう。われわれは、実際に使用されている支払手段のうちに、以下のようなものを区別することができる。すなわち、誕生・結婚・葬儀の際に移転される財、年齢集団に入る際に、また集団内の結社や職務に参加するために移転される財、殺人・侮辱・禁忌侵犯の際の賠償として移転される財、土地を担保に入れるのと引き換えに移転される財、等。また、日常的かそうでないか、遠距離か、地方レベルか、それとも局地レベルかによって交換の対価が異なってくる（そこには夫役も含まれる）。

これらの貨幣のうちのいくつかは、地域色あるいは地方色の非常に目立つものである。特に挙げれば、腰布〔＝腰布貨幣〕、金属形態のもの、麦の束などがある。他方、種々別々の社会の中で、あるいは社会と社会の間で、広範囲にわたって流通する貨幣もある。タカラガイの使用は典型的な例であるし、地方によっては塩の棒、金属の棒、あるいは金粉も例として挙げられる。

古銭学の――すなわち支払手段の素材形態の――観点から言えば、実用的な機能を直接有さなかったいわゆる原始貨幣《パレオモネ》(9)（金属製の貨幣、タカラガイに代表される貝殻、腰布など）は、それと同一の役割を担っていたが、直接的に使用された原始貨幣的機能を持つ財（麦、タバコ、山羊、犬、牛、供物に捧げられた後のこれらの動物の一部など）とは異なっていた。例えば供物に捧げられた牛は、細かく切断され、切断された肉片は分配され、お返し〔＝反対贈与〕――たいていは直ちに米その他の富の束を贈与するという形をとる――の対象となった。

これらの財はすべて、複数の社会的義務に対して標準化された支払手段である。いわゆる「商業的な」関係は、数ある社会的義務の形態のうちの一つとして考えられなければならない。これらの財が使用される中で、それぞれの場合に引き渡される各支払手段の単位数がコード化されていった。交換における機能とは別に、これらの貨幣は、葬儀や入会式等の場面で、公共の場でそれを破壊・浪費しながら集団の富(10)を表す手段として使用された。

計算単位に関しては、集団内部で使用されるものもあれば、集団の対外関係において使用されるものもあった。アフリカの各社会は計算単位の多元性を経験してきており、サービス・生産物・富の評価あるいは見積もりについて単一の規範を発展させてはこなかったようである。一般的に、義務と対価の計算単位は支払手段と一致するが、社会によっては、抽象的な単位が使用されることもあったようだ。これらの勘定単位の抽象性度合いに関しては、四世代以上を遡って昔の単位を知ることが困難であることに留意すべきである。なぜなら現在収集可能な話は、こうした問題に関心を持たないヨーロッパ人やアラブ人旅行者たちからのものであるし、また、支払手段とは異なり、〔抽象的な〕計算単位は物質的な痕跡を残さないからだ。反対にわれわれわれは、アフリカ人と西欧人の間の関係の中で発展した計算単位については比較的よく知っている。われわれは、一「枚（*pièce*）」（布地）、一「大袋（*grand paquet*）」、一「小袋（*petit paquet*）」、一「本（*barre*）」（金属）について語るとき、抽象的な単位を口にしている――もっとも、一枚、一袋、一本という言葉が意味する価値と引き換えに、様々な商品が引き渡されるのであるが。貨幣的な現実およびそれに対応する支払手段を含めて、現実はその性質・量・質において多様にして多大な変化を被る一方で、計算単位の名称は非常に長い間にわたってかなり安定していたことにわれわれは留意すべきである。例えばナイジェリアでは、「袋」という表現は、最初はタカラガイを表すために用いられ、次いでイギリスポンドを表すために使用され、最終的には国民貨幣であるナイラ（naira）を表すようになった。カメルーンでは、ラフィア（raphia）という古い貨幣名が、金属諸貨幣――そのサイズも変化してきた――に対して用いられるようになった。

債務という問題文脈の中で貨幣を定義する場合[11]、貨幣は直ちに社会的紐帯として位置づけられる。このアプローチは、言語学によって補強されうる。例えば西アフリカの多くの言語では、「借り入れられる」「債務を負う」「誰かに対して債権を有する」という観念は、綱《コルド》や紐帯《リアン》という観念によって表現される。セネガル南部では、フォグリ（Fogny）地方のジョーラ族（joola）、とりわけマンデ語やバイヌク（baynuk）語では、「借り入れられる」あるいは「債権を有する」という観念は、「綱を持つ」「つながれている」と表される。マンデ語では、借りるは「綱を受け取る」と表される。債務を、家畜をつなぐ綱と同じ言葉で表していることは、この紐帯が債務者を債権者につないでいること、そして紐帯が債権者を債務者に依存させていることから理解される。しかしまた、債務を返済できない債務者は奴隷のようにつながれ、売り飛ばされる可能性があったと主張する老人もいる。マリのプル族（Peuls）では、結婚の際に交換される儀礼用の贈り物は、婚姻関係を「結ぶ」(*noue*) もの、あるいは「つなぐ」(*attache*) ものとされる。[12]

アフリカの言語の大部分では、売り／買い、貸し／借り、与える／受け取る、を示す用語がはっきり区別されない。なぜならどの用語も、債務者と債権者の間にある関係を直接にとらえ、どちらかの相対的位置を表現してはいないからだ。同様の論理が、フランス語における「贈物《ドン》」や「客《オト》」にも見られる。フランス語圏アフリカ人が、「顧客《クリアン》」という言葉で買い手ではなく売り手の人を指したり、債務が「他人のお金（*d'argent d'autrui* または *l'argent des autres*）」と表現されるときにも、われわれは〔主体の〕位置よりも関係を重視する同様の論理を見いだす。

供犠――および供犠が活性化させる債務の諸紐帯――は、アフリカにおいても、[13] 経済的契約という従来的な参照枠組みの外で、金融関係の基礎や貨幣の第一義的な性質を理解することを可能にするパラダイムである。供犠においては、われわれが与えるものと、われわれが受け取るもの――ないしわれわれが受け取ることを期待するもの――との間に同質性が存在しない。関係の二項の間に共通な尺度は存在しないのだ。われわれは供物を、贈与－お返し〔反対贈与〕の単なる様式としてではなく、むしろ、人間と神々を結びつけるものとして理解すべきである。そこから、信頼の絆が重要になってくるのである。供物は、性質を同じくする同質的な等価物・対価の移転という論理の中には位置づけられない。むしろ供物は、供犠を有効なものとする要素の一つなのである。このように、本源的な貨幣は、代表物〔ないし代理物〕として理解されるべきであり、そこから尺度の重要性が理解されるのである。研究者が経済的《レコノミーク》なものと非経済的なものを区別するときに主張することには反して、供犠の債務は、根本において質的な世界には依存しない。そのような世界においては、われわれは、象徴的な思考の隠喩的および換喩的な過程に身を置くことになる。[14]

経済文化においては、このように評価される債務を終了させるのに役立ついわゆる「支払」手段として貨幣を定義する考え方が普通である。支払手段の使用法、その能力、そして支払手段についての合意から、支払手段への信頼が派生する。支払うことは、紐帯を断ち切り、勘定を「等‐価」(équi-valence)によって決済することなのだろうか？　アフリカ社会ではむしろ反対に、このことは、同盟《アリヤンス》を肯定または再確認することではないのか？　古代社会の多くにおいては、斧、ナイフ、槍先等の形をした物体が存在し、債務の紐帯を断ち切る隠喩的な役割を果たした。しかし、〔素材になっている〕金属の構成とその脆弱性および〔素材になっている〕石の鋭さとその寸法等からして、これらは使用に耐えるものではなかった。これらの物体は隠喩的にのみ紐帯を断ち切ったのであり、換言すれば、実際は関係を断ち切ることはなかった。このような使用法は、旧来の貨幣関係の性質を明らかにしてくれるものの一つである。一方で、われわれがそのような手段を使って支払いをしたときでも社会的紐帯は断ち切られないことを、あたかもわれわれ自身が知っているようにすべてが進行する。諸関係は、天秤の皿のように均衡に達する。他方でわれわれは対価(*contre*)の論理の中に自らを位置づけるのではなく、むしろ表象＝代弁(*pour*)の論理、つまり、隠喩による代替の論理の中に自らを置く。こうしたいわゆる「交換」「支払」関係においては、「等‐価」について真に語るべきことは存在しない。それゆえ、価格は、こうした取引の中心変数ではない。旧い交換形式とそこに参加する人々の表象とを、主体間の客体〔ないし対象〕の運動として、つまり一般的に言って、自らの満足と個人の利益を最大化しようとする諸アクターの間における客体の移転として理解することは、われわれが経済的諸関係の総和と見なすものへと現実を還元することによって現実を平板化するものである。主体と客体の分離を克服することにより、交換を行う人々についての何かを客体が担い媒介するような社会関係の論理を理解する必要がある。そのような社会関係では、交換活動に携わる諸主体が社会の全体性に従属し、〔社会的〕全体が特殊性に（特に個人の目的の追求に）意味を与える。また、近代西欧社会において人格が社会諸関係の織物とは見なされず、個人が至上の価値として提示されるのに対して、そのような社会関係では、価値のヒエラルキーが主客の関係を規定する。[15]

以上を踏まえることにより、〔アフリカ社会の〕民衆が抱く歴史の表象、またはより正確には、貨幣的諸実践の起源に関する伝説的あるいは神話的表象を解明することができる。例えば、ラフィア編みの貨幣を知っている住民であるコンゴのツアイ族（Tsayi）やククア族（Kukua）の神話を見ると、ツアイ族の神話では機織りの発明は社会への人々の組織化よりも古く、ククア族の神話では機織りの技術は天地創造の時期にまで遡るとされる。換言すると、貨幣の起源は、人間が社会へと組織化されるときの諸条件の中に見いだされる。[16]赤道ギニアのファン族（Fang）には、エクウェレ（ékwélé）という槍の形をした金属貨幣がある。この貨幣は、ンコ・アンダという、今日のガボン出身の戦士によって発明されたと言われている。アンダは不死身であり、戦闘で不敗を誇ったとされている。つまり、エクウェレという貨幣は「歴史——特に征服者の歴史——を通じてのファン民族の力、栄誉、そして栄光[17]」を表していた。

このことは、社会における貨幣の性質と、貨幣が現実に果たす役割にも当てはまる。カリン・バーバーは、ナイジェリアのヨルバ族の記述および口承の文学、とりわけ諺を研究することにより、貨幣の流通は、社会のすべての成員を、彼らの富と貧困の相対的な水準とは関係なく、関係づける役割を持っていること、そしてそのようなことは人間性の必要条件であることを主張している。貨幣の流通はまた、購買という行為を通じて、社会の中でその社会に固有な人格を実現する。[18]

社会的紐帯という、そして全体としての社会を肯定する貨幣的な様式という観点から見たとき、貨幣の生産・発行の管理の条件とはどのようなものであり、また、貨幣手段を流通・受領させる条件とはどのようなものか？

階級も国家も存在しないとされる社会では、長子と第二子以下の間にある権力・地位の不平等や、男女間の権力・地位の不平等は、貨幣の生産・操作・流通に際しての貨幣手段へのアクセスにおいて明白になる。国家を持つ社会では、男女間、長子と第二子以下の間、そして職業的専門の間のヒエラルキーや補完性は、王国や大帝国を支配する貴族集団のヒエラルキーや補完性と共存することになる。

また、例えば中央アフリカの古代コンゴ王国や今日のコンゴのテケ族においては、権力はいかにして一定の貨幣を認証するのだろうか。ピエール・エドゥンバによると、[19] 認証のプロセスは二重性を有している。一方で、いわゆる「階級も国家もない」社会におけるのと同様に、貨幣の生産と供給の統制が行われる。他方で、貨幣の認証には、呪術的実践が行使される。

まず、権力による統制のメカニズムを見よう。古代コンゴ王国で一般に流通していた貨幣であるンズィンバ（nzimba）貝の場合、主権者のマニ＝コンゴが、貝の採取場所を管理していた。つまり、男性と外国人の立ち入りが禁止されていた島があり、その島での採取は、主権者の使者によって統制された女性たちの手によって行われた。他方でマニ＝コンゴは、従属国の献上物として貝を受け取った。テケ族の事例においては、ラフィア椰子の腰布が貨幣として流通していた。ここでもまた、主権者が貨幣の生産を統制したのだが、この場合、もっぱら腰布を織るときのみに使用される特別なラフィア椰子の繊維にアクセスする権利を持っている機織り家族をコントロールした。そして主権者は、貨幣に使用されるこの特別な腰布を生産する権利を限定した。テケ族の全員が衣服の腰布を織る機会を持ち、女の子は七歳から一〇歳の間にその製作を学ぶ。しかし、その中の限られた者たちすなわち機織り集団のみが、腰布貨幣を製造する権利を有した。われわれは、似たような事例を他にいくつも知っている。金属を使って地元の貨幣を生産したり、西欧から輸入され、アフリカ社会で貨幣として使用される物体に検証刻印を打つ鍛冶屋を通じての統制がある。[20] 例えば、チャド南部のサラでは、クル（kul）と呼ばれる貨幣は、徒弟鍛冶職人によって製造されるが、認可された専門家のみが、材料金属を集めることができる。[21]

貨幣の生産・製造のそのような統制は、国家を持たないが家系の階層化が見られる社会においても確認される行為である。しかし、そのような生産・製造の統制よりも重要に思われるものがある。それは、貨幣の認証における呪術的な様式である。中央アフリカのいくつかの社会（今日のコンゴやアンゴラ等）では、主権者は、知られうる中で最も重要なものと考えられている主権の象徴物《アンシーニュ》を所有していた。「先祖の籠」（*le panier des ancêtres*）がそれである。この籠は、同じように新しい主権者の即位すなわち王権の譲渡に使用される主権の印である頭巾や杖よりも本質的に重要なものであると考えられる。先祖の籠——手編みの籠だが——には古くからの族長の遺骸が収められている。細かく言うと、髪の毛、爪、指の骨が入っている（断片の形で、既に言及した頭巾によって象徴される頭、そして杖という象徴が指し示す手が言及されているのである）。しかし、これらだけではなく、金属製やビーズ製の様々な物、貨幣として流通した貝殻や腰布の断片が収められている。主権者は、これらの物を自らの「先祖の籠」に入れることによって、これらの物を神聖化し、貨幣手段として認証する。ピエール・エドゥンバによれば、同じものが先祖の籠に入っていない対象は、持参財産〔ないし婚資〕に用いることができない。こうしてわれわれは、認証される貨幣を統制することで、主権者が、その権力を行使・表現することを知る。つまり主権者は、社会や社会を構成する諸家族の再生産において鍵となる要因の一つ、対象の一つに対して、その権力、その主権を行使する。諸家族は、権威の本質をなす諸要素を集めた「先祖の籠」を媒介とすることにより、族長を通じての集団全体の具象化となることができる。

これらのシステムが変化する際に生じる影響は甚大なものであるし、また、被支配者と入植者は、互いに対して幻想を抱いている。このためわれわれは、経済的とされる使用法と非経済的とされる使用法とへの――つまり、商業的とされる使用法と非商業的とされる使用法とへの――分離や特化が起こらなかったことを強調しておかなければならない。「経済」という用語は、近代西欧社会の外では何の実質的な意味も持たないように思われる。というのも、近代西欧社会の外では経済は、客観的諸事実の総体をなすものではなく、経済学が無批判に再生産する分類様式にすぎないからだ。[22] 何よりも「経済」とは、いくつかの実践的効果を持つ世界の表象の一つである。それは、とりわけ商業的／非商業的の二分法に関して効果を持っている。非西欧社会では、文化的・儀礼的な支払いがしばしば最も厳密にコード化され交渉されているので、生産と交換の実践に対応する数量化または合理性に関わる特別な領域を、すなわち人間の行動の大部分を、目的と手段との間の適合性という視点から分析しうる特別な領域を区別することは不可能である。せいぜい、カール・ポランニーや「実体主義の」論者たちが行っているように、われわれは、人間社会の物質的条件の再生産において本質的に重要な消費関係・生産関係・交換関係の総体を区別することができるにすぎない。だが、これらの諸関係は、家族的、政治的な同盟から、そして宗教的祭式から切っても切り離せないのである。

われわれ自身の諸カテゴリーにも取り入れられている、経済的なものと非経済的なものとのこのような二分法は、一見普遍的に思われるが、債務の評価と資金調達という〔貨幣の〕用途を理解するには適切ではない。タバコの葉を例にとってみよう。タバコの葉は男性・女性における儀礼的な献納品であり、いくつかの市場では、間違いなく特権的な支払手段であった[23]。タカラガイもまた、支払いと計算という複数機能を有しており、それらの機能は、商業的と非商業的という単純な二分法では理解し難いものがある。例えば、いくつかの貨幣は、局地的、地域的な、あるいは遠隔地間の交換において流通し、なおかつ、通過儀礼の際に、一集団の富を表現する手段として使用できる。一般的に言って経済学者は、代替・代用が可能な手段であることを近代貨幣の特徴と見なし、さらに、仕切られた用途を持ついかなる手段にも貨幣の性質を認めない傾向がある。実際には、われわれの〔近代〕社会が確立した経済的事実と非経済的事実との間の分断は、場合によっては、支払手段としての使用法に関して仕切りをもたらす。持参財産のいくつかは、儀礼的な支払いのときにしか使用できず、生産と生産に直接必要な交換とに関わると今日思われている使用法からは排除される。他方、硬貨や紙幣は逆に、多くの集団において女性を「買う」ということができない。いくつかの事例において、持参財産あるいは持参財産の支払いを表すために用いられる用語は、購買について語る際に用いられる用語と同じである。だからと言って、婚姻関係を、例えば奴隷の譲渡に見立てられるような商業的関係として表現することにはならない。やや似ているところでは、フランス語でわれわれは「贈与する《ドネ》」という動詞を、何かを譲り渡す、あるいは引渡す、という物理的な行為の意味に使うことができる。ところがこの用語は特定化して使われることがあり、商取引と同じ帳簿には現れることはできず、結婚のときにのみ使用できる。ただし、引き渡される物は、商取引を含む他の様々な取引において目にするものと同じであり、そのことは、われわれの〔近代〕社会においては、硬貨や紙幣が贈与の手段として機能しうるのと同じようなものである。われわれの社会においてさえも、支払手段は普遍的な支払手段ではない。なぜならわれわれの社会では、奴隷、贈収賄、人体の一部の売却や賃貸等は、道徳的に非難あるいは禁止されているからだ。支払手段の使用は、禁忌の侵犯を通してのみ普遍的なものとなるだろう。しかし、各人が自らの報酬の様々な源泉（労働、手当、遺産、非合法活動など）に応じて一定の支出を事前に割り当てておくことによって、受け取った支払手段には道徳的・社会的な印がつけられる。そのような事前割り当ては、支出の際に支払手段を代替不可能とし、事実上、支払手段の用途を分断し、結果として、支払手段の代替可能性を強く制限する。

二　初期の物々交換、初期の条約、硬貨の導入、そして二重の幻想

アフリカ世界における西欧人の出現は、まず、各地の伝説と神話を通して理解されてきた。『アマドゥ・ハンパテ・バの記憶』には、次のような証言が残っている。[24]「その頃われわれは言っていた。白人は『水の子』、つまり、大都市の中の海の底に棲息している水生動物であったと。彼らは、予言者ソロモンがかつて海の底に投げ入れ、永久に地上に戻ることを禁じた反抗的な精霊ジン（djinns）と同盟を結んでいる。ジンは白人たちのために、アトリエで不思議な物体を製造していた。時々これらの『水の子』は、水中の王国から出てきて、その不思議な物体を川岸に置き、住民の供物を拾い集め、そしてたちまち消え去った」。

出自に関してヨーロッパ人に空想的な性格を与えるこのような敗者の視点は、行動の解釈についての二重の幻想に特有であり、とりわけ第一次世界大戦中の大規模な徴兵による交換の数・頻度の増加にともない、ようやく後退した。

ヨーロッパ人とアフリカ人の関係においては双方が、貨幣が果たす機能と性格に関してある種のナルシシズムもしくは自民族中心主義を長い間語ってきた。ヨーロッパ人にとって貨幣とは契約の手段であり、アフリカ人にとっては債務諸関係の生きた媒介役《ヴェクトゥル》であった。両者の間に共通の知識は存在せず、現実の曖昧さが、それぞれの立場にそのことを無視するに至らしめた。それぞれが、相手は同一の特殊な互酬的行為に専心していると解釈した。アフリカ人にとって、貨幣は自らの社会のあらゆる次元を活性化させるものである。貨幣は、一定の世界秩序を再生産する社会的交換手段として機能する。他方で、ヨーロッパの商人は、商業的であるがゆえに何よりもまず経済的な関係のために機能する仲介物として貨幣を扱う。第二の時代においては、ヨーロッパ人はアフリカ大陸を植民地化しながら、貨幣の政治的な側面を暗黙に認めた。つまり、彼らは貨幣の使用法をそれぞれの領土内に限定したのである。

サブサハラ・アフリカ発見の時代として知られる一四―一五世紀から一八世紀の間、ヨーロッパ人の多くが、貨幣的事実の普遍性を信じていた。彼らに言わせれば、社会組織を形成するあらゆる人間集団は、一つの（または諸々の）神、政治権力、（王の）権力、言語に対する信頼を有している。諸貨幣に対してもまた然りである。シピオン・ドゥ・グラモンの著書『王国のデナリウス』（一六二一年）は外来貨幣の多様性を記述しているが、この書は、原始的な物々交換という神話が発明される以前のイデオロギーをよく表現している(25)。当時、物々交換は、社会の外の隙間《アンテルスティシエル》に浸み出すような状態で発展すると考えられていた。つまり、同一の政治秩序に属さない状況下で、共通の支払手段と計算単位が存在しないときに、物々交換は発展すると考えられていた。この点から言えば、経済イデオロギーが西欧で支配的になり、貨幣が市場機能の手段と見なされるにつれて、貨幣についての社会的および政治的な初期の見方は後退していく。このとき西欧社会は、一方の貨幣に関する表象と他方の貨幣に関する集団的現実との間の強い緊張を経験する。前者の貨幣に関する表象について言えば、これは西欧諸社会が身を任せている当のものであり、支配的で通説的な経済学の知の体系はこれの極端な表象にすぎず、これは貨幣を個人的行為の集計を可能にする機能的な手段へと還元する。後者の貨幣に関する集団的現実について言えば、「野蛮な」貨幣はこれ〔貨幣に関する集団的現実〕の歴史的一段階あるいは考古学的な一単層をなすのではなく、再発見されるために――われわれにとっては――隠されている一種の恒久的な次元をなしている。

初期の時代に、西欧人とは、主にポルトガルの商人・探検家たち、それから特に西欧では――密貿易の形をとって――スペイン、オランダ、イギリス、フランス、ブランデンブルグ、スウェーデン、デンマークの商人・探検家たちであった。これら西欧人たちは、特許会社を介して〔アフリカに〕既に確立していた非常に複雑な地域間の交換ネットワークに参入しなければならなかった。交換ネットワークが複雑であったのは、局地、地域、そして遠隔地交換が融合していたこと、専門の商人集団が存在したり存在しなかったり、商人集団が地元だったり外国だったり、外国の商人集団が黒人、アラブ人、ユダヤ人、ベルベル人だったりしたことによる。ヨーロッパの商人たちは、利用する貿易港や市場の慣行に従わねばならなかった。彼らは、例えばインド洋のモルジヴ島から輸入したタカラガイを供給することにより、これらの場所に自らを接合していった。モルジヴのタカラガイは、それ以前は特にアンゴラから輸入されていた貝や、人によっては「ハイパーインフレーション」と呼びたくなる現象を引き起こしていた地元の貨幣に取って代わったのである。もともとは、こうした貝殻は、九世紀にエジプトのアラブ人やユダヤ人によって輸入され、主に儀礼的な機能を果たしていた。ポルトガル人の政策も同じで、彼らはコンゴ沖合のルアンダ島を奪うことができず、同じ貝殻をブラジルから輸入した。コンゴでは、貨幣製造に使用されるンジンブという貝殻が採取された。ヨーロッパ人は、アフリカで腰布を獲得し、離れた場所で、自らが求める商品と引き換えに腰布を引き渡した。彼らは需要に応じてアルコール・鉄砲等の新しい商品を導入した。こうして、旧くなったものにせよ、一八世紀末から一九世紀初頭のヨーロッパ諸国間の戦争に使用されたものにせよ、火器の大量な余剰が売りさばかれた。黒人も同様なやり方で流通し、一九世紀に奴隷売買が禁じられると、新しい商品――たいていはパーム油――がそれに取って代わった。

地元の貨幣手段は入植者によって受領されただけではなく、入植者は、偽造したものやその進化形を導入し、それらを貿易の手段として用いた。例えば、ポルトガル人は、ヴェルデ岬諸島でガンビアの腰布の模造品を製造させた。フランス人は、磁器製の偽の貝殻を製造し、スーダンに導入した。もっとも本当のところ、限られた成功しか収めなかった。

太い接管がついたブレスレットの形をした銅と亜鉛の合金でできたオブジェであるつなぎ環《マニル》は、さらに面白い事例である。なぜならこの事例には、ヨーロッパとアフリカの間のある種の文化的往来が、またブレスレットに象徴される（ヨーロッパとアフリカの）同盟の伝統が関係してくるからだ。これらのオブジェは今日、たいていは文鎮にするためにアフリカ旅行者が買っていくものであり、一般的には、古くにアフリカの現地で生産されたものと考えられている。ところが実際は、このオブジェの大部分は、フランス人向けのものはナントで、イギリス人向けのものはバーミンガムで製造されてきた。[26] バーミンガム製のものは、入念に作り上げられた製品と見なされたから、いくつかの場所ではより好まれた。アフリカ人は、音を鳴らしてその品質を耳で確かめる。リトレ辞典はつなぎ環が「ヨーロッパ人が黒人に売りつける大きな銅の輪」であることを示すことにより、この環がヨーロッパ起源であることを証明している。いくつかの資料によれば、ヨーロッパ人とアフリカ人の間の旧い関係において、この環は、奴隷の手首や足首につなぐ枷《かせ》として使用された。金槌で打たれて閉じられた環を二つの端として一本の鎖をつないだものは、奴隷をつなぐことができた。このような当初の使用法は一八世紀末から一九世紀にかけては廃れていた。数十万の環が流出したこの時期、環は地元の貨幣となり、また、共同体の外では、ヨーロッパ人がパーム油の支払いをする手段、そしてアフリカ人がヨーロッパ商品を買う手段となった。

アフリカにおいて西欧人が導入した新しい貨幣諸手段（その中で、ベニスの硝子細工が長い間大きな成功を収めていた）の中で、もちろん硬貨について注目すべきである。[27] しかし、この中央に穴の空いた金属が、人々の自生的な需要をより多く享受したと考える理由は全くない。銀そして何よりも銅が酸化することは、例えば軽くていつまでも白い貝殻と比べたときには特に、硬貨拒否の一因となりえた。

多くの場所で、硬貨は長い間、白人に関連する対象に課された禁忌に服さなければならなかった。例えばこの点について、二〇世紀初頭にマリのアマドゥ・ハンパテ・バは次のように証言している。「白人と彼らの活動――彼らの残したゴミや汚物も含めて――に多かれ少なかれ接触があるすべてのものは、黒人にとってタブーだった。われわれは、それらのものに触れてはならなかったし、見ることも許されなかった」[28]。

しかし、準呪術的なものと見られる諸知識に基づく技術の産物（この場合、その素材と図像の彫り込み）として、そして標準化・階層化された性質を持っていたため、これらの輸入された財は、伝統的な貨幣へ同化することができた。そして、伝統的な貨幣そのものも規範を課されており、製造は秘密にされ、神秘的な起源を持つものとされた。また、地元での流通によっていくつかの硬貨が社会関係の不可欠な要素となった後、硬貨に描かれた主権者が死亡する、あるいは大病を患うというニュースが広がったときに、いくつかの貨幣タイプが拒絶されたことがあった。例えばナイジェリアでは、死亡したビクトリア女王の肖像を描いているイギリスの硬貨において、同様にコンゴでは、一九〇九年以後のレオポルド二世そして一九三四年以後のアルベール一世というベルギーの主権者が描かれているフラン硬貨において、このようなことが見られた。これらの硬貨に描かれている図像は、特別な状況を除いて、地元の文化においては負のシンボルとなりうるもの、入植者にとっては理解し難い拒絶を招きうるものであった。例えば二〇世紀初頭、裸の男性、女性、子供を一人ずつ描いているフランスの五フラン硬貨は、マリのプール族によって裸の三人 (taton taartibe) とあだ名されていた。プール族は、これらの硬貨は呪術的手続きによって製造されていて、その一枚に触れた者は皆、その呪力に捕らえられ、白人の前で裸にされると信じていた。というのも、プール族の象徴界においては、「裸になる」とは「自らの人格とすべての人間的尊厳を奪われ、自らの魂を悪の勢力へ売り渡すこと」[29]を意味するからだ。

海外支店や植民地のヨーロッパ人は長い間、正貨の不足、特に補助硬貨の不足に不満を持っていた。本国の当局は、そのような硬貨の投入が現地でインフレーションをあおる危険があることを口実に、硬貨を植民地に供給することを不要、さらには有害であるとしていた。[30]本国との交易は、独占的商業体制を定めた植民地協定に沿ったものと考えられていた。この協定によれば、植民地は、本国商品の販路であるとされ、本国が必要とする産品・財を供給しなければならなかった。このような従属関係において、鋳造正貨が入り込む場所はなかった。[31]

スペインとポルトガルの硬貨、さらにはイギリスの硬貨は、自国のものではない領土の内部で非常によく普及した[32]。植民地支配の引き継ぎをめぐるエピソードが、そのような硬貨の普及〔の理由〕を説明する。アルベール・デュチェヌは、ダホメのポルトノボを例に挙げている。一八九一年から一八九四年にかけての時期、フランスの行政の下、ダホメではイギリスの伝統が存続しており[33]、この植民地にはイギリスの硬貨が一八九八年まで出回っていた。例えば、フランスの五フラン硬貨は、それが四シリングに相当するという理由から受領されたのだが、購買力が大きすぎたために、現地の人々の間にはほとんど普及しなかった。二フラン、一フラン、そして五〇サンチーム硬貨はイギリスの硬貨の小額分類に全く対応していなかったため、受領もされなかった。イギリス正貨は希少なものとなり、フランス硬貨に対してプレミアムがついた。

現地の社会において硬貨が普及したその度合いは、ヨーロッパの硬貨の輸入、現地の発行の存在、ヨーロッパの硬貨の偽造・複製の度合いによってだけでなく、——現地にこうした種類のものが不在である場合——一領土内で外国の検証刻印が見いだされる頻度、硬貨の細分割によっても測定することができる。そのような間に合わせ的方法は、アフリカにおいてよりもアメリカ大陸、とりわけアンチル諸島でより頻繁に行われていた。アフリカでは、ヨーロッパからもたらされた貨幣的実践が〔現地の文脈に〕統合されることは極めて限られていたようである[34]。セネガルで分割・二重刻印されたグルド（スペインのピアストル）の例を挙げてみよう。クレオール言語は、こうしたグルドの断片を「モコ」（分子）と表現する。しかし、硬貨の普及と地元社会への統合に対する諸制約、硬貨不足に対する入植者たちの不満、そして大部分の場合における現地人の脆弱な需要を理解するには、住民の中の様々な集団がそれぞれ持っていた貨幣の必要性をはっきり区別する必要がある。つまりトゥバブ（toubabs）[35]——入植者、役人、兵士、トゥバブドゥグ（toubabdougou）（トゥバブの村）における交換・取引のために存在するヨーロッパ諸国のエージェントという、植民活動の核をなすごく少数の人々——と彼らを直接に取り巻く黒人と白人との、およびその他の混血の人々がそれぞれ持っていた貨幣の需要、これらの人々と土着民との間の関係において必要とされる貨幣の需要、最後に地元住民同士と、彼らの社会と社会の間での使用のための貨幣需要である。[36]

確かに貨幣の間に合わせ的工夫は、北米の方が著しかった。一七—一八世紀のカナダで支払手段として機能した〔トランプ〕カード断片の公式の使用はあまりにも有名な事例である。[37] しかしこの事実は、そもそもカナダにはずっとより多くのヨーロッパの入植者が存在していたこと、彼らは自分たちが馴れ親しんでいる支払手段である硬貨の不足に直面していたことと関連している。所与の領土の中では、検証刻印は、いわば硬貨を維持する技術であり、そのような支払手段を通じて主権を明確にするものであった。植民地支店を始点とするヨーロッパの硬貨の流通を理解するには、それらの硬貨がヨーロッパの貨幣空間の余白を構成しているという事実と、西欧の貨幣から見て現地人の社会はこれら余白のそのまた余白であるという事実を考慮する必要がある。

硬貨間の交換比率は色の間の関係によって決まっていたために、しばしばヨーロッパ人を驚かせたということを強調しておこう。例えば、王の色である赤色の銅は、白色の銀貨よりも高い評価を受けることができた。ここにわれわれは、特殊な命数法に従う硬貨の下位区分を見るのである。例えば二〇フラン硬貨は、五フラン硬貨の五倍の価値を持ちうる。なぜならここでの命数法は五を起算点にしているからだ。貨幣組織における命数法の地位を具体的に見るためには、このような文化的制約に適応した硬貨や銀行券が今日でも鋳造・発行されている事実に注目すればよいだろう。アフリカ金融共同体（ＣＦＡ）フラン圏では、五、一〇、二五、五〇、一〇〇ＣＦＡフラン硬貨と、二五〇〇フラン券が存在するが、二〇ＣＦＡフラン硬貨や二万フラン券は存在しない。他方で、フランス人は、二〇サンチーム硬貨や二〇フランおよび二〇〇フラン券を使用している。

財のカテゴリーが分断化されていることを考慮して言えば、二種類の硬貨が異なる分断化されたカテゴリーに入れられる場合に、これらの硬貨を両替することは不可能でありうる。一〇〇フラン硬貨は、一〇フラン硬貨一〇枚とは交換できない。また往々にして、一枚の硬貨を約数個に交換するためには交換部面の数に——多かれ少なかれ分断されかつほとんどすべての社会的場に影響が及ぶところの——対応する一連の変換を遂行する必要がある。このようなことは、いわゆる「普遍的な」支払手段、つまり、互いに代替かつ置換可能だと見なされる支払手段が不在の場合、不可能な行為である。

三　植民地化の衝撃

ベルリン条約（一八八五年）を契機に相次いで起こったアフリカ大陸の分割は、アフリカ人とヨーロッパ人との関係において、一つの転回点を示す。

「結果はやはりどこでも同じだった。闘った人々も、降伏した人々も、妥協した人々も、執着し続けた人々も、やがてある日気がついてみると、調査され、分類され、等級に分けられ、レッテルを貼られ、徴兵され、管理されていた。というのも、アフリカにやってきた者たちは、闘うことだけを知っていたのではなかったのだ。彼らは奇妙であった。彼らは効率よく人を殺すことを知っていたが、同じ技術を使って人を治療することも知っていた。彼らは〔アフリカの社会秩序を〕攪乱させたまさにその場所に、新しい秩序をもたらした」[38]。

植民地の勢力は徐々にアフリカの土地を占領し[39]、自らの法を強制し、――一般的には人頭税という直接税の形式による――税徴収を行った。また、商業文化〔を導入し〕、そして旧来の貨幣――伝統的とされる現地の通貨や、他の植民地勢力の硬貨――を禁止することで、現地の貨幣の伝統と衝突した。

ターレルとルピーに法定通用力を与えた一八八五年一一月二一日の条令が一九四三年になって漸く廃止されたソマリア海岸を除いて、フランス領アフリカ全土における強制的な貨幣の統一は、一九〇四年六月一五日と一九一〇年四月二〇日に西アフリカの総督が発した条令によって行われた。この条令は、ピアストルと地金の輸入を禁止するものだった[40]。ナイジェリアを例にとって言えば、イギリスの植民地では、伝統的な現地貨幣は一九〇二年に法定通用力を持たなくなった（つなぎ環に関しては、一九一一年）。タカラガイの輸入は一九〇四年に禁止され、非アフリカ人の間でのつなぎ環の使用は一九一一年に禁止となった。さらに一九〇六年、ナイジェリア鋳造条令によって、アルミニウム製の小さな硬貨の普及が組織的に進められた。一ペニー、半ペニー、四分の一ペニーから成るこれらの硬貨は、一九〇八年にはより重量のある青銅製の硬貨に置き換えられた。これらの諸硬貨、とりわけ〇・一ペニーは、主権者が二〇シリング金貨と二シリングのフロリン銀貨によって満足させられなかった需要に対応するものであった（六ペンスはタカラガイ約二千個に相当した）。

入植者たちが企てた新たな貨幣導入《モネタリザシオン》（この語句は、フランス語圏アフリカにおけるフランスの貨幣化[41]、あるいはより一般的に言って西欧貨幣の貨幣化のことを指す）は、入植者たちの財政政策と強く関連している。この財政政策は、次のような意思と、すなわち住民の生産の一部を商業化するよう、また入植者に植民地化の採算を期待させるような新しい文化または活動に向かうように住民に強制しようとする意思と関連していた。

植民地の軛に拘束され、義務的支払いを定期的に行う習慣を持たない住民によっては、直接税も、強制労働というその特別な形態も理解されなかったことに注意を払わなければならない。ジョーラ族(42)のような社会では、植民地化以前には国家が存在せず、それまでいかなる権力も年貢《トリビュ》や物品税《タクス》を徴収することはなかった。このような社会では、入植者たちが課す直接税《アンポ》は、敗北の代償であると、あるいは歓迎の贈り物であると見なされた可能性がある。いずれの考え方によっても、直接税を支払う義務は一度だけであり、毎年支払う必要はなかった。ゆえにわれわれは、いわゆる「野蛮」と呼ばれるこうした地域で、課税への抵抗が頻繁に起こったことを理解できる。他方で、古代の王国や帝国は、消極的抵抗をしなかったわけではないが、この点に関してずっと従順であったと考えられる。

> 「モシ族の人々は、下品で無駄と思われる労働に抵抗なく身を捧げることを拒んだ。彼らによれば、白人の征服者は、八腕尺から一二腕尺に及ぶ幅の大きな道について次のような話をでっち上げた。すなわち、住民を悩ませ、彼らの白人への従属を証明すること、もっぱらそれだけのために、森を切り開き、人造岩《ロカイユ》に穴を空け、その表面を硬くするために手で固めなければならないのだ、と。モシ族の皇帝たちとその高官たちは、同じ見方を共有していた。彼らは秘密裏に臣民たちに労働を手抜きするように促し

た。工事現場の責任者たちが、住民によって毒を盛られたり、冷酷に撃ち殺されたりすることは珍しくなかった」[43]。

いくつかの地域では、人頭税は「魂の代償」と呼ばれていた。つまり「生存の権利を得るために支払う税」という意味である[44]。

法的な徴税以外にも、アフリカの人々は、植民地のヘルメット〔コルク製の熱帯地方用のヘルメット〕をかぶった使者一人一人に従わなければならなかった。このヘルメットは「宿、食事、瓶ワインを無償で手に入れることができる貴族の紋章であった。お気に召せば、夜の楽しみのためにプロポーションの良い若い娘を手に入れることもできた」。これらの様々な贈り物は、「入植者の存在によって起こりうる不幸を払い除けるための供物」と考えられていた[45]。

初めのうちは、人頭税は、現地で通用する諸貨幣によって徴収された。同様に、一九世紀後半には、フランス人役人の俸給の一部がギニー（青色の綿で編まれた腰布）で支払われている。これは役人たちが、彼らの使用員や現地での支出に関して、ギニーで支払えるようにしていたのである。文書記録によれば、それまで長い間、現地貨幣の使用は禁止されてきた。例えばフランス語の文書ではこの禁止は、一八二五年に遡る。しかし、このような初期の規則は、一九世紀末から二〇世紀初頭の規則とは違って、適用されていなかった。フランスの公共会計は一八九五年八月からつなぎ環を受け取る権利を失ったが、E・ザイが一八九二年に出版した著作では、グラン・バッサム（Grand Bassam）とラヴ（Labou）においてはつなぎ環は二〇サンチームの価値を持つ貨幣であったとされている。同様の制約が一八九八年以降のすべてのフランス植民地で非フランス硬貨に対して、また一八九九年以降のダホメ、一九〇七年以降のスーダンで、タカラガイに対して課された。[46] 一九〇六年以降、カサマンスでは、直接税の支払手段としてコメが認められなくなった。アマドゥ・ハンパテ・バは、一九一六年頃ブルキナファソのドリ地域のトゥアレグ族の首長たちが見せた驚きと怒りについて記述している。この頃、行政区の司令官が、五フラン銀貨で直接税を徴収せよというフランス総督の命令を首長たちに伝えた。通訳はこの時、ブッディ（bouddi）というプール語の単語を用いた。これは五フラン硬貨を表すだけでなく、蒸し焼きの粟のガレットも表す。「首長は、要求されているガレットの見本を一つ見たいと申し出た。司令官は五フラン銀貨を一枚取り出し、通訳に渡した。通訳は硬貨を首長に渡した。首長は硬貨を何度もひっくり返し、じっくり眺め、重さを吟味し、歯で噛んだ。［……］『この銀のガレットはどこで料理されたのだ？』『フランスか？』と首長はあっけにとられた表情で尋ねた。通訳は司令官に、もっともな言い分だとして次のように伝えた。『彼（＝司令官）は私に、フランスで料理された銀のガレットを与えるように要求している。彼自身がフランス人であるにもかかわらず。私はというと、ドリ地方のトゥアレグ人である。この地方では粟のガレットの作り方しか知られていない。通常なら、私の方が司令官に、彼の実家で料理された銀のガレットを私に与えるように頼むところではないか？　その逆はありえない！　もし司令官が、私がフランスに負う直接税を、ラクダ、ダチョウ、牛、羊、山羊、粟、米、牛のバターや鳥で支払うというのであれば、それは可能である。しかし、もし彼が、今見せたフランスで料理されたガレットを与えよというのなら、彼はけんかを売っていることになる』」。[47]

旧来の貨幣の使用禁止（第一次世界大戦後に直接税に関してアフリカで一般的にとられた禁止）に際しては、例えば公共の広場において焼かれたタカラガイを何袋も破壊するという公開の見せ物が挙行された。タカラガイの形で直接税を支払うために汗や血を流した者たちにとって、そして支払わない場合冷酷に罰せられた者たち（時として、納税拒否者の手を切り、焼き串に刺して当局に提出しなければならなかった）にとって、おそらく次のようであったと推測できる。すなわち、彼らには理解に苦しみ不信を催す部分があったか、あるいは、大量の富を乱暴なまでに減価させ、さらには破壊することもできるこれらの支配者たちに彼らが魅せられたかであったということである。多くの場合、財政や商業に関する旧来の貨幣のこのような使用禁止は、憎悪の感情を引き起こしたが、それほどに自分たちの側の貨幣と他方の側の貨幣との間の対立は強かったのである。この対立は例えば、初めの頃は白人の貨幣をトゥアレグ地方ではありふれた一食料品と同じ地位に貶めるという愚弄の行為において、次に、トゥアレグ族の首長の混乱と屈辱において、最後にはアマドゥ・ハンパテ・バが報告するような挑戦（決闘によって紛争を解決するという提案）において見られた。

最も単純な見方によれば、貨幣再導入《レモネタリザシオン》――入植者たちにとっては真正なる貨幣化として考えられていた――は、アフリカで事業を行う商社と直接に共謀している植民地権力にとっての問題であったと考えられる。貨幣の再導入に対する抵抗は、いくつかの市場で一九六五年まで旧来の硬貨が使用されていたことに見られるように、旧来の支払手段を私的関係の中で使用し続けた現地の住民によるものだけではなかった。[48] 抵抗は、現地の支払手段を活用していた商社によってもなされた。一九世紀のヨーロッパの会社で実践されていたように、商社は本国の貨幣単位を表示した自社独自のコインを普及させ、現地の生産物を買い付け、自分たちの製品を売るのに好都合な価格を決定していた。このような自律した実践の最後の具体例は、第一次世界大戦中とそれに続く時期に商工会議所が使用したコインである。「私的な貨幣」と呼ぶには大げさだが、このような貨幣の発行は、事実上、国家の貨幣権力の分裂を表すものである。分裂の理由は、国民貨幣単位の呼称に頼る必要があったこと、そして、植民地支配を受ける人々が、自分がどんな権威に従属しているのか——司令官か、在留者か、はたまた商人か——を理解するのに困難を有していたことにあった。ナイジェリアのイギリス人は一九〇二年につなぎ環の輸入を禁止し、一九一一年になってつなぎ環の法定通用力を停止した。しかし、アフリカ人同士の間でつなぎ環を貨幣使用することの禁止と、大量の回収は、一九四八年一〇月から一九四九年三月の間にかけてようやく行われた。[49] 並行貨幣となったこうした貨幣手段に対するイギリス当局の態度は、フランスの植民地当局の非常に厳格な態度と比べ、かなり寛容なものであった。このようなイギリスの態度は、私的なジュトン〔メダル〕の小額貨幣としての使用というイギリスの伝統に準じていることは疑いない。これは、国家の手によって補助貨幣を流通させるフランスの伝統とは正反対のものである。イギリスの方法は、行政の分権化に基づいており、その結果、旧来の貨幣と入植者の貨幣が非常に長い間共存していたといえる。

紙製の貨幣の影響は、ヨーロッパ人住民以外の間では長い間周辺的なものであり続けた。一九一四—一九一八年の戦争の間、紙幣の普及が見られたが、これは連合国（当時、海の支配権を有していた）の植民地から本国への輸出の増加と、（家族への補償手当による）現地人の部隊の動員とに対応していた。[50] 植民地では当時、硬貨が極端に不足していた。商工会議所と市役所は、公債、厚紙の貨幣ないしジュトンを発行し、また郵便切手に印を押した。[51] しかし、疑いなく、これらの使用は強制的なものであり、範囲も狭かった。なぜなら住民たちは、紙という素材に関して躊躇を示したからである。紙は湿気やシロアリによって破壊されるので、タカラガイ・腰布・金属に適用される従来の保存様式ではもちこたえられない。逆に、数少ないいくつかの地域では、紙幣が積極的に受け入れられた。セネガルの中カサマンス地方のマンデ族商人の事例がそうである。彼らは植民地化の補佐をすることによって富を築いた。あるいは一九二〇年代以降のナイジェリアのある一定の諸地域も例外的な事例である。

硬貨の普及は、両大戦間期に、次のようなものの発展とともに今まで以上に重要なものとなった[52]。すなわち、商業文化と先見の明を持つ現地人社会の発展、旧軍人の俸給の支払いと、新しい商人とりわけシリア＝レバノンの奴隷商人の活動の発展、そして大工事（道路、鉄道）のための森林キャンプに住みながらの運搬仕事という形でなされる強制労働の報酬の発展がそれである。実際は、大部分の人々が、新しい貨幣手段の使用のかなり厳格な分断を実践した。ごく特殊な支出――直接税、教育費、住居移動に関連する支出――なのか、家畜のような伝統的な富への変換なのか、またそれ自身として特殊な分類に入れられるヨーロッパの製品――衣服、動産、食糧、金属具など――の入手なのかによって、新しい貨幣手段の使用制限を厳しくしたり緩めたりした。

西欧の正貨を導入することが困難だった理由としてはまず、アフリカ人から見れば、新しい貨幣の製造は彼らの統制を完全に免れていたのに対して、タカラガイや腰布のような伝統的な貨幣は偽造が困難であったということが挙げられる。外国の貨幣手段についての誤解は、偽造を促進し、不信をあおることにしかならなかった。しかし何よりもまず、支払手段や計算単位は、交換や支払いのための単なる機能的な手段ではないし、そのようなものとして体験されてもいない。支払手段や計算単位は、文化と社会内部の緊張との総体を表現し、また、活性化させるものである。

何よりも、貨幣手段の使用が集団の記憶に埋め込まれていることを強調せねばならない。その結果として、支払手段の廃止は、〔社会における〕参照諸基準の総体を消滅させることにつながる。貨幣単位に関してであれ体積・長さあるいは重量の単位に関してであれ、いかなる直接的な経験とも対応しない新しい計算単位の導入というものは、共通の物差しを攪乱させることによって、環境についての知覚を混乱させる。[53]単純に機能的な側面から言えば、新しい計算単位の使用が、旧来の価値を評価するための困難な切り替えを前提とすることは明白である。例えば、タカラガイや穂の束での計算から、フランによる計算へ移行する難しさについて考えてみる。フランの価値は非常に高く、フランによる計算は多くの状況で全く適合的でなかった。この移行の困難を理解するためには、旧フランが廃止された三〇年以上も後に、(彼らの祖父母がスーで計算し、曾祖父母が持参財産をリーヴルで計算したのと全く同じ)旧フランでいまだに計算を行うフランス人の例を考えてみるだけで十分である。「一つの陶器が、それと同じあるいは半分の体積の小麦または油と交換される」と言うことは、われわれが代価として与えるべきもの、つまりわれわれがその「価値」と呼ぶものを体験し、非常に具体的に表現することを可能にする。価格が対象〔となる品物〕の質に関わる客観的な要素ではなく、また物的な比率において固定しておらず、相手すなわち当事者の相対的な社会的地位によって変わる場合には、価値は他人についての評価となる。伝統的とされる尺度単位は、伝統的諸社会の中の様々な現実に対応している。他方で、一枚のフラン硬貨や、さらには「フラン」という単位は、一見したところいかなる現実にも、つまり、いかなる体験にも結びつかない。確かに十進法システムは、手や足を使って計算することを可能にする。しかし、これは、小数を表すためのコンマもしくは点の使用による複雑さをともなう上に、大多数の人が非識字の世界においては劣った意味しか持たない数字の遊びである。そのような世界ではむしろ、そのまま分割することによって計算することを可能にする六〇、二〇、五、三、あるいは二といった割り切れる単位のほうが大きな意味を持つ。

尺度手段の完全な変更で引き起こされるこのような一般的な影響は、〔社会関係の〕再配置が起こるときの社会政治的な文脈を通じて激化する。

潜在的には、新しい貨幣はより広範な空間において、より多くの人々によって、より多くの頻度をもって、拡大する——社会的な地位・アイデンティティに応じて財や生産資源へのアクセスを決定するところの交換部面は分裂するので——交換の範囲に対して使用される可能性がある。さらに、西欧の正貨は余白〔周辺〕においてなされる活動によって入手される。そのような活動には、例えば女性の庭仕事によって生産される野菜の販売、第二子以下の者たちが従事する採集労働の生産物の販売がある。また例えばジョーラ族の女性は、港や寄港地の荷担ぎ、召使い、さらには売春を通じてお金を手に入れた。入植者たちは、新しい製品を導入し、旧来の交換ネットワークと交換方法を破壊し、そして、現地の住民が入手できないニュースを紹介し、価格と収入の変動を促した。その結果は、不確実性と不安定性が増したこと、またはより正確に言えば、新しい不確実性と不安定性が生まれたことであった。[54]「何と引き換えに、誰と」ということについての旧来の諸制限に、われわれが交換すべき物についての「何と引き換えにどんな相対価格で」ということの不安定性が取って代わる傾向があった。「財産は鼻血のようなものだ。理由もなく現れ、消えていく」とアフリカの諺は言っている。[55] 急激に富を得た者たちに対して、呪術についての弾劾が行われるのはこの文脈においてである。特に、共通の表象体系においては、獲得されたものは、それ以前に他人から奪い取ったものであると考えられるのである。注目すべきは、赤道ギニアのファン族の例である。この部族では、エクウェレ(ekwélé)と呼ばれる伝統的な貨幣は百万まで勘定可能であったが、この数〔百万〕を表すアクル（akuru）という言葉の語源は、「狂気」を意味するアクト（akut）という語であった。つまり、それほど多くの貨幣を所有する者は、狂人あるいは呪術者と見なされるのだ。[56] カメルーンでは、かつても現在も、呪術者によって売り飛ばされたり、働かされたりして姿を消しあるいは死んだ人がいるということが語られている。呪術者は、人々をあの世へ導き、見えざるプランテーションへ連れていくとされ、またそのようなそのプランテーションでは、人々の魂が、呪術者や先祖の霊を豊かにするために働くとされる。これは、植民地主義交易を想像界《リマジネール》〔本書五二八—五二九頁参照〕に投影したものに他ならない。実際に植民地主義交易では、奴隷として売られた人々は、生きては戻れない旅へと出かけた。今日信じられている物語は、これらの呪術者たちが、犠牲者を売却したり、労働させる代価として、自分たちの銀行口座への支払いを受けたというものである。[57] 紙幣を増やすことができる人々の力、そして紙幣の呪いを解いたり紙幣を逃亡の危険から守ったりするための呪術が信じられていることは、支払手段の呪物化《フェティシザシオン》〔ないし物神化〕を表しており、同じ論理の中で理解されねばならない。

旧来の貨幣の廃貨、つまり、旧来の貨幣の貨幣的使用の禁止は、現地の住民たちにとっては、自分たちのパワーの一部が削減されることを意味した。なぜなら、実際には、現地の住民は、旧来の貨幣を一般に私的な使用のために保有していたからだ。そうした使用のうちのいくつかは、今日われわれによって商業的あるいは経済的なものと見なされている。[58] いずれにせよ、旧来の貨幣の廃貨は、ヨーロッパ人によるアフリカ社会の征服の帰結として、そして集団の自由を限定するものとして体験された。

> 「白人たちは、彼らが課す禁忌《タブー》について冗談を言わない。彼らは自分たちの召使いにわれわれのものよりも強力な呪術のかかった媚薬を飲ませ、そのせいで、彼らに仕えるわれわれの仲間は我を失う！われわれの仲間は血のつながり、友情、尊厳を忘れ、今や頭の中にはただ一つの観念しか持っていない。

それは、白人への忠誠を保ち、すべてに逆らって白人に奉仕せよ、ということだ。彼は『私は自分の務めを果たす！　務めを果たす！　私は誰のことも知りはしない！』ということをモットーとするようにしている[59]」。

ある意味、貨幣に関しては、入植者の禁忌と現地住民の禁忌が対称をなしていることによって、現地住民の富がもつ土着的な性格は肯定されるか、あるいは強化されることになる。ところが、外来者たちはまさにこうした現地住民の富を破壊しようとするし、住民たちは自らの富を介して、入植者たちが無理矢理導入する外来の貨幣との対抗において、自らの集団のアイデンティティを明確にしようとしている。

社会内部の枢要な地位へのアクセスを与える地元の富がその相対価値を上昇させることは、植民地状況に対する最初の反応である。もう一つの反応は、貨幣の用途の分断化である。西欧の貨幣手段の用途は多かれ少なかれ禁忌《タブー》とされ、脇のほうに追いやられる。なぜなら西欧の貨幣手段の用途の潜在的な普遍性を認めることは、〔現存の〕貨幣構造を破壊し、社会秩序を侵犯することになるからだ。西欧の貨幣手段が持つ普遍性は、男子と女子の間、長男と次男以下との間、また場合によっては家族諸集団の間の本質的なヒエラルキーを動揺させる。〔具体的に言えば〕こうである。輸出財の相場、したがってまた、生産物や生産活動——白人はその引渡しあるいは従事を奨励したり抑制したりする——の発展によって獲得される資源や富の相場は不安定である。このような不安定に直面して、住民たちは、新しい支払手段——購買力が不安定——を、社会的な支払い（例えば誕生、結婚、葬儀、成人式に際しての支払い、そして政治的な拠出や侮辱・傷害・禁忌侵犯の補償金）から完全にあるいは部分的に排除する。そうすれば、これらの社会関係は、商品経済における〔価格の〕変動の影響を受けない。他方で、労働力・土地・生産手段は、どんなに抵抗しようと、直接的に、ますます商品経済の論理に従うようになる。しかし間接的には、親族・近隣の諸関係、政治的・文化的な同盟も、商品経済の論理の影響を受ける。いくつかの集団においては、社会的支払いの一部に新しい通貨が導入されたが、そのことは、植民地化が導入した異様な世界の中でうまく行動しうる集団・個人の能力が認識されたことを意味する。

　ヨーロッパ人によって行使された貨幣制約は、他者（白人）の富と「われわれ」の富（「われわれ」、アフリカ人の富）との間の対立、切り離しを生み出した。白人が同盟関係にあった他の諸外国人――彼らもしばしば全くの異人《エトランジェ》であった――の中の一外国人にすぎなかった頃は、この切り離しはそれほど強いものではなかった。そのような時代には、白人たちの支払手段は現地の貨幣を代替する意図を全く持たずとも、現地における富の交換・流通の循環に徐々に統合されることができた。そのような時代には、一般化された交換に対する様々な禁忌が存在していた。すなわち、西欧人がいくつかの旧来貨幣や高級財にアクセスすることは、禁止されていた。また、硬貨と紙幣の用途についての分断、あるカテゴリーの財の別のカテゴリーの財に対する分断が存在していた。このような禁止や分断は、ある種の媒介《メディアシオン》として理解されるべきである。位置というものを固定する、すなわち存在と物との相対的な地位を固定すること――これこそが、禁忌《アンテルディ》（inter-dit）――つまり二者の間に挟まれた言葉――という語の第一義的な意味ではないだろうか。

　以上より、われわれは、新しい貨幣手段が統合され、ある種の貨幣の混交が生み出されるためには、新しい社会秩序を定義することが必要であると結論することができる。

四　いわゆる物々交換の経済の発展

旧来の諸手段と諸実践が消滅していく過程は、社会によっては程度の差はあれ、急激に起こった。入植者によるいわゆる「伝統的」貨幣の廃貨は、部分的なものであった。というのも、われわれが既に見てきたように、いわゆる「社会的な」交換については抵抗があったからだ。その結果は、貨幣経済の退行とも言うべきものである。西欧の正貨が不十分であり、支払い用途の仕切り〔ないし分断〕が尊重されていたため「現物での」交換や債務関係――社会的なものも含む――を特徴とするある種の物々交換経済が発展した。

植民地化以前の国家秩序に既に従属していた住民は、一般に、新しい貨幣のより急速でより強い浸透を経験した。おそらくそれは、そうした住民が直接税を支払い、外国人と妥協することに慣れていたからであろう。また、彼らが住む社会の多くでは、ヨーロッパの入植者に従属することは、より強力な別の主権者へと権力を移転することを意味することがあったからであろう。さらには、ヒエラルキーの敗北者たちは、世俗権を新しい征服者に譲る宗教的エリートとして自らを定義することで折り合いをつけることを知っていたからであろう。

二〇世紀半ばの国連の研究によれば[60]、「現物経済」は当時のガーナ（二一％）とベルギー領コンゴ（四四％）では少数派的存在になっていたが、南ローデシアでは五一％を占めており、その他のアフリカ諸国では「依然として」多数派的存在であった。例えばナイジェリアでは五七％、ウガンダでは五九％、フランス領赤道アフリカでは六二％、タンガニーカでは六三％、フランス領西アフリカでは七七％だった。ただし、これらのすべての国・地域の中で地域差はあった。今日「現物による」交換や貸付けは、多くの地域で農村部か都市部かを問わず、「いまだに」実践されている。確かに、アフリカの都市の大部分では、日常的に消費される食料品は普通に販売されており、このような販売方法の様子は、アフリカ都市の近代性と世界の商品化を表現している。しかし、ルアンダ、キンシャサ、ビサウのような事例では、そのような財の大部分が家族の自助的な消費や生産物同士の交換によって入手されている。ギニアビサウの首都に関して言えば、当局は「人民のもの」と呼ばれる商店に物々交換を義務づける支払いを導入した。[61] ザイールでは、ハイパーインフレーションと政治危機が原因で、場所によってはセメント袋がアメリカドルと並んで共通支払手段となった。これらの都市部における諸実践は、欠乏あるいは流通機構の機能不全という状況に対する近代的な対応であることに留意すべきだ。

したがって、物々交換と見なされるものを、前貨幣的な原始段階と理解してはならず、むしろ、植民地状況の貨幣的変容がもたらした結果と理解すべきである。[62] 物々交換のこの形態は、旧来の貨幣手段が廃貨した結果、新しい貨幣手段の代替可能性の度合いが低下した結果、また、交換の循環とシステムが解体し、商品経済的な交換が発展した結果、さらには住民が事実上の新しい貨幣的秩序を創造しようと試みた結果である。植民地当局と入植者たちは、住民の目には禁忌の諸形態として見えるものを通じて、また旧来の貨幣を新しい貨幣で代替しようとする意思を通じて、現地の貨幣を攻撃する一方で、財政的に見て差し障りがあるとき以外は、現物での貨幣システムの発展には多大な寛容を示した。西欧人がそのような現物のシステムを代替的な貨幣実践と見なさずに、近代性と文明化によって徐々に消えていく野蛮で古びた伝統として理解する限りにおいては、そのような現物のシステムは問題にならなかったのである。いくつかの事例では、現地の支払手段の生産が禁止されることから、物々交換は事実上、入植者たちによって奨励された。例えば一九〇五年のコンゴでは、大西洋沿岸で海水蒸留による製塩が禁止され、それ以降、現地の住民は採集したゴムを特約会社に供給することによって輸入塩を入手しなければならなくなった。しかし、物々交換がアフリカの住民内部の関係において広く黙認されていたとしても、植民地当局――特約会社や商社の行き過ぎた活動を抑え、これらの会社が供給をコントロールしている並行貨幣の発展を抑えようとしていた――は、アフリカ人とヨーロッパ人の関係においては正貨を使用することを義務づけていた。いわゆる「物々交換」経済の発展は、その後に近代的な貨幣概念が発展するときの鋳型となる。物々交換のこのような発展は、二つの矛盾し合う精神世界の間における顕著な緊張関係を随伴する。この精神世界を性格づけるのはそれぞれの参照基準、すなわち一方の、現地住民が創発する新しい現地貨幣、他方の、西欧の支払手段である。両者は二つの価値システムを象徴する手段であり、つまり、一方にある伝統的な評価世界と、他方にある経済的価値の近代的世界とを象徴している。

物々交換による交換の発展を植民地化の結果として明確にとらえるために、セネガル南部の低カサマンス地方西部に住むジョーラ族の例を取り上げよう。独立後の最初の数年間は、同地域では、米が主要な支払手段とされていた。当時、米は二つの形態で流通していた。一つには、穂の束（屋根裏部屋に保存される状態のもの）である。これは、贈与の対象となり、限界的にのみ交換や労務の報酬に使用された。もう一つは、脱穀または粉砕された米粒の形態である。これは、通常われわれが「商業《コメルス》」と呼ぶ交換に使用された。

ジョーラの人々は、長い間、ヨーロッパの支払手段と引き換えに、彼らの文化の中心的要素である米を譲渡することを拒否していた。米は販売できなかったが、他の生産物に対して一様な分量で交換されることができた。いくつかの地域では、二〇世紀初頭において、植民地政府は住民に対して、ゴムの製造に使用するつる植物の採取・販売を強制した。以上のことにより、こうした地域の村では米が不足し、その結果、つる植物との交換での米の入手がなされた。マンデ族の商人たちは、（前もって域外で購入した）米を、ゴムに対して体積換算で交換した。彼らはこのようにして、三〇サンチーム相当の米を使って一フラン相当のゴムを手に入れた。この地域の東部では、一九世紀末より落花生が比較的多く栽培された。西部では落花生は一九三〇年代以降にようやく栽培された[63]。一九〇六年の「現物」による直接税支払い禁止から一九四五年まで、落花生を栽培しない地域では、ジョーラ族の人々は、直接税を支払うため、同じ体積の米と落花生を交換し、その後で、直接税支払いに必要な正貨を入手するために、莫大な損失をともないながら落花生を売った。一九世紀末、ジョーラ族の女性たちは、乾季の間（実際は、米の収穫から次の苗移植までの間）、船に荷——特にゴム——を積む港湾労働者として雇われた。彼女らは、会社から砂糖・ガレット・織物（日給は、一メートルのロウム織[64]）で報酬を受け取った。販売される地元の財やサービスも、大量の移民（ジョーラの女性がダカールで成功したのはもっと後のこと）も欠如している場合、米の特殊な地位のゆえに、お金を得る唯一の手段は、米を——米とは違って——「販売可能」と見なされる別の生産物と引き換えることだった。落花生という、アフリカ社会に同化したアメリカ原産の植物が、文化の仲介者の役をここでは担っている。

低カサマンス地方においては、債務関係すなわち（労働の貸付けを含む）あらゆる性質の貸付けが普及した。これは収入受取りの時期と農耕の諸サイクルとに対応することによって、必要な支払手段の量を大幅に縮減することを可能にした。このような債務関係の普及以外に、同地方には、いわゆる物々交換経済の発展の特徴とも言える二つの交換システムが発展した。それは、等量交換と、米の詰まった箱による支払いである。

植民地の「鎮静化」とともに村落間で発展したいわゆる「商業的な」関係は、等量交換経済の発展に貢献した。当時、これらの等量交換は、とりわけ村人同士の関係において、つまり、主にジョーラの人々の間で行われた。等量交換の関係は、村落の生産物の補完性の上に成立しており、戦争の危険を冒さずしては、拒否できないものである。ジョーラの人々の理想は、米の単一生産者であることだが、それはどこでも可能というわけにはいかない。米は交換手段として使用され、そのために、こうした地域における「米貨幣」について語られてきた。交換の尺度はかなり綿密細心に決定される。同じ容器が連続して、まずは米で満たされ、続いて別の液状あるいは固形の生産物（落花生、乾燥牡蠣、生凍あるいは乾燥の魚、ヤシ酒、パーム油、マンゴー、蜂蜜、牛乳、サツマイモなど）で満たされる。古くからの伝統に従えば、もし誰かがある生産物を借りるならば、その人は、後に全く同じ量を返すために、借りる分量を量るのに使われた容器を保管しておかねばならない。一杯の量とは、山盛り一杯のことであり、すり切り一杯のことではない。このようにして、上述の諸生産物は、体積換算され、場合によっては二倍の体積のものと交換される。代償物一つ一つの生産に必要な社会的労働量は、それらの物を評価する参照基準ではないし、それらの物の相対的価値を説明する客観的理由でもない[65]。

これらの生産物のいくつかに関しては、体積に換算してではなく、単位数に換算して取り扱われる場合がある。例えば、その地域（ガンビア北部のセレール・ニオメンカ地方）出身ではなく、一定の季節に限って訪れる漁師には、魚の支払いは穂の束（またはもっと最近では硬貨）で行われ、その価格は固定している。米（あるいはお金）の量は常に同じであるが、魚の数は、その魚の重要性によって変わる。

いわゆる「物々交換」のこうした諸実践は、ギニアビサウ北西部のジョーラ＝フェルプ族の人々の間では、二〇世紀末にも共通して見られる。この地域では、「地元で育てられた米は売り物ではない。地元の米は体積の等価性に基づき地元の生産物と交換できるのみである。体積の等価性についてごまかすものは誰もいない。なぜならこれは、特殊なベーキン（bëkin）、すなわち村の境界にあるウシレー（Usilay）――市場のベーキン〔＝聖域〕――によって担保されているからである。儀礼的な義務（供犠その他）〔の遂行〕がなされるイェイ（iyey）という日がある。六日間の期間中、毎日明け方に、エサナ（Esana）の女性たちと、米と魚を唯一の資源とする南の〔海岸の〕村落からやってくる女性たちとの間で、次のような交換が素早く行われる。すなわち、ヤシ酒およびタバコの葉が魚および小エビと、また、ヤシ酒およびアブラヤシが米と交換される。お金はこの空間から排除されている。米はさらに、大きな家畜と交換され、また場合によっては子供と交換される（しかし、貰われていく子供の出自については何も語られていない）」[66]。

注意しておきたいのは、等量交換は、例外的なものでもなければ、ジョーラ族に典型的に見られるものでもないということである。等量交換はギニアの人々の間ではよく行われ、市場センターを含めてアフリカで見られるその他の事例や、それ以外にも、オセアニアの事例がある。等量交換の様式は非常に柔軟である。なぜなら必ずしも常に等量の交換がなされるとは限らないからだ。都市部の価格に対し、あまりに不均等であることが村落部に知られていることを考慮して、生産物の量を二倍にしたり、籾米を与えたりすることが可能である。体積による交換の実践は、量り売りや山売りの実践と同様に、価格の変動および相対価格の変化を大幅に緩和したり、それらの感応性を低下させたりする。主観的には、「価格が上昇する」ということを考えることは不可能だが、しかし、「同じ価格でより少ない量を手にする」と言うことは可能である。世界相場の変動や、本国価格の変動にともなうショックの直接的あるいは間接的な影響を受ける生産システムや交換システムにおいて、相対価格の急激な変動は一定の攪乱効果を及ぼす。現地の住民は、そのような攪乱効果から自らを守るために、右ような交換様式を発展させたと考えられる。

商店や行商人——一般的にジョーラ地方においては外国人の商人であり、しばしばマンデ族である——への支払いのために、米の壺《ポット》を用いる支払システムが発展した。濃縮トマト缶詰一缶に相当する一〇〔フランの〕ポットと、練乳一缶に相当する二五〔フランの〕壺、これが、一九七〇年代初頭のセネガルで通用していた、電池・マッチ・タバコ・乾パンなどを入手する際の二つの単位であった。このシステムは一九四〇年以前に登場し、一九七〇年代後半に消滅した。これらの缶詰は、ギニア社会全体における陶器・ひょうたん・ひょうたんボール・籠で表される旧来システムに関する諸証言と、また、フラン圏のアフリカ諸国全体における市場センターでの、(重量によるシステムよりもよく見られる)五フランの山のシステムと関連づけられねばならなかった。最初は、大きなサイズの壺は一〇フランに相当するものが一つあるだけだった。次に、一五フランに相当するものができ、それが二五フラン相当のものに移行した。壺は、碾き砕かれた米で満たされ、山盛りに入れると一杯分と見なされた。商人の駆け引きの上手さによっては、盛りを最大限度にすることができた。都市の価格との間には等価関係が成立していた。なぜなら二五フランの壺は、約五百グラムの米を入れることができ、米一キロの価格は一九七一年の都市部では四五から五五フランの間であったからだ。同様に稲の束との等価関係も成立していた。なぜなら一束は、二五フランの壺二杯分に等しかったからである。一〇フランの壺と二五フランの壺を足し合わせることはできなかった。ゆえに、商店や行商人によって売られる生産物はすべて、一〇フラン、二五フラン、あるいは二五フランの倍数だった。このような価格の硬直性は、山売りにおける〔価格〕体系の硬直性と近いものがある。なお、三百立方センチメートルの容量の一〇フラン壺は、五八九立方センチメートルしか入らない二五フラン壺と比べ、比率で見たときより多くの米を入れることができた。一つ一つの壺の山盛り部分を考慮しなければ、一〇フランの壺の貨幣価値に対応するためには、二五フラン壺は七五〇立方センチメートルの容量がなければならないだろう。

われわれはまた、この壺のシステムでは、支払手段と計算単位が分離していたことにも留意すべきだ。価格はフランで表示されたが、支払手段は米だった。

店の中や行商人の周りで使用されたこのような二つのシステムは、米作地域や、落花生等の米以外の商品作物を多く生産していない地域では、一九七〇年代初頭に一層の発展を見た。これらの地域では、現地の住民によって西欧の貨幣が徐々に採用されていく間、米が主に補助貨幣として機能したと考えることができる。

しかし、このような機能的な次元にとどまることはできない。米の箱による支払システムにおけるのと同様、等量交換システムでも、米が交換の主要な媒介物として選ばれていた。なぜなら米は、固有の社会的・文化的・儀礼的な効力を有する生産物であるからだ。そのような米の栽培者たちの宇宙開闢説では、アタ・エミットという神がいて、この神がいなければ雨は降らず、それゆえ米ができないと考えられている。現地の住民による日常的な生活において米の消費は、米を陳腐な生産物とするのでは決してなく、信仰心・共通価値の具象化を可能にする性質を他の何にも増して米に与えるのだ。そのような性質には、取引においてごまかしがあったときに神による抑圧が課されることへの保証も含まれる。われわれは既に、村落の境界に市場のベーキン（聖域）が存在することを述べた。そこでの米は、「集団の自己認識を可能にする集光レンズ」という貨幣の本質的な性質を有するものとして理解されるべきである。特権的な支払手段としての米の使用は、ジョーラ族を他の住民から区別するエンブレムとなっている。この米貨幣と自らを同一化し、ヨーロッパの貨幣と自らを差別化することで、ジョーラという集団は、自らの統一性《ユニテ》を明確に示し、自らの従属状態を否定しようとする。このようにして、植民地化による貨幣的アイデンティティの喪失は、現地における新しい貨幣的秩序の誕生をともなった。交換諸部面の間の分断化の有様は、ジョーラ社会の内と外では異なる。この差異は、とりわけ道徳的価値の違いを表している。例えば米は正貨や銀行券と交換することができない一方で、子供は米と引き換えに貰うことが可能である。

このように宣言されている貨幣の自律性は、より広い世界への挿入が制約されていることにより、限定的なものであり、多分に想像上のものである。同時に、貨幣の代替可能性の拡張への強い圧力とともに、一個の商品経済と言いうるものが発展した。もちろん一般的に言って、〔現地の〕住民は商業化された商品価格決定のメカニズムに対して大きな無理解を示している。より正確には、彼らは、われわれには商業的なものと思われるような交換——何よりもまず物やサービスの価格が中心的な変数ではない社会関係——を構築することによって、西欧的な商業的秩序を逃れている。そこでは、価値および価格に関する二つの見方が衝突する。一方には、価値とは、他人との関係についての評価であり、場合によってはそこから値切り交渉がなされていく、と考える見方がある。他方には、効用・支出労働量・希少性を通じて物が他人との関係を媒介するとして、価値とは物との関係であることを論証することによって価値を客観化する見方がある。

「彼ら〔白人〕はもはや身体を持たない、もはや肉体を持たないのだ。彼らは物に食われたのだ。移動するために、彼らは身体を大きな高速の物体で包む。食べるために、両手と口の間に鉄製の物体を差し挟む[67]」。

商品と貨幣の新しい秩序においては、人格の質に関係なく同一の価格が、交換者同士が潜在的に平等かつ代替可能である世界、つまり経済学の言説をユートピア的な鏡とする世界に烙印を押している。それと同時に、集団的なアイデンティティに対立する新しいアイデンティティの観念が出現する傾向がある。そしてこの個人化の過程、より正確に言えば、人格を新しく定義する過程は、近代的な貨幣諸形態のうちに、購買力——自律的なものと想定される——を行使する能力を発見する。その一方で、「経済的」と言われる契約的な諸関係は、人間同士の本質的な相互依存関係を覆い隠すのだ。

第9章

信頼と貨幣——埋め合わせ・保護・統合の諸紐帯についての心理学

ジャック・ビルスト

現象についての予言とその実現との間には、秘密の紐帯《リヤン》〔＝つながり、絆〕が存在するのだろうか？　ジグムント・フロイトは、『続・精神分析入門講義』第三〇講「夢と心霊術」(trad.fra.Paris, Éditions Gallimard, 1984, 45-79)〔懸田克躬・高橋義孝訳『フロイト著作集　第一巻』人文書院、一九七一年、四〇九—四三二頁〕の中でこの問題について論じている。議論の俎上に載せられるのは、「予知夢」と呼ばれる夢である。フロイトは、欲望の無意識な公式化《フォルミュラシオン》が、どのようにして夢の場面と現象の実現との間に紐帯を作り上げるのかを明らかにしている。一方で、主体は、願望の充足に役立つよう、状況や表象の諸条件を整序していく。ただし、主体は自分がその願望の作者であることを認識していないし、また、知らず知らずのうちに状況や表象の諸条件を整序している。他方で、主体はまさに無意識の欲望を夢に見るわけだが、この夢に対応する公式《フォルミュル》はヴェールの背後に隠れている。よって、実在の出来事と夢との間の対応関係は、もっぱら無意識的な心的因果関係に基づいているとされる。つまり、全く同一の欲望——検閲されながらも自己の成就を求めるところの——が、〔夢と媒介という〕二通りの扮装をまとって表現される。そのからくりはちょうど暗号と同じだと言う。異なる二つの表現をつなぐ対応の紐帯は、二つの表現が同一の欲望との間に持つ関係、二つの表現が共通に担う関係に求められる。

　したがって夢と出来事との間の紐帯は、呪術的なものではなく、心理学的性質のものだとされる。より正確に言うなら、フロイトが問題にしているもの、それは信頼である。

欲望《デジラン》するシステムの平衡を保つには形体の編集《フォルメルモンタージュ》〔本章での forme の語は芸術作品におけるフォルムの意味に用いられており、これに「形体」の訳語を充てた〕が不可欠であるが、そのことが秘密になっていることは、信頼の一部を構成している。実際、主体は、検閲された自己の欲望を抑圧し続けるために、二つの信頼様式を動員している。一方では、事後において、主体は、夢に見た原因を出来事の産出へと結びつける神秘的連鎖に信頼を抱き続ける。主体は、二度と体験できない外的関係を基に信頼を築き上げる。つまり、このように超物理的領域に向けられた信頼は不可侵《アンタンジブル》のものと化しており、今や批判的意識の侵入を完全に免れている。他方では、主体は内的関係への信頼を形成する。内的関係への信頼とは、禁止された欲望を保護《プロテジェ》し、その代わりに、錯覚喚起的な「防御機制《パラド》」を暗号化し、形式化し、心理の舞台に載せようとする主体自身の態度のことである。この場合、非常にリアルな現象学に信頼が置かれる。つまりこの場合の信頼は、別の世界に向けられるものではなく、むしろ今いる場所において、疑惑を招くことなく、巧みな形で満足の希望を表明する技術《アル》なのである。

こういうわけでフロイトは、超常性の用語を用いた思想転移の説明に対して冷笑的でいることができた。要するに彼の言うには、夢の場合がそうであるように、思考の間の紐帯は、具体的思考の暗号化技術による——大いに機能的な——紐帯でしかない。と、ここまでは『講義』の著者は自信にあふれているように見える。

しかしこの第三〇講の叙述は、突然にそのトーンを変える。出し抜けに貨幣が問題にされるのである。まず、「信頼すべき女性」——子供とその母親の事例を分析する精神分析医のこと——が、「もし確認され得るならば、思想転移……に終止符を打つことになるかもしれ」ない「観察」を報告しているとされる。この前置きの後、金貨の循環とともに登場人物の間でなされていくやり取りについて述べられていく。貨幣の次元を突然に持ち出すフロイトは明らかにこの次元の重要性を認めているわけであるが、その点のきちんとした説明はない。フロイトがなぜ貨幣の次元を重視するのかを知るには、テキストを精読しなければならない。

「ある日のこと、分析の時間に母親は、一枚の金貨が幼い頃の場面の一つにおいてある特定の役割を演ずるという話をしました。その直後、彼女が家に帰りますと、彼女の約一〇歳になる男の子が部屋にいる彼女のところへやってきて、『預かっておいて』と一枚の金貨を差し出したのです。彼女は驚いて、どこからそれを手に入れたのかと尋ねました。男の子は誕生日にそれを貰っていたのですが、その子の誕生日は数カ月も前のことであり、なぜその子がよりによって今この金貨のことを思い出したのか、その原因がつかめないのです。母親は、子供を分析してくれているその女医にこの偶然の一致の話をして、子供にあたってみて、この行為の原因を発見してもらいたいと頼みました。しかしその子をいくら分析してみても、何の解決も得られなかったのです。ある日その行為は子供の生活の中に異物のようにまぎれこんだのです。それから二、三週間後、母親は机に向って、分析医からそうするよう勧告されていたので、上述の経験を書きとめていました。そこへ男の子が入ってきて、分析の時間に持って行って、先生に見せたいから金貨を返してくれと言うのです。またしても子供を分析してみましたが、やはりこの願望の場合も手掛りはいっさいつかめずじまいでした。」〔p.79、邦訳四三二頁〕。

ここで講義は突然に打ち切られる。精神分析は、貨幣をめぐるやりとりがどうして分析医、男の子、母親の三者を——表立ったいかなる関係もない所で——風変わりな仕方で接近させたのかを解明できなかった。この講義ではこの失敗が二回にわたって報告されるだけで、それ以外にコメントなどは加えられていない。

フロイトは話の締め括りとして、ぶっきら棒に、かつ何の機転も利かせることなく、「これでわれわれは、われわれの出発点であった精神分析に戻ってきたということになるでしょう」と付け加える。ここから彼の不機嫌ぶりを見て取ることができる。それまで実に入念に読者を批判的推論に慣れさせてきた彼が、ここでは平凡な権威的論法によって話を打ち切っている。そしてここでは精神分析が話題にされているわけであるが、それは、論証の問題点に探りを入れるためではなく、単に、フロイトの選択した逸話が精神分析の場面中のものだったというだけにすぎない。一方の金貨について考えられることと、他方の精神分析医――「信頼すべき女性」――について考えられることとの間に成立する関係について明確なことは何も述べられていない。

われわれは、この突然の打ち切りを一つの兆候と見なしたい。

精神分析の父〔＝フロイト〕が、女性精神分析医への信頼を表明し、金貨の循環をめぐって分析医と一家族の人々という狭い世界の内で起きた「偶然の一致」を報告している以上、おそらく臨床的に意味がある話だったものと思われる。彼は直観的に貨幣的紐帯の複合体をとらえていたようであるが、貨幣的紐帯の正確なメタ心理学的構図を描き出すことなく、そのためであろう、「われわれの出発点であった精神分析に戻る」という、苛立たしいはぐらかしによって推論を結んでしまった。フロイトにしては珍しいこのイデオロギー的な弥縫は、彼が三つのもの、すなわち無意識の欲望の形体化《フォルマリザシオン》という心理の働き、〔欠如《マンク》の〕埋め合わせの拠り所としての信頼の産出、そして安定解としての貨幣の機能、の三者の間に強い関係が存在することに気づいていた表れであろう。しかし、そのような認識を明示するための心理学的分析も貨幣理論も、この時代にはまだ十分に発展していなかった。

この点について前進を試みる時代がやってきた。フロイト自身の註釈から出発しよう。フロイトは、取り巻き－主人公－貨幣を結ぶ複合的な紐帯を結果的にもたらす行為が「ある日子供の生活の中に異物のようにまぎれこんだ」ことを記している。まず、まぎれこみの事実とは何かについて正確に述べておけば、それは、表象の場面に入り込み、そこに修正を加えていくところのリアルな現象であると言える。この現象について何かを述べようとすれば、メタ心理学的な厳密さと精神分析理論とに依拠することが必要となってくる。さもないと、抑圧や無意識の次元は理解されない。しかし、信頼も貨幣も、抑圧されたもの《ルフュレ》への作用に要約されるものではない。そこでわれわれは、参考資料を追加しながら、「信頼喚起の手続きによって欠如を埋め合わせようとすることが、なぜ、貨幣という集合的な紐帯を通じての安定性の追求・獲得へと至るのか」を明らかにしたい。この考察を通じて、なぜ、どのようにして信頼――「まぎれ」こんだ「異物」への反応としての――が主体を貨幣に関わらせるのか、がもっと明確になるはずである。そのとき、貨幣の役割はもっぱら、信頼の支えを提供することに求められるだろう。

一　貨幣と主体

エイゼンシュテイン作の映画『イワン雷帝』の中の二つのエピソードは、主体と社会との間の貨幣的関係という問題についての非常に優れた例解となっている。

映画の冒頭に置かれた第一のエピソードにおいて、監督はもっぱら、観客に霊感を働かせてもらおうと腐心している。皇帝《ツァーリ》のカリスマ、その創造的ほとばしり、その毅然とした態度、そして建設へのその決意。イワンは、力と権限《フォルスプヴォワール》を拡大し、帰属する人民を増やそうとしている。ここで監督は、物語進行当時の人々からの同意と、上映される映画を見る観客大衆からの同意という二重の同意に必要な条件を創り出している。映画の冒頭においては、人物像も筋立てもまだ希薄である。冒頭の戴冠式の場面は信頼を喚起しなければならない。つまり、登場人物と観客からの二重の同意を通じて、「われわれが皇帝《ツァーリ》の権力《プヴォワール》と権威について期待するものを、画面上のイワンは体現している」という確信が早急に生み出され、かつ強化されねばならない。二つの信頼――〔映画の中で〕表明される信頼と映画の美的効果によって上映の場で生み出される信頼――が結合することにより、皇帝《ツァーリ》の権力《ピュイサンス》がリアルに醸し出されてくるのだ。しかしあくまで、ここで追求されているのは、ドラマが展開する場を設定することである。というのも、信頼の強固な資本を利用することができれば、横暴な恐ろしい裏切りへと〔話の〕急展開を図ることができるからである。そのようにしてのみ作品は「進んでいくだろう」。では、エイゼンシュテインはどのような手続きを踏んでいるだろうか?

彼は、貨幣、それも無数の貨幣を登場させる。炎のきらめきと鐘の音、影の明滅と波打つ群衆、それとともに無数の硬貨が登場する。戴冠の瞬間、同族を代表する最も屈強な男たちが持つ二つの大きな聖水盤から、皇帝《ツァーリ》の上に莫大な量の金貨が延々と注がれていく。これこそ、金銭に浸すことによる主権への真の洗礼、同族や人民との紐帯なのである。莫大な量の貨幣が一人一人を全員に結びつけ、全員を卓越した権力に結びつける。ここで「一人一人」とは、登場人物の一人一人であるだけでなく、映画観客の一人一人でもある。「全員」とは、登場人物の全員であるだけでなく、上映会の観客全員でもある。さらに「卓越した権力」とは、代表する《ルプレザンタン》単一の準拠系が彼らのために構築するところの、欠如のリスクを低減させる力の統一体のことである。

抑圧された緊張を解消したいと望む（歴史への、また上映会への）出席者たちにとって、この戴冠式は、それまでに受けた侮辱《アヴァニ》を晴らすものだろうか？（登場人物や映画の観客の心は）欲求不満を鎮める可能性に関して、信頼しうる〔＝確固とした〕期待を抱けるだろうか？ 溢れ落ちる貨幣の光景《スペクタトゥール》は、この人物こそが拠り所なのだという信念をもたらす。今や、この人物の力（この人物に投影される一人一人の力の合成であるところの）に関与する紐帯〔貨幣のこと〕が、この人物の権力を（物語中においても現在においても）非常に強大なものにしている。

第二に、歴史のもっと後の時期、すなわち正統性が危うくなるがまだ暴政が始まっていない時期の場面において、エイゼンシュテインは、貨幣に再び重要な役割を演じさせている。イワンの軍事力の総体を形づくる一つ一つの力の断片を正確に描き出すことが、ここでは追求される。このエピソードにおいては、兵隊が延々と縦列を作って歩いている。兵士たちは、カップの前を通過するとき、そこに一枚ずつ貨幣を置いていく。こうして硬貨が、エンブレム〔＝観念・人・物を表す図案〕的な出席札《ジュトン》としての価値を獲得する。兵士が戦闘から生還する場合には、硬貨の存在理由はなくなる。なぜなら、生きて動く力動的な存在、何らかの形体《フォルム》に還元されない存在は、硬貨の名指し対象ではないからである。しかし逆に兵士が戦死する場合、硬貨は可算的な出席札《ジュトン》へと転化する。生者たちの間にあって、硬貨は、生の空隙《ヴィドゥ》、一個の対象、死んだ兵士を名指しする象徴《サンボル》と化すことになる。

映画の中の以上二つの場面は、形体《フォルム》面においても、つまり絵画的・映画的・音楽的・照明的にも非常に見事な出来映えである。二つの場面は二通りの仕方で観客を引き込んでいく。まず、戴冠式の場面が形体として出現することに感嘆しているうちに、信頼へとつながる歓喜が沸き起こる。観客は戴冠式の優美さに魅了される。主権的権力への参加同意は、観客に直接的接触を提供する。貨幣が流れ落ちるその濃密さと時間的持続は、保護《プロテクシオン》の皮膜と支えを形づくる。

　これに対して、出征の連続場面《シークエンス》においては、硬貨が整然と預けられていく様子の見事さによって、象徴的権力《プヴォワール》についての強力な印象づけがなされている。すなわち、「象徴的権力《プヴォワール》は、触知可能な章標《シーニュ》の存在をもたらすだけでなく、章標不在の空隙《ヴィドゥ》による恐ろしい苦しみももたらす」ことが強く印象づけられるのである。（映画の中の）兵士からも（映画を見る）観客からも、誓い《フォワ》の行為を通じて、信頼しうる〔＝確固とした〕同意が獲得される。誓いの行為とは、生の諸力を相互に結び合わせることによって、いずれ必ずやってくる死の勝利を少しでも先に延ばそうとするものである。預けられる硬貨は一つの狂気である。なぜなら、この章標《シーニュ》は、自らが死の主人に任じられるよう主張するまさにその瞬間に、死を否定しつつ死を告知するのだからだ。ここで信頼を正当化しているもの、それは、希望の動作——章標《シーニュ》は周知の現実〔＝死〕への主体の直面を先延ばしするだろうという希望の動作——が〔兵士たちにおいて〕共通になされていることである。しかし、こうした正当化の理由は隠され続けねばならない。願望の成就は予め禁じられている。希望は空しい。というのも、欲望は抑圧され続け、そこには欠如があり、しかも死が絶えず付きまとっているからだ。人間の構造的不完全性、人間の根本的孤独。

　こうした状況にあって、まさに象徴的紐帯が、欠如に苦しみながら生きる不幸に対する防御機制《パラード》を与えるように見えるとすれば、どちらの側の人（一方の兵士、他方の観客）も安んじて象徴的紐帯への同意を示すだろう。出征の場面では、一片一片の貨幣が象徴的な協約《パクト》を確立していくが、それと同時に、協約の極端な脆弱性も顕わにされていく。なぜなら、この協約《パクト》は純粋な慣行《コンヴァンシオン》でしかないからだ。それは形体的《フォルメル》なものなのである。

エイゼンシュテインの映画の二つの場面を手がかりにすることによって、貨幣に支えられた信頼に関して、二つの次元を容易に区別することができる。同意を集める可能性があるものとして、一方には、取巻き・支柱・権力によって弱さを埋め合わせるという形体化《フォルマリザシオン》があり、他方には、欠如の脅威を先延ばしすること――表明にすぎないが――を可能にする象徴的形体化《フォルマリザシオン》がある。両者は、生きていくために形体《フォルメル》の作用に生を委ねねばならない主体によって発動される二つの心理的な戦略に他ならない。形体《フォルメル》の働きによって、主体は、本来持っている生命の原動力〔＝本能的行動〕を捨てることができる。生の債務の構造をなすものが、ここに見いだされるのではないだろうか？

主体の虚偽

西欧は、唯一の創造神という観念を引き受けるときに、理想とする主体にふさわしい実体を形体化《フォルム》しようとした。形而上学が姿を変えただけの哲学的思考は、創造者の本質的諸性質を実体的な被造物に転移して、被造物に作者的《オトゥル》心性――創造力、言語能力、自らの作品に対する精神的関係――を付与した。哲学の歴史は、主体を神の後見から解放しようとする諸々の試みと対応関係にある。哲学史において語られる主体の像《フィギュル》は、神のそれと対をなすが実質的には下位にあるとされ、少しずつ、イニシアチブの能力、選択における自由、そして自ら被造物を生み出す責任という諸特質を獲得していったとされる。ここで「被造物」とは、表象・行動・生産物・交換のいずれにおいてであるかを問わず、とにかくそこで創造された対象を意味している。要するに、以上のような西欧哲学の主体は、自らの本来的な諸特質に基づいて対象を作り上げるという才能をもった作者《オトゥル》なのである。

欲望の構造に関する人類学的次元の被抑圧者へと逆戻りさせまい、とする強固な防衛のメカニズムが働いた結果であろう、形而上学・哲学の伝統は、主体に芸術家としての像《フィギュル》を与えてきた。幾世紀にもわたって西欧思想は、空しくも、この像《フィギュル》を描き出そうとしてきた。つまり、イデオロギーや各時代の固有特性を投影することによって、芸術家の像《フィギュル》が描き出されてきたのである。西欧思想は少しずつ像《フィギュル》のコレクションを増やしてきた。そうして得られた主体の様々なヴァリアントは、「思考対象として構成された主体」についての一連の西欧思想に対応している。これまで主体とされてきたものは、歴史的情念の対象《オブジェ》であるにすぎない。

だが、西欧思想による主体のとらえ方だと、社会諸制度の現実的な機能を理解することができなくなる。社会制度が、「その創造者が望んだものである」という視点からしか眺められなくなるからである。このとき、社会制度の機能に関する研究は、社会制度が満たすことになる諸欲求を把握し、その目録を作成することに還元されてしまう。制度創発の説明は、考案者を対象とした認知心理学の中に求められるべきだとされる。社会諸制度の作動原理について言えば、それは、欲求についての観念と、創発される制度の特質との間に最適な照応を確立することに還元される。そこでは作者《オトゥル》主体が配点表であると同時に分析対象、つまり裁判官であると同時に訴訟当時者であるから、心理学に閉じ籠もる以外に制度分析のための現実的な手段は存在しないのである。それゆえ、貨幣制度に目を向けるならば、貨幣制度もまた、ある欲求に徐々に応えようとする作者の発明と見なされざるをえなかった。

そこでフロイトの登場となる。フロイトの精神分析の方法と経験は、知の革命をもたらした。主体と対象との関係はひっくり返され、諸制度についての理解や、貨幣の機能についても根本的な修正が加えられた。
もっぱら作者としての立場・能力においてのみとらえられていた主体〔の像〕は、もはや維持しえなくなった。全能の唯一神のモデルから派生した思想・表象・意図・行為の主人〔という主体の像〕は、突如、妄想《キマイラ》と見なされるようになった。「熱意の赴くままに創作し評価する自由を持つ作者」という観念は虚偽でしかなかったこと、しかも制度の理解を誤った道に誘い入れるものであったことが暴露された。かつては、主体を独立の作者と見なす西欧的理念は「神憑り」の代用観念であったし、「制度は、諸々の欲求に応える諸々の有用物――その目録は神話によって与えられる――として意図的に作り出された」とする伝説は感嘆の的であったのだが。

対象の地位に還元された主体

しかし歴史の当初においては、主体の観念は、ずっと後に精神分析が再発見するそれに非常に近いものだった。当時の主体性は、何よりもまず、「偶然の」領域に左右されるものであった。「偶然」とは、「即自的には存在しなかった、付加されたもの」を意味し、現象の出来事的《エヴェヌマンシエル》状況を言い表そうとするカテゴリーもしくは特質である。

つまり、最初に偶有的なものと見なされていた主体が、反転・退行することによって、その後の地位を獲得したのである。主体は、しばしば本質的に安定したものとされ、ある時は肉体的外皮という偶有的部分によってはとらえられない全体性と見なされ、またある時はあらゆる述語規定の発信場所を指し示すものと見なされた。こうして主体というものが結晶化していった。出来事が表象へと翻訳されるとき、表象は出来事に対して、〔出来事が〕責任存在であること、統一された意思であること、〈唯一の創造者〉の似姿であることを求める。そして、言葉や行為に作者が必要とされるとき、作者として主体を指名することがわれわれの習慣となっていった。〔遠近法の〕消失点〔後述参照〕に収斂することがない偶然性と複雑性の不気味さは、意味論的な凝固物《コンクレション》——単なる言説上の像《フィギュル》——に取って代わられた。古典的心理学などで認識の照準点と見なされるのは、結局これ〔主体の意味論的な凝固物〕である。その後、言説対象としての主体については一覧表が作成され、措置が講じられていった。主体は治療の対象となっただけでなく、警察・疫学・社会数学〔＝社会的現象を数学的手法で説明しようとする方法〕の対象にもなった。

神学と哲学の影響がこれに加わる。両者ともに、認知行為以外の場に関連を有する諸々の形体化《フォルマリザシオン》によって、神秘的で還元不可能な価値を主体に注入しようとした。しかし、両者の努力によって主体に付加されたものと言えば、教訓的な人物記が寓話を通じて提供する彩りの外観だけであった。既に英雄、聖者、そして勇敢な兄弟のイメージとの同一視にさらされていた主体であったが、その上にさらに、賢者のイメージが重ねられ、（良き）意識の諸形体《フォルム》が被せられていった。正確に言うと、主体は、道徳の（良き）対象へと転化するために、（良き）意識の理想的手本を模倣しなければならなくなった。

これに政治の技術が加わり、今度は、主権的権威への服従という観点から定義される「個人」が、主体を呑み込んでいく。一人一人の身体に記された隷属化《アセルヴィスマン》の歴史《クロニク》、それこそが主体と見なされるようになる。隷属化の歴史は、主権的パワーの存在を証するとともに、主権的パワーがもつ威厳を高める。こうして、統一的社会体の主権的パワーが承認されるとき、隷属化は臣民＝主体化《アスジェティスマン》へと変異を遂げる。ここで主体は全体性に参加している。主体は、個人としては全体性と距離を保ち続けるけれども、価値において全体性の担い手となっている。王の臣民＝主体は、名誉を得た奴隷となる。この主体は、確かに、価値ヒエラルキーの基盤となる未知なるもの《アンコニュ》に「たまたま」関連しているけれども、既に対象的疎外《オブジェクタル》への下り坂に足を踏み出している。例えば、この主体は聖櫃と同じである。聖者の秘蹟を蔵するとされる聖櫃であるが、神の被造物である信者の次元から見れば、聖櫃は教会の管理に全面的に服している。道徳哲学に登場する自由意思を持つ作者《オトゥル》もまた、創造的思考の特異な源泉であると見なされる一方で、政治警察や社会医学の監視下に置かれている。この作者は、電話盗聴機や保険数理表の対象《オブジェ》としては、もはや主体《スジェ》とは言えない。さらにまた、この作者は、適性、課題解決能力、その他の潜在的発展可能性のストックとして、認知心理学者が実施する検査や評価の対象となる。

以上ざっと挙げた一連の例は、市場と「たまたま」関わり合う者としてしばしば言及される経済人《ホモ・エコノミカス》に通じるものがある。経済人にはその欲望を通じて市場を活気づけてもらいたい、と言われる。ところが、古典派の経済理論は明らかに、主体のこの呪わしい部分――彼らの分析と相容れないところの――を無視した上で、構築されている。古典派の理論は、市場パフォーマンスのこうした蓋然性についてきちんと考察しているだろうか？　否、むしろ古典派の理論は、主体から、市場における主体の規定を、すなわちまさに主体の機能が「偶然的」なものであることを切り離している。しかし、市場における主体は、個人内および個人間の紛争的危機を解決しなければならないし、市場は、主体の危機突入が引き起こす緊張を形体化《フォルマリゼ》してその――部分的・一時的な――解消を図る機会なのである。

イデオロギーの座を形而上学から引き継いだ科学は、概念装置《ユニテ》や、関数の定義がない――しかし科学技術には役立つ――視覚的モデルを次々に生み出してきた。その結果、しばしば科学の歴史においては怪物《モンストル》が創り出されてきた。例えば、社会学的な実体としての「主体」は、諸々のイデオロギーの宣伝者である。また、人口学的サンプルとしての「主体」は、統計的抽象の匿名存在に還元されており、その生活スタイルは数字化されている。あるいはまた、調査対象者としての「主体」は、奇妙なことに、表出不可能なもの——意図と欲望——を世論調査員に告げる。さらに、視聴率自動測定器の対象となる「主体」——「視聴者」よりも聞こえがいい——のサンプル、ターゲット・マーケティングにおける「主体」層《コーホート》がある。最後に、小資産保有者としての「主体」がある。これは、金融商品に引き付けられるカルパントラの寡婦《ヴェヴ・ドゥ・カルパントラ》〔＝金融機関から見て金融商品を容易に売り込むことができる顧客の総称〕のクローンたち、要するにつまり、五〇代主婦の小口ポートフォリオ保有者のすべてを指す。以上のような擬似‐主体がすべて「主体」と呼ばれているのは、言葉の誤った転用にすぎない。これらの物象化は、相互諸関係が心理的に形式化されていく一つの過程が主体であることを見えなくさせてしまう。相互諸関係の心理的形式化がどのように導入され機能しているのかに立ち入らない限り、埋め合わせ・保護・統合の諸次元における信頼および貨幣的紐帯の性質は明らかにならないだろう。

主体の精神分析——表象・関係の諸機能

あらゆる科学的発見と同様、無意識の発見もまた、人間の思考をひっくり返した。想像力がもたらす対症療法《パリヤティフ》は安楽と安心を与えるのだが、無意識の発見により、そうした対症療法《パリヤティフ》は一掃されねばならなかった。その代わりに、無意識と心理現象に関するフロイトの諸発見は、関係・紐帯・欲望を与え、庇護的制度《ソヴガルド》への隷属化の諸形体《フォルム》を与え、現実世界が主体に及ぼす直接的な影響力を考慮に入れる——形而上学や超自然性には依拠しない――諸解釈を与えた。形而上学的思考も呪術的思考も、特定の心的諸次元を選別・分離・利用し、それぞれのやり方で「主体」の概念をそうした心的諸次元に還元しようとしてきた。フロイトの諸発見によって、それら諸次元がどんな役割を演じるかが理解できるようになったのである。逆にまた、現実世界と格闘する主体が現実に機能するための心的諸条件が発見されたことによって、今日、形而上学的・超自然的な拠り所――おそらく貨幣制度もしばしばこれに含まれる――が人間において果たしている役割も明らかになってきた。

フロイトの精神分析は、「どのようにして主体は、相反し合う心的表象諸様式の間の力動的な関係の関数であるのか」、また、「どのようにして諸制度は、制度的地位・役割・扮装といった諸形体《フォルム》の下で主体を永続させる――少なくともその持続と広がりを強める――条件となるのか」を明らかにした。

自然は人間に対して、個体の生存と世界との間の紐帯を確保するのに不可欠な本能的編集《モンタージュ》〔の能力〕を与えなかった。そのため人間は、現実界《ルレエル》が自分にとって苛酷なものであることを思い知らされた。フロイトの精神分析は、心の機能に関するメタ心理学的モデルを用いることによって、そのような人間に不可欠な心的・無意識的な紐帯が形成され機能するための諸条件を解明した。それまでそうした条件は知られてこなかったのだ。本能を欠く人間は、自分の生そのものとの紐帯を欠いている。人々がいること《プレザンス》にあまりにも無関心な現実界に立ち向かうには、保護《プロテクシオン》が必要不可欠である。フロイトの精神分析は、現実の暴力からの庇護《ソヴガルド》としての心的な関係的諸機能に着目し、その性質を明らかにした。その結果、なぜ諸制度――おそらくその一つが貨幣である――がそのような保護《プロテクシオン》の本質的役割に対応していると言えるのかが把握された。居心地悪い世界からの暴力を避け、何らかの休息所に確かな拠り所を見いだそうとして不断になされる努力――その形体的な痕跡《トラス》は心に残される——の中から、フロイトの主体は現れてくる。

悲嘆に対抗する拠り所としての心理現象の起源と役割

主体機能が行使される出発点となるのは、特殊な早産〔によって生まれてきたとき〕である。人間の子供は、妊娠九カ月終わりに達して誕生したときでも、早産《プレマチュレ》＝未熟である。その運動神経系はまだ完成していない。人間の子供の運動神経系は機能的《フォンクシオネル》ではなく、それゆえ実用的《オペラシオネル》でもない〔次の段落を参照〕。他の動物であれば、本能的な自動的行動《オトマティスム》によって、直ちに自己の生存を確保し、そのまま生き続けていくことができる。しかし人間にはそのような自動的行動《オトマティスム》はおよそ欠如しているから、乳児は、自己の欲求を満たす物に直ちにアクセスすることができない。乳児の運動神経系は、自らの平衡回復手段を備えていないのである。その結果として、誰もがよく知るように、人間の子供には、生き延びて自己の欲求を満たしていくために、他の人々の支配下に身を委ねねばならない絶対的必然性がある。その従属の期間は長く続いていく。

同じように子供の成育期間が非常に長い他の高等動物と比べても、人間の大人が未熟な子供に対して行う介入には、本質的に重要な差異が見られる。大人の介入は、総じて象徴的な方法を通じて行われ、その中では動作は最小限にしか用いられない。つまり、動作だけでなく言葉によっても、援助と仲介がなされる。確かに、乳児は意味のシャワーを浴びせられても、直ちにそれを理解できるわけではない。しかし意味のシャワーは、行為《アクト》と言葉《パロル》に同等の権力《プヴォワール》を与えることによって、生理的欲求が起きたときの不快感に変化をもたらす。こうして人間の未熟な子供は、他人の動作とともに場面の意味をも動員するという二重の方法を用いて、自らの欲求を満たしうる対象と関係を持つ。それゆえ、人生が始まるとすぐに、動作《アクシオン》と語《モ》という二重権力《プヴォワール》への依存、つまり諸動作の意味への依存が確立され、これが世界と関係を結ぶときの基礎となっていく。現実界の無関心を知らされた存在にとって、意味への依存は、死を免れるのに不可欠な後ろ盾である。ここに主体の出番がある。主体という自己準拠のエンジンは、現実界にさらされる車体に、拠り所となる意味、埋め合わせの紐帯、安定化の形体《フォルム》を伝達していく。動物の子供も、人間が繰り出す言葉のシャワーを浴びて育てられるけれども、こうしたものを築き上げクラッチで接続するところまではいかない。家畜は主体の機能をついぞ手に入れない。

　このような根本的な依存こそ、各文化に固有な、多様な意味作用《シニフィカシオン》体系に興味を持つ人類学者・民族学者が探究しようとするものに他ならない。期待に応え、困難を解決し、満足の対象となりうる拠り所をわれわれは求める。現実界のいかなる標識《サヤンス》〔＝周囲から突出して認知される物〕によっても、諸物の間のいかなる差異によっても、そのような拠り所となる象徴的な区別は提供されうる。要するに、本能が無意識に働くように成熟していない以上、現実界には満足の対象は見いだされない。その代わりに現実界は差異の宝庫（光と音の周波数の多様性、触覚と固有受容の多様性、等）であり、人間においては、それら諸差異が、代用的な諸対象それぞれに位置を与える象徴の働き（対立の原理）によって活用されていく。こうして霊気《プシュケ》が生み出される。

　他人の動作や言葉《パロル》による援助的な介入を通じて浮かび上がってくる何らかの差異は、欲求の平衡を回復させるための一つの解となりうる。心の痕跡《マルク》には、それと結びついた不快／快の変換が記憶されている。心の痕跡《マルク》は、緊張を解消させた解を表象するものであるが、新たな欲求による次の緊張に際しては、今度は満足の表象として再登場する。このようにして想像界《リマジネール》が生み出される。有機体の内に生じるあらゆる緊張的な差異（欲求）は、（満足の本能的自動性の代わりに）自動的に現実界から標識《サヤンス》を引き寄せる。標識《サヤンス》が満足のおとりとなることによって、不快が快に変換される。この疑似餌《ルアー》の働きの延長線上にあるのが夢や幻覚であり、そこではイメージ〔ないし心像〕が、現実界においては欲求と全く関係がない諸差異を登場させることによって、満足獲得の拠り所として立ち現れる。夢や幻覚がおとりを与えるとき、複合性《コンプレクシテ》という一次過程の法則が働くおかげで、一時的な平穏がもたらされる。以上のことから、心理現象は疑似餌《ルアー》の表象体系として生じるのだと言える。

こういうわけで、緊張を低減させようとする人間の子供は、心の働きが持つ解決能力と、そしてまた他人の援助が持つ解決能力を信じざるをえない。かなり早いうちから、人間の子供は、心理現象の効果に自己を委ねる。それは、子供の精神《マンタル》作用による効果であるし、また他人が子供に介入して救い出すときにもたらされる意味《サンス》による効果でもある。その上にまた、安全確保《セキュリテ》を約束する（象徴的）支援の動作・言葉が他人から子供に提供されることによって、一つの想像的《イマジネール》世界を構成する諸イメージには多大な権力《プヴォワール》が付与される。

主体と社会の敵対性を覆い隠す自我統一という神秘化

妊娠の最終数カ月の胎児、生後六カ月までの乳児は、世界から刺激を受け取る。彼らはまず世界に反応し、次に世界を知覚し、そして世界を記憶する。これに対して、今日意見の一致が見られるように、身体とその鏡像との間に等式が成立するには、生後六〜八カ月を待たねばならないと考えられる。この同一化は、周囲からの語りかけによって強化されるので、むしろ、共有されている象徴的意味作用《シニフィカシオン》のネットワークに挿入されているとも言える。この同一化こそが、〈自我（Soi）〉の統一《ユニテ》と呼ばれるものである。

したがって〈自我〉は現実的なものではなく、鏡像であり、集団の言説の上に築き上げられる像《フィギュール》なのである。それゆえまた、イメージや象徴としての〈自我〉は、純粋な心理現象であり、共同体のコミュニケーションを通じて形成される統一体＝単位《ユニテ》である。〈自我〉は、皆がそれに与える形体《フォルム》より他には一貫性を持ってはいない。〈自我〉は基準単位《ユニテ》であり〔次の段落を参照〕、主体と集団にそれぞれの自己表象を与える。主体にとっては、〈自我〉とは常に、自らの身体イメージから汲み出される自己愛的《ナルシシック》な諸特質によって覆い隠された秘密であるだろう。他人にとってはまた、〈自我〉とは、作者《オトゥル》という物象化によって覆い隠された秘密であるだろう。〈自我〉は、子供とその周囲の者に統一的な基準を提供することによって、本能不在が引き起こす空隙《ヴィドゥ》を覆い隠すための、それゆえ欲求に対処するための拠り所となる。そのようなものとして、〈自我〉はたちまちに重きをなしていく。〈自我〉についての評価は、イメージの得点表《バレム》によってなされ、主体は、得点表の上での利得と損失の差引残高をバランスさせようとする。集団の場合には、〈われわれ〉についての評価が、共通の得点表に準拠してなされる。諸主体は、自分たちのために意味を産出してくれる〈われわれ〉の能力を当てにして、〈われわれ〉に自分たちの自由を譲渡＝疎外《アリエネ》する。その際、諸主体は常に、集団的安全保障《セキュリテ》の利益を得点表から計算することができる。〈自我〉への信頼、〈われわれ〉への信頼は、他者〔小文字の他者〕の諸形体《フォルム》を通じた満足獲得の期待と対応している。

主体〔というエンジン〕は、他人への依存の下で、また心理現象への疎外の中で作動する。しかし、しばしば主体は、欠如している現実界《ルレエル》の代わりに不断に新たな紐帯を作り上げていくことに疲れてしまう。その場合、主体は、安定のための束の間の休息を求め、〈自我〉の保護的権力《プヴォワール》に身を委ねる。主体は、他者依存の安全保障《セキュリテ》がもたらす安らぎを満喫するだけでなく、自ら進んで〈自我〉による――自身への――権力〔行使〕に身を委ねる。主体は、自分と同じ心的代表《ルプレザンタン》〔欲動刺激が心的装置において表現されたものをフロイトはこう呼んだ〕

を持つ――かつ持たない――この〔〈自我〉という〕他者《オトル》そのものに疎外され、〈自我〉との間《あいだ》に隷属の紐帯を築き上げる。この紐帯は、見いだされる途端に見失われるが、他方でまた、放棄されることになったときに自らを準拠的統一体＝単位《ユニテ》として差し出す。〈自我〉は共通の度量基準であり、ここで「共通」とは、正反対の価値に共通という意味である。〈自我〉は、対応の心像《イマージュ》および記号であるとともに、実際には分離と失敗の心像《イマージュ》および記号でもある。そのようなものとしての〈自我〉は可算的な統一体＝単位《ユニテ》ではあっても、貨幣的な統一体＝単位《ユニテ》ではない。〈自我〉は、現実界を介入させる代わりに、統一体《ユニテ》の幻影を維持するために現実界を排除する。このとき、〈自我〉は、融即《パルティシパシオン》による統一を生み出す代わりに、もっぱら次のような経験を生み出す。すなわち、神秘的な統一体に見えるものを構成する下位諸部分〔＝主体と〈自我〉〕の間には大きな裂け目があるということの経験である。

主体の機能をこのような統一体《ユニテ》の疑似餌《ルアー》へと誘導・捕獲することは、明らかにかなり魅力的である。身体は最終的には諸心像・諸象徴と実在的に結合されている、という幻想は人を魅了するのである。しかし、自己愛的な全身像、言説的諸形象《フィギュル》の沈殿物《プレシピテ》、作者《オトゥル》の伝説は、主体に被嚢《ひのう》化の危険を負わせる。この危険が無視しえないのは、社会的側面つまり統一体《ユニテ》のダイナミクスが、羅列《ジュクスタポジシオン》の戦略によって無視され易い傾向があるからである。社会的紐帯を「〈自我〉と〈自我〉をつなぐもの」と見なす幻想は心地よいものであるし、また、社会の〈全体〉を「社会の作者による付け足し」と見なす怠慢には一定の利益がある。

これらのケースは、〈自我〉においては、「もはやリスクが存在しない」ことがリスクなのだということをわれわれに教えている。リスク不在の幻想が生じるのは、すべての〈自我〉が想像力開花の賜物にすぎないからである。〈全体〉の統一体への〈自我〉の準拠には、〈全体〉の諸部分〔＝主体と〈自我〉〕が〈全体〉との間に保っている関係は決して含意されていない。ところが、〈全体〉に対する諸部分の関係が考慮されるや否や、現実界の存在が導入される。このとき、解決の約束についての心地よい幻想は破壊される。

貨幣的紐帯の発見法

精神分析は、貨幣対象《オブジェ》について何も独自なことを語らない。それと言うのも、貨幣対象は、例えば乳房・糞便・ペニスのような幻影的な対象とは違うものだからである。これらの幻影的対象は、欲求を満たす現実の対象が不在・欠如しているために、それに代位する役割を果たすイメージとして心の中で作り出される。これに対してわれわれは、〔神に見放された〕孤独《デレリクシオン》に対抗する主観的拠り所というカテゴリーの中に、貨幣を置きたいと思う。そして、本能的紐帯の機能を代位する時空の形体的《フォルメル》関係を——不在の本能に代わって——組織化する信頼の過程として、貨幣を位置づけたい。こうすることで精神分析は、貨幣——今や非心理的なものである——を期待安定化の機能においてとらえることができる。すなわち、現実界の暴力からの保護についての期待を安定させる働きが、貨幣に見いだされていくのである。

主体の側について見ると、信頼においては否認の戦略《メコネサンス》〔＝はっきりと言えないことを否定形で語ること〕が行使される。〔「否認の戦略」と言っても〕むしろそれによって目指されるのは、未知のものについての知識を増やすことである。つまり、〔対象の〕持てる諸力《フォルス》を動員しようという見通しの下に未知の対象《オブジェ》＝客体が位置づけられることは、主体を可能にする条件である。未知の対象を発見しようとする認識論的な欲動《ピュルシオン》は、ありきたりのものを次々に押し退けようとする。ちょうど研究者の動機づけ／原動力がまさにそうしたものである。研究者は、無意識に知っているものから逃れるために、科学的思考を働かせる長い旅に出て、その中で探索対象を発見しなければならない。

ところが信頼においてはまた、将来発見されるべきものとして投影された対象をこのように象徴的に産出することと以外に、別の主体形成の諸形体も動員される。信頼に動員されるものを適切に把握するには、いわゆるエナクション〔＝行為からの産出〕理論に依拠することが有用であると思われる。この理論は、フランシスコ・ヴァレラが象徴的領域以外の認知領域の研究方法として提示し（例えば、*Autonomie et connaissance ; essai sur le vivant*, Paris, Éd. du Seuil, 1989、あるいは Varela et coll *L'Inscription corporelle de l'esprit, sciences cognitive et experience humaine*, Paris, Éd. du Seuil, 1993を参照）、われわれ自身によってより臨床的な方法へと拡張されたものである（例えば、拙著 « Conribution transdisciplinaire au modèle de l'émergence par énaction », *in Transdisciplines*, Revue d'Épistémologie critique, L'Harmattan, Paris, 1/2, 1996, 59-96を参照）。おそらくは、この理論に照らすことにより、機能——対象ではなく——としての貨幣に対する〔信頼の〕関係がはっきりと浮かび上がるだろう。

それと言うのも、貨幣への信頼、また貨幣を通じた信頼についての研究においては、プラクセオロジー〔実践理論〕に従わなければならない、つまり対象のアプリオリ性を仮定してはならないからである。

貨幣の信頼を分析・説明する以前に、まずその形体的《フォルメル》創発に着目するためには、貨幣信頼のポイエティーク〔＝制作論〕をもっとよく知る必要がある。貨幣の信頼がムードやスタイルに依存しているとするならば、また個人内部や個人間の絆《リヤン》が微力であるとするならば、さらに金融の時空間が持つ広がりが物理的なものでも時間的なものでもなく厚み〔ないし奥行き〕を意味するとするならば、最後に貨幣の保証《ギャランティ》が真正なる接触——現実界との衝突でも象徴の供託でもなしに順応の模索（ここから、〈全体性《トタリテ》〉を共有・構築することによる安全保障《セキュリテ》が現れてくる）であるだろう――に依存しているとするならば、貨幣の現象学を単なる対象関係――知覚対象か表象対象かを問わず――に還元してしまうことはできない。

債務と保証《ギャランティ》という人類学的紐帯の、貨幣による現実化

支払いの機能においてとらえられた流通貨幣は、主体において、債務の紐帯と保証《ギャランティ》の紐帯という二重の経験を活性化させていることがわかる。

まず債務の紐帯においては、貨幣は、私的諸表象の間の接合に関与する。この接合は、根本的な欠陥（本能の欠如）を乗り越えるために、現実界《ルレエル》との親密な紐帯の装置を創造し直す。このような紐帯の再創造は、（理想化された個人と「不可分な」）完全性が再建される地平においてなされる。投影されている主体の全体――「個人」という語で表されるものであるが、本来的欠陥の現実的克服は不可能であるためあくまで「投影」にとどまる――は、主体が欠陥を相殺するために到達しようとする動かざる点《コンスタント》である。主体による欠陥の相殺は、代用素材との間に人工装置的な紐帯を作り上げることを通じて、調整《レギュラシオン》（システムの恒常性《ホメオスタシス》の追求）を図るというものである。この心理的主体は、最初《イニシャル》からある債務という観念を獲得する。最初《イニシャル》の（完全性との間の）距離についての想像的な解釈は、不足《フォトゥ》・買い戻し・再－確立《ルフォンダシオン》を予想する可能性、そして（距離を）埋める《ラトラパジュ》ことを追求する可能性を与える。自己保存本能を欠き早産で出現した人間にとって、人類学的な債務を認知《ルコネサンス》することは、再生《ルネサンス》を意味する。動物的生存との現実的な紐帯は不在であっても、債務を認知することによって、支払いの可能性、それゆえ生の可能性が開かれるのである。

次に保証《ギャランティ》の紐帯においては、貨幣は、価値においてヒエラルキー化された社会的諸表象の間の接合に関与

する。この接合は、現実界との社会的紐帯の装置を生み出す。創造された社会的紐帯の装置は、共同体を形成し、一人一人および全員を保護する。そうしてついには、市民共同体的《ソシエタル》全体の投影が作り上げられるに至る。社会についての全体論的《オリスト》な概念——〈他者〉〔＝大文字の他者〕——が欠如している今日、われわれは市民共同体的全体を追い求める。限られた場所、限られた期間においてではあるが、集合的なものとしての〈他者〉によって確保されるところの、現実的なものの突然の贈与は、欠陥〔＝本能の欠如のこと〕による苦しみを鎮める。つまりこの贈与は、共同体およびその成員諸個人が負う根源的な債務を、一時的に消滅させる。債務消滅を保証するのは、現実界との——再び見いだされた——接触であり、それゆえ真正な仕事《アフェール》である（フランク語の **warjan**〔「守る」の意〕を参照）。債務消滅の保証は、その社会における〈全体の他者〉の御手に委ねられている。〈全体の他者〉は、各主体の個別的な投影の中で主体一人一人を代表する能力と、全員の投影としての社会を代表する能力とを併せ持っている。

　この主権的な〈他者〉は、現実《レエル》の贈与——債務の絶対的な清算であろうとするところの——を提供し、鎮静化作用のある絆を動員する能力を有する。その結果、この〈他者〉は権威を有するようになる。なぜなら、この他者は、この他者にしか与えることができない現象の唯一の作者であるからだ。この現象〔＝債務の清算、欠陥による苦しみの鎮静化〕は、一回につき一人に対して実現されるが、順次的には全員に対して実現されていくから、結果としてフロー〔＝流れ、または流れる物〕の運動が引き起こされるのである。こうして解決の提供と欠陥の再出現とが流通していく。主権的な〈他者〉すなわち保証の権威によって起動・継続していくもの、それは、債務の流通と、債務消滅への希望である。主権的な〈他者〉は、現実との接触を提供することによって債務に現実的な終了をもたらすと、突然に活動停止する。しかしその結果、主権的な〈他者〉と理想的なもの（〈他者〉は投影の中の〈全体〉でしかない）との間の距離はむしろ再び大きくなる。それゆえ〈他者〉の運動は、欠如の存在を証明することと、それを埋め合わせるための動員を約束すること――孤独に対する保険《アシュランス》――から成る保証の運動に対応している。

債務の運動は、一人（の個人）が毎回行う投影を、主体内および主体間において主権の権威と結びつける。この運動は二重の保証効果を持っている。

（一）第一の保証効果は、主体が、自身の欠陥を均そうとする心的努力の中で、権威の保護によって安定を獲得するというものである。権威の保護により、主体は密かに現実界と結びつき、自らの存在《エートル》の欠如を幾分かは和らげることができる。

（二）第二の保証効果は共同体レベルのものである。すなわち、共同体は、その欲求に適合的でない現実に代えて保証の権威的関係を生み出す能力を、どのようにすれば保有・発揮できるかを知っている。

既に知られているように、この二重の保証効果は権力《プヴォワール》の戦略から派生しうるものではない。この効果は、言葉の強い意味において、権威への諸主体の同意を要求する。諸個人は、個人レベルにおいてであれ共同体次元においてであれ、保護を受けるために自らを〈他者〉に捧げる。主権の保証は布告されるものではない。むしろそれは、諸主体と彼らの社会的投影との間で相互的な構造化がなされる結果としてもたらされる。主権の保証とは、「主体から剥奪されているものが市民共同体的な《ソシエタル》〈大いなる者〉――文化共同体の基礎をなすところの――において取り戻されるだろう」ということの表明に他ならない。

二　貨幣と全体性

以上からわかるように、紐帯・債務・保証構築の複合体にアプローチする人類学の方法は、貨幣を、商品の運搬よりも扱い易く便利なもの、商品交換の単なる象徴的手段にすぎないものへと還元しようとする貨幣観に背を向けている。この貨幣観に立つ場合には、洗練化された金融の方式が普及する現代にあっては、貨幣は価格標準の世界システムに還元されるものととらえられてしまう。

希望と霊的紐帯

これまで述べてきたことに照らして、われわれは以下のように主張することができる。すなわち、貨幣が商業的行為の中に姿を現すのは、対象の交換を容易にする技術としてではない。商業的行為が社会の建設や共有価値の産出といった積極的な意味を持つためには、「社会は自己自身とその全体性〔＝社会的全体性〕に準拠することが不可欠である」ということが、交換対象に即して示されねばならない。そのための機会として貨幣は姿を現すのだ。交換対象の「背後には」共同体の「霊＝精神《エスプリ》」があるということは、貨幣を通じて明白になる。なぜなら、貨幣は、個人的全体と社会的全体という二つの理想のうちのいずれの理想との間の紐帯としても現れるからである。個人的全体と社会的全体は、現実的なものの二つの媒介者《ヴェクトゥル》であり、どちらも、その都度再構成されねばならないとされ、それでいて永続的な保証も請け合わねばならないとされる。

このとき貨幣は、（私的《エンティム》〔＝親密な〕次元および集団的次元という二重の次元における）主体のダイナミクスに対して、強力なテコの役割を果たす。どんな貨幣の形態が用いられるのかを問わず――また金銭を与えるか受け取るかを問わず――、貨幣での支払いを通じて、主体機能は〔本能欠如の苦しみを〕鎮静化する機会を見いだす。鎮静化の機会、それはすなわち、現実《レエル》〔の不足〕を埋め合わせ、主権からの幸運な贈与に与るという相殺の経験をする機会である。貨幣は、一方で、現実界の経験を主体に提供し、他方で間接的に、保証の主権的な統一体《ユニテ》へと主体を統合する。こうして、貨幣の下で主体は平衡化を獲得する。貨幣債務の決済または再形成――支払いの額だけ貨幣フローは拡大する――がなされる都度、個人的主体および社会的主体の目の前には、生物的な現実との失われた紐帯を復興させる主権的・理想的なパワーが立ち現れる。

貨幣は、大いに人間的な、希望の様式である。ここで話題にしたいものは、「欠如を埋め合わせる補完的対象を貨幣の媒介によって獲得したい」という単純な希望（これをかなえることができるのは貨幣というよりも、富である）ではない。追加的な富の獲得手段という観点からは、貨幣は重要ではない。「希望」という言葉で強調したいのは、（債務変換の）不履行の解消を可能にするためには、信頼――すなわち私的《エンティム》でありながら霊《エスプリ》＝精神の共同体に共有されている確信――を関与させることが絶対に必要だということである。われわれは既に、少々誇張しながら、買い戻し――単なる購入とは違うところの――や救済――未払残高を大きく上回るところの――という人類学上の論点にどのようにして貨幣が関与してくると言えるのかを述べた。個人や社会の統合の要素としての貨幣の機能は、孤独《デレリクシオン》に対抗する主権的保証を確保することによって、商品交換に希望のダイナミクスを与えることにある。このダイナミクスこそ、先にわれわれが敢えて「貨幣の霊《エスプリ》＝精神」と呼んだものである。

「霊《エスプリ》＝精神」について語るには、単なる精神的《マンタル》なものの域を超えることが要求される。精神的《マンタル》なものの範囲にとどまる場合、何よりもまず——そしてしばしばもっぱら——、抽象的な諸表象がどのように記録・分類・結合・再生されるかという観点から、心理現象が考察されることとなる。扱われる心理現象は、感覚－運動系の情報を整理して思考のアルゴリズムを作成するための、認知活動や象徴操作に限られる。それに対して霊《エスプリ》＝精神は、霊《プシュケ》（psukhê）の接頭辞であるpsuのギリシャ語語源が指示するもの、すなわち霊気《スフル》、繊細な魂《アーム》の動きに近い意味を持つ言葉である。

霊的なもの《スピリチュエル》には、精神的なもの《マンタル》には見いだされない感覚的次元の負荷が加えられている。つまり、象徴的媒介や知的抽象化に近い用語である「心性《マンタリテ》」には含意されない崇高な諸審級が存在しているのであり、霊的なもの《スピリチュエル》は、そうした諸審級と融即的《パルティシパティフ》に接触し、緊密な関係を取り結んでいる。そうした繊細な力動性《ディナミーク》が、霊的なもの《スピリチュエル》には包み込まれているのだ。であるからして、ある領域にたまたま所属しているとか、ある行為主体との同一性がたまたま認められるということだけからは派生しないものを、心性《マンタリテ》との区別において言い表そうとするとき、宗教的魂《エスプリ》、労働魂《エスプリ》、あるいは創作・スポーツ・教育等の魂《エスプリ》という表現が用いられるのである。これらの表現は、共同体の力動的《ディナミーク》統一体——知覚対象《ペルセプト》や象徴を通じて以外の仕方で所在確認されるところの——に帰属する一人もしくは複数の個人が、その帰属をどのような洗練・ムード・雰囲気において経験するのかを言い表そうとしている。霊的なもの《スピリチュエル》においては、感情移入つまり参加者同士の交感《コミュニオン》についての象徴的な認識を、認知的というよりもむしろ融即的《パルティシパティフ》な紐帯が先導していく。霊的なもの《スピリチュエル》は濃密さ、力《フォルス》である。なぜなら、霊的なもの《スピリチュエル》を通じて、主体は、自らに全く欠けている現実的なもの《ルレエル》と直接に（すなわち心的象徴の媒介なしに）接触するからである。

霊的な紐帯を通じて、個人は調和を感じる。諸々の象徴から成る遮蔽幕——「現実性《レアリテ》」と呼ばれるもの

——によって覆われた世界に比べて、そして直ちには人を寄せ付けない疎々しい生の現実の世界に比べて付き合い易く馴染み易い世界が、その調和の中から創発する。

こういうわけで、集団の中に霊＝精神《エスプリ》が吹き込まれるとき、個人も共同体も自己を超越していく。つまり、社会的投影が形体《フォルム》を受け取り実現されることによって個人は自己を乗り越えていくし、「一人一人の個体化〔＝分割不可能化〕」という理想に収まらない部分——煩瑣で、呪わしく、過剰で、暴力的な、象徴化されない部分——が統一を成就することによって共同体も自己を乗り越えていく。すべての下位分割の根本をなすもの、それは、すべての断絶を超克するという理想である。統一体《ユニテ》は、一人一人の限界を超えて全員の全体〔＝諸全体〕を結び合わせ、また、全員の集合であることを超えた全員の全体性を創発させる。チーム魂《エスプリ》〔＝協調精神《エスプリ》〕が効果を生み出すのは、被抑圧者《ルフレ》〔＝本能を抑えた人〕たちの併合体《キュミュル》によって、全体性の統一《ユニフィカシオン》可能性が開かれるからである。うまく全体性が統一されるとき、象徴的な諸相反物《コントレール》が互いに結び合わされることによって、一人一人が最大限の力を発揮する。同じ理由によって、身体の魂や大衆の魂による効果も存在する。

終わりに述べておきたいのは、反対に、行きすぎた併合体《キュミュル》は、破壊力と見なされるということである。現実的な力を産出する霊的な紐帯は、紐帯がもたらす保証に与ろうとする人々によって作り出される。しかし、その霊的な紐帯が作り手たちによって、また作り手たちのために利用されない場合、つまり霊的な紐帯が外部の手先《アジャン》によって屈折させられて、他の諸個人や他の諸集団と闘う武器に転化される場合、併合体《キュミュル》は破壊力と見なされるようになる。このとき、共同体に統合されていない行為主体たちによって意図的に屈折させられた霊的な力は、権力《プヴォワール》の道具、戦争の機械、全体化の暴力へと転化しうる。その場合、対象‐道具はもはや霊的《スピリチュエル》なものではなくなっている。

貨幣の霊《エスプリ》＝精神

以上のように、貨幣は主体の根源的な欠陥を相殺する場所であり契機であるが、そのようなものとして貨幣はまた、霊的な息吹《スフル》を発散する能力を持っている。つまり、貨幣は、統一的投影の主権的保証と接触する機会——すなわち鎮静化の機会——を〔与えることを〕通じて、債務を調整する。このとき貨幣は霊気《スフル》を発散するのである。「貨幣の霊《エスプリ》＝精神」は、商品が交換されるときに実行される金融的行為から生まれてくるのである。

ここでの問題は、「価格とは何か」を知ることではない。問題は、「価格がどのようにしてあるのか」を知ることである。価格の決定とは常に、順応追求の仕事、すなわち、現存する《そこにいる》当事者たちの間での近似化の——または歩み寄らせる——運動である。この運動によって、現存する《そこにいる》諸主体には、自己の平衡化を追求する可能性が与えられる。それゆえ同様にまたこの運動によって、主権的第三項の保証には、権威的に行使される可能性（共通計算貨幣が選択されるときや、異種貨幣間の為替相場が公認されるときに見られる）が与えられるし、さらにその結果として、理想的な社会的全体としての統一体《ユニテ》には、現勢化《アクチュアリゼ》の可能性が与えられる。

ここでイメージしうるものとして、値切りや商談を挙げてよいだろう。しかしわれわれは単に、価格を決めるためには、延々と時間を費やして、安定した中間の値に到達すべく双方が均等に歩み寄ることが必要なのだと言いたいわけではない。というのも、値切りという「商人的」行動は、実際には、「価格決定とは何か」ということの行動による翻訳——文化的動作の形をとった暗号化——であるからだ。ここには、貨幣の霊《エスプリ》＝精神〔または貨幣魂《エスプリ》〕を顕現させる一つの機会が提供されている。つまり、値切りや商談が市場の実践《プラティーク》として行われているとすれば、それは貨幣の霊＝精神が存在するからに他ならない。値切りや商談はそれぞれ、貨幣の霊＝精神の現象学的な表現がたまたまとった形体《フォルム》なのである。

　したがって、貨幣的行為の本質的要素は、現存する《そこにいる》諸個人の間での価格に関する合意にあるのではない。契約のために対峙している諸主体が互いに接触し合う方法が、重要である。諸主体は当初は互いに不一致であるが、契約の結果として、保護を保証する現勢的《アクチュエル》な存在が——一人一人および全員に対して——創発される。「契約する」とは、そうした創発の機会を作り出すことである。つまり、計算貨幣という共通分母の上で価値の近似する諸物が——言葉や象徴的動作の下で——交換される中で、貨幣的紐帯が「霊的に」創発してくる。貨幣的紐帯は、諸個人の投影によって形成される。諸個人の投影は、保証を求めて、市場の状況や、市場を取り巻く諸物を超越していく。その目指すところは、社会的な〈大いなる者〉に形を与えることである。個人と個人の間に、また保護の主権と接触するときに、霊気《スフル》の場、貨幣的紐帯が出現する。そのことによって、——自然的紐帯の欠如にもかかわらず——存在し続けることを可能にする保証が与えられる。これは、生の債務を清算する超越的な諸差異をもたらすところの、〈大いなる者〉の恵みによるものである。

　貨幣の公式《フォルミュル》〔冒頭の予知夢の話を参照〕が洗練化・高度化してきた（それゆえ貨幣が登場する機会が増えてきた）ことによって、行為主体たちはますます「価格を締める〔＝より正確に計算する〕」ようになり、そして他者との、また投影的〈全体〉の統一体《ユニテ》との紐帯は——欠陥を解消し債務清算の理想を再起動させようとする関与という点から見て——ますます緊密になってきている。貨幣フローが増加するにつれ、投影の中の統一体《ユニテ》における損失を埋め合わせて余りあるほどに、主権の保証への信仰《フォワ》が強まっていく。

霊＝精神《エスプリ》が作用するときには常にそうなのだが、貨幣の霊＝精神についても、その所在は、周囲にある諸要素から現象学的に確認される。貨幣の霊＝精神を取り巻く諸要素は、貨幣の流通と貨幣化《モネタリゼ》された市場の実践とによって生み出される。そこには風土《クリマ》が存在する。風土が生み出されるには、貨幣の霊＝精神によって次の二つのものが逆説的な対応関係（非象徴的な関係）に置かれる、というきわめて現実的な条件が必要である。その二つのものとは、一方の、債務の形成・履行に関与する個人の心的象徴のうち独特で譲渡不可能で呪わしく面倒な部分（感情移入に利用される部分）と、他方の、現実存在《プレザンス》と清算――あるいは異なる金融的諸条件の下での債務ゲーム再開および債務繰り延べ――を提供する社会的・主権的な引受け・保証である。

主体を世界と結びつける自然の本能的紐帯が不在であることを埋め合わせる――霊的なタイプの――貨幣的紐帯があるとすれば、その現象学はどのようなものだろうか？　少なくとも、そのような貨幣的紐帯の性質は、心的なものでも精神的《マンタル》なものでもない。

精神分析のモデルにおいて「欲望の」と形容される主体、すなわち、欠如が生み出す緊張の中で平衡を回復しようとする主体、表象の複合体によって拘束され駆り立てられそれゆえ表象の複合体へと疎外されている主体は、自らの要求と症状《サンプトム》とを他の主体に転送することによって、心的な疎外を脱しようとする。彼は、自分の身を滅ぼす快楽の魅惑に打ち克つために、現実界《ルレエル》の再介入を求める。主体としての彼は、自己色情《オト》エロティスムが最大化しているがゆえに、不能である。であるからこそ、主体〔としての彼〕は、自らの個体性――彼を超越しているところの――に欲望を抱かせるよう仕向ける。欲望を抱くということ、それは、他の場所に快楽の源泉を求めて進むことである。この探索において期待されているのは、行動の中で現実的なもの《ルレエル》と出会いそれと接触することである。現実的なもの《レエル》との出会いは、心的機能による幻覚喚起的作用とは異なる様式に従って達せられる。

欲望の主体が個人を市場へ行って買い物するように駆り立てるとき、現実界が――心のスクリーンを透過して――対世界関係の中に再導入されるためには、この行動経路を通じて再平衡化が推進されるのでなければならない（現実原則〔ないし現実原理〕）。

不幸にも、現実性は、相変わらず、諸表象のネットワークに組み込まれ続けている。客ないし買い手としての個人が現実界《ルレエル》に対して持つ関係は、もっぱら、象徴の機能（状況や物が持つ集合的意味）によって、もしくは純然たる想像の機能（私的《アンティム》なイメージの連合）によって媒介されたものだけである。そこでの個人はまた、回り道《ビィエ》を通してしか現実的なものに関する経験を持たない。

ところが、市場にやってきた個人が買い物の支払いを貨幣で行うとき、最終的に、この個人は現実的な仕方で〔欲望の〕主体に己の限界を悟らせるに至る。なぜなら、既に述べたように、今度は、主権の保証や全体性の存在《プレザンス》への賭けに参加することが焦眉の重要性《アクチュアリテ》となってくるからである。

この点は、心理学的観点に立つとよく見えてくる。欲望に駆り立てられる個人は、数多くの対象に強い羨望を覚える。しかし彼は、しばしば、ポケットからお金を取り出さずに終わる。この場合、心理現象は最も強くなっているだろう。なぜなら、想像的な逃避が期待外れの現実よりも優位を占めている（快感原則〔ないし快原理〕）だろうし、また禁忌が欲望――これも心理的な快感原則から派生するものであるが――よりも強くなっている（つまり、心理現象の集合的・象徴的な部分である掟《ロワ》が、私的《アンティム》な夢想という想像的な部分よりも強い）だろうからである。逆に言えば、市場とは、抑え難い支出の機会であるとも言える。この場合、対象はあまり重要でない。購買は、有用な物を探し求めてはいない。唯一重視されるのは、貨幣化《モネタリゼ》された市場に挿入されることである。というのも、ここでもっぱら重要であると考えられるのは、心理的な自己満足を放棄することによって貨幣の支える力《ポルタンス》と保証を得ること――すなわち統一的な共同体によって統合・保護されている状態を現出させること――なのだ。そしてそのためには、支払いを行い、増大していく貨幣フロー（彼の拠出の分だけ増大する）〔という現実〕に接触しなければならない。

以上のいくつかの例から、どのようにして欲望の主体は、共同体の統一体《ユニテ》と関係づけられた個人というレベルにおいて、自己〔＝欲望の主体〕の心的疎外からの脱出を見いだすのかが明らかになる。

以下では、どのようにしてこの個人の概念が、貨幣の機能を定義するのに役立つのかを見ておきたい。

個人という観念は、精神分析の世界の一部を形成してはいない。精神分析の世界にあって、個人という観念は場違いであるようにさえ見える。実際、「受け入れ難い諸表象を抑圧することから心理的無意識が帰結する」のだとするフロイトの発見は、人間の分裂を主張することによって、人間の自尊心をひどく傷つけた。ところが今や、この発見は科学の既得知識になっていて、心理現象は、受け入れられた諸表象と（検閲によって抑圧された）不活性な諸表象とに救い難く分裂したものと見なされている。二つの心理の活動領域は、欠如の二つの解消様式としては互いに疎々しいものではないのだが、しばしば暴力的な利害対立に陥り、重大な心的危機であるノイローゼをもたらしうるし、時には破局《カタストロフ》としての精神病に行き着くこともある。

このように諸表象の活動は複雑である。イメージの働きは、意識に受け入れられるときには意識的主体の土台となるが、抑圧の素材となるときには無意識的主体の土台となる。よって、主体が行う賭けは、使用される素材がもつ二重の性質によって、したがって無意識の存在によって複雑化する。このように、心理の活動諸領域と主体機能の諸審級との間に分裂が存在するがゆえに、個人の観念は、精神分析によってきっぱりと拒絶されるのである。精神分析は、主体の分裂とその帰結にのみ関わろうとする。フロイトの論点は、絶えず競合的または敵対的に作用する心理的諸審級を分離して取り出すことにあった。

しかし個人というカテゴリーを非心理的に解釈して、主体の分裂を包摂する理想性を指し示すカテゴリーと見なすのであれば、このカテゴリーを用いることは有益である。この場合の個人というカテゴリーは、部分的にはフロイトの〈理想自我〉（超自我とも言い、自我理想の担い手）と〈自我理想〉（フロイトにあってはエディプス・コンプレックスから生まれるとされる）に負っているが、それに加えてまた、この二つの心理的審級——想像界《リマジネール》に帰せられるところの——が持ちえない経験的次元をも含んでいる。あえて個人というカテゴリーを用いるのは、社会的なものの全体に融即する主体の全体を再構成しようとする意図があるからである。このとき個人はまた、現実界《ルレエル》に見捨てられることの苛酷さに取って代わる、そして心理的誘惑の苛酷さに取って代わる紐帯を、復元し維持する機能として現れる。

このような意味において、ただしもっぱらこのような意味においてだけ、個人は分割不可能《インディヴィジブル》なものとして把握される。つまり個人とは、現実には分割されているものの、社会的〈全体〉の統一《ユニテ》体という投影に参加している行為主体《アクトゥル》である。社会的〈全体〉の統一体は、債務の相殺を個人に保証することによって、個人による超越の努力に対して承認を与える。

貨幣で表されて、市場の中に位置を得る個人は、分裂した主体が望む統一《ユニテ》体との、また多分裂《ミュルティプル》社会が望む統一《ユニテ》体との結びつき《リエゾン》を体験する。

安全保障《セキュリテ》の等式、存在《プレザンス》の奥行き、信頼の支持力

鏡像段階の時点で、子供の身体の存在《プレザンス》という現実的なものと、〈自我〉が神秘的な統一体《ユニテ》として結晶させる表徴《シーニュ》〔「記号」の意であるが、文字記号だけでなく、差異ある諸物すべての記号を含む〕またはイメージとが、等式で結ばれる。実はこの等式によって、主体は、〈自我〉構築に用いられる素材の性質に由来する二つの危険にさらされる。まず心的な諸イメージの形体的《フォルメル》・複合的な作用は抑制しうるものではなく、イメージ寸断化の制御不能状態《デリーヴ》を生じさせる恐れがある。次に象徴の諸連鎖は、コードや無意識的なものへの言及という他性《アルテリテ》を招じ入れるので、意味分散の制御不能状態《デリーヴ》を招く危険がある。

したがって、個人が統一の投影へと歩みを進めていくためには、現実界《ルレエル》・想像界《リマジネール》・象徴界《ルサンボリック》〔ラカンの用語であり、おおよそフロイトのエス・自我・超自我に対応〕という三者の関係、有機体と同一性《イダンティテ》の関係が不断に反復・強化されねばならない。そうすれば、欲望の主体が個人を駆り立てて〈大いなる者〉と出会う機会――例えば市場における買い物――を探索させるときに、欲望の主体は個人を利用し、信用し、そして頼ることができる。この〔右の関係の絶えざる反復と強化という〕条件の下でのみ、右の関係は、安全保障《セキュリテール》の役割を果たし、それゆえ個人が消滅せずして主体の下を去ることを可能にする。

例えば、儀礼、規則性、保証手続き、信頼性の統制は、同一性《イダンティク》を確証しようとする安全保障《セキュリテール》戦略の同義語である。つまり個人は、心の収容所送り《デポルタシオン》という危険を避けるために、〈自我〉そのものに与える表徴《シーニュ》に対して厳格な管理を確立する。あらゆる信頼投入の最初の基礎となるのが、この安全保障《セキュリテ》の関係である。信頼が重要性を持つあらゆる用件において、表徴の信頼性を統制することが不可欠である。表徴の揺らぎが小さければ小さいほど、契約の諸表徴はますます正確なものとなり、〈自我〉が支配力を行使すべきときの状況は

より健全なものとなる。まさに今日、「透明性」について語られることが多い。「透明性」とは、「最適な安全保障《セキュリテール》の諸条件を確立するのにふさわしい、意味の奥行き・混乱が全く不在である状態」を言い表す言葉である。既に明らかなように、神秘的な〈自我〉の領域による安全保障《セキュリテール》は、決して絶対的なものではない。最悪の場合、この領域が不安を呼び起こすならば、統制と検査の入れ子構造が次々に増殖する事態が誘発されよう。したがって、安全保障戦略は、〈自我〉の神秘的権力《プヴォワール》に関する幻想を作り出しはするけれども、実際には、権威の欠如に着せられたぼろ隠しのコート《カシュミゼール》であると言うべきである。

ところで、鏡の状況はまた、安全保障《セキュリテ》の関係とは根本的に異なる（まさに正反対と言ってよい）関係、奥に引き込む関係を生み出す機会でもある。それと言うのも、鏡像の〈自我〉は、奥行きの厚みに包含される神秘的な（すなわち表徴《シーニュ》による固定化や交換の安全保障管理によってはとらえられない）パワーと関係を結ぶ可能性を主体に与えるからである。この神秘的なパワーは、イメージ・表徴のレリーフとなって、またイメージ・表徴の投射影や暈《かさ》となって姿を現し、そうして、〈自我〉——主人であろうとして、あたかも心理的に硬直的かつ「透明である」かのような振りをしている——の脆弱きわまりない幻影を動揺させ、掘り崩していく。

心的な奥行きとのこうした関係——つまりイメージの複合や象徴の多義性から発するノイズによって表徴《シーニュ》が揺さぶられる効果——を十分に理解するために、例示として、絵画の遠近法における奥行きの表現を取り上げてみよう。

遠近法絵画においては、視心〔照準点〕はまた消失点でもある。遠近法において点が持つ消失の側面は、照準点という透明で不変の表層しか見ない観賞者の視野には入ることがない。しかし、照準点の表層に目がとまっているうちに、絵柄に隠れている枠組み（懸垂線、わたり線、描写対象の縮小、から成る構造）の緊張は視線をとらえ、引き込み、そして奥に向かう仮想現実的な逃走線に沿って「視線を誘導していく」。カンバスの厚みという幻想の中で、消失点はあたかも果てしなく遠ざかっていくかのようであるが、やがて突然に地平線の支え《アピュイ》が出現する。奥行きを発生させる火床は、この地平線の上にあるように見える。この地平線は、地理的な舞台空間をきっちりと閉ざす容器、境界画定、限界ではない。それは、豊饒な仮想現実を生み出す潜在的可能性《ポテンシエル》、火床、土台《フォン》なのだ。要するに、壁ではなくて源泉、境界線ではなくて鉱脈なのだ。

まさにこちらでは、仮想現実で充満した奥行きにおいて、またあちらでは、視覚が無限遠近法の仮想的諸線に沿って消失しゆく場所において、観賞者の窃視欲動は捕らえられ、閉じ込められ、そして供応される。換言すれば、視覚が見る物を持たなくなり、この戦略的仕掛けに捕らわれるとき、最初に優しいものであった観賞者の眼差しは、次にはイメージの中を探り、ひっかき回し、刺し貫きそして沈み込むものとなっていく。

しかし、イメージの内奥はどこにあるのだろう？　いや、このような問い方は稚拙である。なぜなら、この問いは空間の用語で表現されてはいても、実際には仮想現実的なトポロジーに関わるものだからである。よってこの問いに空間的な答えを与えることはできない。実際には、イメージに取り付いてそれを活性化させているものは、注意およびリビドー圧力（欲動）の視心への集中に他ならない。何も見えないことに苛立つ空間的視覚は地の対象《ネグ・オブジェ》〔物体の描かれていない部分〕に引き寄せられていき、次に、探りを入れひっかき回す時間を眼差しに与える。奥行きは「男根的なもの」でしかなく、幻影的・心的な侵入の行使である。しかしそこからリズムが生まれ、そのリズムがオートポイエーティック〔＝自己制作的〕な造形を通じて、カンバスと縦に交わる「奥行きの内に」自らの形を「置いていく」のである。つまり、内部の振動は、形あるイメージの表象を持たないが、リズムの形を湧出させることによって、広がりのある時空間を作り出す。この時空間は、観賞者の眼差しに——振動数で表されるところの——奥行きを引き渡す一方で、絵画対象には、新しいイメージを担い創造する土台、豊かな地平線を与える。この土台ないし地平線から、振動のたびに、「〔絵画対象の〕上に重なる」新しい世界、すなわちイメージに描かれた表層という確固とした半透明の世界が出現してくるのである。

　絵画鑑賞者の眼差しは、カンバスの奥行きの世界へと入り込んではそこから浮かび出てくる、再び閉じ籠っては飛び出してくる、ということを繰り返す。この不思議な奥行きに向けられる観賞者の眼差しは、強まり、興奮し、そして絶えず順応していく。照準が合わせられている地の対象《ネグ・オブジェ》の抵抗作用を通じて、奥行きの仮想現実性は、存在《プレザンス》の現示性《アクチュアリテ》を製造・供給する。絵画の例においては、表出される現実的なもの《ルレエル》は、見る欲望の緊張という現実に他ならないのである。

　奥行きの濃密さは、ダイナミクスの方向によって、方位認識《アビタクル》〔「羅針箱」の意〕を奪い取ることもあれば、差し出すこともある。一方では、奥行きは視線を捕らえ、仮想現実の底知れぬ闇へと閉じ込める。このとき土台は方位認識を奪い取る。また他方では、奥行きは、雰囲気《アトモスフェア》の穏やかで豊かな濃密さを発散するのであり、その場合、土台は実存の基盤を支える。このように、観賞者の視線に対して加えられる相反的な刺激には、絵のカンバスに命を吹き込む二つの運動が対応している。つまり一つは表面の走査、もう一つは垂直方向への沈み込みである。仮想現実の世界はイメージに広がりと可動性を与えるが、これらのもの〔広がり・可動性〕は、二つに引き裂かれた視線の試行錯誤に、眼差しの模索に、そして陽否陰述〔＝言わないことによって言われていること〕の焦点を探り当てようとする粘り強さに由来している。しかしこの仮想現実の世界は、その濃密さ、そのリズム、その時空間、その風土、そして何よりもまずその表出の接触的な現示性《アクチュアリテ》――それゆえその近接性――に関しては現実的なのである。

こうして、絵の厚みから欲動が頭を持ち上げてくるであろう。表出してくるものは、〔新しいイメージの〕担い手となる土台である。これは主体に対して、何かがあること、そして何もないことはないことを請け合う。主体には、自らを取り巻く世界の行為主体《アクトゥル》であることが保証される。彼を取り巻くのは、恐ろしいシステミックな脱‐紐帯《デ・リエゾン》でも主体不在の非‐世界でもない。

このように理解される土台《フォン》という基本的な支え《アピュイ》を、基体《スポール》と混同してはならない。ここで定義される土台は絵画性に帰せられる。絵画性とは、絵が眼差しによって活性化され、探られ、生命を吹き込まれることの効果である。土台は、主体‐カンバスの関係、知覚過程に依存している。よって、土台は絵の形体《フォルム》から創発すると言える。この土台は絵画の全体性である。つまりそれは絵の諸形体が創発するための条件であるとともに、それらが廃棄されるための条件でもある。一枚の絵の描写を決定するこの全体性を、絵の構成諸要素の一つと混同してはならない。これは、構成的な諸形体に対して〔横並びでなく〕垂直方向に位置する主権的な全体性なのである。もっとも、上方と下方どちらの垂直方向なのかを予め定義することはできない。これが主権的であるのは、純粋な仮想現実としてである。カンバスにとっては、この全体性は超越的、神秘的、形而上的である。

全体性としての奥行きは、諸形体《フォルム》に生命を与え、あるいは諸形体から生命を奪う。奥行きにおいてイメージは変転にさらされる。つまりイメージは変転を終えそこで死ぬか、それとも変転を告げてそこに生まれるかのどちらかである。イメージからイメージへの引継ぎがなされるときにはまた、同じ回数の静止状態も生じる。この静止状態は、イメージの生成の諸段階、イメージの拡張の諸段階、イメージの生命の諸段階に対応している。つまり土台《フォン》とは、仮想諸現実の織物、諸価値の組み合わせのようなものである。なぜなら、土台を構成する仮想現実的な諸紐帯《リエゾン》は、土台が諸々のイメージを迎え入れるときに一緒に運ばれてくるものであるからだ。したがって、土台を、地平線の果てに置かれている対象へと物象化してはならない。土台はイメージからわき出てくるけれども、たちまちにしてイメージの仮想現実性を超えてしまう。創発としての土台は、現実態《アン・アクト》の全体化である。それは、仮想現実性、実現途上の潜在的可能性の――変転を通じて現れる――現象的な統一体《ユニテ》である。

三　再統合と貨幣

絵画はあくまで一つの例にすぎない。改めて、貨幣フローと切り結ぼうとしている個人に関心を寄せることにしよう。ここで問題となる紐帯は商業の紐帯ではなく、同盟《アリヤンス》の紐帯である。同盟の紐帯は、交換を行うには役立たないが、現実界《ルレエル》の分裂化の諸効果を共有するのに、つまり現実界が提供する無限の区別化《ディスタンクシオン》の諸効果をそっくりそのまま受け止めるのに役立つ。

商業の戦略においては、欠如に平衡を回復させるために諸対象が交換される。つまり、システムを調整するために、他者そのもの（〈自我〉）もしくは他人（同胞）との間に経済的関係が確立される。これに対して同盟《アリヤンス》の紐帯は、表象によって仲介されることなしに、無制限な〔欠如の〕埋め合わせの保証との公然たる接触を提供する。

おそらく、このような保護について述べるには、〈恩寵《グラス》〉という宗教的概念を用いることが最適であるだろう。統一化《ユニフィアン》の担い手である土台《フォン》において存在《プレザンス》の共有がなされるとともに、保護の源泉は出来してくる。保護の源泉を同定することはできないが、保護の源泉についての現象学は存在しているので、まさにそれを現実的に共有できるのである。その原動力は、安全保障《セキュリテ》の経済ではなく、保護の供給にある。追求されるのは、親しき者や他なる者の奥行きという未知のものと同盟《アリヤンス》することである。おそらくこの点をかなり正確に言い表しているのが、〈慈善〉や〈歓待〉という宗教的概念、あるいはフィリア〔＝友愛〕という古代哲学の概念であろう。同盟からは一つの総体《レユニオン》（的存在）が創発する。この総体は、形象化したり同一化することは不可能であるけれども、再統合による直接的・雰囲気的《アトモスフェリク》な接触を通じて顕在化する。

奥行き内の諸表象のためのイメージおよび象徴

現実的なものの暴力から身を守るために他性《アルテリテ》との間に諸関係・紐帯を確立すること〔すなわち以上に述べてきたこと〕が主体の主要な活動であるとすれば、今や霊気《プシュケ》の性質に立ち戻らねばならない。この〔霊気という〕装置は、安全保障を表象しており、支持力を提供する奥行きへと通じている。今日われわれがこの装置について知っていることは何か？　三つの機能領域《レジストル》があること、そこでは三タイプの素材が用いられていること〔をわれわれは知っている〕。イメージ（フロイトはこれを「一次過程」と呼んだ）においては想像界が、象徴（「二次過程」）においては象徴界が、絵文字《ピクトグラム》（フロイトはこれをイメージに含めていたため、特別なものとして認知していなかった）においては「原初過程」（オラニエ）がそれぞれ作用している。献身的存在《プレザンス》である諸表象や諸痕跡は、どのようにして対象・物の価値（「心的実在」）の心的な基礎になってくれているのだろうか？　以下では、この点を理解するために、順番に分析していくことにする。

その前にまず注目しておきたいのは、通常の場合これらの諸表象、それゆえまた心的書き込み《アンスクリプシオン》の三つの領域《レジストル》はすべて同時に作動することもあれば、すべてが同時には作動しないこともあるということだ。例えば、夢ではイメージと絵文字が活発に働くが、象徴はそうではない。このことからして、意識も他者も夢の素材を理解する鍵とはならない。なぜなら、対応する法の言語がそこにはともなっておらず、しかも全員に共有された辞書がないため、誰も――自我も他者も――言葉《ラング》を理解することができないからである。これに対して、精神錯乱者であっても、その人の発する語が文法的カテゴリーに還元されるケースがある。この場合、実際には、発語の奥に主体が取りついておらず、話《フラズ》はその作者に負うところがない。その結果、周囲の者は皆言われていることを理解するけれども、そのことは語り手の世界と全く無関係なのである。最後に、対応する表徴《シーニュ》（イメージと象徴）がともなっておらず、それゆえ〈自我〉が「消失《サンコプ》」している精神状態（「神秘的熱狂」「スポーツにおける恩寵の状態」）を挙げておきたい。このケースでは、絵文字の作用に還元される主体機能は、主体を形体的《フォルメルマン》に表象することも完全に表現することもないけれども、主体が帰依している主権的勢力との接触を保っている。

したがって、心理現象は、紐帯の諸表象が（通常の場合）三つの様式の組み合わせによって書き込まれる一種の掲示板として把握されうる。象徴的なもの《ルサンボリーク》〔ないし象徴界〕が欠如している場合には、共有可能な意味作用が存在せず、想像的なもの《リマジネール》〔ないし想像界〕が欠如している場合には、経験の濃密さが存在せず、原初的なもの《ロリジネール》が欠如している場合には、自己と世界との接触が存在しない。通常の主体は、これら三重の書き込みの結果である。つまり主体は、諸表徴《シーニュ》（諸象徴）を交換・共有することによってコミュニケーションを行い、それらの表徴《シーニュ》を精神的対応関係——別の諸表徴《シーニュ》（諸イメージ）との結合を通じて濃密さと創造を贈与するところの——へと転移し、そこに自らの存在《エートル》への配慮（絵文字）を交差・定位させる。書き込みの様式の一つが破綻するとき、主体の変容が起きる（覚醒しているが無意識の状態、病的な状態、睡眠状態、驚愕の状態、等）。

本能の現実的欠如に対抗する拠り所となるこうした紐帯は、象徴・イメージ・絵文字という、他なるもの《オトゥル》に開かれた心的諸形態によって形成されている。以下では、主体の内にあるこれら諸形態がそれぞれ、どのようにして、救いの（守護的・天佑的な）他なるもの《オトゥル》と出会っていくのかを見ていきたい。

（a）最初にイメージを取り上げよう。厳密に言うと、イメージは、単なる視覚野への受容を超えたもの、すなわち投影の産物である。つまりそれは、一つの平面からの転移の産物が別の一平面上に固定されたものに他ならない。

心には、投影の産物をその表面の一点に迎え入れることができるようにと、予め設えられた平面が存在しているわけではない。射影幾何学において一枚の紙が写像の一点でチョークの落下軌道を遮るのとも違うし、照明を当てられた対象からの反射が写真乾板に迎え入れられて固定した像ができるのとも違う。イメージの「固定性」および「平面」は同時にまた、群れなす別の諸イメージの濃縮——心的な濃密さ——でもある。このことは、多少とも無気力な状態、もしくはかなり飽き飽きした状態で心理的連想を行ってみれば確認されることだ。以上のことからして、「平面」とは一つのパラダイム、つまり、対応関係の統計的要因分析を通じて浮かび上がってくるような諸イメージの雲塊《ニュエ》に与えられる一つの共通呼称であると言える。ここで押さえておきたい重要な点は、イメージの心理的形体《フォルム》はその固有の作用を通じて絶えず他の諸平面へ、諸イメージの別の雲塊へと転位していくということである。ちょうどこれは、電子が元々の固定位置である原子核を離れて、自由な状態になり、新たな一時的固定化に向けて投企的《プロジェクティヴ》冒険に出発するようなものである。

以上のことから、想像的なもの《リマジネール》——イメージの諸形体《フォルム》が相互作用する原領域《レジストル》——は、二つの機能を持つように思われる。「平面」の固定化、濃密さ、調和性《コエランス》、さらには統一体《ユニテ》（鏡像段階を想起せよ）が存在するとき、想像的なもの《リマジネール》は、空隙《ヴィドゥ》を縫合し、不在を塞ぐ表象を安定化させるという価値をもつ。しかし逆に、想像的なものの不安定性と平面間転移の「跳躍」によるダイナミクスは、未知の他性《アルテリテ》に向かう表象的実践を開始させる……表象的実践がイメージの新しい形体《フォルム》となって固定されると、その他性は「未知」ではなくなる。以下同じことが続く。イメージはぼろ隠し《カシュミゼール》のコートであるのだが、投影の積み重ねによって空無《ヴァキュイテ》を隠していくことにより、かえって空無《ヴァキュイテ》の存在を暴露してしまう。このようにして、イメージによる紐帯は安全保障《セキュリテ》をもたらすのだ。この紐帯は強化されればされるほどその脆弱性が暴露されるので、さらにいっそう強化されねばならない。ゆえに、紐帯の信頼性に望まれることは、腹の厚みとベルトの緩みがいたちごっこを演じるときに望まれることと少しも変わらないのである。

本来、投影の産物であるイメージとは、同一的なものの場所、同一化の場所、要するに「自同性《メムテ》」の領域に属するものすべての場所である。また、同一であり続ける《イダンティク》他者（兄弟姉妹、同胞）との間、自己同一化の対象となる他者（氏族《クラン》、親類縁者、手本、文化的なもの、流行）との間、教説知の諸理念との間、要するに同一であり続ける《イダンティク》ものの反復という次元に属するものとの間に確立される紐帯は、想像的なもの《リマジネール》に基づいている。イメージという他者は、平面から平面へと跳躍することによって、一個の同一性モデルの上に次々と現れる新たな他者と置換可能である……が、そうした新たな他者から固有の首尾一貫性を奪ってしまう。この現象の中で、他性《アルテリテ》は他性としての本質を失う。主体が想像界の助けを借りて投入した紐帯は、突如、他性を同類性《ルサンブランス》へと引きずり下ろす。

他者は、イメージによって変換されるとたちまち同類者《サンブラブル》へと変異を遂げ、安全保障《セキュリテ》を提供される……といっても、それは、他者が疑似餌《ルアー》であることを露呈するまでの間だけだ。実際は、それ以前に既に、空隙《ヴィドゥ》に対抗して安定化を与える不透明性という他者の価値は消失している。なぜなら、既にイメージは平面から平面へと跳躍しており、イメージの再保険《レアシュランス》を新たに構築する――これもまた見かけ上であるが――ための投影の強迫的過程が再起動しているからである。

（b）もう一つの心的な表象過程、それは象徴《サンボル》である。象徴は、社会的合意からその表象的価値を獲得する。象徴が当てにしているのは平面の乗り換えではなく、他人に預けられているもの《デポ》〔「預金」の意もあり〕である。ある言語《ラング》を用いた発話によって自己の考えを表現することができるためには、正しい意味理解のための解読表を他者が保有していることが前提となる。このようにして話《パロル》の表現的豊かさは、話し手によるのと同じくらいに聞き手によっても決定される。

それゆえ象徴というカテゴリーは、根元的な他性に開かれている。つまり、他者がやり取り《エシャンジュ》＝交換の鍵を握っており、したがって明らかに、イメージの疑似餌《ルアー》がもたらしていた保証〔＝請け合い〕は主体から奪われている。不確実性を縮減しこの根本的な他性の空隙《ヴィドゥ》を塞ぐには、やり取り《エシャンジュ》＝交換が機能するには、象徴の対立し合う諸部分が流通するには、そして各々が互いに他者に預けてあるもの《デポ》に基づいて経済を活性化させるには、ルールと法の介入が不可欠である。こうして、象徴界は、不動の規則性に従う選択的配置というその機能の中で、調整されている諸対立《オポジシオン》の体系として、すなわち結局は法そのものとして現れる。象徴は、イメージの流動性《フリュイディテ》を「抑え込み」、現実界の諸レリーフを諸対立《オポジシオン》へと割り当て、固定する。象徴はカテゴリーを可能にする。象徴の介入の結果として、イメージは、自らの不断の転移を通じて欠如《マンク》を埋めるという融通無碍な能力を失うし、現実界は、単純に現実的なものであることができなくなる。なぜなら、現実界は象徴界によって秩序づけられ、分類され、規則化され、区別の穴を穿たれるからである。

このとき、象徴を通じて、他性に連なる心理的紐帯が作り上げられる。この紐帯は、合意と〈法〉から力を得ているけれども、直ちに未知の対抗者《コントレール》へと通じていく。確かに象徴は、システミックな不具合を修復してくれる他性に到達するための最良のチャネルである。しかし同時にまた、あらゆる表徴《シーニュ》（＝イメージまたは象徴）は、自らへの対抗者《コントレール》が不在であることを強制するとき、欠如の存在《プレザンス》を伝えてもいる。

以上のことからして、象徴関係は経済的交換の関係であると同時に、想像界や現実界がもつ鎮静化効果の「去勢」でもある。〈法〉は主体から、物質という重みのある拠り所だけでなく、イメージという神秘的な拠り所も奪うのである。

以上のような意味から、象徴という表象法は、人間欲望《デジール》の基礎をなすものと見なされてきた。欲求《ブゾワン》を満足させるどんな対象も、象徴を通じて不満足なものへと変換される。なぜなら、象徴という表象法は満足化の過程であることそれ自体において不在の対抗者《コントレール》がいることを強制するからである。こうして探索が再開され、したがってまた、欲望のエンジンが再起動していくのだ。象徴は「連鎖していく」と言われる。象徴には、他人に連なる強い紐帯（法的なそれ）としての価値が確かにあるけれども、それとともにまた、「主体システムの修復不可能」の悲劇への疎外という重圧的な意味もある。

絵文字と存在《プレザンス》、投影された統一体のモザイクと開放性

紐帯の構築に関係する第三の素材は、絵文字である。心理現象の中で絵文字は限界的な位置にある。絵文字が心理現象であると言われることはまずない。絵文字の領域は最もアルカイック（＝太古的）であり、初期の表象諸形態はすべてこれに担われていた。絵文字の領域は、初めの二つの領域のように抽象的でもまた明らかに「心的」でもなく、表象の媒体に転化する有機体をまさにその形成素材としている。イメージと象徴が純粋に表象的《ルプレザンタン》なものであるのに対して、絵文字は、書き込まれた痕跡《トラス》、抽象作用を支える「文字」、現実的レリーフの取捨選択を支える諸差異がニューロン生体に残す記憶痕《アングラム》である。これ以外に情報科学の「ビット」とも対比できるが、それは少し危なっかしい。重要なのは、この原初的な心理システムは既にそれ自体が表象機能であり、意味作用から独立した単なる記憶道具ではないということである。

例として能書法（＝西洋書道）におけるシニフィアンの価値を取り上げることにより、理解を深めることができる。能書法においては、文字の線が、アルファベットの中で文字が持つ単なる抽象的な価値——文字の線はこれを忠実に伝えているだけなのだが——を超えた、表現的な価値を産出する。オラニエが心の原‐表象を言い表すのに用いた「絵文字」という呼び名もやはり、絵画を参照する中で選択されたものであった。それによれば、絵画における「タッチ」は、絵の造形の素材的媒体を指すと同時に、繊細な筆先を介してカンバスにかかる画家の身体エネルギーの圧力をも言い表している。絵画における一回のタッチは、絵のイメージと象徴への関わりを示すほかに、現実世界（絵の具／カンバスにのしかかる画家の身体の存在《プレザンス》）と、造形的・記号的な表象の世界との間の記憶痕跡《アングラメ》的な接触をも指し示している。

同様に、絵文字は、首の動き（どのようなものかはわからないが）と、記号の〔言語〕価値――絵文字自体がこれの担い手である――とを結合する素材である。リズム・振動の頻度に対する感応性という絵文字の質は、絵文字から独立ではない。そして、活性化された絵文字が主体システムとその外在――守護する他性《アルテリテ》――との間に接触の紐帯を確立するのは、まさにこの側面を通じてであるように見える。絵文字は、他人とのイメージ的・象徴的な関係を取り扱うときに用いられる要素的諸形体《フォルム》、他者に開かれ差し出される主体の動作・言葉《パロル》を形づくる要素的諸形体であると言える。それらの型《アンプレント》はそれぞれの〔表象の媒体に転化するところの〕有機体に特異なものであり、表象《シーニュ》という抽象はそうした型《アンプレント》によって支えられ取り扱われる。そうした型《アンプレント》はあらゆるものの様式《スティル》の起源である。この様式《モード》の下で、安全保障的関係の基礎となる諸形体が独特な仕方で（「スティル」という語を参照）彫り出され、他者向けの表現物が作り上げられる。この諸形体はさらに、記号節約的な価値も持つだろう。そしてよりアルカイックな点で言えば、投影の中で全体性を統一化していく過程が開始されるとき、この様式《モード》の下で同盟形成《アリヤンス》が繰り広げられる。このとき、価値ヒエラルキーによる貨幣的再統合が共同体を築き上げる。

モザイクが生み出す美学的効果を考察することによって、貨幣的再統合を通じて奥行きへと向かう変換の力にアプローチしてみよう。古代ギリシャの古代人たちにあっては、その語源（mouseiosoïko）に示されるように、モザイクとは何よりもまず、女神たち《ミューズ》が宿る場所であった。今日のわれわれは図像学の世界に通暁しているとうぬぼれがちであるが、その常識に反して、女神たち《ミューズ》がモザイクに宿るのは、モザイクが女神たち《ミューズ》の特別な表象になっているからなのではない。

女神たち《ミューズ》が取り付くことによってその場所に名が与えられたのだとはいえ、モザイクの構造を作り上げるのはあくまで、秩序づけられた小個片の調和性《コエランス》である。個片はすべて相互に緊張関係を持ち、そこから一体性のある雰囲気《アトモスフェリク》が醸し出される。この緊張関係は、色・明るさ・ざらつき・模様・密度に関する個片間の差異による作用から帰結する。個片は、それらが集まってできる一つの像の、単なる断片ではない。個片の差異性によって生み出される緊張からは、素材のダイナミックな奥行き、誘発力、「霊＝精神《エスプリ》」が創発する。これらのものが提供する力は、輝き《アロ》、アウラ、雰囲気《アトモスフェリク》の発散となって姿を現す。輝き《アロ》、アウラ、雰囲気《アトモスフェリク》の発散は、突然に沸き起こり、作品との接触を覆う濃密な皮膜となって定着する。調和、もっと言えば「投－影」された統一体《ユニテ》がそこから生み出される。この統一体《ユニテ》が「息づいている」ときには、作品の土台《フォン》を押し出す諸形体のリズムが、高揚と沈静の局面を交互に刻んでいる。

　吸気／呼気を通じて観賞者を捕らえては放つ女神たち《ミューズ》の霊息《スフル》は、このように「前に－押し出す《プロピュルス》」作用をする。ただしモザイクは、〔イメージを〕担う土台《フォン》が個人と共同体の全体に霊息《スフル》を吹き込む唯一の契機では決してない。エンブレム〔観念・人・物を表す図案〕もまたその契機をなしており、特にその単語そのものがモザイクの特質を指示している（ギリシャ語のemblémaとは、モザイクに嵌め込まれた装飾のこと）。さて貨幣の歴史を見ると、いかなる点で貨幣の価値が貨幣媒体上のエンブレムに支えられていると言えるのかがわかる。そのエンブレムは、あるときは記述や彫刻によるものであり、あるときは手触り、目、それにまた歯で確かめられるもの、耳で確かめられるもの（「音を立てる《ソナン》、量目の正しい硬貨」〔「現金」を表す慣用表現〕）であるが、しかしおそらくまた――今後の研究を待つしかないが――非物質性のものもあるだろう。

　エンブレムは、象徴的《サンボリック》なものに成り代わって、第三者の立場から保証証書を有効にし、支払猶予の期限を先へ先へと追いやる。しかしそのエンブレムはまた、貨幣的再統合の回復を表明することによって、「モザイクー絵文字的」なやり方で交換の回路《シルキュイ》を閉じることができる。このときエンブレムは直ちに、「裏づけある保護《タンジブル》」の感覚をもたらす。こうして、貨幣の機能を考えるとき、エンブレム的な保護に関して、必然的に二つの手続きが区別される。

（一）媒体上に刻まれるエンブレム（ただし、非物質的な諸基体《スポール》の部類に属する他の現象についても考察は必要であろう）は、権威が〈国庫〉と〈富〉を保証していることを証明することによって、個人的・集団的な関係に対して象徴《サンボル》として作用を及ぼす。〈国庫〉と〈富〉は、現実的には一人一人にとってアクセス不可能だが、通貨章標《シーニュ》のあらゆる保有者に対して約束されている。この〔約束の背後にある〕権威は、厳密に貨幣的な基礎には依拠していない。実際にはこの権威は政治的なものである。権威が個人と共同体を保護するとすれば、それは、権威《オトリテ》＝当局がもつ政治的権力《プヴォワール》によってである。権威＝当局は安全を保障することによって、等式、平衡、〈自我〉、それゆえ暗号化を補強するのである。

（二）貨幣的再統合の「投‐影」——まさにエンブレムの〈栄光〉の原領域——に関して、エンブレムは、土台《フォン》としての支え《スティヤン》と、共同体的結合の力という核エネルギーとを提供する。エンブレムによる貨幣の保証は、モザイク内のダイナミクスに依拠している。エンブレムの〈国庫〉は、エンブレムが動員する信頼より他に、富としてのいかなる斉合性《コンシスタンス》も持たない。

欲望の危険な冒険を保証するための小額紙幣《クピュル》、細分化《フィシオン》

先に注意を促したように、お金《ラルジャン》はそれ自体としては、霊気《プシュケ》の源となる心的対象ではない。快楽が引き出される身体部位に関係する表象だけが、そのような役割を果たすのである。安全保障《セキュリテ》の回路《シルキュイ》を与えてくれるで

あろう他者の介入に自己を委ねる《アリエネール》ためには、快楽は絶たれねばならないだろう。つまりこのような観点からすれば、心の内奥においてお金《ラルジャン》は根本的に重要であるとは言えない。

ところが、患者の心の連想においては、お金《ラルジャン》がしばしば現れる。それは、患者が診療家から、自己エロス的な幻想を脱して象徴的変容《トランスフォルマシオン》を遂げることができるかどうか迫られるとき、お金《ラルジャン》が——トランプのジョーカーと同じように——（禁止された）痛みの表象を代位する機能を果たすからである。アンビヴァレントな状態に置かれた患者は、過去——口唇期・肛門期・男根期——に記憶された一連の幻想／幻滅を「再演する」。その目的は、心的変容、心理学的進化に抵抗することにある。変容のリスクを感じ始めるとき患者は、それまで安全保障の諸痕跡《マルク》を残してきた旧来の救済を放棄せねばならなくなってくるために、そうした抵抗を行うのだ。拒否しつつも太古的《アルカイック》な諸要素を迎え入れるために、またそのことの問題性《プロブレマティーク》を——慎重な距離を保ちながら——伝えるために、そして自己充足の幻想（幼児退行）を——システミック・リスクに直面するまでは——失わない状態で他者との新しい関係（転移）を切り開くために、主体は治療家の前で、貨幣の諸表象を抱き、見つめ、考え、語るのである。

しかしなぜ貨幣なのだろうか？　おそらくそれは、代替性《フォンジビリテ》を特徴とする貨幣が、象徴への心理的疎外からの解放を与えるからではないか？　つまり、貨幣が諸表象のネットワークにおける心理的なジョーカーとして呼び出されるのは、何よりもまず貨幣が一つの表象を他の表象へと変換する機能を持つからである。そこからは、安全保障《セキュリテ》を与える冷たい経済価値が生じる。しかし貨幣が呼び出されるのはまた、貨幣がそれ以外に、共有可能な諸価値への入り口《ウヴェルチュル》という意味での安全保障的な価値も持つからである。ただしこの場合の安全保障は交換の回路《シルキュイ》の中においてのみのことである。

治療プロセスの中では、自己愛的《ナルシシーク》な自閉の立場《ポジシオン》と、他者を信頼する立場《ポジシオン》との間を、諸表象〔イメージ、象徴、絵文字〕が揺れ動く。あるいは絵文字の、あるいはイメージの、あるいは象徴の等価物として、貨幣は、逆説含みのこうした諸表象を代理する役割を果たす。われわれは、ここにおいて貨幣が重要な役割を果たすことを確認する。貨幣の助けを借りることによって、表象的幻覚の取り込みに閉じ籠るおずおずした態度を改め、全体性――個人とその共同体によって共有されるところの――への再《レ》-統合《ユニオン》という投影《プロジェ》=投企の冒険に乗り出すことが可能になる。以上のことから、貨幣は、二重の経済的次元において姿を現すと言える。貨幣はまず、一つの欲求へのいかなる反応をも、同じ満足をもたらす別種の欲求へと変換することができる〔表象変換の〕手段として現れる。次に貨幣は、〔〈自我〉内の〕自己中心主義的な幻想から〔社会内の〕共同的な再統合への変異様式として現れる。

しかしながら、臨床医と患者との間に貨幣が登場するのは、以上のような文脈においてだけではない。精神療法の最中にあっては、心的表象としての貨幣は、諸表象の諸々の転位《トランスポジシオン》ないし変換に、また諸表徴《シーニュ》の諸々の変異に役立つ。いずれの機能も安全保障《セキュリテ》の戦略に関連している。それと言うのも、検閲が心理的対象〔=表象または表徴〕の想起を禁じるとき、それを引き継ぐもう一方の心的対象が常に存在しているからである。自らが持つ諸イメージの複合体から疎外されている欲望の主体は、貨幣に言及することによって、あるいは――防衛が非常に強いときには――貨幣に関する長いお喋りによって、率先して疎外の事実を覆い隠そうとする。こうして、疎外された主体は自己の負担を軽減しようとするのだ。つまり、転移関係の中で、様々な形での不安が現れる中で、貨幣は頻繁に考慮に上らされる。

しかし第二に、貨幣は以下の仕方でも精神療法の関係に介入する。

毎回のセッションが終わると、患者は既定の料金を小額紙幣の手渡しによって支払う。実はこの支払行為はそれ自体が、心を鍛え直す重要な操作なのである。

さらに考慮すべきは、一セッションの支払行為は、紙幣が贈与されるまさにその瞬間において、三つの文脈に関与するということである。

（a）想像的《イマジネール》な関係　患者は、治療家に貨幣媒体を贈与することによって、同朋——すなわち同類のもう一人——との間で交換を行っている。こうして患者は、セッション中に展開された過去の連想ネットワークが活動するラインの上にとどまり続ける。イメージが転移される結果として、お金《ラルジャン》の引渡しは、先行の表象連合が設定する場面の中で行われることとなる。このようにして、被分析者は、今まで支配的だった転移の立場《ポジシオン》を設定した上で、「類似連合の登録簿におけるあなたの安全を確保する役割を、私は果たし続けよう」と分析医に申し出るのである。

（b）現実界との関係　支払の行為は、〔患者の〕身体を、社会化された身体へと仕立てようとする。実際、治療のセッションにおいては、抽象的表象（精神生活）の創発を促すために、（「触診」のような）接触は廃止されている。セッションの後の支払いの瞬間には、それに加えて今度は、支払いの動作が、社会化された身体の一部に加わる。絵文字およびイメージの活性化と、象徴界《サンボリク》の対立・空隙からの他性《アルテリテ》への転送とが絶えず再起動される過程においては、代替性を持つ貨幣が、切替え器《トランスフォルマトゥール》（逆説含みの諸表象を代理する物）として繰り返し役立つことができた。その後で今度は支払いの瞬間に、小額紙幣が、貨幣を富細分化の機能——統一化をもたらす現実的な紐帯を再構築する機能——へと組み入れるのである。

〈大いなる者〉が欲望の危険な冒険に保証を与えるためには、（小額）紙幣での支払いがなされ、貨幣の細分化され易い《フィシル》側面が発揮され、したがって深化と再統合が遂げられねばならない。紙幣のお金《ラルジャン》が代替性の演算子という役割を――常に依然として――果たしているのはもちろんのこととして、ここでは新たに作用域の変化が見られる。紙幣は、表象の場面から細分化の無限の奥行きへの移行、価値ヒエラルキーおよび投影的全体性への移行を司るのである。このようにして、登場人物たちの間を流通する紙幣の次元は、一個同一の貨幣的な再統合へと彼らを組み込む。ただし、その結果として彼らの間に相互の尊厳が確立されるためには、彼らが全員で信頼のうちに貨幣的紐帯を創出しなければならない。

　このようにして主体は、存在し続けていく上で、常に信頼を必要とするであろう。

　では貨幣の必要についてはどうか？「社会的な〈大いなる者〉によって提供される文化的保証が明確に存在すること《プレザンス》」を保証する機能が貨幣であるとするならば、貨幣は存在しなくてもよいのだろうか？「小額紙幣」を通じて、各個人の投影は、生の債務を埋め合わせる「公共物」になっていく。「小額紙幣」のこうした形体化《フォルマリザシオン》の様式を貨幣と呼ぶのだとすれば、各文化がそれ自身の――まさに統一された文化としてのその基礎に固有な――貨幣のヴァージョンを与えていないことをどう考えたらよいのだろうか？最後に、貨幣が、単に人間の想像的・象徴的な心理現象にとって便利なものであるだけでなく、人間が――自らの共同的昇華＝崇高化《スュブリマシオン》による保証の下で――相互に開かれた存在《プレザンス》であるということの証明に際して共同体的紐帯を組み込むのに不可欠でもあるとすれば、われわれはなぜ貨幣が友愛《フラテルニテ》の表現形態であることを押し隠さなければならないのだろうか？友愛も、主権的権威の保証の下でだけ可能である。

　こういうわけで、われわれは新しい人類学上の仮説に到達する。この仮説によれば、貨幣の介入は、言語の介入と同様に、日付も場所も持ったことがない。貨幣は進歩ではない（退行でもない）。貨幣は、人類学的な全体的事実である。貨幣は、可変的な文化的諸形態、差異化された諸機能を持つ一方、同一であり続ける欲望において構造的な位置《ポジシオン》を占めている。「信頼の創発」は、実在における主体の実存《エグジスタンス》からの帰結であり、貨幣はその形体的《フォルメル》なモデルである。貨幣はこうして「信頼の創発」を構築するからこそ、対象と対象とが関係する機会、価値と価値とが関係する機会において、世界に今ある存在の原動力となるのである。

第4部

現代の諸進化

第4部の概要

第4部「現代の諸進化」に収められているのは**第10章**（オルレアン著）のみである。市場経済における貨幣が「支払システム」のルールとして存在する（第4章）とすれば、貨幣の進化はルールの変更として現れる。本章ではその中でも「中央銀行の独立性」原則の普及に焦点が当てられ、その意味が探られる。一見すると「独立性」原則の普及は、主流派経済学の理想である「自己準拠貨幣」（通用力を経済的価値のみに依拠する）が現実化されつつあることを示すかのようだ。「自己準拠貨幣」が成立すれば、正統派経済学が志向する近代社会のプロジェクト（政治部面から独立した経済世界の下で個人主義的価値に立脚する社会を構築しようとする）は前進することになる。しかし本章ではむしろ、このプロジェクトは貨幣においてつまずくとされる。なぜなら貨幣主権論からすれば、貨幣の社会的（全体論的）側面は近代貨幣においても消去しえないからだ。こうして本章では、諸個人が安んじてその保有を受け入れることができる貨幣とはむしろ、共同体（集団的プロジェクトや連帯原理として現れる）への帰属に関して確証を与える貨幣なのだということが強調される。

第10章

自己準拠貨幣——現代の貨幣進化に関する考察

アンドレ・オルレアン

「ともかく、ここでは以下のことを強調しておきたい。すなわち、われわれの前に姿を見せている貨幣は、交易の中で、交換される財の価値の算術的な尺度手段として生まれたのではない、ということ。むしろ貨幣は、何よりもまず、数量的《カンティタティフ》なものが不合理な勢力関係の物質的側面としてしか実際に関与することのない社会関係の中で、その社会関係の一要素として生まれたのであるし、さらには、その社会関係をコード化する（他の手段と並ぶ）一つの手段として生まれたのだ、ということ。にもかかわらず貨幣は、その歴史すべてを通じて、原始的な社会学的構造のそうした不合理性を映し出し続けることはできなかった、ということ。」

——エドゥアール・ウィル(1)

エドゥアール・ウィルからの右の引用において本質的に重要だと思われること、それは、「貨幣の起源は商業上の必要性には見いだされない」という——繰り返し証明されてきた——事実よりむしろ、「どんな貨幣のうちにも、非商業的な起源のものが何かしら保持されているだろう」とする発想である。この見方によれば、貨幣的事実のうちには、全体論的な、いわばアルカイックな次元、すなわち「本源的な社会学的構造の不合理性の反映」が潜んでいることになる。そして、この次元がもつ論理は、経済秩序の近代性とは根本的に相容れないとされるのである。これと同じことをルイ・ジェルネは、「価値のうちには、それゆえまた価値を表象する章標《シーニュ》のうちには、俗に『合理的思考』と呼ばれるものには還元できない核が存在している(2)」と述べている。つまり、貨幣を典型的な経済学的対象と見なす今日の多数派的発想に逆らって、これらの論者たちの考察は、貨幣を全面的に商業的秩序に帰属させることに対する疑問を投げかけている。このことはまた、本書を新たな成果[3]として生み出した共同研究の目的でもあった。本研究は、近代貨幣のアルカイックで全体論的な次元を明確化することを目的とする点で、標準的な経済学のアプローチとは志向が逆であるし、またそうすることで、人類学者・経済学者・歴史学者間の共同作業《コラボレーション》の理論的必要性を示す場となっている。人類学者たちの願望と同様、本研究で追求されているのは、ものの見方をひっくり返すこと、「近代貨幣についての可能な諸定義の一つに原始貨幣が合致するかどうかではなく、むしろ、近代貨幣に潜む意外な諸属性が原始貨幣によって暴き出されるのではないか[4]」という問いを可能にすることである。

「主権の表れとしての貨幣」は、こうした「意外な」次元を定義すべく本書が提出する仮説である。われわれは、この簡潔な定式を敷衍し掘り下げねばならない。この定式で念頭に置かれているのは、主権の権威の下で共同体が構築されていく際の諸過程・諸関係の総体において、アルカイックな貨幣が果たす役割である。ローマで実施されていた戸口調査が、わかりやすい例を提供してくれる[5]。ローマでは、市民権を確立し、社会的ヒエラルキー内の位置を各市民に割り当てる装置の中心に、貨幣による評価が置かれていた。ジャン・アンドリューによれば、「戸口調査は、市民とそうでない者との間に境界を正式に画する」。経済的諸価値は、ここでは周辺的な役割しか演じない。監察官による評価は、単なる財産評価をはるかに超えた包括的評価を目指していた。監察官が監査するものは、ローマ市民の道徳的質――すなわち威厳《ディグニタス》と徳性《ウィルトゥス》――の総体であった。メラネシアのアレアレの人々におけるのと同様、ここに見いだされるのもまた、社会的全体性を表象する貨幣の能力なのである[6]。この全体化ないし主権の論理が今日の貨幣的現実を考える上で依然として重要であるのは、どんな点においてであろうか？　本章の主題はここにある。

第一節では、最初にもう一度われわれの基本仮説に立ち戻り、その用語を厳密に定義するとともに、経済理論に対するその重要性を強調しておきたい。中心論点は、近代の商業的秩序を契約的秩序として性格づけることである。第一節では、その次に、諸個人の明示的な同意をあらゆる集団的行動の必須条件としている点において、契約の論理が個人主義的性質をもつことを強調する。このような理論的枠組みの下では、貨幣の問題は次のような形態をとる――「純粋に契約的な貨幣を考えることは可能なのか？」と。われわれの答えは、否である。われわれは、貨幣的紐帯が実は商業的社会〔ないし商品社会〕の全体論的な表現形態に依拠しているということを示すつもりである。この全体論的な表現形態は、契約の論理との不整合性が明白なもの、契約の論理の理想的な機能を攪乱させるものである。貨幣とは、商業的社会への一人一人の帰属を規定する諸ルールの総体なのである。第一節で敷衍されていくこの主張は、重大な実践的・理論的な含意を持つ。なぜなら、この主張は、貨幣が個人主義的な諸価値に対して根本的に疎遠であることを明らかにするからである。読者は、経済学者の文章の中にこのような表明がなされているのを見て、驚くかもしれない。しかし、この主張に好意的な経済学の議論は、数多くあるのである。

右のような見方が経済学者にとって魅力的であることを理解するために、経済学の教義が貨幣を扱う際に直面する困難に注目すべきである。困難の大きさを知るためには、一般均衡――すなわち現代の経済学的思考のうちで最も成功した形態――が、貨幣なしの経済を（！）描写したものであることを想起すればよい。多くの――「少しばかりの」では決してない――経済学者たちが、一般均衡理論において成功を収めた分析原理を、貨幣経済に拡張しようとしてきた。しかし、そうした試みの中で、学界によって真に満足のいくものと見なされたものは存在しない。偉大な理論家であるフランク・ハーンは、「貨幣理論の基礎はいまだ築かれていない(7)」と述べている。繰り返されるこの困難について、われわれは独自の解釈を提示したい。すなわち、この困難は、偶然的なものではなく、経済学的思考の特徴をなす契約の論理が貨幣的事実に対して不適合であることを表すのである。経済学の枠組みに統合されることに貨幣が頑強に抵抗するとすれば、それは、単なる商業的関係を超える実在を、貨幣が担っているからに他ならない。この新しい解釈に照らすことにより、経済理論の失敗が特に注目の的になる理由も理解される。なぜなら、この解釈によれば、理論経済学が個人主義のプロジェクトを追求する上で障害となるものは、貨幣のうちに見いだされるからである。それこそまさに、困難のうちに垣間見られる貨幣のアルカイスムである。本章の第二節では、さらに二つの経済学教義、すなわち法的強制および重複世代の学説が提示される。そこでは、貨幣を前にして経済学理論が抱く不安が明らかにされるだろう。実践的な影響力を持たない第二義的な概念のみをそこに見いだすとすれば、それは誤りであるだろう。逆に、貨幣の操作に際して公的当局がかき立てられる特殊な不安を理解することなしに、われわれは金融政策について何も理解したことにはならないだろう。貨幣は、他の手段と肩を並べる経済政策の一手段とは見なされないのだ。貨幣は、社会の信仰を基礎にしていることからわかるように、聖《サクレ》なるものに近接した公共財なのである。

この不安は、新自由主義《ネオリベラル》の論者が貨幣の「救いようのないほど攪乱的な」性質を強調するときに[8]、姿を現す。彼らの筆にかかると、貨幣は常に、暴走が起きうる場所、商業的秩序に潜在するトラブルの場所として描かれる。逆に言えば、良い貨幣とは、人の注意を引かない貨幣、市場の効率的作動の陰に消え去りゆく貨幣である。貨幣が語り出すときの言葉は、経済の言語ではなく、常に主権の言語である。そこからまた、ジャック・リュエフの適切な言い回しを借りれば、貨幣の沈黙を世界に復活させねばならない。適切な金融政策が追求する目的は、「貨幣を中立化させること」でなければならないのだ。貨幣が喚起するこうした不信については、われわれの分析から直ちに次のような解釈が与えられる。つまり、〔そこで〕とらえられているのは貨幣の異邦性、すなわち需給法則と折り合いがつかない社会的原理に貨幣が関与しているという事実である。

自由主義者たちは自らの願望として「物言わぬ貨幣」を要求するが、物言わぬ貨幣の考察を可能にするのが、「自己準拠貨幣」の概念である。この概念は、われわれの考察の中心をなすものでもある。第三節は、この概念の考察に当てられる。ここで念頭に置かれているのは、主権の属性をすべて剥ぎ取られ、もはや交換を容易化する単なる道具でしかなくなっている貨幣である。この貨幣が役割を果たすのは厳密に商業的部面のみにおいてであり、それゆえ、「経済的価値以外の価値が貨幣の正統性を築き上げない」という意味で、この貨幣は「自己準拠的」と形容される。この貨幣が獲得しようとするのは、もっぱら物価の安定のみである。自己準拠貨幣の概念を用いるということは、純粋に契約的な貨幣的秩序の可能性を考えていることを意味する。経済秩序が抱く「根本的な自律化を遂げることによって、自己充足的・価値中立的な活動領域を構築しよう」という熱望は、ここ〔純粋に契約的な貨幣的秩序〕にその中心的概念を見いだす。現代経済の進化のうちに、特に、国際的レベルにおいて貨幣関係の支配的表現様式となっている「中央銀行の独立性」のうちに、そのような傾向が容易に認められる。この「独立性」の諸特性を検討すること、それが第四節の目的である。「独立性」の背後に見いだされるのは、他者および制度に対する抽象的・道具的な関係を本質的な軸とする社会的紐帯のヴィジョンである。

一　貨幣と社会的全体性

経済理論はその本質において契約の理論であり、経済理論が関心を寄せるのは、生産・交換における人間同士の関係が契約によって調節される社会はどのようにして機能するか、ということである。自律的で平等な諸個人の間での自由な交渉の成果としての契約は、あらゆる規制を厄介払いしようとする、つまり契約当事者の完全に自由なイニシアチブによる産物であろうとする。そのような契約に基づく社会は、個人主義的な社会の最も完成した形態、最も極端な形態と見なすことが可能である。なぜなら、そこで是認される社会的紐帯はもっぱら、契約当事者の自発的・明示的な契約から帰結するものだけだからである。そこでは、契約取り決めに明記される個人の同意だけが、正統性の源泉となる。この仮説的な社会についての見事な記述が、エミール・デュルケームに見いだされる。そこでは、諸個人は、「彼らが相互に依存する程度においてのみ集団に依存し、そして彼らは自由に結んだ私人間契約によって定められた程度においてのみ、相互に依存するにとどまるであろう。それ故に、社会的連帯は、個人的諸利害の自発的一致に外ならないし、また、契約は単にその一致の自然的表現に外ならない[9]」。

契約の論理は、ルイ・デュモンが言う意味において「個人主義的」である。「それは個人に高い価値を与え、社会的全体性を下位に置く[10]」。実際には、この論理にあっては、社会的全体性はいかなる存在証明《イデンティテ》も自律性も与えられていない。社会的全体性は、諸個人の行動から事後的に結果するものでしかなく、集計操作という統計的実在以外にはいかなる実在性ももたない。集合変数には価値への関与が全く認められていない。唯一正統的なものは、個人による評価だけである。したがって、社会の状態Bよりも状態Aのほうが諸主体の総体的な満足が増す場合でも、ただ一人の個人が状態Aよりも状態Bを選好していれば、「状態Bよりも状態Aの方が好ましい」とは言えなくなる。[11] これとは違ったやり方で社会の状態を評価するためには、諸個人に与えられるのに匹敵するだけの価値ウェイトを、社会の集合的表現にも与えなければならない。しかし、そのようなやり方は、理論経済学においては「首尾一貫した個人主義」の名の下に、却下される。この理由から、理論経済学は、非常に特殊なケースにおいてしか、集団的厚生についての判断を下さないのである。状態Aが状態Bに比べて好ましいと判断されるのは、その効用が全個人にとって少なくとも同じ大きさにとどまり、かつそのうちの少なくとも一人にとって正味で増加する場合のみである。これがパレート基準である。社会成員全員の満場一致の同意を集めることができる比較のみが、ここでは正統的と見なされる。このような基準は明らかに極端に非力であり、ほぼ同義反復に等しいものである。この基準によって解を与えることができるのは、ごく少数の状態においてのみである。その他の状態については、経済理論は判断行使を差し控えねばならないのだ。

このように社会的全体性を個人の下に置くことは、契約的秩序——理論経済学によって形式化されるところの——を形成する一つの要素として、明示的に要求されている。この秩序は過去の社会とは明確な対照をなしている。過去の諸社会においては、全体への依存の紐帯が、上位の準拠基準——すなわち、主権的権威の行使が繰り広げられ、個性が形成される場所——とされていた。これとは対照的に契約的秩序においては、全体性は語られない、もしくはアダム・スミスの表現を借りれば「見えない」。つまり、社会成員たちの一般的な調和は、需給法則という純粋なメカニズムによって支配されている。そこでは、上位的正統性の名の下に個人的評価の優位に立ち向かおうとするいかなる集合的プロジェクトも、いかなる価値ヒエラルキーも、是認されない。契約的社会は、自発的交換の社会、「ギブ・アンド・テーク」の社会、全面的な物々交換の社会である。この社会では、取引の適法性が認められるのは、交換者たちに対してのみである。

貨幣関係が生じるのは全く異なる論理からなのであり、その論理は経済理論に対して問題を提起するものであると思われる。その論理とは、「集団総体に対する交換者たちの関係は、貨幣に対する関係において現れる」というものである[12]。実際、貨幣の所有者は、その所有によって、社会総体に対する無差別な権利を授けられる。貨幣の所有者は、この権利によって、どの生産者からも商品を獲得することが許される。ジンメルはこの考え方を次のように定式化している。すなわち、「貨幣による一切の私的な義務の弁済がまさに意味するのは、いまや総体がこの義務を権利者に対して引き受けるということである」[13]。貨幣を所有することは、社会全体に対する債権を持つことを意味する。なぜなら、「すべての貨幣は社会に対する指図証券でしかない」からである。それゆえ、特殊な実体《アンティテ》としての社会は、貨幣によって成立する。貨幣による購買と信用による購買とを比較するとき、この点は明白になるであろう。信用による購買の場合、売り手［j］は買い手［i］に譲渡した商品と引き換えに、一定額の貨幣をではなく、［i］に対する債権を受け取る。この取引において価値の移転はなされているが、その形態は私的と呼びうるものである。このことは、次に［j］が商品を購買しようとして［i］宛の債務を支払いに充てる場合に、［j］が困難に直面することから明らかである。他の商人は、［i］を知らないかまたは［i］を評価しない場合、［i］の債務を拒否する可能性がある。個人［j］による債務の引き受けが、他の交換者たちを拘束することは決してない。それは、個人［j］が［i］の〔債務証書への〕署名に関して、すなわち［i］が契約債務を支払う能力に関して下す個人的判断を表すにすぎない。ここでの関係は厳密な意味で双務的であり、二個人［i］と［j］に限定されている。［i］の債務証書が流通するためには、さらに、それが集団的引き受けの対象にならなければならない。私的証書を社会的富に変換するこのような社会的な妥当化検証の例は、金融市場によって与えられる。この場合、私的な債務証書は貨幣になるのであり、その結果として初めて自由に流通できるようになる。

貨幣による購買の場合、［j］の状況は全く違ったものとなる。この売り手は自分の商品と交換に貨幣を、すなわち直ちに社会的富を獲得する。ジンメルによって提示されたイメージを借りれば、この場合には、二人の当事者の間に中間審級として社会体が介在する。この社会体が、交換の支払いに使える自己宛債務証書を、経済諸主体の利用に供するのである。交換者たちは、他の契約当事者たちの評判や誠実さをもはや問う必要がないのであり、もっぱら貨幣章標への信頼だけが重要となる。私的署名の論理から官印の論理への移行がなされたのだ。フランソワ・シミアンの法学的な表現を借りるならば、[14] 前者の論理は、それぞれの債務に付随する特殊なリスクについての局所的な評価を軸にして構築されるのに対して、後者の論理は、満場一致で受領される章標への「信頼すなわち社会的信仰」にわれわれを向き合わせる。これに関して示唆的なのは、銀行券面の記載事項である。そこには、超個人的な第三者への指示が必ず見られる。フランスの場合には、それは法律であり、偽造防止に関する刑法第一三九条への注意が促されている。[15] またアメリカの場合には、それは神であり、「我ら神を信ず（In God We Trust）」という銘は有名である。いずれの場合も、引き合いに出されるのは、社会的全体である。

われわれの分析を要約しておこう。われわれは貨幣というものを、かなり特殊な性質をもつ債権と見なすことができる。すなわちこの債権は社会的富を表しており、また、行為主体《アクトゥール》〔＝アクター〕に外在する実体《アンティテ》としての社会を基礎としている。貨幣は特殊な評価論理に基づいており、われわれはこれを「官印の論理」と呼んだ。この論理は、われわれが「署名の論理」と呼んだ金融的債権の評価原理とは共通点を持たない。「署名の論理」は、債務者の経済的状態に関する合理的分析を中心に置く点で、もっぱら契約的個人主義を満足させるにすぎない。「官印の論理」はと言えば、その基礎をなすのは、信頼〔信念〕の集団的過程であり、この過程を通じて一人一人が、商業的共同体を構成する社会的紐帯の強固さを検証するのである。二つの論理の違いを考えれば、貨幣に「債権」の語を適用すること自体が誤解を招きかねないであろう。これを理由に、本書〔第4章〕においてアグリエッタとカルトゥリエは、この用語よりも「制度」の語を好んで使用している。しかし理論的着想はわれわれ〔本章〕と同じである。どちらの論稿においても、「契約的秩序ではない関係、計算の対象とならない関係」を考えようとしている。こうした観点から見るとき、貨幣〔の存在〕は、需給法則から導出されるものではなく、市場経済を分析する前提として予め必要な制度的仮説であると言える。アグリエッタとカルトゥリエは、「貨幣は市場関係に論理的に先行する」と記している。

こうして、最初の考察を終えたこの時点で、市場経済の両義性がはっきりと姿を現してくる。二つの論理とは、個人主義の論理と全体論の論理であり、市場経済の内部ではこれらが共存しているのである。では、二つの論理はどのように接合していると考えられるだろうか？　これについてポール・サミュエルソンが提示している分析は、正統派経済学のアプローチを象徴するものである。彼は貨幣的現象の中に、質的な次元と量的な次元とを区別する。質的観点からは、貨幣は本質的に重要である。それは、市場経済を創始する制度であり、経済学者たちはずっと以前から、物々交換のような貨幣不在の取引構造が非効率的であることを証明してきた。「しかし、貨幣Mを用いる商業的構造を採用することによってひとたび質の優位が実現されてしまうと、Mの量的水準は重要性を喪失する」⒃。経済学者たちは、貨幣数量に対する経済学のこうした無関心を言い表すべく、貨幣の中立性という用語を使用する。その意味は、発行貨幣の数量が変化しても、そのことによって交換および生産の水準・構造が修正されないということである。交換と生産は、経済の実物的与件、すなわち処分可能資源、利用可能技術、消費者の嗜好にのみ左右されるとされる。貨幣供給の変化は一般的物価水準のみを修正する。つまり、貨幣の中立性は、貨幣経済から物々交換経済への移行が均衡交換関係をいささかも修正しない（！）ことをわれわれに告げるのである。

　それゆえ、貨幣の両義性は、サミュエルソンによって、根本的に区別され、かつ決して相互に干渉しない二つの期間の継起として分析される。第一期は、通貨空間の歴史的形成に対応する期間である。第二期は、既に貨幣が創造された後の、市場諸経済の同調的《サンクロニーク》な機能に対応する期間である。この二つの時間的次元において、経済学者の興味を引く唯一のことは、貨幣が行為主体の役に立つ純粋な道具であり、彼らの行動に対して実質的影響を及ぼさないということである。貨幣が非経済的な社会関係から生まれることは大いに可能だとしても、貨幣は景気の動向には影響を及ぼさないとされる。このときによく持ち出されるのが、言語との比較である。実際、言語が思考の意味を歪めずに思考の表現を可能にする限りにおいて、言語にも同じ両義性が認められる。一方には、言語の質的重要性、すなわち有効なコミュニケーションを可能にするという重要性がある。他方には、言語が伝達可能にするメッセージに関して言語が中立であることが想定されている。アプリオリに相矛盾する二つの要求を互いに両立可能にすること、そこに中立性の理論の大きな強みがある。つまりこの理論は、契約関係の優位を問い直すことなしに、貨幣の存在《プレザンス》を受け入れるのだ。ただし、中立性の理論は貨幣の質的重要性を認めるけれども、中立性は貨幣的現実に「非重要」のレッテルを貼り、貨幣の全体論的な存在《プレザンス》をいわば厄介払いしてしまう。

このような理論構成には、経済学が貨幣に直面するときに感じる不安が示唆されている。ここには、外生的で有害な貨幣の権力を中立化させる、という自由主義の大テーマが見いだされる。しかし、その巧妙さにもかかわらず、このアプローチは、主に二つの大きな理由によって不十分である。一方で、中立性はせいぜいが近似的なものであるにすぎない。貨幣が経済に影響を及ぼすことは明白であり、しかもそれは名目量を通じての影響にとどまらない。この点については、経済学者の誰もが同意する――もっとも、一部の経済学者はこの影響を短期の領域に押し込めようとするが。他方で、経済理論は、相反する価値領域《レジストゥル》に属する社会諸関係が共存するような折衷的な理論的仮定には、満足することができない。つまり、経済理論は、契約の原理のみに依拠する統一的アプローチを要求する。目指されるのは、「貨幣理論と価値理論の統合」(17)の達成である。純粋契約的な商業的秩序についての理論的要求は、経済学の完全な自律性を確立しようとする意思と不可分である。経済学は、社会学・歴史学・人類学による分析に借りを負わないためには、一貫して競争の原理を――しかもそれのみを――基礎としなければならない。われわれは、以下の諸節において、経済学に貨幣を統合しようとする現代的な試みについて検討するつもりである。そこでは、貨幣中立化という同じ戦略が、様々な形態の下に見いだされるだろう。しかしその前にまず、こうした知的要求と社会の現実の動きとの間に存在する結びつきについて強調しておかねばならない。

商品経済は、その帝国主義によって、すなわち自らが利用する社会関係をすべて自らの原理に従属させようとするその意思によって性格づけられる。歴史はわれわれに数多くの事例を提供してくれる。われわれは、至る所で、伝統的な社会的紐帯――地位・慣習・人格的従属のいずれに基づくものであれ――が力を弱め、個人的利害と道具的合理性に支配される契約関係に席を譲るのを見てきた。この転換が貨幣の部面を放っておくわけがない。貨幣の部面もまた、現代という時代が明白に証明しているように、根本的な再定義作業の対象となる。われわれの見るところ、こうした社会転換の運動と理論的省察との間には密接な共謀が存在する。前者は自らの方針を定義し、自らの正統性を確立するために知的道具を必要とする。そして後者がその知的道具を鍛え上げていく。経済学者たちは、伝統的な貨幣諸形態から解放された純粋に契約的な資本主義の秩序を考察しようとする。そうした経済学者たちの試みを分析に付すことは、単なる理論的訓練になるだけではない。この分析を通じて、今日の〔貨幣〕進化を構造化しているところの、かつ次第に強まりつつある社会の金融化に連なるところのいくつかの重大な傾向を把握することができるのである。より正確に言えば、本章においてわれわれの注意を引いているのは、貨幣のアルカイスムに向き合い、それを契約的枠組みに統合しようとする経済学者たちの方法である。以下の節では、この同じ問題に全く異なったやり方で接近する二つのアプローチを考察していく。一つは、いわゆる法的強制の理論、もう一つは、重複世代モデル（以下ではＭＧＩ〔modèle à generations imbriquées の略語、重複世代モデル〕と記される）である。

二　近代貨幣の両義性

法的強制の理論家による論考[18]においては、貨幣関係の異邦性がはっきりと浮かび上がらされている。彼らによれば、貨幣とは、規制当局が民間の金融仲介機関に課す諸規制の産物である。この政府の行動なくして、貨幣は存在しない。以下の引用文のうちに、このラディカルなテーゼが力強く表明されている。「貨幣とは規制の純粋な産物である」[19]、あるいは「金融部門が政府のあらゆる干渉を完全に免れている自由放任《レッセフェール》経済においては、通常の意味での貨幣は存在しないだろう」[20]。換言すれば、民間銀行の活動を制限する規制がすべて廃止されるならば、各銀行は自由に自分自身の支払手段を公衆に提供することになり、われわれの社会に見られるようなタイプの中央貨幣〔「私的貨幣」の対立語であるが、具体的には中央銀行が発行する貨幣を指す〕は存在しなくなるだろう。この場合、私的貨幣間の競争が見られるようになり、私的主体は自分から見て最良と思われる貨幣を自由に選択することになる。このアイデアによれば、中央貨幣は交換者の自生的欲望に由来するものではなく、もっぱら公的権力の意思に由来するものである。したがって、明らかに、このアイデアは中央貨幣の非契約的な性質を示そうとしている。われわれの現代的な組織に見られるように、中央銀行発行の貨幣が下位諸貨幣[21]に対して階層的《ヒエラルキー》に上位の性質を持つことは、私的選択からの帰結とはされない。これは、金融部門を規制する強制の産物だとされる。

この理論的視角からの論理的帰結は、新貨幣経済学（New Monetary Economics）の超自由主義的なテーゼである。新貨幣経済学が提唱するのは、貨幣を無条件に廃止し、貨幣を私的支払手段同士の自由競争のシステムによって置き換えることである[22]。個人主義的秩序の完全な開花を望むのであれば、貨幣のアルカイスムを排除することが適切とされる。このテーゼの大きな理論的長所は、論理的帰結として、契約関係の自由な表現が貨幣の存在《プレザンス》と衝突することをはっきりと示す分析を提供している点にある。もしも効率的な経済が望ましいのであれば、需給法則を交換手段の生産へと拡張しなければならない。われわれがこうした分析に、そして近年こうした分析が遂げてきた重要な発展に興味を寄せるのは、当然のことである。そこには、貨幣を前にした経済学者たちの不安が、如実に示されているのだ。貨幣の異邦性が、そして貨幣が経済秩序に帰属しないことが、そこではっきりと認識されている。しかし、このアプローチは、貨幣の問題を解決するというよりむしろ消去してしまう。本章の文脈において〔法的強制の理論より〕もっと興味深いのは、むしろ、個人主義の原理と両立可能な貨幣を考えることを明示的な目的とするＭＧＩの方である。ＭＧＩがわれわれに指し示すのは、自己準拠貨幣の概念である。

ＭＧＩが関心を寄せる貨幣は、アングロサクソン人が「不換通貨（fiat money）」〔今日の中央銀行券のこと。本来は不換政府紙幣を指す語〕と呼ぶもの、すなわち不換で固有価値を持たない貨幣である。ＭＧＩのモデルが解明しようとするのは、「なぜ諸個人が、全く価値を持たないそのような章標と引き換えに自らの商品の一部を手放そうとするのか」という問題である。貨幣の問題をこのように定式化することがいかに特異なことであるか、注意を促しておきたい。ここでは、行為主体《アクトゥール》の観点が考慮に入れられている。問われているのは、行為主体の個人的欲求を満たす貨幣の能力である。集団的な経済パフォーマンスへのインパクトは、この分析においては、二次的な役割しか演じない。[23] つまり、ＭＧＩは、集団的合理性の観点よりも個人的合理性の観点を特権化しているのである。

このような二元性は、近代貨幣の両義性に直接関連している。近代貨幣のうちには、次の二つの正統性が対峙し合っている。すなわち、一つは、価値における個人の上位性が肯定されること、もう一つは、社会の観点が支配的と見なされることである。前者においては、貨幣は経済諸主体に仕える道具であり、後者においては、貨幣は社会協約を確立し私的戦略を支配する規範である。だからと言って、この二者の解明が同レベルに位置するわけではない。経済理論は、個人の観点に立つに際して、個人主義の価値が現在優位であることを認めないわけにいかない。個人の観点に与することは、任意の選択なのではなく、われわれの社会が価値をヒエラルキー化するやり方を考慮した結果なのである。実際、今日、貨幣の安定が何よりもまず経済的行為主体《アクトゥール》の自発的同意にかかっていることは否定できないのであり、MGIはまさにこの点を分析することを目的に据えている。これに対して、もう一つの観点——貨幣を社会的全体性およびその価値の発現として、つまりクナップの国定説のように規範的外在性としてとらえる——は、下位的な観点を表現しているだけで、現代の状況に本質的なものをつかんではいない。換言すれば、行為主体による貨幣の受領を理解するには、貨幣の社会的性質を考えるだけでは十分でない。このことは、貨幣の信頼回復を図ろうとする政府の行動がぶつかる限界を見れば、明らかである。当該の貨幣の使用を法的強制によって課そうとする政府の試みは、失敗を繰り返してきた。ギロチンの脅しさえも、アッシニア紙幣の大量拒否を止められなかったのだ。

MGIが採用する個人主義的観点においては、貨幣の社会的質は副次的な地位に移行し、結局は姿を消してしまう。貨幣は、行為諸主体の手元において彼らの実存《エグジスタンス》を条件づける規範として姿を現すのをやめ、むしろ、彼らが自由に処分しうる道具として現われる。この格下げは、貨幣が最終的に一金融資産と見なされるまで続く。貨幣は最終的に、家計の金融ポートフォリオの中で他の証券と肩を並べる一証券と見なされるに至る。そのようなものとしての貨幣の評価は、金融理論の一般的法則に直接に基づいてなされる。貨幣は、裁定の制約に支配される「収益－リスク」平面の一座標として定義される。今日の経済理論において優勢なのは、このような見方である。MGIによる考察はこの枠組みの中でなされている(24)。

既に強調したように、われわれはこうした観点を全くもって正統的であると考える。この観点は、貨幣の実在性についての本質的次元を余すところなく表現している。だからと言って、「制度としての貨幣」という代替的視角が妥当性を持たないとか、金融的制約を考慮しさえすれば満足のいく貨幣の理論を構築できるということにはならない。私見によれば、貨幣の受領についての真正の説明においては、「社会とその利益」が随所で姿を現さなければならないと考えられる。換言すれば、契約主義のアプローチとは対立して、われわれは、貨幣の存在《エグジスタンス》を単なる私的選択の結果と見なせるものとは考えない。貨幣は金融に還元されうるものではない。実際、貨幣を考えることの困難はすべて、まさにこのような表象の還元不可能な二元性に由来するものである。より正確に言えば、実はここまで述べてきたのは、表象のヒエラルキー化であった。近代貨幣においては、個人の観点が社会の観点を支配している。しかし、社会の観点は、消滅の傾向が認められるとしても、近代貨幣において依然として存在している。ここにわれわれは、本書の基本仮説を見いだす――すなわち、近代貨幣の両義性は、個人主義的観点すなわち「金融資産としての貨幣」と、全体論的観点すなわち「制度としての貨幣」とのヒエラルキー化された共存に見いだされるのだ、と。

一九八〇年代末のイスラエル社会は、われわれに格好の例示を与えてくれる。国内インフレが記録的な水準に達し、イスラエル通貨シェケルへの不信が頂点に達した時期に、「準備中の抜本的な改革は、深刻な危機を解決するために、わが国の通貨を無条件に放棄し米ドルに切り替えようとするものである」というニュースが伝わった。この情報は、政治的騒擾とナショナリズムからの激しい抗議とを引き起こし、結果として、改革プロジェクトは放棄されるに至った。ここには、政治の論理と経済の論理との間の密接な絡み合いが顕現している。貨幣の肯定と国家の肯定とは不可分なのだ[25]。しかし、貨幣主権への集団的な愛着が騒ぎによって確認されてもなお、イスラエル通貨に対する投機は収まらなかった。このときの投機には、いわゆる「ドル化」の進行によるものも含まれていた。というのも、いくつかの銀行は、シェケルの変動から身を守るべく、既にドル建ての債務を発行していたからである。この事実にイスラエル人の偽善――公にはドルによるシェケルの置き換えに反対しながら、私的取引ではひそかに同じ政策に追従するという偽善——を見いだすことは誤りであろう。そのような解釈は、二つの異なる価値目録を不当に混合してしまうものである。私的で契約的なドル化は、最低限の金融的効率性を理由として発展してきたものだった。それには、疑いの余地なく正統的な動機づけが対応している。誰もが自分の財産資産を維持する義務を負っている。これは一個の経済的事実である。これに対して愛国的な主張は、下位の多様な諸価値の目録に載っているものである。

ヒエラルキーのもう一つの例は、現代の銀行組織によって与えられる。そこにわれわれは、二つの主要な貨幣形態、すなわち不換通貨（銀行券）と預金通貨（銀行の元への一覧払預金）を見いだす。前者の形態を発行・管理するのは「上位の銀行」と呼ばれるフランス銀行、後者の形態を発行・管理するのは「下位の銀行」と呼ばれる商業銀行である。一般に通用している観念とは対立して、貨幣に関してイニシアチブをとるのは、大体において下位銀行のほうである。下位銀行が管理する一覧払預金は、総通貨量の約八五％を占める。しかし、不換通貨と預金通貨を足し合わせるにとどまるこの会計的な分析は、現実についての誤ったイメージを与える。実際には、この二つの形態が同じレベルにないことは明白である。銀行貨幣〔＝預金通貨〕は、中央貨幣〔＝不換通貨〕への転換可能性が保証される限りにおいて、貨幣なのである。この観点から見れば、銀行貨幣は、貨幣関係の質の保証人であるフランス銀行の権威に従属している。フランス銀行は、銀行貨幣が尊重すべき交換性の諸ルール（義務的準備、与信枠、金利政策）を公表することによって、この権威を行使する。

以上のように制度の観点から構築される最初の表象は、銀行システムの監視・統制というその使命のゆえに、中央銀行に上位の地位を与えている。この表象は争う余地なく妥当なものではあるが、作用している過程についての部分的な分析しか提供していない。この表象は、二つの決定的に重要な事実系列を等閑視している。一方で、フランス銀行が商業銀行に対して行使する統制は、狭い限界内のものであることに注意しなければならない。民間が行う貨幣創造をフランス銀行が承認しないということは、——不可能ではないにせよ——困難である。フランス銀行が非妥協的な態度をとって例えばＢＮＰ〔現在は合併してＢＮＰ－パリバ銀行〕を破綻させるとすれば、どのようなことが起きるだろうか？　われわれは恐怖を覚えることなしには想像することができない。おそらく、フランスの通貨・金融システムの全体が息の根を止められるだろう。他方、私的主体の金融の中で、下位の諸銀行が完全に特権化された位置を占めていることを強調しておくべきである。経済と直《じか》に接触し、行為主体《アクトゥール》の要求を正確に知っているのは下位の諸銀行なのである。中央銀行は、そのようなことを行う正統性を持っていない。中央銀行は、公共財政に対してのみ、直接的な金融家としての役割を行使する。(26) 以上二点に注意し、これに照らして見るとき、貨幣システムの機能論理は、先の表象を逆転したものとしてとらえられる。つまり、貨幣システムの機能論理は民間経済の効率性の観点から把握されるので、商業銀行に優位が与えられる。貨幣のイニシアチブを持つのは商業銀行である。ここではフランス銀行は従属的な役割しか演じない。民間諸主体からの正統的な信用需要を前にするとき、フランス銀行の唯一の使命は、そのマクロ的な首尾一貫性を管理することだけである。それゆえ、フランス銀行の行動基準はマクロ経済的かつシステミックなものである。このような表象の下では、公共財政の資金需要は、ノイズ的・攪乱的な要素として現れる。本来的な目標とされるのは、民間経済の健全性である。

結論を要約しよう。貨幣は二通りの表象を喚起するが、二つの表象は、互いに逆の因果関係と結びつきを持っている。第一の表象においては、貨幣とは、私的諸関係からはみ出していて、私的諸関係の展開を規制するところの規範的・超越論的原理である。貨幣とは最終的準備手段のこと、すなわち、他の支払手段の貨幣〔としての〕質を最終的に規定している中央貨幣のことだとされる。その発行は経済に対して外生的である。このような貨幣を指して、われわれは、「外部貨幣」という用語を用いることにする。金本位制は、そのすぐれた実例である。金の供給は外生的である、というのは、その重要な部分は新鉱山の発見いかんによって左右されるからである。それゆえ金の供給は、経済の需要から独立である。また、このようなシステムでは、国民通貨から預金通貨に至るまでの支払手段の貨幣の質は、金との交換性によって条件づけられている。第二の表象においては、論理の組み立てが逆である。支配的なのは民間の金融関係である。民間の金融関係が貨幣発行を条件づけるのであり、貨幣発行は経済に内生的である。貨幣の質は、もはや主権的本位〔金本位制の下での金準備のこと〕への不確かな追従によって測られる必要はなく、経済に供給される信用——貨幣発行の見合いとしての——の支払可能性によって決まる。ここでは貨幣は、いわゆる「内部貨幣」[27]の形態をとって現れる。われわれが主張しているテーゼは、このような二元性を重視することが適切であるとするものである。近代貨幣は、もっぱら外部的でしかないものでも、もっぱら内部的でしかないものでもない。近代貨幣は、公平な発行ルールを尊重しながらも、同時に民間経済の需要に対応できなければならない。それにまた、この二元性はヒエラルキー化されている。つまりそこでは、内部貨幣の観点が支配的な位置を占め、集団的規範の観点が従属的な役割を果たしている。われわれがここに見いだす組織化の形態は、ルイ・デュモンが研究したものであり、彼はそれを「反対物の包摂」と呼んだ。

この組織構造をもたらしているのが、近代社会を構造化し、個人に優位を与えている価値ヒエラルキーである。この価値ヒエラルキーが、日常的諸実践の総体に滋養を供給《イリゲ》し、道具的合理性の働きを通じて「個人の開花」を追求する経済行動に意味と正統性を与えるのである。これをわれわれは「倫理的信頼」と呼ぶ。社会科学の多くの専門家たちは、ずっと以前から、この場合に社会ではなく個人が上位に置かれることの奇異さを強調してきた。デュルケームは、次のような事実に注意を向け、それが社会的凝集性にとって危険であることを見いだしていた。すなわち、個人への信頼は共同体全体によって共有されている限りにおいてしか集合的ではなく、「この信頼は……その対象からみるならば、個人的である。たといその信頼がすべての意思を同一の目的に向わせるとしても、この目的は社会的なものではない[28]」。あらゆる経済思想が問題の中心に置いてきたのは、こうした「個人主義的な社会秩序」という明らかな逆説であった。経済理論はこの逆説に対して、次のような見事にして意外な解決を提示してきた。すなわち、一人一人による自己利益の追求こそが、一般的調和を保証するのだ！　われわれは個人主義のスローガンをここに読み取ることができる。ここで証明されようとしているのは、社会的凝集性というものを、個人的利益の追求に専念する諸個人の行動がもたらす意図せざる結果と見なすことができる、ということである。この一方向的な見方〔個人が社会に対して一方的に優位に立っと見なす〕に対して、われわれは、個人主義的社会についてのヒエラルキー的な見方を対置する。われわれの見方は、下位の〔従属的な〕レベルにおいてではあるが、集団性の観点を保持する。ヒエラルキー化した主権的な全体性としての社会は、諸価値と諸利益の総体を通じて姿を現すが、集団性の観点はそうした価値や利益をとらえようとする。

経済学のアプローチが困難に直面するのは、貨幣の論理に関して絶対的に一方向的な見方をとるからである。そのようなアプローチにおいては金融的な意思決定しか考慮されないので、たちまちにして視野狭窄となる。社会とその政治的表現は姿を消し、純粋に契約的な秩序に場所を空け渡してしまう。ＭＧＩは、そうしたアプローチの例をわれわれに提供している。MGIを批判することは、主に二つの理由によって重要である。一方で、われわれは、契約の論理は不完全であるというテーゼを、考察の中心に置いてきた。つまりわれわれの主張は、純粋に契約的な社会は不可能だとするものである。そこで重要になってくるのが、MGIから引き出される結論について議論することを糸口としつつ、理論領域におけるわれわれのテーゼの妥当性を示すことである。(29) その中でわれわれは、このモデルからは、どう考えても、行為主体に貨幣の受領を促す理由についての満足な分析は提供されない、ということを論じておきたい。これが第三節のテーマである。他方で、貨幣への契約主義的なアプローチを分析することには、実践的に重要な意義がある。なぜなら、この分析を通じて、全体論的諸形態が消滅していく傾向的な過程について適切な表象が得られるからである。貨幣関係に見られる最近の変容は、貨幣関係の経済的役割についての再定義を促してきたが、この分析はまたこうした変容を理解可能にしてくれる。この点は第四節のテーマである。

三　自己準拠貨幣

長い回り道をしたが、もう一度、MGIが提起した問題に立ち返ろう。すなわち、なぜ諸個人は、価値を持たない章標と自分の商品との交換を受け入れるのか？　MGIが与える解答は、世代間関係に関するマクロ経済学的な分析によるものである。この分析においてはまず、各個人の生涯が二つの期間、すなわち在職している若年期と、退職している老年期に区別される。したがって、モデルのどの期間においても、二つの世代、すなわち働く若年者と退職した老年者がともに存在している。また、一つ次の期間になると、〔今期の〕

退職者はいなくなり、在職の若年者は引退の年齢に達し、新たな若年世代が労働市場にやってくる。この分析枠組みにおいては、社会の存続条件は、退職者が十分な資源を利用できることに基づいている。換言すれば、このモデルでは、社会的連帯が、世代間の連帯という観点から考察されている。世代間の連帯には大きな難点がある。というのは、老後の資力を形成すべく貯蓄を行う若年者は、退職時期までの間に自らの貯蓄を一時的に貸すことができる相手を見いだせないからである。若年者が対面するのは前期の退職者しかいないわけだが、この人たちは役割を果たすことができない。なぜなら、退職時期を迎えた若年者に返済しなければならないとき、この人たちは亡くなっているだろうからである。したがって、連続した二世代間での貯蓄移転を可能にする債務証書を、民間金融市場が個人向けに提案することは不可能である。MGIは、金融関係のこのような無力を克服するために、貨幣を導入するのである。これほどにわれわれのテーゼをうまく例示してくれる議論はないであろう。貨幣はあまり契約的なものではないからこそ、まさに契約関係の欠陥を補完するために導入されるのである。実際、貨幣経済を想定するならば、ここでの問題は容易に解決を見いだす。若年者は、自らの生産の余剰を貨幣と引き換えに売却し、次に、年老いたときに、その貨幣を用いて自らの欲する資源を購入すればよいのである。MGIが解明しようとするのは、こうした貨幣がどのようにして出現し、経済諸主体の満場一致の同意を集めうるのか、ということである。

この問いの難しさは、貨幣の非契約的な性質と密接に関連している。貨幣的交換の特殊性は、今期の現役若年者が貨幣を獲得する時点では、その貨幣を次期の現役若年者が受領しようとするかどうかに関してアプリオリな確実性が存在しないという事実にある。将来世代が貨幣受領の義務を契約することがないことは、明白である。われわれであれば、政府当局の命令によってこの貨幣の強制通用が確立されることを想定することで、この問題を解決することができる。しかし、交換者たちによる貨幣の自発的受領を考慮に入れようとするMGIの分析にあっては、そのような想定は行えない。MGIの下では、貨幣の受領を動機づけるものは、将来世代が今度はその貨幣を受領するだろう、そして未来永劫すべての世代において以下同様のことが続くだろう、という信念である。〔貨幣という債権の〕返済不履行から個人を守るいかなる法的強制も不在であるにもかかわらず、個人が貨幣の保有を望むとすれば、それは、将来の諸個人すべてが行動する仕方についての一連の信念の力によるほかない。こうして、私的金融の不完全な機能は、諸信念の社会的論理によって補完されるのである。

形式的に個人間関係しか考慮に入れられていないからと言って、額面通りに受け取ってはならない。このモデル〔＝MGI〕は個人主義を掲げているけれども、そこで考慮されている信念の論理は、明らかに、単なる個人間関係の枠組みを大きくはみ出している。商業社会を構成する諸個人の特殊なパーソナリティを超えて、商業社会をその総体的な機能において把握しようとする眼差しが、そこには含まれている。信念の論理は、共同体総体のビヘイビアに関する信念という形態をとる。換言すれば、貨幣の返済義務は、共同体全体によって支えられてもいなければ、かと言って特殊な個人によっても支えられてはいない。この点で、このモデルは、「貨幣の存続の拠り所は、媒介的全体性としての社会の存在《プレザンス》を表出する社会関係に求められる」とするわれわれの中心テーゼを承認している。しかしこの命題は、個人主義的な思考にとっては受け入れ不可能である。なぜなら、個人主義的な思考においては、共同体は、その要素である個人の行動と同一視されるからである。共同体の他性は否定されるのだ。「諸個人から距離を置いたところに共同体がある」と考える場合にのみ、右のテーゼは説明的価値を獲得する。

MGIの枠組みにおいては、この困難は、あまりにも特殊かつ不満足なやり方で解決される。そこでは、今日から無限の将来に至るまで貨幣の受領が均衡を形成することが論証される。どの世代も貨幣の保有を引き受けるが、この引き受けが正統化されるのは、「実際に将来世代がその貨幣と引き換えに彼らの商品を売るだろう」という事実を通じてである。これはまさに、信念がすべて自己実現している状態である。個人主義的な思考の要件と合致して、この推論は、世代間の戦略的関係という水平性のみを考慮に入れているように見える。均衡状態において貨幣への欲望が満場一致で全員に共有されている限りでは、社会の生成——この場合は貨幣の受領——には、いかなる集合力《フォルス》の動員も必要としない。つまり、均衡の概念に依拠することによって、「貨幣が受領されるのは、貨幣が受領されているからだ」という自己準拠の逆説が形式化されているのである。実際、個人が貨幣を受領するのは、「他の人々は彼ら自身の利益のためにそれを受領している」ということを知っている限りにおいてである。つまり、その貨幣が存在するおかげで、他の人々は老後に備えて貯蓄を行うことができる。このとき、他性なき、超越性なき世界において、貨幣の信頼は、点のごとき投企の無限の連なりとして構築されることになる。貨幣の信頼とは、それらの会計的総和でしかない。個人主義的な思考は貨幣の存在《プレザンス》を客体ないし社会的媒介と見なすことを拒否するから、的外れにしか、つまり、この思考が想定する社会的実践が次々に堆積していく果て——常に将来にあるところの——にしか貨幣の他性を考えることができない。

この理論的構築物の人工的性格を浮かび上がらせるために、そこで想定されている時間軸を分析してみることは興味深いものがある。信念および約束の自己実現によって定義される抽象的時間が、そこでは想定されている。(30) この形式主義の下では、現在を支配するのは、予想される将来なのである。期待の自己実現の作用によって、予想される将来が現在化される。今日時点で若年者が貨幣を受領するのは、「明日貨幣が受領されるであろう」と彼らが信じるからに他ならない。今日時点で貨幣がもつ属性は、まさにその将来的属性を現在化したものに他ならない！　このモデルは見かけ上ダイナミックであるが、モデルにおける期間 t は少しも歴史性を表していない。自己準拠の論理は自己自身に向けて閉じられており、自らの過去をも自らの未来をも無差別に産出する。それゆえ、このモデルは、貨幣的均衡がどのような仕方で達成されうるのかについては、われわれに何も語らない。もっぱら語られるのは、次のような世界の可能性である。すなわち、その世界においては、「貨幣が明日の交換において受領されるだろうことを私が知っている場合、今日〔私は〕自己の利益のために貨幣を受領する」という諸個人の信念から貨幣の受領性が築き上げられるのだとされる。このときの受領性獲得は自己妥当化的《オトヴァリダント》である。ただし貨幣の拒否についても事情は同じである。将来の世代が貨幣を拒否するならば、今日それを拒否することは私の利益になる！[31]　つまりこのモデルは二つの均衡、貨幣的均衡と非貨幣的均衡を持つのだが、自己準拠の論理は、どちらかに特別な重要性を付与しうるいかなる基準も提供しない。二つの世界が可能であるが、「なぜ一方が他方よりも最終的に支配的になるのか」をこの理論は語らないのだ。

　貨幣の起源の問題にこのモデルが接近していく仕方から、右のアプローチにはらまれる困難が明白になる。そこでは、一定の期間 t_0 に退職者の集団が突然に銀行券のストックMを持つことが想定される。貨幣章標のこのような突然の出現については、いかなる説明も加えられない。類似の文脈においてミルトン・フリードマンによって提出された仮説、すなわち「ヘリコプターから行為諸主体の上に貨幣章標が散布される」という仮説が繰り返されているにすぎない！　これは馬鹿げた仮説であるが、真面目に取り扱うべきである。

この仮説は、経済理論に貨幣の外部的次元を統合することの難しさを示している。この次元は、主権としての社会を表出する特別な場所であるがゆえに、実際、厄介な問題を提起する。この次元に――歴史的もしくは形式的な――厚みを与えるとき、貨幣は現にあるがままのものとして、すなわち経済的・社会的生活についての一定の見方を支える制度的媒介として現れる。制度のうちに個人の役に立つ道具しか見いださない思考は、そのような見方に到達することができない。これに対して、自己準拠貨幣の概念が提示しようとするのは、完全に物言わぬ抽象的かつ公平な貨幣的媒介の概念、すなわち決して契約的秩序を混乱させることなく、私的貯蓄の論理の背後に消え行く貨幣的媒介の概念である。MGIは、ヘリコプター散布の貨幣を想定することにより、t_0世代の退職者への望外な購買力の付与を実際にもたらすところの〔貨幣章標の〕発行条件を一切不問に付している。MGIにおいては確かに外部貨幣が問題になっているが、その外在性は絶対的なもの、すなわちあらゆる社会関係を欠くものとなっている。こうした仮説の理論的コストは、〔貨幣の〕起源の問題に対して満足いく解答を与えられないことであり、このコストは無視しうるほど小さなものではない。ここには、サミュエルソンによって提出された論理シェーマが見いだされる。二つの時間軸が、すなわち貨幣の出現が見られる歴史的な時間軸と、一度貨幣が創造された後の経済の共時的機能の時間軸とが根本的に分離されてしまうのである。

MGIは、意図せずして、われわれの出発点の仮説を例示している。というのも、MGIによる貨幣の理論化は、媒介的実体《アンティテ》としての社会の存在《プレザンス》を浮かび上がらせているからである。確かに、そのような社会の存在は遠回しかつ間接的にしか認識されていないようだが、このモデルを注意深く見るならば、貨幣慣行《コンヴァンシオン》の基礎をなす信念の自己準拠的な構造のうちにはそうした認識がはっきりと見られる。この認識はまた、伝統的な経済学の考察には決して見いだされないこのモデルの別の特性を通じても、垣間見ることができる。その特性とは、貨幣と死を結びつけていることである。[32] 個々の人間は死んでしまうがゆえに、貨幣が必要となる。死は人々と社会との間に距離を導き入れる。これが、このモデルにおいて決め手となる仮説である。この仮説の実り多さを例示するには、中世の貨幣進化において葬儀が演じる中心的役割を想起すればよい。一〇世紀まで、死者の傍らには死者の財宝のほとんどを埋めるという異教的慣習が広く普及していた。考古学の研究は、この結果として生者の富にどれだけの負担が課されたかを検証してきた。墓の中へのこのような蓄財は――完全に不生産的な投資形態であるがゆえに――、その分だけ中世の貨幣流通を貧しくしたのだ。こういうわけで、福音伝道の最も目覚しい経済効果の一つは、墓を空にすることにあったのである。ジョルジュ・デュビィは次のように記している――「以前は蓄財の場所は墓であったが、そこからキリスト教の聖堂へと移っていった。供出された富は聖堂に積み上げられるようになった」[33]。これ以降、死者から遺贈された貴金属は、決定的に商品流通に吸い寄せられるようになったのである。教会は今や、礼拝堂の建設や貧困者への援助を通じて、神の栄光のためにそれを使用することができた。「最終的であるがゆえに不毛なもの（葬儀のための蓄財）が、一時的であるがゆえに多産なものに転じる」[34]。この歴史的事例に見られるように、死者との紐帯こそが、貨幣流通の諸形態を条件づけている。この議論のうちに、社会についての一定の見方が見いだされる。MGIの理論家によれば、死は技術的な制約でしかない。それは、単に、すべての行為主体が同時に市場に展開することを禁じるものにすぎない。特殊な意味作用が死に関連づけられることはないのである。ここにわれわれは、経済学においてお決まりの物の考え方、すなわち社会関係を自然的または技術的与件と見なす考え方を見いだす。

ＭＧＩについての批判的分析を終えるにあたり、このアプローチの長所を強調しておきたい。ＭＧＩは、契約的正統性の枠組みの中に組み入れることが可能な全体性の概念を構築しようとしており、その限りにおいて、法的強制の理論によって提示された概念よりも野心的である。法的強制アプローチのほうは、貨幣を、もっぱら経済外的正統性の上に、すなわちもっぱら国家の上に基礎づけようとした。既に強調したように、こうして浮かび上がる全体化の形態は特殊なものである。われわれはこの形態に「自己準拠的全体性」の名を与え、それと結びついた貨幣を「自己準拠貨幣」と呼ぶことにしたい。この概念が指し示しているのは、純粋道具的な貨幣であり、この貨幣が自らの貨幣としての質を獲得するのは「純粋な道具」という自らについての表象に基づいてのことである。これを「自己準拠的」と呼ぶことができるのは、その存続を正統化するのにいかなる経済外的な基準も、いかなる政治的プロジェクトも、いかなる社会的価値も要求されていないからである。考慮に入れているのは、交換者の直接的利益のみである。自己準拠貨幣は、厳密に経済的・契約的な媒介を考えようとしている。いかなる形態の象徴的《サンボリク》保証〔ないし担保〕も要求されていない。行為諸主体は互いを、もっぱら利潤最大化の追求によって動機づけられた理性的主体と見なし合っている。

以上のように、自己準拠貨幣は、本書において人類学者や歴史家が研究している貨幣とは、根本的に異なっている。ヴェーダ・インドであれアレアレ社会であれ、あるいは古代ローマであれ、古い貨幣は総体的な《グローバル》意味に順応する限りでしか存在しない。このような観点から見るとき、自己準拠貨幣は、特殊な社会組織化のプロジェクトを表すものとして理解される。それはすなわち、契約の論理とその個人主義的な価値を揺るがそうとするあらゆる外的な――主に政治的な――攪乱から経済部面を隔離しようとするプロジェクトである。かつて社会的活動の特殊区域として社会的組織と密接に絡み合っていた「経済秩序は、独立性を獲得し、自らを社会から引き離した。そして、経済秩序だけから構築された固有のシステムに、社会の残りの部分が従属しなければならなくなった」[35]。この広範な歴史的運動から一定の部分をつかみ出したもの、それが自己準拠貨幣の概念に他ならない。われわれが既に知るように、この推移は何よりもまず貨幣に影響を及ぼす。アルカイックな貨幣が「社会の全体性との結びつきの中で生きているのに対して、(近代貨幣は) 政治・宗教という他の領域と区別された経済という特殊な領域に限定された意味を持つにすぎない」[36]。自己準拠貨幣というアイデアのアクチュアリティを示すには、このアイデアにおいて概念化されている以上のような過程に立ち戻るのがよいであろう。以下ではそうした考察を行うのだが、まずは、本書の共同研究に統一性を与えている概念枠組みから話を始めることにしたい。

四　社会関係についての道具的な見方

本書の共同研究の基礎をなす仮説は、個人を共同体に帰属させる紐帯を、債務関係——これをわれわれは「生の債務」と呼んだ——としてとらえようとするものである。つまりわれわれは、金融的紐帯が人間諸社会の本質を構成しているということを主張する。ここでの金融を、近代の契約的な金融と混同してはならない。契約的な金融が対等な者同士の水平的な交換の論理を含意するのに対して、ここでの金融は、全体への従属という垂直的な関係を含んでいる。金融の後に貨幣が創発されるのであり、貨幣は、生の債務を通じた人間同士の関係の新しい様式である。貨幣は、従属化の諸形態を創り出し、かつそれらを修正していく。聖なるものによる人間生活からの収奪は直接的・無媒介的になされるが、貨幣はそうした収奪様式に媒介——

限定された領有の様式——を対置する。
資本主義の発展は、「生の債務」の諸形態[37]が経済的債務と社会的債務とに二重化されることによって性格づけられる。この二重化は、カール・ポランニーが既に分析していた分化運動から帰結するものである。ポランニーは、資本主義社会が、異なる論理をもつ二つの実践的秩序——経済的実践と政治的実践——に分解されていくのを見ていた。経済的債務を負うのは、社会的分業に挿入された生産者‐交換者としての個人である。社会的債務は、主に教育・医療・年金に関して近代国家が承認する政治的主体の諸権利を表している。そうした権利の定義は、国と時代によって変化しうる。われわれはそこに、伝統的に主権的権威によって引き受けられてきた保護《プロテクシオン》機能の、近代的な形態を見いだす。これらの権利には、本質的に政治的な論理が付きまとっている。なぜなら、これらの権利においては市民権や連帯を定義することが問題になってくるからである。歴史的に規定された組織化の諸形態によって以上の二つの金融回路が形成され、二つの回路の接点には近代貨幣が位置する。このテーゼは、貨幣をもっぱら市場の創造物と見なす、よくありがちな見方とは対立する。これに関連していえば、歴史が示すのは、西欧貨幣の形成における貢納関係の重要性である。例えば、一二世紀フランスにおける税徴収の金納化は、商品交換の発達における中心的な要素であった[38]。同様にして、債務証書が国庫による決済手段として承認されるや否や、誰もに受領される貨幣になった、という例は豊富に存在する。経済なるもの《レコノミーク》と政治なるもの《ル・ポリティーク》とのこうした貨幣的接合の形態のうち、今日支配的な形態は、中央銀行の独立性である。その特徴は通貨当局と政府との分離にあり、この分離によって、社会的債務の貨幣化可能性に制限が加えられている。しかし強調せねばならないのは、この分離が依然として、承認された主権の支配下にあることである。中央銀行の行動を大幅に制限する制度的措置に示されるように、承認された主権が、貨幣の権力を貨幣の権威に従属させているのである。これに関して想起しておきたいのは、ブンデスバンクでさえ、ＥＭＳ〔欧州通貨制度〕へのドイツの参加をめぐる交渉状況や、あるいはドイツ再統一に際しての東西マルクの交換比率の選択に示されるように、政府権力に対して一貫して優位に立つわけではないということである。その独立性は、部分的な独立性でしかない。

　しかし一方で観察されるのは、政治なるもの《ル・ポリティーク》からの経済なるもの《レコノミーク》の根本的な解放を求めて、小さからぬ社会的勢力が積極的に活動しているということである。その最も極端な形態においては、いかなる社会的債務をも不当とすることによって、契約的債務しか承認しないようにすることが目指される。これには例えば、義務的な社会保険を民間共済組合への任意加入によって置き換えること、あるいは国家が一括管理する賦課型年金システムから積立型システムに移行することが挙げられる。このような志向はあながち根拠のないものではない。一方でわれわれは、個人の権利に関する煩瑣で狭隘な見方に依拠して、契約への同意のみが正統的だということを強調することができる。またわれわれは、経済理論の結論に依拠することによって、最適な資源配分は契約関係によってのみ可能なのだと強調することもできる。この観点からすれば、政府の経済介入は、攪乱的・ノイズ的なものということになる。その場合、形式法を定義しその遵守を維持することだけに政府の役割を制限することが適切となる。政府の役割は、経済の機能に必要な法的諸手段——特に契約法や正統的暴力の独占——を提供することだけに限るべきだということになる。社会関係についてのこのような見方は、ほぼ個人主義イデオロギーの要件に等しいから、支持するか反対するかにかかわらず、何らかの形で近代の経済思想の中心に位置している。

　このとき興味深いのは、そのような理論構成の中で貨幣がどんな位置を占めるのかを分析することである。

今日の種々の貨幣進化――その筆頭に挙げられるのが中央銀行の独立性である[39]――は明らかに右のような理論構成の地平に位置づけられるだろうから、興味を抱かざるをえない。自己準拠貨幣の概念は、純粋に契約的・経済的な貨幣というプロジェクトを表現していると考えられる。このプロジェクトの定義は政治の部面には何も負っていない。ここで指摘しておきたいのは、そのような「自由主義的な」プロジェクトを概念化しようとする諸々の形式的モデルが、〔経済思想上の諸議論とは〕別に存在していることである。それらの総称が新貨幣経済学である。しかし、そこに見られるのは、われわれが知るような中央貨幣の観念そのものを放棄しようとする考察である。よって本書の枠組みにおいては、新貨幣経済学はあまり興味を引くものではない。自己準拠貨幣論が興味深いのは、中央貨幣を考慮に入れることによって、結果として、媒介としての社会という観念――厳密に個人主義的なタームを用いて表されるが――に位置づけを与える考察が提示されるからである。

「純粋に道具的な貨幣」である自己準拠貨幣に関して、人々の目にとまるのは、もっぱらその絶対的な中立性、その瑕疵なき公平性、そしてその沈黙である。そこには政治的プロジェクトや集団的連帯といった全体性のいかなる表象も存在しないため、いわば「純粋に抽象的な」主権性を考えなければならなくなる。この貨幣は、市場の機能を攪乱することなく取引を可能にするための従順・忠実な道具以外の何物でもあろうとはしない。この貨幣は単独では何物でもない。この貨幣は、諸商品が互いに関係に入り、自らの相対価値を表現するための手段でしかない。こうした点は、ジンメルの中心的なテーゼにおいて指摘されている。ジンメルは、貨幣の中に「諸事物の……純粋な機能」[40]を見いだす。ジンメルの考察は、〔貨幣〕金属説の諸テーゼを念頭に置いたものである。貨幣の価値をその物質的実体から導出しようとする考え方に反対することが、そこでの趣旨である。ジンメルが着目し分析に付しているのは、脱物質化の過程である。「その概念の純粋性よりすればこの究極点に到達し」[41]、「貨幣がますます純粋な象徴となり、その固有価値と無関係となる」[42]というように、ジンメルの解釈によれば、この過程は、貨幣が貴金属という旧い原始的な規定を放棄する過程に他ならない。われわれが最大限に効率的な貨幣を望むのであれば、貨幣－実体の次元を完全に消滅させねばならない。「それというのも貴金属のようなきわめて適切な貨幣実体でさえ、動揺を完全には免れることができず、動揺は需要と生産と加工など貴金属の独特の諸条件から生じ、交換手段と相対的な商品価値の表現としてのその職務とはある程度までは無関係であるからである。貨幣の完全な安定性が初めて達成できるのは、貨幣がもはやけっして独立してはおらず、具体的な諸財貨のあいだの価値関係のたんに純粋な表現にすぎないときである。これによって貨幣は、財貨の動揺によっては変化しない静止状態に入るであろう。これはちょうどメートル尺が、これが測る現実の大きさの相違によっては変化しないのと同じである」[43]。こうして、その概念に適合的な形態を貨幣に与えるには、副次的・寄生的な諸規定を貨幣から取り除く歴史的過程が必要とされる。貨幣の役割が増大すればするほど、ますます貨幣は実体と結びつくことをやめ、ますます貨幣は価値の適切な表現を可能にする。

ジンメルは、この進化にともなう認知・社会・個人の諸形態を、かなり入念に研究した。彼は、貨幣の直接的外観——すなわち一定量の金属——を超えて、貨幣の真の実在である「集団の表現としての貨幣」を把握することを可能にする抽象化・知性化の能力を強調した。経済的行為主体には、実体よりもむしろ関係を、より正確に言えば、社会的全体性に対する関係を把握することが要求される。それというのも、貨幣は、「客観的な集団統一が人格の動揺を超越する」[44]ことを表しているからだ。この実在を把握可能にする知的道具が象徴である。象徴化は、直接の外観を超えて高みに立つことを可能にし、そのことによって、唯一の意味源泉である超人格的な諸形態の理解・表象を可能にする。したがって貨幣経済は知性化の上に成り立っているが、知性化を強いるのは、象徴解読の操作への絶えざる依拠を特徴とする日常生活に他ならない。ここにわれわれは、思考の社会的形態における革命を目撃する。この点は、以下の引用（長いがご容赦いただきたい）に示されるように、ジンメルによって完全に理解されていた。「勢力と実体との節約という原理がますます影響力を発揮するにつれ、代表と象徴による操作がますます拡大するようになるが、代表や象徴はそれらが代表するものとはまったく内容的な類似性をもたない。そしてこれとまったく同じ方向にあるのが、価値物の操作が象徴において実行されるが、象徴はその領域の決定的な実在との実質的な関係をますます失い、たんなる象徴となるということである。この生活形式は［……］主知性への文化の原理的な方向転換をも前提とする。生活が本質的に知性にもとづき、［……］貨幣経済の浸透と手を携えて進行するのをつねとする。［……］知的な抽象化する能力の上昇は、貨幣がますます純粋な象徴となり、その固有価値と無関係となる時代を特徴づける」[45]。

金属貨幣の脱物質化の過程を長々と論じてきたのは、同様の期待によって動機づけられる同様のダイナミクスが、貨幣から政治的負荷を除去しようとする今日の運動にも認められると考えるからだ。自己準拠貨幣は、そのダイナミクスを導く理想とされる。そこで役割を演じるのが、副次的規定の排除である。貨幣の物質性が交換の原始的で非効率的な段階を示すのと同様、政治の介入は未成熟な商業的秩序——そこでは価値の原理が顕現するためには、外的な表象に頼ることが必要になる——が存在することの証とされる。このダイナミクスにもまた、ジンメルが称揚したのと同じ抽象化の勝利が見いだされる。ただし、ジンメルのときよりも、抽象化への圧力の度合いはずっと強い。なぜなら、ジンメルの議論において中心的であった象徴の観念も、いまや拒否されているからである。MGIによってモデル化されている近代の合理的個人は、象徴には全く関心を寄せない。自己準拠貨幣にとって重要な唯一のものは、社会的実践をコード化する形式的な諸ルールである。そこから、思考の社会的諸形態の新たな転換が帰結する。ジンメルによれば、貨幣の脱物質化は、個人の側に解読作業を要求する。この作業においては、個人は紙幣《ビィエ》〔厳密に訳すと「紙券」で、通常は銀行券を意味する〕の価値を評価するときに、実体的内容についての直接の観察によるのではなく、象徴的次元での評価によることを強いられる。「集団の凝集性の象徴としての貨幣」は、紙幣の価値を推定するのに最適な道具である。自己準拠貨幣を用いるとき、紙幣の価値はその道具的能力に応じて直接に評価される。貨幣はゼロ記号ではなく、交換の手段である。社会が制定するルールが社会成員の効用に及ぼす影響のみが、ここでは重要である。認識におけるこの新しい時代においては、帰属は機能選択へと還元され、判断攪乱的な情緒溢れる集合表象に対しては不信の目が向けられる。ユーロ紙幣の肖像をめぐる議論は、この問題についてのわかり易い例示である。(46) ヨーロッパ規模での価値共同体に支えを見いだせないことから、この紙幣には、各国紙幣と同様の帰属の象徴ではなく、建築物の図柄が描かれる予定である。象徴から幾何学的形体《フォルム》への移行は、思考の社会的形態における進化を特徴づけるものである。象徴の拒絶は、集合的諸形態とその正統性が侵食していくという現在の運動の表れである。

個人主義的価値との関係においては、制度は、それが可能にする個人的満足の大きさによってもっぱら評価される。制度は、社会成員に役立つ道具でしかないのだ。道具的合理性の眼差しの下では、集団生活にともなうすべての儀礼は批判され、ついにはその真実の核が暴き出される。社会諸関係の規定における個人的効用の優位を確立しようとするこうした根底的な運動の中に、上述のような象徴に対する批判は位置づけられる。ここに見られるのは世界の新たな脱魔術化であり、集団的象徴の正体が、共同的な生を可能にする単なる慣行《コンヴァンシオン》にすぎないことが暴き出されているのだ。人間の行動を支配すべきものは、自発的に署名された契約書であって、象徴への従属ではない。個人主義に支配される世界においては、そのような表象に頼ることは、不合理性もしくは偶像崇拝の一形態としか見なされない。道具的理性の発達によって促進されるのは、他者とのいわば「形式的な」関係様式である。個人主義に支配される世界には、貨幣での支払いを強制するゲームのルールを受け入れること以外には、連帯や義務のいかなる集団的形態も存在しないのである。

このような社会の信憑性を疑う者にとっては、貨幣の全面的な脱物質化の可能性に関してジンメルが疑念を表明していることは、興味深いであろう。貨幣の物質性が貨幣機能の十全な発展を阻害することを述べた後で、奇妙なことにジンメルはこう記している。「にもかかわらず貨幣は実体的な価値の残滓をぬぐいさることができず、しかも、もともとこのことは、経済の本質から生じる内的な理由からではなく、経済的な技術の一種の不完全さによる。[……] 実体価値の漸次的な解消はけっしてその目的点には完全には到達できない[47]」。挙げられている理由は、かなり古典的なものである。増加に制限がある実体との貨幣の結合が存在しなくなるや否や、政府が自らの利益のために過剰発行に走るであろうことへの恐れがそれである。ジンメルの誤りは、この問題を「経済的な技術の一種の不完全さ」の表れとしか見ていないことにある。これがもっと広く根本的な問題であることは明白である。MGIによる最初の問いと同様に、ここでの貨幣発行の問題もまた、貨幣を純粋な道具に還元しえないことを示している。

別の言い方をするなら、MGIとは違って、ジンメルは、形式論理の視点ではとらえられない何物かがあることを十分に承知していた。彼は、あまりに一方向的に思われた見方《ヴィジョン》を前に、不安を感じていた。われわれは、次のことを考察する中で、この点についての説明をしてきた。すなわち〔その考察とは〕、近代貨幣が、二つの観点――個人の観点と社会の観点――のヒエラルキー的接合を前提とする制度的構築物だということである。確かに、われわれは、根本的に自律的で通貨安定のみを目標とする中央銀行があり、そうした中央銀行によって貨幣が管理される事態を想像することができる。この場合、貨幣の自己準拠性は、より根底にある自己準拠性の、すなわち経済の自己準拠性の表現でしかない。経済の自己準拠性の下では、まさしく経済的健全性より他に経済的行動の目的は存在しない！ こうして、この〔近代貨幣という〕制度的構築物は、「貨幣の悪影響の中和」を推奨する自由主義的な要求を喚起するに至るのである。貨幣的秩序の一定の進化を考察可能にするという理由で、ここまでの分析は確かに妥当性を認めてよいものである。それでもなお、それが適切なモデルを提供しているとは考えられない。この分析は、次の大きな問題においてつまずいてしまうのだ。つまり、なぜ諸個人がそのような貨幣の保有を受け入れるのか？ ＭＧＩの解答は巧妙であったが、不満足なものにとどまった。信念形成の自己準拠的過程〔の想定〕は、すべての個人に受け入れられる集合表象の出現について、説得的な分析を提供するものではない。貨幣への同意は、集団的プロジェクトおよび連帯原理としての共同体についての確証《アフィルマシオン》＝肯定に基づいてなされる。既に見たように、この条件は十分条件ではなく、必要条件である。全体性の全体論的な表現様式は、貨幣の根本的《イレドゥクティブル》な次元なのである。

(36) D. de Coppet, *op. cit.*, p. 216.
(37) この過程の全面的な分析としては、本書のB・テレ執筆の章を参照。
(38) Cl. Dupuy, « Monnaie et légitimité au bas Moyen Âge », *Genéses*, n° 8, juin 1992, p. 25-59.
(39) 既に強調したように、中央銀行の独立性が貨幣権力の全面的自律性のレジームであるとは決して言えない。しかし、この制度レジームは明らかに、金融政策運営において従来政治権力が果たしてきた役割を抑制しようとするものである。このような自律性の追求は、ヨーロッパのレベルにおいていっそう明白かつ大規模である。というのも、この場合、欧州中央銀行の独立性は、同じ領土的規模の政治権力によって枠付けられていないからである。
(40) G.Simmel, *op. cit.*, p. 115〔邦訳 103 頁〕.
(41) *Ibid.*, p. 120〔邦訳 109 頁〕.
(42) *Ibid.*, p. 157〔邦訳 136 頁〕.
(43) *Ibid.*, p. 215〔邦訳 186 頁〕.
(44) *Ibid.*, p. 208〔邦訳 180 頁〕.
(45) *Ibid.*, p. 157〔邦訳 136 頁〕.
(46) 全員署名の本書序説を参照。
(47) G. Simmel, *op.cit.*, p. 166, p. 172〔邦訳 144、149 頁〕.

幣の保有が貨幣を使用する経済にとってマクロ的に——パレート的な意味で——有利である」ことの証明の方がずっと容易である。後者の命題は、その証明をいくつも提出してきた経済学者たちにとっては、久しい以前から周知であった。これに対して前者の命題は、きちんと述べようとするとはるかに複雑である。有用な商品を、価値がなく利子も生まない記号と交換することがなぜ合理的であるのだろうか？　MGIが支持を集めたのは、MGIがまさにこの点について巧みな証明を提供したからである。

(24) 貨幣の問題がこのときにとる象徴的な形態は、著名なノーベル賞の名をとった「ヒックス問題」として知られるものである。すなわち、「なぜ、リスク等価で収益が上回る資産よりもむしろ、何も生まない貨幣を保有するべきなのか？」これは手強い問題である。実際には、貨幣を1つの純粋な資産と見なすことは、直ちに、収益ゼロであるがゆえにかなり特殊な部類に属する資産があることを認めることへとつながる！　しかしその場合、なぜ諸主体は、正の利子率をもたらす資産よりも貨幣を選好するのだろうか？経済学アプローチ——特にMGI——はその巧みな装置をフル動員して、アプリオリには全く不合理である貨幣の保有が正当化されるための特殊な条件を解明しようとしてきた。しかしそこにおいて、諸主体に特殊な保有動機を提供するであろう貨幣における何らかの「社会的質」への言及がなされることはなかった。

(25) この議論は、欧州単一通貨に反対してミルトン・フリードマンが展開している論証の核心をなすものである。彼はこう述べている——「自らの主権性に敏感なフランスのような［……］国がその貨幣的自律性を犠牲にすることを永続的に受け入れるなどとは、私にはおよそ信じられないのである」（*Géopolitique*, n° 53, printemps 1996）。

(26) ここでは、中央銀行の対外的役割や為替相場の管理には関心を寄せていない。

(27) 経済学者であれば、この叙述のうちに、あらゆる理論的思考を貫く対立、つまり銀行学派と通貨学派の論争にしばしば関連づけられる対立を容易に見いだすであろう。

(28) *Op. cit.*, p. 247.

(29) 本章の枠組みにあっては、中央貨幣の廃止のために闘っている——既に指摘したように——新貨幣経済学のラディカルな分析のほうにむしろ関心を向けることもできよう。しかしわれわれはMGIに焦点を当てる。より直接的に本書の視野に入ってくるのは、契約貨幣に関するMGIの知的プロジェクトのほうである。加えて言っておけば、本章では批判的アプローチが展開されているとはいえ、このモデルおよびそれに発する思想潮流が持つ影響力と知性とを無視するべきではない。MGIが貨幣について全くもって的確な考え方を提供していることは、われわれにとって疑う余地がない。

(30) このように定義される時間性は、ジャン＝ピエール・デュピュイが「歴史の時間」に対置して「プロジェクトの時間」と呼んだものにほぼ対応している。

(31) 貨幣的均衡は、退職者によりよい状況を保証する点で、確かに非貨幣的均衡よりも好ましい。しかし、この集合的属性は、個々人の受入れを説明するには十分ではない。

(32) 私のような経済学者が完全に無視していたこの重要な論点に気づかせてくれたことについて、ダニエル・ドゥ・コペーに感謝申し上げる。

(33) G. Duby, *Guerriers et paysans*, Éditions Gallimard, 1973, p. 67.

(34) *Op. cit.*, p. 67.

(35) L. Dumont, préface à *La Grande Transformation* de K. Polanyi, Éditions Gallimard, 1983.

Presses Universitaires de France の中で、ハイエク、ミーゼス、リュエフによる貨幣論への寄与に関連してこのように述べている。

(9) É. Durkheim, *De la division du travail social*, PUF, 1978 (1ère éd. 1983), p. 180〔エミール・デュルケム『社会分業論（上）』井伊玄太郎訳、講談社学術文庫、1989 年、330 頁〕.

(10) L. Dumont, *Essais sur l'individualisme*, Seuil, 1983, p. 264〔ルイ・デュモン『個人主義論考』渡辺公三・浅野房一訳、言叢社、1993 年、24 頁〕.

(11) 例示のために、1000 の効用をもつジャン以外はどの個人も 100 の効用をもつ状況 A と、1001 の効用をもつジャン以外はどの個人も 0 の効用をもつ状況 B があるとしよう。全体として見ると、諸個人の効用は、状況 B におけるよりも状況 A においての方がずっと大きい。しかし、A が B よりも好ましいと言えるためには、「ほぼすべての主体における 100 の利得が、ジャン 1 人における損失を正当化する」と見なすことを許す基準を入手しなければならない。しかし、ジャンの犠牲を正当化する基準は存在するのだろうか？　各個人の無比にして不可侵の性質を表明する個人主義は、これを否定する。価値において、全体は諸個人に対して上位性を持たない。

(12) われわれは既にいくつかのテキストにおいてこの問題にアプローチした——« L'origine de la monnaie », *Revue du MAUSS*, I, n° 14, 4e trimestre 1991, et II, n° 15-16, 1er et 2e trimestres 1992 ; « La monnaie et les paradoxes de l'individualisme », *Stanford French Review*, 15, n° 3 ; « La monnaie comme lien social », *Genèses*, n° 8, juin 1992 ; « Réflexions sur la notion de légitimité monétaire l'apport de Georg Simmel » in J.-M. Baldner et L. Gillard, *Simmel et les norms socials*, L'Harmattan, 1995.

(13) *Philosophie de l'argent*, PUF, 1987, p. 195〔ゲオルク・ジンメル『貨幣の哲学（新訳版）』居安正訳、白水社、1999 年、169 頁〕.

(14) « La monnaie, réalité sociale », *Annales sociologiques, Série D. Sociologie économique*, 1, 1934.

(15)「刑法第 139 条は、法の認める銀行券を偽造・変造する者、および偽造・変造された銀行券を使用する者を無期懲役刑に処する。これをフランスに持ち込んだ者も同じ罰を科せられる」。

(16) P. A. Samuelson, « Classical and neo-classical monetary theory », R. W. Clower, *Monetary Theory*, Penguin Education, 1973, p. 170-190.

(17) D. Patinkin, *La monnaie, l'Intérêt et les Prix*, Presses Universitaires de France, 1972〔ドン・パティンキン『貨幣、利子および価格』貞木展生訳、勁草書房、1971 年〕.

(18) T. J. Sargent et N. Wallace, « The real-bills doctrine versus the quantity theory : a reconsideration », *Journal of Political Economy*, vol. 90, n° 6, p. 1212-36.

(19) R. E. Hall, « Monetary Trends in the United States and the United Kingdom », *Journal of Economic Literature*, vol. 20, décembre 1982, p. 1554.

(20) T. Cowen et R. Kroszner, « The Development of the New Monetary Economics », *Journal of Political Economy*, vol. 95, n° 3, p. 569.

(21) 商業銀行によって管理される一覧払預金のこと。

(22) F. Hayek, *Denationalization of money*, Londres, Institute of Economic Affairs, 1976〔F・A・ハイエク『貨幣発行自由化論』川口慎二訳、東洋経済新報社、1988 年〕.

(23) 実際、「貨幣の保有が個人にとって道理にかなった選択である」ことの証明よりも、「貨

(61) B. Ganne, O. Journet, M. Lecarme（éd.), *Anthropologie des activités économiques de la vie citadine*, Groupe de recherche Billes et citadins des tiers mondes, GLYSI /ORSTOM/IRMAC, 1986, p. 120-121.

(62) 換言すれば、「並行な貨幣」である。この主題に関しては、並行貨幣の様々な形態の概念と歴史に関してブラン（J. Blanc）がワルラス研究センターで取り組んでいる研究、また、地域交換システムの現代的実践からアプローチしている D. Bayon, J. Blanc, I. Guérin, G. Malandrin, D. Vallet を共著者としている筆者の J.-M. Servet, *Une économie sans argent : les systèmes d'échange local*, Paris : Seuil, 1999 を参照のこと。

(63) Ch. Roche, *Conquête et résistance des peuples de la Casamance, 1850-1920*, Nouvelles Editions africaines, 1976.

(64) O. Journet, « Les femmes diola face au développement des cultures commerciales », *Femmes et multinationales*, Paris, Karthala, 1981, p. 127 による（Cahiers de l'Homme, 1985, XXIV note 13, p. 22 も参照のこと）。同論文は、総督政府官であった Tété Diedhiou の非公表報告書に基づいている。J.-M. de Coppet, « Chargement des vapeurs par les femmes Casa », dactylo, 1952. も参照のこと。

(65) J.-M. Servet, *Genèse des formes et pratiques monétaires*, thèse de doctorat d'Etat, Université Lumière-Lyon 2, 1981, p. 157-171.

(66) O. Journet, « Le riz, la terre et les ukin », contributino au colloque international CNRS-CIRAD, *Quel avenir pour les riziculteurs d'Afrique de l'Ouest?,* Bordeaux, 4-7 avril 1995, p. 7 による。著者がさらに指摘するには、米の体積とタバコの葉の間の決まった交換率が存在していたため、タバコの葉をこの地方において等価物として使用することが可能だった。

(67) Cheikh Hamidou Kane, 1961, p. 182-183.

第 4 部　現代の諸進化

第 10 章　自己準拠貨幣

(1) « Réflexions et hypothèses sur les origins du monnayage », *Revue numismatique*, n° 17, 1955, p. 5-23.

(2) L. Gernet, *Anthropologie de la Grèce antique*, Paris, Champs, Flammarion, 1982, p. 179.

(3) 本書の元になったセミナーは、その記録がすでに *Souveraineté, légitimité de la monnaie*, Michel Aglietta et André Orléan（éds.), Cahiers « Finance, Éthique, Confiance », Association d'Économie financière, 1995 として公表されている。

(4) « Des relations et des morts. Quatre sociétés vues sous l'angle des échanges », in C. Barraud, D. de Coppet, A. Iteanu et R. jamous, *Différences, valeurs, hiérarchie*, Éditions de l' École des Hautes Études en Sciences socials, 1984, p. 421-520.

(5) 本書第 6 章、参照。

(6) 本書第 5 章、参照。

(7) « On the foundations of monetary theory » in M. Parkin et A. R. Nobay（éds.), *Essays in Modern Economics*, Université de Manchester, 1973. 本論文は、*Equilibrium and Macroeconomics*, recueil d'articles de F. Hahn, édité par Basil Blackwell en 1984 に再録されている。

(8) ブルーノ・ペーが、*Libérer la monnaie. Les contributions monétaires de Mises, Rueff et Hayek*,

sciences économiques, 1995.

(42) 私はここでは、フランス語を話す人々がしばしばディオラ（Diola）と呼ぶカサマンス地方の住民を表すために、近代セネガルの書記法を採用している。

(43) A. Hampâté Bâ, 1994, p. 86.

(44) A. Hampâté Bâ, 1994, p. 170.

(45) A. Hampâté Bâ, 1992, p. 28.

(46) こうした禁止措置は、本国の通貨が不充分であるために適用が困難であった。A. Duchêne, *Histoire des finances coloniales de la France*,（Paris, Payot, 1938, p. 272-273）を参照のこと。

(47) A. Hamâté Bâ, 1994, p. 171.

(48) R. Antoine 1986, p. 174-175.

(49) J. Mazard, 1953, p. 38 を参照のこと。このとき、3300 万のつなぎ環が流通から引き揚げられ、金属として輸出された。

(50) « Lettre de l'inspecteur chef de mission au Haut Sénégale et Niger au ministre des Colonies », 11 juin 1919, Centre des archives d'outre-mer, Aix-en-Provence, Affaires économiques, carton 107, dossier Mission Demaret, 1919（同資料は、ORSTOM-Dakar の E. Baumann を通じて入手した）.

(51) J. Mazard, 1953, p. 80 et J. Blanc, *Les Monnaies parallèles*, thèse de sciences économiques, Université Lumière-Lyon 2, 1998.

(52) D. Gentil, Y. Foournier, *Les paysans peuvent-ils devenir banquiers? Epargne et crédit en Afrique*, Paris, Syros, 1993, p. 16-17.

(53) J.-M. Servet, *L'Euro au quotidien. Une question de confiance*, Paris, Desclée de Brouwer, 1998.

(54) Ph. Hugon, G. Pourcet, S. Quiers-Valette（ed.）, *l'Afrique des incertitudes*, Paris, PUF-IEDES, 1995.

(55) A. Hampâté Bâ, 1994, p. 253 から引用。

(56) L'Abaga-Nchama, *Etat et monétarisation, l'exemple de la Guinée-Equatoriale*, mémoire DEA, Ecole doctorale de sciences économiques, Université Lumière-Lyon 2, 1995, p. 44.

(57) E. Kamden, *Management et interculturalité : les paradigmes émergents au Cameroun*, Projet de diplôme d'habilitation à diriger des recherches, Université Lumière-Lyon 2, 1995, p. 181-184 ; J.-P. Warnier, « L'économie politique de la sorcellerie en Afrique centrale », p. 259-271.

(58) Albert Duchêne（1938, p. 268-270）の証言を参照のこと。デュシェーヌは、AOF の総督政府の情報に基づきながら、第 2 次世界大戦が始まる直前の西アフリカ全体を対象として、支払手段として、さらには（とりわけ持参財産の）計算単位としてのタカラガイの使用の重要性について述べている。彼は、このようにしていくつかの地方では、フランの相場が、19 世紀末にタカラガイ 4000 個分だけ下落、20 世紀初頭に 800 から 1000 個分だけ下落し、その結果、1930 年代にはタカラガイ 120 から 150 個の間に落ち着いたことを指摘している。

(59) A. Hampâté Bâ, 1991, p. 81.

(60) *Enlargement of the exchange economy in tropical Africa*, New York, 1954（R. Antoine, 1986, p. 176 から引用）.

Droit et Monnaie, Dijon, Université de Bourgogne, Travaux du Centre de recherche sur le droit des marchés et des investissements internationaux, volume 14, 1988, p. 49-62 et « La fable du troc », numéro spécial de la revue XVIIIe siècle, *Economie et politique*（sous la direction de Gérard Klotz, Catherine Larrère et Pierre Retat）, n°26, 1994, p. 103-115.

(26) E. Zay, *Histoire monétaire des colonies françaises d'après les documents officiels*, Paris, Montorier, 1892, p. 246-248.

(27) 古銭学史に関しては、J. Mazard, *Histoire monétaire et numismatique des colonies de l'Union française,* Paris, Bourgey, 1953 および de R. Antoine, *Histoire curieuse des monnaies coloniales*, Nantes, ACL, 1986 を参照のこと。前者はフランスの植民地のみを扱っているのに対して、後者はヨーロッパ人によって植民地化された領土すべてを扱っている。

(28) A. Hampâté Bâ, 1991, p. 184.

(29) A. Hampâté Bâ, 1992, p. 41.

(30) A. Duchêne, *Histoire des finances coloniales de la France*, Paris, Payot, 1938, p. 79-80 を参照のこと。マダガスカルに対してルイ 14 世が行った指導が引用されている。

(31) J. Mazard, p. 4-6.

(32) フランスは、1763 年以後でさえも、現地の要求に応えるために、いくつかの所領に外貨を導入せざるをえなかった。この点に関して、アルベール・デュシェーヌ（Albert Duchêne, *Histoire des finances coloniales de la France*, Paris, Payot, 1938, p. 82）は、アフリカ以外にもギアナの例を挙げている。

(33) A. Duchêne, 1938, p. 270-274. ナイジェリアと〔地理的に〕近接していることは、この現象において間違いなく大きな役割を果たしている。

(34) アントワーヌ（R. Antoine, 1986）は、こうした比較を可能にする地球規模での広範な概観図を与えている。

(35) トゥバブ（あるいは白人＝白人）、白人＝黒人、白人のネグロ、黒人＝黒人という分類に関しては、アマドゥ・ハンパテ・バ（Amadou. Hampâté Bâ）が、*Oui mon commandant ! Mémoires II*, Arles, Actes Sud, 1995, p. 187 で解説している。

(36)「つまり、われわれは、サン＝ルイ、ゴレ、ダカール、ルフィスクにおいてのみ、セネガルに移住したヨーロッパ人を確認することができる。われわれが保護領条約および貿易条約を結んでいる他の所有物としては、町や村、また、軍民の被用者、現地人兵士、そして黒人によって占められている職務ポストがある」（E. Zay, *Histoire monétaire des colonies françaises d'après les documents officiels*, Paris, Montorier, 1892, p. 23）。

(37) J. Mazard, 1953, p. 15-26.

(38) Cheikh Hamidou Lane, *L'Aventure ambiguë*, Paris, 10 /18, 1961, p. 60.

(39) 1880 年頃、アフリカの土地は 10 分の 1 しか占領されていなかったが、20 年後にはほぼ全土が占領された。

(40) J. Mazard, 1953, p. 80.

(41) J. Toko, *Le processus de la monétarisation dans les petits pays : le cas des pays de l'Afrique centrale*, thèse de 3e cycle, Yaoundé, 1991, Maxime Akpaca, *Banques, commerce extérieur et monnaie : l'exemple béninois*, Université Lumière-Lyon 2, 1991, Luca Abaga-Nchama, *Etat et monétarisation, l'exemple de la Guinée-Equatoriale*, mémoire DEA MFB, école doctorale de

(11) ドゥ・オイシュ（L. de Heusch）は、アフリカにおける供犠的債務を分析する際に、シャルル・マラムーの分析に基づいている。ドゥ・オイシュは、ドゴンの世界では、世界秩序は明示的に供犠と結びついており、その点で例えばヴェーダ世界におけるのと同様だと指摘している（参照：*Le Sacrifice dans les religions africaines*, Paris, Gallimard, 1986, chapitre VIII : La dette sacrificielle, p. 295-331）。

(12) A. Hampâté Bâ, *Amkoullel, l'enfant peul. Mémoires*, Arles, Actes Sud, 1991, p. 60.

(13) インド＝ヨーロッパ世界に関しては、本書所収のティヴォー、マラムー、アンスパックの論文を参照のこと。リュック・ドゥ・オイシュは、ヴェーダ世界との類似を強調しながらも、本質的な違いに注意を向けている。例えばドゴン族においては、浄めの供犠によって廃棄される原罪がある（*Le Sacrifice dans les religions africaines*, Paris, Gallimard, 1986, p. 306 参照）。

(14) L. de Heusch, *Le Sacrifice dans les religions africaines*, Paris, Gallimard, 1986.

(15) C. Barraud, D. de Coppet, A. Iteanu, R. Jamous, « Des relations et des morts. Quatre sociétés vues sous l'angle des échanges », Jean-Claude Galey（ed.）, *Différences, valeurs, hiérarchie* ［Hommage offert à Louis Dumont］, Paris, éd. De L'EHESS, 1984, p. 422-426, 501-518 および、J. Maucourant, J. M. Servet et A. Tiran（éd.）, *La Modernité de Karl Polanyi*, Paris, L'Harmattan, 1998 を参照のこと。

(16) M.-C. Dupré « Raphia monies among the Teke : their origin and control », J. Guyer（ed.）, 1995, p. 44.

(17) L'Abaga-Nchama, *Etat et monétarisation, l'exemple de la Guinée-Equatoriale*, mémoire DEA, Ecole doctorale de sciences économiques, Université Lumière-Lyon 2, 1995, p. 20, 30.

(18) K. Barber, « Money, self-realization and the person in Yoruba texts », J. Guyer（ed.）, 1995, p. 208, 211-217.

(19) P. Edoumba Bokandzo, *Le Passage des monnaies traditionnelles à la monnaie moderne : ingérences et adaptations, cas du Congo*, Thèse Musée de L'Homme, 15 mai 1997.

(20) ヨーロッパ人によって、コンゴのクウェレに導入され、現地で変容した、メツォング（mezong）、モジョス（mondjos）、またはマンジョン（mandjong）の事例も参照のこと。この事例は、G. Dupré, « Histoire et aventures d'un objet monétaire des Kwélé du Congo : mezong, mondjos et mandjong », document ORSTOM 1993, p. 17 において研究されている。

(21) J. Rivallain, « Monnaies traditionnelles du pays sara, sud du Tchad : histoire, rôle et extension », *Cahier Monnaie et financement*, Université Lumière-Lyon 2, n°15, 1985, p. 150.

(22) B. Perre, Guy Roustang, *L'Economie contre la société. Affronter la crise de l'intégration sociale et culturelle*, Paris. Seuil, 1993 の特に第 8 章（p. 237－257）、また、J. Maucourant, J.-M. Servet, A. Tiran（éd.）, *La Modernité de Karl Polanyi*, Paris, L'Harmattan, 1998 を参照のこと。

(23)「考古学的」復元によれば、ギニア・ビサウでは特に、タバコの葉を販売する商人はたいてい市場センターの入り口に店を構えていた。

(24) A. Hampâté Bâ, 1991, p. 143-144. また、*L'Etrange Destin de Wangrin*, Paris, 10 /18, 1992, p. 27-28 も参照のこと。

(25) J.-M. Servet, « Les figures du troc du XVIe au XIXe siècle », *Cahier AEH* n° 12, 199 p. Thèse de 3e cycle, 1977, Université Lumière-Lyon 2, « La monnaie contre l'Etat ou la fable du troc »,

(3) J. C.-Galey (ed.), *Différences, valeurs, hiérarchie* [Hommage offert à Louis Dumont], Paris, ed. de l'EHESS, 1984.

(4) Josette Rivallain の著作（*Echanges et pratiques monétaire en Afrique du XV^{e}au XIXe siècles à travers les récits de voyageurs,* Lyon/ Paris, Musée de l'Imprimerie et de la Banque & Musée de l'homme, 1994）は、これらの貨幣手段に関する数多くの具体例を収めている。アフリカにおける旧来の貨幣実践に関しては、特に Félix Iroko（Paris I, 1988）および Josette Rivallain（Paris I, 1988）の博士論文を参照のこと。

(5) J. Parry, M. Bloch (ed.), *Money and the morality of exchange*, Cambridge University Press, 1989, および V. A. Zelizer, *The Social Meaning of Money*, BasicBooks, 1994.

(6) 本稿の執筆を終える頃、私は Jane I. Guyer 編の *Money Matters, Instability, values and social payments in the modern history of West African Communities*（London/ Portsmouth（NH), Currey/ Heinamnnm 1995）という著作を知った。この文献は明らかに、過去数百年にわたるアフリカの貨幣の歴史と人類学に関して、アフリカ諸社会の内部の組織化と外的諸関係の視点から、最良の省察と今日的な総合を行っている。

(7) Ph. Rospabé, *La Dette de vie. Aux origines de la monnaie*, Paris : La Découverte /Mauss, 1995, préface de Alain Caillé.

(8) われわれはここで、*Souveraineté, légitimité de la monnaie* 所収の拙稿（p. 304-312）で展開した議論のいくつかを繰り返すつもりはない。これらの議論は、J.-M. Servet (ed.) *Eparges et liens sociaux, Etudes comparées d'informalités financières* , Paris, AEF/Uref-Aupelf, 1995 において、また、われわれの同僚である E. Baumann, E. Bloy, J. R. Dirat, A. Makaya, C. Mayoukou との共同研究の後、最近の数カ月の間にわれわれが公表したいくつかの論文においても発展させられている。その論文とはすなわち、« Proximité et risque financier en Afrique, expériences sénégalaises », Entreprises et dynamique de croissance, (Eveline Baumann との共著で、Journées scientifiques du réseau thématique « Entrepreneuriat : financement et mobilisation de l'épargne » l'UREF/ AUPEKF 所収), M. Lelart et B. Haudeville (ed.), Paris, UREF-AUPEKF, p. 213-226. « Le lien de confiance ; fondement nécessaire des relations financières et de la mobilisation de l'épargne »,（Forum Epargne sans frontière, Centre de développement de l'OCDE, Nouvelles approches financières pour l'Afrique（パリ、1995年2月16-17日）発表論文で、その概要は Epargne sans frontière, mars-juin 1995, p. 42-49 に所収)。« Proximity, trust and the taping of savings »（G. Brenner との共著で , African Review of Money, Finance and Banking, Saving and development, Milan, 1995, 1-2, p. 47-59 に所収), « Risque, incertitude et financement de proximité en Afrique : une approche socio-économique »（la Revue Tiers Monde « Pratique et théories du financement local », tome 37, n°145, 1996, p. 41-57 所収)。J.-M. Servet, D. Vallet (ed.), Exclusion et liens financiers, Paris, AEF/ Montchrestien, 1998 も参照のこと。

(9) この用語の定義に関しては、J. M. Servet, « Essai sur les origines des monnaies », *Cahier Monnaie et Financement*, Université Lumière-Lyon 2, 1979 および *Genèse des formes et pratiques monétaires*, thèse de doctorat d'Etat, université Lumière-Lyon 2, 1981 を参照のこと。

(10) J. Rivallain « Des paléomonnaies au tontines africaines », *Epargne et liens sociaux*, Paris, AEF-Aupelf-Uref, 1995, p. 55-56 におけるいくつかの事例を参照のこと。

(41) 参考までに、この描写には、これまでのところ本書では——少なくとも明示的な形で——話題にしてはいないけれども、家族秩序も加えている。また同様に、オートポイエティックなサブ・システムへと組織化された知性という象徴的媒介も、加えている。これについてもまたここではわずかに語るだけとなる。この描写においても、ジャック・ビルストに呼応する仕方で、様々な霊気《プシュケ》の原領域のヒエラルキーを例示するように表しており、こうしたことから、この図表では、神に似せて「個人」が構築されている個人主義的社会において社会構造と心理構造とが相同的な対応関係にあるという考え方が繰り返されている。このような描写を通じて、貨幣信頼の土台として社会なるものをヒエラルキー的遠近法の下に置く、ここで提示されているモデルは、この著者［ビルスト］のモデルをさらに強化している。というのも、このモデルにおいて2つの極の間に貨幣が首尾良く位置づけられているからである。2つの極とは、まず社会システムが現実界（「物質的連続体」）に直接接触している絵文字の極であり、次いで、コルネリウス・カストリアディスの言葉を用いれば、制定された想像界としての全体性＝社会という「上部構造において措定される（主権的な）」「神話的土台」から構成される、象徴の極である。

(42) この図表において、記号 p、s、e は、政治秩序（P）および経済秩序（E）における政治的・象徴的・経済的原領域ないし水準を表すために用いられている。

(43) 国際比較において示されるように、インフレーションの水準とコーポラティズム的妥協の諸力との間には相関関係がある。コーポラティズム的妥協は、政治的水準における経済的利害と政治的利害との間の密接なコミュニケーションを組織するのであり、これを通じて社会の全体への勤労者の統合が進行する。

第 8 章　西・赤道アフリカにおける脱貨幣化と再貨幣化（19-20 世紀）

(1) 並行してわれわれは、フィリップ・ベルヌーとジャン＝ミシェル・セルヴェ編著『信頼の社会的構築』（Philippe Bernoux, Jean-Michel Servet（ed.）, *La Construction sociale de la confiance*, Paris, AEF Montchrestien, 1997, 486p.）と、後の注（8）と（53）に掲載のいくつかの業績の中で、信頼に関する分析を発展させてきた。

(2) このテーマに関する事例は主に、19-20 世紀アフリカ、とりわけセネガル南部の低カサマンス地方から借りてきている。CNRS の研究ユニット 166「村落共同体のエコロジー」および UREF－AUPELF の一環としてわれわれの研究グループは、1985 年以来、同地方において貯蓄行動に関する社会経済的調査を行っている。また、リヨン INSA の人類学サークルの下で 1970 年と 1971 年に行われた、交換システムに関する第 1 回調査のときのフィールドノートの中の情報も利用されている。したがって、ここでの記述は、同地域において大方消滅してしまった諸実践について触れている場合がある。私が目撃者の 1 人となっている諸実践、特に、ギニア・ビサウのジョーラ族の村々に関して、サン・エチエンヌ大学のオディル・ジュルネと、CNRS のアンドレ・ジュリアールによる補足的情報の提供に感謝したい。拙著 *Souveraineté, légitimité de la monnaie* および雑誌論文 *la mémoire monétaire de l'Afrique...et d'ailleurs*（Journée des économistes de l'ORSTOM, Paris, 15-16, septembre 1994, n°33, 1/1996, Cahiers de l'ISMEA, « Relations économiques internatinales », série P, p. 87-103 所収）で取り上げた事実的な諸要素は、本稿では取り上げていない。

Théret, « Hyperinflation de producteurs et hyperinflation de rentires. Le cas de Brésil », *Revue Tiers-Monde*, Vol. 34, n° 133, 1993, p. 37-68 を参照せよ)。

(29) J. Birouste, « Débat sur légitimité et illégitimité des pratiques monétaires et financières », *Souveraineté, légitimité de la monnaire, op. cit.*, p. 326-333.

(30) A. Orléan, *art. cit.* の表現による。貨幣の正統化は「諸個人がどのような手段によって共同体を構成しているのかについて彼らがアプリオリに有している表象を、常に予め前提としている」。貨幣の正統化を理解するためには、「認知的次元それ自体に固有な力」を認めねばならない。その力とは、「共同体の基礎をなす認知体系にまさしく帰属していることを通じて、全員に対して明白さを生み出す」というものである。実際、まさに文化的参照物による「認知上の制約」のおかげで次のような状況が生み出される。すなわち、「こうした状況において一定の集団的諸形態、一定の社会的ルール」は「自律したものとして、つまり個々人の利害から独立し個々人の利害を自らに押しつけるもの」(*ibid.*) として現れることができる。貨幣という制度は、「事物の自然的秩序」を表現する場合にのみ、その制度を脅かす絶えざる異議申し立てに対処することができる。「自然的秩序」とは、「全員によって心的に内面化されている社会的価値および象徴の体系を指示する (ところの)」(*ibid.*) ものである。

(31) N. Luhmann, « Communication et action », *Réseux*, n° 50, 1991, p. 131-158 を参照せよ。「残りのすべては社会の環境、たとえば生命 (有機的システム)・意識 (心理的システム)・エネルギー・物質に属している」(Dirk Baecker, « Prolific Events, Fast Oblivion, and Conditions of Money's Compliance », *Simmel et les normes sociales, op. cit.*, p. 233-245)。

(32) G. Teubner, *Le Droit, un systèmes autopoïétique*, Paris, PUF, 1993 を参照せよ。

(33) オートポイエーシスの社会学理論における貢献と限界の批判的分析、また貨幣的・法的な諸秩序および諸システムのオートポイエティック性に関するさらに詳しい展開については、B. Théret, « politica economica e regulacão. Um abordagem topologico e autopoietico », *in* José Carlos Braga et Bruno Théret, *Regulação ecomomica e globalização*, São Paulo, FAPESP, 1998 を参照せよ。

(34) G. Teubner, *op. cit.*

(35) D. Baecker, *art. cit.*

(36) G. Teubner, *op. cit.*

(37) *Ibid.*

(38) コミュニケーション行為は「次の3つの選択の組み合わせ《クプラージュ》である。まず伝達すべき情報の選択、ついで行動すなわちこの情報の伝達過程についての選択、最後に伝達される情報の受け手によってなされる選択、である。最後の選択は、情報が解読可能であり、受け手の期待に応えていることを含意している」(Niklas Luhmann, *art. cit.*)。

(39) 加えて、操作上の相互干渉は様々なサブ・システムの編成をつなぐネットワークという形態の下で諸制度に併合される可能性がある。組織ネットワークに関する貨幣的アプローチについては、Nicolas Dodd, *op. cit.*, et Michel Aglietta et Pierre Deusy-Fournier, « Internationalisation des monnaies et organisation du système monétaire », *Économie internationale*, n° 59, 3e trimestre 1994, pp. 71-106 を見よ。

(40) G. Teubner, *op. cit.*

くことを意味している。この点についてはここで議論せずに、政治なるものにおける法は経済秩序における貨幣の機能的等価物である、とだけ言っておこう（Bruno Théret, *Régimes économiques de l'ordre politique. Esquisse d'une théorie régulationniste des limites de l'État*, Paris, PUF, 1992〔ブルーノ・テレ『租税国家のレギュラシオン』神田修悦・中原隆幸・宇仁宏幸・須田文明訳、世界書院、2001年〕を参照せよ）。したがって法はまた国家という全体の換喩的表象としても機能している。つまり資本が貨幣である（貨幣から形成される）のと同様、国家は法である（諸々の法から形成される）。

(18) 資本主義的経済秩序を構造化する価値ヒエラルキーを考慮するためにここで提示されている、マルクスの資本循環モデルの翻案は、Daniel de Coppet, *art. Cit.*, 1995 が展開している市民共同体《ソシエタル》循環のアプローチにヒントを得たものである。

(19) この点については、ミシェル・アグリエッタとジャン・カルトゥリエが本書で展開している支払システムの概念化を参照せよ。

(20) M. Weber, *Histoire économique*, Paris, Gallimard, 1991〔マックス・ウェーバー『一般社会経済史要論（上巻）（下巻）』黒正巌・青木秀夫、岩波書店、1954・55年〕を参照せよ。

(21) G. Simmel, *op. cit.* を参照せよ。

(22)「逆のものの包含〔反対物の包摂〕としてヒエラルキーを理解することは、ヒエラルキーがそれ自体の内部で逆転されるということを意味する。このような記号の逆転はもっぱらレベルの変化と相関する。つまり、包摂するレベルにおける上位要素は、包摂されるレベルにおいては下位になり、またその逆にもなる。純粋に論理的なこの特性はデュモンによって理論化されたのだが（*Homo Herarchicus*〔ルイ・デュモン『ホモ・ヒエラルキクス』田中雅一・渡辺公三訳、みすず書房、2001年〕）、まずインドに関して、そこでの宗教的機能と政治的機能とを結ぶ関係について検討され（……）ている」（Jean-Pierre Duppy, *Le Sacrifice et l'Envie*, Paris, Calmann-Lévy, 1992, p. 196-197〔ジャン＝ピエール・デュピュイ『犠牲と羨望』米山親能・泉谷安規訳、法政大学出版局、2003年、256-257頁〕）。

(23) このような逆転から、本源的債務の創始的状況と比較して、商業的債務における時間の矢が逆向きになっていることがわかる。

(24) 別の言い方では、商品経済の中を循環する貨幣と課税・財政経済を循環する貨幣との間の固定的な交換比率を制度化する独自な貨幣が存在している。ここで見いだされるのは、ジョン・コモンズ（*op. cit.*）が総合した、マックレオ、クナップ、ホートレイといった制度主義経済学の伝統である。

(25) すなわち諸人格を評価する最終的な手段が存在している。身代金あるいは殺人の代償といったものがそれである。

(26) M. Aglietta, « légitimité de la monnaie et indépendance des banques centrals », *Souveraineté, légitimité de la monnaie, op. cit.*, p. 37-55.

(27) L. Scubla, « Diversité des cultures et invariants transculturels（II）», *La Revue du MAUSS*, nouvelle série, nº 2, 1988, p. 55-107.

(28) 経験的なレベルにおいては、貨幣の機能的次元の後景に退いている貨幣の調整的次元は、危機によって存在が明らかになる。そのような危機の例は、ブラジルが10年にわたって経験した「クリーピング・ハイパーインフレーション」によって与えられる（B.

Revue du MAUSS（2）, 1993, p. 209-218.

(5) N. Dodd, *The Sociology of Money*, New York, Continuum, 1994〔ナイジェル・ドッド『貨幣の社会学』二階堂達郎訳、青土社、1998年〕.

(6) 次の著作も参照せよ。A. Orléan, « Réflexions sur la notion de legitimité monétaire, l'apport de Georg Simmel », in Jean-Marie Baldner et Lucien Gillard, *Simmel et les normes sociales*, Paris, L'Harmattan, 1996, p. 19-34.

(7) Louis Dumont, *Homo Aequalis, Genèse et épanouissement de l'idéologie économique*, Paris, Gallimard, 1977 の定義による。

(8) Georges Bataille, *La part maudite*, Paris, Éditions de Minuit, 1976〔ジョルジュ・バタイユ『呪われた部分――有用性の限界』中山元訳、ちくま学芸文庫、2003年〕の表現による。

(9) ここで仮定しているのは、現代的貢納経済ないし課税・財政経済が贈与・反対贈与型の経済であるということである。徴税についての直接的な代償が存在していないからと言って、公共支出の形での先延ばしされかつ／また社会化された代償が、あるいはそのとき法・政治的な形での代償が妨げられるわけではない。

(10) 前掲、L. Dumont, を参照せよ。

(11) G. Simmel, *Philosophie de l'argent*, Paris, PUF, 1987〔ゲオルク・ジンメル『貨幣の哲学（新訳版）』居安正訳、白水社、1999年〕. この論点を展開したものとして、Bruno Théret, « Médiations symboliques entre économie et politique : Simmel au-delà et en deçà de Marx » in Jean-Yves Grenier et aliii, *À propos de philosophie de l'argent de Georg Simmel*, Paris L'Harmattan, 1993, p. 189-216. をみよ。

(12) 主体・客体の区別を、「流動的なもの」、したがって「二次的な」ものにしてしまう、アレアレの人々の事例は、商業的秩序における経済的原領域と政治的原領域の分化がもつ、歴史的に構成された、特殊「西欧的」特質を、ものの見事に明らかにしている（Daniel de coppet, « La monnaie dans la communauté 'aré aré' - les relations sociales en forme de totalité », *Souveraineté, légitimité de la monnaie, op. cit*, p. 215-229. を参照せよ）。

(13) 以上のことから、死を前にした諸々の態度に根底的な変化が生じる。「現代における死の危機」は、ある種の「死に関する禁忌」の制度となって表れており、「哀悼の拒絶」によって「瀕死の人は自らの死を剥奪される」（Philippe Ariès, *Essais sur l'histoire de la mort en Occident du Moyen Âge à nos jours*, Paris, Seuil, 1975〔フィリップ・アリエス『死と歴史』伊藤晃・成瀬駒男訳、新装版、みすず書房、2006年〕）。

(14) J. Birouste, « Métapsychologie du lien monétaire », *Souveraineté, légitimité de la monnaie, op. cit.*, p. 379-399. を参照せよ。

(15) この社会的保護へのアプローチについてのさらなる詳細は、B. Théret, « Les structures élémentaires de la protection sociale », *Revue française des affaires sociale*, vol. 50, n° 3, 1996, pp. 165-188 を参照せよ。

(16) この点については、Claude Lévi-Strauss, *La pensée sauvage*,（1962）, Paris, Plon-Agora（réédition 1990）〔クロード・レヴィ＝ストロース『野生の思考』大橋保夫訳、みすず書房、1976年〕をみよ。

(17) 同様に経済的原領域と政治的原領域との異化効果は、政治秩序にも関係してくるのであり、これは政治秩序においてもまたその機能的統一を保証する象徴的演算子が働

de l'École française de Rome, Antiquité, t. 107, 1995, p. 197-223. C. Ampolo, « La città riformata e l'organizazione centuariata », *art, cit.*, p. 228.

(51) Pline l'Ancien, *Hist. Nat.*, 33, 43 (*Servius rex primus signavit aes, antea rudi usos Romae Timaeus tradit*).

(52) Art. Cit.

(53) H. Zehnacker, « Rome : une société archaique au contact de la monnaie », article cité, p. 325.

(54) L. Pedroni, *art.cit.*, p. 199 et notes 13 et 14.

(55) L. Nadjo, *L'Argent et les affaires à Rome des origines au II siècle avant J.-C., Étude d'un vocabulaire technique*, Louvain-Paris, Peeters, 1989, p. 189-191.

(56) V. Ehrenberg, *From Solon to Socrates*, Londres, Methuen, 1967, p. 54-73, et G. C. Starr, *The Economic and Social Growth of Early Greece*, New York, 1977, p. 181-186.

(57) Ed. Will, « La Grèce archaique », *Deuxième Conférence internationale d'Histoire économique* (*Aix-en-Provence, 1962*), Paris-La Haye, Mouton, 1965, t. 1, p. 83.

(58) M. Aglietta et A. Orléan, *Souveraineté, légitimité de la Monnaie*, Paris, AEF, 1995, p. 361sq.

(59) Tite-Live, *Histoire romaine*, 1, 42.

(60) Tite-Live, *Histoire romaine*, 34, 31, 11.

(61) Cicéron, *De republica*, 2, 22, 39.

(62) Denys d'Halicarnasse, *Antiquités romaines*, 4, 20-21.

(63) Plato, *Lois*, 744B〔プラトン『法律(上)』森進一・池田美恵・加来彰俊訳、岩波文庫、1993年、316頁〕.

(64) Res Gestae Divi Augusti, 8.

(65) これらの現象については、以下を参照のこと。Jean Andreau, « l'argent à Rome : les rentes de l'aristocratie », *Comment penser l'argent ? ;* Troisième Forum Le Monde-Le Mans, Roger-Pol Droit (sous la direction de), Paris, Le Monde Éditions, 1992, p. 161-171 および 1997 ; および *Idem, Patrimoines, échanges et prêts d'argent : l'économie romaine*, ouvrage cité.

(66) Denys d'Halicarnasse, *Antiquités romaines*, 4, 19-21 を参照のこと。

(67) 本章を執筆するにあたってコメントと情報を与えてくれたA. GrandazziとPh. Moreau両氏に心から謝意を表明したい。

第3部　信　頼

第7章　勤労者社会における債務と貨幣の二元性について

(1) 次の著作も参照せよ。J.-M. Thiveaud, « Le roi, l'État, la finance », in Michel Aglietta et André Orléan, *Souveraineté, légitimité de la monnaie*, Paris, AEF, *Cahiers Finance Éthique Confiance*, 1995, p. 165-193.

(2) John Commons, *Institutional Economics : Its Place in Political Economy*, (1934), New York-London, Transaction Books, réédition 1989 の表現による。この著者もまた物々交換の寓話からではなく債務から出発して、貨幣についての自らの分析を築き上げている。

(3) 次の著作も参照せよ。Louis Baslé, « L'argent, l'echange et la dette », *Action et recherches sociales*, n° 2, Juin 1986, p. 39-52.

(4) J. Maucourant, « Au Cœur de l'économie politique, la dette. L'approche de J. R. Commons »,

(29) J. Hellegouarc'h, *Le Vocabulaire latin des relations et des partis politiques sous la République*, Paris, Les Belles-Lettres, 1972, p. 388-411.

(30) É. Benveniste, *Le Vocabulaire des institutions indo-européennes*, Paris, Minuit, 2 vol., 1969, p. 47-61〔エミール•バンヴェニスト『インド＝ヨーロッパ諸制度語彙集 II』前田耕作監修、蔵持不三也・田口良司・渋谷利雄・鶴岡真弓・檜枝陽一郎・中村忠男・松枝到訳、言叢社、1987年、41-56頁〕.

(31) É. Benveniste, *ibidem*, p. 54〔邦訳49頁〕.

(32) Tite-Live, *Histoire romaine*, 39, 44, 3 ; et Plutarque, *Vie de Caton l'Ancien*, 18.

(33) Tite-Live, *Histoire romaine*, 4, 24.

(34) Tite-Live, *Histoire romaine*, 22, 53, et 24, 18 ; Valère-Maxime, *Actions mémorables*, 2, 9, 8.

(35) Aulu-Gelle, *Noctes Atticae*, 4, 12.

(36) Th. Mommsen, *Droit public romain*, ouvrage cité, p. 61-62.

(37) G. Piéri, *L'Histoire du cens*, ouvrage cité, p. 113-122.

(38) G. Dumézil, *Servius et la Fortune*, Paris, Gallimard, NRF, 1943〔「セルウィウスとフォルトゥナ」『デュメジル・コレクション2』丸山静・前田耕作編、高橋秀雄・伊藤忠雄訳、ちくま学芸文庫、2001年〕および *Idées romaines*, Paris, Gallimard, Bibl. Des Sciences humaines, 1969（103-124頁の《Census》の章を参照のこと）.

(39) G. Dumézil, *Servius et la Fortune*, *op. cit.*, p. 29〔邦訳192頁〕.

(40) 以下の著書を参照のこと。F. Coarelli, *Il Foro Boario dalle origini alla fine della Repubilica*, Rome, Ed. Quasar, 1988, *passim* および、A. Grandazzi, *La Fondation de Rome, Réflexions sur l'histoire*, Paris, Les Belles-Lettres, 1991（特に266-279頁）.

(41) G. Dumézil, *Idées romaines*, *op. cit.*, および É. Benveniste, *op. cit.* , p. 143-151〔邦訳[II]138-146頁〕.

(42) G. Dumézil, *Idées romaines*, *op. cit.*, p. 124.

(43) J. Scheid, *op. cit.*, p. 81.

(44) G. Dumézil, Idées romaines, *op. cit.* p. 155 et p. 215 ; C. Ampolo, « Servivo Tullio et Dumézil（Osservazioni su Dumézil e le tradizioni e i documenti della storia romana del VII-VI sec. a. C.）», *Opus*, t. 2, fasc. 2, 1983, p. 391-400.

(45) J. Schied, *op. cit.*, p. 74-94 et surtout p. 79-80.

(46) C. Ampolo, *art.cit.*, p. 394-397.

(47) G. Piéri, *op. cit.*, p. 77-93.

(48) この点に関しては、C. Ampolo, « La città riformata e l'organizzazione centuriata, Lo spazio, il tempo, il sacro nella nuova realtà urbana », *Storia di Roma*, sous la direction de A. Schiavone, t. 1, *Roma in Italia*, Turin, G. Einaudi, 1988, p. 203-239を参照のこと。

(49) C. Ampolo, *ibidem*, p. 228.

(50) H. Zehnacker, « Rome : une société archaique au contace de la monnaie（VI-IVe siècles avant J.-C.）», in *Crise et transformation des sociétés archaiques de l'Italie antique au Ve siècle avant J.-C.*, ouvrage collectif（Acte d'une table ronde tenue à l'École française de Rome en 1987）, Rome, École française de Rome, 1990, p. 307-326 ; L. Pedroni, *Ricerche sulla prima monetazione di Roma*, Naples, Liguori, 1993 ; Idem, « Censo, moneta e "Rivoluzione della plebe" », *Mélanges*

des Histoires, 1976, p. 87.

(7) Tite-Live, *Histoire romaine*, 1, 44.

(8) Denys d'Halicarnasse, *Antiquiés de Rome*, 4, 22, 1-2.

(9) R. Bianchi Bandinelli, *Rome. Le centre du pouvoir*, Paris, Gallimard, NRF, coll, L'Univers des formes, 1969, p. 52-57 et fig. 51-55 ; et Mario Torelli, *Typology and Structure of Roman historical reliefs*, Ann Arbor, The University of Michigan Press, 1982, p. 5-25.

(10) P. Voci, « Diritto sacro romano in età arcaica », *Studia et documenta historiae et iuris*, t. 19, 1953, p. 38-103, et surtout p. 48-67.

(11) Caton, *De Agricultura*, 141.

(12) G. Dumézil, « Suovetaurilia », *Tarpeia*, Paris, Gallimard, NRF, 1947, p. 142-158.

(13) Cf. G. Dumézil, *ibidem* ; G. Dumézil, *La Réligion romaine archaique*, Paris, Payot, 1966, p. 238-241 ; et Udo W. Scholz, "Suovetaurilia und Solitaurilia", *Philologus*, t. 117, 1973, p. 3-28.

(14) G. Piéri, *L'Histoire du cens jusqu'à la fin de la République romaine*, Paris, Sirey, 1968, p. 87-92.

(15) G. Piéri, *ibidem*, p. 77-93, et R. M. Oglivie, "Lustrum condere", *Journal of Roman Studies*, t.51, 1961, p. 31-39.

(16) Th. Mommsen, *Le Droit public romain*, vol. 4, trad. Franç., Paris, Thorin et fils, 1894, p. 103.

(17) P. Willems, *Le Sénat de la République romaine*, Louvain, 2. Vol., 1883 • 1885, t. 1, p. 561 *sqq*.

(18) J. Scheid, *Religion et piété à Rome*, Paris, La Découverte, coll. Textes à l'appui, 1985, p. 47-57 et surtout p. 57.

(19) Tite-Live, *Histoire romaine*, 1, 44.

(20) Cl. Nicolet, *Le Métier de citoyen dans la Rome républicaine*, *op. cit*.

(21) Cicéron, *pro Cluentio*, 117-134.

(22) Cicéron, *pro Cluentio*, 119 (*hic primum ille commune proponam numquam animadversionibus censoriis hanc civitatem ita contentam ut rebus iudicatis fuisse*).

(23) Cicéron, *pro Cluentio*, 119 (*...Caium Getam, cum a L. Metello et Cn. Domitio censoribus ex senatu eiectus esset, censorem ipsum postea esse factum et, cuius mores a censoribus erant reprehensi, hunc postea et populi Romani et eorum qui in ipsum animadverterant moribus praefuisse*).

(24) Th. Mommsen, *Le Droit public romain*, *op. cit.*, p. 95-96.

(25) G. Dumézil, « Les pensées arcaiques de l'Inde et de Rome (à propos du latin Mos) », *Revue des Études latines*, t. 32, 1954.

(26) Pline l'Ancien, *Histoires naturelles*, 33, 13, 42-47.

(27) P. Marchetti, *Histoire économique et monétaire de la seconde guerre punique*, Bruxelles, Éd. De l'Académie Royale de Belgique, Palais des Académies, 1978.

(28) *Les Échanges dan l'Antiquité : le rôle de l'État*, J. Andreau, P. Briant et R. Descat, Saint-Bertrand-de-Comminges, Musée archéologique départemental, 1994 ; J. Andreau, « Vignt ans après *L'Économie antique* de Moses I. Finley », Présentation du dossier « L'Économie antique », *Annales Histoire, Sciences Sociales*, t. 50, 1995, p. 947-960 ; J. Andreau, *Patrimoines, échanges et prêts d'argent : l'économie romaine*, Rome, L'Erma di Bretschneider, 1997.

よるオリジナル・テキストは16世紀初めに出版された]. オレームのアイデアは、1522年にコペルニクスがポーランド王ジグムント1世に提言したものに140年先立ち、J・ボダンには200年先行していた。「諸商品を等しい価格で確実に入手することができるという［こと］、これこそが貨幣の平等である。あらゆる物の価格を支払わねばならない貨幣が変化し易く、不確定であるとしたらどうであろうか？　その場合、誰も、自分が持つ物に安んじて依拠することができなくなる。契約は不確定なものとなるだろう。課金、税、利益、年金、謝礼金も不確定なものとなるだろう。要するに、財政やいくつかの公的・私的な事業はすべて中断状態となるだろう。保護者として臣民の裁きに服すべき君主が貨幣を悪鋳する場合、そうなる不安はいっそう大きくなる。なぜなら、君主が貨幣の品位を落とすとき、臣民は必ず犠牲になるのに、君主およびその一族と取引をする外国人は、国際公法に服しているがゆえに、犠牲がずっと少ないからである。詩人のダンテは国王フィリップ・ル・ベル〔フィリップ4世〕を非難している。貨幣の悪鋳（falsificatore di moneta）は、初めて王国の銀貨の品位を半分に低下させた。このことは大きな騒乱の種を臣民に与え、外国の君主たちにとっての非常に有害な前例となった。後にフィリップはこれを後悔し、遺言の中で息子のルイ・ウタン〔ルイ10世〕に向けて、貨幣の弱体化に十分注意するよう厳命した」(J. Bodin, « Discours sur le rehaussement et diminution tant d'or que d'argent et le moyen d'y remédier, aux paradoxes du sieur de Malestroit »［1578］, *Les Six Livres de la République*, Paris, Fayard, 1986, VI : 463、強調は引用者による)。

(42) Oresme, 1976 : XX-XXII. 強調は引用者による。

(43) L. Dumont, *Homo Aequalis I Genèse et épanouissement de l'idéologie économique*, Paris, Gallimard, 1977 : 242, n.4.

(44) Oresme, *op. cit.* : XX-XXII.

(45) Oresme, *op. cit.* : XXII.

(46) Oresme, *op. cit.* : LXXI-LXXII.

(47) Oresme, *op. cit.* : XXII.

(48) L. Dumont, 1977 : 131.

(49) *Ibid.* : 134.

(50) *Ibid.* : 132.

第6章　古代ローマにおける戸口調査・評価・貨幣

(1) Cl. Nicolet « Mutations monétaires et organisation censitraire sous la République », *Les Dévalutaion à Rome*, t. 1, Rome, Ecole française de Rome, 1978, p. 249-272, p. 250.

(2) L. Pedroni, « Censo, moneta e "Rivoluzione della plebe" », *Mélange de l'Ecole française de Rome, Aintiquité*, t. 107, 1995, p. 197-223.

(3) Tite-Live, *Histoire romaine*, 4, 8, 2 à 7 ; Denys d'Halicarnasse, *Antiquités de Rome*, 11, 63.

(4) Tite-Live, *Histoire romaine*, 4, 8, 2.

(5) Cl. Nicolet, « Rome et la conquête du monde méditerranéen », t. 1, *Les Structures de l'Italie romaine*, Paris, P. U. F., coll, Nouvelle Clio, 1977, p. 266.

(6) Cl. Nicolet, *Le Métier de citoyen dans la Rome républicaine*, Paris, Gallimard, coll. Bibliothèque

日本軍と戦っていたアメリカ軍を支援するメラネシアの補助部隊に参加し、何人かの白人および黒人のアメリカ軍将校との間で人権に関する議論を戦わせた。この経験からアリキ・ノノオヒマエは、マライタに戻った後、運動（マアシナ・ルル。「友愛の絆」を意味し、英語ではマーチング・ルールと呼ばれている）を起こす決意をした。この運動は、人頭税の拒否とヨーロッパ人プランテーションでの人々の労働の拒否を訴えるとともに、イギリスの植民地権力に対して、種々のキリスト教布教団を通さず直接に医療・学校の援助を提供するよう、さらにはソロモン諸島に独立を認めるよう要求した。運動は、マライタ島全土の支持を集めた後に、弾圧され、指導者は投獄され裁判にかけられた。その後、南海福音伝道（South Seas Evangelical Mission）の影響を受けて、運動は救世主待望的になり、アメリカ人が再来してイギリス人追放を助けてくれることを待ち望んだ。運動が終わる 1952 年、アリキ・ノノオヒマエは地方議員となり、プランテーション労働者の保護に力を尽くした。その後エーレハウと名乗るようになった彼は、1962 年から 1984 年 5 月（ソロモン諸島独立の 6 年後）に逝去するまで、アレアレの国における慣習と政治意識の刷新を指導した。彼は、諸社会を平等に尊重することを求め、また社会－宇宙の諸驚異を覆う蒼穹にふさわしい社会の所有物《彼女のもの》の承認を求めて闘った。その闘いの一環として、1982 年の短い滞在もあった。

(33) B. Nicolescu, « Le temps mondial », *Quintesciences*, n° 7, Paris, CERI, CNRS, Paris, 1996 : 5 より引用。

(34) U. Tongli, EHESS, 1994. グレゴリー・ベイトソンやエドガー・モランのような別の論者に見いだされる定式は、明瞭なものではない。価値のヒエラルキー化が中心的話題となる精神分析においては、ラカンの定式における「大文字の他者」が、物理学者の「内包された第三項」やルイ・デュモンの「反対物の包摂」との明らかな類似を示している。

(35) Pierre Hadot, *Plotin ou la simplicité du regard*, Paris, Folio, Essais, Gallimard, 1977 : 112 より引用。

(36) La Sainte Bible, Luc, 21-22〔訳は『聖書　新共同訳』による〕. 強調は引用者による。

(37) L. Dumont, *Essais sur l'individualisme*, 1983 : 42〔邦訳、48 頁〕.

(38) Coppet, « De l'action rituelle à l'image ; représentations comparées », *Philosophie et anthropologie*, Centre Pompidou, 1992 : 115-30.

(39) A. M. Hocart, *The Life-giving Myth and other essays*, Methuen, Londres, 1970 : 100-1 より著者が〔フランス語に〕翻訳［*Le Mythe sorcier*, Payot, 1973］。

(40) 貨幣の欠乏はインフレーションへの、そしてオレームが糾弾した〔貨幣の〕変更への圧力となっていた。「1230-1250 年のシステム全盛期においては、トゥール・ドゥニエはもはや純分［純銀］0.35 グラムでしかなかった。インフレーションによって、カロリング朝のドゥニエと比べて 83％減価したのである。誰が見ても、白いコインが黒いコインと化したことは明白である」（J. Favier, *De l'or et des èpices*, 1987 : 160）。「つまり、君主や都市の選択には必ず裏があるという点からして、貨幣の欠乏は 1 編の政治ドラマなのである」（*ibid.* : 175）。

(41) Nicole Oresme, *Petit Traicite de la première invention des monnoies*. Slatkine Reprints, Genève, 1976［1380 年頃に編まれた草稿。著者によるフランス語訳がブリュージュのコラール・マンシオン（Colard Mansion〔印刷業者〕）によって 15 世紀に出版された。ラテン語に

される→男たちが「音楽－の－子どもたち」の貨幣を妊娠する→「大いなる男」の祭宴の「巣」に貨幣が展示される→「大いなる男」の葬儀前表象（被殺害者の再統合）。（続き）→祖先が引き起こす「大いなる男」の病死→3種類の社会－宇宙的諸関係（タロイモ－ココナッツ、豚、貨幣の諸形色による）への死者の分解→男だけが行う調理、食事、そして祖先の貨幣表象の保護→オール－イン－貨幣で表示される新祖先。

(21) Coppet, « Premier troc, double illusion », *L'Homme*, XIII, 1-2, 10-22, 1973. クライヴ・ムーアが指摘してくれたように、私は英語から翻訳するときにミスを犯したため、ここでのスペイン人の帽子を袖なしマント（capes）と解していた。ただし、このことによって本章の意味や結論が修正されるわけではない。

(22) Trévoux, *Abrégé du dictionnaire universel françois et latin, vulgairement appelé dictionnaire de Trévoux*, Paris, Les Libraires associés, 1762, II : 891.

(23) G. Ifrah, *Histoire universelle des chiffres. L'intelligence des hommes racontée par les nombres et les calculs*, Paris, Robert Laffont, Paris, 1994, II : 373.

(24) Th・クラムプは、「一般的ケースにおいて時間の尺度は貨幣から独立であるのに対して、［アレアレ］貨幣の果てしない循環は時間の尺度手段である」（*Anthropologie des nombres. Savoir compter, cultures et sociétés*, Paris, Seuil, 1995 : 187）と考えている。本章の注（15）も参照。

(25)「……土地が人民を所有する……」（D. de Coppet, *Contexts and Levels. Essays on Hierarchy*, JASO, n°14, 1985 : 78-89）。土地の譲渡不可能性については、有名な唯一の例外がある。アレアレの神話は、「8艘のカヌー」と呼ばれる文化的英雄による建国の話を伝えているが、それによれば、「8艘のカヌー」は小マライタ島南岸に住むビッグマンに何袋もの貨幣を支払って領土を購入し、そこへの進出を果たしたというのである（D. de Coppet et H. Zemp, *'aré'aré. Un people mélanésien et sa musique*, Paris, Seuil, 1978 : 97）。これにより「8艘のカヌー」はアレアレの領土外で活動したので、小マライタ島の大部分で通用していたルールに適応することができた。ルールによれば、土地の所有は定められた区画に限定され、父系相続され、時々は購入することが可能である。

(26) Trévoux, *Abrégé du dictionnaire universel françois et latin, vulgairement appelé dictionnaire de Trévoux*, Paris, Les Libraires associés, 1762, I : 127.

(27) O. Paz, *Point de convergence, du romantisme à l'avant-garde*, Paris, Gallimard, 1976 : 29.

(28) Trévoux : "espèces se dit des pièces de diverses fabriques & matières dont les monnaies sont faites", I : 127.

(29) D'après 'Ohoitara, in D. de Coppet et H. Zemp, opus cité note n° 25, 1978 : 96-7、強調は引用者。

(30) Coppet, « De la dualité des sexes à leur dissymétrie », *Sexe relatif ou sexe absolu ? : La Distinction de sexe dans les sociétés*, Maison des sciences de l'homme,2001.

(31) N. Peterson, « The Church Council of South Mala : a legitimized form of Masinga Rule », *Oceania*, XXXVI, 3.1966 : 233.

(32) 1911年頃にフル（Huru）という場所で生まれたアリキは、ずっと若い頃には、ソロモン諸島にて、その後はニューヘブリデス（後にヴァヌアツ領となった）のヴァニコロにて、ヨーロッパ人プランテーションで働いていた。1942年に彼は、ガダルカナルの

ズ1本は白ビーズ2本に相当し、イルカの歯5個が付いた細紐は赤ビーズ1本に相当する。

(11) D. de Coppet et H. Zemp, *'aré'aré. Un peuple mélanésien et sa musique*, Paris, Seuil, 1978 : 65, photo n°70, à Hauhari'i en 1975 avec Taumae fils de Waroroto.

(12) キリスト教の聖体と、14 世紀から 16 世紀の間に意味を変えた「表象」についての研究（注（9）参照）以降、われわれは、フランス語において実体との結びつきが強すぎる「聖体（corps）」の語よりも、「外形（forme externe）」という表現を好んで用いている。われわれはまた「心像（image）」よりも「表象（représentation）」を用いたい。より細かく言えば、存在の構成要素である人や宇宙——ヌヌ（*nunu*）——を表すときにも、存在の上位水準を表すときにも「表象」の語が用いられる。社会諸関係は、最大の効力を獲得し、死後に生への復帰を果たすためには、存在の上位水準へと——ヌヌから祖先ヒオナ（*hi'ona*）へと——上昇していかねばならない。「心像」という語の欠点は、社会の特殊な場所を想像的なものと見なすよう、また精神分析に言う「象徴界《ルサンボリック》」に言及するようわれわれを誘導することにある。最後に、社会人類学においては「象徴界」の語の使用は避けられている。この語は、マルクス主義の俗説に対置されたものであるが、精神的／物質的、観念／事実という対比を想起させる点で欠陥がある。ところが社会人類学の課題は、与えられた社会の事実－観念－価値が全体として作り上げる構造を理解することにあるのである。同様にして、本章では「権力」と「自律性」を対置して用いていくが、「権力」の観念と「象徴界」の観念を混同しないようにしていただきたい。

(13)「アレアレ」の社会－宇宙において、諸関係の 3 つのフローがたどる経路上で必要となる 3 つの標柱は、パンとワインという秘蹟の形色《けいしょく》と対照をなしている。

(14) 病死者は、豚が来ない墓地で処理され、礼拝の対象とされる。

(15) D. de Coppet, « 1, 4, 8 ; 9, 7. La monnaie : présence des morts et mesure du temps », *L'Homme*, 1970, X, 1 : 25-31.

(16) Louis Dumont, *Homo Aequalis I Genèse et épanouissement de l'idéologie économique*, Paris, Gallimard, 1977 : 397-403 ; *Essais sur l'individualisme*, Paris, Seuil, 1983 : 214, 244, 263〔邦訳 179、328、362 頁〕. 諸価値の布置はこれを特徴とする。

(17) 葬儀の流れをたどると、2 つの連鎖が見いだされる。1. 病死→外形の諸関係→タロイモ－ココナッツ→食事→「休止する－タロイモ」貨幣。2. 病死→霊気の諸関係→豚→食事→「休止する－争い」貨幣。同様に、結婚式からは次の 2 つの連鎖が見いだされる。1. 移転される花嫁→外形の諸関係→タロイモ－ココナッツ→食事→「タロイモ－ココナッツの－山を－広げる」貨幣。2. 移転される花嫁→霊気の諸関係→豚→食事→「結婚－復路－の－下向きの－支払い」貨幣。この 4 つの連鎖は、4 つの準九とオール－イン－貨幣をもたらす。

(18) 前の注で詳しく記した 4 つの連鎖は、次のような連鎖に要約される——病死者（または花嫁）→タロイモ－ココナッツと豚→男による調理と食事→「オール－イン－貨幣」。

(19) 以下の連鎖による。貨幣→ 3 つの貨幣→移植されるタロイモ－ココナッツと飼育される豚を含む 3 つの形色→将来におけるイモ・豚・子どもの誕生。

(20) この長い上昇運動は以下のように記述することができる。生者による殺害→被殺害者その他→外形の諸関係→森の豚が遺体と胞衣を食べる→森の霊気の諸関係［豚は森から葬儀や結婚式にやってくる］→森における独身者の恋愛→女子から男子に貨幣が手渡

(4) Coppet, « ...Lands owns People », *Contexts and Levels. Anthropological Essays on Hierarchy*,(eds. R. H. Barnes, Daniel de Coppet, and R. J. Parkin)JASO, 1985, Occasional Papers n° 4, Oxford.

(5) J.-F. Billeter, « Pensée occidentale et pensée chinoise : le regard et l'acte », J.-Cl. Galey, *Différences, valeurs, hiérarchie. Textes offerts à Louis Dumont*, EHESS, 1984, Paris.

(6) *Homo Hierarchicus. Le système des castes et ses implications* [1966], 1979, « Tel », Gallimard, Paris〔ルイ・デュモン『ホモ・ヒエラルキクス』田中雅一・渡辺公三訳、みすず書房、2001年〕および *Essais sur l'individualisme. Une perspective anthropologique sur l'idéologie moderne*, Seuil, 1983, Paris〔ルイ・デュモン『個人主義論考』渡辺公三・浅野房一訳、言叢社、1993年〕。

(7) É. Benveniste, *Le Vocabulaire des institutions indo-européennes*, Minuit, 1969, Paris〔エミール・バンヴェニスト『インド＝ヨーロッパ諸制度語彙集 I』前田耕作監修、蔵持不三也・田口良司・渋谷利雄・鶴岡真弓・檜枝陽一郎・中村忠男訳、言叢社、1986年、エミール・バンヴェニスト『インド＝ヨーロッパ諸制度語彙集 II』前田耕作監修、蔵持不三也・田口良司・渋谷利雄・鶴岡真弓・檜枝陽一郎・中村忠男・松枝到訳、言叢社、1987年〕.

(8) 第1回の研究調査は1963-1965年の2年余にわたって実施された。その後、再び1968-1969年の調査期間があり、加えて1974から1990年の間に数カ月間の調査を数回行った。各回とも学術調査団はCNRS〔国立科学研究センター〕から資金提供を受けた。

(9) 表象という語は、本章全体にわたり、その原義に従って使用されている。つまり本章での表象とは、儀礼的な効力をもつ行動または対象のことであり、表象－代理を指す語ではない。Coppet, « De l'action rituelle à l'image ; représentations comparées », *Philosophie et anthropologie*, Centre Pompidou, 1992 : 120-3 を参照。

(10) メラネシア・ソロモン諸島のアレアレ社会に流通する貨幣には、2つの異なった形態がある。編んだ植物性繊維を通した小さな貝製ビーズ、それに、細紐上に斜め平行に並べられたイルカの歯である。ビーズは、カットされる貝殻によって赤色または白色である。ウミキクガイのロモ（*romo*）は赤色、イモガイは白色である。ウミキクガイは、マラマシケ海峡の北に位置する珊瑚礁で採れ、儀礼的な潜水漁団を組織するアレアレの集団のものとなる。その後、貝殻の袋はカヌーでランガランガ（Langalanga）の村に輸送される。そこの人々は、マライタ島西のラグーンの浅瀬に珊瑚ブロックを積み上げて造られた人工島に暮らしている。この村は何世紀も前から、ソロモン諸島の10の異なる村のビーズ貨幣を専門的に製作している。アレアレの人々はランガランガの人々から、ウミキクガイ、豚、イモ類と交換に赤色の貨幣アル（*'aru*）の束を獲得するが、しばしばその機会を与えるのがアレアレの女とランガランガの男の結婚である。イモガイは海の砂の中から採集され、白い小さなビーズにカットされた後、アレアレの人々自身または北の隣人であるクァイオ（Kwaio）の人々によって糸を通され、何本もの束となっていく。こうして作られるのが白い貨幣コフ（*kohu*）である。イルカの歯イイア（*ii'a*）をペンダントにした細紐は、何本もが、巻き貝であるクルマガイにつながれる。イルカの歯は、小マライタ島東のラグーン沿岸にあるラウ（Lau）村で引き揚げられたものである。しばしば見られることだが、製作材料が他所——すなわち、それが貨幣として通用する村とは別の村——から来たものであると、その分だけ貨幣の価値は高くなる。次のように、アレアレの3貨幣の間には、固定した交換レートが存在する。すなわち、赤ビー

(11) W. Laurence (1989), « What kinds of monetary institutions would a free market deliver? », *Cato Journal*, vol. 9, n° 2, autumn, p. 367-403.
(12) M. Bordo, « The classical gold standard : some lessons for today », *Federal Reserve bank of Saint Louis Review*, mai 1981.
(13) R. S. Sayers, *The Bank of England, 1891-1944*, Cambridge University Press, 1976〔R・S・セイヤーズ『イングランド銀行――1891-1944年（上）（下）』西川元彦監訳、東洋経済新報社、1979年〕.
(14) Radcliffe Report, *Committee on the Working of the Monetary System*, 1959〔『ラドクリフ委員会報告』大蔵省金融問題研究会訳、大蔵省印刷局、1959年〕.
(15) A. Alesina et V. Grilli, « The European Central Bank : reshaping monetary politics in Europe », *CEPR Discussion Papers*, 563, juillet 1991.
(16) E. Durkheim, *De la division du travail social*, PUF, 1978〔エミール・デュルケム『社会分業論（上）（下）』井伊玄太郎訳、講談社学術文庫、1989年〕.
(17) H. Frankel, *Money : two philosophies. The conflict of trust and authority*, Basil Blackwell, Oxford, 1977〔S・H・フランケル『貨幣の哲学』吉沢英成監訳、文眞堂、1984年〕.
(18) J. G. Thomas, *Politique monétaire et autodestruction du capital*, Économica, Paris, 1981.
(19) E. Dehay, « La justification ordo-libérale de l'indépendance des banques centrales », *Revue française d' économie*, X, 1, 1995.

第5章　メラネシア共同体にとっての貨幣と、ヨーロッパ社会の個人にとっての現代貨幣とを比較する

(1) 本書の共著者たちから、本稿に対して数多くの批判と示唆を頂戴した。彼らがその熱意と寛容を共同作業に注いでくれたことに感謝申し上げたい。本稿はまた、多くの人類学者と研究者、特にセシル・バロ、アンドレ・イテアヌ、ドゥニ・モネリ、パトリク・テヌジ、ユーゴー・ゼムプ、マリ・キュイユレ、ドミニク・マリュイトに負うところ大である。「初期の貨幣」についてのソランジュ・ファラデ博士の研究（1986年12月6・7日、アルブレールのトマス・モア・センターで最初に発表された）からは、対象の変換過程としての摂食が持つ社会的重要性を教えられた。最後に、相互比較による諸社会の解明のための基礎として価値ヒエラルキーを重視したルイ・デュモンの観点は、本稿全体に方向づけを与えている。
(2) 以下本章では、一重の引用符は、分析から導き出された観念を、二重の引用符は、引用、外国語――特にアレアレ（'aré'aré）語――からの単語・表現のフランス語訳を示す〔訳者注：区別は明確なので、本訳書ではどちらの引用符も一重かぎかっこで示した〕。なおアレアレ語の声門閉鎖はアポストロフィで記されている。最後に、イタリック体は、現地語の単語〔訳者注：本文中では原語を示した〕であること、そしてしばしば重要と見なされる語句〔訳者注：本文中では傍点を付した〕であることを表す。
(3) C. Barraud, *Tanebar-Evav. Une société de maisons tournées vers le large*, 1979, Cambridge University Press - Maison des Sciences de l'Homme, Cambridge-Paris ; « Wife-Givers as ancestors and Ultimate Values in the Kei Islands » -, *Bijdragen tot de taal-, land-en volkenkunde*, 146, n° 2-3 : 199, note 9, 1990, Leyde.

(102) J. Andreau, « Le cens et les censeurs à Rome », *Souveraineté, légitimité de la monnaie*, Paris, AEF, 1995.

(103) C. Nicolet, *Rendre à César. Économie et société dans la Rome antique*, Paris, Gallimard, 1988.

(104) É. Benveniste, *Vocabulaire...*, t.1, p. 134-137〔邦訳［I］128-132 頁〕.

(105) J. Andreau, « L'argent à Rome, les rentes de l'aristocratie », in *Comment penser l'argent ?*, Paris, Le Monde-Éditions, 1992 および同じ著者の *Vie financière dans le monde romain, les métiers de manieurs d'argent*（*IVᵉ siècle avant J.-C.-IIIᵉ siècle apr. J.-C.*）, Paris, 1987.

(106) É. Benveniste, « Sur l'histoire du mot latin negotium », *Annali della Scuola Normale Superiore di Pisa*, XX, 1957.

第２部　主　権

第４章　市場経済の貨幣的秩序

(1) N. Élias, *La Société des individus*, Paris, Fayard, 1991, p. 97〔ノルベルト・エリアス『諸個人の社会』宇京早苗訳、法政大学出版局、2000 年、100 頁〕.

(2) この主題については、本書の他の章においてJ•M•ティヴォーとB•テレが敷衍している。

(3) 最近、ある大きな学会の席で、誰もが認める貨幣理論家マーティン・ヘルウィグは、貨幣に関する５つの基本問題が今日いまだに解決されずにいることを、その場の専門家たちに説明しようと試みた。彼の結論は、「われわれはまだ、貨幣経済の作動を研究するのに適した理論的枠組みを手に入れていない」（« The challenge of monetary theory », *European economic review*, 37, 1993, p. 216）というものだった。

(4) この問題の全体についての平易な叙述は、J. Cartelier, « Le mode d'accord marchand : monnaie *versus* équilibre », in A. Jacob et H. Vérin, *L'inscription sociale du marché*, Paris, L'harmattan, 1995 に見いだされる。

(5) A・オルレアンは、いかなる貨幣分析においても本質的な要素となっている信頼が、効用のタームを用いた合理的計算には還元されえないことを論証している。

(6) J・ビルストの論稿は、全面的に、心理学的な貨幣分析に充てられている。

(7)「完全には経済に属していない貨幣」という見方を、経済理論において抽象的に表現したものが、支払システムという観念である。読者には、既に挙げたJ•M•ティヴォーとB・テレの論稿の他に、非商品社会の貨幣を詳細に分析したD・ドゥ・コペーとJ・アンドリューの論稿を参照してほしい。

(8) 既に挙げたD・ドゥ・コペーとJ・アンドリューの論稿に加えて、J・M・セルヴェの論稿を参照せよ。

(9) 一般均衡理論は、市場の記述を生産要素の初期賦存の直接的もしくは間接的な交換へと還元することによって、経済活動の商品別分割というスミス以来の伝統的な表象を大幅に単純化してしまった。

(10) ここで念頭に置いているのは、「初期賦存のおかげで諸主体は市場に赴かなくても生活できる」とする仮説である。「技術的なもの」として置かれたこの仮説（これを置かないと、需要関数が連続的でなくなり、一般均衡が存在しえなくなる）は、根本的な哲学的含意を宿している。全体社会の外に、明確な個別的利害を基礎にした社会を自発的に構築すること〔がそれである〕。

Pisa, ser.3, IV, 1973, p. 708-9.

(81) R. M. Cook, « Speculations on the origins of coinage », *Historia*, 7, 1958, p. 257-262.

(82) É. Benveniste, *Vocabulaire.*, t.1, p. 169-170〔邦訳［I］162-163 頁〕.

(83) この体液循環的な観点は 17 世紀に再び発達した。19 世紀中葉のフランスにおいて貨幣を「宇宙の体液」になぞらえたミシェル・シュヴァリエの言い回しに、この観点の表れを見いだすことができる。

(84) O. Carruba, « VALVEL e RKALIL. Monetazione arcaica della Lidie : problemi e considerazioni linguistiche », *Ermanno A. Arslan studia dicata*, Milan, 1991, t.1, p. 13-23.

(85) É. Benveniste, *Vocabulaire.*, t.1, p. 163 sq.〔邦訳［I］156 頁以下〕.

(86) É. Benveniste, *op. cit.*, t.2〔liv.1〕, ch.6.〔邦訳［II］65 頁以下〕.

(87) J.-P. Callu, *La Politique monétaire des empereurs romains*, Bibliothèque des Écoles françaises de Rome et d'Athènes, 1967, p. 27.

(88) M. S. Balmuth, « Remarks on the Appearance of the Earliest Coins », *Studies presented to George M. A. Hanfmann*, Cambridge, Harvard University Press, 1971, p. 1-7.

(89) この仮説に対するもっと詳細な反駁を、Jean-Michel Servet, *Nomismata*, Lyon, PUL, 1984 に見いだす。

(90) Aristote, *Éthique, IV.* O. Picard, « Aristote et la monnaie », *Ktéma*, 1980 も参照のこと。

(91) É. Benveniste, *Vocabulaire*, *op. cit.*, t.1, ch.10.

(92) N. Smith, Discussion de M. Lombardo, « Oro lidio e oro persiano, etc. », *Revue des Études anciennes*, 91, 1989, p. 208-212. ある一節でヘロドトスはダリウスとキュロスを次のように対比している。つまり、キュロスは臣下の贈与を受け、父として振舞ったのに対して、ダリウスは税を要求し、商人（kapélos）として振舞った（Hérodote, III, 89, *op. cit.*)。

(93) サルディス〔リディア王国の中心〕の発掘の結果、ヘロドトスが言及していた中央広場の跡が見つかった。広場は小商工業者の店に取り巻かれていたが、町のその部分には硬貨は発見されなかった。

(94) J.-M. Servet, *op. cit.* がいくつかの研究で示しているように、彼が原始貨幣《パレオモネ》 または 原貨幣《プロトモネ》と呼んでいるものがギリシャの都市に既に存在していたとしても、この〔貨幣という〕対象の国家的起源は修正されるものではない。

(95) L. Gernet, Introduction, *Les Lois*, t.1, Paris, Les Belles Lettres, 1951.

(96)「*philos*」および「*philia*」という非常に特殊な観念については、Benveniste, *Vocabulaire*, *op. cit.*, t.1, p. 335-353〔邦訳［I］326-345 頁〕を参照。

(97) R. B. Onians, *The Origins of European Thought*, *op. cit.*

(98) V. Bellini, « *Deditio in fidem* », *Revue historique de droit français et étranger*, 4e série, 42, 1964. この注目すべき論文において著者は、A. Piganiol, *jam cit.* が取り上げた諸観念を詳細に考察した。それらの諸観念をさらに詳しく扱った学位論文に、G. Freyburger, *Fides, Études sémantique et religieuse, op. cit.* がある。

(99) É. Benveniste, *Vocabulaire...*, t.1, p. 92 et sq. et p. 361〔邦訳［I］80 頁以下および 352 頁〕.

(100) G. Dumézil, *Servius et la Fortune*, Paris, Gallimard, 1943（前掲「セルティウスとフォルトゥナ」).

(101) C. Nicolet, *Le Métier de citoyen dans la Rome républicaine*, Paris, Gallimard, 1976.

ルコスが伝える諸観念はバンヴェニストの解釈を十分に確証する。

(55) A. Gouron, « Gage confirmatoire et gage pénitential en droit romain », *Revue historique de droit français et étranger*, 4e série, 39e année, 1961.

(56) Platon, *Les Lois*, livre III, t.2, Paris, Les Belles Lettres, 1951〔邦訳［上］149-221 頁〕.

(57) この推移については前の論文（« Le Roi, l'État, la finance », in M. Aglietta, A. Orléan, *Souveraineté, légitimité de la monnaie*, Paris, AEF, 1995）で説明したので、ここでは繰り返さない。

(58) Fustel de Coulanges, *La Cité antique, op. cit.*

(59) L. Gernet, Introduction aux *Lois* de Platon, *op. cit.*

(60) E. Cassin, *op. cit.*

(61) L. Gernet, *op. cit.*

(62) É. Benveniste, *Vocabulaire.*, t.2, p. 24-28〔邦訳［Ⅱ］18-21 頁〕.

(63) M. Aglietta, A. , A. Orléan, *Souveraineté, légitimité de la monnaie, op. cit.*, p. 25.

(64) J.-M. Thiveaud, « Monnaie universelle, unique, unitaire, cosmopolite, internationale...Petite anthologie de quelques siécles de projets monétaires entre utopie et réalité », *Revue d'économie financière*, 36, juin 1996.

(65) É. Benveniste, *Vocabulaire.*, t.2, p. 11-15〔邦訳［Ⅱ］10 頁〕.

(66) É. Benveniste, *Ibid.*, p. 146-151〔同前、143-146 頁〕.

(67) Z. Breszinski, *Le Grand Échiquier*, Paris, Bayard, 1977.

(68) L. Gernet, *Droit et société dans la Gréce ancienne*, Paris, 1955.

(69) M. I. Finley, *Studies in Land and Credit in ancient Athens, 500-200 B. C., The Horos Inscriptions*, New York, Arno Press, 1973.

(70) L. Gernet, *op. cit.* ギリシャの都市は、すべてが土地台帳を持っていたわけではないが、少なくとも不動産関連の訴訟に関する判例データを持っていた。

(71) Platon, *Les Lois*, livre XIII, *op. cit.*

(72) É. Benveniste, *Vocabulaire.*, t.2, p. 123-132〔邦訳［Ⅱ］116-126 頁〕.

(73) É. Benveniste, *Ibid.*, p. 70 sq.〔同前、64 頁以下〕.

(74) R. B. Onians, *The Origins of European Thought*, rééd. Cambridge, Cambridge University Press, 1989.

(75) Hérodote, *Histoire*, I, 94, Paris, Les Belles Lettres, 1970〔ヘロドトス『歴史（上）』松平千秋訳、岩波文庫、1971 年、78-79 頁〕.

(76) もっと後に別の場所で、われわれはラテンの用語「pecunia」に派生表現を見いだす。J.-M. Thiveaud, « Muer l'immeuble en meuble », *op. cit.*

(77) L. Gernet, « La notion mythique de la valeur en Gréce »（1948), *Anthropologie de la Gréce ancienne*, 2e éd. Paris, Flammarion, 1982.

(78) Ch. Malamoud, « Terminer le sacrifice. Remarque sur les honoraires rituels dans le brahmanisme », *op. cit.*

(79) É. Cassin, « Le roi et le lion », *Le Semblable et le Différent, op. cit.*

(80) Hérodote, I, 84, *op. cit.*〔邦訳［上］68-69 頁〕; Maurizio Lombardo, « Per un inquadramento storico del problema delle 'creseidi' » : Annali della Scuola Normale Superiore di

(32) G. Dumézil, *Servius et la Fortune*, Paris, Gallimard, 1943〔「セルティウスとフォルトゥナ」『デュメジル・コレクション 2』丸山静・前田耕作編、高橋秀雄・伊藤忠雄訳、ちくま学芸文庫、2001 年、所収〕; *Tarpeia*, Paris, Gallimard, 1947 ; J. Ellul, « L'argent », *Études théologiques et religieuses*, 1952 ; texte repris dans *L'Homme et l'Argent*, 3e. éd. augmentée, Lausanne, Presses bibliques universitaires, 1979.

(33) L. Gernet, « La notion mythique de la valeur », *jam cit. supra.*

(34) Ch. Malamoud, *Le Cru et le Cuit*, Paris, La Découverte, 1989.

(35) É. Benveniste, *Le Vocabulaire des institutions indo-européennes*, Paris, Minuit, 1969.

(36) Ch. Malamoud, « Finance et croyance », *Revue d'économie financière*, numéro *hors-série, La Caisse des depots-175 ans*, septembre 1991 ; J.-M. Thiveaud, « L'ordre primordial de la dette, petite histoire panoramique de la faillite », *Revue d'économie financière*, 25, été 1993.

(37) É. Benveniste, *Le Vocabulaire...*, t.2, p. 223-231〔邦訳［II］214-223 頁〕.

(38) *Shatapata Brâhmana*, I, 3, 2, 1 & VI, 2, 1, 18 ; R. Panikkar, « Le mythe comme histoire sacrée », *Le Sacré*, Paris, Aubier, 1974 ; Ch. Malamoud, *Purusartha : La Dette, loc. cit.*

(39) J. Ellul, « Loi et Sacré, droit et divin », *Le Sacré*, Paris, Aubier, 1974.

(40) R. Dussaud, *Le Sacrifice en Israël et chez les Phéniciens*, Paris, Leroux, 1914 ; F. Decret, *Carthage ou l'empire de la mer*, Paris, Le Seuil, 1877.

(41) P. Vidal-Naquet, « Valeurs religieuses et mythiques de la terre et du sacrifice dans l'Odyssée », *Le Chasseur noir*, Paris, Maspero, 1981.

(42) P. Vidal-Naquet, *ibid.*

(43) G. Dumézil, *La Religion de la Rome archaïque*, Paris, Payot, 1966.

(44) É. Benveniste, *op. cit.* ; J. Ellul, « Loi et sacré, droit et divin », *op. cit.* M. Aglietta et A. Orléan, *La Violence de la monnaie*, *op. cit.* は、経済学的観点の下にこのテーマを取り上げている。同じ著者が編集している *Souveraineté, légitimité de la monnaie*, Paris, AEF, 1995 も参照。

(45) J. Ellul, *Le Fondement théologique du droit*, Paris-Neuchâtel, Delachaux-Niestlé, 1946 ; et « Loi et sacré, droit et divin », *op. cit.*

(46) F. Letoublon, « Le serment fondateur », *METIS*, IV, 1, 1989.

(47) É. Benveniste, *Le Vocabulaire des institutions indo-européennes*, *op. cit.*, t.1, p. 119〔邦訳［I］112 頁〕.

(48) É. Benveniste, *ibid.*, p. 121 et 179〔同前 114-115、173 頁〕.

(49) É. Benveniste, *ibid.*, p. 117〔同前 111 頁〕; G. Freyburger, *Fides. Étude sémantique et religieuse depuis les origines jusqu'à l'époque augustéenne*, Paris, Les Belles letters, 1986.

(50) A. Piganiol, « Venire in fidem », *Revue international du Droit de l'Antiquité*, 5, 1950.

(51) Ch. Malamoud, « Terminer le sacrifice. Remarques sur les honoraries rituels dans le brahmanisme », in Madeleine Biardeau et Charles Malamoud, *Le Sacrifice dans l'inde ancienne*, Paris, PUF, 1976.

(52) R. Dussaud, *op. cit.*

(53) P. Radici Colace, « Moneta, Linguaggio e pensiero nei Padri della Chiesa tra tradizione pagana ed esegesi biblica », *Augustinianum*, 30, 1990.

(54) É. Benveniste, *Le Vocabulaire, op. cit.*, t.1, p. 51-60〔邦訳［I］18-21 頁〕. 例えばプルタ

(16) J.-M. Thiveaud, « Monnaie, credit, finances en Chine, des origines à 1937 », *R. E. F.* , n° 44, décembre, 1997.
(17) 本書所収の論文でM・アグリエッタとJ・カルトゥリエが述べている意味に従う。
(18) J. Évola, *Révolte contre le monde modern, Le Monde de la tradition et Genèse et visage du monde moderne* (1934), Paris-Lausanne, L'Âge d'homme, 1991. J. Baschoffen, *Das Mutterrecht*, Bâle, 1854. R. Guénon, *Le Règne de la quantité et les Signes des temps*, Paris, Gallimard, 1945.
(19) M. Mauss, Commentaire de A. Dieterich, *Mutter Erde,* ... Leipzig, 1905, *Œuvres*, t.2, Paris, Minuit, 1974.
(20) M. Mauss, Commentaire de E. van Ossenbruggen, *La Notion de propriété terrienne chez les primitives*, 1905, *ibid.*
(21) Aristote, *Politique*〔アリストテレス『政治学』田中美知太郎・北嶋美雪・尼ヶ崎徳一・松居正俊・津村寛二訳、中公クラシックス、2009年〕, II, 3, 7 ; 4, 4 ; 6, 10., etc.
(22) Fustel de Coulanges, *La Cité antique, op. cit.* ; É. Benveniste, *Le Vocabulaire des institutions indo-européennes*, Paris, Minuit, 1969〔エミール・バンヴェニスト『インド＝ヨーロッパ諸制度語彙集Ｉ』前田耕作監修、蔵持不三也・田口良司・渋谷利雄・鶴岡真弓・檜枝陽一郎・中村忠男訳、言叢社、1986年。エミール・バンヴェニスト『インド＝ヨーロッパ諸制度語彙集II』前田耕作監修、蔵持不三也・田口良司・渋谷利雄・鶴岡真弓・檜枝陽一郎・中村忠男・松枝到訳、言叢社、1987年〕.
(23) この主題に関する研究は結構な数に上る。インド＝ヨーロッパ語系民族に関しては——Ch. Malamoud, *Purusartha 4 : La Dette*, Paris, EHESS, 1980. ; *Le Cru et le Cuit*, Paris, La Découverte, 1989. インドとギリシャに関しては——J.-P. Vernant et Ch. Malamoud, « Corps des dieux, Britiques et mots », *Le Temps de la réflexion*, VII, 1986. 中国に関しては——M. Cartier, « Dette et propriété en Chine », *Lien de vie, noeud mortel, les representations de la dette en Chine, au Japon et dans le monde indien*, Paris, EHESS, 1988.
(24) L. Gernet, Introduction, *op. cit.*, 1951.
(25) L. Gernet, « La notion mythique de la valeur », *Anthropologie de la Grèce antique*, 2e édition, Paris, Flammarion, 1982.
(26) Platon, *Les Lois*, *op. cit.*〔プラトン『法律（上）（下）』森進一・加来彰俊・池田美恵訳、岩波文庫、1993年〕; L. Gernet, Introduction, *loc. cit.*
(27)「必要」または「不足」から転じて「してくれる仕事」も含意することによって、クレーマタ（*chrémata*）という用語の構成要素となるにふさわしい *Chréia* の広い意味に関して、より詳しい註釈として、O. Picard, « Aristote et la monnaie », *Ktema*, 1980 を参照。私の見解では、このように意味が推移しても、債務や剥奪という重要な始原的観念は依然としてまとわりついている。
(28) É. Benveniste, *Le Vocabulaire des institutions indo-européennes*, Paris, Minuit, 1969, t.1, ch.10〔邦訳［Ｉ］123-132頁〕.
(29) M. Finley, « La servitude pour dettes », *Revue historique de droit français et étranger*, 4e série, t.43, 1965.
(30) É. Benveniste, *op. cit.*
(31) Pseudo-Aristote, *Économique*, L. I, V, 1. Paris, Les Belles Lettres, 1968.

（69）*La Violence de la monnaie*, p. 150〔邦訳、208 頁〕.
（70）*Ibid.*, p. 151〔邦訳、209 頁〕.
（71）*Judas Iscariot and the Myth of Jewish Evil*, p. 9.
（72）W. Wolman et A. Colamosca, *The Judas Economy. The Triumph of Capital and the Betrayal of Work*, Reading（Mass.）, Addison-Wesley, 1997.
（73）A. Sloan, « The Hit Men », *Newsweek*, 26 février 1996, p. 23.

第 3 章　主権性と正統性の狭間にある金融的事実および貨幣手段

（1）Secrétariat general de la Défense nationale, *L'État-Nation et son avenir*, Paris, La Documentation française, 1995.
（2）A. de Tocqueville, *L'Ancien Régime et la Révolution*, Paris, Gallimard, 1952〔アレクシス・ド・トクヴィル『旧体制と大革命』小山勉訳、ちくま学芸文庫、1988 年〕.
（3）J. Bodin, *La République*, liv.II, chap.VII, Paris, LGF, 1993.
（4）L. Canforra, *La Démocratie comme violence*, Paris, Desjonquères, 1989.
（5）L. Gernet, Introduction aux *Lois* de Platon, Paris, Les Belles Lettres, t.1, 1951, p.CXIII-CXIV.
（6）L. Canforra, *La Tolérance et la Vertu. De l'usage politique de l'analogie*, Paris, Des jonquères, 1988.
（7）F. de Saussure, *Cours de linguistique générale*, Paris, Payot, 5^{e}ed., 1962〔フェルディナン・ド・ソシュール『一般言語学講義』小林英夫訳、岩波書店、1972 年〕.
（8）例えば、マーク・シェル（Marc Shell）の著作、*The Economy of Literature*, Baltimore, The Johns Hopkins University Press, 1978 ; *Money, Language and Thought*, Berkley, University of California Press, 1982 を参照。また、貨幣に関する言語学の多くの研究——特にここ 10 年のイタリアのそれ——は、斬新な観点を打ち出してきた。特記すべきは、ピサ高等師範学校およびメッシーナ大学のパオラ・ラディーチェ・コラーチ（Paola Radice Colaci）による研究である。
（9）オプセルヴァトワール・ドゥ・ラ・フィナンス（ジュネーブ）と金融経済学会の共催により 1998 年 3 月 24・25 日にモントルー（スイス）で開かれた *Global Forum on Finance and Technology* の会議録を参照。
（10）J.-Birouste, « Métapsychologie du lien monétaire », in M. Aglietta et A. Orléan, *Souveraineté et legitimize de la monnaie*, Paris, AEF, 1995.
（11）J.-M. Thiveaud, « Argent et matière », *L'Inactuel*, Calmann-Lévy, 1996.
（12）J.-M. Thiveaud, « Monnaie universelle, unique, unitaire, cosmopolite, international...petite anthologie de quelques siècles de projets monétaires entre utopia et réalité », *Revue d'économie financière*, n° 36, juin, 1996.
（13）G. Jèze, *Finances publiques*, Paris, M. Giard, 1924.
（14）J.-M. Thiveaud, « Muer l'immeuble en meuble », *Revue d'économie financière*, n° hors-série 1993, « La crise du financement de l'immobilier », Élena Cassin, *Le Semblable et le Différent, Symbolisme du pouvoir dans le Proche-Orient ancient*, Paris, La Découverte, 1987. Fustel de Coulanges, *La Cité antique*, Paris, Hachette, 1916.
（15）H. Bourguinat, *La Tyrannie des marché*, Paris, Économica, 1995.

(46) Ch. Malamoud, « Les morts sans visage. Remarques sur l'ideologie funéraire dans le brahmanisme », in G. Gnoli et J.-P. Vernant, *La Mort, les Morts dans les sociétés anciennes*, Cambridge University Press/Maison des Sciences de l'Homme, 1982, p. 441.
(47) *Ibid.*, p. 443.
(48) *Ibid.*, p. 451, n.2.
(49) *Essai sur le don*, p. 243, n.3〔邦訳、243 頁、注（61）〕.
(50) Ch. Malamoud, « Les morts sans visage », p. 442.
(51) Ch. Malamoud, *Cuire le monde. Rite et pensée dans l'Inde ancienne*, La Découverte, 1989, p. 204, 209-210.
(52) Ch. Malamoud, « Les morts sans visage », p. 445-446.
(53) J. Heesterman, « Vratya and Sacrifice », p. 18.
(54) Ch. Malamoud, « La denegation de la violence dans le sacrifice védique », *Gradhiva*, n° 15, 1994, p. 40.
(55) *Essai sur le don*, p. 145〔邦訳、9 頁〕.
(56) C. Tarot, « Danger, don! », *Revue du MAUSS*, 1996, n° 8, p. 199-200.
(57) Mauss, *Essai sur le don*, p. 146〔邦訳、10 頁〕より引用。
(58) *Ibid.*, p. 148〔邦訳、15 頁〕.
(59) J.-M. Thiveaud et S. Pirron, « De la monnaie électronique à l'invention de la monnaie d' électron en Lydie au VIIe siècle avant Jésus-Christ », *Revue d' économie financière*, n°32, printemps 1995, p. 282.
(60) シャルル・マラムーの指摘（私的な教示）によれば、傭兵が供犠祭官と相違する点は、傭兵が自分自身の生命を賭することにある。また傭兵は他者のために死ぬ危険を冒しているのであるから、潜在的に身代わりの死刑執行人でもあり身代わりの犠牲でもある。
(61) Ph. Rospabé, *La Dette de vie. Aux origines de la monnaie sauvage*, La Découverte/MAUSS, 1995, p. 118. ロスパベが「貨幣」や「支払い」の語を用いる場合、血の代価や婚約の代価の支払いは、モースが記述した儀礼的贈与のシステムを形成するものとされ、近代的な貨幣支払いに対置されている。
(62) D. de Coppet, « Cycles de meurtres et cycles funéraires. Esquisse de deux structures d'échange », in J. Pouillon et P. Maranda, *Échanges et communications. Mélanges offerts à Claude Lévi-Strauss*, La Haye, Mouton, t.2, 1970, p. 764.
(63) M. Aglietta et A. Orléan, *La Violence de la monnaie*, PUF, 1982, p. 151〔ミシェル・アグリエッタ、アンドレ・オルレアン『貨幣の暴力』井上泰夫・斉藤日出治訳、法政大学出版局、1991 年、209 頁〕.
(64) A. Orléan, « La légitimité de la monnaie », in M. Aglietta et A. Orléan, *Souveraineté, légitimité de la monnaie*, Paris, Association d'économie financière, 1995, p. 266.
(65) J. Thiveaud et S. Pirron, « De la monnaie électronique à l'invention de la monnaie d' électron en Lydie », p. 282.
(66) *Ibid.*, p. 277.
(67) *Ibid.*, p. 284.
(68) *Ibid.*, p. 285-286.

(22) G. Dumézil, *Heur et Malheur du guerrier*, 2ᵉéd., Flammarion, 1985, p. 33〔「戦士の幸と不幸」〔原著 1969 年版に基づいている〕『デュメジル・コレクション 4』丸山静・前田耕作編、高橋秀雄・伊東忠夫訳、ちくま学芸文庫、2001 年、237 頁〕.

(23) Ch. Malamoud, « Terminer le sacrifice », p. 164.

(24) G. Dumézil, *Heur et Malheur du guerrier*, p. 39〔邦訳、245-246 頁〕.

(25) *Ibid.*, p. 38, 40〔邦訳、248 頁〕.

(26) *Ibid.*, p. 38〔邦訳、245 頁〕.

(27) *Ibid.*, p. 39〔邦訳、247 頁〕.

(28) *La Doctrine du sacrifice*, p. 113.

(29) Cf. Ch. Malamoud, « Terminer le sacrifice », p. 166.

(30) *La Doctrine du sacrifice*, p. 133.

(31) O. Herrenschmidt, « À qui profite le crime? Cherchez le sacrifiant. Un désir fatalement meurtrier », *L'Homme*, vol. 18, n° 1-2, janvier-juin 1978.

(32) H. Hubert et M. Mauss, « Essai sur la nature et les fonctions du sacrifice »［1899］, *in* M. Mauss, *Œuvres*, vol. I, Minuit, 1968, p. 303〔マルセル・モース、アンリ・ユベール『供犠』小関藤一郎訳、法政大学出版局、1983 年、106 頁。適宜表現を変更した――訳者〕.

(33) *Heur et Malheur du guerrier*, p. 41, n.2〔原著旧版を底本とする邦訳にはこの注は見いだされない〕.

(34) Cf. H. Maccoby, *Judas Iscariot and the Myth of Jewish Evil*, New York, Free Press, 1992.

(35) H. Hubert et M. Mauss, « Essai sur la nature et les fonctions du sacrifice », p. 303〔邦訳、106 頁〕.

(36) *Ibid.*, p. 233〔邦訳、40 頁〕.

(37) J.-C. Heesterman, « Vratya and Sacrifice », *Indo-Iranian Journal*, vol.6, n° 1, 1962, p. 21. われわれとは別の道を通ってであるが、ヒースターマンもまた、バラモン祭官の元々の機能が「供物を食しダクシナーを受け取ることによって、雇い主の死の不浄を引き受けること」(« Brahmin, Ritual and Renouncer », *Weiner Zeitschrift für die Kunde Süd- und Ostasiens*, n° 8, 1964, p. 2-3 ; cf. « Vratya and Sacrifice », p. 12-13) にあった、という仮説に到達している。

(38) A. M. Hocart, *Kingship*［1927］, Oxford University Press, 1969, p. 63-64〔A・M・ホカート『王権』橋本和也訳、人文書院、1986 年、76-78 頁〕.

(39) Ch. Malamoud, « Finance et monnaie, croyance et confiance : le paiement des actes rituels dans l'Inde ancienne », in M. Aglietta et A. Orléan, *Souveraineté, légitimité de la monnaie*, Paris, Association d'économie financière, 1995, p. 115.

(40) *La Doctrine du sacrifice*, p. 170.

(41) Ch. Malamoud, « Finance et monnaie », p. 115.

(42) Ch. Malamoud, « Terminer le sacrifice », p. 183.

(43) Ch. Malamoud, « Finance et monnaie », p. 115.

(44) Ch. Malamoud, « Terminer le sacrifice », p. 190.

(45) Ch. L. Scubla, « Repenser le sacrifice. Esquisse d'un projet d'anthropologie comparative », *L'Ethnographie*, vol. 91, n° 1, 1995, p. 137-138.

原　注

第1部　債　務

第2章　貨幣取引の儀礼的基礎、もしくは殺し屋に礼を尽くす方法

（1）M・ブロック、M・ハウスマン、G・ジョルラン、Ch・マラムー、A・オルレアン、L・スキュブラおよびS・シモンスからは、本稿に対するコメントを頂戴した。研究の最初の段階において預金供託公庫から研究費をいただいた。なお結論については筆者のみが責を負うものである。

（2）F. Mugnaini, « Messages sur billets de banque », *Terrain*, n°23, octobre 1994, p. 65 より引用。

（3）M. Taussig, *The Devil and Commodity Fetishism in South America*, Chapel Hill, University of North Carolina Press, 1980, p. 126-127.

（4）M. Mauss, *Essai sur le don*［1923-1924］, *Sociologie et anthropologie*, 8e éd., PUF, 1983, p. 160〔マルセル・モース『贈与論』吉田禎吾・江川純一訳、ちくま学芸文庫、2009年、36頁〕.

（5）Ch. Malamoud, « Terminer le sacrifice. Remarques sur les honoraries rituels dans le Brahmanisme », in M. Biardeau et Ch. Malamoud, *Le Sacrifice dans l'Inde ancienne*, PUF, 1976, p. 169.

（6）*Essai sur le don*, p. 147〔邦訳、13頁〕.

（7）*Ibid.*, p. 199〔邦訳、98頁〕.

（8）*Ibid.*, p. 159, 161〔邦訳、36・37頁〕.

（9）Cf. A. Orléan, « Sur le role respectif de la confiance et de l'intérêt dans la constitution de l'ordre marchand », *Revue du MAUSS*, n°4, 1994.

（10）*Ibid.*, p. 26.

（11）*Essai sur le don*, p. 159〔邦訳、35頁〕.

（12）*Ibid.*, p. 149〔邦訳、16頁〕.

（13）A. Orléan, « Sur le role respectif de la confiance et de l'intérêt », p. 17に従って引用。

（14）*Ibid.*, p. 26.

（15）誓いの儀礼一般の供犠的性質については、X. Devictor, « Sacramentum : une étude du serment », *Droit et Cultures*, n°26, 1993を参照。

（16）危機としての近代経済の観念については、P. Dumouchel et J. -P. Dupuy, *L'Enfer des choses*, Seuil, 1979を参照。

（17）A. M. Hocart, « Rendons à César... »（traduction du texte de 1925« Money »）, *Le Mythe sorcier et autres essays*, Payot, 1973, p. 111.

（18）Ch. Malamoud, « Terminer le sacrifice », p. 196-198.

（19）Cf. S. Lévi, *La Doctrine du sacrifice dans les Brâhmanas*［1898］, 2eéd., PUF, 1966, p. 109-110.

（20）*Ibid.*, p. 110.

（21）Ch. Malamoud, « Terminer le sacrifice », p. 197.

訳者解説

本書は、Michel Aglietta et André Orléan (éds.), *La monnaie souveraine*, Odile Jacob, Paris 1998 の全訳である。

本書の編者であるアグリエッタとオルレアンは、一九八二年公刊の共著『貨幣の暴力』(日本語版は法政大学出版局より一九九一年刊) によって独創的な貨幣分析を提示し、フランス内外に広くその名が知れ渡った研究者コンビである。『貨幣の暴力』では、ルネ・ジラールの欲望理論を用いたマルクス価値形態論の再解釈というアクロバティックな仕掛けの理論展開に基づいて、貨幣の暴力的本質と現実経済におけるその発現が分析された。それからしばらくして両氏は、狭義の経済学を超える貨幣研究をさらに発展させる必要性があることを認め、そのために広範な分野の研究者に共同研究への参加を呼びかけた。こうして多様な分野(人類学・経済学・歴史学・心理学)から総勢一一名の研究者が集まり、貨幣現象の解明に取り組んだ共同研究の成果が本書『貨幣主権論』である。以下、研究の時代背景、本書の採用されたアプローチの独創性、本書の結論的主張とその今日的含意について述べていくことにする。

ユーロ導入が新たな研究を促した

「まえがき」にあるように、本書の元となった共同研究は一九九三年六月から一九九七年一一月までの約四年半にわたって実施された。当時はユーロの導入前夜であり、ヨーロッパには、歴史ある国民通貨を廃して新通貨に移行することへの不安が漂っていた。欧州委員会では、ユーロ紙幣の図柄をめぐって議論が戦わされた。今までの通貨には、国のシンボルとされる歴史上の人物が描かれるのが常であったが、ユーロ紙幣にはどのような人物を描けばよいのか、それとも人物肖像以外のものが適切なのか。結局ユーロ紙幣には橋や門といった架空の建造物が描かれることに決まったが、議論の難航ぶりは、政治主権（法の主権ないし領土主権）と一対一対応しない新通貨を前にした人々の戸惑いを示す結果となった。

『貨幣主権論』の著者たちは、ユーロ導入をめぐるこうした不安と混乱を前にして、貨幣の主権性に関する概念――貨幣主権論――を深化させる必要があると考えた。前掲『貨幣の暴力』に見られるように、それまで貨幣主権論は、何よりもまず主流派経済学との対決の中で練り上げられてきた。原子的個人の想定を理論的当為とする主流派経済学にあっては、市場の交換を通じる個人間の関係はもっぱらヨコの関係（対等な諸個人の間の契約関係）に還元され、また貨幣はせいぜい交換容易化の道具として考慮されるにすぎなかった。こうした理解に対置する形で貨幣主権論が提示され、市場の諸個人は貨幣という上位存在によって最初から規範的制約（貨幣単位と貨幣発行ルールを承認しない者は市場から立ち去れ！）を課せられているという事実が強調されたのである。諸個人はこの制約を受け入れることによって、社会的分業の参加手段としての（つまり生産手段と消費手段を獲得するための）貨幣を入手する。こうして貨幣は――個人の社会的帰属を保証するという意味で――保護《プロテクシオン》の役割を果たし、それゆえ「主権」の語で形容される（「用語解説」参照）。近代社会においては従属や保護という契機は封建社会の残滓であると考えるのがわれわれの通念であるが、それに反して貨幣主権論は市場で流通する貨幣にそのようなヒエラルキー的契機を見いだすのである。市場のヨコの関係が個人と貨幣の間のタテの関係なしに成立しえないとするこのような見方は、市場のヨコの関係のみから成る社会を構想する主流派経済学のヴィジョン（本書では「近代のプロジェクト」と呼ばれる）に対する決定的な批判である。貨幣主権論によれば、タテの関係なしに社会の凝集性《コエジオン》（社会統合）がもたらされることはなく、市場経済がそのような凝集性を体現しているとすれば、それは貨幣の主権的作用（従属と保護）の賜物に他ならないのである。

『貨幣の暴力』は、主流派経済学が軽視してきたこうしたタテの関係（貨幣―個人）に着目することで、第一次大戦後のドイツのハイパーインフレーションや第二次大戦後のアメリカの金融危機を、貨幣主権への信頼喪失による社会的凝集性の危機として描き出すことに成功した。ところがユーロ導入にともない、この議論には限界があることが明らかになった。貨幣に関する決定（計算単位や貨幣発行ルールを定義する）は――主権的行為であるがゆえに――市場（ないし経済部面）の外部に位置する主体によって遂行されねばならないが、その際に普通に考えると市場の外部とは政府（ないし政治部面）以外ではありえない。よってこれまでの議論では、主権的行為主体としての中央銀行を、他の公的機関とともに政府の一部をなすものとして扱えばよかった。だが、ユーロ導入にともなう欧州中央銀行（ＥＣＢ）の設立や「中央銀行の独立性」原則の普及といった動きは、中央銀行が市場の外部にだけでなく、国民的政府の外部にも位置しなければならないことを要求するものであった。今や、貨幣は経済部面と政治部面の両方に対して主権的な位置に立つことを要求しているかのようだ。こうなると、従来のように市場の諸個人に対する貨幣の主権的な位置を強調するだけでは不十分になってくる。経済部面以外にも及ぶ貨幣の主権的作用を考慮した上で、社会全体（経済部面＋政治部面）における貨幣の位置を探らねばならない。

「生の債務」仮説――貨幣研究のパラダイム転換

このような課題を遂行するべく本書で選択されているのは、比較研究の手法である。経済部面・政治部面の両方にわたる貨幣の位置を探ることは、まさに社会諸関係全般に対する貨幣の位置を探ることとイコールであり、そのためには学際的な比較研究の手法が最も適合的である。本書で比較研究の対象として取り上げられるのは、古代インドのヴェーダ社会、メラネシアのアレアレ社会、古代ローマの共和制社会、アフリカの王権社会という非西欧・非近代の諸社会である。本書は、これら諸社会における貨幣の位置を相互比較によって解明するとともに、その中で得られた基本概念を利用して近代社会（つまり今日）における貨幣の位置がいかに独特なものであるかを明らかにしていく。まさしく野心的な研究プロジェクトである。だが、非西欧・非近代の諸社会に精通した専門家を揃えたことや、学際的な比較研究という戦略を採ったことがそれ自体として本書の意義を決定づけるわけではない。「まえがき」にあるように、何よりも重要だったのは、各分野の専門家たちが多年にわたる討議によって相互の無理解を克服し、中心的な概念（主権、正統性、価値ヒエラルキー、債務など）を定義し直す努力をしたことであった。その結果として練り上げられたのが、貨幣の比較研究に一般的基準を提供するところの「生の債務」仮説である。本書のアイデアの独創性はこの仮説に要約されていると言ってよい。以下、「生の債務」仮説の内容、同仮説から明らかになる近代貨幣の特徴、そしてこれらの解明が有する今日的含意について順に述べていくことにしよう。

「生の債務」仮説の内容は、共著者全員の署名を持つ序説において詳述されているが、かいつまんで言うと次のようになる。すなわち、非西欧・非近代の社会においては、人間の生《ヴィ》（生命と生活の両方を含意する語）は主権的パワー（共同体の神々や祖先）から贈与されたものと観念され、そのことによりまた個人（個々の人間）は共同体に対して債務を負うものとされていた。これが「生の債務」である。生まれてきたこと、生活していること自体が個人にとっては共同体に対する債務の形成を意味し、個人は労働や儀礼を通じてこの債務を返済する義務を負う。この債務の形成−返済は一回限りのものではなく、個人は一生を通じて繰り返しこれを遂行する。本書では、共同体に個人を結びつける社会的義務の紐帯《リヤン》（社会的紐帯）の中でも債務を通じる紐帯（金融的紐帯）は特に強力なものであると考えられている。そして、非西欧・非近代の社会では金融的紐帯の働きが社会の凝集性をもたらしていることは明白に見てとれるが、同じ原理は実は西欧・近代の社会においても依然重要である、とするのが「生の債務」仮説である。

本書において重視される貨幣の機能は、「生の債務」の返済を可能にする支払手段としての機能である。この機能に着目することで貨幣研究の対象は著しく拡大する。というのも、カール・ポランニーの用語で言う互酬・再配分・交換という社会統合の諸形態は、実は「生の債務」の諸形態でもあるからだ。特に貨幣という象徴的媒介が使用されるとき、互酬・再配分・交換が債務の諸形態であることは明白となる。まず互酬関係における贈与‐反対贈与（お返し）は、そもそも債務の形成‐返済を表している。そこでは貨幣は一連の儀礼的行為に象徴的表現を与えるものとして登場する。再配分においては、国家による税の徴収とその支出が債権‐債務の関係と見なされる。公共サービスの享受は債務の形成であり、税支払いがその返済である（ただし後述のように近代社会ではこの関係は逆転する）。交換を介する社会的分業においては一般に、生産手段等の取得が個人の社会に対する債務形成、生産物の供給が社会への債務返済と見なされる（いわゆる「共同体の果てるところ」に始まる交換はここでは考えていない）が、市場交換になると債務の形成‐返済が貨幣によって処理される。すなわち社会的分業への参加手段である生産手段を取得するために貨幣を借り入れ、生産物販売で入手した貨幣を使って返済する。

このように貨幣は、互酬・再配分・交換を媒介することを通して、社会的凝集性――「支払共同体」――の形成に寄与するとされる。このことからまた、互酬・再配分・交換いずれの社会関係においても貨幣は主権的な位置に立つとされる。前掲『貨幣の暴力』の研究対象は交換（市場経済）における貨幣に限定されていたが、本書では貨幣主権論は著しく拡張されている。わが国における議論も含めて従来は、主流派経済学にせよそれを批判する立場にせよ、関心の的はもっぱら交換における貨幣であった。確かに従来の議論にあっても、〈物々交換の繰り返しから貨幣が創発する〉とする主流派経済学の表象に対置して、それへの批判者が交換に対する貨幣の外部性（主権性）を指摘する際には、互酬（贈与交換）関係を媒介する貨幣――マルセル・モースの『贈与論』に登場するいわゆる原始貨幣――が交換の発展に先立って存在したことが強調されてきた。しかしこの場合の互酬への言及は、あくまでも貨幣――交換において役割を果たす貨幣――の起源を問う文脈の中でのことにすぎない。これに対して本書では、社会の凝集性に寄与しうる限りにおいて、互酬・再配分・交換のいずれを媒介する貨幣に対しても同等の関心が寄せられるのである。

以上のことより本書は、交換重視から債務重視へと貨幣研究のパラダイム転換を提案する書であると言える。貨幣研究の平面を交換から債務へと移動させることによって、貨幣と社会（つまり社会的凝集性）との関係を問うという社会科学的に重要な関心に沿った貨幣の比較研究が可能になっている。所収の論文（各論文は形式的には完結している）は主題別に四部構成に配置されており、各部のタイトル――「債務」「主権」「信頼」「現代の諸進化」――から伺えるように、読者は本書を通読することによって貨幣研究の新しいパラダイムを理解することができる。

近代貨幣の特徴とは?

本書では「生の債務」仮説に基づいて非西欧・非近代の貨幣と西欧・近代の貨幣が比較されるが、比較研究の主眼は、あくまでも西欧・近代の貨幣すなわち近代貨幣の特徴を明らかにすることに置かれている。ただしその結論的主張はいくつかの章に散りばめられており、本書を一読するだけではなかなかつかみにくい。そこで、本書で明らかにされている近代貨幣の特徴をまとめると以下のようになる。

第一に、本書では、「生の債務」の諸形態（互酬・再配分・交換）を超えた貨幣の主権性について明確に規定しようとする努力が払われている。「生の債務」における貨幣の役割に注目することで、まず貨幣の究極的実質は支払システム（支払行列すなわち諸個人間の債権債務関係の一覧表）であることに求められる。ここから貨幣の主権性は、支払システムの三つの基本ルール（特定の計算単位の使用、支払手段のアクセス様式、債務残高の決済義務）が諸個人に課される点に見いだされていく。このとき、近代貨幣の発行主体である中央銀行は、主権的行為として、基本ルールの公布と、その遵守を確保するための権力行使（金融政策や最後の貸し手介入）を行っているとされる（以上第4章）。

第二に、本書では貨幣主権論は市場を超えて、市場と国家を含む全体領域へと拡張される。国家は、その経済関係（再配分）を通じて生の集団的諸条件（公共サービス）を提供し、社会的分業の一翼を担う。この限りで国家も諸個人と同様に貨幣主権に服する。ただし市場経済における諸個人間の関係と、再配分における国家と個人の関係は独特な交差《キアスム》的構図を形づくっている（以下第7章）。市場の交換取引において諸個人が追求するのは経済的利益であるのに対して、再配分において国家が追求するのは政治的正統性である。ところが個人の私利追求は、社会的に承認されている支払システムのルールに従うことを前提としており、その意味で個人の経済的利益追求は政治的正統性を前提としている。また国家は政権を維持するためには、集団的利益を生み出すべく財源を調達・支出しなければならず、その意味で国家の政治的正統性は経済的利益を前提とする。この交差的構図が持続的であるために求められるのが、二種類の「資本」の蓄積である。一方で、個人の私利追求が持続可能であるには、中央銀行が正統的な権力行使を行う結果として、貨幣（その実質は支払システムのルール）に対する信頼の資本（＝評判）が蓄積されねばならない。他方で、国家の財源確保を可能にするには、民間で生産資本が蓄積されねばならない。近代貨幣には、この二つの資本の同時的蓄積を促し、経済秩序全体（市場＋国家）の調和性維持に寄与することが求められる。この意味で、本書では近代貨幣は「調整《レギュラトワール》貨幣」と呼ばれる。

第三に、本書の比較研究は、価値ヒエラルキーに着目することによって近代貨幣の例外性を浮き彫りにしている。貨幣主権論は貨幣の権力を剔抉する議論であるが、貨幣の権力は諸個人に保護《プロテクシオン》を与える半面、個人間関係を支配—従属の関係にしてしまう。ところが、権力的な支配—従属関係が社会的に成り立つには権威の裏づけ、すなわち上位価値（共同体に共有されている価値）による正統化が必要である。本書の著者たちによれば、近代社会において上位価値とされるものは「個人の開花」（個人主義）である。神や祖先が主権的パワーの源泉と見なされていた非西欧・非近代の社会では神や先祖（またはこれらを体現する王）の力を強めることが上位価値とされていたが、西欧・近代の社会では、分業の担い手である諸個人を保護しその潜在的可能性を開花させることこそが上位価値とされるようになったというわけだ（この変遷を跡づけているのが第1〜3章）。そして、このような個人主義的な上位価値は（政治秩序だけでなく）経済秩序をも支配するようになったとされる。すなわち一方で、近代国家は再配分を通じて個人に仕えることにより、正統性を獲得しようとする。国家は税徴収を通じて諸個人に債務を負い、公共支出を通じて諸個人に債務を返済する。ここには、王権国家の再配分（臣民が王に債務を負い、王に仕える）の構図からの逆転が見いだされる（第7章）。他方で、市場（交換）を通じた諸個人の私利追求は貨幣への信頼が前提である（前述）わけだが、このとき、貨幣の信頼を確立するための中央銀行による権力行使は個人間の所得分配を歪めてはならない（第4章）。この要求を表現したものが中立貨幣の理念や中央銀行の独立性原則だとされる（第10章）。

　近代貨幣の特徴についての本書の議論で特に注目されるのは、これまで経済学が明示的に扱ってこなかった権威や価値ヒエラルキーを分析の俎上に載せている点である。主流派経済学の「近代のプロジェクト」においても個人間の権力的な相互作用は事実上取り扱われているが、そうした相互作用は自ずと均衡を達成するとされてしまう。経済学の世界では、この見方に対して不均衡と不安定を対置する批判がなされてきたわけだが、これだけだと主流派に対する単なる反対論に終ってしまう。ところが本書では一歩進んで、絶えざる不均衡と不安定にもかかわらず経済秩序が成立するのはなぜかが探られている。その答えが、権威や価値ヒエラルキーに基づく貨幣的な経済秩序に他ならない。この点で本書の議論は近代貨幣の社会理論（＝社会の安定性・持続性のポジティブな条件を解明する理論）を志向しており、主流派経済学のヴィジョンに対抗するオルタナティブを打ち出そうとするものと言える。

本書の議論がユーロに対して有する含意

前述のように本書の研究動機となったのはユーロの導入であった。では、以上のような議論はユーロの行方を考える上でどのような含意を持つであろうか。本書の執筆時（すなわちユーロ発足当時）に最も注目を集めていたのは、欧州中銀（ＥＣＢ）がドイツ連銀の安定志向を継承して首尾一貫した金融政策を実施できるかどうかであった。単一金融政策の決定権限は政策理事会が有するが、そのメンバーはＥＣＢの役員の他に参加国中銀の総裁（ユーロ発足当初は一二名）から成るため、各国間の政治的利害の衝突によって安定志向の政策選択が妨げられるのではないかと懸念されたのである。このような文脈において、本書の序説末尾では次のようなシナリオが提示されている。まず一方で、欧州中銀が的確な行動をとるならば、ユーロは倫理（個人主義的価値の尊重）に基づく国際的信頼を獲得する可能性がある。しかし他方、ユーロ導入によって民主主義の不在が耐え難くなれば、欧州政治主権の確立に向かうかもしれないというのである。ここには、近代貨幣に関する本書の理解が凝縮されている。まずシナリオ前半では、貨幣主権を政治主権と厳密に区別する理解に基づいて、政治統合に先立つ経済統合（共同市場）の下でも諸個人からの信頼調達によってユーロが成功する可能性はあるとされる。ただし、ユーロの使用の前提となるユーロの信頼は、ユーロの成功の結果として稼がれねばならないという逆説的関係がある。この点でユーロ開始は一種の賭けであった。そこでシナリオ後半では、賭けに失敗してユーロの信頼が不足するケースが述べられる。すなわち貨幣の権力は権威の支えを要するという理解に基づき、ユーロの権威確立に必要であれば政治統合が促される可能性もあるとされる。この場合、改めて賭けが再開される。

ユーロ発足後しばらくの間、欧州中銀の金融政策は市場からの信頼を獲得し、金融政策の面から政治統合が要求されることもなく、賭けは一定の成功を収めた。ところが近年、欧州ソブリン問題が深刻化して、ユーロは信頼の問題に直面するようになった。政治統合なき通貨統合というユーロ発足以来の構造的難点が、初めて大きな問題になったと言ってよい。しかし、現下のユーロ危機で問題化しているのは欧州中銀の金融政策決定の在り方(本書ではこれが問題にされている)ではなく、財政統合なき下での、システミック・リスクへの事後的な対処の在り方である。本書の立場からこの問題はどうとらえられるか。本書編者の一人であるアグリエッタの近著(『ユーロ——解体か連邦化か』ミシャロン出版、二〇一二年)を参考にしつつ見ておきたい。

まずヨーロッパの現状について簡単に述べておこう。現在、欧州中銀が自らの持つ権限を行使しても、ユーロの信頼危機を解決できなくなっている。短期的な流動性リスクであれば最後の貸し手介入も有効であるが、ヨーロッパの諸銀行が直面している国家の債務不履行リスクに対しては最後の貸し手介入は禁じ手である。信用リスクが激化している銀行を中央銀行が救済してしまえば、所得分配を歪め、個人主義的価値を損なう結果になるからだ。むしろこの間とられてきた方策は、ユーロ参加国の財政を動員して、財政危機国に金融支援を行うことであった。しかしユーロへの信頼を喚起するには、緊急支援だけでは不十分であり、危機回避の将来的な確実性が要求される。こうして現在様々なユーロ改革案が提示されているわけである。

アグリエッタはその中に、右のシナリオ後半にあった欧州政治主権に向かう動きを見いだしている。既に決まっているのは欧州安定化メカニズム(ESM)の設立であり、この実現のために、各国間の財政移転の禁止(リスボン条約)は緩和された。また、ドイツのメルケル首相はユーロ共通債の提案こそ拒否したものの、欧州連邦主義への支持を力強く表明した。これらの事実から、われわれが現在目撃しているものは、ユーロの信頼資本の蓄積に有利なように欧州政治主権を推進しようとする試みであると言える。しかしアグリエッタは先行きを楽観視していない。ドイツは連邦主義の支持を口にしながらも、ヨーロッパにおけるドイツ独り勝ちの経済的相互依存の構造を見直そうとはしていない。ギリシャに向かって「ドイツを見習って生産性上昇に努めよ」と要求しても、現在の相互依存構造の下ではそれは無理な要求である。政治統合を進めるには新しいEU経済モデルが必要であり、この点で前進がなければユーロ解体もありうる（近著の副題「解体か連邦化か」）というのがアグリエッタの見方だ。通貨統合と政治統合の絡み合いが、経済モデルの問い直しを求めつついっそうダイナミックな展開を示していくだろう、とするこの展望は実に興味深い。ユーロ導入前夜に本書が提示したシナリオは、今日のユーロ危機の中でようやく焦眉の問題となりつつあるかのようだ。

ユーロの行方に関して、しばしば次のような運命論的な主張を耳にする。一方では、政治統合なき通貨統合はそもそも破綻を運命づけられておりユーロの空中分解は避けられないと言われることがある。だがこの見方においては、通貨統合の進展が政治統合を促すといった興味深いダイナミズムは見逃されている。また他方、ヨーロッパでは経済以外にも社会や文化など様々な領域において統合が進んでいるのでユーロの崩壊はありえない、と言われることがある。この楽観的な見方においては、貨幣という社会的紐帯の特別な重要性や、ユーロの信頼確保のために割かねばならない労力の大きさは不当に軽視されてしまう。いずれの見方も、政治主権と区別される貨幣主権に固有な論理を考慮していないことから、過度の単純化と決定論的解釈に陥っていると言える。生産的な議論を行うには、やはり本書のように、通貨統合を未決の歴史的な賭けとしてとらえた上で、その時々に何が模索されているかを問題にしていくべきであろう。貨幣主権論の諸概念が力を発揮するのはそのような議論においてである。

貨幣研究の新機軸とわれわれの課題

ここまでの解説では、本書の議論の特色をクリアーに示すという意図もあって、ユーロに対する含意という側面を中心に本書の議論内容をかなり図式的・単線的に整理した。しかし本書の貢献としては、「生の債務」

仮説という独創的アプローチを採用した結果として貨幣研究の在り方それ自体の新機軸を打ち出したことも重要である。最後にこの側面に関していくつか指摘しておきたい。

第一に、「生の債務」仮説の帰結として、本書では非西欧・非近代社会（ヴェーダ・インド、メラネシア、古代ローマ、西・赤道アフリカ）の多様な貨幣を比較研究の対象に取り込むことが可能になっている。わが国においては近代貨幣と対比されるべき貨幣としてしばしばモースの原始貨幣（前述）が持ち出されるが、本書で登場するのはヴェーダ社会のダクシナー（報酬貨幣）を始めとしてどれも、いわばハウ（森の精霊）が宿らない貨幣である。本書の共著者は全員、そうした諸貨幣についての知識を共有した上で各章のテーマを論じている。本書による参照事例の拡大は従来の貨幣研究からの質的飛躍を表していると言える。この点に関連して言えば、本書出版の後フランスでは、本書の学際的研究を続行することに関心を持つ三〇名の人類学者・経済学者・歴史学者が集まり一九九九—二〇〇四年に「過去と現在における貨幣危機」をテーマとするセミナーを定期的に開催した。そこでは紀元前の時代から今日に至るまでの貨幣危機が社会的凝集性の危機として分析され、その成果は論文集『危機によってヴェールを剥がされた貨幣』（全2巻、ブルーノ・テレ編、社会科学高等研究院出版、二〇〇七年）にまとめられた。このようにして本書はフランスにおける貨幣研究の活性化に大きく寄与した。

第二に、第1部（特に第3章）で提示されている貨幣の歴史はそのまま、交換の困難を一歩一歩解決するものとして貨幣が発展してきたとする主流派経済学の表象に対する批判となっている。経済学の知識があまりない人であってもおそらく、貨幣の歴史と言えば交換の歴史とイコールと見なす傾向にあるだろう。経済学的言説がわれわれの常識的思考に与えている影響はそれほどに強い。これに対して本書では、貨幣形態の変遷の歴史が交換の便宜追求からではなく、社会の権威構造の変化から説明される。このことが最もよくわかるのは、物品貨幣から鋳貨への移行に関する第1部の説明である。神や祖先が主権的パワーを持っていたアルカイック社会では、貨幣は、供犠対象と直接の結びつきを持つ物品貨幣であった。王権社会に移行してから鋳貨が製造されるようになるが、これは、領地内の貨幣使用を王の権威に服せしめるためであったと言う。そのことを端的に示唆するものとして注目されるのが鋳貨の刻印であり、当初こそ供犠に使用される動植物が刻印されていたものの、王権社会の確立とともに刻印は王の肖像へと代わっていったとされる。貨幣主権論に基づく本書の貨幣史解釈は、通念的な解釈への批判として強力な議論と言える。

第三に、本書の学際的研究は、具体的なものとしての貨幣を研究するのに有用な一般的概念を提示している。本書各部の主題を既存の学問分野に当てはめてみると、第1部「債務」は社会人類学的な考察、第2部「主権」は政治学的な考察、第3部「信頼」は社会学的な考察、そして第4部「現代の諸進化」は経済学的な考察にそれぞれ対応している。裏を返せばこのことは、貨幣の多面性が多様な学問的アプローチを要求していることを意味する。多面性を有するものとして貨幣は社会に然るべき位置を占めるのであり、本書を挙げて解明に取り組んでいるのはそのような具体的な貨幣の姿(本書ではモースの「全体的な社会的事実」に倣い「全体的な貨幣的事実」と呼ばれる)に他ならない。これは、モースが重視した「具体的なものの研究」を貨幣に対して行おうとする試み、この意味で数理的客観性とは別の実証性基準を貨幣研究に導入しようとする試みである。本書の公刊は同様のアプローチによる貨幣の研究を刺激した(前述)が、そうした後続の諸研究において、本書は債務・主権・信頼(第1〜3部のタイトル)という基本概念を明らかにした書として繰り返し言及されている。

以上、本書における貨幣研究の新機軸として三点を挙げたが、本書の読者は、それ以外にも随所で、従来の通念を覆すような主張や問題提起をいくつも見いだすであろう。しかし、本書を読むことを意義深いものにしようとするなら、単に知的に刺激的なフランスの議論として本書を受け止めるだけでは不十分である。本書の研究を促したものがユーロの登場であったことに鑑みれば、われわれに求められるのはやはり、現在進行中の様々な貨幣現象について考えるときに、本書の独創的な諸議論を活用することであると言えよう。例えば、サブプライム金融危機が勃発して以降、基軸通貨ドルの危機が問題として浮上している。国際経済のアクターたちにとってドルの保護機能低下はどのような影響があるのか、またドルの基軸通貨の地位をめぐる各国間の対立と調整はどのような動態をたどるのかといった問題は貨幣主権論からの解明を要求するであろう。また一九九〇年代以降、国民通貨による経済活性化には限界があることが認識されて、一九三〇年代大不況の際に成功を収めた地域通貨を導入する動きが世界各地に広まっている。貨幣主権論からは、地域通貨の主権と国民通貨の主権とがどのように調整されていくのかという問題を提起できるのではないか。さらに例を挙げれば、バランスシート不況による経済危機に苦しむ先進諸国において、危機対処のための国家財政の動員が大規模化・長期化している。この事実は、市場を通じた社会的凝集性の不安定化と、財政の回路を通じた社会的凝集性の追求との関係はどうあるべきかという問題を提起していよう。

このように、従来の貨幣の社会的位置を問い直すような動きが現在様々に起きており、本書の読者であるわれわれに応用問題を解くよう迫っている。貨幣は余りにも卑近な存在であるためか、改めて考え直すほどのものではないと見なされがちである。しかし現在は、貨幣と社会の関係をどう作り上げるかという問題が、アクチュアルな重要性を持つ時代である。われわれがよりよき社会を築き上げていこうとするとき、〈貨幣とは何か〉あるいは〈貨幣と社会の関係はどのようなものか〉といった原理的《グルントリッヒ》な問題についての正確な理解が不可欠になっている。研究者にはもちろんのこと、市民として経済社会の現状に関心を持つ人たちにも、広く本書を活用していただければ幸いである。

＊　＊　＊

翻訳の経緯について記しておきたい。坂口が藤原書店から本書翻訳の話をいただいたのは二〇〇七年秋のことである。それより前に別の翻訳チームによる本書翻訳の企画があったが（二〇〇〇年一〇月刊『環』第

3号の特集「貨幣とは何か」を参照)、それは中断したままになっていた。本書のテーマが持つ重みを考慮して藤原書店編集部が企画を再開しようとしなかったならば、本書が日本の読者の元に届くことはなかったわけであり、藤原良雄社主の英断には敬意を表さずにいられない。翻訳作業は第6・8章を中野が、第7章を中原が、その他の諸章とまえがき・序説を坂口がそれぞれ分担して進め、最後に坂口が全体の訳稿に表現上の統一を施して完成稿に仕上げた。当初は共訳者をもっと増やして短期間に刊行に漕ぎ着けようとも考えたが、それは実現できなかった。本書の学際的内容からくる翻訳上の固有の困難もあり、訳稿の完成までに四年もの時間を要してしまった。関係各位に多大なご迷惑をおかけしたことに関し、この場を借りてお詫び申し上げたい。本書は論文集であるが、学術雑誌論文のような文体で書かれた論文は一本もなく、どの論文の著者も出版向けの文体を用いながら高度な内容を読者に伝えようとしている。この点を考慮し翻訳に際しては、各論文の論理的明瞭さを損なわずしかも平易な日本語表現に移し替えることに努めた。なお至らぬ点があるかもしれないが、それもついては読者からの忌憚なきご指摘・ご批判をいただければ幸いである。

本書の出版に至るまで多くの方にお世話になった。東京大学大学院の森山工教授からは、第8章の訳語に関連して専門的立場から貴重なご意見をいただいた。二〇一〇年三月に来日したブルーノ・テレ氏からは、進化経済学会の研究会の折に本書に関する著者ならではのニュアンスに富んだ話を伺うことができた。藤原書店編集部の西泰志氏からは、翻訳作業および解説文執筆に際して的確なアドバイスと激励を頂戴した。以上の方々には、この場を借りて感謝の意を表したい。

二〇一二年三月

坂口明義

バンヴェニスト　156, 158, 160-161, 166, 171, 174-175, 178, 358

ヒースターマン　114
ビクトリア女王　458
ビルスト　55, 143, 227, 383, 390, 400, 408, 414-416, 436, 485
ピロン　127, 131-132

フーコー　429
プラトン　141, 149-150, 163, 175, 178-179, 372
ブラン　455
フリードマン　571
プリトゥ　357-358
プリニウス（大プリニウス）　183, 345-346, 362
ブルギナ　145
プルタルク　365
プルタルコス　160
フロイト　383, 486-487, 489-490, 495, 499-501, 504, 519-521, 527
プロティノス　306

ヘシオドス　154
ペドロニ　362-363
ヘロドトス　172, 177-178

ホカート　103, 115, 307
ボダン　140, 192
ホメロス　154, 165, 172
ポランニー　451, 576
ボワギュベール　138
ポンペー　374

マ　行

マコビー　112, 133
マシュラー　298
マニ＝コンゴ　449
マユクゥ　440
マラムー　55, 58, 61, 94, 103-106, 109-110, 115, 117-124, 134, 147, 153, 159, 340, 436-437
マリウス　368
マルクス　37, 205, 391, 402, 419

メンダナ　284

モース　22, 58, 92-97, 99-100, 103, 111, 113-114, 118-122, 125-128, 247, 302
モムゼン　344, 354

ヤ　行

ユダ　112-113, 115, 133-134
ユベール　111, 113-114, 118-119

吉沢英成　26

ラ　行

ラウム　133
ラカン　521

リウィウス　181, 322, 326, 339, 342, 351, 371
リカード　33, 205
リュエフ　549

ルイ・フィリップ　140

レヴィ　104-105, 109, 111, 115-116
レヴィ＝ストロース　118, 226, 415
レオポルド二世　458
レグルス　374
レティウス　156
レムス　166

ロスパベ　129
ロック　313
ロムルス　166, 356, 359

ワ　行

ワナクス　165
ワルラス　205

ンズィンバ　449

コルソン　138
コロンブス　147, 154

サ　行

ザイ　464
サミュエルソン　556, 572
サリュスト　373

シード　342
シェヴァリエ　138
ジェルネ　149, 546
シミアン　554
シャルル五世　308, 311
シルラ　370
シンシナトゥス　374
ジンメル　214, 394, 402, 411, 553-554, 578-582

スキュブラ　118-119
スミス　33-34, 205, 211, 552

ゼウス　154
ゼナッカー　362-363
セルヴィウス　180, 182-184, 186, 188
セルヴェ　55, 93, 172, 382, 435

ソロモン　248, 287, 453
ソロン　365-366

タ　行

ダヴィ　100
タナキル　356
タルクィニウス・スペルブス　356
タルクィニウス・プリスクス　356
タルクィニウス・プリニクス　356
タロ　125

チベリウス　369

ティヴォー　55, 58, 127, 131-132, 137, 386, 436-437
ディオクレティアヌス　187
ティマイオス　363
ディラ　440
デュチェヌ　459
デュビィ　573
デュピュイ　99, 427
デュメジル　106-108, 112, 340-341, 357-360
デュモン　19-20, 244-245, 247, 297, 305, 551, 565
デュルケーム　234, 416-417, 551, 566
テルトゥリアヌス　160
テレ　55, 382, 385, 436
テンニエス　244

ドゥ・グラモン　454
ドゥ・コペー　55, 93, 128, 130, 196, 243, 376, 390, 404, 436-438
トゥブネール　424
トゥリウス　180, 182, 322, 338-339, 345, 355-358, 361-362, 364-366, 371-372
トックヴィル　139
トンリ　304

ナ　行

ナビス　371
ナポレオン　167

ニコレ　322, 342
ニコレスク　304

ヌマ　180, 182, 188, 359

ノア　156
ノガロ　138

ハ　行

バーバー　448
ハーン　548
ハリカルナッソスのディオニュシオス　322, 326, 338, 370, 372

人名索引

本文（「まえがき」「用語解説」を含む）に登場する主要な人名を対象とした。

ア 行

アープティヤ 107-109, 112
アウグスチヌス 160
アウグストゥス 323, 326, 368-372, 378
アウル＝ゲレ 353
アグリエッタ 3, 55, 131, 133, 196, 199, 244, 324, 376, 389, 436, 555
アブラハム 154, 156
アマドゥ・ハンパテ・バ 453, 457, 465-466
アリストテレス 149-151, 177, 179, 285, 297, 365
アルノネ 138
アルベール一世 458
アレ 138
アロー 100
アンスパック 55, 58, 91, 436-437
アンダ 448
アンドリュー 55, 187, 197, 321, 436-437, 547
アンポロ 360

イフラー 286
イワン（雷帝） 490-492

ヴァレラ 507
ウィル 324, 348-349, 366, 546
ウェルギリウス 156
ヴォロヴスキ 138

エイゼンシュテイン 490-492, 494
エーレハウ（アリキ・ノノオヒマエ） 300, 302
エクウェレ 448, 470
エドゥンバ 449-450
エミリウス 351
エルル 155-156
エレンシュミット 111-112

オラニエ 527, 533
オリギネス 160
オルレアン 3, 55, 95, 97-100, 131, 133, 244, 324, 367, 390, 436, 544-545
オレーム 244, 308-315

カ 行

カエサル 172, 184, 329, 331, 350-351, 357, 370, 379
カトゥルス 370
カトー（大カトー） 335, 340, 351
カリグラ 369
カルトゥリエ 55, 196, 199, 389, 436, 555
カンティヨン 211

キケロ 322, 343-344, 371-372, 374
キュイエレ 3
ギュゲス 131-132
ギヨーム（征服王） 191
キリスト（イエス） 112, 115, 152, 160, 292, 298-299, 301, 306-308, 310, 573

クセノフォン 141, 150
クナップ 561
グラックス兄弟 357
クラッスス（大クラッスス） 370
クレプス 97-98

ケインズ 207, 231, 391
ゲータ 343

ル

類縁性　62, 292, 422, 426
ルーブル合意　233
ルール　→貨幣――／帰属――／健全性――／数量的貨幣――／兌換――／通貨――／法的――
ルストゥルム　327, 330-331, 334-335, 337-339, 341-342, 361, 370-372

レ

霊気　196, 252-253, 255-258, 260-265, 268-269, 271-272, 274-278, 282-283, 288, 295-296, 404-406, 502, 513, 515-516, 527, 536
――の社会関係　250-251, 253
霊的な紐帯　513-514
レーニン主義　315
歴史学　32, 138, 141, 170, 389, 392, 436, 440, 547, 557　→法――
レクチオ・セナトゥス　341
連合　19, 23, 29-30, 467, 518, 539
連鎖的貨幣　410, 413
連邦準備制度　236

ロ

「労働」　254-256, 262, 271, 289
ローマ
――市民権　328, 367, 370
――法　181, 183, 328, 336, 349, 377

マンキペス　329

ミ

見えざるプランテーション　471
身代わりの死刑執行人　113, 116, 118, 126-128, 131, 135
ミサ　115, 253, 303
乱れ＝汚れ　276, 296
密貿易　455
民会　326, 331-333, 361, 369, 371
民主主義　14, 24, 35, 50, 54-55, 229, 231, 234-235, 237, 332, 398-400, 429-430　→代表制——
——社会　40, 48

ム

無産市民　322, 361, 368

メ

命数法　285-286, 460
名目
——アンカー　208, 216, 222, 224, 228, 240
——的ドリフト　216
牝牛　58-59, 65, 82-88
——－単位　58, 83
メキシコ危機　238

モ

目的論的系列　402
モザイク　533-536
——効果　415, 432
模倣衝動　47
モラル・ハザード　51

ヤ

ヤマ（神）　72-73

ユ

友愛（フィリア）　96, 102, 287, 527, 540
有形的富　211
有産階級　372
ユーロ　1, 16, 22, 52, 55, 436, 581　→欧州通貨
ユニオーレ　337

ヨ

傭兵　127, 129-130, 132, 174
預金
——通貨　45, 49, 563, 565
——流出　223
欲動　504, 506, 523, 525
予知夢　486, 516
拠り所　44, 47, 139, 163, 177, 383, 390, 489, 492, 500-504, 506, 529, 532, 569
四進法　285

ラ

ラフィア　445, 448-449

リ

理想自我　520　→自我理想
立憲的モデル　140
リディア王　174, 185
リブリ・ケンソリー　329
流動性　209, 214-215, 217-223, 228, 235, 240, 285, 374, 376, 430, 532　→最終的——／社会的——
両替商　178-179
両義性　30, 38, 51, 125, 142, 169, 183, 193, 203-204, 389, 422, 426, 432, 555-556, 558, 560, 562　→外在的——／貨幣の——／近代貨幣の——
領土　14, 16, 27, 42, 54, 58-59, 163, 165-169, 174, 181-182, 184, 187-189, 191-192, 228-229, 244, 314, 318, 333, 349, 364, 370, 393, 397, 431, 434, 454, 458-460
——主権　317
理論経済学　549, 552
倫理的信頼　43, 47-48, 51, 53, 55, 566

物神化　471
物品－貨幣　142
物々交換　33, 39, 439, 442, 453-454, 475-476, 479, 553, 555
——（の）経済　212-213, 474, 477, 556
普遍
——経済　392-393, 410
——主義　247, 433
ブラーフマナ　63, 74, 80, 121
プラクセオロジー　507
フランス銀行　412, 563-564
振替貨幣　45, 49
ブレトンウッズ体制　232, 238
文化形象　14
分業　14-15, 41-42, 69, 79, 196, 201-202, 205, 224, 227, 234, 382, 430, 576　→社会的——／商品的——
ブンデスバンク　236, 577

へ

並行貨幣　467, 476
ペキュニア　145, 171, 350, 371
ヘゲモニー　238
ヘラクレの表　336, 350
ベルリン条約　461
変換　28, 36-37, 155, 163, 173, 175-177, 182-183, 187, 231, 251-252, 254-257, 259-260, 262-264, 270, 272-273, 275, 277-284, 288, 295-296, 299, 403-404, 408, 461, 468, 502-503, 512, 531-534, 537-538, 554
——メカニズム　175, 179
変動
——性　240
——相場制　232

ホ

ポイエティーク　507
法
——システム　140, 354, 421, 431, 469
——定通貨　55
——的強制　549, 561, 569, 574
——の理論　558, 560, 574
——的ルール　24, 149, 191
——の主権　14-16, 166
——歴史学　141
防御機制　487, 493
封建
——制　191
——的システム　165
報酬　28, 58, 66, 68-69, 71, 74, 78, 88, 101, 105, 109, 111, 118-119, 121, 125, 127, 130-131, 133-135, 159-160, 173-175, 185, 187, 191, 248, 287, 453, 468, 476-477　→供犠——
包摂的価値　28
方法的信頼　43, 45-49, 51
ポエニ戦争　181, 333, 346, 368, 373
保護　14-15, 24, 40, 42, 44, 46-47, 51, 53, 155, 157-159, 176, 181, 190, 218, 223, 225, 231, 313, 318, 383, 386, 388, 395-401, 416, 418, 430-431, 485, 487, 493, 499-500, 506, 509-510, 516, 519, 527, 536, 576　→社会的——
——的権力　504
保証の紐帯　508
補助貨幣　287, 467, 481
保蔵手段　389, 402
歩兵集団（クラッシス）　361
本源的
——（な）債務　39-41, 147, 150, 386, 388, 398
——紐帯　160
ポンド　284, 286-287, 346, 445
ポンド・アス　346　→アス

マ

マーストリヒト条約　412
まっすぐな線　163, 182, 190
マテリアリスト　143
マネタリズム　232
マルクス主義　391, 402
マルスの野　338, 339-340

ニ

二次過程　527
人間科学　139
認知心理学　495, 498

ネ

「根」　255-257, 262, 271
年金システム　577

ノ

ノイズ　420-421, 423, 522, 564, 577
能書法　533
ノタ（・ケンソリア）　351, 354
ノミスマ　164, 170-171
ノミナリスト　143
ノモス　164
乗り入れ　408, 415, 424, 430
　——機能　408

ハ

廃貨　439, 471, 474-475
媒介者　113, 116, 119, 388, 401, 441, 511
排除された第三項　45, 304, 307, 315
ハイパーインフレーション　216, 220, 455, 475　→インフレ（インフレーション）
ハウ　92, 100
バシレウス　165
裸の三人　458
バラモン　28, 58, 64, 68, 71, 77-78, 82, 84, 88, 103-109, 111, 114-117, 119-122, 124, 132, 163
　——教（ヴェーダ宗教）　62-64, 104, 110, 121-123, 127

パレート基準　552
反対贈与　118, 386, 388, 415, 444, 446
　→お返し
反対物の包摂　118, 276, 297, 305-306, 565
万民法　189

ヒ

ピアキュルム　339
BNP　564
ビーズ貨幣　93, 128, 135, 196-197, 250, 252-254, 267, 284-285, 287, 290, 293, 296, 298, 303-304, 306
ヒエラルキー　→価値（の）——／帰属——
　——的信頼　43-51, 53, 55
「ビッグマン」の祭宴　253
人身御供　135, 154, 159, 387
ヒトラー主義　315
否認の戦略　506
百人隊　322, 331-332, 336-338, 355, 361, 368-369
　——民会（ケントゥリア民会）　326, 332-333, 361, 369
標識　502
標準的な経済理論　31, 37
表象
　——の社会関係　250, 252
表徴　193, 521-522, 528-529, 532, 538
品格の欠如（イグノミニア）　354
ヒンドゥー教　62-63, 65

フ

フィデス　180-183, 188
風紀　326, 343, 351-353, 369, 372
　——（の）取り締まり　344, 369
　——の統制　350
フォルトゥナ　182, 188, 358, 371
不換通貨　49, 55, 219, 560, 563
福音伝道　573
福祉国家　431, 433
　——の危機　434
豚の祭宴　253, 257, 263, 281
物価のドリフト　222
物象化　499, 504, 526

——システム　206, 227, 230, 234, 238, 438
——主権　13, 54
——操作　235
——代替　240
——ルール　220, 223
——レジーム　222, 224, 408, 410
通過儀礼　63, 68, 452
つなぎ環　172, 456, 462, 464, 467

テ

ディークシャー　70, 74
ディグニタス　324, 348, 366
帝国　141, 161-162, 167-168, 174, 176, 184-185, 187-188, 191, 307, 314, 353, 367-368, 377, 379, 437, 449, 463, 557
ディドラクマ　345-346
手形　145-146, 218-219　→為替——
手続き的正統性　14
デナリウス　171, 184, 345-346, 348, 351, 454
デナリオン銀貨　306-307
デフレ（デフレーション）　196
——的内破　219
テルミヌス　180, 182, 188
電子マネー　142
伝染　49, 223
伝統的な富　468

ト

ドイツ
——再統一　577
——マルク　237
統一性　19, 26, 188, 359, 402, 482, 575
等価
——原理　33
——物　34, 130, 155, 161, 285, 287, 289, 309, 363, 446, 538
投機　184, 220, 223, 241, 318, 379, 562
等級以下　361-362
道具的合理性　407, 420, 432, 558, 565, 581
動産の富　310
道徳的紐帯　234
同輩の監視　49
同盟　24-25, 43-44, 52, 54, 72, 152, 155-159, 161, 181, 187, 190, 234, 237, 294, 299, 313, 382, 399-401, 408, 413-415, 424, 431, 438, 442, 447, 451, 453, 456, 473, 526-527, 534
→貨幣の——／経済通貨——
——的貨幣　408, 413, 416-417, 427
等量交換　382, 477-479, 481
——経済　478
都市国家　145-146, 150, 178, 189
富　29, 32-33, 40, 68, 71, 77-79, 82, 92, 94, 108, 131, 135, 145, 163, 171, 173, 178-179, 201, 204, 207, 209, 211, 213-217, 221-223, 305, 308-310, 322-325, 333-334, 344, 348, 361, 365, 369, 371-372, 374, 376, 378-379, 444, 448, 452, 466, 468, 470, 472-473, 512, 536, 554, 573　→可動的な——／貨幣化された——／経済的——／現世の——／個人的——／個人の——／自然の——／私的——／社会的——／集団の——／生者の——／潜在的・不動的な——／抽象的——／伝統的な——／動産の——／有形的——
——細分化　539
——－物　309
ドミニチウス・アヘノバルブスの祭壇　339
取引貨幣　287
トリブートゥム　328, 333, 351, 367
トリブス（の）民会　332-333, 369
ドル　188, 229, 233, 238, 287, 475, 562
——化　16, 167, 562-563

ナ

内部貨幣　565
内包された第三項　304-305, 307, 316
「七」　268, 285-286, 291

対話－再開　267, 290
タオンガ　58, 94
タカラガイ　172, 443-445, 452, 455, 462, 465, 467-469
兌換
——性　230-231, 233
——ルール　230-231
ダクシナー　58, 68-69, 72-79, 81-84, 88, 94, 97, 103, 105, 107-110, 114, 117-118, 120-121, 124, 159
打刻貨幣　170
脱貨幣化　435, 442
脱政治化　228-229, 232, 382　→貨幣の——
脱不信　46-47
脱物質化　579-582
脱魔術化　582
タロイモ
——－ココナッツの－山を－広げる　254, 256, 262-263, 271-272, 291
——のガレットの祭宴　253
単位　→共通の計算——／計算——／牝牛－——
担保　101, 144, 149, 154-162, 169-170, 172-173, 176, 316, 329, 429, 443, 479, 574　→供儀——

チ

誓い　99-100, 493
蓄蔵手段　407
知性化　579-580
知的抽象化　390, 431-432, 513
中央貨幣　223, 559, 563, 565, 578
中央銀行　15, 43, 49-51, 53-55, 196, 210, 222-224, 230-231, 233-237, 239-240, 317, 412-414, 419, 434, 559, 563-564, 583　→欧州——（制度）／各国——
——券　412, 560
——の独立性　50, 54, 196, 203-204, 228-229, 233, 235, 239, 544, 550, 576, 578
鋳貨　170, 174, 347
抽象的
——時間　570
——富　211
紐帯　→貨幣的——／金融的——／債務の——／自然的——／社会的——／商業の——／賃労働的——／道徳的——／保証の——／本源的——／霊的な——
調整　→貨幣的——／経済的——／社会的——
——的貨幣　408, 411, 413-415
——的媒介　419
——様式　204
重複世代モデル（ＭＧＩ）　558, 560-561, 566-570, 572-574, 581-583
直接税　174, 181, 197, 328, 333-334, 336-337, 351, 355, 358, 367, 462-463, 465-466, 468, 474, 477
賃金　34, 52, 68, 77-78, 117, 175, 287, 396-398, 401, 406, 429-430
——生活者　175, 395, 397, 401
賃労働
——関係　34, 211, 407, 427
——者　34, 429-431, 433
——社会　34
——的紐帯　427

ツ

通貨　→欧州単一——／欧州——／欧州——制度／基軸——／経済——同盟／国際——システム／国際——制度／国民——／不換——／法定——／預金——
——改革　220
——間競争　238
——危機　168, 184
——規範　219
——空間　556
——権力　50-51

175, 177, 180, 182-183, 187-188, 190, 192-194, 221, 229-231, 233-236, 239, 241, 244, 298, 356-357, 379, 386-387, 389-390, 396-399, 412, 414, 416-420, 430, 432, 434, 492, 550-552, 558, 560, 564, 566, 574, 581 →手続き的——
正統派経済学 23, 37, 544, 555
青銅板 171, 346, 362-364
生者の富 573
政府 24, 40, 50, 52-54, 144, 229, 231-236, 239-240, 284, 287, 311-312, 329-330, 382, 442, 477, 558-561, 568, 576-577, 582
政務官 325-326, 329-332, 335-338, 342
セステルティウム 348
積極的権利 164, 249
絶対
——王政 140, 411
——主権 192
セニオーレ 337
潜在的・不動的な富 173
僭主 131-132, 141
先祖の籠 450-451
全体 →個人的——／自己準拠的——性／社会的——（性）
——主義 25, 51, 315-316, 318, 416
——性 18-20, 22-23, 26-31, 37, 43, 93, 132, 135, 177, 185, 187, 190-193, 225, 237, 244-245, 247, 261, 266, 268, 276, 286, 290, 292, 313, 317, 379, 383, 387-388, 390, 401, 413-415, 417, 423, 430, 432-433, 440, 448, 496-497, 507, 511, 514, 518, 525, 534, 538, 540, 547, 551-552, 561, 566, 569, 574-575, 578-579, 583
——的事実 541
——的な社会的事実 439
——論 316, 405, 431, 509, 544, 546-548, 555, 557, 562, 567, 583

ソ

造営官 329
葬儀 72, 93, 119-123, 130, 134, 196, 201, 251-263, 265, 269-270, 272-279, 281-282, 287, 289, 291, 295, 298, 300, 443-444, 472, 573 →葬送儀礼
相互関係 26, 414, 432
想像
——界 383, 407, 416-417, 471, 502, 520-521, 527-528, 531-532
——貨幣 285, 293
——的共同体 434
——的なもの 29, 218, 407, 416, 528, 530
葬送儀礼 30 →葬儀
総体 20-21, 24, 26, 31, 33, 35, 39, 41-42, 45-46, 48-49, 52, 64, 70, 93, 140, 200, 213, 216, 218, 220, 224, 239, 241, 244-246, 249, 252, 255, 259-261, 263-264, 274, 285-286, 289, 292-294, 302, 316, 359, 376, 392-394, 404, 413, 416-417, 430, 440, 451, 468, 492, 527, 547-548, 552-553, 565-566, 569, 574
造幣局 210, 218
贈与 39, 58, 77-78, 82, 92-101, 103, 110-111, 113, 117-118, 120, 125-128, 134, 152, 255, 258, 260, 264, 268-269, 271-273, 278, 282, 289-290, 296, 302, 312-313, 379, 386, 388, 392, 415, 444, 446, 452, 476, 509, 512, 529, 539 →反対——
——交換 95
ソーマ 69-70, 76, 84-88, 114-117, 123
——供犠祭 76, 114-115, 123
——商人 84, 86-87, 115
ソロモン・ドル 287
存在－集合 296, 318

タ

第三項 14, 44-45, 98, 100, 102, 160, 162, 304-305, 307, 313, 315-316, 515 →内包された——／排除された——
対象関係 508
第二貴族 338
代表制民主主義 332
大不況 231

国家　13-14, 53, 98, 138-140, 145-146, 150, 162, 167, 171-172, 175, 178-180, 184-189, 192, 228, 231-233, 236-238, 301, 316, 329, 342, 364, 372, 376, 379, 389, 391-393, 396-401, 409, 412-415, 430-431, 433-434, 437-438, 449-450, 463, 466-467, 474, 562, 574, 576-577
→金融の——／国民——／都市——／福祉——／福祉——の危機
——主権　13, 42, 400
——信用　179
固定相場　286
古典派　34, 391, 498
コミュニケーション媒体　55, 414, 420, 423-424, 426
米
——貨幣　478, 482
——の壺　480
殺し屋　91, 97-101, 112, 124, 130, 134-135, 261

サ

財　→経済——／公共——／集合——／象徴——
最下層（エラリー）　355
再貨幣化　435
祭官　58-59, 67-79, 84-88, 94, 103-110, 115-117, 120, 125, 132-133, 159-160
最後の貸し手　50-51, 396
財産　→持参——／私有——
——政治　360
祭司　82, 94, 107, 121, 145, 153, 161-164, 168-169, 173, 250, 271, 298, 340, 359, 396
——＝王　58, 166, 180, 182
——サービス　58, 79
祭式　63-64, 66-69, 73-88, 94, 109-111, 114-117, 119-122, 124, 133, 135, 249, 451
——サービス　83, 88
——的行為　61, 66, 68, 75
最終的
——価値　20, 23, 25, 29, 48, 293, 305, 311, 313-314, 316-318
——決済手段　45, 49, 225
——流動性　220
財政政策　463
祭地　84-86, 159, 162　→供犠——
再統一　152, 156, 266, 577
再統合　255, 263, 269-270, 274, 278-279, 282, 296, 526-527, 534-536, 538, 540
債務　→経済的——／原初的（な）——／公的——／始原的（な）——／私的——／社会的——／生の——／一覧払——／本源的（な）——
——危機　233, 350
——の紐帯　149-150, 447, 508
サウトラーマニー　341
サクソン法　191
産業資本主義　397-398, 410
残高決済の原理　196, 206-207, 212
サンヒター　63

シ

Ｇ７　233
自我　25, 503-505, 520-522, 526, 528, 536, 538
→理想——
——理想　520
始原的（な）債務　156, 182
資源配分　577
自己準拠
——貨幣　544-545, 550, 560, 567, 572, 574-575, 578, 580-581
——的全体性　574
持参財産　450, 452, 469
事実　→貨幣的——／社会的——／全体的——／全体的な社会的——
市場　→金融——
——価格　211
——経済　15, 47-48, 50, 53, 196-197, 199, 201-208, 213, 223, 225, 383, 401, 544, 555
——の書記官　202
——の制裁　205, 213
——の戦略的ゲーム　211

視心　416, 522-523
システミック・リスク　216, 223-224, 228, 237, 537
自然
――的紐帯　516
――の富　308-309
――法　23, 397, 440
執政官　141, 164, 326-327, 329-331, 334, 343, 345, 353-355, 369
実体主義　451
私的
――貨幣　412, 424, 431, 559
――債務　40-42, 50-51, 225, 235, 306, 400-401, 408, 411, 415
――署名の論理　554
――所有　203, 312-314
――者　29
――富　215
指導的金利　231
シニフィアン　142, 163, 533
シニフィエ　142
支配労働　34
支払　→結婚返礼の－下向きの――／女性に対する－下向きの――
――共同体　411, 417
――行列　196, 211, 213
――システム　49, 196-197, 203-204, 206-207, 209, 212-214, 216-218, 221-225, 230, 238, 403, 409, 480-481, 544
――手段　15, 20, 34, 38, 59, 146, 157, 172-173, 209-211, 215, 218, 285-286, 291-292, 382, 389, 393, 401-402, 408, 410, 430, 437-438, 442-445, 447, 452-454, 460-461, 465-466, 468, 471-473, 475-477, 481, 559, 565
資本　→貨幣――／貨幣造出－――型システム／近代――主義／金融――／勤労者――主義／合理的――主義／国際――移動／産業――主義／商業――／商業――主義／生産――／生産――循環／生の――
――主義　35, 42, 47-48, 238, 382, 389, 392-393, 396-399, 401-402, 404-410, 412-414, 419, 434, 558, 576
――の貨幣化　210
――の再分配　217
市民
――権　26, 50, 317, 328, 335, 352-353, 355, 367, 370, 427, 430, 547, 576
――社会　24, 42, 429
――法　189
自民族中心主義　454
社会
――－宇宙システム　37, 256, 259, 273-274, 283-284, 298
――－宇宙的（な）諸関係　245, 256, 274
――の危機　102
――協約　560
――契約　24
――権　229, 231
――システム　285, 400, 418-420, 423
――秩序　16, 36, 54, 196-197, 237, 391, 423, 439, 462, 472-473, 566
――的帰属の演算子　39
――的凝集性　42, 49, 196-197, 224, 370, 382, 389-390, 409, 421-422, 431, 566
――的再生産　413, 415
――的債務　21, 41-42, 50-51, 306, 382, 388, 399-401, 413, 576-577
――的事実　22, 360, 439-440
――的全体　19, 21, 23-29, 36, 51, 226, 246, 248-249, 292, 297, 303-305, 307, 314, 390, 398, 409, 427, 431, 438, 511, 515, 554
――性　18-20, 27, 266, 313, 379, 387, 390, 414, 417, 423, 433, 511, 547, 551-552, 561, 579
――的断裂　434
――的紐帯　20-22, 24, 26, 38-41, 43-46, 49, 102, 134-135, 180, 189, 200, 203, 206,

223, 300, 303, 386, 413-414, 426-427, 433, 438, 445, 447, 449, 505, 509, 550-551, 555, 557
——的調整　208, 410
——的富　215, 554
——的分化　392, 411, 417-418
——的分業　14-15, 196, 205, 382, 576
——的保護　42, 396, 399, 401, 431
——的流動性　374
——的連帯　551, 568
——的労働の配分　278
——なるもの　393, 401, 408, 418, 420, 430-431
——保険　400, 577
社会学　19, 244, 246, 302, 305, 318, 389, 392, 417, 440, 499, 546, 557
尺度　32, 36, 42, 77, 138, 143, 168-169, 176-179, 187, 208, 235, 285, 291, 293, 297, 304-305, 347, 365-366, 446, 469-470, 478, 546
——標準　363
ジャジマーニー　79
集合財　238, 389, 391
私有財産　50, 309
自由主義　50, 52-53, 236, 247-248, 315-316, 429, 549-550, 557, 559, 578, 583　→オルド——／経済的——／新——
重商主義　150, 192
集団
——的（諸）価値　21
——的厚生　552
——的合理性　560
——的富　444, 452
十二進法　364
十二表法　161, 185
重装歩兵革命　361, 365
自由放任　53, 559
需給法則　202, 550, 552, 555, 559
主権　→貨幣（の）——／貨幣の——性／君主——／国家——／人民——／絶対——／通貨——／法（の）——／領土——
——性　15-16, 19, 51, 137-139, 146, 174-175, 177, 182, 187-188, 190-192, 194, 244, 412, 578
——のパワー（主権的パワー）　39, 44, 58, 177, 191, 196, 382, 386, 497
十進法　285-286, 469
呪物化　471
主流派経済学　544
受領性　1, 223, 571
「準－九」　271, 273, 275, 277-278　→「九」
準備手段　565
上位価値　53, 275-276
商業
——銀行　49, 412, 563-564
——資本　406-407
——主義　389, 392-393, 410, 413
——社会　569
——的（な）秩序　391, 415, 482, 546, 548-549, 557, 580
——の紐帯　526
証券　36, 146, 238, 395, 404, 553, 561
消失点　293, 416, 497, 522-523
象徴
——界　383, 420, 458, 521, 527-528, 531-532, 539
——財　429
——的秩序　164, 413-414
——的に一般化されたコミュニケーション（諸）手段　417, 421
——的媒介　390, 402, 420-421, 433, 513
——的媒体　382, 401
消費関係　451
商品
——経済　41, 221, 225, 392-393, 472-473, 475, 482, 557
——語　410
——交換　33, 39, 122, 138, 187-189, 192, 379, 386, 388, 393, 409, 415, 511-512, 576
——的個人　201
——的分業　42, 201-202, 224

初期ミーマーンサー　77-78
贖罪の山羊　107, 112
女性に対する－下向きの支払い　271-273
新貨幣経済学　559, 578
神権政治　164, 191
新古典派　34, 391
新自由主義　549
神授権　164, 193
心的代表　504
人頭税　284, 462, 464
信念　1, 31, 126, 156, 224, 226-227, 229, 233, 235, 237, 492, 555, 569-572, 583
人民主権　13, 54-55, 140, 311-312, 316-318
臣民＝主体化　497
信用　→国家——
——経済　210, 419
——レジーム　419
——システム　209
——手段　168
——をともなう金属システム　211
——をともなわない金属システム　211
信頼　→貨幣の——／ヒエラルキー的——／方法的——／倫理的——
——ゲーム　97
——－債権　170, 386, 388, 396-397
——の降伏　181
心理学　2, 74, 141, 181, 390, 415, 436, 440, 485-486, 489-490, 495, 497-498, 500, 518, 537
人類学　1, 19, 32, 39, 246, 297, 386, 392, 436, 495, 502, 508, 511-512, 540-541, 547, 557, 574

ス

巣　257-258, 278-282
数量的貨幣ルール　232
スオーヴェタウリリア　160, 339-341
スラッダー　88, 105, 119-121
スラッドハー　75

セ

生
——の王国　394-395, 401, 409
——の債務　39-42, 44, 58-59, 129, 382-383, 386-388, 395-397, 399-400, 433, 494, 516, 540, 575-576
——の資本　388, 395-397, 399-401, 430
税　→インフレ——／人頭——／直接——
正貨　208-209, 213, 218-219, 292-293, 458-459, 468, 470, 474, 476-477, 482
→金——
生産
——関係　34, 391, 451
——資本　406-407
——循環　419
——手段　14, 34, 196, 403, 409, 429, 473
政治　→金権——／財産——／神権——／脱——化／貨幣の脱——化
——経済学　138-139, 150, 205, 391, 393, 410
——秩序　42, 229-230, 322, 344, 367, 389, 393, 395, 400, 408-413, 419, 421, 423-424, 427, 429, 432-433, 454
——的なもの　24, 35, 230, 234, 376, 536
——なるもの　24, 389, 391-395, 399-401, 409-416, 420-421, 423-424, 426, 433, 576-577
生者の富　573
聖書　99, 112, 155-157, 298, 306, 308
成人式　472
精神分析　44, 81, 143, 486-490, 495-496, 499-500, 506-517, 519-520
制度　→欧州中央銀行——／欧州通貨——／貨幣——／国際通貨——／連邦準備——
——的アンカー　233
——としての貨幣　205-206, 561-562
正統性　2, 14, 19, 40, 85, 89, 137-141, 146,

——界　45, 49, 383, 416, 500, 502-510, 512, 517-518, 520-521, 526, 532, 539
——原則　518
——性　513, 518, 524, 526
厳粛な供犠　68-69, 116, 340-341
犬儒主義　371, 373
検証刻印　450, 459-460
原初過程　527
原初的（な）債務　39, 386, 395, 398, 433
ケンスス　172, 183, 322, 325, 358　→戸口調査
現世の富　71
健全性ルール　47
現地貨幣　382, 462, 464, 476
現物経済　474
権利能力　429-430
権力　→貨幣——／通貨——／保護的——
——名簿　337, 370

コ

硬貨　59, 132, 142-143, 145-146, 170-171, 173, 176-178, 185, 187, 192, 307, 364, 452-453, 457-462, 465-469, 473, 478, 491-493, 535
交換　→貨幣的——／互酬（的）——／商品——／贈与——／等量——／等量——経済／物々——／物々——経済
——関係　19, 34, 39, 98, 203, 215, 409, 427, 442, 451, 556
——経済　39, 212-213, 394, 474, 477-478, 556
——性　45, 230, 563, 565
——ネットワーク　455, 470
——の等価性　205, 207, 212-214
——様式　480
公共財　40, 179, 238, 325, 327, 353, 411, 430, 549, 564
考古学　64-65, 141, 145, 172-173, 183, 346, 357, 363, 440, 455, 573
公正価格　51, 236
公的債務　42, 150, 155, 235, 400, 408, 415, 429
購買力　15, 102, 132, 220, 411, 459, 472, 483, 572
効用の最大化　133
合理的資本主義　406
小切手　145-146
国際
——資本移動　232, 238
——通貨システム　230, 234, 238
——通貨制度　236
国定
——貨幣　411
——説　561
国民
——貨幣　230, 412, 445, 466
——国家　396, 398
——通貨　565
語源学　64, 141, 157, 161
戸口調査　27, 30, 37, 172, 176, 182-188, 197, 321-327, 329-336, 338-339, 341-343, 345, 348-350, 355-362, 364-372, 374-379, 396, 436, 547　→ケンスス
——規約書　334-335
腰布貨幣　382, 443, 450
互酬　94-96, 118, 127-128, 131-134, 314, 454
——（的）交換　122, 126
個人
——化　483
——間関係　44, 200-201, 302, 569
——主義　19-20, 29, 47, 51, 97, 314, 387, 417, 544, 548-549, 551-552, 555, 559-562, 566, 569-570, 574, 577-578, 581-582
——的（な）社会　399, 405, 413, 416, 551, 566
——的合理性　560
——的全体　29, 511
——的富／——の富　204, 207, 214
——の開花　51, 565
古銭学　141, 172-173, 345-346, 444

君主
——システム　140
——主権　13
——制　18, 164, 191, 193
軍隊　14, 132, 167, 184, 187, 328, 332, 338-339, 361, 368, 376

ケ

経済　→貨幣——／貨幣の——理論／現物——／交換——／市場——／商品——／信用——／信用——レジーム／等量交換——／標準的な——理論／物々交換——／普遍——
——科学　139, 440
——価値　350, 537
——（的）合理性　98, 122, 225, 127
——財　202
——人　498
——政策　53, 231, 347, 549
——秩序　36, 389, 393, 395, 397, 399-402, 404, 406-409, 412-415, 419, 421, 423-424, 427, 429, 432, 546, 550, 559, 574-575
——通貨同盟（ＥＭＵ）　52
——的債務　21, 41, 382, 388, 393, 576
——的自由主義　53
——的調整　221
——的富　333-334
——的なもの　21-22, 32, 35, 37-38, 117, 230, 247, 305, 316, 376, 446, 451, 471
——なるもの　389, 392-395, 399, 401-402, 407-413, 415, 420-421, 423-424, 426-427, 430, 576-577
——のグローバル化　138
——理論　21, 30-31, 37, 142, 145, 151, 204-206, 498, 547, 549, 551-553, 557, 560-561, 566, 572, 577
経済学（者）　1-2, 15, 19, 23, 31-33, 37, 39, 97, 100, 138-139, 141-143, 150, 160, 166, 168, 177, 186-188, 193, 201-207, 209, 211, 234, 389-393, 407, 410, 436, 439-440, 451-452, 455, 483, 544, 546-549, 552, 555-559, 566-567, 573, 578　→主流派——／新貨幣——／政治——／正統派——／理論——
——のイデオロギー　188, 192
計算単位　20, 42, 183, 196, 206-209, 215-216, 222, 225, 233, 285, 291, 293, 347-348, 363-366, 382, 387, 389-390, 392-393, 402, 407, 410, 412-414, 431, 437, 444-445, 454, 468-469, 481　→共通の——
形式的アンカー　233
形色　253, 255-257, 259, 261-266, 277-278, 283-284, 296, 298-299
形体化　489, 494, 497-498, 540
契約
——関係　16, 19, 79, 556, 558-559, 568, 577
——主義　562, 567
——的秩序　548, 552, 555, 572
——の論理　548-549, 551, 567, 574
ケインズ派　391
ゲーム理論　97, 134
結婚（式）　66, 249, 253-257, 259-261, 263, 270-278, 280-282, 287, 289, 295, 298, 300, 303, 443, 445, 452, 472
——返礼の－下向きの支払い　271, 272
決済手段　45, 49, 225, 386, 576
権威　21-23, 25-27, 29-30, 40, 42-47, 50, 53-55, 63, 68, 77-78, 80, 144, 166-167, 169, 176, 184, 188, 191-192, 197, 201, 218, 230, 234, 246, 255, 288, 290, 295-296, 299, 303, 305-306, 311-317, 354, 396, 424, 429, 431, 451, 467, 489, 491, 497, 509-510, 515, 522, 536, 540, 547, 552, 563, 576-577
原貨幣　387
言語学　62, 76, 141, 148, 151, 156, 166, 169, 176, 186, 189, 359, 440, 445
原始貨幣　58, 387, 444, 547
現実

269, 278-279, 281-282, 296

金
——正貨　209
——本位制　209, 227, 230, 232-234, 236, 565
禁忌　149, 269, 283, 383, 404, 409, 439, 443, 453, 457, 471-473, 475, 518
金権政治　348, 360, 371, 373, 378
均衡　30, 202, 212, 228, 233, 334, 347, 447, 548, 556, 570-571　→一般——／貨幣的——
銀行　15, 43, 45, 49-51, 53-55, 144-145, 196, 203-204, 210, 218-219, 222-224, 228-231, 233-237, 239-240, 317, 398, 412-414, 419, 434, 441, 471, 544, 550, 559, 562-564, 576, 578, 583　→イングランド——／欧州中央——／欧州中央——制度／各国中央——／商業——／中央——／中央——券／中央——の独立性／フランス——
——券　49, 55, 92, 95-96, 145, 218-219, 412, 441, 460, 482, 554, 560, 563, 571, 581
——の洗礼　92
——システム　49, 563
金属
——貨幣　127, 131, 145, 448, 580
——システム　210, 213
——説　578
近代貨幣　19-20, 32-33, 35-37, 58, 93, 95, 102, 104, 117-118, 196, 285-286, 290-291, 303-304, 306, 308, 313-314, 318, 387-390, 393, 401, 452, 544, 547, 560, 562, 565, 575-576, 583
——の逆説　22, 30, 33
——の両義性　558, 560, 562
近代資本主義　405
近代社会　22, 36, 38, 51, 59, 102, 126, 196-197, 382, 386, 388, 391, 393, 395, 400, 405, 417, 432-433, 436, 544, 565
金融
——危機　49, 218, 227, 231, 237, 240
——資産　144, 148, 217, 222, 561-562
——市場　138, 223, 228, 238-240, 554, 568
——資本　403, 406-408
——政策　54, 138, 196, 220-224, 228-231, 233, 236, 238-240, 549
——レジーム　221-222
——的紐帯　575
——統合　238
——のグローバル化　53, 432
——の国家　192
——の自由化　238
——不安定性　240
勤労者
——資本主義　399
——社会　385, 389, 394, 396, 411, 432

ク

区（トリブス）　186, 331-333, 337, 351-352, 355, 361, 364, 369
供犠　27-28, 40, 58-59, 63, 65-82, 84-86, 88-89, 94, 101, 103-111, 113-120, 122-125, 127, 132-133, 135, 144, 152-157, 159-160, 162-164, 168-170, 173, 175, 180, 190, 197, 204, 246, 326-327, 334-335, 339-341, 386, 446, 479　→王＝——祭司／厳粛な——／ソーマ——祭
——生贄　120, 123
——祭地　84-86, 159
——対象　58-59
——担保　159
——報酬　159
——モデル　79-80, 166
供物　63, 67-69, 81, 84, 86, 89, 103, 106-110, 114, 116, 133, 153, 156, 160, 173, 255-256, 269, 340, 387, 444, 446, 453, 464
クラウディア法　347
繰り返しゲーム　98
クレーマタ　145, 150, 171, 173
クレマティスティケ　179

——の種　284
——の中立性　31, 556
——の同盟　408, 413
——の両義性　556, 558, 560, 562
——の両義的性質　143
——の理論　138, 206, 561, 572
——の霊＝精神　512, 515-517
——袋　273, 298-299
——問題　138
——流通　160, 171, 178, 347, 411, 573
——ルール　226-227, 229, 232
——レジーム　416
為替手形　146
官印の論理　554-555
関係離脱　103-104, 118
間言説性　390, 422, 431
慣行　48, 122, 246, 455, 493, 572, 582
監察官　167, 184, 197, 323-331, 333-339, 342-345, 347-355, 358, 370, 374-375, 547
カンネーの戦　352
還流（の）法則　218-219

キ

議会　24, 193, 235, 237
危機　→アジア——／インフレ——／貨幣（の）——／金融——／債務——／社会の——／通貨——／福祉国家の——／メキシコ——
疑似餌　417, 430, 503, 505, 531
基軸通貨　238
記数法　286
帰属
——ヒエラルキー　440
——ルール　440
期待の自己実現　570
規範　14, 19, 21, 44-45, 48, 62, 80, 164, 169-170, 203-204, 218-220, 226, 230, 233, 235-237, 239, 292, 313, 343, 358, 387, 393, 420, 444, 457, 560-561, 565
客人歓待　179
「九」　128-131, 266-271, 273, 275-276, 285-286, 290-291, 298, 312-313　→「準－——」
——の祭宴　253, 257, 273, 298
救済　292, 318, 512, 537
休止する－争い　271-272, 291
休止する－タロイモ　262, 270-272, 291
境界標石　165, 168, 180, 182
凝集性　14, 21-22, 40, 42, 49-51, 165, 185, 188, 192, 196-197, 224, 370, 382, 389-390, 400, 409-410, 421-422, 431, 566, 581
共進化　413, 415, 426
強制労働　463, 468
競争　30, 52-53, 175, 210, 218, 238, 299, 315, 434, 557, 559　→通貨間——
——的平価切り下げ　232
鏡像段階　521, 530
共通の計算単位　196, 206-208, 392, 410, 413
共同体　1, 3, 21, 27-28, 40, 42, 52, 55, 69, 98, 120, 135, 145-146, 149, 162-163, 165, 174-175, 177, 180, 182-187, 189-193, 217, 223-226, 229, 236-237, 243-244, 266, 290, 303, 310-312, 314-315, 383, 397, 411, 416-418, 434, 436, 438, 440, 457, 460, 504, 509, 510-514, 519, 534-536, 538, 540, 544, 547, 555, 566, 569, 575, 581, 583　→貨幣——／支払——／想像的——
浄めの儀式（ルストゥルム）　327, 330-331, 334-335, 337-339, 341-342, 361, 370-372
キリスト教　112, 115, 152, 292, 298-299, 306, 573
儀礼　28, 30, 40, 51, 58, 63, 68, 72, 80, 91, 93-94, 103-104, 107, 111, 115, 117-118, 122-123, 127-129, 131, 133-135, 142, 149, 153, 159, 161, 164, 169, 173, 176, 190, 196-197, 249, 252, 262, 285, 298, 334, 340-342, 358, 361, 383, 404, 436, 439, 442, 445, 451-452, 455, 479, 481, 521, 581　→葬送——／通過——
——的（な）恋愛　258, 260, 263-264,

——法則　206
——保蔵　214, 216
——（の）理論　33, 37, 201-202, 205-207, 216, 557
家長　336, 353
各国中央銀行（ＮＣＢ）　54
ＧＡＴＴ　232
可動的な富　310
カノ　258, 278, 280
貨幣　→アルカイックな——／オールーイン－——／外部——／金属——／金属——システム／近代——／近代——の逆説／近代——の両義性／原——／原始——／現地——／国定——／国民——／腰布——／米——／再——化／自己準拠——／私的——／資本の——化／新——経済学／数量的——ルール／制度としての——／想像——／打刻——／脱——化／中央——／調整的——／同盟的——／取引——／内部——／ビーズ——／物品－——／振替——／並行——／補助——／連鎖的——
——化された富　145, 171
——管理　237-238
——（の）危機　50, 102
——規範　218, 220, 230, 233
——共同体　418
——空間　400, 460
——経済　95, 126, 133, 212-214, 218, 228, 439, 474, 548, 556, 559, 568, 578, 580
——権力　233-234, 466
——（の）購買力　15, 411
——（の）子ども　264, 278-279, 282
——再導入　466
——錯覚　207
——資産　27, 255, 289, 315, 402
——システム　18, 45, 188, 191, 210, 213, 232, 239, 387, 389, 409, 421, 431, 437-438, 442, 475, 564
——資本　389
——（の）主権　13, 15-16, 50, 52-53, 196-197, 233, 318, 544, 562
——性　16, 138, 188, 192
——手段　137, 145-146, 160, 168, 170-171, 178-179, 183, 185, 193, 293, 438-439, 449-450, 456, 467-468, 472-473, 475
——章標　45, 157, 176-177, 187, 350, 554, 571-572
——人　436
——政策　193
——制度　324, 495, 500
——制約　219, 473
——造出　209-211, 214-217
——－資本型システム　211
——（の）原理　196, 206-207, 209, 211, 222, 225
——創造　49, 219-220, 412, 564
——対象　174, 441, 506
——鋳造　171, 176, 184
——的均衡　571
——的交換　101, 122, 186, 394, 568
——的再統合　534-536
——的事実　22, 30, 324, 440, 454, 546, 549
——的秩序　33, 45, 180, 199, 218, 230-231, 233, 235, 237, 475, 482, 550, 583
——的紐帯　20, 383, 489, 499, 506, 516-517, 540, 548
——的調整　180, 424
——道具観　19, 391
——導入　462
——のアルカイスム　549, 558-559
——の経済理論　206
——の信頼　15, 224-225, 228, 382-383, 390, 412, 507, 561, 570
——の正統性　2, 19, 138, 175, 229-231, 234, 239, 379, 387, 389-390, 412, 414, 418, 432, 434, 550
——の脱政治化　203, 232

遠近法　293, 416, 497, 522-523
エンブレム　174, 192, 228, 266, 273, 290, 383, 438, 482, 492, 535-536

オ

オイコノモス　150
王　→祭司＝——
——＝供犠祭司　163
——権　58-59, 131-132, 166-167, 173-174, 190-192, 197, 326, 450
——社会　58-59
——族　139, 173-174, 182
欧州
——単一通貨　317
——中央銀行（ＥＣＢ）　54-55
——制度（ＥＣＢＳ）　54
——通貨　53-54, 577　→ユーロ
——通貨制度（ＥＭＳ）　577
大いなる男　245, 257-259, 261, 263-264, 269, 273, 278-282, 289, 294
オーストラリア・ドル　287
オートポイエーシス　417-423
オートポイエーティック　418, 523
大文字の他者　44, 509
オール－イン－貨幣　258, 261, 273, 276-277, 282, 288, 295-296, 298
お返し　93-95, 98-102, 104, 110, 120-122, 125-131, 290, 386, 444, 446　→反対贈与
オルド自由主義　52, 236
音楽－の－子どもたち　258-259, 264, 278-284, 291, 296
オンス　184, 364
恩寵　156, 161, 527-528

カ

カード　145, 460
快感原則　518
外形　196, 250-253, 255-265, 269, 271-272, 276-278, 280, 282, 295-296, 315, 404
会計システム　31, 35
外在性　235-236, 561, 572
外在的両義性　422
会社　54, 181, 455, 466, 476-477
外部貨幣　565, 572
買い戻し　76, 111-112, 144, 146, 149, 151-152, 154-157, 160, 183, 508, 512
価格　31, 51, 85, 87-88, 115, 153, 159, 186, 192, 202, 205, 207, 211-212, 214-216, 219, 228, 233, 236, 241, 287, 311, 347, 350-351, 366, 375, 394, 402, 406, 447, 466, 469-470, 473, 478-483, 511, 515-516　→公正——／市場——
——（の）理論　31, 202
学　→経済科——／経済——／言語——／考古——／語源——／古銭——／社会——／主流派経済——／新貨幣経済——／心理——／人類——／政治経済——／正統派経済——／人間科——／認知心理——／法歴史——／理論経済——／歴史——
数の抽象　225
数え上げ　29, 172, 176-177, 183, 185, 262-263, 279, 293, 305, 316
家族　26, 38, 144, 146, 148-149, 153, 160, 165-166, 181, 197, 250, 254-255, 262, 272, 274, 316, 326, 348, 352-353, 361, 368, 375, 424, 429, 449, 451, 467, 472, 475, 489
価値　→経済——／最終的——／集団的（諸）——／上位——／包摂的——
——システム　431, 476
——尺度　138, 187, 285, 293, 347
——準備　285, 288, 291
——増殖　397, 407
——（の）ヒエラルキー　20, 26-28, 32, 35-36, 38, 42-44, 48, 53-55, 225-226, 244, 246-248, 260, 266, 270, 275-276, 284-285, 291, 293, 297, 299, 302, 305-306, 308, 312, 316, 318, 402-404, 406-408, 426, 432-433, 436, 448, 498, 534, 540, 553, 565

事項索引

本文（「まえがき」「用語解説」を含む）に登場する主要な事項を対象とした。

ア

アジア危機　238
アス　171, 322-323, 346-348, 351　→ポンド・――
アッシニア紙幣　561
アルカイック
――社会　58, 137, 139, 144, 147-148, 151, 163
――諸社会　162, 192
――な貨幣　118, 547, 575
アレアレ　128, 130, 135, 196, 208, 248, 258, 261, 266, 275, 283-288, 291, 294-298, 303, 390, 396, 404-407, 415, 436, 438, 547
――（の）社会　36, 128, 196-197, 253, 256, 286, 293-294, 404-405, 574
――族　30, 37, 93, 196, 201
アンシャン・レジーム　36
安全保障　42, 46, 153, 220, 382, 399-400, 504, 508, 521-522, 527, 530-531, 534, 536-538

イ

eビジネス　142
一次過程　503, 527
一覧払債務　219
一般均衡　202, 548
一般的等価物　285, 287
イデオロギー　188, 192, 232, 315, 340, 359-360, 417, 454, 489, 495, 498-499, 577
インキシトーレ　349
イングランド銀行　231
インダス文明　62
インデクセーション　222
インフレ（インフレーション）　50, 184, 196, 221-222, 227, 234, 237, 431, 458, 562　→ハイパー――
――危機　220
――税　411
――・ヘッジ　222

ウ

ヴァイグア　58
ヴィシュヴァルーパ　106, 108-109, 114, 124
ウィルトゥス　324, 348-349, 366
ヴェーダ　19, 27-28, 62-66, 68-69, 77-78, 80-82, 84, 86, 88-89, 94, 114-115, 123, 135, 147, 246
――・インド／――のインド　18, 58-59, 61-62, 64, 574
――宗教　62, 65, 127　→バラモン教
――文献　30, 62-64, 152
ヴェーダーンガ　63-64
請負契約　328
ウパニシャッド　63, 73
埋め合わせ　383, 399, 485, 489-490, 494, 499, 502, 510, 512, 516-517, 526, 540
ウルガタ聖書　156

エ

エクウェレ　448, 470
エッダ　125-126
エトルリアのマスタルナ　357
エナクション　507
絵文字　143, 383, 527-529, 533-534, 536, 538-539
エレクトロン　173

編者紹介

ミシェル・アグリエッタ（Michel AGLIETTA）　〔第 4 章〕

パリ第 10 大学の経済学教授。通貨・金融問題の専門家にしてレギュラシオン理論の創始者。著書に『金融の危機と再生』（共著、2009 年）『資本主義のレギュラシオン理論〔増補新版〕』（大村書店、2000 年）『成長に反する金融システム』（新評論、1998 年）『貨幣の暴力』（オルレアンとの共著、法政大学出版局、1991 年）など。

アンドレ・オルレアン（André ORLÉAN）　〔第 10 章〕

国立科学研究センター（CNRS）研究主任、理工科学校応用認識論研究センター（CREA）所員。金融論・ミクロ経済学が専門で、近年はコンベンション理論の展開に注力。著書に『熱狂から恐慌へ――金融危機を考える』（2009 年）『進化ミクロ経済学』（共著、2006 年）『金融の権力』（藤原書店、2001 年）など。

著者紹介

シャルル・マラムー（Charles MALAMOUD）　〔第 1 章〕

高等研究実習院（EPHE）名誉研究主任。古代インド研究の大家であり、特にヴェーダ文献に造詣が深い。著書に『石のダンス――古代インドの供犠場面についての研究』（2005 年）など。

マルク・ロガン・アンスパック（Mark Rogin ANSPACH）　〔第 2 章〕

理工科学校応用認識論研究センター（CREA）研究員。文化人類学者であり、『カイエ・ジラール』誌の編集者も務める。著書に『悪循環と好循環』（新評論、2012 年）など。

ジャン゠マリー・ティヴォー（Jean-Marie TIVEAUD）　〔第 3 章〕

歴史家にして経済学者。政府顧問や預金供託公庫総裁顧問を歴任するかたわら、社会科学高等研究院（EHESS）等で教鞭もとる。著書に『フランス金融史』（1995 年）など。

ジャン・カルトゥリエ（Jean CARTELIER）　〔第 4 章〕

パリ第 10 大学の経済学教授。貨幣の本質的役割を重視する「貨幣的アプローチ」から市場経済の分析を進める理論経済学者。著書に『均衡の外にある経済』（共著、2002 年）など。

ダニエル・ドゥ・コペー（Daniel DE COPPET）　〔第 5 章〕

元 EHESS 主任研究員。2002 年没。文化人類学者であり、マライタ島（ソロモン諸島）のアレアレ社会に関する研究は有名。著書に『儀礼を理解する』（編著、1992 年）など。

ジャン・アンドリュー（Jean ANDREAU）　〔第 6 章〕

EHESS 主任研究員。古代ローマ世界を専門とする歴史家。著書に『ローマ世界の経済学』（2010 年）『ローマ世界における銀行と事業』（2001 年）など。

ブルーノ・テレ（Bruno THÉRET）　〔第 7 章〕

国立科学研究センター（CNRS）主任研究員、パリ第 9 大学教授。財政学が専門であり、法と貨幣の統合的分析を展開。著書に『危機によりヴェールをはがされる貨幣』第 1・2 巻（編著、2007 年）『フランスの社会保障システム』（共著、ナカニシヤ出版、2006 年）など。

ジャン゠ミシェル・セルヴェ（Jean-Michel SERVET）　〔第 8 章〕

ジュネーブ国際開発学研究所（IHEID）教授。開発経済学の専門家としてフランス政府や国際機関への助言も行っている。著書に『大反転――危機から連帯の刷新へ』（2010 年）など。

ジャック・ビルスト（Jaques BIROUSTE）　〔第 9 章〕

精神分析家にしてパリ第 10 大学の心理学教授。欧州委員会にて心理社会学専門家としての立場からユーロの立ち上げに協力した。

監訳者紹介

坂口明義（さかぐち・あきよし）〔まえがき、用語解説、序説、第1・2・3・4・5・9・10章〕

1959年生。専修大学経済学部教授。貨幣・金融制度論が専門。著書に『貨幣経済学の基礎』（ナカニシヤ出版、2008年）、『現代貨幣論の構造』（多賀出版、2001年）、訳書にボワイエ『金融資本主義の崩壊』（共訳、藤原書店、2011年）、オルレアン『金融の権力』（共訳、藤原書店、2001年）、アグリエッタ『成長に反する金融システム』（新評論、1998年）など。

訳者紹介

中野佳裕（なかの・よしひろ）〔第6・8章〕

1977年生。国際基督教大学社会科学研究所助手・研究員。専門は平和学、社会政治哲学。主論文に「ポスト3・11　生存の倫理の再構築を目指して」（『PRIME』35号、2012年）。共著に勝俣誠・アンベール編『脱成長の道』（コモンズ、2011年）。訳書にセルジュ・ラトゥーシュ著『経済成長なき社会発展は可能か？』（作品社、2010年）。

中原隆幸（なかはら・たかゆき）〔第7章〕

1963年生。阪南大学経済学部教授。レギュラシオン理論に基づく国家財政分析が専門。著書に『対立と調整の政治経済学』（ナカニシヤ出版、2010年）、共訳書にブルーノ・テレ『租税国家のレギュラシオン』（世界書院、2001年）。

貨幣主権論《かへいしゅけんろん》

2012年6月30日　初版第1刷発行 ©

監訳者　坂口明義
発行者　藤原良雄
発行所　株式会社 藤原書店

〒162-0041　東京都新宿区早稲田鶴巻町523
電話　03（5272）0301
FAX　03（5272）0450
振替　00160-4-17013
info@fujiwara-shoten.co.jp

印刷・製本　中央精版印刷

落丁本・乱丁本はお取替えいたします
定価はカバーに表示してあります

Printed in Japan
ISBN978-4-89434-865-3

日本の将来への指針

デモクラシー以後

〈協調的「保護主義」の提唱〉

E・トッド

石崎晴己訳＝解説

トックヴィルが見誤った民主主義の動因は識字化にあったが、今日、高等教育の普及がむしろ階層化を生み、「自由貿易」という支配層のドグマが、各国内の格差と内需縮小をもたらしている。ケインズの名論文「国家的自給」（一九三三年）も収録！

四六上製　三七六頁　三二〇〇円

（二〇〇九年六月刊）

◇978-4-89434-688-8

APRÈS LA DÉMOCRATIE Emmanuel TODD

グローバリズム経済批判

経済幻想

E・トッド

平野泰朗訳

「家族制度が社会制度に決定的影響を与える」という人類学的視点から、グローバリゼーションを根源的に批判。アメリカ主導のアングロサクソン流グローバル・スタンダードと拮抗しうる国民国家のあり方を提唱し、世界経済論を刷新する野心作。

四六上製　三九二頁　三二〇〇円

（一九九九年一〇月刊）

◇978-4-89434-149-4

L'ILLUSION ÉCONOMIQUE Emmanuel TODD

自由貿易はデフレを招く

自由貿易という幻想

〈リストとケインズから「保護貿易」を再考する〉

E・トッド

自由貿易による世界規模の需要縮小こそ、世界経済危機＝デフレ不況の真の原因だ。「自由貿易」と「保護貿易」についての誤った通念を改めることこそ、経済危機からの脱却の第一歩である。

F・リスト／D・トッド／J-L・グレオ／J・サピール／松川周二／中野剛志／西部邁／関曠野／太田昌国／関良基／山下惣一

四六上製　二七二頁　二八〇〇円

（二〇一一年一一月刊）

◇978-4-89434-828-8

自由貿易推進は、是か非か!?

自由貿易は、民主主義を滅ぼす

E・トッド

石崎晴己編

「自由貿易こそ経済危機の原因だと各国指導者は認めようとしない」「ドルは雲散霧消する」「中国が一党独裁のまま大国化すれば民主主義は不要になる」――米ソ二大国の崩壊と衰退を予言したトッドは、大国化する中国と世界経済危機の行方をどう見るか？

四六上製　三〇四頁　二八〇〇円

（二〇一一年一二月刊）

◇978-4-89434-774-8

日本経済改革の羅針盤

五つの資本主義
〔グローバリズム時代における社会経済システムの多様性〕

B・アマーブル
山田鋭夫・原田裕治ほか訳

市場ベース型、アジア型、大陸欧州型、社会民主主義型、地中海型――五つの資本主義モデルを、制度理論を背景とする緻密な分類、実証をふまえた類型化で、説得的に提示する。

A5上製　三六八頁　四八〇〇円
（二〇〇五年九月刊）
◇978-4-89434-474-7

THE DIVERSITY OF MODERN CAPITALISM
Bruno AMABLE

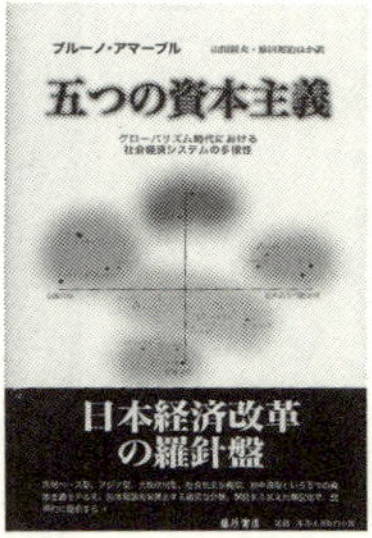

経済史方法論の一大パラダイム転換

世界経済史の方法と展開
〔経済史の新しいパラダイム（一八二〇―一九一四年）〕

入江節次郎

一国経済史観を根本的に克服し、真の世界経済史を構築する〝方法〟を、積年の研鑽の成果として初めて呈示。十九世紀から第一次世界大戦に至る約百年の分析を通じ経済史学を塗り替える野心的労作。

A5上製　二八〇頁　四二〇〇円
（二〇〇二年二月刊）
◇978-4-89434-273-6

生きた全体像に迫る初の包括的評伝

ケインズの闘い
〔哲学・政治・経済学・芸術〕

G・ドスタレール
鍋島直樹・小峯敦監訳

単なる業績の羅列ではなく、同時代の哲学・政治・経済学・芸術の文脈のなかで、支配的潮流といかに格闘したかを描く。ネオリベラリズムが席巻する今、「リベラリズム」の真のあり方を追究したケインズの意味を問う。

A5上製　七〇四頁　五六〇〇円
（二〇〇八年九月刊）
◇978-4-89434-645-1

KEYNES AND HIS BATTLES
Gilles DOSTALER

世界の「いま」

パラダイム・シフト 大転換
〔世界を読み解く〕

榊原英資

サブプライム問題、原油高騰として現実化した世界の混乱。国際金融に通暁しつつも、金融分野に留まらない幅広い視野から、金融の過剰な肥大化と経済の混乱にいち早く警鐘を鳴らしてきた〝ミスター円〟。ニュースや株価だけでは見えない、いま生じつつある世界の大転換の本質に迫る！

対談＝山折哲雄＋榊原英資

四六上製　二八八頁　一九〇〇円
（二〇〇八年六月刊）
◇978-4-89434-634-5